D1926460

Siegel · Rauschdrogen

Ronald K. Siegel

RauschDrogen

Sehnsucht nach dem künstlichen Paradies

Aus dem Amerikanischen
von Hermann Rotermund

Eichborn.

Titel der Originalausgabe:
INTOXICATION

Die Deutsche Bibliothek – CIP-Einheitsaufnahme

Siegel, Ronald K.:
Rauschdrogen: Sehnsucht nach dem künstlichen Paradies / Ronald K. Siegel. Aus dem Amerikan. von Hermann Rotermund. – Frankfurt am Main: Eichborn, 1995
ISBN 3–8218–0440–8

Copyright © Ronald K. Siegel, Ph. D., Inc., 1989.
Published by arrangement with Dutton, an imprint of New American Library, a division of Penguin Books USA Inc.

© für die deutsche Ausgabe: Vito von Eichborn GmbH & Co. Verlag KG, Frankfurt am Main, März 1995
Umschlaggestaltung: Rüdiger Morgenweck
Lektorat: Dagmar Fretter
Satz: TechnoScript, Bremen
Druck und Bindung: Söderström, Porvoo
ISBN 3–8218–0440–8
Verlagsverzeichnis schickt gern: Eichborn Verlag, Kaiserstraße 66, D-60329 Frankfurt

Inhalt

Prolog

Von der Grube aus konnte ich fast die Sonne berühren. In den Anden, in 3800 Meter Höhe, glich sie eher einem Höllenfeuer als dem von den Indianern verehrten wohltätigen Gott, dem Spender der Wärme, des Lichts und des Lebens. Mehrere Schichten Sonnenschutzsalbe, Schweiß und Staub bedeckten mein geschwollenes Gesicht. Nach Wochen in Peru hatte ich mich noch immer nicht völlig an die Höhe gewöhnt. Der *soroche* setzte mir heftig zu: Atemnot, Schwindelgefühl, Übelkeit, Erbrechen, Durchfall, Sehstörungen und Erschöpfung. Unablässig pochte der Schmerz in meinem Kopf, während ich Dreck und Felsgestein abschlug. Das Loch, in dem ich mich abrackerte, war früher einmal eine Grabstätte peruanischer Indianer gewesen.

Die Grube war rund und hatte einen Durchmesser von ungefähr drei Metern. Eine frühere Expedition hatte den Stein- und Erdhaufen entfernt, der sie über die Jahrhunderte geschützt hatte. Das Innere war mit Tonerde und Kalkstein eingesäumt und erinnerte an einen riesigen Pilz mit einem zentralen Stengel, der nach unten ragte. Der Hut des Pilzes reichte bis zweieinhalb Meter unter die Oberfläche, und ich grub in der Nähe des Stengels, der sich einen weiteren Meter in gerader Linie nach unten fortsetzte. Ich hatte den Stengel den ganzen Tag bearbeitet und war nur wenige Zentimeter vorangekommen. Man kann nicht schnell graben mit einer Zahnbürste und Zahnarztinstrumenten, diesen zweifellos ungewöhnlichen Hilfsmitteln zur Lösung des Rätsels, warum wir nach Rauscherlebnissen mit Drogen streben. Unter dem Einfluß des Sauerstoffmangels machte mein Bewußtsein eine kleine Reise. Ich bildete mir ein, Rodin zu sein, der an den unvollendeten *Toren der Hölle* herummeißelte, um einen Teil unserer Natur freizulegen, der in dem Stein da unten verborgen lag.

Es war kurz vor Sonnenuntergang. Obwohl es Hochsommer war, würden die vom nahegelegenen Titicaca-See herüberwehenden kalten Winde ein Weitergraben bald unmöglich machen. Als ich mit meinem Meißel die Scherbe eines Tongefäßes freilegte, gab es ein leises Kratzgeräusch. Überrascht und erleichtert löste ich es aus dem Schutt. Die eindeutige ovale Form legte nahe, daß sie aus dem Tiahuanaco-Reich der Prä-Inka-Zeit stammte und vielleicht tausend Jahre alt war. Ich bürstete die Erde von den Seiten ab, um eine gemalte Szene freizulegen. In der Mitte kam ein Büschel von Kokazweigen und -blättern zum Vorschein. An einer Seite stand ein großes kokafressendes Lama. Die geschwollene Backentasche des Tieres stellte zweifellos die Nahrungsaufnahme dar. Das war Napa, das legendäre, in Koka-Zeremonien verehrte Lama. Auf der anderen Seite der Kokablätter stand ein Indianer, der das Lama beobachtete und mit offenem Mund die Hände nach dem Koka ausstreckte. Handelte es sich hier um die Geschichte der Koka-Entdeckung durch den frühen Andenmenschen, um 5000 v. Chr.? Offenbar hatte er seine Packtiere beim Fressen dieser Pflanze beobachtet und vielleicht eine gewisse Lebhaftigkeit ihrer Bewegungen bemerkt. Er machte ihnen das Kokaessen nach und entdeckte bald die gleichermaßen stimulierenden und nahrhaften Eigenschaften der Pflanze. Welche Überraschung muß das gewesen sein!

Kein Wunder, daß die Indianer Koka durch Rituale und magische Akte verehrten. Sie verbrannten sogar Kokablätter als Gabe für die Götter. Später an jenem Abend – als niemand zuschaute – warf ich einige Kokablätter in das abendliche Lagerfeuer. Das Erntedankfest fand in jenem Jahr in den Anden sehr früh statt.

Ich konnte in dieser Nacht nicht schlafen. Ich wartete ungeduldig darauf, nach Lima zurückkehren und César von meinem Fund berichten zu können. César war ein dunkler, schnauzbärtiger, birnenförmiger Mann, der mich an ein Kinderspielzeug erinnerte, das immer wieder aufspringt, wenn man es umwirft. César war Halbindianer, seine Muskeln waren durch und durch aus Stahl, und er besaß das Geschick einer Katze; er hatte eine ganze Reihe von Stürzen bei Grabungen in den Begräbnisstätten in den Anden überlebt. Er hatte die Mumien und Töpferwaren aus dieser Grube geborgen und mir ihre Lage erst verraten, als er sicher war, daß sie außer einigen belanglosen Tonscherben oder kleinen Zeremoniensteinen nichts mehr enthielt. Er machte sich über mich lustig. Als ich ihm von meiner Theorie berichtete, daß die Menschen ihr pharmakologisches Wissen früher vorwiegend aus der Beobachtung der tierischen Reaktionen auf die pflanzlichen Drogen gewonnen hätten, kugelte er sich vor Lachen. Nicht zu beweisen, sagte er. Der Beweis müßte – so argumentierte ich – sehr alt und von Menschen aufgezeichnet worden sein, die sehr eng mit ihren Tieren und Pflanzen zusammenlebten. Das könnte zeitlich den hochzivilisierten kulturellen und religiösen Themen, die auf den meisten indianischen Tonarbeiten dargestellt sind, vorangehen. Jäger und Sammler könnten solche Reaktionen beobachtet und aufgezeichnet haben. Ich brauchte ein achäologisches Gelände, auf dem Menschen irgendwann einmal gejagt und Koka gesammelt hatten. César gestattete mir großzügig, in dieser Grube zu suchen, die einige Töpfe mit Tier- und Pflanzenmotiven enthalten hatte. Er kicherte, als ich das Museum mit der Landkarte in der Hand verließ. Ich malte mir nun eine Feier mit ihm im eleganten Hotel Bolívar aus, wo wir auf meinen Fund anstoßen würden. Das gäbe mir die Gelegenheit zu versecktem Lachen.

Die Dämmerung fiel ein, als ich mir noch immer die anderen folkloristischen

Einzelheiten vergegenwärtigte, die etwas mit dem Bild auf der Scherbe zu tun hatten. Nach diesen Sagen haben Tiere uns im Laufe der Jahrhunderte zu einer Vielzahl von Drogen geführt. 900 n. Chr. fiel einem abessinischen Hirten auf, daß seine Tiere nach dem Genuß der leuchtend roten Frucht eines Baumes, der später Kaffee genannt werden sollte, aufgeregt wirkten. Ein Schäfer im Jemen entdeckte das im Mittleren Osten populäre Stimulanz Khat, das einem Amphetamin ähnlich ist, als er Ziegen beobachtete, die nach dem Kauen der Blätter wild herumsprangen. Australische Eingeborene fanden wirkungsvolle Betäubungsmittel, als sie beobachteten, wie Fische reglos wurden und an die Oberfläche aufstiegen, wenn bestimmte Blätter ins Wasser fielen. Tiere, die *snakeroot*-Pflanzen im tropischen Asien aufspürten, wurden müde durch das Reserpin, ein Beruhigungsmittel, das nach seiner Isolierung durch einen indischen Psychiater im Jahre 1947 die Behandlung psychischer Erkrankungen revolutionierte.

Als ich im Morgenlicht die Scherbe betrachtete, fragte ich mich, wie viele Entdeckungen pflanzlicher Drogen es unter dieser Sonne wohl gegeben haben mag. Danken wir dieser Spenderin der Wärme, des Lichts und des Lebens für die photosynthetischen Kräfte der Pflanzen und für die verlockenden Drogen, die von solchen Pflanzen freigesetzt werden, um unsere Spezies zu verführen und zu verstricken? Oder verfluchen wir – nur weil es Rauschzustände lange vor menschlichem Leben gab – die Zeit, in der alles begann, vor etwa 250 Millionen Jahren, als die Sonne ein stolzer gelber Riese war und Riesenreptilien auf der Erde umherstreiften?

Das Mesozoikum begann im Schwarz-Weiß der verschwindenden Kohlensümpfe und Eisfelder. Die Kontinente waren noch nah beieinander, Vulkane formten Berge, und unter Farnen und Koniferen hatten die Reptilien gerade ihren langsamen evolutionären Fortschritt begonnen – wie auch die Angiosperme, die in der Kreidezeit, vor 135 Millionen Jahren, blühende Samen hervorbrachten. Von Wind und Regen weitergetragen, verbreiteten sich diese Pflanzen über das Land. Unter der Sonne am Firmament und bei zunehmenden Temperaturen begannen sie komplexe alkaloide Drogen zu erzeugen. Die pflanzlichen Alkaloide, in ihrer Zusammensetzung sehr raffiniert, verführten hungrige Tiere und brachten Schwindelgefühle, Krankheit und Tod. Als ob die Angiosperme die außerordentliche Bedeutung ihrer Ankunft auf diesem Planeten signalisieren wollten, bedeckten sie ihn explosionsartig mit verlockenden Früchten und Blumen.

Da das Land voll tierischen Lebens war, waren Begegnungen zwischen grasenden Wildtieren und giftigen Pflanzen unvermeidlich. Einige Tiere, die das Bittere nicht schmecken konnten, unterlagen wahrscheinlich den kombinierten toxischen Wirkungen. Vögel und Säugetiere mit höherentwickelten sensorischen Fähigkeiten und abgehärteter Leber überlebten diese bitteren Lektionen. Die Physiologie und das Verhalten der heutigen Tiere legen nahe, daß sie überlebten, weil sie biochemische Mechanismen entwickelten, mit denen sie pflanzliche Drogen entgifteten sowie Ernährungsstrategien, die die Einnahme gefährlicher Mengen minimierten. Durch extreme Vorsicht gegenüber unbekannter Nahrung und sofortiger Ablehnung bestimmter Pflanzen lernten die überlebenden Tiere, jene Pflanzen auszuwählen und zu fressen, die reich an Nährwert und arm an psychoaktiven Drogen waren. Durch trial and error lernten manche Tiere die Einnahme pflanzlicher Drogen zu überleben: sie verzehrten nur geringe Mengen und wandten sich vorzugsweise gewöhnlichen und sicheren Nahrungsmitteln zu. Millionen Jahre später wurden Tiere, die sich ähnlich verhielten, die ersten Lehrer des Menschen.

Der frühe Mensch wanderte in diesem Klassenzimmer umher, beobachtete und jagte seine Lehrer. Er leckte und reinigte seine Wunden, wie er es bei seinen Opfern beobachtet hatte. Er setzte sich in kalte Flußläufe, um das Fieber zu lindern, nachdem er gesehen hatte, daß das Rotwild es nach Angriffen giftiger Schlangen so machte. In Huldigungs- und Danktänzen für die großen Lehrer am Firmament ahmte er die Bewegungen von Tieren nach. Er erklomm kokakauend hohe Berge, wie es die Tiere vor ihm getan hatten. Und dort auf den Gipfeln, dem Schöpfer näher, brachte er Rauchopfer dar aus duftenden und berauschenden Pflanzen wie Koka.

Etwa um die Zeit der neolithischen Revolution hatten Gehirn und Werkzeuge den Menschen zum Klassenprimus gemacht, der seine früheren Lehrer domestizierte, Drogenpflanzen kultivierte und den Garten des Schöpfers in ein Laboratorium verwandelte. Staunend und verwundert machte der Mensch weitere Erfahrungen mit den medizinischen und berauschenden Eigenschaften von Narkotika. Während der nächsten zehntausend Jahre lernte er, die Drogen zu schnupfen, zu rauchen und zu injizieren. Durch diese Tricks umging er die Zunge, die sich der Bitterkeit verweigert hätte, und den Magen, der eine solche Menge dieser Pflanzen zurückgewiesen hätte. Die Menschen setzten die Kontrollmechanismen außer Kraft, die sich andere überlebende Spezies mit ihren Ernährungsstrategien geschaffen hatten. Ausgerüstet mit einer grausamen Neugier, aber einer anfälligen Physiologie, stellten sich die Menschen neuen Erfahrungen mit schnelleren, stärkeren und gefährlicheren Drogen. Das war der erste Schultag.

Ich saß mit meiner eben gefundenen Scherbe am Rande der Grube und war aufgeregt wie ein Schuljunge. Bei Sonnenaufgang machte ich eine Zeichnung der Scherbe, dann wickelte ich sie in eine Decke und packte sie zusammen mit meiner Campingausrüstung in mein Bündel. Ich schob mir enorme Mengen Kokablätter in den Mund. Sie waren mit einer süßen Asche bestreut, die die Freisetzung des Kokains unterstützen sollte. Normalerweise nehme ich außerhalb medizinischer Kontrolle oder eines autorisierten Experiments keine Drogen, aber Koka war in diesem Hochland legal. Das Koka blies wie ein frischer Wind durch meinen erschöpften Körper. In der Mittagssonne hetzte ich den Berg hinunter.

Wieder in Lima nahm ich mir ein Zimmer im Bolívar und badete ausgiebig, bis meine Haut schrumpelig wurde. Da César sein Telefon nicht abnahm, ging ich in die Stadt. Verglichen mit den angenehmen körperlichen Empfindungen in der sauerstoffreichen Luft Limas, das dem Meeresspiegel viel näher ist, erschien mir die Koka-Wirkung nun schwach. Ein großer dünner Jugendlicher mit akneübersäter Haut tauchte neben mir auf und paßte sich meiner Gangart an. Er sagte, sein Name sei Roberto und er verkaufe Kokain. Es war also der Versuch einer geschäftlichen Kontaktaufnahme. Ich erklärte ihm gleich, daß ich ein amerikanischer Wissenschaftler sei, der sich mit Koka beschäftigte; ich würde gern mit ihm sprechen; ich wollte kein Kokain kaufen, aber ich würde ihn zum Essen einladen. Ich zeigte ihm meinen Paß und versicherte ihm, daß unser Gespräch vertraulich bliebe. Doch erst als ich absichtlich, ähnlich dem Erkennungszeichen eines Koksers, schnüffelte und meine Nase zu reiben begann, entspannte sich Robertos Gesicht. Er lächelte und zeigte mir den Weg zu dem Restaurant.

Roberto behauptete, Kokain gebe ihm eine natürliche Energie und spende ihm Wohlbefinden, und zur Demonstration dieser Tatsache schnüffelte er eine kleine Menge leuchtendweißen Puders von seinem Handrücken, bevor wir das Restaurant betraten. Hatte er jemals Koka gekaut? Nein, das sei eine abstoßende indianische Gewohnheit, erklärte er und verzog das Gesicht zu einer spöttischen Schreckensmiene. Die Indianer in den Bergen hatten in gleicher Weise auf die Erwähnung von Kokain reagiert. Sie behaupteten, daß das Kauen von Koka natürlich sei und das Vollstopfen der Nase mit dem weißen Puder eine unnatürliche, widerliche, sogar gefährliche Gewohnheit. Für die Indianer ist Koka ein natürlicher Nahrungszusatz, der sie mit notwendigen Kalorien, Proteinen, Kohlehydraten sowie Vitaminen und Mineralien versorgt. Koka enthält weniger als ein Prozent Kokain, eine Droge, die den Menschen Hunger und Erschöpfung nimmt und die meisten Insekten und Pflanzenfresser fernhält.

Die Indianer nahmen die Dinge, wie sie waren. Sie schenkten den bitteren

Warnungen des konzentrierteren Pulvers Beachtung und zogen die natürliche Verpackung des Blattes vor. Koka wurde eine nützliche Arznei, und niemals – soweit wir wissen – ist ein Indianer durch den Verzehr der Blätter gestorben oder krank geworden. Konnte Roberto das gleiche für das Kokain behaupten? Könnte zum Beispiel jemand überleben, der reines Nikotin aus dem Tabakblatt schnupfte – eine Pflanze, die einen ähnlichen Prozentsatz des bitteren Stoffes enthält, um Schmarotzer fernzuhalten? Das Kauen, Schnupfen oder Rauchen von Tabak mag ungesund sein, aber pures Nikotin ist tödlich. Konzentrierte Roberto nicht ebenso die Probleme wie die Verheißungen, wenn er das Kokain von der schützenden Hülle des Blattes befreite und damit eine Arznei in ein Gift verwandelte?

Roberto antwortete, indem er noch ein weißes Häufchen auf seine Hand schüttete und es zurückgelehnt in seine zuckenden Nasenlöcher hineinzog. Um meine eigene Paranoia angesichts dieser auffälligen Handlung zu besänftigen, gab ich höflich zu bedenken, daß die Hauptsorge beim Schnupfen von Kokain wohl die war, dabei nicht erwischt zu werden. Seinen verstohlenen Blicken hätte ich anmerken können, daß ich das nicht hätte sagen dürfen. Roberto fuhr hoch, entschuldigte sich für einen Augenblick und ging zu den Waschräumen. Ich habe ihn nicht mehr wiedergesehen. Ebensowenig wie das silberne Besteck, das er sorgfältig in seine Serviette eingewickelt und mitgenommen hatte.

Am folgenden Tag traf ich César im Museum zwischen den engen Reihen mit Flaschen und Töpferwaren an, ein riesiger Bulle in einem Porzellanladen. Aus der Entfernung betrachtet und im Halbdunkel erinnerte seine bemerkenswerte Gestalt an einen bärtigen Kürbis. Wir gingen zu seinem Arbeitstisch, wo ich betont langsam die Scherbe auspackte. Er gab ein glucksendes Geräusch von sich und klopfte mir wieder und wieder auf den Rücken. Ich traute mich nicht zu sagen, daß es mir weh tat. Stundenlang redeten wir und steigerten uns in eine Art Ekstase. Wir sprachen von der Erregung, die einen beim Graben nach der Vergangenheit packt, von der Ausbeutung der Anden und von Wissenschaft und Zufallsfunden. Ich war still, als César mir erzählte, daß er am Abend meiner Entdeckung den hellen Stern Spica im Sternbild der Jungfrau gesehen hatte. Die Inkas nannten den Stern Mama Coca, ein göttlicher Name für Koka und zugleich eine frühe Inka-Königin, die seine Mutter war. Meine Aufregung war so groß, daß ich beinahe an eine Verbindung geglaubt hätte.

César bestätigte, daß die Scherbe aus einer früheren Kultur als die der Inkas stammte, glaubte aber, daß sie vor 4000 Jahren entstanden war, als die Menschheit gerade das Stadium des Jagens und Sammelns verließ. Eine Zeit des unschuldigen Gebrauchs, sagte ich, als Koka-Kauen akzeptiert und problemlos war. Ich dachte an Roberto und erzählte César, daß Koka nie die Störungen hervorriefe, die mit der Einnahme von Kokain verbunden sind. César schürzte seine Lippen und schüttelte den Kopf so heftig, daß ich mir vorstellen konnte, wie sämtliche Samenkörner in seinem kürbisförmigen Bauch durchgerüttelt wurden. Er ergriff meine Hand und führte mich in einen anderen Bereich des Museums. Sein Griff wurde fester, als wir einen verhängten Raum erreichten.

Ich betrat den Raum und wurde von einem enormen Penis begrüßt. César grinste über beide Ohren, und er gluckste wieder. Ich nahm mehrere erigierte Phalli wahr, Paare in Koitus-Stellungen, sadistische, sodomitische und homosexuelle Szenen. In einer Ecke masturbierte ein Hund, und daneben hielt ein Papagei mit einem merkwürdigen Kopfschmuck eine Kröte in einer kompromittierenden Haltung fest.

Die Töpferarbeiten stammten deutlich aus der Moche-Periode, sie waren weitaus später als mein Fund hergestellt worden, Hunderte von Jahren nach der Durchsetzung des Koka-Kauens im alten Peru. Chronologisch angeordnet zeigten die Flaschen und Vasen immer deutlicher sexuelle Themen, die César abnorm nannte. Dabei bezog er sich auf die Meinung verschiedener Gelehrter, daß der ständige Gebrauch von Koka eine Psychose erzeuge, von der die Libidozentren betroffen seien. Die Tatsache, daß keine sexuelle Perversion in der Sammlung fehlte, betrachtete César als Beweis für die Zerstörung des Gehirns. Ich bestritt das. Vielleicht war es eine Huldigung an die Fortpflanzung, die nichts oder wenig mit Koka zu tun hatte. Oder Koka erleichterte vielleicht, wie das Kokain, durch die Linderung von Erschöpfung sexuelle Leistungen und ermutigte so zum Experimentieren. César jedoch sah die Kunst mit anderen Augen an, und ich konnte ihn nicht davon abbringen. Ich erinnerte mich daran, daß Roberto gesagt hatte, er habe das Interesse am Sex verloren. Obschon ich mir Bemühungen vorstellen konnte, die Lust durch Pornographie wieder anzufachen, war es schwierig, zu glauben, daß für all diese Szenen in Ton das Koka-Kauen verantwortlich war. Einige Figuren spielten primitive Instrumente. Sex, Drogen, und jetzt auch noch Rock-and-Roll? César kreischte auf und brachte ächzend ein Ja hervor. Lange nachdem ich den zwischen den Bildern hin und her hüpfenden César verlassen hatte, wurde ich noch von der Abbildung auf einer bestimmten Flasche verfolgt. Sie zeigte den Tod in Gestalt eines lebendigen Skeletts mit nacktem Schädel und hervortretenden Rippen. Die Augen waren große dunkle Löcher und die perfekt geformten Zähne zu einem finsteren Grinsen zusammengepreßt.

Die nächsten beiden Tage lang versuchte ich, Peru zu verlassen. Alle Flüge nach

Los Angeles waren für Wochen ausgebucht. Ich campierte draußen im Braniff-Büro in der Hoffnung, daß Elizabeth, die attraktive Angestellte, sich meiner erbarmen und einen Platz für mich finden würde. Peru ist ein armes Land, und trotz Elizabeths Halston-mäßiger Fluggesellschaftskleidung war ich sicher, daß sie etwas zusätzliches Geld gebrauchen könnte. Ich schob tausend *Soles*, die mit Kokablättern und psychedelischen Mustern geschmückt waren, über den Tresen. Sie schaute mir direkt in die Augen, als sie das Geld zurückschob. Ihre Augen waren wie ein Wunschquell, das Ergebnis einer durch Kokain bewirkten Pupillenweitung.

Das Geld sei unnötig, sagte sie, da für einen Flug an diesem Abend ein Passagier seine Buchung storniert habe. Während sie die Tickets vorbereitete, beobachtete ich ihre Augen, deren Glanz die innere Elektrizität verrieten. Die wesentliche Wirkung des Kokains ist, daß es ein »Feuer im Hirn« entfacht, ein Feuer elektrischer und chemischer Erregung. Man nimmt an, daß dies im Vorderhirn stattfindet, wo das Kokain die Wirkung des Neurotransmitters Dopamin verlängert und auf diese Weise Wellen der Bestätigung und Euphorie im Gehirn auslöst. Kokain scheint auch die Wirkungen des Neurotransmitters Norepinephrin zu verstärken, wobei es das sympathetische Nervensystem stimuliert. Diese kombinierte Wirkung erwärmt das Gehirn, kühlt aber den Körper ab. Elizabeths Konversation war lebhaft, weil das Kokain sein subtiles Feuer in ihrem Gehirn entfachte. Aber sie verschluckte die Worte hinter ihren perfekten Zähnen, und ihre Hände zitterten leicht, als sie die Tickets über den Tresen reichte.

Meine kurze Expedition war beendet, aber Elizabeths Augen zeigten, daß die Odyssee des Lebens auf den Spuren des Rausches, die mit der Tonscherbe begonnen hatte, ihr Ende nie erreicht hatte.

Einleitung

Eine Mohnblume blüht in Asien, und ein Junkie stirbt in New York. Kokablätter biegen sich in der Sonne Perus, während ein Dealer in Miami von Kugeln niedergestreckt wird. Ein Küchenchemiker braut eine Designerdroge zusammen, während das Gehirn eines Süchtigen von einer Krankheit zerfressen wird. Ein Arzt injiziert sich selbst ein schmerzstillendes Mittel, während eine Mutter ein drogenabhängiges Kind auf die Welt bringt. Bei Arbeit, Sport und Spiel benutzen Menschen Aufputsch- und Beruhigungsmittel und sogar Drogen, die sie umzukrempeln scheinen, während die Regierungen auf der Suche sind nach einer Leitlinie zur Kontrolle der unüberschaubaren chemischen Kreationen, die unser Leben und unsere politischen Institutionen beeinflussen.

Diese Szenen aus der modernen Drogenwelt sind weder neue noch einzigartige Ereignisse in der Geschichte. Die Entdeckungsreisenden der Alten Welt, mittelalterliche Pflanzenkundler, alte Griechen, jungsteinzeitliche Schamanen, wilde Tiere und Käfer hatten überall zufällige und absichtliche Begegnungen mit Drogen. Da die meisten Drogen durch chemische Vorgänge erzeugt werden, die in den »narkotischen« Pflanzen verborgen sind, besaßen diese Pflanzen durch die gesamte Geschichte hindurch eine universelle, fast evolutionäre Anziehungskraft auf Menschen und andere Tiere. Zu allen Zeiten haben Tiere und Menschen nach Pflanzen gesucht, die sich mit Hilfe narkotischer Chemikalien zur Wehr setzen.

Der Rausch ist das unvermeidliche Ergebnis dieser Zusammenstöße zwischen Tier- und Pflanzenreich.

Die Zusammenstöße wurden zu Drogenkriegen, die den Erdball so heftig erzittern lassen, daß sogar jene, die sich dem Drogenrausch hingeben, die ewige Frage des Nicht-Konsumenten zu stellen beginnen: Warum? Warum wollen sich Menschen das antun? Warum erstreben wir einen Rausch mit Hilfe von Drogen? Warum sind wir auf so einzigartige Weise anfällig für den Gebrauch und Mißbrauch von Rauschmitteln? Solange wir diese Fragen nicht beantwortet haben, wird der Homo sapiens nicht begreifen, wie er vernünftig mit den individuellen und gesellschaftlichen Problemen umgehen soll, die aus seinem besonderen Status unter den Tieren als König des Rausches erwachsen.

Wir sind weder die erste noch die erfahrenste Spezies, die eine Neigung zu Drogen entwickelt hat. Wir sind jedoch, nach der jahrtausendelangen Nachahmung des Verhaltens anderer Tiere, die eifrigsten und rastlosesten Entdecker des

Rausches. Jetzt stehen wir wie Kinder, die ihren Eltern Streichhölzer gestohlen und die Magie des Feuers entdeckt haben, vor der verwirrenden Frage, warum wir uns zu einer solch gefährlichen Erleuchtung haben verleiten lassen. Dieses Buch beantwortet die grundlegende Frage, warum wir dem Rausch nachjagen. All die Tiere, die durch seine Seiten fliegen und kriechen und schwimmen, enthüllen die Gründe und Regeln dieses tiefverwurzelten und uralten Verhaltens.

Die neuere Verhaltensforschung, Laborversuche mit Nagetier-Kolonien und neue Erkenntnisse über Primateninseln legen ebenso wie sozialgeschichtliche und biologische Analysen den Schluß nahe, daß das Streben nach dem Drogenrausch eine primäre motivierende Kraft im Verhalten von Organismen ist. Unser Nervensystem reagiert wie das von Nagetieren und Primaten auf chemische Rauschmittel ganz ähnlich wie auf Nahrung, Getränke oder Sex. In unserer gesamten Geschichte als Spezies hat der Rausch genauso gewirkt wie die Grundtriebe Hunger, Durst oder Sex und zeitweilig alle anderen Aktivitäten des Lebens überdeckt. *Der Rausch ist der vierte Trieb.* Er ist so stark und unausweichlich wie die Drogengeschichten, die heute die Schlagzeilen beherrschen. Das Überleben von einzelnen oder von Gruppen hängt von der Fähigkeit ab, das grundlegende Motiv, Rauschmittel zu finden und anzuwenden, zu begreifen und unter Kontrolle zu bringen.

Es finden sich hier viele Geschichten von Tieren und vergessenen menschlichen Kulturen, die von den gleichen Bestrebungen getrieben waren, es aber verstanden, zwischen Gebrauch und Mißbrauch zu unterscheiden. Und was noch wichtiger war, es wurden Wege gefunden, wie mit berauschten und Mißbrauch treibenden Individuen umgegangen werden kann. Diese Geschichten zeigen, was Rausch tatsächlich ist, warum wir ihn anstreben – seine erstaunlichen Wohltaten und, im Falle des Mißbrauchs, seine zerstörerischen Folgen. Sie werden auch zeigen, warum wir von anderen Tieren und Menschen, die diese Erfahrungen über Generationen hinweg überlebten, viel zu lernen haben.

Als wir beobachteten, wie Dorothy der Magie des Opiums verfiel, als sie in *Der Zauberer von Oz* durch die Mohnfelder taumelte, kann uns entgangen sein, daß sie den Fußstapfen anderer Geschöpfe folgte. Ähnlich wie Dorothy haben viele Tiere zufällige Begegnungen mit narkotischen Pflanzen. Manche treten in absichtlichen, sogar ritualisierten Kontakt ein. Warum? Für viele Tiere liegt die Antwort in der Suche nach den speziellen anregenden oder beruhigenden Wirkungen. In gewissem Sinne erlaubt der Rausch den Lebewesen, in einem anderen Zustand zu sein, anders zu handeln und anders zu fühlen.

Nach dem Sammeln des betäubenden Nektars bestimmter Orchideen fallen

Bienen in zeitweiliger Lähmung auf den Boden und fliegen dann zurück, um sich mehr davon zu holen. Vögel verschlingen gierig berauschende Beeren und fliegen mit unbekümmerter Ausgelassenheit. Katzen schnüffeln begierig an aromatischen »Genuß«-Pflanzen und spielen mit imaginären Gegenständen. Kühe, die in speziellen Unkrautzonen grasen, werden von Zuckungen geschüttelt, aber wanken zurück zu den Pflanzen, um mehr davon zu fressen. Elefanten betrinken sich absichtlich mit gegorenen Früchten. Zwischenmahlzeiten aus »magischen« Pilzen bringen Affen dazu, mit den Köpfen in den Händen versunken dazusitzen, in einer Haltung, die an den *Denker* von Rodin erinnert.

Das Streben der Tiere nach Rausch scheint ebenso nutzlos wie leidenschaftlich zu sein. Viele Tiere lassen sich auf diese Pflanzen oder deren künstliche Verbündete trotz der Gefahren toxischer oder giftiger Wirkungen ein. Die betäubten Bienen werden schnell ein Opfer von Räubern. Die Überreste »betrunkener« Vögel verschmutzen die Straßen. Katzen zahlen für ihre Abhängigkeit von Genußpflanzen mit Gehirnschäden. Durch Unkraut vergiftete Kühe können sterben. Berauschte Elefanten zerstören ihre Umgebung und das Leben anderer Tiere. Orientierungslose Affen lassen ihre Jungen außer acht und entfernen sich aus der sicheren Nähe ihrer Horde. Menschliche Wesen unterscheiden sich davon in keiner Weise.

Erfahrungen mit pflanzlichen Drogen haben unsere Art seit Millionen von Jahren beschäftigt und fasziniert. Der Mensch hat Substanzen entdeckt, die mächtig genug sind, zu heilen oder zu töten. Diese Pflanzen, ob sie nun helfen oder schaden, sind jedoch auch wegen ihrer anregenden, betäubenden, beruhigenden oder halluzinogenen Eigenschaften begehrt. Wir durchsuchen den Garten unseres Planeten nach diesem bewußtseinsverändernden Vergnügen mit einer solch verblendeten Leidenschaft, daß der Garten zum Labyrinth, die Suche zum Ziel und unsere Leidenschaft zur Sucht wird.

Der Rausch hat den Menschen auch neue Visionen, Stimmen, Gedanken und andere Bewußtseinszustände beschert, die es zu erforschen gilt. Er hat Bedingungen geschaffen, die nur durch allgemeine und unpräzise Wendungen wie *Ekstase* oder *Verrücktheit* beschrieben werden können. Einige Drogenkonsumenten meinen, dem Verständnis ihrer selbst nähergekommen zu sein. Andere spüren eine Einigkeit mit allem und jedem in ihrer Umgebung. Wieder andere suchen einen Regenbogen, eine verwunschene Stadt oder die Fähigkeiten eines Hexenmeisters. Aber für uns alle sind diese Erfahrungen der Übergangsritus, der uns in einen Zustand der Vergiftung überführt. Nicht von ungefähr bedeutet das englische Wort *intoxication* sowohl »Vergiftung« als auch »Rausch«.

In diesem Zustand spielen wir wieder die Sammler und Jäger von Pflanzen, die durch die Hervorbringung defensiver narkotischer Drogen zurückschlagen.

Wir konsumieren Drogen, »um die Engel nachzuäffen«, wie Baudelaire das Leben in seinen *Künstlichen Paradiesen* beschrieb, »um schließlich zu Tieren zu werden«. Im Rausch berühren wir einen Teil unserer Existenz, den wir mit vielen anderen Lebewesen teilen, die den Pflanzen die Kräfte stehlen wollen, dann aber oft deren Opfer werden. Dann scheint die mythische Beschützerin der Tierwelt, die römische Göttin Fauna, von Morpheus verführt worden zu sein, dem griechischen Gott des Schlafs und der Träume – und Namensgeber des Morphiums. Wir durchwandern einen Wachtraum und fragen uns, ob wir von Erleuchtung geküßt oder von Dunkelheit eingesargt werden. Um unseren Weg durch das Labyrinth zu finden, müssen wir die Rolle der narkotischen Pflanzen und berauschten Tiere studieren und unseren eigenen Part intelligent und mit ernsthaftem Bemühen spielen.

Viele der Geschichten in diesem Buch wurden von meinen Forschungsgruppen gesammelt, die das drogenkonsumierende Verhalten von Tieren, Menschen und Kulturen in ausgewählten und teilweise vorher noch nicht besuchten Gebieten unseres Planeten untersucht haben. Unsere Beobachtungen förderten viele unterhaltsame Beispiele zutage. Darunter waren die Entlein, die zu sehr mit dem Fressen narkotischer Pflanzen beschäftigt waren, um auf die Rufe ihrer Mutter zu reagieren; die Tauben, die heimlich Marihuana-Samen aufpickten, und zwar in verhaltensverändernden Mengen, was ihrem Meisterpsychologen B. F. Skinner verborgen blieb; Rentiere, die nach geringen Mengen berauschender Pilze auf Artgenossen und Menschen losgingen; und die kleinen Kinder in einem entlegenen indianischen Dorf in Mexiko, in dem sich niemand einen Fernseher leisten kann, die halluzinogenen Peyotetee tranken, die Reste davon ihren Hunden gaben und sich dann mit ihnen zusammenkuschelten, um sich »Phantasie-Fernsehen« anzusehen. Die Kinder kicherten, und die Hunde hatten Zuckungen.

Die Forschungen hatten auch ihre dunkle Seite: Einer der in einem Spielgehege lebenden Schimpansen wurde nach Einnahme eines kräftigen Aufputschmittels wild und lieferte sich bis zu seinem Tod eine regelrechte Schlacht mit meinem Team. Ich wurde von Marihuana-Pflanzern gefangengenommen, die mir nicht glauben wollten, daß ich ein Wissenschaftler bin und ausschließlich Interesse an Tieren hatte. Ich wurde zur Zielscheibe von Todesdrohungen – und einer Schießerei – zwischen Patienten und Gefangenen, über die ich etwas herauszufinden versuchte. Und Mitglieder meines Teams wurden häufig von Vergiftungserscheinungen überwältigt, wenn sie es wagten, die seltsamen Drogen einzunehmen, die von ihren tierischen und menschlichen Probanden konsumiert wurden.

Es ist einfach, diese Fälle als bloße Absonderlichkeiten des tierischen Verhaltens zu erklären. Schließlich verfallen Tiere häufig in bizarre und ungewöhnliche

Verhaltensweisen. Als ich Tiere sah, die von natürlichen oder von Menschen hergestellten Drogen high waren, reagierte ich anfänglich genauso. Zunächst erschienen mir die Tiergeschichten so außergewöhnlich wie die Geschosse, die von aufgeputschten Patienten abgefeuert werden. Dann zeigte sich aber doch ein durchgehendes Verhaltensmuster. In jedem Land und bei nahezu jeder Tiergattung fand ich Beispiele für nicht nur zufälligen, sondern absichtlichen Drogengenuß. Tausende von mir untersuchte Fälle überzeugten mich, daß die Suche nach Rauschmitteln zu den natürlichen Verhaltensweisen im Tierreich gehören.

Als Psychopharmakologe in der Abteilung für Psychiatrie und Verhaltensforschung an der Universität von Los Angeles (UCLA) sammelte ich über zwanzig Jahre lang Tausende von anekdotischen Belegen über berauschte Tiere, die sich genauso verhielten wie die von uns beobachteten Menschen. Ich suchte weitere Geschichten aus der Archivliteratur heraus. Gestützt auf ein weltweites Netz von Forschungseinrichtungen, bemühten sich meine Teams um ein tieferes Verständnis der vielversprechendsten Fälle durch systematische Beobachtungen und Experimente. Sie benutzten ein ganzes Arsenal futuristischer Techniken dabei, darunter computergestützte Spurensuchgeräte, Nachtkameras und biomedizinische Aufzeichnungsgeräte. Um den Konsum und die chemische Umformung der Substanzen zu verfolgen, markierten sie pflanzliche Drogen durch radioaktive Zeichen und führten Tage, Wochen und Monate nach der Einnahme Blut- und Urintests durch. Weil Stoffwechselprodukte von Drogen in den Haaren erhalten bleiben, sammelten die Forscher Proben von tierischem und menschlichem Haar. Auf diese Weise konnten sie Spuren von Drogen unterhalb eines Werts von einem Milliardstel Gramm über Jahre oder sogar Jahrzehnte verfolgen. Schließlich wurden wissenschaftliche Experimente mit Tieren und Menschen durchgeführt und deren Resultate mit detaillierten langjährigen Untersuchungen über den menschlichen Drogenkonsum und -mißbrauch verglichen.

Die Forschungsarbeiten verlangten oft nach innovativen Ideen, um das, was ich im Feldversuch gesehen hatte, verifizieren und eingehender untersuchen zu können. In einem bewachten Freigehege richtete ich eine Affeninsel ein, deren Bewohner freien Zugang zu einem Garten mit psychoaktiven Pflanzen hatten. Im Laboratorium trainierte ich Tauben, uns mitzuteilen, was sie unter dem Einfluß von LSD sahen, und gab Affen die Möglichkeit, sich ihr eigenes Rauschmittel-Menü zusammenzustellen, darunter befand sich auch Kokain-Kaugummi. Ich arbeitete mit einer Gruppe menschlicher Probanden – von den Medien als *Psychonauten* bezeichnet –, die kontrollierte Trips mit LSD und anderen Drogen machten und dabei präzise psychophysische Berichte über ihre Halluzinationen verfaßten. Ich studierte die Probleme des Drogenmißbrauchs bei den vielen Patienten, die ich in Kliniken und bei privaten Verabredungen traf. Dann ging ich auf die Straße, nahm Kontakt zu Konsumenten auf, die keine Probleme hatten, und forschte nach, warum das so war. In meiner forensischen Praxis fand ich einiges über die zerstörerischen Folgen des Drogenmißbrauchs heraus – man zog mich in Hunderten von Mordfällen als Gutachter zu Rate, in denen die Beschuldigten unter Drogeneinfluß gestanden haben sollen. Und ich wurde als Berater von zwei Kommissionen des Präsidenten und der Weltgesundheitsorganisation in den Krieg gegen die Drogen geschickt, wobei ich viele Länder bereiste und Gespräche mit den Königen und dem Fußvolk der Drogenszene führte.

Der erste Teil unserer Untersuchung beschäftigt sich mit dem Garten Eden der Evolution, in der Morgendämmerung der Drogenkriege, als die Pflanzen Chemikalien gegen Pflanzenfresser zu produzieren begannen. Diese Chemikalien stießen viele Tiere ab, zogen andere aber an, die es verstanden, die giftigen Wirkungen zu umgehen, indem sie sichere Ernährungsstrategien entwickelten. Die Tiere minimierten Ablehnungseffekte und maximierten die Zuwendungseffekte, womit sich Gifte in Rauschmittel verwandelten und die neuartige chemische Fessel schufen, die wir Sucht nennen.

Unsere Vorfahren lernten durch die Beobachtung von Tieren viel über das Wesen dieser Chemikalien und Verbindungen – und entdeckten dabei viele nützliche Substanzen. Die Giftstoffe, die Tiere töteten, waren leicht herauszufinden. Ebenso starke Rauschmittel, wie die Halluzinogene, die das Verhalten dramatisch verändern. Weder den Tieren noch den Menschen, die das tierische Verhalten kopierten, schien es Schwierigkeiten zu bereiten, diese Rauschmittel für bestimmte Zwecke einzusetzen. Zum Beispiel lernten kleine Affen und Paviane, die uns in Geschmacksorientierung und Temperament ähnlich sind, Halluzinogene und Tabak zu benutzen, um sich die Langeweile ebenso schlau und genußreich wie menschliche Konsumenten zu versüßen.

Danach untersuchen wir die anderen wichtigen Drogen und finden heraus, daß man kein Primat sein muß, um sie zu schätzen. Besonders der Alkohol, der sich in einer gegorenen Frucht, einem gegorenen Getreide oder im Mark einer Pflanze findet, besitzt eine fast universelle Anziehungskraft. Tiere konsumieren ihn als Nahrungsmittel, zum Spaß, als Medizin; sie entkommen aber den menschlichen Gefährdungen des Mißbrauchs, da die Verfügbarkeit des Alkohols durch saisonale Gärungsprozesse oder andere natürliche Vorgänge reguliert ist. Dennoch benutzen ihn Gruppen gefangener Tiere, die räumlicher Enge und Überfüllung ausgesetzt werden, wodurch häufig menschliche Lebensbedingungen gekennzeichnet sind, zur Erleichterung ihrer Streßsituation und entwickeln die gleichen Muster des Alkoholkonsums wie wir selbst. Und wenn wir die Reaktionen von Tieren auf Opium, Haschisch, Marihuana oder Kokain berachten, stoßen wir auf weitere Abbilder unseres eigenen Verhaltens. Es gibt jedoch wenig Mißbrauch unter Tieren. Sie konsumieren jene geringen Dosen, die in den natürlichen Pflanzen enthalten sind, und vermeiden die Teilnahme an sozialen Vorgängen, solange sie berauscht sind.

In Teil II lenken wir die Aufmerksamkeit auf Amerika und uns selbst als Erben dieser langen Naturtradition. Der menschliche Hang, sich zu berauschen, ist in einem starken biologischen Trieb begründet, der die individuellen Bedürfnisse gegen die der Gesellschaft aufstachelt. Der Kampf um die Befriedigung unserer psychischen und physischen Bedürfnisse mit Drogen erzeugt einen neurochemischen Krieg in unseren Gehirnen und, draußen, einen noch tödlicheren Krieg um die Drogen selbst. Die von den Tieren erlernten Lektionen zeigen, wie wir mit Hilfe der Erziehung und der Technik, durch die wir Menschen uns auszeichnen, Frieden mit dieser natürlichen Macht schließen können.

Die Blüte narkotischer Pflanzen vor Millionen Jahren brachte die Saat des Rausches hervor. Die Samen wurden im Laufe der Geschichte verbreitet, im Magen vergifteter Tiere – vielleicht der Dinosaurier –, durch Vögel und wilde Tiere, die sie über den Planeten trugen, und sie gingen auf in den Regenwäldern und im Dschungel. Vom Zufall zur Abhängigkeit; von den Ziegen, die Kaffeebohnen äsen, zu den Menschen, die ihr tägliches Stimulanz trinken; von den Bienen, die Opium- und Marihuana-Pflanzen immer wieder besuchen, zu den Menschen, die ihre tägliche »Dröhnung« brauchen; von den Pavianen Südafrikas, die in Nachahmung des Menschen nach Tabak verlangen, zu jenem *Homo sapiens*, der Zigaretten raucht, um dem Marlboro-Mann zu gleichen; von Elefanten, die sich gegorene Früchte suchen, um Erleichterung von Streß zu finden, zu gestreßten Menschen, die trinken und rosa Elefanten sehen; von den großen Kräuterbüchern des Mittelalters, in denen der Erfindungsreichtum der Tiere beschrieben wird, die natürliche Heilmittel für ihre Gebrechen suchten, zur Science-Fiction-Story von Doris Buck, die eine Flucht aus dem Leben des einundzwanzigsten Jahrhundert mittels einer Designer-Droge beschreibt, die dem Benutzer die Illusion gibt, ein Dinosaurier im Mesozoikum zu sein – die Geschichte des Lebens auf der Suche nach dem Rausch wiederholt sich.

Wenn wir den Rausch als eine universelle und vollständig natürliche Erscheinung verstehen können, wenn wir die Lehren der Pflanzen und Tiere auf die bei unserer eigenen Suche gestellten Fragen anwenden können, dann können wir uns aus der Wiederholung vergangener Geschichte befreien und uns vorwärtsbewegen zum Entwurf einer neuen Zukunft.

Teil I

DIE DROGEN

Krieg im Paradies

Die Ursprünge der pflanzlichen Drogen

1

Durch die Infrarot-Augen eines Landsat-Satelliten gesehen, wirken die riesigen Sequoias und Pinien Kaliforniens wie dünne rote Haare. Aus der Sicht eines jungen Mannes, den ich Daniel nennen will, standen sie in Flammen. Daniel und seine Freunde campten am Rande eines Naturschutzgebiets. Als sie um das abendliche Lagerfeuer hockten, begann er von einem Buch zu erzählen, das er gerade gelesen hatte. Das Buch beschrieb die Abenteuer eines jungen Anthropologen, der die bewußtseinsverändernden Pflanzen, die von einem Schamanen der Yaqui-Indianer verwendet wurden, untersucht hatte. Daniel entschloß sich, eins der Rezepte des Schamanen zuzubereiten, einen Aufguß aus wildem Stechapfel. Er sammelte einige der in der Nähe wachsenden Pflanzen, brühte die Blätter ab und reichte dampfende Tassen mit dem Aufguß herum. Seine Freunde hatten Bedenken, den bitteren grünen Sirup zu trinken, und so trank Daniel mit der Unerschrockenheit eines Indianerhäuptlings den ganzen Topf aus.

Die Welt stand in Flammen. Es begann mit einem Fieber, das seinen Herzschlag und seinen Atem rasen ließ. Es stieg seine ausgedörrte Kehle hinauf durch seinen trockenen Mund und brach sich schließlich über die geröteten Lippen Bahn in einem grauenerregenden Schrei. Daniel schaute hilfesuchend seine Freundin an, aber die verwandelte sich in einen Baum. Er bewegte sich auf die anderen zu, aber sie verwandelten sich ebenfalls in Bäume. In Panik lief er in die Wälder. Jetzt redeten die Bäume mit ihm und warnten, die Dämonen würden ihn einfangen und in einen Baum verwandeln, wenn er nicht weiterliefe. Er lief acht Kilometer weit und bemerkte nicht, daß seine bloßen Füße durch rasiermesserscharfe Stacheln aufgerissen wurden. Ein Fluß hielt ihn bei seiner Flucht auf. Er wandte sich um. Die Dämonen hatten ihn fast erreicht. Er versuchte, ein Streichholz anzuzünden. Das erste zerbrach zwischen seinen Fingern. Das zweite verwandelte sich in ein sich schlängelndes und lebendiges Wesen. Das dritte entzündete sich, und er schaffte es, einen Waldbrand zu entfachen, der die Dämonen aufhielt. Dann tauchte er in das kalte Wasser ein.

Er wurde von einem Forstaufseher gerettet, für mehrere Tage in ein Krankenhaus gebracht und dann wegen Brandstiftung angeklagt. In dem Verfahren sagte er, daß ihm alles wie ein schrecklicher Traum erschiene, er aber seine Lektion gelernt habe und nie wieder Drogen nehmen würde. In einem vertraulichen Gespräch erzählte mir Daniel, wie diese Erfahrung seine Lebensauffassung verändert hatte. Während seines halluzinatorischen Deliriums, als Tiere und Pflanzen ihre Gestalt wechselten, hatte er eine Harmonie in der Natur empfunden, eine Einheit mit den Erfahrungen aller Lebewesen. Er fühlte sich älter und weiser.

War Daniel nur ein widerspenstiger Jugendlicher aus den sechziger Jahren, der auf der Suche nach einem neuen Drogentrip war? Fühlte er sich als etwas Besonderes, als Teil einer Kultur, die nach der Bedeutung des Lebens suchte, indem sie mit Hilfe bewußtseinsverändernder Drogen ausflippte? Nein. Daniel war nicht das erste Opfer des Stechapfels, sondern einfach Teil eines über Ewigkeiten hinwegreichenden Vorgangs. Er hatte sich eine Pflanze zum Verzehr ausgewählt, die darauf vorbereitet war, mit bewußtseinsverändernden Chemikalien zurückzuschlagen, und er wurde ihr Opfer. Er hatte sich damit eingereiht in eine Unmenge von Menschen und Tieren aller Zeiten.

Daniels Stechapfel-Martyrium war so alt wie die Bäume selbst. Wenn jene alten Rotholzwälder sprechen könnten, würden sie die Geschichte des Stechapfels erzählen, die bis zum biblischen Garten Eden und den Anfängen der Schöpfung zurückreicht. Der Stechapfel, eine überall vorkommende Pflanze mit einer grünen stachligen Samenkapsel, die an einen kleinen Apfel erinnert, gehört zu der Art *Datura*. Es kann sein, daß er nicht die Frucht vom Baum der Erkenntnis war, die Adam und Eva pflückten, aber er ist alt genug, um zur biblischen Beschreibung zu passen. Da die Schöpfungsgeschichte keine klare botanische Beschreibung liefert, haben Künstler den Baum als Apfel-, Feigen-, Birnen- und sogar Bananenbaum abgebildet. Die frühesten Gemälde zeigen Eden als einen Garten, ein durch Flüsse bewässertes Paradies, reich an fruchttragenden und blühenden Bäumen und bewohnt von Engeln.

Der Garten Eden, der Daniels Stechäpfel hervorbrachte, war nicht das glückselige Paradies des Alten Testaments. Er glich auch nicht den göttlichen Gärten des Lebens und der Unsterblichkeit, die sich in persischen, hinduistischen, buddhistischen, ägyptischen, nordischen und zahlreichen anderen Mythologien finden. Das Bild des Gartens, in dem die Apfelbäume rötliche Stämme, violett geäderte Blätter und grüne, mit Stacheln bedeckte Früchte besitzen, zeigt eine ganz andere

Landschaft. Wir sehen Käfige voller erschrockener kleiner Knaben; Altäre, auf denen Männer die schlagenden Herzen anderer Männer herausschneiden; lebendig begrabene Frauen; seltsame Ungeheuer, halb Mensch und halb Wolf; Kinder, die mit todbringenden Blumen spielen; Tiere, die sich in grotesken Haltungen krümmen und sterben; und über all dem, wo die Engel fliegen sollten, sehen wir Hexen auf Besenstielen reiten. Das ist ein Bild, das eher von Hieronymus Boschs *Garten der Lüste* inspiriert sein könnte als von der Hand des Schöpfers. Und die Geschichte, die es erzählt, ist nicht die des Sündenfalls eines einzigen Menschen, sondern die einer Welt im Krieg.

Der Baum in der Mitte des Gartens Eden war der Baum der Erkenntnis von Gut und Böse. Die alten Chinesen sahen *Daturas* als heilig an und glaubten, daß der Himmel sie mit Tau benetze, wenn Buddha spräche. Die Chinesen benutzten die Blüten und Samen, um Erkältungen und nervöse Erkrankungen zu behandeln. Aber in Indien wurde *Datura* als der Haarschopf Shivas bezeichnet, des Gottes der Zerstörung. Die Thugs – Verehrer von Kali, der Göttin der Fruchtbarkeit und des Todes – verwendeten flüssige Extrakte zur Betäubung von Menschenopfern. Später benutzte man sie auch, um junge Mädchen zu betäuben und sie widerstandslos zur Prostitution zu zwingen. Die Mädchen versahen manchmal den Wein ihrer Kunden mit *Datura*-Samen; wer dieses Gift trank, verlor die Kontrolle über seinen Willen und sein Gedächtnis – und dann sein Geld.

Im spätmittelalterlichen Europa fanden Frauen eine andere Verwendung für die Pflanze, wodurch sie einen beunruhigenden Beinamen erhielt – Teufelskraut. Diese Frauen, sogenannte Hexen, rieben ihre nackten Körper mit einer halluzinogenen Lösung ein, die *Datura* und verwandte Pflanzen aus der Familie der Nachtschattengewächse enthielt. Die Lösung wurde durch die Haut schnell absorbiert und mit einem Stock oder einem handlichen Besen auch auf die Vaginalschleimhäute aufgetragen. Dann bestieg die Frau den Besenstiel und gab vor, zur Sabbatfeier hinauszureiten. Einige schmierten sich einfach mit der Salbe ein und kletterten für die imaginäre Reise in einen großen Korb. Dort blieben sie über mehrere Stunden im Koma, um danach wieder herauszukommen und über Reisen in seltsame Länder zu berichten.

Aufgrund von Experimenten, die im sechzehnten Jahrhundert von Andrés Laguna, dem Arzt des Papstes Julius III., durchgeführt wurden, fielen die jungen Mädchen, die mit Stechapfel eingerieben worden waren, in einen »eisernen«, Schizophrenie-ähnlichen Zustand. Ihre Reisen waren nur durch die Einreibung hervorgebrachte Träume. Aber diese im mittelalterlichen Bewußtsein gefangenen Schneewittchen waren nicht imstande, aus den satanischen Träumen zu erwachen. Giovanni Battista Porta, ein Kollege von Galilei, der Laguna bei den Experimenten half, beschrieb, wie Menschen einen Gifttrunk aus den gleichen Pflanzen tranken, um die Illusion zu erzeugen, ein Vogel oder ein Raubtier zu sein. Durch Überstreifen eines Wolfsfells und Umherlaufen auf allen Vieren halluzinierten die Männer, in Tiere verwandelt zu sein, und lieferten damit auch den Grundstock für unsere modernen Werwolf-Geschichten.

Die Indianer der Neuen Welt erfanden für *Daturas* andere Namen und Verwendungsweisen. Die Azteken nannten sie *toloatzin* und schätzten ihre schmerztötenden Eigenschaften. Sie war eine der Drogen, die Menschenopfern verabreicht wurden, um sie müde und bewußtlos ihrem Schicksal zu übereignen. Die meisten Gefangenen der Aztekenkriege wurden in hölzernen Käfigen gehalten und gemästet. Später, bei den Opfern in den Pyramidentempeln, schnitten die Priester die Herzen der Opfer heraus und schenkten sie zusammen mit Blut dem Sonnengott. Opferzeremonien gab es häufig, und manchmal waren sie schier endlos. Bei der Einweihung des Haupttempels in Tenochtitlán wurden 1487 über achtzigtausend Menschen geopfert. Die Reihe der Menschenopfer erstreckte sich über viele Meilen, und es dauerte mehrere Tage, bis die Letzten die Spitze der Pyramide erkletterten, um sich unter das Schlachtmesser zu beugen.

Auch andere rituelle Verwendungen der *Datura* umgaben Todesthemen. Die frühen kolumbianischen Indianer reichten den Frauen und Sklaven verstorbener Männer oder Herren Bier und *Datura* -Getränke. Völlig apathisch und benommen durch den Trunk, wurden die Opfer lebend mit den Toten begraben. In Gegenden am westlichen Amazonas bekamen Jungen einen *Datura*-Aufguß verabreicht, um Erkenntnis aus einer todesähnlichen Erfahrung gewinnen zu können. Wenn ein Junge Probleme damit hatte, den Trank zu schlucken, führten seine Angehörigen einen hohlen Knochen oder ein Horn in sein Rektum ein. Die Röhre wurde mit einem Beutel des Aufgusses verbunden, der solange zusammengepreßt wurde, bis der Junge ins Koma fiel.

Der Glaube daran, daß die Jugend aus der *Datura*-Erfahrung lernen könne, war in beiden Teilen Amerikas sehr verbreitet. In Virginia, wo die Algonquin-Indianer den Stoff *wysoccan* nannten, wurden Jungen in den Wald gebracht und in Lattenkäfige eingesperrt. Dort zwang man sie, die Droge zu nehmen. Die Algonquins glaubten, daß die gewaltsame Berauschung das Gedächtnis der Jungen auslösche und die Jungen in das Mannesalter einführe.

Dem kurzen Leben sehr junger Menschen konnte ein einziger Rausch ein schnelles Ende setzen. Kinder wurden angezogen von dem süßen Duft der *Daturas*, den großen Blüten, die wie Spielzeugtrompeten aussehen, den jungen Früchten, die ihre Abwehrstacheln noch nicht entwickelt haben, und den kleinen dunklen Samen, die wunderbare Spielobjekte bilden. Viele Kinder haben die Pollen eingeatmet, die Samen geschluckt oder die Blätter gekaut; einige haben das sogar überlebt. Die Vergiftungen waren dramatisch. Ein fünf Jahre alter Junge, der mit der Blüte gespielt und versucht hatte, sie wie eine Trompete zu blasen, schlug sie gegen seine Stirn, kaute auf den Blütenblättern herum und begann dann zu masturbieren, während er wie ein Hund bellte.

Erwachsene waren nicht immun gegen solche Zwischenfälle, besonders wenn sie in unbekannten Gegenden unterwegs waren. Im Jahre 1676 war Nathaniel Bacon gerade über sein Jugendalter hinaus, als er eine Miliz Kolonisten aus Virginia anführen sollte, die sich gegen die britische Herrschaft und hohe Steuern wehrte. Eine Gruppe britischer Soldaten wurde ausgesandt, um Bacons Rebellion zu unterdrücken. Als bei Jamestown ein Biwak aufgeschlagen wurde, machten sich die Soldaten einen Salat aus gekochtem Stechapfel und aßen ihn mit großem Appetit. Ein Bericht aus jener Zeit beschreibt, wie sich die Männer elf Tage lang wie berauschte Narren verhielten. Seit damals ist der Stechapfel in den Vereinigten Staaten als Jamestown-Kraut bekannt, gemeinhin abgekürzt als »Jimsonweed«.

In dieser Landschaft voller Dornen und Nachtschattengewächse ist der Mensch nicht alleine. Im Jahre 1975 besuchte ich eine Ranch auf der idyllischen Insel Maui, wo es kurz zuvor in einer Rinderherde mehrere *Datura*-Todesfälle gegeben hatte. Wenige Stunden nach dem Verzehr der Pflanze begannen die Tiere zu zittern und zu schwanken. Dann fielen sie hin. Laute Geräusche oder plötzliche Bewegungen erzeugten Anfälle bei ihnen. Einige zogen ihre eingeknickten Hinterbeine hinter sich her und krabbelten auf den Vorderbeinen weiter. Nach zwei Tagen waren sie tot.

Ich ging zwischen den angeschwollenen Kadavern umher, die schrecklich verdreht und gekrümmt waren, erstarrt in den Anfällen und Zuckungen. Die gekrümmten Beine und der Nacken eines Kadavers boten einen Anblick, als sei das Tier von einem Wolkenkratzer gestürzt und nicht ins tiefe Gras. Ein anderer wurde durch mehrere Zaunpfähle in einer schaurigen aufrechten Stellung festgehalten. Das Tier hatte auf eine andere Weide zu fliehen versucht und sich dabei im Stacheldraht verwickelt. Fliegenschwärme bedeckten jetzt das aufgerissene, verfaulende Fleisch. Der Kopf war wie in klagendem Gebrüll gen Himmel gerichtet. Etwas Hartes und Schwarzes hing aus seinem Maul. Dieses Bild des Todes im Garten Eden machte einen schrecklichen Eindruck auf mich.

Als ich einige Monate nach Daniels Genesung den Schauplatz seines Unfalls aufsuchte, fühlte ich mich wiederum wie in einem Alptraum. Der Boden war schwarz und verkohlt. Ein Hügel hatte sich in eine Schlammlawine verwandelt, die wie ein gigantischer vorzeitlicher Gletscher hinunter in den Fluß glitt. Die

Bäume waren nur noch Skelette. Aber die *Datura* blühte noch. Im Gegensatz zu vielen ihrer Opfern hatte die *Datura* den Drogenkrieg überlebt.

Als ich verschiedene Pflanzenproben aufsammelte, bemerkte ich einige Käfer und Maden, die an den Blättern und Blüten nagten. Da zwischen den verkohlten Überresten nur sehr wenige andere Pflanzen wuchsen, hatten die Insekten wohl keine große Wahl bei der Nahrungssuche. Aber die Käfer wirkten ganz normal. Ich hatte den Verdacht, daß es in unmittelbarer Nähe andere, verstörtere Tiere gäbe, und entschied mich, ein Lager in dem verbrannten Gebiet aufzuschlagen, von dem aus ich eine gute Sicht auf die *Datura* und die Umgebung hatte.

Einige Bienen statteten den *Datura*-Blüten regelmäßig Besuche ab. Sie sammelten die Pollen in den frühen Morgenstunden und schienen unbeeinträchtigt – obwohl ein so enger Kontakt ein Kind töten konnte. Ich richtete meine Aufmerksamkeit auf eine Ansammlung von Samenkapseln, die auf dem Boden verfaulten. Es war bekannt, daß Vögel die *Datura*-Samen fraßen und sie später auswürgten oder ausschieden, womit sie ihre Verbreitung ermöglichten. Bei den dortigen Vögeln schienen sie jedoch kein Interesse zu erwecken. Ein paar Ameisen trippelten über die Kapseln und trugen einige Samen in ihre Nester. Dieses Phänomen wurde weltweit beobachtet, von Afrika bis zu den Anden, aber niemand weiß, was die Ameisen damit machen. Im Amazonasgebiet sind diese Pflanzen manchmal schwarz von Käferschwärmen. Die Käfer, die biochemische Abwehrstoffe gegen die wirksamen Chemikalien entwickelt haben, ernähren sich von den Samen. Vielleicht verfügen die Ameisen über ähnliche Mechanismen und verwenden die Samen als Nahrung.

Ich entdeckte, daß Nachtfalter in der Dunkelheit an *Datura*-Blüten saugen. Danach benehmen sich diese großen, kräftigen Kreaturen wie berauscht. Die Motten sind normalerweise große Flugkünstler, aber nach dem Genuß von *Datura*-Nektar haben sie Schwierigkeiten, auf Blüten zu landen und verfehlen ihr Ziel oftmals ganz, fallen zwischen die Blätter oder auf den Boden. Es fällt ihnen offenbar schwer, wieder loszufliegen, und wenn sie es schaffen, sind ihre Bewegungen planlos und desorientiert.

Am nächsten Morgen erschien ein farbenprächtiger Vogel, dessen Federn wie Prismen in der Morgensonne schillerten. Der violette Streifen, der seine schwarze Brust von dem weißen Hals trennte, identifizierte ihn als Schwarzbrust-Kolibri. Er verharrte in der Luft über einer *Datura*-Blüte und streckte seinen langen, schlanken Schnabel hinein, um sich an dem Nektar zu laben. Er nahm noch Kostproben von zwei anderen Blüten und verschwand dann im Dunst. In der Hoffnung, eine Veränderung in seinem Verhalten feststellen zu können, wartete ich auf seine Rückkehr. Manchmal fressen Kolibris von *Datura*-Blüten, lassen sich nieder, plustern ihre Federn auf und erstarren für mehrere Stunden wie steife Leichname. Niemand weiß, ob dies eine Auswirkung der Droge ist, wie die eiserne Katatonie der Hexen, oder einfach nur eine Methode zur Speicherung der Energiereserven. Aber der Kolibri kehrte nicht zurück, so daß die Frage unbeantwortet bleiben mußte. Ich entschloß mich, meinen Wachposten aufzugeben und die Pflanzenproben ins Labor zur Analyse mitzunehmen.

Ich identifizierte Daniels *Datura* als der Art *stramonium* angehörig. Allerdings enthalten alle Daturas, Sträucher wie Bäume, im wesentlichen dieselben Chemikalien. Aufgrund meiner Analyse errechnete ich, daß Daniel 10 bis 15 Milligramm einer Chemikalienmischung zu sich genommen hatte, die hauptsächlich aus Hyoscyamin und Scopolamin und ein wenig Atropin bestand. Das war eine geringfügige Menge, aber diese Chemikalien, bekannt als Alkaloide, waren wirksam genug, um Daniels Erfahrung mit der *Datura* zu erklären – eine Erfahrung, deren Spuren in der Evolutionsgeschichte des gesamten pflanzlichen Lebens zu finden sind.

In der Infrarot-Ansicht des Landsat-Satelliten erscheint der größte Teil der Landmassen unseres Planeten rötlich – ein Zeichen pflanzlichen Lebens. Die Gewässer der Welt erscheinen schwarz, aber die Sensoren des Satelliten können mindestens 10 Faden in die Tiefe blicken und das Vorhandensein der vielgestaltigen Lebensformen im Meer belegen, darunter die winzigen schwebenden Mikroorganismen des Planktons, die die Grundlage des Lebens im Meer bilden. Landsat hat sogar pflanzliches Leben in einem »fossilen Fluß« unter der arabischen Wüste sichtbar gemacht, von dem einige Archäologen glauben, er habe einst den wirklichen Garten Eden gespeist.

Das von dieser Theorie lokalisierte Gebiet des biblischen Eden ist jetzt vom Persischen Golf bedeckt, so wie die Wasser des Ozeans einst den Planeten bedeckten, bevor sich im präkambrischen Zeitalter vor etwa zwei Milliarden Jahren die ersten Algen zu entwickeln begannen. Schon in diesen primitiven Anfängen des Lebens brachten die Pflanzen chemische Wunder hervor: Substanzen, die sich schrittweise zu Ausgangsstoffen für Drogen entwickelten.

Zu Beginn des Paläozoikums, vor 600 Millionen Jahren, als die Ebenen und die milden Klimazonen entstanden, waren die Meeresalgen vorherrschend, während sich pflanzenfressende Tiere und wurmartige Geschöpfe erst zu entwickeln begannen. Unter den jüngeren Algenarten befinden sich mehrere berauschende Flechten und Seegräser. Auch die Pilze entwickelten sich in dieser Ära, und heutige Pilze enthalten eine Anzahl wichtiger Rauschmittel, besonders halluzinogene Champignons, Boviste und Morcheln.

Als sich Millionen Jahre später die trockenen Kontinentalgebiete entwickelten, erschienen gleichzeitig mit den Fischen und Amphibien die Farne. Die in ihren modernen Nachkömmlingen gefundenen Chemikalien haben starke pharmakologische Wirkungen. Die frühesten saattragenden Pflanzen traten seit dem späten Paläozoikum zusammen mit Reptilien, Insekten und Spinnen auf. Die zapfentragenden Pflanzen, auch Gymnospermen genannt, die vor 345 Millionen Jahren entstanden, entwickelten starke Überlebenskräfte, und viele von ihnen existieren heute noch. Unter ihnen sind verschiedene Arten, die wichtige Drogen wie das Ephedrin liefern.

Die Blütezeit der Angiospermen brachte jedoch die größte Zahl der pflanzlichen Drogen in die Welt. Sie entwickelten sich schnell, und in der Mitte der langen Kreide-Periode des Mesozoikums waren sie vorherrschend. Sie bildeten eine Reihe von Abwehrstoffen aus, darunter ein Arsenal chemischer Waffen und Drogen. Diese sind die Quelle für die meisten Rauschzustände der Tiere, die gezwungen waren und sind, in einer Welt zu existieren, in der Nahrung und Drogen an denselben Bäumen zu finden sind.

Die Kreidezeit war eine Periode, in der große Sumpfgebiete die Wüsten ersetzten, in der die Rocky Mountains und die Anden geboren wurden und in der sich das Klima abzukühlen begann. Einige Lebewesen der Kreidezeit konnten sich nicht an den Klimawechsel und die sich schnell verändernden Lebensbedingungen des Planeten anpassen. Viele Reptilienfamilien, darunter die Dinosaurier, verschwanden plötzlich in dieser Periode.

Hatte das Aufkommen pflanzlicher Giftstoffe irgend etwas mit ihrem Verschwinden zu tun? Diese Möglichkeit wurde in verschiedenen neueren Cartoons ausgemalt, wo solche Vorstellungen nach Auffassung der meisten Wissenschaftler auch hingehören. Eine Zeichnung bildet einen langhalsigen *Brontosaurus* ab, einen eleganten Pflanzenfresser, der glücklich einen Strauß angiospermer Blumen abfrißt, anschließend aber rülpst und zusammenbricht. Eine andere zeigt einen Fleischfresser, den fürchterlichen *Tyrannosaurus*, der in konvulsivischen Zuckungen darniederliegt, nachdem er ein kleineres Reptil gefressen hat, das gerade eine Mahlzeit aus giftigen Pflanzen beendet hatte. Ein anderer Künstler zeichnete eine Gruppe jugendlicher Dinosaurier, die hinter einem Kreidefelsen versteckt klammheimlich einen Joint raucht. Die Bildunterschrift teilt dem Leser mit, dies sei der wirkliche Grund für das Aussterben der Dinosaurier.

Abgesehen von dem humoristischen Gehalt solcher Bilder, vertreten auch einige Geologen und Botaniker die Auffassung, daß die Einbeziehung einer neuen Klasse von Pflanzen in die Ernährung der großen Reptilien, die vorwiegend Pflanzenfresser waren, bedeutsame Wirkungen gehabt haben könne. Sie verweisen auf die von den Angiospermen im evolutionären Kampf ums Überleben entwickelte Fähigkeit, zahlreiche Abschreckungen gegen ihren Verzehr zu produzieren: zunächst eine Gruppe von Chemikalien, die Tannine genannt werden, und später Alkaloide. Diese chemischen Stoffe halfen den Pflanzen, dem Raubbau durch Tiere zu widerstehen. Möglicherweise waren die Dinosaurier nicht imstande, solche Bestandteile zu erkennen oder sie physiologisch unschädlich zu verwerten, und sie haben vielleicht dennoch soviel davon verzehrt, daß sie schwere Störungen oder den Tod erlitten.

Diese Argumente ergeben angesichts der Gleichzeitigkeit des Aufkommens der wirksamsten Drogen auf dem Planeten und des Niedergangs der dominierenden Tiere einen Sinn. Mehr als 135 Millionen Jahre waren die Dinosaurier hinsichtlich der Anpassung an die Erde und ihrer Beherrschung außerordentlich erfolgreich. Die Kreidezeit jedoch überlebten sie und andere Pflanzenfresser nicht. Die mediterrane Schildkröte ist eins der wenigen übriggebliebenen pflanzenfressenden Reptilien, und Ernährungsstudien haben ergeben, daß dieses Lebewesen sich nicht durch den Geschmack gewisser pflanzlicher Chemikalien abschrecken läßt und weiterfrißt, selbst wenn die chemischen Stoffe giftige Konzentrationen erreichen. Die Vorfahren der Schildkröte konnten, als sie diesen Planeten beherrschten, möglicherweise den Geschmack einer solchen beginnenden Vergiftung nicht erkennen.

Derartige Argumente beweisen nicht, daß Drogen für das Massensterben in der Kreidezeit verantwortlich waren. Die plausibleren Erklärungen verweisen auf einen massiven Meteoriteneinschlag, der Tonnen der Erdkruste in Form einer sonnenundurchlässigen Staubwolke in die oberen Schichten der Atmosphäre schleuderte. Aus Tag wurde Nacht, und die auf Photosynthese angewiesenen Pflanzen verhungerten. Durch den Verlust ihrer Ernährungsgrundlage seien viele pflanzenfressende Reptilien gestorben, und ebenso die von ihnen abhängigen Fleischfresser.

Wie dem auch sei, das Giftargument betont, Pflanzen könnten eine zufällige Überdosis hervorrufen. Als Dinosaurier durch die antediluvianischen Sümpfe und die seichten Küstengewässer wateten, waren sie vielen Gefahren ausgesetzt; eine verdorbene Mahlzeit konnte genauso tödlich sein wie der Sturz in eine Teergrube. Auch wenn die Vorstellung eines berauschten und sterbenden Dinosauriers komisch erscheinen mag, so ist sie doch nicht unwahrscheinlicher als die eines Lebewesens, das vor Millionen von Jahren existierte, auf sieben Paaren spitz zulaufender Stelzen lief und sieben Fühler rings um den Körper herum besaß und von Paläontologen Hallucingenia genannt wird. Ob Monster wie dieses von ihrem Gaumen oder ihrem Planeten betrogen wurden, sei dahingestellt, viele waren einfach zu groß (bis zu dem 100 Tonnen schweren *Brachiosaurus*) oder zu langlebig (einige lebten ein Jahrhundert oder länger), um sich schnell genug anzupassen und dem Aussterben zu entgehen.

Zudem gab es, wie heute, einfach keinen Raum, in dem hungrige Tiere es hätten vermeiden können, mit den ums Überleben kämpfenden Pflanzen in Berührung zu kommen. Infolgedessen entwickelten die Pflanzen ein hochentwickeltes System physischer und chemischer Abwehrmittel für den Überlebenskrieg. Die physischen Abwehrmittel umfassen steife und harte Blätter, Stacheln, Dornen, Borsten und Widerhaken. Einige Pflanzen sind nicht leicht zu entdecken, weil sie den Schatten suchen, die Erscheinungsform von Kieseln oder Steinen aufweisen oder in ökologischen Nischen wachsen, wo sie kaum gefunden oder gefressen werden können. Es gibt sogar Verteidigungsbündnisse zwischen Pflanzen. Beispielsweise wachsen viele schutzlose Gräser zwischen übelriechendem Kraut.

Die bei weitem wirkungsvollsten Abwehrwaffen der Pflanzen sind die chemischen. Chemische Abwehrstoffe finden sich überall im Pflanzenreich, bei Pilzen wie bei Blumen, und sie bilden unterschiedliche Barrieren. Diese chemischen Stoffe werden sekundäre Substanzen oder sekundäre Komponenten genannt, weil sie im pflanzlichen Stoffwechsel keine primäre Rolle spielen. Einige der sekundären Substanzen sind Speicherkomponenten und Regulatoren des pflanzlichen Wachstums, aber die meisten haben keine bekannte Funktion im Stoffwechsel. Diese Substanzen waren aufgrund ihrer abstoßenden Wirkungen auf Insekten und Pflanzenfresser bedeutsam für Anpassungsprozesse.

Pflanzenfressern leicht zugängliche Pflanzen sind durch Tannine geschützt. Tannine sind die ältesten Abwehrstoffe und finden sich in den Blättern, der Rinde, dem Holz und der Frucht bestimmter Farne, Gymnosperme und Angiosperme. Wenn man die Häute und Felle von Tieren in wässrige Tannin-Extrakte taucht, verwandeln sie sich in Leder, das gegen bakteriellen Befall, Hitze oder Reibung resistent ist. Auf ähnliche Weise erfüllen die Tannine ihre Hauptaufgabe, Pflanzen gegen die Angriffe von Pilzen und Bakterien zu schützen. Sie verteidigen die Pflanzen auch, indem sie ihnen einen schlechten Geschmack verleihen. Tannine wirken adstringierend im Mundbereich, und die meisten Tiere werden nach einer einzigen unangenehmen Geschmacksprobe ausspucken. Wenn sie dennoch verzehrt werden, setzen die Tannine den Pflanzenfressern weiter zu. Zusammen mit Ligninen, unangenehm schmeckenden sekundären Substanzen, die der Holzstruktur Halt und Stärke verleihen, blockieren Tannine den Zugriff auf Kohlehydrate und Proteine, stören die Tätigkeit von Enzymen und die Verdauung. Erfahrungsgemäß werden Pflanzen mit hohen Tanninkonzentrationen von den meisten Tieren, auch den Insekten, abgelehnt.

Wer sich von Tanninen nicht abhalten läßt, für den gibt es Flavonoide. Diese janusgesichtigen Sekundärsubstanzen ziehen Pollenüberträger an und stoßen Schmarotzer ab. Gemeinsam mit Karotinen, die sich mit der Reifung der Frucht entwickeln, spielen sie eine Rolle bei der Produktion attraktiver Farben für die Blüten, wodurch die Bestäubung und die Ausbreitung des Samens gefördert wird. Aber einige farblose Flavonoide unterstützen mit adstringierenden und bitteren Geschmacksstoffen die Abwehr der Pflanzen. Sie sind auch wirksame natürliche Insektizide für die Pflanzen – das kommerzielle Kontakt-Insektizid Rotenon wird aus einem Flavonoid gewonnen. Andere Flavonoide behindern Enzyme, stören lebenswichtige Vorgänge innerhalb tierischer Zellen, bringen die Fortpflanzungsfähigkeit von Vögeln und Säugetieren durcheinander und verringern ihre Fruchtbarkeit und Überlebensfähigkeit.

Eine ähnliche Gruppe von Chemikalien, Terpenoide, ist so wirksam bei der Abschreckung unerwünschter Insekten, daß es als schnellwirkendes Vernichtungsmittel in Insektensprays verwendet wird. Diese Substanzen schrecken auch Säugetiere ab, denn sie verursachen eine allergische Dermatitis oder Erbrechen. Im hungrigen Ostafrika, wo es niemals genug zu essen zu geben scheint, weisen pflanzliche Terpenoide den unersättlichen Appetit von Armeewürmern, Wüstenkrebsen oder hungernden Menschen in die Schranken.

Für einige Lebewesen kann sogar der Verzehr einer Tomate oder einer Kartoffel problematisch werden. Die Blätter dieser Pflanzen enthalten Proteinase-Hemmstoffe, also Chemikalien, die zur Verteidigung gegen Insekten dienen, indem sie deren Verdauungsenzyme blockieren. Nach einer einzigen schweren Verletzung konzentrieren sich diese Hemmstoffe in einem Blatt und bleiben dort etwa fünf Stunden lang in hoher Konzentration. Eine zweite Verletzung setzt ein Hormon frei, das der Pflanze mitteilt, die Konzentration der Hemmstoffe zu verdreifachen. Aber einige Insekten haben Gegenstrategien gegen diese Abwehrstoffe entwickelt. Wenn Marienkäfer den mexikanischen Kürbis befallen, schneiden sie schnell eine kreisförmige Kerbe in ein Blatt. Das Blatt wird fast vollständig durchtrennt, und nur ein paar Fasern halten den Ausschnitt fest. Der Käfer frißt dann das eingekreiste Stück. Von der Pflanze werden chemische Abschreckungsstoffe mobilisiert, können aber nicht durch die Fasern hindurch die Stelle erreichen, an der das Insekt frißt. Da die chemischen Stoffe in weitem Umkreis um den Einschnitt herum auftreten, hat der Marienkäfer gelernt, daß er sich nach dem Verzehr eines Blattausschnitts mindestens sechs Meter fortbewegen muß, ehe er sich zu einer weiteren Mahlzeit niederläßt.

Saftige, grüne Weiden können ebenso unsicher sein. Futterpflanzen wie Alfalfa und Klee müssen sich gegen grasende Tiere und Schmarotzer verteidigen.

Solche Pflanzen verwenden ebenfalls sekundäre chemische Stoffe: Saponine. In wässrigen Lösungen entwickeln Saponine einen seifenähnlichen Schaum; bei Tieren zerstören sie die roten Blutkörperchen. Geringe Mengen schrecken Insekten ab und töten ihre Larven. Wenn sie von Schafen und anderen grasenden Tieren in großen Mengen genossen werden, erzeugen Saponine Blähsucht, verringern die Nahrungsaufnahme und hemmen das Wachstum.

Viele Pflanzen, die zur Verbreitung ihres Samens auf Tiere angewiesen sind, müssen eher die Zufuhr begrenzen als das Tier direkt töten, weil sie sonst einen wertvollen Samenträger verlören. Lipide, die in Ölen von Pflanzensamen und einigen Blättern vorkommen, erfüllen diese Funktion. Die interessantesten Lipide sind Terpene, die einen stark aromatischen Geschmack haben. Zum Beispiel hindert Myristizin, das in Muskat und vielen anderen Gewürzen enthalten ist, Tiere daran, ihre Nahrung zu sehr mit diesen Pflanzen anzureichern. In größeren Mengen erzeugt Myristizin Schwindel und den Verlust der motorischen Koordination.

Im endlosen Krieg zwischen Pflanzen und Schmarotzern sind die Pflanzen bei der Entwicklung von chemischen Abwehrstoffen und die Gegenstrategien der Tiere sehr einfallsreich geworden. Solche Pflanzen wie wilde Pastinaken und Gänseblümchen verfügen über natürliche photosynthetische Eigenschaften. Wenn sie von Insekten verzehrt werden, die dann dem Licht ausgesetzt sind, reagieren diese Chemikalien sehr stark und verbrennen buchstäblich das Gewebe der Insekten. In hart gepanzerten Insekten wie dem Rüsselkäfer wirken sie direkt auf die DNA des Insekts und erzeugen tödliche Chromosomen-Abnormitäten. Einige wenige Insekten haben auch noch dagegen Abwehrmaßnahmen parat. Einige Larven beispielsweise haben gelernt, sich in die Blätter einzuwickeln, wenn sie von der Pflanze fressen. Die Pflanzen schlagen auf subtile Weise zurück: Das Fruchtfleisch und die Säfte verschiedener Bäume enthalten Verjüngungshormone, die Raupen daran hindern, heranzureifen. Wie Peter Pan werden diese Geschöpfe nie erwachsen und pflanzen sich nicht fort.

Ebenso einfallsreich ist eine Gruppe von Geschmacksstoffen, die bekannt ist als *geschmackszerstörende Faktoren.* Während andere sekundäre Substanzen auf den Geschmack nur einwirken, indem sie selbst schlecht schmecken, verändern die geschmackszerstörenden Faktoren den Geschmack aller Dinge, die während ihrer Wirkung von den Tieren gefressen werden. Viele dieser Faktoren sind Saponine, die die Wahrnehmung der Süße des Zuckers unterdrücken, wodurch Pflanzen sich gegenüber pflanzenfressenden Säugern tarnen können. Die Gymnema-Säure der tropischen *Gymnema sylvestre* unterdrückt nicht nur einfach die Wahrnehmung der Süße ihrer zuckrigen Blätter, sie wirkt darüber hinaus geschmacksverändernd. Wenn ein Mensch *Gymnema*-Blätter gekaut hat, schmeckt eine Orange wie eine Limone. Ähnliche Effekte halten futtersuchende Pflanzenfresser von der Pflanze fern. Ein anderer Faktor, Miraculin, arbeitet umgekehrt. In den Beeren eines afrikanischen Strauchs, *Synsepalum dulcificum*, bewirkt Miraculin, daß Säuren, die normalerweise auch sauer schmecken würden, süß zu sein scheinen. Für den, der eine *Synsepalum*-Beere kaut, schmeckt eine Zitrone wie eine Orange. Pflanzen, die für die Ausbreitung des Samens auf Obstesser angewiesen sind, nutzt es, eine süß schmeckende Frucht anbieten zu können, auch wenn das nur eine Illusion ist.

Die besten Illusionen werden durch die sekundären Substanzen erzeugt, die als Alkaloide bekannt sind. Alkaloide, zu denen die wichtigsten Halluzinogene und bewußtseinsverändernden Drogen gehören, werden in den Pflanzen aus anderen chemischen Stoffen wie Aminosäuren und Terpenoiden synthetisiert. Fast ein Drittel der Angiosperme enthalten Alkaloide. Sie sind Nebenprodukte des primären Stoffwechselprozesses und konzentrieren sich vorzugsweise in den peripheren Teilen der Pflanze wie der Rinde, den Blättern und der Frucht.

Alkaloid-Konzentrationen mögen für den Stoffwechsel und das Wachstum der Pflanze nutzlos sein, doch sie bringen ihr einen selektiven Vorteil im Überlebenskampf gegen Insekten und Pflanzenfresser. Koffein versetzt Moskitolarven buchstäblich den K.o., indem es ihr Nervensystem stört. Im Laborversuch wurden im Wasser ausgeschlüpfte Moskitolarven, die Koffein zu sich nahmen, so verwirrt, daß sie ertranken. Andere Alkaloide schützen Pflanzen durch die Verringerung der Insekten-Populationen, nicht durch Abschreckung einzelner Plünderer. Zum Beispiel hält das Tomatin den Grashüpfer nicht von der Tomate ab, aber er kann nach dem Verzehr größerer Mengen schließlich sterben. In kleinen Mengen verzögern einige Alkaloide wie das Nikotin bei Insekten das Wachstum, die Entwicklung und die Fortpflanzung. Höhere Dosen führen zur Paralyse und sind tödlich.

Einige Insekten haben die Fähigkeit entwickelt, den Pflanzen Alkaloide zu entnehmen und sie in ihrem Körpergewebe aufzunehmen. So können sie giftige Eigenschaften zur Verteidigung gegen ihre eigenen Feinde erwerben. Zum Beispiel frißt die Tigermotte gelbe *Senecio*-Blüten in westlichen Weidegebieten und speichert die giftigen Alkaloide – eine Abwehrpraxis, durch die diese Motte für eine Vielzahl von potentiellen Räubern ungenießbar wird. Selbst die unersättliche Larve schlingt giftige Pflanzen in sich hinein, um sich in einen kleinen Tiger zu verwandeln. Die meisten Insekten und andere Pflanzenfresser waren auf diese oder ähnliche Weise gezwungen, Überlebensmechanismen zu entwickeln.

Da die Nahrungsaufnahme für Pflanzenfresser unvermeidlich ist, setzen sie sich bei jeder Mahlzeit der Gefahr aus, vergiftet zu werden. Die meisten überleben ihre Mahlzeit, gedeihen und pflanzen sich fort aufgrund zweier erfolgreicher Entwicklungen: biochemische Anpassung an die Stoffe der Pflanzen und Ernährungsstrategien, die Risiken der Vergiftung vermindern.

Nachdem eine giftige Chemikalie ihren Weg in den Körper eines Tieres gefunden hat, muß eine ausreichend großer Menge davon einen kritischen Punkt erreichen, z.B. eine Knotenstelle im Nervensystem oder in einem anderen lebenswichtigen Bereich. Die Biologie und die Chemie haben auf diesem Weg viele Hindernisse aufgebaut. Die gefährliche Verbindung kann durch spezielle Sperren aufgehalten werden, so wie die, die das Gehirn höher entwickelter Säugetiere umgibt und die Wanderung vieler Zusammensetzungen blockiert oder verlangsamt. Die Substanzen können auf ihrem Weg durch den Körper kanalisiert werden oder in speziellen Geweben oder Körperteilen gespeichert werden, wie bei der Tigermotte. Das Gift kann auch durch ein Arsenal von Enzymen schnellen Abbauvorgängen unterworfen werden. Diese Enzyme verwandeln die chemischen Stoffe in Produkte, die rasch ausgeschieden werden können. Solche Enzymsysteme wurden in Organismen im gesamten Tierreich gefunden – von der Hausgrille bis zum Menschen. Sie sind so wirksam, daß viele Tiere die kleinen Mengen an Zyaniden überleben können, die von mehr als eintausend Pflanzen produziert und in ihrem Körper aufgespalten werden. Wenn die Deaktivierung versagt, kann eine erworbene Unempfindlichkeit den Tieren Schutz bei wiederholter Einnahme des Giftes gewähren. Dieses Stadium ist als Gewöhnung bekannt. Trotz der Vorzüge dieser biochemischen Systeme müssen Pflanzenfresser darauf achten, sie nicht überzustrapazieren.

Das Überleben hängt nicht nur von den Entgiftungsmechanismen ab, sondern auch von der Ernährungsstrategie. Es ist daher von lebenswichtiger Bedeutung, daß Tiere imstande sind, das Vorhandensein von Alkaloiden und anderen sekundären Komponenten wahrzunehmen. Wahrnehmung bedeutet, daß ein Organismus eine Information aus der Umgebung erhält oder herausfiltert. Die Wahrnehmung der sekundären Substanzen erfolgt normalerweise über die chemischen Sinne des Geruchs und des Geschmacks. Einige sekundäre Substanzen wie die das Brennen verursachenden Komponenten der Brennesseln, können durch Schmerz und Jucken wahrgenommen werden. Viele Insekten und Pflanzenfresser haben Sinneszellen, die auf diese chemischen Stoffe reagieren, was zu Akzeptanz oder Ablehnung führt. Verschiedene Alkaloide wie das Chinin in der *Cinchona*-Rinde funktionieren als Abschreckung gegenüber bestimmten Insektenarten und begrenzen deren Nahrungsaufnahme durch die Stimulation der Geschmacksrezeptoren des Insekts, denen mitgeteilt wird, die Pflanze sei bitter und ungenießbar. Obwohl solche sensorischen und verhaltensmäßigen Reaktionen oft angeboren sind, können sie auch durch Erfahrung verändert werden. Entsprechend lernen viele Tiere als Ergebnis früherer Erfahrungen den Verzehr von Sekundärsubstanzen zu vermeiden. Der Lernprozeß kann überraschend schnell und stabil sein.

Pflanzenfresser, die mit dem Problem konfrontiert sind, gleichzeitig den Nährwert und die mögliche Giftigkeit von Nahrungsmitteln einzuschätzen, müssen schnell lernen können. Schlangen und Schnecken mögen sich langsam bewegen, aber sie können rasch mögliche Giftpflanzen erkennen und lernen, sie zu meiden. Man trifft nicht selten Gartenschnecken an, die in einer Entfernung von sechs und mehr Metern an giftigen Pflanzen vorbei zu Beeten mit geeigneteren Gemüsen wandern, auch wenn die Reise länger als zwei Stunden dauert. Schnecken besitzen die Fähigkeit, unsichere Nahrungsmittel durch einen einzigen Versuch zu erkennen, eine Erfahrung, die ihnen mehrere Wochen in Erinnerung bleibt. Andere Tiere mit entwickelteren Nervensystemen können das sogar noch besser.

Wenn Tiere besonders gefährliche Pflanzen erkannt haben, riskieren sie manchmal lieber die Auszehrung als eine mögliche Vergiftung. Die gemeine Gartenschnecke, eine nahe Verwandte der eßbaren Schnecke, geht auf fast alles los, was der Gärtner großzuziehen versucht. Wenn sie aber in einem Kasten eingeschlossen wird, in dem es nur giftige Pflanzen wie Tabak gibt, zieht sie sich in ihr Haus zurück und verschließt die Öffnung, indem sie ein Sekret abgibt, das zu einer Membran aus harten Mineralstoffen verkrustet. Die Schnecke kann hinter dieser geschlossenen Tür bis zu sechs Monaten im Zustand des Sommer- bzw. Winterschlafs verharren.

Aber Schnecken können sich nicht für immer verstecken und kommen schließlich heraus, um die Suche nach einer genießbareren Nahrung wiederaufzunehmen. Ich entschloß mich, ihre Abwehrmechanismen gegen die bitterschmeckenden Blätter von Daniels Stechapfel zu testen. Obwohl Schnecken oft Drogenpflanzen, wie beispielsweise Kaffee, zerstören, bevorzugen sie dabei doch die Blätter und meiden die Bohnen und andere Teile, in denen die Alkaloide am höchsten konzentriert sind. Bei der *Datura* sind jedoch alle Teile, auch die Blätter, reich an bitteren Alkaloiden. Was würde passieren, wenn Schnecken in einer Welt voller *Datura*-Blätter lebten?

Weil Gartenschnecken chemische Rezeptoren einsetzen, mußte ich zunächst herausfinden, wie sie auf Bitterkeit reagieren. Schnecken klettern normalerweise die Pflanzen hinauf, um die jüngeren und weniger bitteren Blätter an der Spitze zu fressen. Wenn sie im Laboratorium an einen senkrechten Glasstab gesetzt werden, kriechen diese Schnecken automatisch nach oben. Sie benutzen ihren Fuß, der wie ein Kissen aussieht, das sich unter der Schale bewegt. Das Kriechen wird durch eine ständige Schleimabsonderung erleichtert, durch die ein weiches »Fahrwasser« aus Gleitflüssigkeit entsteht, auf dem sich die Schnecke bewegt. Wellenartige Muskelkontraktionen an der Unterseite ihres Fußes bringen sie vorwärts. Als ich ein kleines, in bitterer Chininlösung getränktes Baumwolltuch an der Spitze des Glasstabes befestigte, schmeckten die Schnecken das Chinin mit ihren Fühlern oder Füßen und kehrten dann auf dem Glasstab um. Nach einigen weiteren Versuchen weigerten sich die Schnecken, überhaupt nach oben zu klettern.

Als sie in einen Kasten mit *Datura*-Blättern gesetzt wurden, begannen die Schnecken gleich mit ihren automatischen Kletterpartien. Nachdem sie ein wenig gefressen hatten, reagierten einige, als hätten sie gerade Chinin zu sich genommen: Sie zogen sich in ihr Haus zurück oder kehrten um und gingen auf die Suche nach anderem Futter. Nach einigen Tagen vergeblicher Suche schlossen sich manche in ihren Häusern ein und fielen in den Sommerschlaf. Andere aber fraßen die *Datura*. Später schienen diese Tiere, die zur einfachen Identifikation mit Zahlen auf ihren Häusern markiert wurden, merklich ruhiger. Einige fielen von den Blättern und rollten auf ihre Häuser. Sie wanden sich und kämpften darum, sich wieder aufzurichten und ruderten mit ihren Fühlern und Füßen. Sie schafften es, wieder auf die Füße zu kommen, und die meisten von ihnen überlebten, obwohl sie ständig herunterfielen und sich auf die richtige Seite drehen mußten. Die Schnecken waren für den Kampf mit der *Datura* gut gerüstet. Die Häuser schützen sie beim Fallen, und ihre Biochemie schützte sie vor der Vergiftung. Würde ihr Nervensystem es ihnen ermöglichen, aus diesen bitteren Erfahrungen auch zu lernen?

Ich entschloß mich, einer anderen Gruppe von Schnecken, die an strikte Efeu-Diät gewöhnt war, die Wahl zwischen drei neuen Nahrungsquellen zu geben: normaler Kopfsalat, *Datura* und *Lactuca virosa* oder wilder Lattich. Die Blätter von *L. virosa* enthalten einen bitteren milchigen Saft, der Lactucarium heißt und den Geruch und die Wirkung von Opium hat.

Die Schnecken entwickelten eine bemerkenswerte Ernährungsstrategie. Sie behandelten die neue Kost mit extremer Vorsicht und fraßen anfänglich nur minimale Mengen. Die Tiere lehnten die *Datura* und die *L. virosa* schnell ab und konzentrierten sich auf den Salat. Während sie den Salat fraßen, kosteten sie probeweise von den anderen Angeboten. Sie fraßen zunächst den Salat auf. Als das Salatangebot erschöpft war, wechselten sie zu ihrer nächsten Wahl, *L. virosa*, die weniger bittere Sekundärkomponenten enthält als *Datura*, aber dennoch genügend, um ihren Konsum zu bremsen. Erst als nur noch die *Datura* übrig war, verzehrten die Schnecken soviel davon, daß sie die charakteristischen Zeichen einer Molluskenvergiftung zeigten – das Herunterfallen.

Zweifellos half diese Ernährungsstrategie den Vorfahren der Schnecken, im Paläozoikum aus dem Meer herauszukriechen und auf dem Festland die Kämpfe mit den Angiospermen der Kreidezeit zu überleben. Genau diese Strategie befähigte auch die pflanzenfressenden Säugetiere dazu, in einem Garten zu überleben, in dem Nahrung und Drogen an denselben Bäumen wuchsen. Obwohl Pflanzenfresser wie der Mensch fähig sind, viele sekundäre Komponenten zu entgiften und zu beseitigen, erzwang die Begrenztheit dieser Mechanismen eine sorgfältige Nahrungssuche und die Entwicklung einer Ernährungsstrategie. Durch abwechslungsreiche pflanzliche Nahrung, die vorsichtige Erkundung neuer Ernährungsquellen und ständige Kostproben entwickelten die Schnecken eine erfolgreiche Strategie. Die Auswahl der Nahrung wurde in begrenztem Maße durch Sinneseindrücke wie Geruch oder Geschmack geleitet, basierte aber primär auf permanentem Lernen als Reaktion auf physiologische Veränderungen.

Die Tatsache, daß viele Pflanzenfresser lernen können, giftige Nahrung zu vermeiden, legt nahe, daß Giftpflanzen auch *wissentlich* verzehrt werden. Wenn Insekten resistent gegen die sekundären pflanzlichen Substanzen werden, beschreibt man sie häufig als »süchtig« nach diesen Substanzen. Ein amerikanisches Indianermärchen beschreibt Schwärmer, die wie jene, die ich beim Fressen an der *Datura* beobachtet habe, geradezu verrückt nach der Pflanze sind. Sie sind so versessen auf den Nektar, daß sie nach dem Aussaugen der Blüten versuchen, die Knospen zu öffnen, obwohl sie schon straucheln und herunterfallen. Das ist das verrückte Verlangen der Abhängigkeit, wie die Indianer sagen. Eine solche umgangssprachliche Allegorie ist möglicherweise nur in geringem Maße irreführend. Es kann durchaus sein, daß Tiere lernen können, die pflanzlichen Bestandteile für eine geeignete Ernährung, für medizinische Zwecke und sogar für die Fehltritte auszuwählen.

Daniel, der den *Datura*-Trip machte, hatte die Wahl zwischen vielen Pflanzen. Er hätte anderes Grünzeug für seinen Tee auswählen können, sogar nahe Verwandte des Stechapfels, und hätte eine vollkommen andere Erfahrung gemacht. Es gibt allein von der *Datura* mindestens 40 Arten, die sich hinsichtlich der Verteilung und Konzentration von Alkaloiden und anderen Chemikalien stark voneinander unterscheiden. Außerdem gehören zur unmittelbaren Verwandtschaft der *Datura* solche Rauschmittel wie Tabak, Bilsenkraut, Alraune und sogar das berüchtigte tödliche Nachtschattengewächs (*Atropa belladonna*). Aber auch so verhältnismäßig harmlose Mitglieder wie die Aubergine, die Peperoni und sogar die Petunien gehören dazu. Es gibt in dieser Familie nicht nur sehr viele Arten, über 2400, es gibt auch Hunderttausende weiterer Familien. Die Botaniker haben das Pflanzenreich noch nicht vollständig erkundet, aber nach vorläufigen Erkenntnissen gibt es wohl mehr als 700000 Arten auf der Erde.

Daniel mag Pech gehabt haben, als er aus diesem planetarischen Blätterhaufen gerade die *Datura* heraussuchte, aber das Beunruhigende ist, daß jede Pflanze, die er ausgewählt haben könnte, eine chemische Überraschung bereitgehalten hätte. Seine Wahl und deren Folgen waren beispielhaft dafür, was passiert, wenn Tiere und Menschen wissentlich die chemischen Abwehrmaßnahmen der Pflanzen ignorieren und in den sauren Apfel beißen. Das gesamte Tierreich – wir selbst genau wie alle 1125000 Arten – muß sich über die Äpfel kundig machen, sowohl über die magischen wie über die tödlichen. Bei der langsamen Evolution aus dem Garten Eden heraus gaben uns die unvermeidlichen Begegnungen mit Drogen viele Lektionen auf. Die ersten Lektionen, die wir hier näher betrachten wollen, lernten wir durch die Beobachtung anderer Tiere. Sie führten uns zu der Entdeckung der wichtigsten pflanzlichen Giftstoffe und Rauschmittel.

Ziegen auf dem Trip

Die Entdeckung der Giftstoffe und der Rauschmittel

1

Die Kräuterkundigen des Mittelalters glaubten folgendes: Nachdem Satan die Vertreibung des Menschen aus dem Garten Eden in einen Dschungel voller wilder Tiere und Pflanzen verursacht hatte, erbarmte sich Gott angesichts der Zwangslage des Menschen und gab jeder Pflanze ein besonderes Zeichen. Entsprechend dieser Lehre der Kennzeichen konnte der Mensch die Markierungen an jeder Pflanze lesen und wußte so über ihre Verwendung Bescheid. Diese Vorstellung, die auf babylonische Zeiten und wahrscheinlich auf die Frühgeschichte zurückgeht, ist ebenso einfach wie logisch. So dachte man, daß gelbe Blumen gut bei Gelbsucht seien, gepunktete Pflanzen bei Hautschäden und rote Rosen bei Blutproblemen. Weil eine in der Mitte gespaltene Muskatnuß an ein menschliches Gehirn erinnert, galt sie als hilfreich gegen geistige Verwirrung. Die Ginseng-Wurzeln gleichen in ihrer Gestalt dem menschlichen Körper, weshalb die Pflanze im Orient als Allheilmittel für alles angesehen wurde, was dem Menschen fehlen konnte. Winzige Glühwürmchen ernähren sich nachts von Ginseng-Blättern, löschen aber ihre Lichter, sobald man sich ihnen nähert. Dieses geheimnisvolle Verhalten schien die Magie dieser geschätzten Pflanze zu bestätigen. Die chinesischen Ginseng-Jäger lernten daraus, nachts Pfeile auf die glimmenden Lichter zu schießen, um am nächsten Morgen zurückzukehren und die Pfeile und auch die Pflanzen wiederzufinden.

Manchmal kombinierten unsere Vorfahren pflanzliche Zeichen mit Mythen und Aberglauben. Die Schlange, die Wächterin des Lebensbaumes, soll als erste aus dem Paradies herausgekrochen sein. Als sie über den Boden schlängelte, wuchsen in ihrer Spur angeblich gewundene Pflanzen, und alle solche Pflanzen sollen als Gegengifte bei Vergiftungen wirken. Der Mensch erntete sie, um

Schlangenöl-Präparate herzustellen, und dabei wurden tatsächlich einige nützliche Arzneimittel entdeckt. Die Schlangenpflanze der Quileute-Indianer im westlichen Washington hat sich als hilfreiches wehenförderndes Mittel erwiesen, wenn der gewundene Stengel zerkaut und hinuntergeschluckt wird. Die Schlangenwurzel-Pflanzen Indiens und Afrikas enthalten medizinisch nützliche Alkaloide, von denen eins bezeichnenderweise Serpentin genannt wird. Ein anderes ist ein wichtiges Beruhigungsmittel, Reserpin. Das Vertrauen zu der Schlange war so groß, daß sie die mythologische Meisterin der Heilkünste und Emblem der modernen Medizin wurde.

Tiere erwiesen sich als noch verläßlichere Führer als diese mythologischen Zeichen. Da auch schon ein kleiner Happen gefährlich sein kann, war es unserer Art zuträglich, zunächst die niederen Tiere in unserer Umgebung von der Nahrung kosten zu lassen und aus ihren Fehlern zu lernen. Ein Überlebensratgeber der US-Armee schlägt vor: Wenn du im Zweifel darüber bist, welche Pflanzen giftig sind, beobachte die Tiere, denn deren Nahrung ist normalerweise auch für Menschen sicher. Der Mensch der Frühzeit tat dasselbe.

Die Menschen begannen ihren langen Marsch in die Zivilisation als Jäger und Sammler, die vollständig auf wilde Tiere und die Ernte wildwachsender Pflanzen angewiesen waren. Aufgrund der langen Verbindung mit Tieren und Pflanzen war die Auswahl von Nahrungsmitteln und Drogen zum großen Teil beeinflußt durch die Interaktionen, die die Menschen zwischen diesen beiden Reichen beobachteten. Da der Mensch seit mindestens siebentausend Jahren eine Beziehung zu Ziegen hat, kann es nicht überraschen, daß man Geschichten über Ziegen findet, die den Menschen zu einigen seiner ältesten Drogen, zum Beispiel Kaffee und Khat hinführten. Die Legenden über diese Entdeckungen haben ihren Ursprung im alten Abessinien, nicht weit entfernt von der Gegend, in der der Garten Eden gewesen sein könnte. Sie sind ein anschauliches Beispiel für volkstümliche Erzählungen aus allen Weltgegenden.

Kaldi wußte, daß irgend etwas mit den Ziegen nicht stimmte. An den heißen Tagen im äthiopischen Hochland sprangen sie normalerweise zwischen den Felsen umher, kletterten unmögliche Hänge hinauf und stiegen dann, kontrolliert rutschend und fallend, wieder herab. Bei Sonnenuntergang schliefen sie gewöhnlich und lagen mit ausgestreckten Gliedmaßen so reglos da wie der Berg selbst. Am heutigen Abend machten sie Luftsprünge, blökten und jagten einander, während ihre Augen mit wildem Blick wirr in alle Richtungen schauten. Zuerst dachte Kaldi, daß Vögel die Ziegen plagten und sie in Aufruhr versetzten. Der Ziegenmelker, ein Eulenvogel, sucht sich in der Dämmerung in der Nähe grasender

Ziegen Nahrung und erschreckt die Tiere gelegentlich. Heute abend waren keine Vögel da. Kaldi bemerkte, daß die Ziegen nur innehielten, um von den roten Beeren eines in der Nähe wachsenden Strauchs zu fressen, und dann wieder im Mondlicht herumtanzten. Ziegen verhalten sich oft anders, als man erwartet, daher auch ihr Ruf, unberechenbar und launisch zu sein. Aber Kaldi hatte sie noch nie an diesem Strauch fressen gesehen. Er wußte, daß die Ziegen ihr Futter immer durch Geruch- und Geschmacksproben überprüfen und vertraute Kost bevorzugen. Blätter mögen sie besonders gern; aber diese seltsamen Beeren? Der jasminartige Geruch der Blüten dieser Pflanze war einladend. Er mußte selbst einige dieser Beeren probieren.

Kaldi war hellwach. Sein Hunger war verschwunden. Er fühlte sich belebt und war aufgeregt. Er brachte dem Imam des örtlichen Klosters einige dieser Beeren. Nachdem er einen aus den Früchten gekochten Aufguß getrunken hatte, spürte der Imam, daß er durch eine himmlische Kost gestärkt worden war, einer Gabe der Engel des Paradieses. Er würde nie wieder schlafen müssen. Er verkündete, daß dieser Aufguß benutzt werden sollte, um die Gläubigen während des Abendgebets wachzuhalten. Man nannte ihn kahveh, »den Belebenden und Stärkenden«. Kaldi hatte in der Provinz Kaffa den Kaffee entdeckt.

Eine Geschichte aus dem benachbarten heutigen Jemen berichtet von der Entdeckung einer belebenden »Paradiesblume«, worunter die Blätter eines als Khat oder Qat bekannten Baumes zu verstehen sind, durch nahrungssuchende Ziegen. Awzulkernayien, ein legendärer jemenitischer Hirte, bemerkte, daß eine seiner Ziegen die kleine Herde verlassen hatte. Bald darauf sah er, wie die Ziege aus einiger Entfernung mit außerordentlicher Geschwindigkeit herbeirannte und sich wieder den anderen anschloß. Der Hirte entdeckte die Quelle der übermäßigen Lebendigkeit des Tieres, als er später beobachtete, wie dieselbe Ziege die Gruppe verließ, um einige Blätter eines ganz gewöhnlich aussehenden Baumes zu fressen. Als die Ziege ihre Hochgeschwindigkeitssprünge wiederholte, kostete Awzulkernayien selbst von den Blättern und fand sie belebend und erfrischend. Er kaute fortan täglich diese Blätter und führte sie später in seinem Dorf ein. Seit jener legendären Zeit ist das Kauen der Blätter im ganzen Land verbreitet.

Diese Geschichten über Ziegen basieren wahrscheinlich auf tatsächlichen Verhaltensweisen. Ziegen suchen häufig Kaffeesträucher auf und waren ursprünglich verantwortlich für die Ausbreitung der Pflanzensamen durch ihre Exkremente. Und wenn irgendein Tier die Menschen auf Khat aufmerksam gemacht haben kann, dann war es die Ziege. Khat, dessen wissenschaftliche Bezeichnung *Catha edulis* lautet, enthält Cathin und andere adstringierende amphetaminähnliche Alkaloide, von denen die meisten Tiere abgeschreckt werden, sogar hungrige Heuschrecken, aber nicht die Ziegen. Wenn Ziegen an diese Blätter herankommen, gewöhnen sie sich schnell an den täglichen Genuß, durch den sich die normalerweise zahmen Tiere in aggressive und herausfordernde Kreaturen verwandeln, die auf jeden Menschen in ihrer Reichweite losgehen und ihn stoßen. Verständlich, daß die außerhalb von Sana, der heutigen Hauptstadt von Jemen, gelegenen Khat-Felder gegen diese bärtigen Eindringlinge schwer bewacht werden. Schließlich sind Paradiesblumen, die das »Lebenselixier« enthalten, viel zu wertvoll, um sie mit Tieren zu teilen.

Während die Ziegen in heutigen volkskundlichen Erzählungen oft als stinkend beschimpft werden, weil die männlichen Tiere auf sich selbst urinieren, wurden sie im Altertum sehr geschätzt. Denn sie weisen den Weg zu einer Vielzahl nützlicher Pflanzen, darunter dem schwarzen Nieswurz, einer Pflanze mit digitalis-ähnlichen chemischen Stoffen, die von den alten Griechen zur Behandlung von Irrsinn verwendet wurde, aber in der modernen Medizin als zu giftig angesehen wird. Über Jahrhunderte waren Ziegen für ihre bemerkenswerte Fähigkeit, alles fressen zu können, bekannt, und man spekulierte, daß sie eine natürliche Widerstandskraft gegenüber den meisten Giften hätten. Im Mittelalter glaubte man, die Quelle dieser Immunität seien die *bezoars*, kleine Steine, die in ihren Mägen wie auch in den Mägen anderer Widerkäuer zu finden sind. Viele Ziegen wurden geopfert, um an diese Steine zu kommen, die Menschen wegen ihrer angeblichen Eigenschaft als Gegengift schluckten oder als glückbringende Amulette trugen. In der Renaissance wurden die teuren Steine mit dem Zehnfachen ihres Gewichts in Gold aufgewogen. Heute weiß man, daß Bezoars nichts weiter sind als runde, fest gepreßte Haarkugeln, die von den Tieren aus ihrem Fell geleckt werden. Weil sie unverdaulich sind, bleiben sie im Magen und nehmen allmählich die Erscheinungsform harter glatter Steine an. Sie sind unwirksam gegen Giftstoffe. Ziegen sind nicht unverwundbar; sie werden einfach von starker Neugier getrieben, deshalb inspizieren sie so häufig neue Nahrungsquellen. Sie überleben die Kostproben von Pflanzen wie dem schwarzen Nieswurz aufgrund ihrer Ernährungsstrategie und des Verzehrs nur kleiner Mengen.

Die Namen, die der frühe Mensch den Pflanzen gab, teilen viel über die beobachteten Wirkungen auf Tiere mit. Viele Pflanzen bekamen ihren Namen wegen der Aufmerksamkeit, die Tiere ihnen schenkten. Die Katzenminze zog die Katzen an, weil sie sie gerne fraßen. Hasenlattich wurde angeblich von Kaninchen als Stimulanz und wegen seiner medizinischen Wirkungen eingenommen. Hundsquecke, Gänsefuß und andere Pflanzen zogen ihre jeweiligen Namensvettern an. Ziegenfreude war der Sanskrit-Name für ein Nachtschattengewächs, *Hy-*

oscyamus niger oder Bilsenkraut, das für Tiere, die es gelegentlich fraßen, angeblich ein Hochgenuß war. Die Menschen probierten es also und entdeckten, daß die Pflanze berauschende Wirkungen hatte, wenn sie in kleinen Mengen genommen wurde. Überdosen machten sich in benommenem und unbeholfenem Verhalten bemerkbar, was ein anderer verbreiteter Name ausdrückt: Insana. Die Folgen waren oft höchst erstaunlich. Nach dem Verzehr von zu vielen Insana-Wurzeln verwandelte eine Gruppe von Mönchen im England des neunzehnten Jahrhunderts einen frommen Konvent in ein Tollhaus; sie beharrten darauf, lieber Trinklieder zu singen, statt zu beten.

Viele Pflanzen wurden nach ihren offenkundig abstoßenden Eigenschaften benannt. Mit Insana-Samen gefütterte Hühner starben, was den heutigen englischen Namen henbane begründet. Auf ähnliche Weise bewirkte leopard's-bane (deutsch: Gemswurz) den Tod von Leoparden, die ihn fraßen. Hundstod bereitet Hunden ein Ende. Cowbane (deutsch: Gemeines Leimkraut) tötete Kühe und andere Weidetiere. Dennoch hatten viele dieser unerwünschten Pflanzen praktischen Nutzen für den Menschen. Nachdem die Irokesen Tiere beobachtet hatten, die nach dem Verzehr des Gemeinen Leimkrauts starben, verwendeten sie die Wurzeln der Pflanze für ihre eigenen rituellen Selbstmorde.

Die Tiere, die den Menschen beim Verlassen des Garten Eden begleiteten, taten mehr, als einfach nur Futterpflanzen anzunehmen oder abzulehnen. Wie die Ziegen bewiesen viele Tiere eine bemerkenswerte Fähigkeit, aus der Erkundung ihrer Umgebung zu lernen. Von besonderer Bedeutung für uns waren jene Dinge, die Tiere taten, wenn sie verwundet oder krank waren. Die Nachahmung tierischen Verhaltens zu Heilzwecken datiert weit in die Vorgeschichte zurück, wird aber auch heute noch weltweit praktiziert. Die Beobachtungen von Tieren, die sich selbst durch Lecken heilen, führte zu der Gewohnheit, eine Wunde mit der Zunge auszulecken, eine noch heute von Schamanen auf den St.-Lawrence Inseln verwendete Technik, die das Verhaltensmuster ihrer Hunde übernahmen. Dieses Nachmachen wurde im Mittelalter derart ins Extrem getrieben, daß viele Mixturen zur Heilung von Wunden die Zungen von jungen Hunden enthielten. Durch die Beobachtung von Rotwild, das seine wunden Flanken mit dem Saft von Gummibäumen einrieb, fanden Indianer heraus, daß der Saft ein nützliches Antiseptikum für ihre eigenen Wunden war.

Nützliche pflanzliche Heilmittel wurden auch durch Beobachtung des tierischen Freßverhaltens entdeckt. Im alten Peru wurde beobachtet, daß Pumas die Rinde von *Chinchona*-Bäumen fraßen, wenn sie krank waren. Die eingeborenen Indianer lernten dadurch den Wert der *Chinchona* schätzen. Doch obwohl ihre Anwendung schon 1639 in einem spanischen Text beschrieben wurde, glaubte niemand daran, bis 1820 das Alkaloid Chinin aus der Rinde isoliert und erfolgreich gegen Malaria eingesetzt wurde.

Aber das Verhalten der Tiere wurde oft falsch gedeutet und begründete folglich auch viele Volksmärchen und Aberglauben. Oftmals schrieben die Beobachter den Tieren menschliche Beweggründe zu. Zum Beispiel behauptet eine australische Geschichte, daß der Mistelvogel von Mistelbeeren so berauscht wird, daß er versucht, sich sexuell mit dem Baum zu vereinigen, weil er sich kräftig an den Ästen reibt. Ein solches Märchen könnte nahelegen, daß die amourösen Kräfte, die der Mensch dieser Pflanze zuschreibt, sich auch auf Vögel übertragen, obwohl die Geschichtenerzähler nur das normale Verhalten beschrieben, mit dem die Vögel die klebrigen Samen abstreifen, die sich in ihren Federn festsetzen. Solche Fehlinterpretationen kamen auch vor, wenn Tiere anderen Tieren zum Opfer fielen, beispielsweise als man beobachete, wie Vögel smaragden schillernde Käfer – Spanische Fliegen – fraßen. Die Vögel begannen sofort, sich panisch am Boden zu wälzen und zu reiben. Da die Paarung bei diesen Käfern bis zu zwanzig Stunden dauert und sie sich dabei so schnell bewegen, daß sie nur verschwommen wahrzunehmen sind, war die Herstellung einer Verbindung zwischen diesen Lebewesen und sexueller Leistungsfähigkeit naheliegend. Doch das Drehen und Winden und das energische Verhalten der Vögel und anderer Tiere, auch Menschen, die solche Käfer verzehrt haben, drücken nicht Liebe aus, sondern starke Reizungen. Die Käfer enthalten Kantharide, die Hautbläschen verursachen oder, wenn sie gegessen werden, Entzündungen der Blase und Harnwege.

In einer Geschichte der Eingeborenen Hawaiis wird sogar behauptet, daß *Bufo marinus*-Kröten durch das Fressen der Blüten des Strychninbaums periodisch Selbstmord begehen, da sie nach dem Genuß starke Krämpfe bekommen und sterben. Die Eingeborenen beobachteten das und folgerten, daß alle Teile der Pflanze hochgiftig sind. Ich fand heraus, daß die Selbsttötung ein purer Zufall ist und kurz nach der Blütezeit vorkommt. Es handelt sich um farbenfrohe Blüten mit Früchten, die an Mandarinen erinnern, Samen, die wie grauviolette Nickelmünzen aussehen, und Blütenblätter, die den Duft von Curry verbreiten. Aber weder der Anblick noch der Geruch zieht die Kröten an. Die Kröten verzehren die fallenden Blütenblätter, weil sie instinktiv nach allem schnappen, was klein ist, sich unregelmäßig bewegt und eine ähnliche Gestalt wie ihre Beuteinsekten hat. Sie schnappten sogar nach nicht eßbaren roten Stoff- oder Papierschnitzeln, die ich ihnen zuwarf.

Wenn kranke oder verwundete Tiere botanische Heilmittel suchen, führt ihr Verhalten noch häufiger zu Mißverständnissen. Ein indisches Volksmärchen beschreibt, wie sich ein Mungo, der von einer Kobra gebissen wurde, in den Dschungel zurückzieht, um eine als Mungowurzel bekannte Pflanze zu suchen und sie als Gegengift zu dem Schlangengift zu verzehren. Mungos sollen sich auch vorbeugend behandelt haben, indem sie ihren Kopf und die anderen Körperteile, die von der Schlange angegriffen werden könnten, mit der Wurzel eingerieben haben. Das gleicht dem Verhalten von Igeln, die ihre Stacheln mit chemischen Abwehrmitteln, wie Krötengift oder sogar Tabaksaft, gegen mögliche Feinde einölen. Nach der Einreibung fallen die Mungos in eine tiefe Apathie, aus der sie sich aber schnell wieder erholen.

In Feldstudien auf Hawaii gab ich gefangenen Mungos Kostproben der indischen Mungowurzel, die sie ohne zu zögern fraßen. Ich beobachtete, daß sie sich nach dem Fressen in der für sie typischen Weise putzten: Die Mungos entfernen mit den Pfoten die Reste der Wurzel aus ihrem Gesicht und reinigen andere Körperteile mit dem Maul, wobei sie in ihrem Fell herumknabbern und es mit ihren Schneidezähnen durchkämmen. Dieses Verhalten kann leicht für eine Art Einreiben gehalten werden. Die Mungowurzel ist kein Schutz für die Mungos, aber die Eingeborenen glaubten, sie könne Kobras und Infektionen fernhalten. Die Menschen fanden auch eine merkwürdige Verwendung für die Mungos selbst. Die Tiere haben anale Geruchsdrüsen, die sich in einer Tasche außerhalb des Anus öffnen und zur Markierung des Territoriums eingesetzt werden. In Indien kratzen die Eingeborenen das Innere der Analtasche aus, holen die moschusartige Flüssigkeit heraus und verwenden sie, um ihren Rauchtabak zu parfümieren.

Wenn die Gewohnheiten von Ziegen, Mungos und Tabakrauchern in Indien auch weniger liebenswert erscheinen, besitzt doch der Koalabär in Australien weltweit genügend Anziehungskraft, um einen Ausgleich für alle zu schaffen. Die großen runden Ohren, das weiche Fell und die kindlichen Schreie verschaffen diesem Beuteltier den Ruf eines niedlichen und knuddeligen Teddybärs. Nachdem sie beobachtet hatten, daß Koalas nach dem Fressen von Eukalyptusblättern müde wurden, nahmen australische Aborigines die Gewohnheit an, die Blätter zur Linderung und Heilung von Wunden zu verwenden. Obwohl das schläfrige Verhalten sich einfacher durch die normalen biologischen Rhythmen dieses Nachttieres erklären läßt, fressen die Koalas ausschließlich Eukalyptusblätter. Ohne sie würden die Tiere sterben, selbst wenn sie andere Nahrungsmittel bekämen.

Das hat zu der festen Überzeugung geführt, Koalas seien echte Drogensüchtige, die abhängig von dieser potentiell gefährlichen Pflanze sind. Was als schwere

Drogenabhängigkeit erscheint, ist das Ergebnis eines in der Kindheit schrittweise angenommenen Verhaltens. Die Lernmechanismen sind bei Menschen dieselben.

Es ist gefährlich, Eukalyptus zu verzehren, die beißend bitteren Blätter legen das schon nahe; eine Vielzahl essentieller Öle ist gemischt mit giftiger Blausäure und Zyanwasserstoffsäure. Beim Menschen haben einige dieser Öle eine lokal anästhisierende und keimtötende Wirkung, sie sind nützlich in einem breiten Sortiment medizinischer Anwendungen, die sich aus dem traditionellen Wissen um die lindernden Eigenschaften entwickelt haben. Koalas riechen wie riesige Pfefferminz-Hustenbonbons und scheinen sich ganz in die Blätter einzurollen. Aber ihre Körper sind von innen mit den aromatischen Ölen getränkt; einige Öle entweichen durch die Haut und das Fell, um Parasiten abzuschrecken. Andere senken den Blutdruck, verringern die Körpertemperatur und entspannen die Muskeln. Wenn er so nonchalant die Zweige abbricht und lässig die Eukalyptusblätter kaut, ist der Koala so gelassen und entspannt, wie er wirkt. Er ist auch wählerisch, wenn auch nicht wirklich süchtig: Von den 350 verschiedenen Eukalyptusarten frißt er nur 20, worunter er 5 Lieblingsarten hat.

Koalas suchen sich die reifen Blätter aus, die einen geringeren Blausäuregehalt haben als die weichen und saftigen jüngeren Triebe. In kalten Klimazonen wählen sie Blätter mit Phellandrin, einer Verbindung, die die Körpertemperatur erhöht, aber in wärmeren Umgebungen pflücken sie Blätter mit dem temperatursenkenden Öl Cineol. Da die Koalas nicht trinken, sondern ihr Wasser aus den Blättern aufnehmen, hatten sie unter Überlebensdruck zu lernen, ihre natürlichen Neigungen zu unterdrücken und sich von den saftigen Blättern fernzuhalten, die Bitterkeit zu ertragen und einige wenige Pflanzen aus einer Ansammlung ähnlicher Arten herauszusuchen.

Das Koalakind wird der bitteren Nahrung zum ersten Male ausgesetzt, wenn es sich von der Muttermilch nährt, die nach Eukalyptus schmeckt. Der Säugling, der von der Mutter zunächst in einem Beutel und dann ein Jahr lang auf dem Rücken herumgetragen wird, gewöhnt sich allmählich an den Eukalyptus, der die doppelte Aufgabe hat, durch die Milch zu ernähren und gleichzeitig das Fleisch der Mutter ungenießbar für Räuber zu machen. In der Entwöhnungszeit findet eine Reinigung des Verdauungstrakts der Mutter statt, und sie scheidet vorverdaute Eukalyptusblätter aus. Da der Anus der Mutter in der Nachbarschaft des Beutels liegt, kann das Koalakind diese Eukalyptusmasse fressen. Diese ersten Proben geben dem kleinen Tier die Möglichkeit, die Verdauungsflora und -fauna zu entwickeln, die notwendig sind, um Nährstoffe aus Eukalyptus zu gewinnen. Die weiteren Mahlzeiten vermindern die natürliche Abneigung gegen

Bitterstoffe und erhöhen die Verdaulichkeit der Blätter. Zu dem Zeitpunkt, an dem der Koala den Beutel verläßt, ist er unwiderruflich auf die Ernährung durch Eukalyptusblätter programmiert. Obwohl der Koala von der Pflanze als Nahrungsmittel abhängig geworden ist, kann die Entwicklung von Drogengewohnheiten einen ähnlichen Weg der schrittweisen Gewöhnung nehmen.

Wenn der Koala zum Eukalyptus-Abhängigen erzogen wird, sollte es auch möglich sein, ein Koalakind an eine andere Kost zu gewöhnen. Kleine Koalas wurden erfolgreich mit Kuhmilch, Brot und Honig aufgezogen. Wenn der Koala jedoch schon an die Eukalyptus-Nahrung gewöhnt wurde, lehnt er sogar Milch und Honig ab. Viele gefangene Koalas sind wegen des fehlenden Blattfutters gestorben. Diese Abhängigkeit, die dauerhaft ist, sobald sie einmal etabliert wurde, definiert eine echte Sucht. In der Wildnis haben sich Koalas als intelligente und schonend wirtschaftende Süchtige erwiesen, die für eine ausreichende Versorgung mit bestimmten Eukalyptusblättern sorgen und nur aufgrund von Epidemien, Waldbränden oder der menschlichen Leidenschaft nach ihrem Fell in großer Zahl sterben.

Wir haben gesehen, daß das Verhalten der nach Futter oder nach botanischer Medizin suchenden Tiere häufig und leicht fehlinterpretiert wird. Ob ein Tier satt oder gesund ist, sind Fragen, die nicht aufgrund einer einfachen Beobachtung beantwortet werden können. Das Verhalten des Koalabären wäre dasselbe, ob es nun von einem Nahrungsmittel oder einer Droge abhängig ist. Es ist aber ein deutlicher Unterschied, ob wir über die Folgen des Verzehrs einer Pflanze oder über Leben und Tod reden. Der primitive Mensch lernte, daß nichts sicherer ist als der Tod. Der Tod spricht lauter als die Farbe eines Blattes und überzeugender als das Verhalten einer Ziege oder eines Koala. Tödliche Drogen waren leicht zu finden.

2

Wenn ein Tier nach dem Verzehr einer bestimmten Pflanze lebensunfähig wird oder stirbt, ist das eine harte und kurze Lektion. Selbst wenn das Tier aus der Erfahrung nicht lernt, können wir das. Die Beobachtung unserer Gefährten aus dem Tierreich, die ihnen zum Opfer fielen, machte uns aufmerksam auf die Kräfte der Pflanzengifte und die absolute Notwendigkeit, sie entweder nicht anzurühren oder zu lernen, wie man sicher mit ihnen umgehen kann.

Im harten Leben der Aborigines in Australien wurden wertvolle Lehren aus der Beobachtung solcher vergifteten Tiere gezogen. Diese Halbnomaden kannten *pituri*, einen Strauch mit glockenförmigen Blüten und schwarzen Beeren. Wenn die Blätter in Wasserlöcher geworfen wurden, töteten sie sowohl die Fische als auch die Emus der Gegend. Die Eingeborenen fanden heraus, daß sie diese Tiere ohne negative Auswirkungen essen konnten. Sie lernten auch, daß das Kauen kleiner Mengen der Pflanze vor Hunger und Erschöpfung schützt, daß höhere Dosen jedoch tödlich sind. Weitere Versuche mit den Pflanzen führten zu der Entdeckung, daß das Rauchen der Blätter einen Traumzustand erzeugt. Wir kennen nun den Grund für die Wirkungen: *pituri* enthält das Alkaloid Scopolamin, denselben Inhaltsstoff wie der in *Datura* gefundene.

Pflanzen in Tümpel und Seen zu werfen war eine natürliche Testmethode zur Feststellung solcher Giftstoffe. Die Hauptbestandteile der Pflanze lösten sich schnell auf, wurden vom Wasser herausgespült oder von den Lebewesen im Wasser aufgenommen. Die Eingeborenen in Ostindien warfen die Beeren eines dort wachsenden Kletterstrauchs auf die Wasseroberfläche. Diese fingernagelgroßen »Fischbeeren« wurden von den Fischen verzehrt, die dann gelähmt wurden und an die Oberfläche aufstiegen, wo man sie leicht fangen konnte. Wenn Fischbeeren-Samen von den Menschen gegessen werden, ruft das enthaltene Picrotoxin einen durchdringenden Schmerz hervor, dem eine Lähmung folgt, in der das Bewußtsein die Vorgänge in der Umgebung wahrnimmt, aber unfähig ist, irgendeine Kontrolle auszuüben. Die Droge erzeugt einen hellwachen Alptraum, was von Räubern ausgenutzt wird, die ihre Opfer mit den Samen betäuben.

Insekten und Vögel, die plötzlich vom Himmel fallen und auf dem Boden sterben, wirken mindestens so dramatisch wie Fische, die aus den Wassertiefen aufsteigen. Der Shamatari-Stamm im brasilianischen Amazonastal sah nach Berichten Vögel und Bienen tot herabfallen, nachdem sie den Nektar der *piripirioca*-Pflanze genossen hatten. Die Indianer lernten Späne der kartoffelartigen Frucht dieser Pflanze zuzubereiten, brachten das Pulver in hohlen Bambusstengeln unter und bliesen die todbringenden Partikel auf ihre Feinde. Die *upas*-Bäume Malayas wirkten angeblich noch stärker: Sie gaben Geruchsstoffe ab, die kräftig genug waren, um einen Menschen zu töten. Nach Berichten der ersten Reisenden zum Malaya-Archipel töteten die *upas*-Ausdünstungen jegliches tierisches und pflanzliches Leben in der engsten Umgebung.

Die Kräfte der *upas* waren so faszinierend, daß die holländische Ostindien-Gesellschaft 1783 einen Arzt entsandte, um diese Behauptungen zu überprüfen. Auf Java zeigte man ihm Tiere, die in der Nachbarschaft von *upas* starben, und er schrieb in die Heimat, daß die Märchen wahr seien. Doch in Wirklichkeit hatte der Arzt die Nachwirkungen giftiger Gase aus benachbarten Vulkanen gesehen. Weiterhin hatte er das javanesische Wort *upas* mißverstanden, das jede Art von Gift bedeuten kann. Der Fehler wurde jedoch nicht einmal von Charles Darwin bemerkt, der über diesen »Hydra-Baum des Todes« schrieb. Die upas sind tatsächlich *Antiaris toxicaria*, gigantische Bäume, die eine Höhe von über fünfundsechzig Metern erreichen und einen cremigen Saft mit dem Geruch von Sauerteigbrot besitzen. Der Saft enthält eine Sekundärsubstanz, die harmlos ist, wenn sie geschluckt wird; aber wenn sie injiziert wird, bewirkt sie plötzlich eine Paralyse und dann den Tod. Die Eingeborenen verwenden ihn für Wurfpfeile und Geschosse. In Experimenten konnten einige der märchenhaften Reaktionen hervorgerufen werden: Tauben sterben in Sekundenschnelle, Affen nach einigen Minuten, und am Morgen angeschossene Elefanten brechen am Ende des Tages zusammen.

Der niederländische Arzt hatte eine Szene beobachtet, die der nicht unähnlich war, die von der Kohlendioxidwolke herrührte, die 1986 aus den Tiefen des Sees Nios in Kamerun emporschoß. Ganze Rinderherden und andere Tiere wurden niedergestreckt, wie vom Blitz getroffene Standbilder in einer alltäglichen Umgebung. Ein Beobachter sagte, es habe so ausgesehen, als sei das Gebiet von einer tödlichen Neutronenbombe getroffen worden. Auf den Vulkaninseln Hawaiis fand ich Belege für eine solche Bombe – und sie tickte noch.

Obwohl das Spiel der Natur mit vergifteten Tieren auf vielen Kontinenten beobachtet werden kann, gibt es keinen Ort, an dem die Todesszenen dramatischer und eigenartiger sind als auf den sonst so paradiesischen Inseln von Hawaii. Mit Federwolken, Regenbogen, nebeldurchsetzten Wäldern und luxuriösen Stränden, die uns die modernen Reiseplakate zeigen, könnte Hawaii noch immer der Garten Eden sein. Von den Vulkanen, die ständig Lava ausstoßen, bis zu den Wellen, die weit darunter über uralten Korallenriffs zusammenschlagen, scheint das Land alterslos zu sein.

Auf halber Höhe zwischen Feuer und Meer, auf den niedrigeren Hängen von Mauna Kea, auf dessen üppigen Weiden Tiere grasen, wächst ein schädliches Farn mit dem ominösen Namen Adlerfarn. Er scheint aus Versehen auf diesen Wiesen zu stehen, zumal die anderen üppigen grünen Farne Nischen in der Nähe von kaskadenförmigen Wasserfällen besetzen. Aber der Adlerfarn ist eine aggressive Pflanze, die jedes Gebiet mit kriechenden Wurzeln durchzieht und jeden Widersacher mit entwässernden Chemikalien bekämpft. Adlerfarn enthält ein Enzym, welches das wichtige Vitamin Thiamin unwirksam und den Körper für Vitaminmangel-Erkrankungen anfällig macht. Er enthält auch einen radiomimetischen Faktor, der das Knochenmark von Weidetieren angreift und mit aplastischer Anämie, Krebs und Tod einen Vernichtungsfeldzug führt.

Es ist manchmal schwierig, Tiere oder Tierhalter zu überzeugen, daß der Farn eine Zeitbombe darstellt, da seine Verdauung eine kumulative Form der Vergiftung hervorruft, die Wochen oder Monate zu ihrer Entwicklung benötigen kann. In dieser Zeit entwickeln Tiere wie Schweine und Pferde eine Vorliebe für den Adlerfarn und fressen vorzugsweise alle Wurzeln und Farnwedel, die sie finden können. Pferde werden nervös, verlieren das Gleichgewicht, krümmen und winden sich im »Farnkoller«, einem makabren Tanz, der normalerweise den Tod bedeutet. Die Pferde sterben in Schüttelkrämpfen mit gebogenem Nacken, weit auseinandergestreckten Beinen, die Wirbelsäule und die Extremitäten in Positionen verbogen, die typisch für plötzliche Giftgastode sind. Befallene Rinder können Leukozyten und Blutkörperchen nicht mehr in ausreichender Anzahl produzieren. Sie bluten ohne Unterlaß aus allen Körperöffnungen und aus den zahlreichen Bissen der Bremsen. Blutspuren folgen ihren zum Untergang verdammten Körpern, wenn sie fortlaufen, um sich zu verstecken. Sie werden selten lebend wiedergefunden.

Vergiftete Tiere gibt es nicht nur in den Gärten Hawaiis, sondern auf den Wiesen und Feldern der ganzen Welt. Sie erinnern uns beständig an die chemischen Kräfte in Pflanzen und die Lebensnotwendigkeit, den Umgang mit ihnen zu erlernen. Grüne Lilien wachsen auf den hügeligen Feldern Mittelamerikas; in ihrer explosiven tödlichen Wirkung machen sie sogar der *upas* und dem Adlerfarn Konkurrenz. Die wenigen Weidetiere, die die Saatkapseln der Lilie kosten, brechen bald zusammen, als wären sie Opfer eines tödlichen Gasangriffs. Die Pflanze enthält Sabadilla, das bei der Herstellung eines erstickenden und tränenerzeugenden Gases verwendet wurde, das im Ersten Weltkrieg eine ähnliche Wirkung auf Menschen ausübte.

Der Tod durch Giftpflanzen kann still und schleichend sein, wenn er nicht plötzlich kommt. Der orangefarbene Rittersporn tötet sanft, indem er Rinder in einer tödlichen Ruhe erstickt. Die Calpella-Indianer in Kalifornien beobachteten diese Wirkungen und verabreichten diese »Schlafwurzel« Spielgegnern, um sie benommen zu machen. *Zygadenus* ist eine weitere giftige Pflanze. Aber wie der Rittersporn ist es eines der ersten Gewächse, das in Nordamerika nach der Schneeschmelze auf den Weiden erscheint. Die grasähnlichen Blätter lassen fressende Tiere in ein schnelles und tödliches Koma fallen, ohne die quälenden Erstickungsanfälle, die von anderen Giften verursacht werden. Das rechtfertigt den passenderen Namen »Süßer Tod«, den diese Pflanze erhalten hat. Die rosa Blüten symbolisieren die Grabesruhe.

Wie natürlich der Tod durch Giftpflanzen für grasende Tiere auch erscheinen mag, es ist nicht immer eine Sache des Hinlegens und sanften Sterbens. *Fitweed* foltert Schafe und Rinder mit Zuckungen. Butterblumen sind voller Tücken, und wenn sie vom Vieh gefressen werden, rufen sie Entzündungen im Maul und in der Kehle, eine schmerzhafte Gastritis und dann den Tod hervor. Das spiralförmige Milchgras zwingt die Schafe in einen Todestanz, der damit endet, daß die Tiere in heftigen Zuckungen ihre Köpfe auf den Boden schlagen.

Im Kontrast dazu scheinen die anfänglichen Anzeichen der Vergiftung durch *Senecio*-Pflanzen, die überall in gemäßigten Klimazonen zu finden sind, zu still und zu unschuldig zu sein. Zunächst beginnt ein befallenes Rind zu gähnen. Pferde neigen dazu, sich beim Grasen abzusondern. Die Tiere scheinen niedergeschlagen, weil sie Schwierigkeiten haben, ihre Köpfe aufrecht zu halten, und sie versuchen wohl, sich an Zaunpfählen und ähnlichen Gegenständen abzustützen. Sie wandern ziellos umher, stoßen gegen Zäune oder laufen geradewegs in sie hinein. Der Gang wird zunehmend unsicherer, die Hinterbeine und Hufe werden nachgezogen. Diese »Laufkrankheit« verwandelt normalerweise edle Geschöpfe in schreckliche Varianten lebender Toter; sie können nicht stehen, ohne zu schwanken, und sich nicht bewegen, ohne zu stolpern. Der Kot der Tiere ist blutdurchsetzt, und sie beginnen, Dreck und Staub zu fressen. Im Endstadium enthält das Blut Ammoniak, und die Tiere meiden das Sonnenlicht. Von Zeit zu Zeit kann man Kadaver solcher vergifteter Tiere in den Savannen Afrikas finden. In der sparsamen Ökonomie der Natur, in der nichts verschwendet wird, verspeisen Geier und andere aasfressende Vögel die verwesenden Überreste. Die Eingeborenen glauben, daß die Geier imstande sind, das vergiftete Fleisch zu fressen, weil die Vögel auch eine andere Pflanze fressen, *Boophone*, von der sie glauben, sie treibe böse Geister aus. Von diesem Glauben geleitet, lernten die Eingeborenen schließlich, *Boophone* als sichere und wirksame Salbe bei Schnitten und Infektionen einzusetzen.

3

Offenkundig verzehren Tiere giftige Pflanzen, und oft hat das fatale Folgen. Warum tun sie das? Bei Vieh, das nicht immer die Freiheit hat, seine natürliche Nahrung zu wählen, mag die Vergiftung zufällig sein. Weiden sind häufig übersät mit giftigen Pflanzen, die in enger Nachbarschaft mit Futterpflanzen wachsen. Wenn Tiere dort grasen, wählen sie im allgemeinen die genießbareren und attraktiveren Futterpflanzen und meiden die giftigen Varianten. Die meisten zufälligen Vergiftungen kommen jedoch dann vor, wenn eingezäunte Wiesen und Felder abgegrast sind, was die Tiere veranlaßt, auch die von ihnen weniger bevorzugten Pflanzen zu fressen. Wenn sie in einen Stall gesperrt sind, haben sie eine noch geringere Wahlmöglichkeit. Manchmal werden Giftpflanzen zusammen mit Heu geerntet, oder ihre Samen mischen sich unter Getreide, und die Tiere haben Schwierigkeiten, das gute Futter von giftigem Futter zu trennen. Wenn sie nicht auswählen können, sterben sie.

Zufällige Vergiftungen kommen auch vor, wenn Tiere in neue und unbekannte Fütterungsgebiete versetzt werden. Manchmal können auch die Wetterverhältnisse die Landschaft so drastisch verändern, daß sich das Tier gewissermaßen in einer neuen Umgebung befindet, mit allen Risiken der Vergiftung, die umherziehenden Tieren drohen. Wenn im westlichen Colorado in Nordamerika Dürre herrscht und nirgendwo Futtergras zu finden ist, sieht man merkwürdigerweise Pferde, die auf nichts herumkauen. Diese »Kaukrankheit« ist nicht das Produkt eines hungrigen Hirns, das Traumbilder von frischem Grün hervorbringt, sondern eines Hirns, das im wörtlichen Sinn weich geworden ist. Zwei Pflanzen gedeihen in der Dürre, die gelbe Sterndistel und die russische Flockenblume, und mangels anderer Nahrung fressen Pferde diese Pflanzen. Ein Nervengift in den Pflanzen greift die nigropallidalen Teile des Gehirns an, zerstört Nervenbahnen, weicht das Gehirngewebe auf und ruft die ungewollten Kaubewegungen hervor. Ironischerweise machen diese Bewegungen das Maul unbeweglich und verhindern das normale Trinken und Fressen. Die Tiere sterben schließlich an Hunger oder Durst.

Auch zu große Enge kann Tiere dazu zwingen, unliebsame Giftpflanzen zu fressen. Wie die großen Herden der Weißschwanzgnus und anderer grasender Tiere in den afrikanischen Ebenen gewähren Herden auch Haustieren Sicherheit vor Räubern. Aber als Folge der Herdenbildung werden bestimmte Gebiete intensiv abgegrast. Wenn Herden oder Gruppen von Vieh sich zusammenballen, unterliegen sie einem eifersüchtigen, konkurrenzhaften Zwang, fast jede erreichbare Pflanze zu fressen. Wenn Rinder unter sozialem Druck und so hoher Futterkonkurrenz stehen, fressen sie gewöhnlich sehr schnell. In ihrer Gefräßigkeit übersehen sie die Einsprengsel von Rittersporn. Wenn Tiere in weniger engen Gruppen gehalten und größeren Auslauf haben, ist es nicht so wahrscheinlich, daß sie eine Giftpflanze fressen.

Auf den Weiden Hawaiis und auf den Prärien Nordamerikas beobachtete ich die Wirksamkeit dieser Kräfte. Ich bemerkte, daß eine Herde mit 800 Rindern in einem Jahr nur einen zufälligen Todesfall durch den wilden Tabak zu verzeichnen hatte, der an einigen Stellen auf ihrer Weide wuchs. Im nächsten Jahr war die Herde auf 1400 angewachsen, aber es wurde kein zusätzliches Weidegebiet zur Verfügung gestellt, und es ereigneten sich 22 Todesfälle durch Tabak und andere Giftpflanzen. Auch die Weidezeit beeinflußte die Futterwahl. Über eine angrenzende Weide, auf der sowohl gute Futtergräser als auch Adlerfarn und andere Giftpflanzen wuchsen, wurde eine Rinderherde schnell getrieben und erlitt nur einen Verlust. Als es einer anderen Herde gestattet wurde, auf dieser Weide Futter zu suchen, gab es 16 Verluste.

Bei fast allen Vergiftungsfällen beobachtete ich, daß sich die kranken und sterbenden Tiere auf eine seltsame und sozial unangemessene Weise verhielten. Es endete damit, daß sie entweder die Herde verließen oder von den anderen Tieren ausgeschlossen wurden. Selbst im ersten Vergiftungsstadium, als die physischen Symptome noch nicht so deutlich waren, neigten die befallenen Tiere schon dazu, sich von den anderen zu isolieren. Ähnliche Beobachtungen wurden bei Tieren von Afrika bis Alaska gemacht. Ob es Elefanten oder Rentiere sind, gesellig lebende Tiere neigen dazu, ungesellig zu werden, wenn sie unter dem Einfluß giftiger Pflanzen stehen. Das Verhalten könnte mit der Neigung einiger geselliger Tiere erklärt werden, das Fremdartige zu meiden, sei es fremdartiges Verhalten oder wirklich ein fremdes Wesen.

Die seltsamsten von allen waren die Tiere, die ich dabei beobachten konnte, wie sie giftige Pflanzen trotz der Giftwirkungen wieder und wieder aufsuchten. Von Tierärzten und Viehzüchtern werden viele Geschichten über Tiere erzählt, die sich nach der Erholung von einer akuten Vergiftung wieder über giftige Pflanzen wie zum Beispiel Nachtschattengewächse hermachen. Die Viehzüchter denken, daß die Tiere dumm seien, weil sie wieder direkt zum Gift zurückkehren. Tatsächlich gewinnen sie, ganz ähnlich wie der Koala, den einzelnen Pflanzen Geschmack ab. Die Beziehung, die Tiere mit jenen Pflanzen eingehen, wurde als Leidenschaft, Neigung, sogar als heftiges Verlangen oder Angewohnheit beschrieben. Es ist nichts davon; bei dieser Beziehung handelt es sich um Sucht.

Ich habe viele Beispiele dieser Abhängigkeit gefunden, und gewöhnlich waren die einzelnen Tiere, die am Gift Geschmack fanden, trotz der Herde in ihrer Nähe allein. Sogar sehr gesellige und seßhafte Tiere ändern ihr übliches soziales und Futterverhalten, wenn sie auf eine bestimmte chemische Geschmacksrichtung gestoßen sind. Die Bighorn-Schafe in den kanadischen Rocky Mountains suchen nicht weiträumig nach Nahrung, sondern bleiben in der Nähe ihrer Lagerplätze, die sie über Jahre aufsuchen. Aber sie klettern über schmale Simse, messerscharfe Grade und gefährliche Abhänge, um an eine mysteriöse Flechte heranzukommen. Diese besondere Flechte ist ein besonders buntes, verkrustetes Gewächs, das aussieht wie dicke gelbe oder grüne Farbe, die auf den Felsen und Steinen ausgegossen wurde. Es ist eine langsam wachsende Pflanze, die mehr als ein Jahrhundert benötigt, bis sie sich über ein einziges Quadratzoll Feldgestein ausgebreitet hat. Aber sie ist auch als Pionierpflanze bekannt, die gewillt ist, dort zu wachsen, wo andere Pflanzen nicht konkurrieren können. Es wurden kleine Mutterschafe beobachtet, die wiederholt die Gruppe verließen, um diese Flechte mit den Zähnen vom Felsen zu kratzen. Das wird zu einer ständigen Gewohnheit, wobei die Tiere ihre Zähne bis zum Gaumen abnutzen. Ihre jungen Lämmer haben oft keine Schneidezähne mehr. Das rätselhafte und verrückte Verhalten wurde oft krankhaft genannt. Dort ansässige Indianer gaben eine Erklärung für die Entwicklung dieser Vorliebe, die der Wahrheit wahrscheinlich nahekommt: Sie fanden heraus, daß die Flechte ein Narkotikum enthält. Vielleicht waren die sich seltsam verhaltenden, isolierten Schafe nicht krank, sondern unter Drogeneinfluß.

In den Prärien des amerikanischen Südwesten bemerkten frühe Siedler zum ersten Male, daß sich Tiere *loco* verhielten – ein spanisches Wort, das »verrückt« oder »wahnsinnig« bedeutet –, und kamen zu dem Schluß, sie seien krank. Es gab *loco* gewordene Maultiere, Pferde, Rinder, Schafe, Antilopen, Schweine, Kaninchen, Hennen, Bienen und sogar ein oder zwei Arten von Insektenmaden. Die Ursache dieser weit verbreiteten Verrücktheit war ein ungewöhnliches haariges Gras mit hoch herausragenden weißen Blüten – so dicht, daß ein Feld mitten im Sommer mit Schneeflocken bedeckt zu sein scheint. Die Pflanze wurde Locogras genannt.

Die Tiere näherten sich dem Locogras zunächst mit Argwohn, aber suchten nach den ersten Versuchen immer mehr davon. Nachdem sie gierig die leicht zugänglichen Blüten und Blätter verspeist hatten, gruben Pferde nach verborgenen Wurzeln. Im Jahre 1873 lieferte O. B. Ormsby, ein Viehzüchter in Bakersfield, Kalifornien, in einem Brief an den Landwirtschafts-Kommissar die erste Beschreibung dieser Locogras-Krankheit: Er beschrieb Halluzinationen und unkontrollierbare manische Anfälle seiner Pferde. Er befürchtete eine Epidemie bei Pferden und Rindern und machte die älteren Tiere verantwortlich, die die verrückten Verhaltensweisen auf die jüngeren übertrugen.

Man fand heraus, daß junge Kälber tatsächlich ihre Mütter oder andere ältere Tiere imitierten; sie verhielten sich sehr ähnlich wie Koalababies oder die Kinder menschlicher Drogensüchtiger. Wenn das Locogras-Verhalten einmal angenommen war und die Tiere zu ständigen »Loco-Essern« geworden waren, gab es unter dem Vieh massive Verluste. Locogras und Locoesser vermehrten sich. Mindestens 35 verschiedene Pflanzen der nordamerikanischen Ebenen wurden als Locogräser identifiziert. Im Jahre 1883 wurde über den Verlust von 25000 Rindern durch Locoismus in einem kleinen Gebiet in Kansas berichtet, das nur 5 mal 217 Kilometer groß ist. Im Jahre 1905 wurde von einer nationale Epidemie der Locogras-Krankheit gesprochen. Man begann mit Forschungen, aber die Krankheitsursache wurde nicht vor 1982 herausgefunden – die verdächtigen Pflanzen enthielten eine seltene Gruppe von Indolizidin-Alkaloiden, die diese starken neurologischen und physiologischen Wirkungen hervorrief. Trotz Ausrottungsmaßnahmen und anderer Eindämmungsbemühungen, zum Beispiel der Trennung jüngerer Tiere von älteren, mit Loco befallenen, die sie das Verhalten lehren könnten, haben die Pflanzen bis jetzt überlebt, ebenso wie die Locogras-Krankheit. Die Krankheit ist eine Sucht.

Eine Charakteristik der Locogras-Abhängigkeit – und das gilt auch für die meisten anderen pflanzlichen Drogen – ist die Beständigkeit, mit der die Tiere nach den Pflanzen verlangen. Wenn Viehzüchter die Pflanzen von den Weiden zu entfernen versuchen, stehlen einige Tiere sie aus den Säcken oder aus Waggons. Wenn Tiere einmal nach den Locogras-Alkaloiden süchtig geworden sind, weigern sie sich stur, normale Nahrung zu sich zu nehmen, selbst wenn ihr Überleben auf dem Spiel steht. Locosüchtige Tiere entwickeln auch ein Vereinzelungsverhalten, zum Teil aufgrund ihrer Benommenheit, zum größten Teil aber, weil sie ausschließlich damit beschäftigt sind, nach Locogras zu suchen. Auf Wiesen, auf denen es locosüchtige Rinder gibt, ist es nicht ungewöhnlich, daß ein Stier alleine abseits steht und manchmal tagelang in derselben Position verharrt; er bewegt sich nur, wenn es Zeit zur Jagd nach Locogras ist. Obschon Locogras auch direkt tödlich sein kann, ereignen sich die meisten Todesfälle durch Verhungern und Verdursten, da die Tiere ihre körperlichen Bedürfnisse der Erregung unterordnen, die ihr von dieser Pflanze geboten wird. Die Tiere zeigen die gleiche sture Haltung, die wir von menschlichen Alkoholikern und Kokainsüchtigen kennen.

Weil Menschen von Locogras nicht sehr fasziniert sind, ist die Anziehungskraft der Pflanze für uns kaum verständlich, aber es ist leicht, die abhängigen Tiere auszumachen. Sie haben häufig einen besonders steifen Gang, schwanken ein wenig von einer Seite zur anderen, als ob ihre Beine teilweise paralysiert wären, und ihr Kopf wackelt. Sie erinnern an zwei Charlie Chaplins in einem Pferdekostüm. Sie haben häufige Wutanfälle und greifen alles an, was in Sicht kommt. Manchmal scheinen sie auch Dinge anzugreifen oder zu scheuen, die unsichtbar sind. Ein locosüchtiges Pferd kann durch einen Stacheldrahtzaun hindurchrennen, als wäre er nicht vorhanden, und dann zurückschrecken und sich aufbäumen, als wäre es von Schlangen umgeben. Verschiedene Berichte von Leuten, die Locogras-Aufgüsse getrunken haben, sagen aus, daß die Hauptwirkung eine Beruhigung und das Gefühl leichter Abwesenheit sei. Höhere Dosen rufen Erregung und Halluzinationen hervor.

Hundert Jahre nachdem Ormsby seinen Brief geschrieben hatte, besuchte ich die Gegend, wo er seine Beobachtungen gemacht hatte, ein Weideland in der Nähe von Bakersfield. Es war Mitte Juli, und das Gebiet war trocken und sandig. Die Gräser bogen sich im heißen trockenen Wind. Als ich über das weiße Loco strich, rasselten die Samenkörner, wie sie es auch bei den ersten Siedlern getan haben mögen, die ihm den Namen Rasselgras gaben. Es wuchs dort nichts anderes. Das Gebiet wurde seit langem von den Viehzüchtern gemieden. Alle ihre Tiere waren gestorben.

Diese Tiere, die ihre Abhängigkeit von Locogras und anderen Pflanzen nicht überlebten, erteilten der Menschheit wertvolle Lektionen. Die Kreaturen, die eine Begegnung mit Giftpflanzen überlebten und zu einer geregelten Nahrungsaufnahme zurückfanden, stellten uns vor neue Rätsel. Warum fressen sie Pflanzen, die Giftstoffe enthalten? Viele Tiere, wie die Ziegen Kaldis, suchen nach spezifischen Wirkungen wie der Stimulation durch die Kaffeepflanze. Bei locosüchtigen Rindern, deren Überlebenschancen höher sind als die süchtiger Pferde, war die Frage so rätselhaft wie das geheimnisvolle Narkotikum in der Flechte, hinter dem die Bighorn-Schafe her sind. Warum fraßen Tiere fortgesetzt Giftpflanzen, verstärkten damit die anfänglichen Vergiftungserscheinungen und traten allmählich in einen Zustand der Vergiftung über? Wenn Tiere genug wußten, um Giftstoffe in Pflanzen zu meiden oder ihre medizinischen Eigenschaften zu nutzen, lernten sie dann auch, mit den berauschenden Eigenschaften der Pflanzen umzugehen?

Wenn Tiere ihre physischen Bedürfnisse nach Nahrung und Gesundheit unbeschadet befriedigen können, scheuen sie die Wiederholung ihrer Erfahrung nicht und wenden sich wieder den Pflanzen zu. Ursprünglich gab der Hunger den Anstoß dazu, das Locogras zu fressen. Warum aber blieb das Locofressen attraktiv, wenn andere Nahrungsmittel zugänglich waren? Es scheint sich um eine erworbene Geschmacksprägung zu handeln, ganz ähnlich derjenigen des kleinen Koalas, die er durch den von der Mutter teilweise verdauten Eukalyptus erfährt. Obschon junge Tiere ihre locofressenden älteren Verwandten imitieren, enthält Locogras tatsächlich auch Bestandteile, die von den Jungen durch die Muttermilch aufgenommen werden, Substanzen, die die Jungen an den Geschmack der Pflanze gewöhnen. Ob die Mutter die schädlichen Bestandteile in der Nahrung bemerkt oder nicht – sie scheinen ihr jedenfalls nichts auszumachen. Die kontaminierte Milch enthält auch pflanzliche Osteolathyrogene, die ungewöhnliche Beugungen der Gelenke und Kontraktionen der Sehnen hervorrufen. Infolgedessen sehen einige junge, durch Loco beeinträchtigte Tiere so aus, als ob sie auf den Zehenspitzen ständen, aber die Mütter fressen weiterhin Locogras und nähren die Jungen. Ebenso scheinen schwangere Tiere, die von anderen Giftpflanzen abhängig sind, sich nicht an den durch ihre Sucht erzeugten Geburtsdefekten zu stören. Die Tiere können wahrscheinlich Frühgeburten oder mißgestaltete Föten schnell aus ihrem Gedächtnis streichen und fahren mit der Befriedigung ihrer erworbenen Bedürfnisse fort. Sie lassen eine Horrorshow von Föten mit verbogenen Gliedmaßen, fehlenden Zehen und Augen zurück.

Ist es möglich, daß Tiere Gefallen am Zustand des Rausches selbst entwickeln? Es gibt keinen Beleg, daß Locogras oder andere ähnliche Giftpflanzen eine physische Abhängigkeit erzeugen, sondern nur dafür, daß sie wohl eine psychologische Anziehungskraft besitzen. Die Frage kann einfacher beantwortet werden, wenn die Pflanzen nur einen geringen oder gar keinen Nährwert und keine medizinischen Wirkungen aufweisen, aber Rauschzustände mit dem Risiko der Vergiftung hervorrufen. Ich untersuchte eine solche Pflanze, die rote Bohne, die ich auf den Kalksteinhügeln am Rande der Sonora-Wüste in Texas fand.

Die Bohne, die nur einen Zentimeter lang ist, scheint relativ harmlos zu sein, wenn man sie mit ihren Nachbarn in der Sonora vergleicht, darunter Crucifixion-Dornen, Schwefelblumen, Taranteln, Fledermäuse mit Geistergesichtern und riesige Skorpione. Dennoch kann eine einzige rote Bohne der Sophora secudiflora, eines wunderschönen grünen Strauchs mit violetten Blüten, ein Kind binnen weniger Stunden töten. Die Bohne, die auch als Mescalbohne bekannt ist, enthält Cytisin und verwandte Alkaloide, die dem Nikotin ähnlich sind. Als Nahrungsmittel ist sie nicht brauchbar, obwohl sie in diesem Gebiet bei archäologischen Funden in menschlichen Behausungen aus dem 9. Jahrtausend v. u. Z. entdeckt wurde. Es gibt Zeugnisse dafür, daß sie als zeremonielle Halluzinogene verwendet wurde, so wie noch heute von den Plains-Indianern. Der durch eine halbe Bohne erzeugte Rausch wird als belebendes Delirium beschrieben, in dem Visionen erlebt werden. Ein tiefer mehrtägiger Schlaf folgt. Es gibt aber nur eine geringe Toleranzbreite. Eine ganze Bohne kann Übelkeit, Erbrechen, Kopfschmerzen, Schweißausbrüche, vermehrten Speichelfluß, Durchfall, Krämpfe und eine Paralyse der Atemmuskulatur hervorrufen. Der Tod tritt durch Erstickung ein.

Anthropologen haben darüber spekuliert, daß die Indianer die giftigen Wirkungen bei Tieren ihrer Umwelt beobachtet haben, da die Tiere diese Pflanzen fressen und Spuren von ihnen in ihren Mägen gefunden wurden. Ich borgte mir einige Ziegen von einer nahegelegenen Ranch, ließ sie in der Nähe der roten Bohnensträucher grasen und beobachtete dabei, daß einige Ziegen fraßen, zitterten, hinfielen, aufstanden, um später wieder von der Pflanze zu fressen. Den ganzen Tag über fielen sie hin und standen wieder auf, wie mexikanische Springbohnen in der heißen Sonne. Später fand ich heraus, daß die hartschaligen roten Bohnen, die von ihnen wieder ausgeschieden wurden, genügend aufgelöst waren, um die enthaltenen Alkaloide teilweise freizusetzen.

Es ist plausibel, daß die Indianer ähnliche Wirkungen bemerkten. Sie waren aufmerksame Beobachter und lernten einen großen Teil ihrer Pharmakologie aus dem Verhalten der Tiere. Die Wichita-Indianer nutzten sogar die durch rote Bohnen erzeugte Trance, um sich mit wilden Tieren zu unterhalten und Anweisungen für ihre Heilkunst zu erhalten. Obwohl die Indianer das Verhalten der Tiere respektierten und als Beispiel nahmen, haben sie auch selbst mit Pflanzen wie der roten Bohne experimentiert, wenn die Tiervorbilder nicht genügend Informationen über die Pflanzenwirkungen lieferten.

Nachdem ich beobachtet hatte, wie die Ziegen buchstäblich auf den Trip gingen und umfielen, ohne sichtbaren Schaden an ihren Erfahrungen zu nehmen, war ich unsicher, ob ich die rote Bohne selbst probieren sollte. Es wurde dunkel und für die Tiere Zeit zum Ruhen, als ich sah, daß die betroffenen Ziegen sich von den anderen absonderten. Inzwischen hatten meine Packpferde die Sträucher entdeckt und strebten eifrig in ihre Richtung. Ich beeilte mich, sie von dort wegzuziehen. Sie bäumten sich auf und bockten voller Aufregung. Ich schaffte es, alle bis auf eins an einem sicheren Baum festzubinden. Das entkommene Pferd lief auf einen nahegelegenen Hügel, wo es die ganze Nacht über blieb und ständig auf- und ablief und den Kopf schüttelte.

Bei Tagesanbruch erwachte ich und fand es wieder am Bohnenstrauch. Ich jagte es weg. Es trottete steif zurück auf den Hügel, wo es weiter seine Runden drehte und den Kopf warf. Ich war über diese Fortdauer des Rausches erstaunt. Ich konnte verstehen, daß Tiere ihren Nutzen aus stimulierenden Pflanzen wie Kaffee oder Heilpflanzen wie Chinin zogen. Welcher mögliche Nutzen aber konnte aus den halluzinogenen roten Bohnen gezogen werden? Wie viele andere Tiere hatten Kontakt mit pflanzlichen Halluzinogenen und suchten eine Wiederholung? Warum?

In der Entfernung bäumte sich das Pferd auf, ein großes Fragezeichen in der Morgensonne.

Herunterfallende Vögel und fliegende Katzen

Begegnungen mit Halluzinogenen

1

Mittagszeit. Ein großer Schwarm Wanderdrosseln bewegte sich quer über den Himmel und verdunkelte die Sonne. Es war Februar, und die jährliche Wanderung der amerikanischen Wanderdrossel, *Turdus migratorius*, hatte die kleine kalifornische Stadt Pleasant Hill erreicht. Das laute Zwitschern signalisierte, daß es für den Schwarm allmählich Zeit wurde, sich über die reifenden Früchte auf dem gerade überflogenen Feld herzumachen. Auf dem Feld wuchsen kleine Bäume mit Beeren, die von den Indianern Toyon genannt wurden und die wir heute kalifornische Stechpalme oder Weihnachtsbeere nennen. Diese hübschen Zierpflanzen mit leuchtenden roten Beeren und schimmernden grünen Blättern verdecken unsichtbare Gefahren unter stiller Schönheit.

Mein Jeep war unter den Bäumen geparkt, und ich hielt mich in der Nähe versteckt. Eine Serie von Zeitungsberichten, die ebenso regelmäßig alljährlich erschienen wie die Vögel selbst, hatte mich zu diesem Versteck hingezogen. Nach einer Geschichte der Associated Press seien die Drosseln nach dem Verzehr zu vieler Beeren berauscht, da diese einen milden Giftstoff enthielten. Ein weiterer Artikel berichtete von einem saisonalen dreiwöchigen Freßgelage, während dem sich Wanderdrosseln und andere Vögel desorientiert und verwirrt verhalten, alberne Spiele spielen und gegen Autos und Fenster fliegen. Alle Meldungen stimmten darin überein, daß die Vögel nach menschlichen Begriffen betrunken waren. Beim örtlichen Museum im benachbarten Walnut Creek wurde ein »Betrunkenenbehälter« aufgestellt, in den berauschte Vögel gebracht wurden, damit sie sich über Nacht erholen konnten. Ich hatte einen heißen Draht eingerichtet, um per Anruf über den Aufenthaltsort von fluguntüchtigen oder sich seltsam gebärdenden Vögeln informiert zu werden. Die Stellen wurde auf einer großen Karte des Gebiets mit roten Reißzwecken markiert. Diese bildeten das Muster einer großen Nadel, die sich über das Tal erstreckte. Nun saß ich an der Stelle des Nadelöhrs und wartete auf die Vögel. Es begann ein wenig zu nieseln, und ich diktierte Beobachtungen in meinen Kassettenrecorder.

12:10 Zwei- oder dreitausend Vögel fallen vom Himmel her ein. Sie halten direkt auf meinen Jeep zu, umschwirren das Kamerastativ und beginnen die Bäume leerzuräubern. Die dünnen Zweige jedes Baums biegen sich unter dem Gewicht von fünfzig bis hundert Vögeln. Sie fressen zunächst die obersten Beeren ab und arbeiten sich durch ein Labyrinth von Zweigen hindurch nach unten vor. Andere steuern im Tiefflug die untersten Beeren an oder hüpfen vom Boden aus an sie heran.

12:17 Die Beeren scheinen in einem Faß ohne Boden zu verschwinden. Normalerweise sollten vier oder fünf Beeren als Mahlzeit ausreichen. Hier verschlingen einzelne Vögel bis zu dreißig Stück davon. Sie arbeiten sich schnell zu den äußersten Zweigen durch, die sich unter ihrem Gewicht nach unten neigen. Wie die Zweige schwanken auch die Vögel und fallen herunter. Vier Vögel taumeln auf dem Boden herum und sind flugunfähig.

12:35 Der Baum, den ich direkt vor Augen habe, ist kahlgefressen. Die Schwärme, die über andere Bäume hergefallen sind, scheinen sich jetzt auszuruhen. Achtzehn Vögel sitzen auf dem Boden. Einige sammeln mit ihren Schnäbeln immer noch Beeren ein. Ein einsamer Star pickt sich eine Beere aus dem geschlossenen Schnabel einer Wanderdrossel, ein charakteristisches Verhalten, das als Raub bekannt ist.

12:38 Ich verlasse mein Versteck und begebe mich in einen Hitchcock-Film. Ich gehe Wege zwischen Bäumen entlang, auf denen hungrige Vögel hocken. Sie ruhen zwischen den Gängen. Ich versuche, sie nicht aufzustören, wenn ich um andere Vögel herumgehe, die zwischen abgerissenen Blättern, Zweigen und halbgefressenen Beeren herumwanken. Man kann sich den beschwipsten Vögeln leicht nähern. Sie sind beinahe zahm. Meine handbetriebenen Zähler klicken, als eine Gruppe von Vögeln zu Beginn einer neuen Freßorgie direkt meinen Kopf und meinen Körper anfliegt. Ich ducke mich im Jeep.

12:45 Ich fahre im ersten Gang zum Rand des Feldes. Es gibt Aufprallgeräusche auf dem Dach, dann knallt eine Wanderdrossel gegen die Windschutzscheibe. Ich hebe sie auf und bemerke, daß sie sich einen Flügel gebrochen hat. Ich nehme sie mit ins Museum, damit er geschient werden kann.

12:55 Ich bin am äußersten Rand des Feldes, nur einen Meter unterhalb einer Schnellstraße, die es vollständig einschließt. Wohnhäuser mit weißen Zäunen säumen die gegenüberliegende Seite. Vögel ballen sich auf den Bäumen an der Begrenzung zusammen.

13:03 Ein vorüberfahrendes Auto scheucht eine Gruppe von Vögeln auf, die auf einem der Bäume am Feldrand fressen. Sie flattern hoch, aber einer fliegt auf Stoßstangenhöhe über die Straße und wird getötet.

13:05 Einige Vögel sind für einen Moment benommen, wenn sie gegen die Fenster und Wände der Häuser stoßen. Am Straßenrand finde ich vier weitere Vögel, die bei Zusammenstößen mit schnellfahrenden Autos getötet wurden. Die Schwärme brechen wieder auf. Das Mittagessen von Pleasant Hill ist vorüber.

Ich kehrte in das Museum zurück, wo ich Autopsien an den toten Vögeln vornahm. Die Autopsien ergaben, daß der Magen und manchmal auch die Kehle *jedes* Vogels voller Toyon-Beeren war, die etwa 5 Prozent des gesamten Körpergewichts ausmachten. Weder der Mageninhalt noch die Beeren selbst zeigten Anzeichen von Alkohol oder einer Gärung, wodurch der verbreitete Glaube widerlegt ist, daß diese Vögel betrunken waren. Der Tod wurde hervorgerufen durch ein massives Trauma, verursacht durch die Zusammenstöße, die als Folge einer unbekannten Vergiftung auftraten.

Mit Hilfe des heißen Drahtes kontte noch eine weitere Quelle für Rauschzustände identifiziert werden – der *Pyracantha*-Strauch, ein Mitglied der Rosenfamilie. Eine Rose mit dem gewöhnlichen Namen Feuerdorn ist nicht so süß und unschuldig wie ihr Familienname es nahelegt. Feuerdornen haben korallenrote Beeren an langen, niedrigen, dornigen Ästen. Die Pflanze sprießt kräftig nach einem Brand oder einem Beschnitt. Ihre ansehnlichen Früchte sind in Gärten überall in der Welt eine Zierde. Reifende Feuerdornen bringen den sie besuchenden Vögeln oft Rauschzustände und erzeugen den Frühlingszirkus für die menschlichen Bewohner von Pleasant Hill. Dutzende von Anrufern beschrieben die Vögel wie gefiederte Clowns: Sie flogen, fielen und hüpften außerordentlich verwirrt, aber sehr unterhaltsam umher. Einige flatterten mit schiefen Flügeln im Staub herum und ärgerten die Hinterhofkatzen. Andere schwankten auf Fenstersimsen und pickten nach ihren Spiegelbildern. Weil Feuerdornen oft in der Nähe von Häusern und Straßen angepflanzt werden, wurden häufig Zusammenstöße mit Fenstern und Autos gemeldet. Auf einem 1,3 Kilometer langen Straßenstück, das mit Feuerdornen gesäumt ist, zählte ich an drei Tagen sechsunddreißig tote Wanderdrosseln. Auf zwei Kontrollstrecken gleicher Länge, aber ohne Beerenbüsche, gab es keine Toten.

Außer den Drosseln fand ich den Kadaver eines Zedern-Seidenschwanzes, der mit Feuerdornbeeren vollgestopft war. Dieser elegante Vogel ist kleiner als eine Drossel, hat einen braunen Rücken, einen gelben Bauch und ein schwarzes Gesicht. Trotz ihres Rufs, ein gepflegtes Gefieder zu besitzen, bei dem keine Feder am unrechten Platz ist, wurden die Seidenschwänze durch den Rausch ziemlich ramponiert und beschwipst. Sie besaßen aber noch die Kraft zu einem einzigartigen Schauspiel. Das Männchen plusterte seine Federn auf und wandte den Kopf vom Weibchen ab; dieses tat es ihm gleich. Dann reichte das Männchen eine Feuerdorn-Beere als »Geschenk«. Er bot sie seiner Partnerin auf der Schnabelspitze an, und sie nahm sie an. Die Beere wurde mehrere Male hin- und hergereicht und schließlich am Ende der Vorstellung von einem der Vögel gefressen.

Ein höfliches Geschenk animiert die romantische Vorstellungskraft. Schließlich wurden Liebe und Rausch häufig als zwei Seiten derselben Medaille gesehen, oder – um bei den Vögeln zu bleiben – derselben Beere. Wenn auch solche Beschreibungen wie diese die Sucht nach einer Beere so unschuldig erscheinen lassen wie eine Verliebtheit, gab es mehrere praktische Vorteile der Toyon für die kalifornischen Indianer und die frühen amerikanischen Siedler. Die Rinde des Baumes wurde zum Gerben benutzt, und die Beeren wurden geröstet und gegessen oder zu einem wohlschmeckenden, berauschenden Obstwein verarbeitet. Auf den umliegenden Hügeln in der Nähe von Los Angeles wuchsen so viele dieser kalifornischen Stechpalmen (englisch *hollies*), daß dem Gebiet der Namen Hollywood gegeben wurde.

Die Sekundärsubstanzen, die solche theatralischen Verhaltensweisen bei Vögeln und berauschende Wirkungen bei Menschen hervorrufen, sind nicht identifiziert worden. Es gibt Belege für ein Halluzinogen, das bei einigen Leuten ein Delirium und Visionen hervorgerufen hat. Saponine – jene seifenähnlichen sekundären Komponenten – mögen für die »Trunkenheit« ebenso verantwortlich sein wie auch für die Freßgelage mit höllischem Nektar im östlichen Teil des Kontinents. Welche Chemikalie auch immer es sei, sie scheint zu Frühjahrsbeginn konzentrierter zu sein, wenn die Früchte reifen und die farbigen Karotine zunehmen. Die Karotine lösen vermutlich Angriffe von Vögeln aus, die dann die Nebenwirkungen des Rausches erleiden.

Vögel sind anfällig für Überdosen. Da Vögel eine schnelle Verdauung und einen großen Futterumsatz haben, vergrößert sich durch ihren Verzehr von großen Nahrungsmengen die Wahrscheinlichkeit der Einnahme einer größeren Dosis von Sekundärsubstanzen. Vögel, die in Schwärmen auf Futtersuche gehen, erleben garantiert einige Überdosen. Die Nahrungsaufnahme in Gruppen bringt es mit sich, daß die Mitglieder das Futter schneller und unersättlicher zu sich nehmen, als wenn sie alleine wären. Die Drosselschwärme fressen wie eine Mähmaschine und unterscheiden dabei einfach zwischen abgeernteten und unberührten Gebieten, bis die Beeren alle oder ihre Körper erschöpft sind. Wenn die Beeren weniger werden, fressen die für einen Nachschlag zurückkehrenden Vögel geringere Mengen, wobei Räusche dann weniger wahrscheinlich werden.

Es ist nicht bekannt, ob die Vögel ihren Rausch ebensosehr genießen wie die Indianer ihren Toyon-Fruchtwein. Es ist jedoch klar, daß ihn die Vögel auch nach wiederholtem Genuß nicht unangenehm finden. Obwohl bei den Vögeln der Rausch als Nebenwirkung der Nahrungsaufnahme auftritt, bedeutet das Fressen der Beeren kein großes Risiko. Die Vögel werden nicht direkt vergiftet und scheinen durch die Desorientierung oder den Verlust der Koordination nicht abgeschreckt zu sein. Die dramatischsten Verhaltensweisen waren auch die seltensten: Vögel, die nicht bemerkten, wo sie waren, und auf Häuser und Autos zugingen und -flogen. Menschliche Sagen erzählen Geschichten von Vogel-Selbstmorden, wobei die berauschten Vögel nur als Alibi für unser eigenes fehlgeleitetes Verhalten dienen. Ihr Tod wird primär durch die Handlungen der Menschen verursacht, gewöhnlich aus Versehen und manchmal mit Absicht. Ich sah, wie ein Autofahrer absichtlich eine heruntergefallene Drossel überfuhr, und beobachtete durch mein Feldteleskop mit leisem Horror, wie ein Schuljunge zwei hilflose Vögel mit einem Felsbrocken zermalmte.

Der Beerenrausch ist nur ein Beispiel für Reaktionen auf Pflanzen, die als Nahrung dienen können, aber das Bewußtsein verändern. Die wahnhaften Verhaltensweisen werden hingenommen, weil sie einfach nicht häufig genug auftreten und zu kurz anhalten, um bleibende Eindrücke zu hinterlassen. Auch die geringen Verluste durch Katzen, Autos und Menschen sind für die Vögel nicht bedrohlich genug, um die berauschende Nahrung zu meiden. Die saisonalen Wanderungen und Ernährungsmuster sind zu stark im Instinkt verankert, um durch die zufälligen Todesfälle einzelner Tiere in Frage gestellt zu werden.

Dieses regelmäßige Rauscherlebnis bedeutet für die Vögel keine Abhängigkeit. Wenn die Vögel nur aus Gründen des Rauscherlebnisses zu den Beeren ausschwärmten, wäre zu erwarten, daß es häufiger zu Zwischenfällen käme und die Vögel länger in den Büschen verweilten. Wenn der Rausch bei den Vögeln einen stärkeren Trieb als den Hunger aktivieren könnte, wäre zu erwarten, daß sie ihr umherstreifendes Flugverhalten ändern und statt dessen den Schnellstraßen der Beerenbüsche folgten. Mit einem Wort, wir würden ein Suchtverhalten erwarten. Das Beispiel der heftigen Sucht nach einem ursprünglichen Rausch kennen wir von Katzen.

Katzen werden von Katzenminze ausschließlich wegen des chemischen Vergnügens angezogen. Echte Katzenminze (*Nepeta cataria*) ist eine immergrüne Pflanze mit flaumigen Blättern und einem starken Minzgeruch. Sie wächst an so verschiedenen Orten wie Skandinavien, Kaschmir, Kanada und New Jersey. Heute wird sie überall auf der Welt weitgehend kultiviert. Überraschenderweise decken sich die Verbreitungsgebiete der Pflanze und ihres Namensgebers nicht. Katzen, die in die Nähe von Katzenminze gebracht werden, suchen nach der Pflanze und kehren jeden Tag zu ihr zurück. Das Verhalten illustriert unser eigenes Angezogensein von Drogen, die in unserer unmittelbaren Umgebung nicht vorkommen, aber starke natürliche Regungen hervorrufen, wenn wir sie kennengelernt haben. Anders als die nach Beeren suchenden Vögel sind die Katzen absichtlich auf Rauschzustände aus.

Wenn Katzen der Pflanze begegnen, ist ihre erste Reaktion zu schnüffeln. Für Menschen hat frische Katzenminze den Geruch von Pfefferminz, gemischt mit frischgeschnittenem Gras oder von Luzerne. Bei der getrockneten Pflanze oder bei kommerziellen Katzenspielzeugen dominiert Luzerne. Wenn die Katze die Pflanze erreicht hat, beginnt sie an ihr zu lecken und manchmal auch zu kauen; das ist die zweite Stufe der Annäherung. Das Kauen wird oft unterbrochen, und die Katze starrt dann für einen Moment ausdruckslos in den leeren Raum und schüttelt den Kopf in schnellen Bewegungen von einer Seite auf die andere. Im dritten Stadium reibt sich die Katze gewöhnlich mit dem Kinn und den Wangen an der Pflanze. Zuletzt wälzt sie sich kopfüber, um ihren ganzen Körper zu reiben. Außerordentlich empfindsame Katzen drehen sich auch, auf dem Rücken liegend, von einer Seite auf die andere. Die vierstufige Reaktion durchläuft ein festgelegtes Schema in ungefähr zehn Minuten.

Biologen haben diesen Rausch als ein Beispiel für die tierische Sucht nach lustvollem Verhalten erklärt. Das Wesen des lustvollen Rausches wird zunehmend deutlich, wenn den Tieren hohe Dosen von Echter Katzenminze in Form konzentrierter Extrakte verabreicht werden. Die folgenden intensiven Reaktionen treten auf: Katzen zucken heftig mit dem Kopf, sondern übermäßig Speichel ab und zeigen andere Symptome der Erregung des Zentralnervensystems. Ein Zeichen ist die sexuelle Erregung. Kater haben spontane Erektionen, Weibchen nehmen Paarungshaltungen ein, die sie durch Rufe und »Liebesbisse« in jeden erreichbaren Gegenstand unterstreichen.

Die Ähnlichkeit der Reaktionen auf Katzenminze mit dem normalen sexuellen Verhalten der Katzen ist frappierend. Schon das Zeigen von Katzenminze ruft das »rollige« Verhaltensmuster hervor, das brünstige Weibchen im Rahmen ihrer normalen sexuellen Entfaltung zeigen. Diese Verhaltensweisen haben Naturforscher zu der Spekulation veranlaßt, daß Katzenminze früher in der Wildnis die evolutionäre Funktion der Vorbereitung der Katzen auf den Geschlechtsverkehr hatte, sozusagen als natürliches Frühlings-Aphrodisiakum diente. Diese Vorstellung erklärt nicht, warum einige Katzen auf Katzenminze nicht reagieren oder warum sich Katzen auch ohne die Pflanze hervorragend paaren und vermehren. Tatsächlich reagieren nur 70 Prozent der Hauskatzen auf Katzenminze. Auch bei Wildkatzen gibt es solche, die reagieren, und solche, die nicht reagieren; allerdings sind die Prozentsätze nicht bekannt. Die Intensität der Reaktionen kann beträchtlich variieren. Zibetkatzen zeigen nur eine milde Neugier – sie schnüffeln, niesen und reiben sich ihr Kinn. Ein junger Tiger schnüffelte nur einmal, sprang meterhoch in die Luft, urinierte dabei und fiel dann platt auf den Rücken. Er rappelte sich wieder auf und stieß mit dem Kopf gegen die Wand seines Käfigs.

Der Grund dafür, daß einige Katzen nicht im geringsten von Katzenminze erregt werden und daß andere solch übertriebene Reaktionen zeigen, ist ein genetischer. Katzen können über ein dominantes Gen verfügen, das die Reaktion auf Katzenminze leitet. Zuchtexperimente haben diesen genetischen Faktor bestätigt, obwohl sogar junge Kätzchen mit diesem Gen zunächst eine angstvoll vermeidende Reaktion zeigen und sich vor der Pflanze zurückziehen. Wenn sie älter werden, werden jene zur Reaktion gegenüber der Pflanze veranlagten Kätzchen zunehmend neugierig. Die Nichtreagierenden verhalten sich ihr gegenüber indifferent. Überempfindlich Reagierende, wie der sich am Kopf stoßende junge Tiger, können über ihre Erfahrungen so erschrocken sein, daß sie eine konditionierte Angstreaktion entwickeln. Wie Menschen, die vor einem schlechten Trip weglaufen, traut der Tiger nicht einmal mehr einem Katzenminze-Spielzeug, weil es nach Ärger riecht.

Die Reaktion auf Katzenminze wird von flüchtigen Terpenoiden hervorgerufen, die Nepetalaktone genannt werden. Obwohl sie giftig sein können, kann das Naschen von Katzenminze die Katze nicht töten. Die normale Konzentration von Nepetalaktonen in der Pflanze ist nicht gefährlich (obwohl sie schmarotzende Insekten fernhält). Das Vorhandensein von Katzenminze-ähnlichen Chemikalien im Urin von Katern ist verantwortlich für die Ähnlichkeit zwischen der Reaktion auf Katzenminze und sexuellem Verhalten. In einem gewissen Sinne imitieren Nepetalaktone ein natürliches Balz-Pheromon, das von Katern produziert wird.

Matatabi, von den Japanern Lustpflanze genannt, hat dieselbe Wirkung auf Katzen, aber sogar noch stärker. Diese Pflanze enthält sekundäre Komponenten, deren chemische Struktur den Nepetelaktonen weitgehend gleicht und ähnliche Auswirkung auf das Verhalten zeigt. Konzentrierte Matatabi-Gaben in Dosierungen, die für die Katze in der Natur nicht zugänglich sind, wurden auf Baumwollbälle aufgetragen und den großen Katzen im Osaka-Zoo gereicht. Nach anfänglicher Zurückhaltung wurden die Katzen so gierig nach mehr, daß sie alle anderen Aktivitäten einstellten – Fressen, Trinken und sogar den Geschlechtsverkehr –, wenn die Chemikalien gereicht wurden. Sie zeigten eine sehr intensive »Katzenminze«-Reaktion und rollten dann auf ihren Rücken, wo sie einige Zeit »in vollständiger Ekstase« liegenblieben. Ein Beobachter stellte fest, daß die Tiere wahrhaft süchtig waren, weil sie trotz einer fortschreitenden Zerstörung der olfaktorischen Zentren im Hirnstamm immer weitermachten.

Gemessen am Verhaltensindex, sind berauschte Katzen glückliche Katzen. Je stärker die Dosis oder Konzentration der Terpenoide, desto intensiver die Reaktion und anhaltender die Neigung zum Rausch. Es ist diese Neigung, Leidenschaft, Vorliebe, Anziehungskraft oder Liebe, durch die eine psychische Abhängigkeit definiert wird. Auch Menschen steigern bei wechselnden Dosierungen von Kantzenminze ihre Reationen und ihre Neigung zu diesen Erfahrungen. Schwache Aufgüsse wurden in den Vereinigten Staaten früher gegen Schmerzen genommen, aber Katzenminze wird heute nicht mehr medizinisch angewendet. Höhere Dosen von Nepelaktonen können durch das Rauchen der Katzenminze-Blätter erzielt werden, was Menschen eine angenehme halluzinatorische Erfahrung verschafft.

Halluzinieren auch Katzen nach dem Verzehr dieser Pflanze? Man kann die Ansicht vertreten, daß wir über keine Methode verfügen, mit der wir herausfinden können, ob ein Tier halluziniert. Aber Tiere können das Vorhandensein von Halluzinationen anzeigen, in dem sie auf sie reagieren, sie zu greifen versuchen, sie verfolgen, ihnen ausweichen oder sich in irgendeiner anderen Weise verhalten, als wären Dinge tatsächlich anwesend. Ein großer Teil des Verhaltens von Katzen unter dem Einfluß von Katzenminze legt nahe, daß sie solche falschen Wahrnehmungen haben. Während die Katzen einen leeren Blick in keine bestimmte Richtung werfen, weisen ihre begleitenden Aktionen darauf hin, daß sie etwas sehen. Einige Katzen schlagen nach »Phantom-Schmetterlingen« in der Luft und spielen mit ihnen; andere richten ihre Ohren nach unten und stürzen sich auf »unsichtbare Mäuse«; wieder andere zeigen Angst und fauchen, obwohl kein anderes Tier oder Wesen in der Nähe ist.

Ähnliche Dinge geschehen, wenn andere Tiere pflanzliche Halluzinogene zu sich nehmen. Gewöhnlich waren Menschen Zeugen der tierischen Reaktionen und unternahmen dann Selbstversuche. Diese Ereignisse fanden in jedem Winkel des Planeten statt, und überall wiesen Tiere und Menschen ähnliche Reaktionen auf. In den Wäldern Gabuns und des nördlichen Kongo beobachteten Eingeborene Eber, die Wurzeln des *iboga*-Strauchs ausgruben und fraßen. Die Eber gerieten in wilde Erregung, sprangen herum und zeigten Angst und Fluchtreaktionen. Als Stachelschweine und Gorillas sich nach dem Genuß der Pflanze genauso verhielten, kamen die Eingeborenen zu dem Schluß, daß die Tiere vor schrecklichen Visionen flohen, und verwendeten daraufhin die Wurzel, um sich selbst phantastische Bilder zu erschaffen. Bei späteren Experimenten wurde das hauptsächliche Alkaloid der Pflanze, Ibogain, Hunden und Katzen injiziert, worauf sie sich verhielten, als sähen sie schreckliche Dinge.

In den smaragdgrünen Wäldern des Amazonas reißen und nagen die Jaguare nach Berichten der Tukano-Indianer nicht nur die Übelkeit erregende Rinde der *yaje*, sondern kauen auch die Reben und Blätter. Das ist ein höchst ungewöhnliches Verhalten für Fleischfresser, die normalerweise Nagetiere und Kleintiere vorziehen. Die Reaktionen der Jaguare auf diese Reben sind nicht bekannt, aber als das *yaje*-Alkaloid Harmin einem Hund eingegeben wurde, starrte das Tier auf einen Punkt vor sich, sprang plötzlich rückwärts und starrte dann wieder. Die Injektion verwandter Alkaloide erzeugte bei Katzen im Labor ähnliche Reaktionen: Springen und Starren. Die Eingeborenen glauben, daß die Rebe die Katzen in eine andere Welt fliegen läßt. Ihre Schamanen lehren sie, daß auch sie durch die Reben in einen Jaguar verwandelt werden, mit »Jaguar-Augen«, die im Dunkeln sehen können – ein Effekt, der sich durch die Pupillenerweiterung erklären läßt, die oft halluzinogene Rauschzustände begleitet. Jäger nutzen diesen Effekt aus und nehmen geringe Dosen von *yaje*, um ihre Sehkraft zu steigern und ihre Sinne zu schärfen. Ähnlich könnte ein Räuber wie der Jaguar es gelernt haben, daß *yaje* die Fähigkeiten der Sinne wie z. B. den Geruchssinn verstärkt und so das Überleben ermöglicht.

Andere amerikanische Indianerkulturen glauben, daß es eine innige Verbindung zwischen pflanzlichen Halluzinogenen und Tieren gibt. In den unwirtlichen Bergen der Sierra Madre verwenden die Huichol-Indianer dasselbe Wort für Hirsche und Peyote. Diese Verbindung wird auf einem Stück alter mexikanischer Töpferkunst symbolisiert, auf dem ein Hirsch abgebildet ist, der einen Peyote-Kaktus in seinem Maul hält, eine Art prähistorisches Bambi, das nicht nur die Gefühle der Menschen ansprach, sondern auch ihre Wahl der bewußtseinsverändernden Substanzen teilte. In der Huichol-Mythologie erschien der große Gott des Peyote zuerst als Hirsch, und jeder seiner Fußstapfen wurde zu einer Peyote-Pflanze.

Obwohl die Verbreitung der Peyote durch den Hirsch, der Kaktusknospen verdaut und wieder ausscheidet, die Grundlage für diesen Mythos bildet, gelang es niemand, einen Hirsch beim Knabbern an diesem stachellosen Kaktus zu beobachten. Die Hunde und Ziegen der Indianer fressen sofort jede unbewachte Peyote, die sie finden. Einmal stießen drei Ziegen auf einen Behälter mit dreiundvierzig frischen Peyote und fraßen sie schnell auf. Den Rest des Tages zeigten die Ziegen einen ungewöhnlichen Elan, bestürmten und stießen sich gegenseitig und gingen auch auf Menschen los. Sofern sie nicht Amok laufen, starren die Tiere in die Luft und zucken mit den Köpfen, ein charakteristisches Anzeichen für Halluzinationen.

Die Angehörigen sibirischer Stämme beobachten ein solches Kopfzucken bei ihren Rentieren. Während des sibirischen Sommers fressen Rentiere eine Vielzahl von Pilzen. Unter den Birken suchen sie ihren Lieblingspilz: *Amanita muscaria.* Dieser Pilz, der eine rote Kappe mit weißen Flecken hat, wird auch Fliegenpilz genannt, weil die von ihm angezogenen Fliegen nach dem Genuß des Nektars betäubt werden und gelähmt und hilflos zu Boden fallen. Zahme Rentiere lassen sich in ihrer Gier nach diesem Pilz nicht mehr bändigen und verhalten sich wie betrunken: Sie laufen ziellos umher, machen Lärm, zucken mit dem Kopf und isolieren sich von der Herde. Sie unterscheiden sich wahrscheinlich nicht von den norwegischen Wikingern, die den Fliegenpilz aßen, um die ekstatische rastlose Wut hervorzurufen, die ihnen den Spitznamen Berserker einbrachte.

Der aktive Wirkstoff ist die Iboteninsäure, eine Sekundärsubstanz, die im Körper in eine ebenso berauschende Chemikalie, Muscimol, umgewandelt wird. Die Stammesangehörigen bemerkten, daß die Rentiere sich heftig für menschlichen Urin interessierten, der das Stoffwechselprodukt Muscimol enthält. Wenn sie Urin in ihrer Umgebung schnuppern, hasten Rentiere zu der Stelle und beginnen um die gelbgefärbten Schneebrocken zu kämpfen. Der Urin hat für die Rentiere die gleiche berauschende Wirkung wie die Fliegenpilze. Das Verlangen der Rentiere nach Urin, mit oder ohne Muscimol, äußert sich so aggressiv, daß Reisende in diesem Gebiet davor gewarnt werden, in der offenen Tundra zu urinieren, wenn Rentiere in der Nähe sind. Die Angehörigen des Tschukschi-Stammes nutzen diese Leidenschaft aus, indem sie den muscimolhaltigen Urin in Robbenfell oder Blechbehältern aufbewahren, um Rentiere zusammenzutreiben oder ihren eigenen Rausch um einen Tag zu verlängern. Obschon sie die Rentiere hoch bewerten, sind die Pilze noch kostbarer. Der Tauschpreis für einen einzigen Fliegenpilz kann zwei oder drei Rentiere betragen. Das Rentier kann den Körper nähren und wärmen, aber die Pilze nähren die Seele mit ekstatischen Visionen, was diesen Menschen viel mehr wert ist.

Die chemischen Substanzen in den Pilzen sind so kräftig, daß der kleinste Bissen einen Schub bizarrer Verhaltensweisen hervorrufen kann. Kopfzucken ist gewöhnlich eine sichtbare Wirkung, wenn Fliegenpilze von Hirschen, Eichhörnchen oder Affen gefressen werden. Kanadische Karibus, nahe Verwandte der Rentiere, zeigen die größten Wirkungen. Während ihrer Wanderungen bewegen sich die wilden Karibus in einer langen Reihe, mit so genauem Abstand wie Perlen an einer Kette. Der Weg kreuzt zufällig Gruppen von Fliegenpilzen, von denen die erwachsenen Weibchen fressen. Innerhalb von ein oder zwei Stunden verlassen diese Karibus die Reihe und laufen mit einem merkwürdigen seitlichen Ausschlagen ihrer Hinterläufe davon. Wenn sie nicht mit den Köpfen zucken würden, wäre diese Bewegung identisch mit dem »Tanz des Todes«, mit dem Karibu-Mütter Wölfe und andere Feinde von ihren Jungen fortlocken. Da das berauschte und desorientierte Karibu hinter der Reihe zurückbleibt und damit auch die Jungen ungeschützt läßt, kann die Wirkung die gleiche sein. Entweder die Mutter oder die Jungen werden von den Wölfen gerissen, ähnlich den berauschten Drosseln, die den Katzen zum Opfer fallen.

Während der Fliegenpilz Tiere nicht direkt tötet, können Menschen daran sterben, obwohl bei den Stämmen, die diese Pilze in der Sonne trocknen oder rösten, die Rauschfolgen geringfügig sind; bei diesen Zubereitungsarten scheinen die Gifte schwächer zu werden. Dennoch führt der Verzehr eines einzigen Pilzes zu Zuckungen, Zittern, leichten Krämpfen und Taubheit in den Gliedmaßen. So unangenehm diese Wirkungen für einen außenstehenden Beobachter auch zu sein scheinen, die Konsumenten sind glücklich und haben oft das Bedürfnis, bei ihren Halluzinationen zu tanzen und zu singen. Bei klinischen Beobachtungen wurden eine vergnügte, fast angetrunkene Haltung, eine Lockerung der Haut und ein leichtes Tränen der Augen festgestellt. Diese Rauschfolgen erinnern an das berühmte Bild des amerikanischen Cartoonisten Thomas Nast, auf dem der Weihnachtsmann mit zwinkernden Augen und einer roten Nase in einem rentiergezogenen Schlitten über die Baumwipfel fliegt.

Halluzinogene Pilze wie der Fliegenpilz sind ebenso weit über die Erde verbreitet wie das Bild des Weihnachtsmanns. Und magische oder heilige Pilze, wie einige Arten genannt werden, wachsen überall auf der Welt, von der Halbinsel Kamtschatka in Sibirien bis zum mexikanischen Hochland. Die heiligen Pilze unterscheiden sich in bezug auf viele botanische Eigenschaften, aber sie alle enthalten Derivate einer machtvollen halluzinogenen Substanz, des Psilocybins.

Diese Substanzen sind weniger berauschend als die sekundären Chemikalien im Fliegenpilz und erzeugen geringfügige Verhaltensabweichungen bei Rindern, Schafen und Ziegen, die bei ihrem Verzehr beobachtet wurden. Kleinere Tiere nehmen verhältnismäßig größere Dosen auf und zeigen dramatischere Wirkungen. Auf Bauernhöfen in Hawaii und Mexiko sah ich Hunde, die absichtlich die Pilzköpfe abknabberten und verschluckten. Einige Minuten später rannten die Hunde im Kreis herum, warfen die Köpfe hin und her, jaulten und reagierten nicht mehr auf menschliche Kommandos. Ihr Verhalten ähnelt dem, das Jane Goodall an einem Schakaljungen, Rufus, beobachtete, das einen geheimnisvollen Pilz fraß. Sie hat es in *Innocent Killers* aufgezeichnet:

> Zehn Minuten später schien er verrückt zu werden. Er raste im Kreis herum und griff geradewegs eine Thompson-Gazelle und dann einen Gnu-Bullen an. Beide Tiere, die möglicherweise so überrascht waren wie ich selbst, gingen ihm schnell aus dem Weg. Konnte der Pilz Halluzinationen verursacht haben? War Rufus auf einem Trip? Diese Fragen müssen unbeantwortet bleiben, weil ich keinen anderen Pilz zur Bestimmung finden konnte.

Trotz des Knabberns und Fressens scheinen die meisten Tiere eine natürliche Indifferenz den Pilzen gegenüber zu haben. Primaten jedoch scheinen sie entweder zu lieben oder zu hassen. Wir boten den Bewohnern des UCLA-Primatenzentrums einige Pilze aus dem Lebensmittelgeschäft an. Unsere im Labor aufgezogenen Affen schienen sie zu mögen. Aber in der Wildnis gefangene Affen weigerten sich, sie zu probieren. Einige von ihnen zeigten bei ihrem bloßen Anblick Unruhe und Angst. Ein Stummelschwanz geriet so in Panik – er rannte gegen die Käfigwände –, daß er ein Beruhigungsmittel bekommen mußte, um eine Verletzung zu verhindern. Es ist reizvoll, über die früheren Erfahrungen zu spekulieren, die diese Tiere mit noch kräftigeren Pilzen in ihrer natürlichen Umgebung gehabt haben mögen. Als unserem Rhesusaffen aus dem Labor ein Psilocybin-Pilz gegeben wurde, der ihn desorientiert und konfus machte, wurde die ursprüngliche Indifferenz dem Pilz gegenüber durch eine unwandelbare Weigerung ersetzt, jemals wieder angebotene Pilze anzunehmen, seien sie harmlos oder psychoaktiv. Vielleicht lernen einige Primaten in der Wildnis ähnliche Lektionen.

Die *Homo sapiens*-Kulturen scheinen sich ebenso in zwei Gruppen mit unterschiedlichen Einstellungen zum Verzehr von wilden Pilzen zu teilen; die meisten sind indifferent, aber es gibt auch Mykophile und Mykophobe. So ist die allgemeine Hochschätzung des Trüffels nicht leicht zu verstehen, handelt es sich doch um einen Pilz, der im dunklen, feuchten Untergrund von Eichenwäldern wächst. Der Trüffel belegt ebenso wie die Katzenminze, daß eine Pflanze eine machtvolle Anziehung ausüben kann, weil sie einen grundlegenden biologischen Trieb bei Tieren anspricht.

Trüffel existieren in einer unterirdischen Welt, die eine äußerst ungeeignete Umgebung für ein Aphrodisiakum zu sein scheint. Diese Pilze erinnern an krause, tiefschwarze Meeresschwämme; die meisten sind so groß wie Pingpongbälle, aber in einer Tiefe von bis zu einem Meter gibt es einige in der Größe von riesigen Kartoffeln und einem Gewicht von bis zu einem Kilo. Als eins der teuersten Nahrungsmittel der Welt haben Trüffel den Namen »schwarze Diamanten« erhalten, obwohl einige italienische und nördlichere Varianten weiß sind. Feldmäuse und Kaninchen graben nach ihnen und zerstören sie. Sogar Hühner versuchen, durch Kratzen am Boden an sie heranzukommen. Aber die besten Trüffeljäger sind Schweine, sie können den muffigen Geruch über große Entfernungen aufspüren.

Die Leidenschaft des Schweins für Trüffel ist genauso groß wie die unsere, wenn wir den etruskischen und römischen Mythen folgen, die diesen Pilzen aphrodisische Qualitäten zusprechen. Sogar zeitgenössische Volkserzählungen behaupten, daß besonders geruchsintensive Trüffel das Geschlechtsleben anregen, indem sie Frauen geneigter und Männer begehrenswerter machen. Es gibt für diese Geschichten eine starke chemische Grundlage.

Trüffel enthalten ein Steroid, Androstenol, das ihnen den besonderen moschusartigen Geruch und einen nußartigen Geschmack verleiht. Dasselbe Steroid wird in den Hoden des Ebers synthetisiert und in die Speicheldrüse transportiert, aus der es während der Balz sekretiert wird. Androstenol macht Eber aggressiver und die Sau paarungsbereit. Die Konzentration des Steroids in Trüffeln ist etwa doppelt so hoch wie die bei Ebern gefundene, daher das heftige Interesse, das Schweine bei der Suche nach dieser Delikatesse an den Tag legen. Androstenol wird auch bei den Menschen in den männlichen Hoden synthetisiert und über die Achselschweißdrüsen sekretiert, was dem männlichen Schweiß einen moschusartigen Geruch verleiht, der eine vorbereitende Rolle beim menschlichen Sexualverhalten spielt.

All das haben die Spanier wohl schon lange zu schätzen gewußt: sie nannten die Trüffel *trufa*, was »Hoden der Erde selbst« bedeutet, und verwendeten sie zur Anfachung des sexuellen Verhaltens. Und für nordische Eichhörnchen, die dabei beobachtet wurden, wie sie Trüffel fraßen, die unter der Erdoberfläche in Alaska wuchsen, wird es auch eine alte Geschichte sein. Im nördlichen Kalifornien wurde ein Flughörnchen gesehen, das an eine deutlich sichtbar auf dem Boden liegende Trüffel heranglitt. Nachdem es einige Minuten an ihr geknabbert hatte, verschwand es mit einem kleinen Trüffelstück. Man folgte dem Hörnchen zu seinem Nest in dem früheren Wohnloch eines Spechts. Es trug die Trüffel hinein, wo sein Partner wartete. Man kann sich das folgende charakteristische Paarungsverhalten der Flughörnchen vorstellen: die Geschlechtspartner schließen sich gegenseitig in die Arme, und das Männchen legt seine Flughaut wie einen Umhang um das Weibchen.

Geheimnis und Aberglaube haben die Wirkungen eines anderen Pilzes, des Mutterkorns, einer vorurteilsfreien Betrachtung entzogen. Das Mutterkorn ist ein Parasit, der Roggen, Weizen und andere Gräser befällt. Der Pilz bildet *sclerotia* aus, harte, purpurfarbene Körper, die die Körner und Samen in den Ähren ersetzen. Das sclerotium selbst ist ein wahres Laboratorium stärkster Chemikalien, die als Mutterkorn-Alkaloide bekannt sind und deren Wirkungen schon durch ihre Purpurfarbe angedeutet werden – eine ominöse Farbe, die in den Hymnen Homers mit den schreckenseinflößenden Kräften von Hades und der Unterwelt verbunden wird.

Mutterkorn-Alkaloide gleichen strukturell den Neurotransmittern, die im Nervengewebe warmblütiger Tiere vorhanden sind. Sie können die Durchblutung des Körpers stören und auch schwerwiegende Veränderungen der Wahrnehmungen und Bewegungen der Tiere hervorrufen. Weidetiere waren wahrscheinlich die ersten, die diesem Pilz begegneten, der immer noch eine Bedrohung für das Vieh darstellt. Eine einzige größere Mahlzeit von befallenem Gras kann heftige Unruhe und Muskelkrämpfe hervorrufen. Die Tiere stolpern mit steifen, unbeholfenen Bewegungen herum, sie rollen die Augen und fallen schließlich zu Boden. Sie sitzen dann benommen da, isoliert von ihrer Gruppe oder Herde, kehren aber zu ihr zurück, sobald der Rausch vorüber ist. Die Auswirkungen eines kontinuierlichen Verzehrs von Mutterkorn sind über mehrere Wochen hinweg nicht wahrnehmbar, wobei die Länge des Zeitraums von der Konzentration der Alkaloide in den Gräsern abhängt. Dann entwickelt sich zuerst eine Lähmung, die Gliedmaßen werden gefühllos und brandig. Schließlich bricht Brand aus. Rinder, die mit Mutterkorn-Brand befallen sind, sondern sich ab, bleiben aber dennoch in der Nähe der Herde, wenn sie sich fortbewegt. Die

Herde verliert fünf Prozent der Tiere, die zu Boden gestreckt vor Erschöpfung sterben.

Weidetiere sind mit ihren Mutterkorn-Räuschen nicht allein. Einige abenteuerlustige Bauern haben die mit Mutterkorn durchsetzten Gräser probiert, nachdem sie das ungewöhnliche Verhalten ihrer Tiere beobachtet hatten; aber der erste menschliche Kontakt war wahrscheinlich ein Unfall, den Bauern in der Frühzeit erlebten. Das befallene Korn gelangte in Brot, das gegessen wurde und massenhaft Räusche und Vergiftungen hervorrief. Die erste absichtliche Verwendung folgte kurz auf die ersten Unfälle, als die alten Athener geheime Zeremonien im Eleusistempel abhielten. Während der dortigen nächtlichen »Mysterien« tranken einzelne Teilnehmer *kykeon*, eine Mischung aus Gerste, Mutterkorn, Wasser und Minze. Zwei Jahrtausende lang, bis zum Verbot dieser Riten durch das Christentum im vierten Jahrhundert, unterzogen sich jährlich Tausende von Menschen dieser Erfahrung. Unter den Teilnehmern waren Aristoteles, Sophokles, Plato, Aischylos, Pindar und verschiedene römische Kaiser. Es war laut Homer eine glückselige Erfahrung, die Menschen aus einer düsteren Hoffnungslosigkeit herausheben konnte und ihnen geben konnte, was Cicero einen Grund, in Freude zu leben, nannte. Die mit einer tiefen religiösen Erfahrung konfrontierten Teilnehmer gaben sich ihren Visionen mit Andacht und Erstaunen hin.

Der absichtliche Gebrauch halluzinogener Pflanzen durch Tiere und Menschen wurde so selten und organisiert vollzogen wie der Durchgang durch die Portale von Eleusis. Tiere, die *yaje*-Stengel oder *iboga*-Wurzeln oder Fliegenpilze kauen, sind nur von Zeit zu Zeit zu sehen. Ähnlich war es mit den Teilnehmern der Eleusis-Zeremonien – sie kamen auch nur einmal im Jahr. Eine *Datura*-Zeremonie findet vielleicht nur einmal im Leben statt; und Pilze werden in unserer Zeit in Stammeskulturen ebenso selten konsumiert wie auf Schulfesten.

Bei Menschen kommen rituelle oder in der Freizeit herbeigeführte Räusche mit Halluzinogenen nicht kontinuierlich vor. Ein Hauptgrund für diesen kontrollierten Gebrauch ist die physische Gewöhnung, die sich schnell entwickeln und die meisten Wirkungen blockieren kann. Um die Gewöhnung zu überwinden, müssen zunehmend größere Dosen eingesetzt werden. Aber solche großen Dosen sind in der Natur nicht immer zu bekommen, und zudem kann es sein, daß sie dennoch nicht die Toleranzschwelle übersteigen, die sich für Drogen wie die Mutterkorn-Alkaloide entwickelt. Menschen haben gelernt, daß eine bessere Methode zur Handhabung der Drogen die Streckung ihrer Dosierung über die Zeit ist, also viele Wochen – wenn nicht gar Monate – zwischen den Räuschen verstreichen zu lassen. Das verhindert die Gewöhnung und gibt den Menschen die Möglichkeit, über die Erfahrung nachzudenken und sie in ihr Leben zu integrieren. Da auch einige Tiere, wie zum Beispiel Ratten, in der Freiheit nur gelegentlich Halluzinogene aufnehmen, verfahren sie vielleicht genau so.

Periodische Räusche lassen sich bei verschiedenen Tieren beobachten, die eine Menge über halluzinogene Pflanzen zu wissen scheinen und im allgemeinen deren starke psychoaktive Bestandteile meiden. Zum Beispiel fressen Ratten regelmäßig Stengel und Früchte von Purpurwinden, die das gleiche Alkaloid enthalten wie das Mutterkorn. Die Nager meiden gewöhnlich die größeren Alkaloid-Konzentrationen in den Samen. Wenn sie durch besonders schlechte Wetterverhältnisse verstört ist, nascht eine Ratte gelegentlich ein Samenkorn und zeigt dann das charakteristische Kopfzucken des Rausches.

Ich habe einmal zwei hawaiianische Mungos beobachtet, die von ihrem regulären Speiseplan mit Fleisch, Eiern und saftreichen Früchten abwichen, um die hochwirksamen Samen einer silbernen Purpurwinde zu fressen, die in ihrem geräumigen Gehege gepflanzt worden war. Die Mungos zuckten und liefen in ihrem Gehege im Kreis herum, dann schienen sie einige Stunden betäubt zu sein. In den nächsten Monaten ignorierten die Mungos die Samen. Ich beobachtete dann einen Mungo, der wieder von dem Samen fraß, aber das war bei einer besonderen Gelegenheit: Seine Partnerin war gerade gestorben, und ein tropischer Sturm hatte einen großen Teil des Geheges in ein Schlammfeld verwandelt. Purpurwindensamen werden von modernen mexikanischen Indianern verwendet, um sich in Problemphasen zu beruhigen; vielleicht tun die Tiere das gleiche.

Es ist offenkundig, daß viele Tiere von berauschenden und halluzinogenen Erfahrungen angezogen werden. Eine wirkliche Gefahr entsteht erst dann, wenn sich ihre natürlichen seltenen Rauschzustände wiederholen, wenn das Verlangen so leidenschaftlich wird, daß sich ein lebensbedrohliches Verhaltensmuster etabliert. Vögel zeigen dieses Verhalten bei Beeren, aber sie sind durch die saisonale Reifung geschützt. Bienen haben es beim betäubenden Nektar spezieller Doldengewächse, aber gegen zu häufigen Gebrauch sind sie auch durch die saisonale Blüte geschützt. Die fleißigen Ameisen dagegen können in ihren Kolonien jederzeit einen Rausch haben. Sie bieten ein schlagkräftiges Beispiel einer schweren Abhängigkeit von einem desorientierenden Rauschmittel.

Eine Vielzahl von Ameisen lebt in einer symbiotischen Verbindung mit bestimmten Käfern. Die Ameisen spielen die Rolle der Gastgeber, sorgen für Nahrung und kümmern sich um ihre Gäste, die Käfer. Dafür produzieren die Käfer mit ihrem Hinterleib Sekrete und erlauben den Ameisen, sie aufzulecken. Die Ameisen können von der berauschenden Wirkung der Sekrete so überwältigt werden, daß sie zeitweilig desorientiert und unsicher zu Fuß sind. Entomologen haben die Leidenschaft der Ameisen als Liebe und als Sucht bezeichnet. Liebe wird der Ameise zugeschrieben, weil sie sich um die Larven des Käfers kümmert und sie füttert, als wären sie ein Teil der Ameisenbrut. Betrachten wir das Beispiel der gelben Ameise, *Lasius flavus*, und des *Lomechusa*-Käfers, benannt nach einem alten römischen Giftmörder. In Zeiten der Gefahr bringen die Ameisen sogar die Käferlarven in Sicherheit, bevor sie ihre eigenen Eier bergen. Die Abhängigkeit betrifft die Arbeitsameisen, die an allem außer an dem von den Käfern produzierten berauschenden Sekret völlig desinteressiert sind. Infolgedessen erlauben die Ameisen einer größeren Zahl von *Lomechusa*-Käfern, in die Kolonie zu ziehen, was von einem gleichzeitigen Schwinden der Ameisenpopulation begleitet ist. Eine exzessive Einnahme des Rauschmittels kann eine solche Sucht in der Kolonie verursachen und zur Deformation der weiblichen Ameisenlarvenführen, daß sie sich zu nutzlosen Krüppeln statt zu fortpflanzungsfähigen Königinnen entwickeln. Demnach kann die »*Lomechusa*-Manie«, ein Fall schwerer Abhängigkeit, zum Niedergang und Sturz der Ameisengesellschaft beitragen. Dieser Fall erzählt unserer Spezies eine wahre Geschichte, die zum Nachdenken über die Gefahren halluzinogener Drogen am modernen Arbeitsplatz anregt.

2

Es ist keine Frage, daß das Verhalten unter dem Einfluß von Halluzinogenen für viele Aktivitäten dysfunktional ist. Das Wort *Halluzination* selbst stammt von dem lateinischen *alucinari* ab, das bedeutet, »das Bewußtsein oder die Aufmerksamkeit wandern lassen« oder »träumen«. Bei der Beschäftigung mit den Wahrnehmungsaspekten des halluzinogenen Rausches leidet immer die Fähigkeit, sich mit den Anforderungen zu beschäftigen, die in der wirklichen Welt an die sensomotorischen Verhaltensweisen gestellt werden. Selbst Tiere ohne entwickelte Nervensysteme können durch diese Drogen verleitet werden.

Um gelungene Netze spinnen zu können, brauchen Spinnen ihre ganze Aufmerksamkeit. Die Spinne nimmt den kürzesten Weg, der die geringsten Anforderungen an das Spinnen stellt, und legt so die Regelmäßigkeit der Webmuster fest. Die kleinen Unregelmäßigkeiten, die bei einem normalen Netz auftreten, sind meistens auf die Ablenkung durch äußere Reize zurückzuführen, die die Spinne vom kürzesten Weg abschwenken lassen.

Die Behandlung mit Meskalin aus der Peyote oder mit Psilocybin aus heiligen Pilzen stört das Spinnverhalten und bewirkt deutliche Verformungen und Unregelmäßigkeiten bei der Konstruktion des Netzes. Geringe LSD-Dosen verbessern dagegen die Steuerungsfähigkeit der Spinnen und erlauben ihnen, ein Netz mit regelmäßigeren Winkeln und Spiralabständen zu bauen, das eine größere Fangzone hat. Aber hohe LSD-Dosen können die Geometrie radikal verändern und asymmetrische Gewebe erzeugen, die länger und schmaler als die üblichen sind und unregelmäßige Winkel aufweisen. Die surrealen LSD-Netze stellen auffallende Abweichungen von den konventionellen Gebilden dar. Abgesehen von künstlerischen Interpretationen können diese Netze zwar neue Ausmaße erreichen, aber sie haben eine kleinere Fangzone, die einfach unterhalb des Überlebensstandards liegt. Auch Spinnen, die in der Schwerelosigkeit des Skylab ihre Netze spannen, brachten asymmetrische und unregelmäßige Strukturen hervor. Ob die Störung nun aus dem »inneren« oder dem äußeren Raum kommt, selbst automatische genetische Überwachungssysteme können außer Kraft gesetzt werden. Die Wirkungen lassen sich nicht nur bei Tieren feststellen, die der Luft ausgesetzt sind, sondern auch bei jenen, die im Meer schwimmen.

Das Schwimmverhalten der siamesischen Kampffische wird auf exakte Weise durch die visuellen und geruchlichen Anhaltspunkte im Wasser bestimmt. Ihre Bewegungen sind überlegt und gut koordiniert. Wenn sie mit einem angreifenden Fisch konfrontiert sind, nehmen sie mit ausgestreckten Flossen und dunkler Verfärbung eine seitliche Kampfhaltung ein. Wenn sie LSD oder verwandten Halluzinogenen ausgesetzt werden, zeigen sie ihre berühmte Kampfhaltung in einem leeren Becken und verhalten sich, als sähen sie einen anderen Fisch. Wie die Spinnen haben diese unter Drogen stehenden Fische Schwierigkeiten, sich zu orientieren; sie halten sich senkrecht im Wasser, den Kopf zur Oberfläche gerichtet. Solche Störungen hindern Fische möglicherweise auch daran, Dinge zu bemerken, die tatsächlich vorhanden sind. Guppies, die mit LSD behandelt wurden, schwammen sogleich gegen die Wand ihres Beckens und bewegten sich dann immer weiter, ohne zu bemerken, daß sie gar nicht vorankamen.

Landtiere, besonders solche mit entwickelten Nervensystemen, scheinen durch Drogen in noch viel stärkere Verwirrung zu geraten. Mit Halluzinogenen behandelte Nager, die nicht mit ihren Köpfen zucken, können zu sehr damit beschäftigt sein, sich zu kratzen und zu striegeln, um sich noch irgendeiner anderen Tätigkeit zu widmen. Bei einem Experiment gaben die Forscher Mäusen und Ratten pulverisierte *yopo*-Bohnen, ein Halluzinogen, das von Guahibo-Indianern in Südamerika benutzt wird, und erreichten, daß die Tiere herumstolperten und sich ständig umblickten, als versuchten sie sich in ihren Halluzinationen zu orientieren. Ein ähnliches Verhalten konnte beobachtet werden, als Mäusen LSD injiziert wurde: Sie griffen jeden Gegenstand an, der sich direkt vor ihnen befand, und manchmal griffen sie nicht vorhandene Dinge an. Kaninchen, Katzen und Hunde reagieren auf Derivate pflanzlicher Halluzinogene mit ähnlichen Verhaltensweisen, sie jagen unsichtbare Gegenstände und ignorieren Objekte in ihrer Umgebung.

Es hat sich als recht einfach erwiesen, einem Labortier eine halluzinogene Droge zu verabreichen und die Auswirkungen auf das Lernen, die Leistung, das Gedächtnis und andere Funktionen zu studieren. Generell haben diese Studien gezeigt, daß ausreichende Dosierungen von Halluzinogenen die Genauigkeit verringern, die Kontrolle stören und Verschiebungen in der Aufmerksamkeit von Tieren hervorrufen, die sich auf die Lösung von Problemen zu konzentrieren versuchen. Ihre Fähigkeit, zwischen farbigen Lichtern zu unterscheiden oder auf einen Summer schnell genug zu reagieren, um einen leichten Elektroschock zu vermeiden, ist oft eingeschränkt. Auch Verhaltensweisen, die in natürlichen Behausungen wichtig sind, verändern sich zum Schlechten.

Vom tiefsten Punkt der phylogenetischen Skala bis zu ihrer Spitze können Tiere nicht erfolgreich handeln, wenn sie Halluzinogene nehmen. Regenwürmer verhalten sich desorganisiert, wenn sie LSD erhalten haben, und kriechen und graben ziellos in der Erde. Selbst verschlafene Vögel hätten keine Schwierigkeiten, einen dieser verwirrten Würmer zu fangen. Die bei Aquarienbesitzern beliebte Mysterienschnecke kann sich auf keiner Oberfläche und keinem Blatt mehr halten, wenn sie unter dem Einfluß von LSD steht. Die Kräuselbewegungen ihres Fußes sind so heftig, daß die Schnecke auf den Boden des Beckens oder der Pflanze gleitet. In ihrer natürlichen Umgebung in den südamerikanischen Tropen gibt es keine Glaswände, die die Schnecke vor Räubern schützt.

Nach Injektionen von Halluzinogenen können Mäuse und Ratten noch immer auf Übungsrädern oder Kletterseilen laufen, obwohl sie ein wenig langsamer als normal sind, aber sie werden leicht durch Lichter oder Geräusche abgelenkt und halten manchmal in ihrer Bewegung inne. Wenn die Ablenkung von einem Räuber herrührt, kann dem Nager die Flucht mißlingen, und er kann getötet werden. Katzen unter Drogeneinfluß bilden eine Ausnahme – diese Tiere sind dafür bekannt, daß sie eher mit Mäusen spielen als sie zu fressen. Bei einem Versuch erlaubte eine mit Mutterkorn-Alkaloiden behandelte Katze einer Maus, an ihr zu säugen. Eine LSD-behandelte Ratte wäre jedoch eine schlechte Mutter: Sie sammelt zwar Papierschnitzel zusammen, die sie zum Nestbau verwendet, ist aber nicht mehr imstande, die komplexere Arbeit des Nestbaus tatsächlich zu auszuführen. Sie scheint nicht zu wissen, was sie mit dem Papier anfangen soll, und stapelt es in nutzlosen Häufchen.

Halluzinogene Drogen können auch die Überlebenstechniken des Tieres beeinträchtigen. In der Natur wie auch in städtischen Umgebungen müssen Ratten oft schwimmen, um Gefahren zu entgehen, und sie lernen sehr schnell, welche Auswege es aus den Unterwasser-Labyrinthen des Laboratoriums gibt. Aber selbst unter der Motivation zu überleben können mit LSD oder Meskalin behandelte Ratten die Labyrinthe nicht erfolgreich durchqueren – und ertrinken. Ein gänsehauterregendes Experiment mit Totenkopf-Äffchen legt den Schluß nahe, daß das gleiche auch für Primaten gilt. Man setzte Paare dieser kleinen Affen in einen wassergefüllten Behälter, zwang sie zu schwimmen und ums Überleben zu kämpfen, indem sie aufeinander klettern. In solchen Situationen setzt sich ein dominanter Affe gewöhnlich gegen einen untergeordneten durch. Als die Paare mit LSD behandelt wurden, gab es keine Sieger.

Halluzinogene machen die Tiere für die kurze Zeit, in der sie unter Drogeneinfluß stehen, ängstlicher. Mäuse und Ratten sind nicht nur ängstlich im Hinblick auf neue Reize, sondern zeigen ganz allgemein Angst vor dem freien Raum. Sie haben häufigere Darmentleerungen, ein Anzeichen von emotionalem Streß; laufen bei unvertrauten Ereignissen fort und ziehen sich in Ecken zurück, um sich zu verkriechen.

Dieser durch Halluzinogene verursachte Rauschzustand scheint nicht zu oft vorzukommen und erlaubt in der Freiheit durchaus das Überleben. Wie wir gesehen haben, können seltene und niedrig dosierte Gaben verkraftet werden, aber ein exzessiver Gebrauch ist nicht ratsam. Glücklicherweise ist exzessiver Gebrauch auch nicht die Regel. Warum belasten sich dann die Tiere überhaupt mit dem gelegentlichen Knabbern oder Kauen psychoaktiver Substanzen? Warum will ein Tier überhaupt ein solches Erlebnis? Warum eine Droge nehmen und sich dann in eine dunkle Ecke zurückziehen? Die Antwort kann möglicherweise in der Ecke gefunden werden, in der sich die Ratte versteckt, in der Dunkelheit des Gehirns selbst.

3

Wenn Halluzinogene der Purpurwinde oder verwandter Pflanzen eingenommen werden, beschreiben Menschen oft ein angenehmes Delirium, in dem sie durch Tausende farbiger Visionen geglitten sind. Das Wesen dieser Visionen drückt sich in den modernen Namen aus, die den Gartenvarianten der Purpurwinde gegeben werden: Himmelblau, Himmelstüren, Hochzeitsglocken usw. Während einige Namen von der physischen Erscheinung der dekorativen Blumen inspiriert sind, sind sie doch auch geeignete Beschreibungen für den Rausch selbst – eine im allgemeinen wunderschöne und erhebende Erfahrung, aber von solcher Intensität, daß sie nicht so schnell wiederholt werden sollte. Ob die Halluzinogene in der Magie, im Ritual, für die Heilung, zu Unterhaltungszwecken oder schlicht zum Amüsement verwendet werden, solche Erfahrungen machen Menschen nicht oft. Und unabhängig vom kulturellen Zusammenhang berichten die Konsumenten immer von optischen Eindrücken, von Stimmen, von Gedanken und neu zu entdeckenden veränderten Bewußtseinszuständen. Wenn es diese subjektive Erfahrung ist, die Menschen so ablenkt und gefangennimmt, suchen dann auch Tiere solche Erfahrungen, wenn sie in Verhältnissen sind, die Parallelen zu unserem Gebrauch aufweisen?

Gewöhnlich herrschen Dunkelheit, Einsamkeit und die Stille der Nacht, wenn Menschen Halluzinogene nehmen. Alle primitiven Gesellschaften ziehen es vor, diese Drogen zu nehmen, wenn in ihrer Umgebung wenig anderes zu sehen oder zu hören ist. Benutzer berichten von einer Verminderung unangenehmer Reaktionen und einer Erhöhung der angenehmen Wirkung in einer dunklen Umgebung. Wiederholter Gebrauch von Halluzinogenen ist im allgemeinen durch den Wunsch motiviert, diese neuartigen, als stimulierend und beglückend empfundenen Zustände zu erleben.

In dunklen und isolierten Umgebungen finden es auch Affen aufregend und beglückend, visuelle Reize zu entdecken. Bei einer klassischen Demonstration zur Aufdeckung dieser Entdeckungs-Motivation wurden Rhesusaffen einzeln in einen nur schwach erleuchteten Drahtkäfig eingesperrt, der von einem undurchsichtigen Kasten umgeben war. In einer Wand des Kastens befanden sich zwei Fenster, und der Affe konnte ein Fenster, wenn es aufgeklinkt war, aufstoßen und in die Laborwelt hinausschauen. Als die Fenster blau und gelb gestrichen wurden und das blaue immer unverschlossen gelassen wurde, lernten die Affen, das blaue Fenster zu öffnen, um etwa dreißig Sekunden hinausschauen zu können. Das Fensteraufstoßen wurde zu einer ständigen Gewohnheit, und die meisten Affen waren stundenlang dazu bereit. Je länger sie in dem abgeschlossenen Kasten visuell eingeschränkt wurden, desto öfter stießen sie das Fenster auf, wenn ihnen das gestattet wurde.

Was würde passieren, wenn das einzige Fenster zur Welt ein durch eine halluzinogene Droge geschaffenes »Fenster« wäre? Würden sich die Affen unter solchen Bedingungen die Droge selbst verabreichen? Es spricht viel dafür. Viele halluzinogene Alkaloide erzeugen eine elektrische Erregung im Gehirn und im Nervensystem, die die Wirkungen imitiert, die beim Auftreffen des Lichtes auf die Retina des Auges hervorgerufen werden. Diese Art der elektrischen Erregung ist bei Menschen und anderen Primaten verantwortlich für die Produktion visueller Effekte. Wenn die Sehnerven menschlicher Chirurgiepatienten elektrisch stimuliert werden oder wenn Menschen Drogen wie LSD bekommen, berichten sie oft, daß sie Dinge vor ihrem geistigen Auge gesehen haben. Ein nicht anästhesierter Patient wurde im Okzipitallappen elektrisch stimuliert und langte kurz darauf in die Luft, um einen halluzinierten Schmetterling zu fangen. Die Stimulation der gleichen Hirnregion eines Rhesusaffen bewirkte, daß der Affe versuchte, Fliegen aus der Luft zu greifen. Da Tiere und Menschen sich unter dem Einfluß von Halluzinogenen oft ähnlich verhalten, ist zu vermuten, daß die Drogen ähnliche Mechanismen in Gang setzen. Und weil Affen genauso wie wir visuelle Reize benötigen, war ich sicher, daß sie ein aufhellendes Halluzinogen der Dunkelheit vorziehen würden. Ich entwarf in meinem Labor ein Experiment, um diese Hypothese zu testen.

Die von mir ausgewählte Droge war aus *yopo* und *epena*, zwei in Südamerika verwendeten Halluzinogenen, gewonnen worden. *Yopo*, aus den Erdbohnen zubereitet, die von den Guahibo benutzt werden, wird als Prise durch hohle Vogelknochen oder Bambusröhrchen inhaliert. Die Benutzer gestikulieren auf charakteristische Weise und fallen dann in eine halluzinatorische Trance. *Epena*, ein ähnlicher Stoff zum Schnupfen, wird aus der Rinde der Virola-Bäume präpariert und von Stämmen am nordwestlichen Amazonas benutzt. Beide Pflanzen enthalten Dimethyltryptamin (DMT), das auch synthetisch hergestellt und gewöhnlich geraucht oder injiziert wird. Nordamerikanische Konsumenten berichten, daß DMT einen kurzen »retinalen Zirkus« farbiger geometrischer und aus Erinnerungen aufgebauter Bilder erzeugt, der etwa dreißig Minuten dauert.

Alex, Claude und Lucy waren die Testobjekte. Sie waren drei erwachsene Rhesusaffen, die in Gefangenschaft geboren und aufgewachsen waren und vorher keine Erfahrungen mit Halluzinogenen gemacht hatten. Sie waren Veteranen meines Labors, wo sie viele Jahre mit täglichen Ausflügen zum Rauchkasten verbracht hatten. Der Kasten war ein großer Metallkäfig, der freien Zugang zu einer Futterschüssel und einem Wasserspender bot. Ein Edelstahlrohr führte durch eine Wand des Kastens hindurch. Sie war mit einer Rauchmaschine verbunden, die Rauch von brennenden Zigaretten lieferte. Die Affen waren trainiert worden, an der Röhre zu saugen und Tabak zu inhalieren, um die Wirkungen dieses Verhaltens studieren zu können. Tabakrauchen war etwas, das alle drei Affen in unterschiedlichem Maße ohne jede zusätzliche Belohnung taten. Sie waren mit dem Kasten so vertraut, daß sie ihn im Dunkeln finden konnten.

Der Kasten wurde in eine lichtundurchlässige und schallgeschützte Kammer gestellt, die ihn von allen visuellen und auditiven Kontakten mit der Außenwelt isolierte. Die Kammer wurde mit einem Infrarot-Monitor-System ausgestattet, so daß ein Tier in dem Kasten auch noch im Dunkeln beobachtet werden konnte. Zunächst bekam jeder Affe die Gelegenheit, zehn aufeinanderfolgende Tage und Nächte allein in der dunklen Kammer zu verbringen. Die Rauchmaschine wurde mit Zigaretten gefüllt, die aus normalem Gartengras gemacht waren. Die Zigaretten wurden den Tieren in einer Rate von einem Stück pro Stunde zugänglich gemacht, vierundzwanzig Stunden am Tag. Während der zehn Tage, in denen sie in dieser völlig verarmten Umgebung lebten, rauchten die Tiere nur sehr wenige Graszigaretten: Alex rauchte eigentlich kaum; Claude rauchte einmal am Tag eine Zigarette; und Lucy weigerte sich, auch nur eine einzige der 240 angebotenen Zigaretten zu rauchen.

Sechs Monate später, nach einer Ruhepause in der Affenkolonie, wurden die Tiere wieder in die Isolation gesetzt. Diesmal waren die Graszigaretten mit DMT versetzt, und zwar mit einer solchen Menge, daß eine ganze Zigarette eine für einen Affen ausreichende halluzinogene Dosis enthielt. Vorherige Versuche mit anderen Rhesusaffen in der normalen Laborumgebung hatten schon ergeben, daß sie sich nach den ersten Zügen von DMT weigern würden, der Rauchröhre wieder nahezukommen.

Alex war der erste, der die Kammer betrat, in der er die nächsten zwanzig Tage verbringen sollte, ohne irgendeinen Reiz von außen bis auf den stündlichen durch die DMT-Zigaretten gebotenen. Am zweiten Tag ging er an die Röhre und begann zu rauchen. Er war begeistert, und nach einigen Minuten gierigen Paffens hatte er eine ganze Zigarette geraucht! Er legte sich sofort flach auf den Käfigboden, begann dann, gegen die Wände zu schlagen und an ihnen herumzutasten. Er hatte Krämpfe und erbrach sich, aber innerhalb von zwanzig Minuten hatte er sich vollständig erholt. Obwohl es stockdunkel war, zeigte er eine aggressive Haltung gegenüber der Rauchröhre – er bedrohte sie mit Grimassen und lautem Bellen – und ging nie wieder in die Nähe der Röhre. Ich schloß daraus, daß Alex einen schlechten Trip hatte, einem vergifteten Essen nicht unähnlich. Er würde nie ein DMT-Benutzer werden.

Jetzt war die Reihe an Claude. Claude war stark und gesund und hatte als dominantes Männchen die Affenkolonie jahrelang beherrscht. Er war keiner Herausforderung ausgewichen und nie krank geworden. Die Langeweile des letzten zehntägigen Experiments hatte er schlafend oder in stoischer Gelassenheit dasitzend überstanden. Am dritten Tag näherte er sich der DMT-Röhre, nahm fünf schnelle Züge und setzte sich. Er starrte vor sich hin und schüttelte einige Minuten lang schnell den Kopf. Dieses Orientierungsverhalten wurde am vierten Tag noch ausgeprägter, als er beinahe eine ganze DMT-Zigarette aufrauchte. Am achten Tag hatte er sich auf zwei ganze Zigaretten täglich hochgearbeitet. Er war jeden Tag berauscht. Ob Claudes Trips nun gut waren oder nicht, sie schienen ihn jedenfalls zu amüsieren. Manchmal langte er in die Luft und versuchte nach imaginären Gegenständen zu greifen. Während eines Rausches begann er einen Kampf mit seinem linken Fuß. Claude behielt die tägliche Gewohnheit von DMT-Rauchen und berauschten Mätzchen bei bis zum zwanzigsten Tag, an dem das Experiment endete.

Es wurde schließlich Zeit für Lucy, den Kasten zu betreten. Lucy war das kleinste Weibchen in der Kolonie und auch das intelligenteste. Wenn sie mit einer Orange oder einem Schokoladenkonfekt belohnt wurde, konnte sie die schwierigsten Puzzles und Probleme lösen; sie wurde zu einer störrischen Statue, wenn ihr eine Gabe verweigert wurde. Sie rauchte die Graszigaretten nur, wenn es dafür eine Belohnung gab, und ich sagte voraus, daß Lucy für DMT nicht anfällig wäre. Die ersten fünf Tage schienen wie eine Wiederholung des früheren Tests zu verlaufen. Lucy ignorierte die Röhre und schien sich in ihrer dunklen und stillen Umgebung einzurichten. Es gibt in dem Kasten weder Tag noch Nacht, und Lucy schlief größtenteils während meiner Tageswache. Die elektronischen Sensoren, die in der gesamten Zeit aktiv waren, zeichneten einen einzigen Zug am sechsten Tag auf; Lucy zeigte jedoch keine Verhaltensänderung. Da sie am siebten Tag die Röhre völlig ignorierte, setzte ich darauf, daß der Zug ein unangenehmes Erlebnis für sie gewesen war und sie sich wie Alex für immer von der Röhre fernhalten würde. Als am achten Tag nichts passierte, schrieb ich in mein Logbuch, daß die nächsten Tage wohl ebenso verlaufen würden.

9. Tag. 6:00 Uhr. Lucy nähert sich der Röhre und läuft nach einer Reihe von Zügen an einer DMT-Zigarette wieder weg. Sie verkriecht sich sofort in eine Ecke, reibt sich die Augen, schüttelt den Kopf und schaut mit einem ungläubigen Ausdruck auf. Ich kann es auch nicht glauben. Sie benutzt ihre Hände und Augen, um »Bewegungen« im Kasten zu verfolgen, dann entspannt sie sich. Dreißig Minuten später, als die nächste Zigarette verfügbar ist, raucht sie den größten Teil von ihr. Nach weiteren Verfolgungen und Augenreiben gähnt Lucy und schläft ein.

10. Tag. 9:00 Uhr. Lucy raucht wieder eine Zigarette und legt sich auf den Bauch, bewegt die Hände auf dem Käfigfußboden und folgt ihnen mit den Augen – Bewegungen, die tatsächlich mit denen identisch sind, die bei der Verfolgung realer Gegenstände beobachtet werden.

11. Tag. 14:00 Uhr. Wieder wird eine Zigarette geraucht, und Lucy läuft im Käfig im Kreis umher, wobei sie etwas zu fangen versucht. Sie schlägt Purzelbäume und steht dann mehrere Minuten lang mit in die Luft gestreckten Hinterbeinen im Kopfstand.

12. Tag. 12:30 Uhr. Lucy ist erschrocken, nachdem sie eine Zigarette teilweise geraucht hat. Sie zieht sich in eine Ecke zurück und zieht ängstliche Grimassen.

19. Tag. 23:00 Uhr. Lucy hat sich von ihrer Schreckreaktion erholt und in den letzten Tagen täglich fast zwei DMT-Zigaretten geraucht. Beim Fangen der Dinge, denen sie nachjagt, ist sie extrem erfolgreich geworden: Sie steckt »es« jetzt in ihr Maul, kaut und schmatzt genußvoll.

20. Tag. 12:00 Uhr. Lucy hat gerade wieder eine Zigarette aufgeraucht, als das Experiment zu Ende ist. Ich erhöhe die Raumbeleuchtung, betrete die Kammer und öffne die Käfigtür, um sie zurück in ihre Affenkolonie zu bringen. Lucy springt in meine mit dicken Handschuhen geschützten Hände, schnattert vor sich hin und greift glücklich nach Schmetterlingen, die ihr Gehirn hervorgebracht hat.

Die kleine Lucy und ihr großer Gefährte Claude haben deutlich vorgeführt, daß sie den DMT-Rausch benutzten, um einen Blick durch das gleiche halluzinogene Fenster zu werfen, durch das auch wir schauen. Unter geeigneten Bedingungen ist das für einen Affen ebenso nützlich wie für einen Menschen. Wir haben die gleiche Motivation, wenn wir unser Leben mit chemischen Lichtblicken aus einer anderen Welt erleichtern wollen.

Pfiffige Affen

Die Benutzung von Tabak und anderen Drogen lernen

1

Es ist eine Landschaft des Grauens. Rinnsale schlängeln sich durch gefährliche Sümpfe. Die Luft ist heiß und tropfnaß. Dampf- und Dunstschwaden winden sich um die Bäume, steigen empor und entschwinden durch die Kronen. Bleistiftdünne Sonnenstrahlen schneiden durch das Dickicht und betupfen den Dschungelboden mit Lichtflecken. In dieser Schattenwelt des Orinoco-Deltas in Venezuela sehen die geschwollenen Augen der Warao, getrübt durch die Wirkungen des Tabaks, nur Schreckensbilder. Die Tabakvergiftung macht sie farbenblind, und sie neigen dazu, das Leben im Schwarz und Weiß von Gut und Böse zu sehen. Die umliegenden Stämme machen Jagd auf sie, zum Wohlgefallen erbarmungsloser Götter, von denen behauptet wird, daß sie die Kinder fressen. Und sie sind rastlos angetrieben von den unglaublichen Mengen Nikotin, mit denen ihr Körper vollgepumpt ist. Die Nervosität ist für jeden Besucher, der sich zu ihren Dörfern durchzuschlagen wagt, spürbar.

Die Warao glauben, die Erde sei eine Untertasse, deren Mitte sie bewohnen. Die Untertasse ist umgeben von einem Ozean, in dem die große Schlange des Seins lebt. Ein anderes Ungeheuer, eine vierköpfige Schlange, lebt unter der Erde. Ein Warao verbringt einen großen Teil seines Lebens damit, die Geister zu beruhigen, die dieses Land regieren, und mit der Überwindung seiner Begrenztheit. Ihre einzige Fluchtmöglichkeit, ihr einziges Fenster zu einer anderen Welt, ihr einziges Halluzinogen ist der Tabak.

Ein Warao-Medizinmann nimmt ein schlankes, zwei Fuß langes Bambusrohr, das mit den übelriechenden Blättern von schwarzem Tabak gefüllt und mit einem wohlriechenden Harz parfümiert ist, das ihn für die Götter anziehend machen soll. Während der Medizinmann zehn bis dreißig dieser Zigarren raucht,

»ißt« und schluckt er den Rauch, dessen Bestandteile so seinen ganzen Körper durchdringen können. Getragen von diesem Rauch fällt er in eine ekstatische Trance und steigt auf einer »Himmelsbrücke« über einen »Regenbogen der Farben« hinauf in eine übernatürliche Welt. Dort nährt er die Geister mit Tabakrauch und wird zur Belohnung mit Gesundheit und Glück gesegnet.

Das Tabak-Schamanentum ist für unsere Spezies ein relativ altes Muster des Drogenkonsums; es reicht etwa achttausend Jahre zurück. Obwohl frühgeschichtliche Siedler mit ihren schamanistischen Traditionen die amerikanischen Kontinente lange vor dieser Zeit betraten und Tabak schon weit verbreitet war, wurde diese Pflanze erst nach der Entwicklung des Brandrodungs-Anbaus in Südamerika für Drogenzwecke kultiviert. Wilde Tabaksorten wachsen häufig auf frisch gepflügtem Boden, der mit Asche bedeckt sein kann, also direkt vor der Nase der frühen Bauern.

Die Gewohnheit des Tabakrauchens entwickelte sich wahrscheinlich aus dem Brauch, bei religiösen und weltlichen Zeremonien Rauchopfer zu bringen. Die Feuer wurden von trockenen Zweigen, Blättern und dem Harz aromatischer Pflanzen wie Tabak gespeist. Wenn die Feuerwächter in die Glut bliesen, inhalierten sie den Rauch und entdeckten innerhalb von wenigen Sekunden oder der Zeit, die das Nikotin-Alkaloid benötigt, das Gehirn zu erreichen, daß die Pflanze eine Art von Trance auslöst.

Nikotin läßt sich überall in der Tabakpflanze finden, ist aber in den Blättern konzentriert. Obwohl sich durch dieses Alkaloid die meisten Tabakwirkungen erklären lassen, enthält der Tabakrauch neunhundert andere Bestandteile. Einige dieser Bestandteile, darunter Kohlendioxyd, Myristizin und Stickstoffoxyd, haben bekannte halluzinogene Wirkungen. Harman, ein Alkaloid, das dem in *yaje* gefundenen Harmin ähnelt, ist ebenso wie viele andere Phantasien erzeugende Chemikalien im Tabakrauch enthalten. Infolgedessen kann das Tabakrauchen einen Rausch hervorrufen, der alle Qualitäten aufweist, die einem halluzinatorischen Erlebnis zugeschrieben werden.

Der Tabak wurde zur idealen Droge für die primitive Magie und Religion, denn er befreite die Benutzer vom Schrecken realer oder mentaler Landschaften. Er wird vollständig durch die reinigende Kraft des Feuers aufgezehrt. Der Rauch, der die Bewegungen der Schamanen verhüllte und wechselnde Formen und geheimnisvolle Bilder hervorrief, stieg in Wolken bis zum Wohnsitz der Götter empor. Tatsächlich glaubten viele Indianer Amerikas, daß ihre Götter, wie schon die der Maya, Zigarren rauchten. Sie galten sozusagen als Firmenhäuptlinge einer alten Welt. Die Schamanen glauben, daß die Götter nur dann in eine gnädige Beziehung mit uns treten, wenn wir ihnen weiterhin die Droge opfern. Tabak wird als Nahrung der Götter angesehen, die auch für Menschen geeignet ist. Daher nehmen südamerikanische Schamanen diesen Nährstoff auf jede nur erdenkliche Weise in ihre Körper auf: durch Trinken, Lecken, Kauen und Schnupfen verschiedener Zubereitungen der Pflanze. Und weil sie Werkzeug benutzende Primaten sind, haben diese Kulturen eine Vielzahl von Geräten entwickelt, um den Genuß zu unterstützen. Unter den ältesten kunsthandwerklichen Zeugnissen befinden sich auch Becher zum Trinken des Tabaks in Form einer sirupähnlichen Lösung. Schnupfröhrchen, Pfeifen und Gerätschaften zur Anfertigung von Zigarren und Zigaretten kamen später hinzu. Der jüngste Fortschritt der Technik, der auf die Zeiten der Mayas zurückgeht, war die Verwendung von rektalen Spritzen, um Tabaksaft schnell in Form eines Einlaufs aufnehmen zu können.

Obwohl Menschen von sich aus entdeckten, wie Tabak anzuwenden ist, weisen Sagen und Mythen den Tieren ähnliche Entdeckungen zu. Eine Erzählung behauptet, daß Insekten eine Vorliebe für Tabakblätter entwickelt hätten. Und daß die Geschwindigkeit, mit der sie die Pflanze verschlingen, die frühen Siedler Südamerikas auf ihre stimulierenden Eigenschaften schließen ließ. Tabak war magisch, weil sich eins dieser Tiere, ein Wurm, in einen kleinen Falken verwandelte. Die Geschichte könnte auf Beobachtungen des Hornwurms beruhen, der an der Tabakpflanze schmarotzt.

Der Hornwurm hat, wie die Tabakknospenwürmer und andere Tiere, die von der Tabakpflanze leben, ein äußerst effizientes Ausscheidungssystem, das den Tabak so schnell durch die Därme passieren läßt, daß sich keine giftigen Nikotindosen ansammeln können. Einige andere Tiere haben Methoden entwickelt, die Tabakmahlzeiten zu überleben, indem sie ausschließlich pflanzliches Gewebe fressen, das kein Nikotin enthält, Nikotin durch Enzyme entgiften oder Nervenhüllen benutzen, um das Nikotin zu blockieren, damit es nicht in das Nervensystem eindringen und tödlich wirken kann. Wenn sie das Nikotinproblem erst einmal bewältigt haben, können sich Insekten an den Zellulosen, Stärken, Zuckerstoffen und anderen Nährstoffbestandteilen des Tabakblatts laben. Was den Hornwurm von vielen anderen dieser Tiere unterscheidet, ist seine Metamorphose aus dem Larvenstadium in einen großen Schwärmer, der zwar keine Mechanismen zur Handhabung von Nikotin besitzt, dafür aber einfach davonfliegen kann.

Tabakschmarotzer bilden eine Ausnahmes, denn die meisten Tiere überleben die giftigen Wirkungen des Nikotins nicht, wenn sie mit der Pflanze in Berührung kommen. Südamerikanische Indianer zogen aus dieser Eigenschaft Nutzen und verwendeten Tabak als natürliches Insektizid zur Konservierung oder zur Ausräucherung von Saaten und Lebensmitteln, zur Reinigung der Haut von Insekten und Parasiten, zum Einräuchern von Jungfrauen vor der Hochzeit wie auch zur Reinigung der Körper und Seelen von Patienten.

Waren Menschen auch solche Ausnahmetiere in bezug auf die Fähigkeit, den Gebrauch dieser Pflanze zu überleben? Es ist offenkundig, daß einige Primaten es wie die Menschen geschafft haben, den Tabakgenuß zu kontrollieren. Die Entwicklung dieser Steuermechanismen erforderte Intelligenz, gute Ernährungsstrategien und die richtige Umgebung, in der die Droge vorhanden und nützlich war. Die gleichen Bedingungen gelten für den sicheren Gebrauch anderer pflanzlicher Rauschmittel. Aber anders als Drogen wie Marihuana warf die Giftigkeit des Tabaks besondere Probleme auf.

Es gibt eine Szene in einem alten Laurel-und-Hardy-Film, in dem ein Hund eine Zigarre raucht, aufspringt, herumwankt und in den Zustand eines todesähnlichen Kollapses fällt. Obwohl die Szene das Produkts einer raffinierten Filmschnitt-Technik ist, sind die Wirkungen des Tabaks nicht falsch dargestellt. Der Verzehr eines einzigen Tabaksamens bedeutet für junge Vögel den sicheren Tod. Das bloße Knabbern an wildem Tabak hat Rinder, Schafe und Kaninchen in den Ebenen von Afrika und Australien und im Hochland der Anden vergiftet. Der Tod tritt innerhalb von Minuten ein. Die flugunfähigen Strauße sind besonders empfindlich. Bevor sie in den sandigen Ebenen Afrikas sterben, unternehmen die Vögel krampfhafte Sprünge, gepaart mit dem merkwürdigen Schlagen ihrer nutzlosen Flügel, wodurch sie wie große komische Figuren wirken, die auf einer heißen Wüstenplatte tanzen. Ihre verkrümmten und verbogenen Körper werden später weit ab vom Rest der Herde aufgefunden.

Wenn ein zigarrenrauchender Hund schon genug Stoff für eine klassische Komödie abgibt, dann könnte eines der ersten wirklichen medizinischen Experimente mit einem Tier die Idee zu einer Science-Fiction-Horrorgeschichte liefern, wenn es sich nicht tatsächlich ereignet hätte. Die Geschichte beginnt in New York. Es ist Nacht, und die Patienten des Bellevue-Hospitals sind ungewöhnlich unruhig. Die Frauen in den oberen Stockwerken kreischen, und die Männer werfen ihre Schuhe aus dem Fenster, um eine große schwarze Katze unten auf der Straße zu treffen. Das setzt sich mehrere Nächte lang fort, bis ein Medizinstudent die Katze schließlich einfängt und zu einem spontanen Experiment mit in sein Labor nimmt. Er löst ein wenig Tabak auf, die Menge einer normalen Zigarette, zieht die Flüssigkeit mit einer Spritze auf und injiziert sie der Katze unter die Haut. Nach wenigen Minuten beginnt die Katze zu beben und zu zittern. Begleitet von heftigen Zuckungen stirbt sie zwanzig Minuten später. Der Student, der später in Chicago ein bekannter Arzt und Forscher wird, schließt daraus, daß »das Gift die neun Leben zerstörte, die eine Katze dem Volksglauben nach besitzen soll«.

Rohe Experimente aus der Frühzeit der Tabakforschung legten nahe, daß diese Nahrung der Götter und Schamanen auch die Erfüllung einer alten türkischen Prophezeiung war. Nach dieser Legende biß eine Schlange, vielleicht dieselbe, die aus dem Garten Eden verstoßen worden war, den Propheten Mohammed ins Handgelenk. Mohammed saugte das Gift aus der Wunde und spuckte es auf die Erde. Aus diesen Tropfen entsprang der Tabak, ein »Wunderkraut«, das die Bitterkeit des Schlangengifts mit dem süßen Speichel des Propheten vereinigte.

Die ersten Forscher testeten Organismen von Bakterien bis zu Pavianen. Die Einleitung von Tabakrauch in eine Kolonie von leuchtenden Meeresbakterien bewegte die Mikroorganismen dazu, ihre Lichter auszuknipsen. Es wurden nicht nur Bienen, Fliegen und andere Insekten schnell durch den Rauch getötet, sondern auch Blutegel, die mit dem Blut menschlicher Tabakraucher gefüttert wurden. Frösche, Tauben, Mäuse, Ratten, Meerschweinchen, Kaninchen und Hunde wurden in geschlossene Räume gesetzt und gezwungen, Tabakrauch einzuatmen. Sie starben langsam, im Verlauf von einigen Wochen, manchmal Monaten. Einige Hunde wurden gezwungen, den Rauch einer Zigarette, die in einer Gesichtsmaske befestigt war, zu inhalieren oder passiv über eine Luftröhrenkanüle mitzurauchen. Hunderte von Beagles und anderen Tieren starben bei diesen Versuchen.

Ein Kaninchen wurde rasiert und ein Tropfen Nikotin auf seine Haut aufgebracht; es starb nach kurzer Zeit. Man erkannte nun, daß pures Nikotin eine stärkere Droge für Versuchszwecke war. Ein Sechstel eines Tropfens tötete eine Katze, und ein halber Tropfen tötete einen Hund. Ein Tropfen Nikotin wurde in das Auge einer weißen Maus und in das Auge eines Spatzen geträufelt. Beide Tiere starben sofort. Ein außerordentlich starkes Nikotinspray wurde an zehn Truthähnen getestet, die sofort steif wurden und starben, wie so viele versteinerte Indianer, die der Tabak in den Griff nahm.

Trotz dieser Giftigkeit hatten die Tiere in der Wildnis eine Chance, einer Nikotinvergiftung zu entgehen, weil Tabak im allgemeinen nicht in der Nähe von Tieren gefunden wird, die ihn fressen würden. Selbst der Mensch hatte die Pflanze zu kultivieren gelernt, um ihn für sich zu nutzen. Daher ist es nicht überraschend, daß Tabakgebrauch bei Tieren in den meisten Fällen in Situationen vorkommt, die von Menschen vorbereitet wurden. Es überrascht jedoch, daß die Tiere ganz genauso mit der Droge umgehen, wenn sie ihnen einmal zur Verfügung steht.

Die von Darwin beschriebenen Primaten waren am einfallsreichsten beim Gebrauch von Tabak. Darwin hielt fest, daß Affen ohne vorhergehendes Training eine starke Neigung zum Tabakrauchen entwickeln, und schloß daraus richtig, daß die Geschmacksnerven von Affen und Menschen sehr ähnlich sind. Ein rauchender Affe, der wahrscheinlich das Verhalten seines Lehrmeisters nachahmte, wurde zuerst auf einer Messe in Den Haag im Jahre 1635 vorgeführt. Seit dieser Zeit sind rauchende Affen überall auf der Welt auf Ausstellungen und in Zirkussen aufgetreten und boten den menschlichen Betrachtern ein lustiges Spiegelbild.

In der Gefangenschaft haben Affen andere Muster des menschlichen Tabakkonsums kopiert. Zahme Kapuzineräffchen haben die Gewohnheit angenommen, sich Kautabak in die Wangen zu stopfen und genau wie ihre Besitzer zu kauen und zu lutschen. Viele von ihnen lernen Kunststücke, wenn sie dafür mit Kautabak belohnt werden. Andere Affen zeigen gegenteilige Reaktionen. Ein Affe namens Jocko, der mit einem tabakkauenden Seemann auf der Reise war, verhalf sich zu einem Stück Priem und begann zu kauen und zu spucken. Kurz darauf wurde der Affe krank, stöhnte und hielt sich den Bauch, aber schließlich erholte er sich wieder. Danach lief Jocko weg, wann immer er Tabak sah oder roch. Primaten, die Geschmack an Tabak gefunden haben, nähern sich ihm in der Regel immer wieder.

Primaten im Labor können trotz ihrer anfänglichen Ablehnung des irritierenden Rauchs trainiert werden, Tabak zu rauchen. Zuerst husten die Primaten und schließen die Augen, aber man kann sie schrittweise dazu bringen, bis zu fünf Sekunden lang tief zu inhalieren. Studien, bei denen mit radioaktiv markiertem Tabak gearbeitet wurde, haben bestätigt, daß der Rauch tief in die Lungen dringt, wo er vom Blut schnell absorbiert wird. Manchmal müssen die Tiere mit Nahrungsmitteln oder Wasser bestochen werden, um mit dem Rauchen anzufangen, aber wenn es einmal zur Gewohnheit geworden ist, setzen sie das Tabakrauchen ohne zusätzliche Anreize fort.

Die Forschung hat bestätigt, daß Affen aus demselben Grund rauchen wie wir: Nikotin. Das ist auch der Grund, weshalb viele Haustiere, wie zum Beispiel Hamster, Tabak fressen. Wenn syrische Goldhamster freien Zugang zu Kautabak haben, erhöhen sie die Aufnahme rapide. In einer Reihe von Laboruntersuchungen konsumierten die Hamster freiwillig jeden Tag davon, obwohl Futter und Wasser immer verfügbar waren. Das Quantum nahm über einen Zeitraum von vier Monaten schrittweise zu, bis die Tiere tägliche Dosen zu sich nahmen, die 2,6 Prozent ihres Körpergewichts ausmachten. Als nikotinfreier Tabak angeboten wurde, ließen die Hamster von ihm ab und wiesen so auf das Nikotin als Objekt ihrer Begierde hin.

Bei einem Test des Nikotinverlangens von Primaten rauchten zwei Rhesusaffen zwei Jahre lang unaufgefordert jeden Tag ohne zusätzliche Belohnungen Zigaretten. Die Tiere wurden mit Long Peace versorgt, einer japanischen Zigarettenmarke, von denen jede 1,9 Milligramm Nikotin enthält. Sie hatten vierundzwanzig Stunden täglich Zugang zu den Zigaretten, aber am meisten geraucht wurde zu Beginn jedes Tages und wieder am späten Abend. Die maximale Quote betrug 47 Zigaretten für einen Tag. Als sie Just-Zigaretten bekamen, die nur 0,3 Milligramm Nikotin enthalten, nahm die Anzahl der gerauchten Zigaretten ab. Nur ein Affe zog stärker, um mehr Nikotin zu bekommen. Die Affen rauchten sogar noch weniger, als bei den Tests spezielle nikotinfreie Zigaretten verwendet wurden. Weitere Untersuchungen, bei denen Rhesusaffen und Paviane einen Hebel drücken mußten, um kleine intravenöse Injektionen von Nikotin zu erhalten, untermauerten, daß Nikotin den hauptsächlichen pharmakologischen Genuß beim Tabakrauchen verschafft. Als den Affen, die es gelernt hatten, Hebel zweimal pro Sekunde zu drücken, um die Nikotininjektionen zu erhalten, Mecamylamin verabreicht wurde, das die Wirkungen des Nikotins blockiert, ging die Frequenz des Hebeldrückens fast auf Null zurück.

In der freien Natur konsumieren Primaten Tabak äußerst selten. Wenn es vorkommt, nehmen die Tiere nur kleine Dosen Nikotin. Wie die kleinen Eingeborenenkinder sind die jungen Paviane in Afrika besonders versessen darauf, an den Blüten wilder Tabakpflanzen zu saugen. Sowohl Paviane als auch Kinder beschäftigen sich mit einem Untersuchungs- und Erforschungsspiel. Es heißt »Pflanzen essen« und ist ein verbreitetes Kinderspiel in der Zentraltürkei und vielen anderen Gebieten der Welt. In der Türkei machen Kinder im Alter von sechs bis neun ein Spiel daraus, verschiedene Teile von Pflanzen zu essen, um angenehme Empfindungen zu erleben oder neue Wirkungen zu entdecken. Das Spiel wird oft mit Bilsenkraut gespielt, das in der ganzen Region wild wächst. Als Folge wird jedes vierte Kind schwer vergiftet, und jedes zehnte stirbt. Die Paviane und Kinder in Afrika, die mit Tabakblüten spielen, setzen sich der Vergiftung aus, aber vermeiden eine tödliche Gefährdung, indem sie die schwächsten Teile der Pflanze verwenden. Vom gesamten Nikotin der Tabakpflanze enthalten die Blätter 64 Prozent, die Stengel 18 Prozent, die Wurzeln 13 Prozent und die von den jungen Primaten ausgewählten Blüten den geringen, aber immer noch psychoaktiven Anteil von 5 Prozent.

Nach den ersten vorsichtigen Versuchen mit Blüten kommt es vor, daß Paviane unter besonderen Bedingungen zu anderen Teilen der Pflanze greifen. Im Jahre 1903 begann der südafrikanische Naturforscher Eugene Marais ein Experiment mit einer Herde von dreihundert Chacma-Pavianen. Er blieb drei Jahre mit ihnen zusammen, bis er das Gefühl hatte, ihre *Seele* zu verstehen, ein Begriff, der am besten als »Bewußtsein« erklärt werden kann. Wenn seine Interpretation des

Konsums von Tabak und anderen pflanzlichen Drogen durch den Pavian auch von seiner eigenen Morphiumabhängigkeit beeinflußt sein mag, bieten Marais Beobachtungen doch wertvolle Aufschlüsse für das Verhalten von Primaten. Er fand heraus, daß die freilebenden Paviane viele Möglichkeiten hatten, Tabak zu fressen, als die Herde auf ihren Raubzügen in den Plantagen durch Tabakfelder streifte, aber im Gegensatz zu anderen Beobachtern sah er sie nie Gebrauch davon machen. Tabak wuchs auch um Marais' Hütte herum, die von den Pavianen häufig besucht wurde, ohne daß sie die Pflanzen berührten. Alle von ihm beobachteten *gefangenen* Paviane dagegen »betteln um Tabak und fressen oder kauen ihn mit dem ganzen Eifer, der einer langen Gewohnheit entspringt«. Er beschrieb sogar die Verwendung von Werkzeug am Beispiel eines gefangenen Pavians, der gelernt hatte, das Öl aus einem Röhrenstengel mit einem Grashalm herauszukratzen, den er dann auf einem Stück Papier abwischte, aufrollte und kaute.

Marais glaubte, daß sich der gefangene Pavian von den wilden durch den Bewußtseinszustand der Niedergeschlagenheit und das Leiden unter Bestrafung unterschied. In diesem Zustand zeigte der gefangene Pavian eine »starke psychologische Disposition« zur Anwendung eines Rauschmittels wie Tabak, das die Niedergeschlagenheit zu erleichtern versprach, indem es einen Zustand der mentalen Belebung und des Glücks bewirkte. Wie der in einer schrecklichen Umgebung gefangene Warao nimmt der gefangene Pavian Zuflucht im Tabakland.

Obwohl Marais' eigene chronische Depression, die 1935 zum Selbstmord führte, seine Theorie unzweifelhaft beeinflußte, befindet sie sich im Einklang mit Studien, die aussagen, daß gefangene und in Käfigen gehaltene Primaten dazu neigen, pflanzliche Drogen zu sich zu nehmen, denen sie sonst in der Freiheit aus dem Weg gingen. Zum Beispiel ignorieren Totenkopfäffchen normalerweise Nikotinlösungen, die ihnen in einem Testkäfig angeboten werden. Wenn die Affen aber mit einem milden Elektroschock an ihren Schwänzen unter Streß gesetzt werden, trinken sie freiwillig lieber das Nikotin als Wasser.

In ihrer natürlichen Lebenswelt ignorieren Primaten die psychologischen Wohltaten von Pflanzen, weil sie sie nicht benötigen, aber wenn es notwendig ist, machen sie Gebrauch von ihren medizinischen Eigenschaften. Marais' Paviane kauten und saugten gelegentlich an den Wurzeln einer halb im Wasser wachsenden Giftpflanze, was auch die örtlichen Eingeborenen taten, um die Brechreiz auslösende Wirkungen der Pflanze zu nutzen. In anderen Teilen Südafrikas wurden Affen beobachtet, die nach den Wurzeln von *kameroo* gruben, einer von den Eingeborenen als erfrischendes Stimulanz geschätzten Pflanze. Man stieß auf einen gerade eingefangenen Gibbon, der eine dick geschwollene Wunde hatte. Als die Wunde aufgeschnitten wurde, fand man in ihr die fein zerkauten Blätter einer Arzneipflanze, die auch von den Eingeborenen zur Wundbehandlung verwendet wurde. Die Wunde des Gibbon war über der Masse der gekauten Blätter, die er sich selbst aufgetragen hatte, zusammengeheilt.

Primaten sind allen anderen Tieren bei der Entdeckung der Anwendungsweisen von Pflanzen für spezifische pharmakologische Zwecke überlegen. Zum Beispiel nehmen Schimpansen im Gombe Nationalpark in Tansania *Aspilia*-Blätter zu sich. Eingeborene Ostafrikaner verwendeten die Pflanze zur Erleichterung bei Magenbeschwerden und bei Wurmbefall; die Entdeckung ihrer Verwendung durch Schimpansen war aber eine Überraschung. Jane Goodall beobachtete als erste, daß im Schimpansenkot oft ein unzerkautes Blatt enthalten ist. Die Blätter wurden später als *Aspilia* identifiziert, ein buschiger Strauch, der über drei Meter hoch wird. Manche Schimpansen sind sogar noch vor ihrem normalen Frühstück in den nahegelegenen Futtergebieten zwanzig Minuten unterwegs ins offene Grasland, wo die *Aspilia*-Büsche wachsen.

Anstatt dann die Blätter vom Busch zu pflücken und sie zu fressen, wie er es mit anderen Futterpflanzen tut, schließt der Schimpanse behutsam die Lippen um das ungepflückte Blatt und hält es einige Sekunden lang fest. Das Tier probiert einige Blätter auf diese Weise durch, bevor es eins zum Pflücken auswählt und es in den Mund steckt. Das Blatt wird dann jedoch nicht gekaut, sondern im Mund zusammengerollt und als Ganzes geschluckt. Innerhalb von zehn Minuten sucht sich der Schimpanse bis zu dreißig kleine Blätter und schluckt sie. Die Zellen der Blattoberfläche werden zerstört, wenn sie den Darm passieren, und setzen Thiarubrin A frei, ein äußerst wirksames Antibiotikum, das gewöhnliche übelkeiterregende Bakterien töten kann. Auf diese Weise versorgen sich die Schimpansen selbst mit Medikamenten gegen die gleichen Parasiten im Verdauungsapparat, die auch die Eingeborenen mit *Aspilia* behandeln.

Das von den Schimpansen an den Tag gelegte wählerische Verhalten läßt sich auch bei der Nahrungsaufnahme anderer Primaten beobachten, die pflanzliche Chemikalien eher meiden als suchen. Japanische Affen in den Boso-Bergen haben einen extrem flexiblen Speiseplan. Wenn die bevorzugten Pflanzen saisonal nicht zur Verfügung stehen, fressen die Affen eher unbedrohliche Insekten oder sogar Kieselsteine und Erde, anstatt die verbleibenden Giftpflanzen zu wählen. Gorillas in Westafrika fressen eine Art der *Lobelia*, die ein nikotinähnliches Alkaloid enthält und als indischer Tabak bekannt ist, aber sie meiden die Stengel, die den größten Teil der Droge enthalten. Mein Forschungsteam beobachtete Klammeraffen, die *Strychnos*-Früchte fraßen, die im malayischen Dschungel bis zur Größe grau-grüner Tennisbälle heranwachsen. Die harte, spröde Schale schließt eine Anzahl von Samen ein, die in dem grünschwarzen Fruchtfleisch wie silberne Geschosse aussehen. Jedes Geschoß enthält die Alkaloide Strychnin und Brucin, die von den Dschungelvölkern zur Vergiftung ihrer Pfeilspitzen verwendet werden. Die Affen aber reißen die Schale auf, essen das appetitanregende Fruchtfleisch und werfen die Samen fort. Todesfälle ereignen sich nur, wenn sie von den Pfeilen der Eingeborenen getroffen werden.

Da Primaten hervorragend lernen, ihre Nahrungs- und Arzneimittel zu kontrollieren, überrascht es nicht, daß sie auch imstande sind, sich ihre eigenen Rauschmittel zu suchen, wenn deren Wirkungen erwünscht oder notwendig sind. Die einzigartigen Wirkungen des Tabaks befriedigen das Bedürfnis der Paviane nach Behandlung von Niedergeschlagenheit. Andere Rauschmittel werden von den Pavianen nicht so sehr aus Notwendigkeit sondern aufgrund ihres Verlangens verwendet.

In Zeiten des Überflusses, so berichtete Marais, strengen sich Paviane besonders an, um die rote pflaumenähnliche Frucht eines Baumes zu fressen, der zur Cycadaceae-Familie gehört, eine seltene Pflanze von sehr begrenztem Vorkommen. Die Frucht hat einen unangenehmen Geruch und ist bekanntermaßen für Menschen giftig, doch die Paviane stürzen sich gierig darauf und fressen die Bäume leer. Bei Nahrungsmangel würden wir vielleicht erwarten, daß sich die Paviane nach Affenart verhalten und alle Früchte fressen, die sie zu fassen bekommen. Daß aber eine solch unangenehme Frucht gefressen wird, wenn viel geschmackvollere greifbar sind, ist ungewöhnlich. Nach dem Verzehr scheinen die Paviane berauscht oder »betrunken« zu sein: »Die Betrunkenheit manifestiert sich in einem schwankenden Gang, der Unfähigkeit, sich schnell zu bewegen, und in äußerster Sorglosigkeit Gefahren gegenüber, was sie in solchen Zeiten zur leichten Beute für die Hunde und Gewehre der Jäger macht.« Marais sah nie einen Pavian an einer direkten Überdosis der Frucht sterben, aber er beobachtete ihre tödlichen krampfauslösenden Wirkungen bei kleinen Kindern, die zwei dieser Pflaumen gegessen hatten. Warum nehmen Paviane in der Freiheit ein solches Rauschmittel zu sich? Marais spekulierte, daß die Frucht bei den wilden Tieren, die eine Toleranz gegenüber den unangenehmeren Wirkungen entwickelt hätten, ein angenehmes Gefühl oder eine Euphorie erzeuge.

Die Abneigung der Primaten wie aller Säugetiere gegen Geruch, Geschmack oder die unerwünschten Wirkungen einer Pflanze verringert sich durch frühen permanenten Kontakt. Wir teilen mit den Pavianen eine mißtrauische Haltung gegenüber unbekannter Nahrung. Abgesehen von den kleinen Kindern und den Pavianen, die Tabakblüten verzehren, widersetzen wir uns im allgemeinen fremder Kost, sei es bei unserer alltäglichen Nahrungsaufnahme oder bei Reisen in die

Fremde. Das Vertrautwerden mit einer Pflanze in der eigenen Umgebung vergrößert jedoch deren Akzeptanz oder ermutigt zumindest weitere Erkundungen. Jeglicher Rest von Widerstand kann überwunden werden, wenn der Hunger oder eine mißliche Lage dazu zwingen, die Speise tatsächlich zu probieren. In einem gewissen Sinn entsteht aus Vertrautheit Experimentierfreudigkeit.

2

Auf einer kleinen Insel in einem kalifornischen Wildreservat fand ich Beispiele für solche experimentellen und auf Sicherheit bedachten Eßstrategien. Die Insel bestand aus annähernd zwei Hektar saftiger Blattpflanzen und war von einem kleinen See umgeben, der die Affen an der Flucht hinderte. Zu den Bewohnern der Insel zählten viele Arten tropischer Vögel und eine Herde von dreiundzwanzig Totenkopfäffchen. Die Gesichtsfärbung dieses Affen läßt ihn wie ein knochiges Skelett aussehen, das seinen Mund zu tief in einen Topf Brombeermarmelade gesteckt hat. Große anziehende Augen, ein langer Schwanz, den er beim Schlafen wie eine Sicherheitsdecke über den Körper ziehen kann, und sein häufiges Piepsen machen diesen Affen zu einem niedlichen und liebenswerten Geschöpf. Nur seine Gewohnheit, sich mit Urin zu striegeln, hindert uns daran, das Totenkopfäffchen als Haustier zu halten. In der Wildnis leben diese Affen in einer weiträumigen Welt, in der sie einzeln unter den Baumwipfeln Futter suchen. Hier sammelten sich die kleinen Fellknäulchen jeden Morgen am Inselstrand, um die Lieferung Affenfutter – Früchte und Gemüse – von ihren Pflegern in Empfang zu nehmen. Die Affen schienen glücklich und gediehen in einer Welt des Spiels und der kleinen Entdeckungen, frei von Hunger und Bedrohungen. Ich nannte ihre Insel Pala, nach dem fiktionalen Paradiesgarten, den Aldous Huxley in *Die Insel* beschrieben hat.

Im Schutze der Dunkelheit verpflanzte ich einen Garten mit ausgewachsenen Tabakpflanzen auf eine Lichtung in der Nähe des Strandes. Es war noch eine Stunde bis zur Morgendämmerung und die Ankunft der täglichen Lebensmittellieferung, als ich meine Beobachter und Kameras in Stellung brachte. Die Affen würden sicher den neuen Garten bemerken, aber die harmonischen Verhältnisse auf Pala schienen eine Pflanzendroge überflüssig zu machen. Ich erwartete, daß einige neugierige Jungtiere die Pflanzen untersuchen würden, aber sagte auch voraus, daß die Inselbewohner gegen die Entwicklung einer Abhängigkeit geschützt wären.

Die morgendliche Fütterung fand wie üblich statt. Und wie üblich war sie in wenigen Minuten vorüber. Viel länger brauchte auch Skippy, ein junges Männchen mit einem auffälligen Hinken, nicht, um den Garten zu finden. Er lief einfach durch, ohne anzuhalten. Einige andere verhielten sich ebenso. Es war eine enttäuschende erste Begegnung. In der ersten Woche geschah nichts Ungewöhnliches. Einige Affen besuchten den Garten und rissen an den gelben Tabakblüten, aber ließen den Rest der Pflanze zufrieden. Täglich goß ich den Garten und inspizierte ihn nach Anzeichen von Mahlzeiten, richtete jede niedergetrampelte oder ausgerissene Pflanze wieder auf und sammelte überall auf der Insel Exkremente ein. Aber ich fand keinen Beleg für den Verzehr der Pflanzen.

Nachdem zwei Wochen vergangen waren und die Tabakpflanzen nicht angefressen wurden, ließ ich die Gemüselieferung für zwei Tage unterbrechen. Die Affen hatten noch Futter, aber schnatterten und fiepten und hielten lange Wachen am Strand. Anstatt in den Garten zu gehen, verzehrten sie mehr Insekten und eßbare Blätter anderer Pflanzen. Ich stellte auch fest, daß sie die Beobachter um Schokoriegel und andere Gaben anbettelten, und so nahmen wir die Lieferungen wieder auf. In der vierten Woche begann der Garten abzusterben. Ich ersetzte einige Pflanzen und ließ die welken Blätter und Stengel am Gartenrand auf einem Haufen liegen. Ich stellte auch einen Beerenbaum auf, der aus echten Feuerdornästen bestand, die an einem alten hölzernen Kleiderständer befestigt waren. Wenn auch einige Tiere an Beeren knabberten, nur um sie dann wieder auszuspucken, schienen sie viel interessierter daran zu sein, »König des Kleiderständers« zu spielen. Die spielerische Phantasie gilt als starker Beweis für die Intelligenz eines Tieres; die Weigerung, Feuerdornen zu essen, mag ein weiterer sein.

Je häufiger sich die Affen in dem Garten aufhielten, desto intensiver untersuchten sie auch die Tabakpflanzen. Die Vertrautheit brachte in der Tat die Experimentierfreude hervor. Sidecar, ein Weibchen, das ihr Junges auf dem Rücken trug, entdeckte den Blätterhaufen und probierte ein trockenes Tabakblatt, das sie dann fallen ließ. Einige andere Affen untersuchten den Haufen, rochen oder schmeckten an verschiedenen Blättern, aber ignorierten grundsätzlich die frichen Pflanzen. Am Ende der sechsten Woche war der Garten vollständig tot, und es wurden auch keine Anstrengungen mehr unternommen, ihn neu anzupflanzen. Während der nächsten Wochen beobachtete ich einige Affen, die trockene Tabakblätter bei sich hatten, und erwischte schließlich Tante Bertha, die häufig mit Sidecar zusammen war, als sie ein Blatt verspeiste. Tägliche Inspektionen des Gartens ergaben, daß Stücke der jetzt gelb gewordenen Tabakblätter langsam verschwanden.

In dem Haufen aus toten Tabakblättern wurde ein Beizprozeß in Gang gesetzt. Die heiße Sommersonne nahm den Blättern einen großen Teil der Feuchtigkeit und bewirkte den als Beize bekannten Vorgang: Reduzierung der Stärke, Vermehrung des Zuckergehaltes und andere Veränderungen machten die Blätter genießbarer. Die Affen schienen eher bereit, diese etwas süßeren Blätter zu probieren, aber sie verzehrten keine schädliche Mengen davon.

Ich konnte keinen exzessiven Tabakverzehr oder Nikotingenuß registrieren. Es war zu beobachten, daß Skippy öfter im Tabakgarten spielte als andere, aber auch seine gelegentlichen Kauproben führten zu keinem ungewöhnlichen Verhalten. Er hatte zusammen mit anderen Affen einen für Primaten typischen Trieb zur Auskundschaftung neuer Pflanzen an den Tag gelegt und dabei ein Muster des Drogengebrauchs eingehalten, das der *Homo sapiens* experimentell nennt. Vielleicht begünstigten die Verhältnisse auf Pala die Entwicklung anderer Gebrauchsweisen einfach nicht. Vielleicht hatte ich eine Auswahl zu unappetitlicher Drogen angeboten. Nach zehn Wochen nahm ich alle verbliebenen Pflanzenreste aus dem Garten weg und verließ die Insel. Ich möchte immer noch gern wissen, was mit den Tabaksamen und dem Spaten geschehen ist, die ich dort liegenließ.

3

Ob das Experimentieren mit einer Droge zu ihrer häufigen Verwendung führt, hängt von der Fähigkeit des Tieres ab, die physischen und psychologischen Wirkungen zu erkennen. Diese Wirkungen müssen dann im Hinblick auf die Bedürfnisse des Tieres bewertet werden.

Wenn die Droge in den Körper gelangt ist, können Tiere mit einer guten sensorischen Ausrüstung und guten Lernfähigkeiten die Folgen für den Stoffwechsel einschätzen. Bei vielen pflanzenfressenden Tieren ist das Ergebnis oft eine erworbene geschmackliche Abneigung. Die negativen Folgen der Bitterkeit oder Krankheit wirken als Bestrafung des Tieres für seine Wahl, weshalb es sich danach bei künftigen Gelegenheiten ablehnend verhalten wird, wenn bestimmte Anhaltspunkte gegeben sind. Diese Anhaltspunkte sind die ursprünglich mit den Sinneseindrücken der Futterwahl verbundenen. Wenn bei der Futtersuche das Visuelle überwiegt, was bei Vögeln der Fall ist, lernen diese Tiere, den Anblick mit den körperlichen Reaktionen zu verbinden, die als Folge der Nahrungsaufnahme auftreten. Mäuse und Ratten verlassen sich eher auf den Geruch. Dieser Lernvorgang vollzieht sich zuverlässig und schnell und erzeugt langanhaltende Ergebnisse. Wir vergessen ein besonderes Erlebnis mit vergifteter Nahrung nie und haben Schwierigkeiten, uns mit einer Mahlzeit anzufreunden, die in Aussehen, Geschmack und Geruch ähnlich ist – wie der seefahrende Affe Jocko vor allem weglief, was auch nur entfernt wie Tabak aussah. Der Erwerb geschmacklicher Abneigungen wird für Tiere, die mit der botanischen Konditorei der Natur konfrontiert sind, zu einem lebensrettenden Mechanismus.

Die Menge einer einzelnen Sekundärsubstanz, die beim Verzehr einer Pflanze konsumiert wird, ist ein wichtiger Faktor beim Erwerb der geschmacklichen Aversion. Tabakblüten enthalten geringfügige Nikotinmengen, und ihr Verzehr erzeugt bei Pavianen oder Kindern, die an ihnen knabbern, nie Krankheitserscheinungen. Aber viele Menschen haben die anfängliche Übelkeit und die Beschwerden kennengelernt, die Jocko dazu veranlaßten, eine konzentrierte Menge von Tabakblättern zurückzuweisen. Die Möglichkeit, selbständig die Einnahme der Droge zu regulieren, ist auch sehr wichtig. Tiere, die gezwungen wurden, Tabak zu fressen oder zu rauchen, mögen ihn nicht. Wenn es ihnen jedoch gestattet ist, die Mengen selbst zu verwalten, rauchen Tiere nicht nur freiwillig Tabak, sondern trinken auch konzentrierte Nikotinlösungen

Die Verfügbarkeit spielt eine ebenso entscheidende Rolle. Wilde Paviane kommen normalerweise nicht mit Tabak in Berührung, so daß es nur selten Gelegenheiten gibt, so viel von der Pflanze zu konsumieren, daß eine geschmackliche Abneigung, Vergiftung oder eine Abhängigkeit hervorgerufen wird. In Laboruntersuchungen waren die Experimentatoren großzügiger mit Tabak oder Nikotin und fanden heraus, daß es ziemlich einfach ist, ihre Versuchstiere abhängig zu machen. Die erzwungene Einnahme von Nikotin kann recht schnell zur Überwindung geschmacklicher Abneigungen führen und die Tür zur fortgesetzten Verwendung aufstoßen.

In der Welt des Menschen helfen Zubereitung, Mischung und das Würzen von Speisen bei der Überwindung von Geschmacksaversionen gegen pflanzliche Drogen. Der Warao mischt zu seinem eigenen Genuß wie zu dem der Götter aromatische Harze mit schwarzem Tabak. Die Menschen haben diese Praktiken zu kulturell überlieferten Kochgewohnheiten entwickelt. Indianerstämme in Nord- und Südamerika mischten früher Tabak mit einer Vielzahl anderer Substanzen, darunter Klee, brauner Rohzucker und Anisöl. Auch stark kommerzielle Tabake werden mit natürlichen und künstlichen Additiven angereichert und verändert. Ohne solche Veränderungen lehnen viele Menschen den Genuß von vornherein ab. Ähnlich ging es Marais' gefangenen Pavianen, die den gebeizten Tabak mit seinem süßlichen Geschmack dem ungebeizten vorzogen, den auch ihre wildlebenden Vettern ablehnten. Die Affen von Pala beachteten den schlecht schmeckenden Tabak zunächst nicht; als er aber gebeizt war, näherten sie sich ihm mit dem gleichen Genußsinn wie wir.

Nachdem die erste Ablehnung überwunden ist, gewöhnt sich das Tier durch wiederholten Gebrauch. Das hat bedeutende Folgen für den Stoffwechselprozeß: die psychoaktiven Eigenschaften kommen ins Spiel. Bis das Tier eine Verträglichkeit entwickelt hat, sind die Wirkungen von Nikotin auf das periphere und das zentrale Nervensystem höchst unangenehm: Übelkeit, Blässe, Schwäche, Leibschmerzen, Kopfschmerzen und Schwindelgefühle. Die Toleranz gegenüber diesen unangenehmen Wirkungen entwickelt sich sehr schnell und beginnt sofort nach der ersten Einnahme. Das Tier erlebt dann weniger negative und zunehmend anregende Wirkungen, wodurch die Droge immer anziehender wird.

Nikotin steigert die allgemeine Bewegungsaktivität und die Wachsamkeit von Tieren und erlaubt darüber hinaus ein schnelleres und effektiveres Lernen. Wenn eine Ratte in einer experimentellen Situation getestet wird, in der ein Ton signalisiert, daß bald ein Elektroschock folgt, erstarrt sie , statt den Hebel zu drücken, der den Schock unterbindet. Nikotin fördert die Fähigkeit der Ratte, die lähmenden Wirkungen der Erstarrung in einer solchen Streß-Situation zu überwinden. Die Droge befähigt sie, den Hebel öfter zu drücken und weniger Schocks zu erhalten. Ähnliche Wirkungen hat es auch bei Totenkopfäffchen gegeben. Nikotin mildert auch das aggressive Verhalten von Labortieren ab und verringert die Anzahl von Beißangriffen, die Ratten, Katzen und Affen in Kampfsituationen ausführen. Obwohl Nikotin ein Anregungsmittel ist, hat es auch eine beruhigende oder entspannende Wirkung, was viele menschliche Raucher bestätigen.

Wenn diese Nikotinwirkungen nachlassen, schiebt sich eine Reihe anderer, dem Rausch entgegengesetzter Wirkungen in den Vordergrund. Dieses Entzugssyndrom ist vorübergehend, aber spürbar als Spannung, Unruhe, Abgelenktsein, gesteigertes Hungergefühl, Konzentrationsunfähigkeit, leichte Benommenheit und Schlaflosigkeit. Zusammengenommen verweisen diese Symptome auf einen Zustand der Gereiztheit, der in das Verlangen nach mehr Tabak mündet. Wenn mehr Tabak zugeführt wird, kann der Entzug gelindert, wenn nicht ganz aufgehoben werden. Das Hin und Her zwischen Rausch und Entzug bildet einen Zustand der physischen Sucht oder Abhängigkeit. Physische Abhängigkeit unterscheidet sich von psychischer Abhängigkeit oder einem Verlangen – wie wir beim Locogras und anderen Giftpflanzen festgestellt haben, die keine physischen Entzugssyndrome hervorrufen. Aber beide Typen der Abhängigkeit können ernste

Zustände sein. Viele Leute haben das Gefühl, sie müßten ohne Zigarette sterben, und Entzugssyndrome bei anderen physisch abhängigmachenden Drogen wie Morphium haben ihre Benutzer getötet. Ein psychisch gesteuertes Verlangen kann ebenso machtvoll sein. Es kann eine Zeitlang dauern, bis locosüchtige Tiere sich erholen, falls sie es überhaupt tun, und das Überleben von abhängigen Tieren wie den Koalas ist bedroht, wenn ihre erworbenen Vorlieben nicht befriedigt werden können.

Wissen Tiere von solchen Phänomenen wie Abhängigkeit und Entzug, wenn sie selbst keine Erfahrungen damit haben? Soweit wir wissen, reichen die Kommunikationsfähigkeiten der Tiere nicht an die der Menschen heran, die Informationen über Generationen weitergeben können. Die verschiedenen Kulturen des Menschen sind einzigartig im Hinblick auf die Weitergabe von Informationen über gute und schlechte Nahrungsmittel oder Drogen, die auf den früheren Erfahrungen von einzelnen basieren. Dennoch verfügen auch viele Tiere über ähnliche extrem geschärfte Sinneswahrnehmungen und anpassungsfähige Lernmechanismen wie der Mensch, die ihnen ermöglichen, in ihrer unmittelbaren Umgebung Informationen an andere weiterzugeben. Viele Tiere haben die Anlage zu altruistischen Verhaltensweisen, wie Warnrufe zeigen, die Artgenossen in besonders unangenehmen Situationen alarmieren. Nach dem Verzehr der bitteren Feuerdornbeeren stießen einige Affen auf Pala bellende Geräusche aus, die den anderen in der Herde sagten, sie sollten sich fernhalten. Die Kommunikation unter Tieren kann auch als Informationsquelle über attraktivere Nahrung oder Futterplätze dienen. Von den Tänzen der Bienen, mit denen der genaue Standort des süßen Nektars angezeigt wird, bis zum Verscharren von schädlicher Nahrung durch Ratten werden unter den Tieren viele Informationen über Nahrungsmittel weitergeben.

Allesfresser wie Ratten haben eine Vielzahl von Strategien zur Bestimmung der sicheren oder schädlichen Bestandteile von Nahrungsmitteln und Drogen entwickelt, denen sie begegnen. Einige Strategien münden in der Weitergabe der Informationen von einzelnen an andere in der sozialen Gruppe. Wie kleine Koalas lernen frisch entwöhnte Rattenjunge sichere Nahrungsmittel durch den Geruch der Muttermilch kennen oder dadurch, daß sie der Mutter in Futterverstekke folgen. Auch erwachsene Tiere können bei der Nahrungsaufnahme aus sozialen Einflüssen ihren Nutzen ziehen. Erwachsene Ratten meiden beispielsweise einen fremden Geruch, dem sie zum ersten Mal in Gegenwart einer kranken Ratte begegnet sind. Das ist als »Vergifteter Partner«-Wirkung bekannt und erklärt, wie Ratten lernen können, Giftstoffe zu meiden und selbst Vergiftungen zu entgehen, wenn sie die Vergiftung eines vertrauten Partners beobachten haben. Dieser Effekt ist offenkundig ein erworbener. Mitglieder einer Kolonie können die giftigen Wirkungen einer bestimmten Pflanze als Ergebnis der akuten Vergiftung nur eines einzigen Mitglieds kennenlernen. Für gesellig lebende Allesfresser wie Ratten weist diese Strategie große Vorteile für das Überleben auf.

Auch Primaten mußten auf ähnliche Strategien zurückgreifen. Affenkinder beobachten und imitieren das Freßverhalten ihrer Mütter. Schimpansen beobachten nicht nur das Freßverhalten anderer, sondern sind durch soziale Kommunikation imstande, die Art und Menge von Nahrungsmitteln zu unterscheiden, die außer Sichtweite sind. Die Kommunikation kann in Form von Gesten oder Tönen erfolgen, die von anderen Schimpansen wahrgenommen werden. Diese Strategien sind für die Übermittlung von Informationen über Eßbares extrem hilfreich.

Auch Informationen über ungenießbare Nahrung und giftige oder berauschende Pflanzen müssen aufgenommen und behalten werden, sonst müßte jedes Mitglied einer Gruppe ständig die Qualität des Futters überprüfen. Eine solche individuell orientierte Ernährungsstrategie würde beträchtliche Risiken bei der Aufnahme neuer Nahrungsmittel mit sich bringen und die Effizienz der Ernährung verringern. Obwohl junge Primaten beim Aufsuchen neuer Pflanzen und Nahrungsmittel notorisch abenteuerlustig sind, erinnern sich die meisten Primaten an die Regeln für eine sichere Ernährung: Beschränkung auf Bekanntes und stark eingeschränkter Verzehr von neuartiger Nahrung, dennoch Abwechslung im Speiseplan ganz nach den Bedürfnissen. Die Affen auf Pala bellten beim Anblick des frischen Tabaks, aber als er gebeizt war, riefen sie andere mit Trillergeräuschen und Pfeiftönen herbei, was vielleicht ausdrücken sollte, es handele sich hier um eine annehmbare »Freizeit«-Droge.

Der gesunde Menschenverstand sagt uns, daß die Bedürfnisse von gefangenen Affen sich von denen der Primaten in der Wildnis oder in einem Reservat wie in Pala unterscheiden. Marais beschrieb den gefangenen Pavian als depressiv, mit einem übermächtigen Bedürfnis, sein Leiden zu erleichtern. Er fand heraus – und wurde darin durch spätere Untersuchungen an Primaten bestätigt –, daß Paviane die Fähigkeit besitzen, pflanzliche Rauschmittel zu meiden, wenn sie nicht benötigt werden, und sie aufzusuchen und zu konsumieren, wenn Bedürfnisse und Gelegenheit zusammenkommen. Diese Fähigkeit bewies der gefangene Affe durch seine Bereitschaft, Tabak und Alkohol zu konsumieren, die ihm von Marais angeboten wurden. Die Paviane entwickelten wie Menschen ein Verlangen und eine Sucht nach diesen Rauschmitteln.

Gefangene Primaten legen einen bemerkenswerten Drang an den Tag, sich sogar in einem geräumigen Laborkäfig zu berauschen. Ob nun aus Gründen der

Erforschung, der Neugier, der Stimulation, der Beruhigung, der Vertreibung von Langeweile oder Depression – die Versuchstiere verlangen nach einem breiten Spektrum von Rauschmitteln, wenn ihnen dazu Gelegenheit gegeben wird. In einem gewissen Sinne scheinen sie mentale Bedürfnisse zu befriedigen, so wie sie in der Wildnis ihre physischen Bedürfnisse mit Aspilia oder anderen Pflanzen stillen.

Es wurde ein experimentelles Modell entwickelt, um das Drogenkonsum-Verhalten von Primaten und anderen Tieren zu beobachten und zu messen. Die Tiere können auf einen kleinen Hebel oder eine Platte drücken, um die Droge abzurufen. Die Zufuhr kann durch etwas Eßbares oder ein Getränk oder sogar durch eine automatische Injektion einer Drogenlösung mittels eines Katheters direkt in die Vene oder den Muskel des Tieres erfolgen. Der Hebeldruck kann auch die Abgabe von Gasen zur Inhalation, z.B. von Äther oder Kleber, in Gang setzen, oder er kann bewirken, daß Drogen mit einer intragastrischen Sonde direkt in den Magen des Tieres gepumpt werden. Forscher haben sogar einen »Pillenspender« entwickelt, eine Vorrichtung, die Drogenkapseln direkt in das Maul des Affen abgibt.

Die von den Tieren in diesen Situationen konsumierten Drogen sind dieselben, die auch von Menschen genommen werden. Dazu gehören die wichtigsten Drogengruppen, vertreten durch Alkohol, Opium, Marihuana und Kokain. Wir werden in den folgenden Kapiteln jeden dieser Stoffe untersuchen. Tiere verabreichen sich auch andere Drogen, die bei unserer Art beliebt sind, darunter Stickstoffoxyd (Lachgas), Äther und Phencyclidin (PCP). Da dieses Modell der Vorhersage dient, welche Drogen vom Menschen mißbraucht werden, ist es ebenso wichtig, die Drogen festzustellen, die von den Tieren nicht genommen werden. Die am meisten verbreiteten psychiatrischen Drogen, darunter Chlorpromazin (Thorazin), werden von Menschen nicht mißbraucht und von Tieren nicht genommen. Trotz der weit verbreiteten klinischen Anwendung von Schmerzmitteln wie Aspirin werden diese selten von Menschen mißbraucht, und es gibt auch bei den Tieren, die bei diesen Modellversuchen getestet wurden, kein Verlangen danach.

Das Modell der selbstgesteuerten Einnahme hat sich als wertvoll erwiesen, um zu belegen, daß die Suche nach Drogen und die Einnahme von Drogen biologisch normale Verhaltensweisen sind. Es hat gezeigt, daß Drogen, nach denen Tiere ein Verlangen haben, gemeinhin von Menschen mißbräuchlich verwendet werden. Obwohl die Drogenauswahl von Pavianen und anderen Affen der unseren am nächsten kommt, werden die meisten dieser Drogen auch von einer Vielzahl anderer Säugetiere genommen, darunter Ratten, Katzen und Hunde. Die Eigenschaft einer Droge, als Belohnung oder Verstärkung für ein Verhalten zu dienen, hängt nicht mit irgendwelchen Abnormitäten des Gehirns zusammen. Vielmehr sind die Drogen, die von Tieren ausgewählt werden, genau jene, die in Interaktion mit den normalen Mechanismen des Gehirns treten, die sich während der Evolution ausgebildet haben, um biologisch wesentliche Verhaltensweisen zu beeinflussen, die sich auf Nahrung, Wasser und den Geschlechtstrieb beziehen. In einem gewissen Sinne ist das Verlangen nach berauschenden Drogen eher die Regel als eine Abweichung.

Da Primaten während der letzten Tage der Evolution im Garten Eden hervorgebracht wurden, ist es verständlich, daß der Drogenkonsum im Orinoco-Delta, auf Pala oder unter Marais' Pavianen dem unseren mehr als ähnlich ist. Nicht nur Geschmacksorientierungen und Reaktionen stimmen überein, sondern auch emotionale Bedürfnisse und Stimmungen, von denen die Wahl spezifischer Drogen abhängt. Marais glaubte, daß der Alkohol, den wir im nächsten Kapitel betrachten, vielleicht das einzige wirklich bedeutende Rauschmittel darstellt, das von Primaten gewählt wird, Geschöpfen, denen die Last des Bewußtseins aufgebürdet ist.

Nirgendwo wurde das deutlicher als bei seinen Pavianen, die sich am Ende eines Tages zusammendrängten und in die untergehende Sonne starrten. Das Licht in ihrer Welt war kurz vor dem Verlöschen. Sobald die Dunkelheit am Himmel aufzog, verfielen sie in Schweigen und abendliche Melancholie. Dann brach die Gruppe in einen Klageton aus, einen Ton, der nur in Situationen größter Bedrängnis geäußert wird.

Arche on the Rocks

Alkohol als universelles Rauschmittel

1

Noah war sechshundert Jahre alt, als die Flut begann. Als das Wasser sich zurückgezogen hatte, so heißt es in der hebräischen Geschichte, zerstreuten sich die Bewohner der Arche über das Land und vermehrten sich. Von all den Tieren liebte Noah die Ziegen am meisten und erfreute sich daran, zu beobachten, wie sie fröhlich über die felsigen Hügel sprangen. Eine Ziege verhielt sich ungewöhnlich verspielt, und Noah folgte ihr zu einem Baum. Dort sah er die Ziege einige Trauben fressen, die bewirkten, daß das Tier herumsprang und herumtollte. Da es heiß war und er Durst hatte, folgte Noah dem Beispiel der Ziege und trank den süßen Saft der Reben. Er verfiel in eine fröhliche Stimmung und begann ein Lied zu singen. Auf dem Heimweg büßte Noah irgendwie seine Kleider ein und verfiel außerhalb seines Hauses schnell in einen tiefen Schlaf. Am nächsten Morgen wachte er auf, erzählte seinen Söhnen von seinem Erlebnis und holte den Weinstock, um ihn in seinen Garten zu pflanzen.

Eine rumänische Version der Geschichte fügt hinzu, daß der Teufel erschien und Noah beim Pflanzen des Weinstocks half. Der Teufel tötete die Ziege und goß zum Gedächtnis an die Entdeckung ihr Blut auf die Wurzeln des Weins. Dann begoß der Teufel die Wurzeln mit dem Blut eines Löwen und danach mit dem eines Schweins. Daher ist ein Mann, wenn er ein wenig Wein trinkt, fröhlich und ausgelassen wie ein Kind. Wenn er ein wenig mehr trinkt, wird er erregt und brüllt wie ein Löwe. Übermäßiger Genuß bewirkt, daß er sich im Schlamm suhlt wie das Schwein. Auf jeden Fall verwandelt der Alkohol einen Menschen in ein Tier.

Einige glauben, daß andere Tiere den Menschen auf den Alkohol gebracht haben. Eine alte griechische Sage behauptet, die Affen seien die ersten Traubenfresser gewesen, die eine besondere Vorliebe für die gegorenen Früchte an den Tag legten. Ob nun von Mensch oder Tier entdeckt, der Alkoholrausch hat in der

Geschichte viele Geschöpfe angezogen. Sie nutzten gegorene Früchte und Getreide als natürliche Quellen und genossen die von Menschen hergestellten Biere, Weine und destillierten Spirituosen. Der zufällige und der absichtliche Gebrauch dieser Substanzen ist seit alters her üblich.

Viele Kulturen – wie die in Palästina, die *yayin*, den süßen Wein Noahs, als göttliches Geschenk ansah – sehen die Ursprünge dieser Droge dicht bei den Ursprüngen des Menschen selbst. Im Sumerischen, der Sprache des ersten medizinischen Textes der Menschheit, war der ursprüngliche »Baum des Lebens« nichts anderes als der berauschende Wein. Ein persischer Mythos berichtet, daß eine Frau den Wein entdeckte, als sie den gegorenen Saft der Trauben trank, die in einem Tonkrug aufbewahrt worden waren. Es ist wahrscheinlich, daß die persische Geschichte näher an der Wirklichkeit liegt.

Der Weingenuß setzte wahrscheinlich vor dem Jahr 4241 v. Chr. ein, dem Jahr, in dem der Mensch mit der Einführung des Kalenders im alten Ägypten seine Tage zu zählen begann. Die Aufbewahrung von frischen oder getrockneten Trauben in Krügen, Steintöpfen oder sogar in Felshöhlen ermöglichte eine zufällige Gärung bei Veränderungen der Luftfeuchtigkeit und der Temperatur. Der perlende Saft wurde wahrscheinlich oft weggeschüttet, da er nicht mehr süß war, aber der erste Trinker wird sicher seine Wirkungen entdeckt haben.

Wahrscheinlich war der Homo sapiens im Lande des *Alten Testaments* weder der erste noch der einzige Gast, der nach den Weintrauben griff. Wein selbst gab es schon lange Zeit, seit dem Tertiär. Die historischen Weine des Mittleren Ostens wurden aus der *Vitis vinifera* gemacht, einer berühmten, aber jüngeren Rebsorte, die seit ungefähr einer Million Jahren existiert. Der Mensch der Frühzeit hatte Zugang zu diesen Trauben wie zu anderen natürlichen Quellen von Alkohol.

Viele wilde Früchte und Nahrungsmittel, die von Sammlern und Jägern zusammengetragen wurden, hatten eine genügend hohe Zuckerkonzentration, um zu einem berauschenden Getränk vergoren zu werden. Prähistorische Höhlenmalereien zeigen, daß Honig gesucht, gesammelt und wahrscheinlich aufbewahrt wurde. Da Honig fast ausschließlich aus Zucker besteht und schnell gärt, benutzten ihn die Menschen in vorgeschichtlicher Zeit als Grundlage für berauschende Getränke. Met, aus gegorenem Honig und Wasser zubereitet, war um das Mittelmeer herum weit verbreitet und ein Standardopfer für die Götter der Antike. In anderen Gegenden stellte man gegorene Getränke aus heimatlichen Pflanzen her. Die Bewohner Sibiriens verwendeten Rotalgen; nordamerikanische Indianer machten aus Ahornsirup einen Likör; die Indianer Mittelamerikas machten Pulque aus Agaven und Kakteen; südamerikanische Indianer verwendeten Dschungelfrüchte; Südafrikaner benutzten den Saft von Palmenstengeln; und der frühe asiatische Mensch lernte, ein alkoholisches Getränk aus Reis herzustellen.

Es gab viele andere Früchte und Getreide, die als natürliche Ausgangsstoffe für die alkoholische Gärung dienten. Bier, das die frühen neolithischen Ackerbauern zu sich nahmen, ist wahrscheinlich das älteste alkoholische Getränk. Wilder Weizen und Gerste wurden in Wasser getränkt, bis sich ein Schleim bildete. Wenn man es offen stehenließ, verdarb das Korn nicht. Statt dessen wurde es durch den natürlichen Hefepilz in der Luft in ein dunkles, blasenwerfendes Gebräu verwandelt, das jedem, der es trank, ein angenehmes Gefühl verschaffte. Die alten Ägypter entwickelten vermutlich Techniken zum Bierbrauen aus Gerste und Weizen, noch bevor sie lernten, wie Brot gebacken wird.

Die Ägypter hatten den grundlegenden Vorgang des Brauens entdeckt und machten in der Kunst der Weinherstellung ebensolche Fortschritte wie beim Bierbrauen. Auch wenn sie die wissenschaftlichen Prinzipien der Gärung nicht formulieren konnten, die zuerst von Louis Pasteur im neunzehnten Jahrhundert dargelegt wurden, brachten die Ägypter doch äußerst populäre Getränke hervor. Gerstenbier wird heute noch nach der gleichen Methode hergestellt, mit der sie damals Pionierarbeit leisteten. Das Korn wird zuerst in Wasser eingeweicht, um es zum Keimen zu bringen, wodurch die Stärken gelöst werden – ein Vorgang, der als Mälzerei bekannt ist. Das Malz wird mit heißem Wasser in einem Topf behandelt und bildet einen haferschleimartigen Brei. Dieser Vorgang formt die Stärke im Malz in gärungsfähigen Zucker um. Der Brei wird gekocht, abgekühlt und in ein Gärungsgefäß gefüllt. Ähnliche Gefäße werden für die Herstellung von Traubenwein verwendet, aber die Ägypter scheinen nie genug Trauben gehabt zu haben, um die wachsende Nachfrage des Volkes befriedigen zu können. Sie mußten lernen, Wein aus Feigen, Pomeranzen und Datteln zu machen. Sie lernten auch, die Weine mit Säften von verschiedenen Pflanzen, wie Gartenraute und Wermut, zu aromatisieren.

Bier und Wein wurden Nationalgetränke der Lebenden und, nach den Inschriften in den Pyramiden, auch von den Verstorbenen in ihrem Leben nach dem Tod benötigt. Alkoholische Getränke, von den Göttern bevorzugt, ein Thema, auf das wir schon in Verbindung mit der Verherrlichung anderer Rauschmittel wie des Tabaks gestoßen sind. Die Ägypter hatten ihre eigenen Götter, die über den Genuß von Bier und Wein wachten. Menquet, die Göttin des Biers, wurde als Frau dargestellt, die zwei Bierkrüge hält. Hathor, der die Gestalt eines heiligen Bullen hatte, war der Gott des Traubenweins und wurde am »Tag des Rauschs« einmal im Monat gebührend geehrt.

Die Entdeckung von destillierten Spirituosen mag in verschiedenen Weltteilen unabhängig voneinander gemacht worden sein, aber zuerst kamen sie im neunten Jahrhundert in Arabien auf. Seit dieser Zeit verbreiteten sich destillierte alkoholische Getränke ebenso wie Bier und Wein; Fälle von Alkoholismus wurden alltäglich. Öffentliches Betrunkensein war in beinahe jeder Gesellschaft, die mit Alkohol in Berührung kam, eine normale Erscheinung des täglichen Lebens, von den frühen Dynastien in Ägypten bis ins Europa der Renaissance.

Der elisabethanische Autor Thomas Nashe beschrieb verschiedene Arten des Betrunkenseins, die bei Menschen vorkommen können. Betrunken wie ein Affe ist ein Zustand, in dem jemand hüpft und kreischt wie ein Affe. Betrunken wie ein Löwe ist ein Mann, wenn er brüllt und kämpft; betrunken wie ein Fuchs, wenn er verschlagen ist; betrunken wie ein Schwein, wenn er schwer und lethargisch wird; betrunken wie ein Schaf, wenn er nicht mehr sprechen kann; betrunken wie ein Ziegenbock, wenn »er nichts anderes im Sinn hat als seine Geilheit«. Es kann nicht überraschen, daß die Trinkstätten der alten und neuen Welt die Namen und Bilder des alkoholliebenden Tierreichs übernahmen. Einige lesen sich wie eine Prophezeiung von Nashe: Blauer Affe, Betrunkener Fisch, Blindes Schwein, Tote Ratte.

Wenn der Alkohol einen Menschen in ein wildes Tier verwandelt, was macht er dann aus den Tieren? Die Vorstellung betrunkener Tiere ruft Bilder hervor wie das von Dumbo, dem fliegenden Elefanten, der versehentlich etwas Alkohol trank und tanzende rosa Elefanten sah. Dutzende von Trickfilmfiguren unterhielten uns mit ähnlichen Mätzchen unter Alkoholeinfluß. Und beinahe jeder Haustierbesitzer oder Tierhalter kann eine Geschichte über einen zufälligen oder absichtlichen Alkoholrausch bei seinen Tieren erzählen. Diese Räusche werden von natürlichen und künstlich fabrizierten Alkoholika hervorgebracht. Sie treten bei allen Insekten und Tieren auf, von Ameisen bis Zebras; und alle Tiere zeigen ähnliche Reaktionen.

Trotz ihrer hochentwickelten Entgiftungsmechanismen sind Insekten so anfällig für Alkohol wie alle anderen Lebewesen. Viele Insekten fallen über Weintrauben her, zerstören in kurzer Zeit ganze Weinberge und werden dabei zufällig auch von gärenden Trauben berauscht. Im Jahre 1545 reichten die Weinbauern von St. Julien, einer kleinen Ortschaft in Frankreich, eine Klage gegen die Insekten ein. Die Insekten wurden wirklich vor Gericht gebracht. Die Anklage argumentierte, daß sich niedere Tiere den Gesetzen der Menschen zu unterwerfen hätten. Die Insekten wurden von einem Anwalt verteidigt, der den Standpunkt vertrat, daß sie nur ihre biblischen Rechte ausübten, fruchtbar zu sein und sich zu vermehren und so dem göttlichen Gebot gehorchten. Die Archivaufzeichnungen halten fest, daß der Richter sehr lange überlegte, aber die endgültige Entscheidung ist unbekannt – die letzte Seite der überlieferten Aufzeichnungen wurde von Rüsselkäfern vernichtet!

Die Verteidigung hatte argumentiert, daß die Insekten sich so verhielten, wie es ihnen von Natur aus entsprach. Daher könnte ihnen nicht ihr Recht auf Subsistenzmittel verweigert werden, die ihren natürlichen Bedürfnissen entgegenkämen. Die Verteidigung hätte auch ein ebenso gültiges und noch universelleres Argument anführen können, daß nämlich das gesamte Tierreich vom gleichen Drang nach dem Rausch getrieben ist. Er ist ein Teil unserer Natur.

Zur Natur vieler fliegender Insekten gehört das Trinken von gegorenen Säften und Maischen. Hummeln, Wespen und Hornissen verhalten sich unkoordiniert und sind zeitweilig flugunfähig, nachdem sie von gegorenen Früchten genascht haben. Wie viele andere Tiere werden auch Insekten von Maische betrunken. Gewöhnlich tritt der Maischerausch unabsichtlich ein, doch einige Tiere nehmen besondere Anstrengungen auf sich, um an die gegorenen Mischungen heranzukommen. Im ländlichen Amerika wurden illegale Destillerien oft entdeckt, weil man den Spuren des beschwipsten Viehs oder der Wildtiere folgte, denen es gelungen war, die Maische aufzustöbern. Die von den Sedang Moi in Südostasien gehaltenen Schweine und Hühner trinken Reisbier-Maische bis zur Bewußtlosigkeit. Am nächsten Morgen wanken die Tiere mit den Symptomen eines »Katers« herum. In Westbengalen brach eine Herde von 150 Elefanten in eine illegale Destillerie ein und trank ungeheure Mengen der ebenso illegalen Maische. Im Rausch trampelten sie dann quer über das Land, töteten fünf Menschen, verletzten ein Dutzend weitere, demolierten sieben Betongebäude und traten zwanzig Dorfhütten nieder.

Ihre Neigung, dem Geruch des Alkohols zu folgen, nutzte man aus, um Insekten und Tiere in Fallen zu locken. Von der natürlichen Anziehung, die süße Getränke auf Insekten ausüben, wurde bei der wohlbekannten Methode Gebrauch gemacht, Motten und Schmetterlinge mit Zuckerlösungen zu fangen. Zuckerlösung wird auch von Insektensammlern verwendet, die eine Mischung aus Zucker, Bier und Rum auf Baumstümpfen verteilen. Die süße, berauschende Mischung zieht in Windeseile Schwärme von Insekten an, die nach dem Verzehr einfach eingesammelt werden können. Afrikanische Eingeborene lassen Milch- und Bierflaschen nachts draußen stehen, um Nagetiere zu fangen. Am nächsten Morgen sammeln sie die berauschten Tiere ein. Darwin zitiert einen Bericht aus Nordostafrika, nach dem Eingeborene wilde Paviane mit Schüsseln voll Starkbier einfangen. Man beobachtete, daß die betrunkenen Tiere am nächsten Morgen »sehr seltsam und unleidlich« waren; »sie hielten ihre schmerzenden Köpfe mit beiden Händen und machten bedauernswerte Mienen; als ihnen Bier oder Wein angeboten wurde, wandten sie sich voller Abscheu ab.«

Vögel lieben Alkohol, sie werden oft in Fallen gefangen, die alkoholische Köder enthalten, und ermordet. Für die Massenjagd auf die nordamerikanische Stadttaube wurden viele einfallsreiche Vorrichtungen entwickelt. Eine Falle überlistete die Vögel mit einem Lockvogel – einer lebendigen Taube mit zugenähten Augen –, der auf eine Stange, genannt Stuhl, gebunden wurde. Wenn sie sich dem Lockvogel näherten, konnten die neugierigen Vögel mit einem Netz eingefangen und ihre Köpfe mit einer Zange zerquetscht werden. Dieser ursprüngliche Lockvogel (der amerikanische Ausdruck dafür ist *stool pigeon* – Stuhltaube, A.d.Ü.) erwies sich als weniger effektiv als die Fütterung der Tauben mit alkoholgetränktem Getreide, ein Futter, das sie so betrunken machte, daß sie starben.

Viele Leute, die Stare als Haustiere gehalten haben, konnten deren Neigung zu Wein und anderen alkoholischen Getränken beobachten. Der Star ist einer der wenigen Vögel, der seinen Alkoholkonsum so kontrollieren kann, daß eine Vergiftung vermieden wird. Er kann aber in einer solchen Situation keineswegs den Schnabel halten. Papageien geht es genau so. Als Shakespeare im *Othello* schrieb, daß ein empfindsamer Mensch im betrunkenen Zustand »wie ein Papagei plappert und sich zankt«, war er sich wahrscheinlich der Ähnlichkeit nicht bewußt. Papageien fressen gegorene Früchte oder trinken alkoholische Getränke, die sie nach Auskunft ihrer Besitzer geschwätziger machen. Die Vögel hören mit dem Plappern und Trinken erst auf, wenn sie von der Stange fallen. 1976 zog ein Händler von seltenen Vögeln daraus seinen Vorteil, als er seinen Papageien soviel Tequila verabreichte, daß sie still waren, als er sie über die mexikanische Grenze schmuggelte. Er bekam sie erfolgreich durch den amerikanischen Zoll, wurde aber festgenommen, als er sie an einen Geheimagenten verkaufte. Ebenfalls wenig Glück hatte die angetrunkene kalifornische Besitzerin eines geschulten Papageis, die ihrem Vogel einen 80prozentigen Rum aufnötigte. Der Vogel krächzte angeblich noch »Gute Nacht, Mama« und starb! Eine Autopsie bestätigte den Tod durch Alkoholvergiftung.

Aber das Einfangen oder Töten von Tieren mit Alkohol sagte nur etwas über die Absichten der Menschen aus und nicht über das Bedürfnis des Tieres, den Rausch per se zu erfahren. Wenn wir eine Schüssel Milch mit Bier anreichern, sehen wir, daß Tiere betrunken werden, aber sie haben keine wirkliche Wahl. Das Auslegen einer Zuckerlösung oder irgendeine andere Vorgehensweise ist immer noch eine vom Menschen beabsichtigte Vergiftung. Die Tierwelt ist ganz klar bereit, Alkohol zu akzeptieren. Sucht sie auch bewußt den Rausch?

Waschbären sind bekannt dafür, daß sie sofort gierig zu Alkohol greifen, sofern sie Gelegenheit dazu haben. Sie öffnen für sich selbst sogar Flaschen und ziehen Korken heraus. Das ist für den Waschbären nicht besonders schwierig, da er die feinfühligsten Vorderpfoten im Tierreich besitzt. Jeder Finger hat im Gehirn des Waschbären eine eigene Abteilung; aber dieses Gehirn ist noch bemerkenswerter, weil es dem Tier ermöglicht, Alkohol zu trinken, aber aufzuhören, bevor es betrunken ist.

Autoren des neunzehnten Jahrhunderts erfreuten sich daran, das Auftreten solcher menschlichen Verhaltensweisen bei niederen Tieren zu kommentieren. Viele Beobachter bezogen Stellung gegen den Alkoholrausch von Mensch oder Tier und nannten das Verhalten »unmäßig«. Einige, wie George Beard, ein führender Neurologe jener Tage, waren der Überzeugung, daß die Trunksucht eine Krankheit sei, die nur das menschliche Gehirn hervorbringe.

Im Jahre 1879 veröffentlichte W. Lauder Lindsay, ein Arzt und Naturforscher, ein zweibändiges Werk, *Mind in the Lower Animals*, das einen Meinungswandel einleitete. Lindsay dokumentierte viele Berichte über berauschte Tiere, womit er ein universelles Verlangen nach Alkohol veranschaulichte. Die Berichte gingen über bloße Verhaltensbeschreibungen hinaus und interpretierten die Handlungen der Tiere vom Standpunkt eines viktorianischen Anthropomorphismus aus.

Er stufte die Reaktionen der Tiere in einer Skala von 1 bis 10 ein. Die 1 bedeutet dabei einfache Erregung, wie die von berauschten Pferden, die treten und beißen und nicht mehr beherrschbar sind, und die 10 bedeutet den Tod, wie bei einem Orang-Utan, der »nach dem Austrinken einer Flasche Rum starb, die er gestohlen, entkorkt und geleert hatte«. Lindsay vergab den Wert 2 für intensive Erregung an die Elefanten, die nach dem Genuß von Wein so wütend wurden, daß sie im antiken Hippodrom von Alexandria ihre menschlichen Opfer zu Tode trampelten. Depression wurde auf Stufe 3 gesetzt, die die Paviane gezeigt hatten, als sie von einer anfänglichen Erregung in eine griesgrämige Stimmung zu gleiten schienen. Eine 4 wurde vergeben, wenn ein Tier Dummheit an den Tag legte – die verminderte Fähigkeit, sich abzusichern oder Gefahren einzuschätzen – wie im Fall eines betrunkenen Affen, der unbesonnenerweise einen Hai angriff.

Für die mittlere Stufe 5 qualifizierten sich die meisten Tiere durch »exzentrische Bewegungen«, darunter taumelnde und schwankende Ziegen. Tiere, die mit einem alkoholischen Köder eingefangen wurden, bekamen für ihre Benommenheit eine 6; solche mit einem zum Alkoholismus tendierenden chronischen Konsumverhalten verdienten eine 7; und Tiere, die körperliche Schäden davontrugen, wurden mit einer 8 bewertet. Wahnsinnig gewordene Tiere bekamen die 9, aber als tote 10er wären sie oft besser dran gewesen. Ein wahnsinniger Hund lebte in einer Brauerei und war »so leidenschaftlich auf das Getränk versessen«, daß er sich mit Verachtung von lebenserhaltenem Hundefutter und Nahrungsmitteln abwandte.

Lindsays Arbeit popularisierte die Auffassung, daß es im ganzen Tierreich eine Macht gebe, die Geschöpfe in den Rausch treibt. Zum ersten Mal begriffen Menschen, daß der Mensch mit seinem Bedürfnis nach Trunkenheit nicht allein ist. In seinem Essay »Warum betäuben sich Menschen?«, den Leo Tolstoi am Ausgang des Jahrhunderts veröffentlichte, brachte er in seiner Antwort kurz und bündig die neue vorherrschende Auffassung zum Ausdruck. Er mischte die Ideen Lindsays mit denen George Beards und den zukünftigen Eugene Marais':

> Die Ursache des weltweiten Konsums von Haschisch, Opium, Wein und Tabak liegt nicht im Geschmack noch in irgendeinem Vergnügen, irgendeiner Entspannung oder irgendeiner Heiterkeit, die diese Stoffe bieten können, sondern einfach im Bedürfnis des Menschen, sich vor den Forderungen des Bewußtseins zu verstecken. ... Der Mensch ist nämlich sowohl ein geistiges wie auch ein animalisches Wesen. Er kann durch Dinge bewegt werden, die seine geistige Natur beeinflussen, oder auch durch Dinge, die seine tierische Natur beeinflussen.

Unzweifelhaft hätte sich Lindsay über die Weiterführung der Punktevergabe für Trunkenheit bis weit in das zwanzigste Jahrhundert hinein amüsiert, die von Zeitungen und Zeitschriften betrieben wurde. Tapper, ein weinliebender Schimpanse, entfloh aus einer Tierschau in Saint Augustine, Florida, und erregte landesweite Aufmerksamkeit, als er durch Bestechung mit einer Flasche Wein eingefangen wurde. Nachdem er die ganze Flasche ausgetrunken hatte, kehrte der schläfrige Schimpanse, der sicher die Benommenheitsnote 6 der Lindsay-Skala erreicht hätte, schnell in sein Quartier zurück. Die Flasche Bier, die das Rennpferd Firey Noon vor jeder Mahlzeit bekam, hätte ihm eine 1 eingebracht, aber sie bewirkte auch, daß das Pferd als Sieger beim Miami Calder-Rennen über die Ziellinie lief. Ein Affenweibchen entwickelte eine Leidenschaft für weißen Rum und verdiente sich eine 5, als es schwankte, einen Fehltritt tat und von seinem Sitz fiel.

Die Journalisten, die diese Berichte schrieben, gaben den berauschten Tieren menschliche Namen, Motive und Persönlichkeiten. Clay Henry, eine schwarze Bergziege aus Texas, wurde das »six-pack kid« genannt, weil sie imstande war, eine Flasche oder Dose Bier mit den Zähnen zu öffnen und auszutrinken, eine

Gewohnheit, die dazu führte, daß ihr Gehege immer mit Leergut übersät war. Die Agentur Associated Press veröffentlichte die Geschichte von Roger, einem zwei Jahre alten Schaf, das ein Jahr lang jeden Abend einen Liter Wodka trank, »ohne zu wanken oder zu schwanken oder seine Bäääh s zu verpatzen«. Eine Geschichte mit der Überschrift »Screwdriver gefährden Schweinestall« berichtete über einen Versuch des US-Landwirtschaftsministeriums mit schrecklichen Ergebnissen, bei dem Schweine täglich einen Liter Wodka tranken. Das Schwein verlor seinen Status als trinkfester Zecher.

Andere Tiere haben uns mehr erschreckt als amüsiert. Ein biertrinkendes Pferd in Rumänien terrorisierte die Nachbarschaft mit lautem Wiehern, Treten und Beißen; sein Besitzer wurde schließlich vor Gericht gestellt. Scrumpy, ein von Apfelwein betrunkenes Eichhörnchen, muß Stufe 2 erreicht haben, als es seinen menschlichen Besitzer angriff. Der Besitzer war möglicherweise auf einer noch höheren Stufe, denn auf seiner Flucht vor Scrumpy sprang er aus seinem Schlafzimmerfenster. Erst wenn sich die Komödie des Rauschs in menschliche Tragödien verwandelt, hören Menschen auf zu lachen und beginnen mit den ersten ernsthaften Tierversuchen, um die Gründe herauszufinden.

2

Paris bot im Jahre 1860 den Schauplatz für den Beginn der Absinth-Epidemie. Absinth war ein beliebter blaugrüner Schnaps, der aus einem Wermut-Destillat und aromatischen Kräutern und Gewürzen hergestellt wurde. Der Alkoholgehalt war hoch, er schwankte zwischen 45 und 75 Prozent. Die Absinth-Schnäpse enthielten auch Thojon, eine im Wermut enthaltene Chemikalie, die den aktiven Bestandteilen des Marihuana ähnlich ist. Der Absinth war stark genug, um zusätzlich zu den Symptomen des Alkoholrauschs auch noch Halluzinationen, Krämpfe und Anfälle zu verursachen. Ein Absinth-Trinker wurde von so starken Zwangsvorstellungen getrieben, daß er alle blaue Seidenkleider, die ihm unter die Augen kamen, in Brand setzte. An einem einzigen Tag steckte er mit seiner Zigarre siebenunddreißig Kleider an, bevor er festgenommen wurde. Ein anderes Absinth-Opfer litt an der Einbildung, daß er von unsichtbaren Feinden verfolgt würde, die ihn mit Elektrizität foltern wollten. Er lebte einige Monate in einem tiefen Loch und deckte sich jeden Abend mit Schmutz zu, um sich zusätzlich zu schützen. Ein anderer *absintheur* biß seinen besten Freunden unter der Vortäuschung, er wolle sie küssen, Stücke aus ihren Gesichtern.

Die Absinth-Trinker wurden für Künstler wie Pablo Picasso, Henri de Toulouse-Lautrec, Edouard Manet und Edgar Degas zu Studienobjekten. Rauschhafte Verzückungen und farbige Halluzinationen inspirierten die Arbeit schwerer Trinker wie Vincent van Gogh, Paul Verlaine und Amedeo Modigliani. Ihre Arbeiten verdeutlichen die weitverbreitete Akzeptanz dessen, was der französische Autor Henri Balesta »ein künstliches Paradies, befreit von den Fesseln der Realität, in dem die verrücktesten, schrecklichsten Gedanken des Trinkers in poetischer Form zusammenfließen« nannte. Unglücklicherweise war die Enttäuschung des Trinkers vorherbestimmt, wenn ihn am nächsten Tag die Depression des Entzugs traf. Aber das verlorene Paradies konnte mit weiterem Absinth wiedergewonnen werden.

Wie die gefangenen Paviane, die ihre Schmerzen und ihre Niedergeschlagenheit behandelten, konnten auch die Absinth-Trinker über ihre unmittelbaren Entzugsleiden hinausblicken und sich erinnern, wie sie ihr Wohlbefinden wiedererlangen konnten. Sie brachten sogar ihren Kindern bei, die anfängliche geschmackliche Ablehnung zu überwinden. Kinder im zarten Alter von sechs Jahren begleiteten ihre Väter in Cabarets, wo sie in das Absinth-Trinken eingeführt wurden. Waren sie einmal an den Geschmack und an den Rausch gewöhnt, verhielten sie sich wie jene locofressenden jungen Rinder, die ihren Eltern auf dem Weg in die Abhängigkeit, die vorzeitige Krankheit und möglicherweise bis in den Tod folgten. Die Epidemie brachte eine große Anzahl von Patienten nach Bicêtre, dem führenden psychiatrischen Krankenhaus in Paris. Alarmiert durch die vom Absinth hervorgerufenen fortschreitenden Zerstörungen besonders bei jungen Menschen und darum bemüht, *absintheurs* von den Fesseln ihrer animalischen Situation zu befreien, unternahmen die Psychiater die ersten kontrollierten Tierversuche mit Alkohol.

Jacques-Joseph Valentin Magnan, ein Assistenzarzt in Bicêtre, entwickelte die Techniken zum Studium der Alkoholsucht bei Tieren. Die Versuchstiere stammten aus Ställen und Höfen; es handelte sich um Hunde, Schweine, Hähne und Hennen. Den Tieren wurden Gelatinekapseln mit Absinth verabreicht. Da die Tiere sich ständig erbrachen, mußte ein Trick gefunden werden, so lange soviel Absinth in das Tier hineinzubringen, bis sich eine Wirkung einstellte. Die Forscher entwickelten eine neue Methode, die auch heute noch angewandt wird: die intragastrische Zufuhr. Es wurde so lange Absinth in den Magen der Tiere gepumpt, bis etwas geschah. Gewöhnlich ließ die Körperbeherrschung des Tieres nach, das Gleichgewicht war gestört, dann setzte ein heftiges Muskelzittern ein. Nach einigen Minuten schien ein Hund, der blutunterlaufene und glasige Augen hatte, von einer dionysischen Hysterie getrieben zu sein: Er bellte wütend, schnappte und warf mit gebleckten Zähnen den Kopf von einer Seite zur anderen, als ob er um eine Beute kämpfte. Der Anfall dauerte fast zwei Stunden.

Es wurden auch Katzen, Kaninchen und Vögel untersucht, aber diese Tiere schienen immer gegen die Wirkungen anzukämpfen. Fische überlebten nicht lange genug, um eine detaillierte Beobachtung zu ermöglichen. Einige konzentrierte Tropfen Absinth in einem Fischbecken tötete sie schneller als Blausäure, das Lieblingsgift der Mörder des neunzehnten Jahrhunderts. Man entschied sich schließlich dafür, Meerschweinchen zu verwenden, weil diese Tiere sich nicht sofort erbrachen und größere Mengen Absinth bei sich behielten. Um sicherzustellen, daß sie den Stoff auch zu sich nahmen, setzten die Forscher die Tiere in Glaskästen, die mit Absinthdampf gefüllt waren. Die Dämpfe allein waren stark genug, um sie in Erregungszustände zu versetzen und epileptische Zuckungen zu verursachen. In den Zeiten zwischen den konvulsivischen Zuckungen saßen die erschrockenen Meerschweinchen reglos und atemlos in dem Glaskasten. Eine serumartige Flüssigkeit floß ihnen aus den Nasenlöchern. Sie weinten. Der nächste Krampf streckte sie nieder, sie lagen am Boden ausgestreckt, kratzten mit den Pfoten am Boden herum und schlugen in die Luft. Während der Zuckungen bissen sie in die Seiten des Kastens und hielten mit klagendem Blick Ausschau nach einem Fluchtweg. Die Experimentatoren beschrieben Meerschweinchen in diesem Zustand als »stumpfsinnig«. In Wirklichkeit waren sie betäubt.

Das Federvieh wurde ebenfalls als stumpfsinnig bezeichnet, aber in einem anderen Sinn des Wortes. Ein Hahn entwickelte eine Vorliebe für Absinth und lernte, ihn freiwillig zu trinken. Nach jeder Dosis fiel der Hahn um und blieb für einen Moment reglos liegen. Er schlug mit den Flügeln und kratzte am Boden herum, bis er schließlich wieder aufstand, nur um weiterzutrinken und hinzufallen, »als ob er genauso stumpfsinnig wie ein Mensch wäre«. Zumindest wurden einige Ähnlichkeiten zwischen den Arten entdeckt. Spätere Experimentatoren fanden viele weitere.

Die von den Absinth-Forschern entwickelten Methoden zur Entwicklung von Alkoholabhängigkeit bei Tieren wurden auch bei modernen Untersuchungen angewendet. Es hat viele Verbesserungen gegeben, wie z.B. Techniken der intravenösen Versorgung, aber die grundlegenden Prozeduren bestehen immer noch aus der Inhalation alkoholischer Dämpfe und aus oraler und intragastrischer Fütterung. Die erzwungene Alkoholzufuhr hat bei vielen Tieren eine Abhängigkeit erzeugt. Die Abhängigkeit manifestiert sich in Entzugssyndromen, die bei

Unterbrechung der Alkoholeinnahme auftreten und ausschließlich eine Folge der Reinigung des Blutes von Alkohol sind. Bei den meisten Tieren spiegeln diese Anzeichen eine ständig zunehmende Überreizung des Zentralnervensystems wider, die zu Zusammenbrüchen, Zuckungen und zum Tod führt.

Einige Arten zeigen Varianten dieser allgemeinen Entzugssymptome. Mäuse sind sehr leicht zu verwirren, rollen sich zusammen und beißen in den eigenen Schwanz. Ratten schütteln sich wie nasse Hunde und können in heftige Zuckungen geraten, wenn nur jemand mit einem Schlüsselbund über dem Käfig klimpert. Hunde zittern und scheinen nichtexistente optische Reize wahrzunehmen. Kleine Affen sind reizbar, würgen und erbrechen sich und kratzen sich intensiv. Schimpansen werden lichtscheu, bekommen feuchte Handballen und Füße und achten kaum noch auf Geräusche.

Im Labor zu Alkoholikern gemachte Tiere haben es den Forschern ermöglicht, die grundlegende Physiologie und Biochemie dieser Abweichung zu studieren. Zur Sucht kommt bei den Tieren im Laufe der Gewöhnung auch die chronische Zerstörung der Leber, das allgemeine Merkmal des menschlichen Alkoholismus. Alkoholabhängige Makakenweibchen entwickeln die gleichen Reproduktionsstörungen wie Alkoholikerinnen. Durch die Versuchsanordnung, bei denen die Tiere sich selbst mit Alkohol versorgen können und dieser ihnen nicht buchstäblich die Kehle hinuntergezwungen werden muß, waren die Forscher in der Lage, eine entscheidende Voraussetzung des menschlichen Alkoholismus zu studieren: die Selbst-Berauschung. Sie haben entdeckt, daß Alkohol als starke Belohnung oder Verstärkung dient, und Tiere handhaben ihn selbstbestimmt bis zum Rausch. Bei Tieren variieren wie bei Menschen der Geschmack sowie die Zeiten und Orte des Trinkens. Aber wir alle scheinen aus den gleichen grundlegenden Ursachen und nach den gleichen Regeln zu trinken.

Einige Tiere lieben einfach den Alkohol und trinken ihn freiwillig ohne zusätzliche Anreize. Syrische Hamster, diese goldfarbenen Nagetiere, die Tabak kauen, trinken lieber eine 10prozentige Alkohollösung – die Konzentration eines starken Apfelweins – als Wasser. Männliche Hamster können stärkere Lösungen als weibliche vertragen, greifen aber wieder auf Wasser zurück, wenn die Alkoholkonzentration 25 Prozent übersteigt, wie bei Obstlikören. Weibliche Hamster scheinen in bezug auf das Trinken die gleichen Instinkte zu besitzen wie menschliche Frauen. Schwangere Hamster schränken ihren Alkoholkonsum kurz vor der Niederkunft und in der Stillzeit weitgehend ein.

Schimpansen sind in ihren Alkoholvorlieben, Mengen und Trinkgewohnheiten den Menschen noch ähnlicher. Sie ziehen aromatisierten Alkohol wie Wodka dem einfachen Äthanol vor und trinken Bier und Wein, wenn sie auch die süßeren Sherries und Portweine lieber mögen. Einzelne Schimpansen scheinen erst berauscht zu werden, wenn sie 0,6 Liter 40prozentigen Alkohols in wenigen Minuten trinken. Das entspricht 20 Gläsern starken Schnaps. Der Rausch zeigt sich in mangelnder Bewegungskoordination, Benommenheit und Schlaf. Männnliche Schimpansen trinken mehr als weibliche und haben infolgedessen mehr als doppelt so oft einen Rausch. Die schwereren Tiere beiderlei Geschlechts trinken wesentlich mehr als ihre leichteren Artgenossen. Schimpansen, denen schon früher einmal Alkohol gegeben wurde, trinken ebenso wie Paviane, denen Tabak gegeben worden war, deutlich mehr als Tiere ohne vorherige Erfahrungen.

Der Rausch setzt der Neigung eines Primaten zur Einnahme von Alkohol Grenzen. Wenn eine Versuchs»kneipe« täglich nur für begrenzte Zeit geöffnet ist, trinkt ein Affe anfänglich gierig. Sobald der Affe angetrunken ist, nimmt er weniger zu sich. Wenn die Kneipe den ganzen Tag über geöffnet ist, bleibt der Affe ständig berauscht, mit Ausnahme kurzer Abstinenzphasen. Dieses zyklische Trinkverhalten entspricht dem eines menschlichen Alkoholikers, der eine Sauftour macht. Beim Affen wie beim Menschen ist die Selbstverwaltung des Alkohols die Selbstverwaltung des Rauschs.

Diese natürlichen Vorlieben und Schranken im Hinblick auf Alkohol können durch schrittweise Verabreichungen verändert werden, die Nagetiere und Schimpansen dazu bringen, mehr zu trinken. Sie können auch durch physiologische Bedürfnisse beeinflußt werden, die dem Tier den Alkoholrausch als wohltuend erscheinen lassen. Zahme, domestizierte Laborratten können dazu *gezwungen* werden, ständig über lange Perioden extrem hohe Alkoholkonzentrationen zu trinken, aber am Ende des Experiments kehren sie üblicherweise zu ihren normalen Vorlieben für niedrige Alkoholkonzentrationen oder zu Wasser zurück. Wilde norwegische Ratten können jedoch zunehmend von starkem Alkohol angezogen werden und ihn weiterhin trinken. Eine Erklärung für diesen Unterschied liegt darin, daß die wilden, an die Gefangenschaft nicht gewohnten Ratten unter größerem Streß stehen als die zahmen Ratten. Alkohol verringert den Streß und nützt so dem Tier.

Wenn gestreßte Tiere vom Alkohol angezogen werden, dann sollte man erwarten, daß die Katze, das musterhaft entspannte Haustier, Alkoholangebote zurückweist. Laborversuche haben bestätigt, daß Katzen die Einnahme von Alkohol in jeder wahrnehmbaren Menge verweigern, auch wenn niedrige Konzentrationen mit Milch gemischt werden. Katzen, die sich als neurotisch oder ängstlich erweisen, verhalten sich ganz anders. Wenn sie leichte Elektroschocks bekommen, zeigen Katzen extrem physiologische Anzeichen von Spannung: Die Haare stehen ihnen zu Berge, die Pupillen erweitern sich, die Pfoten schwitzen, das Herz rast, und die Muskeln zittern. Es kommt bei diesen Katzen unter Umständen noch zu weiteren Störungen, z.B. regressiven Kätzchen-Verhaltensweisen und wiederholten zwanghaften Bewegungen. Unter Alkoholeinfluß lösen sich solche Verhaltensweisen.

Bei den Tierversuchen fand man heraus, daß der Schock gar nicht so heftig sein muß. Manchmal reicht auch schon eine laute Umgebung, eine störende Klingel, der Entzug gewisser Nahrungsmittel oder eine sexuell frustrierende Situation. Viele Konflikt- und Streßarten werden durch Alkohol zumindest teilweise aufgehoben, aber manche scheinen unlösbar zu sein. Fortgesetzte geringe Gaben von Amphetaminen rufen bei Ratten wie auch bei Menschen Spannungen hervor. Beide nehmen zu erhöhtem Alkoholkonsum Zuflucht, um die Spannung zu lindern. Ratten, die sich voller Angst in einem Labyrinth verirrt haben, können sich auch unter Alkoholeinfluß nicht helfen und wandern ziellos umher. Die Aufgabe ist zu komplex, um von einer berauschten, wenn auch entspannten Ratte bewältigt zu werden.

Streß ist nicht der einzige Faktor, der die von Labortieren konsumierte Alkoholmenge bestimmt. Die Erbanlagen können die Alkoholaufnahme bei Tieren ebenso beeinflussen, wie man es von den menschlichen Genen glaubt. Beispielsweise gehören alkoholliebende Ratten, als AA-Ratten bekannt, zu einer genetischen Linie, die Alkohol bevorzugt. Sie weisen eine aktivere grundlegende Stoffwechselrate auf, eine größere Nahrungsmittelzufuhr und einen höheren Energiebedarf als Ratten, die nicht so viel trinken.

Die sozialen Aufzuchtbedingungen können sogar diese biologischen Prädispositionen entscheidend verändern. Betrachten wir die Erbanlagen von Mäusen, die speziell mit der Neigung zu (Trinker-Mäuse) oder der Ablehnung gegen (Abstinenzler-Mäuse) Alkohol gezüchtet wurden. Wenn gerade entwöhnte Abstinenzler-Mäuse sieben Wochen lang mit erwachsenen Trinker-Mäusen zusammenleben, steigern die Nichttrinker unwillkürlich ihren Alkoholkonsum. Wenn umgekehrt kleine Trinker-Mäuse mit erwachsenen Abstinenzlern zusammengebracht werden, trinken die Jungen weniger. Der Alkoholkonsum verändert sich hier stärker aufgrund des Drucks und des Beispiels der Älteren als aufgrund der Lebensbedingungen. Da Kolonien junger Nagetiere es vorziehen, an Orten zu fressen und zu trinken, die von den Älteren aufgesucht werden, »lernen« die kleinen Mäuse, das zu trinken, was das erwachsene Vorbild trinkt – nicht unähnlich den französischen Kindern, die ihre Eltern in Absinth-Kneipen begleiteten.

Eine frühere Erfahrung mit dem Alkohol scheint den Appetit nach mehr zu wecken. Wenn Mäuse sowohl Zugang zu Alkohol als auch zu Wasser haben, steigt die Menge des konsumierten Alkohols graduell als Funktion dieser Erfahrung. Affen, die trainiert wurden, sich selbst Alkohol zu injizieren, verwenden wesentlich größere Mengen, wenn sie angehalten werden, dasselbe Experiment zu wiederholen. Sie tun das, weil sie eine größere Erfahrung mit Alkohol besitzen, nicht weil sie ihn besser vertragen können. Wir sehen wieder, daß Vertrautheit die Experimentierlust weckt.

Auch die Wohnverhältnisse können Tiere dazu motivieren, die Wirkungen des Alkohols zu suchen. Die Beleuchtung ist einer der wichtigeren Faktoren. Wenn ständig Dunkelheit herrscht, trinken junge Ratten mehr als normal. Ältere Ratten trinken bei konstanten Lichtverhältnissen mehr. Die Umgebungstemperatur ist ebenfalls wichtig. Wenn Ratten frieren, trinken sie mehr Alkohol. Da sich Ratten und Mäuse unter anderem zusammenkuscheln, um sich zu wärmen, kann es nicht überraschen, daß das Zusammenleben mit einem anderen Tier den Alkoholkonsum vermindert.

In der größeren sozialen Welt einer Rattenkolonie ähnelt der Alkoholkonsum den Mustern, die uns aus der menschlichen Gesellschaft vertraut sind. Der Psychologe Gaylord Ellison und seine Mitarbeiter an der Universität von Kalifornien in Los Angeles haben eine Reihe neuer Versuche durchgeführt, die belegen, wie das soziale Umfeld den Alkoholismus begünstigt. Ellison untersuchte Rattenkolonien, die sieben Monate lang in einer großen und geräumigen Umgebung lebten. Jede Kolonie verfügte über einen Höhlenbereich zum Wohnen, einen Lebensraum mit Laufrädern und Kletterseilen und eine Futterzone. Stabile Rattenkolonien, die mit unbeschränktem Zugang zu Wasser und zehnprozentigem Alkohol aufwuchsen, nahmen weniger Alkohol zu sich als Ratten, die in Isolierkäfigen großgezogen wurden. Aber die Kolonieratten entwickelten einige unheimlich bekannte Verhaltensmuster. Sie versammelten sich an den Flüssigkeitsspendern, an denen ihnen das gesellige Trinken leichtgemacht wurde. Die größten Mengen wurden in den Stunden vor der Fütterung getrunken – der »Cocktailstunden-Effekt« – und vor dem Schlafengehen – der »Betthupferl-Effekt«. Weiterhin beobachteten die Forscher, daß sich Tage der beträchtlichen Alkoholaufnahme abwechselten mit Tagen, an denen wenig Alkohol und mehr Wasser getrunken wurde. Während bei Versuchen mit einzelnen Tieren ein zyklisches Trinkverhalten festgestellt wurde, legt das gleichmäßige zyklische Verhalten aller Koloniemitglieder nahe, daß sich alle drei oder vier Tage ein »Party-Phänomen« ereignete.

Ellison fand heraus, daß sich in der Kolonie eine besondere Untergruppe herausgebildet hatte. Die Tiere dieser Untergruppe waren extreme Alkoholkonsumenten. Einige Ratten tranken fast ausschließlich Alkohol, aber es gab auch eine Gruppe, die immer nur Wasser trank. Die Forscher färbten das Fell der hochgradigen Trinker und beobachteten mit Video-Aufzeichnungen ihr Verhalten während der nächsten Wochen. Sie entdeckten, daß die Konsumenten großer Mengen schon am frühen Morgen Alkohol tranken, zusätzlich zu den Cocktail- und Betthupferl-Zeiten – ein von menschlichen Alkoholikern bekanntes Muster. Die Tiere dieser Gruppe fraßen auch weniger, blieben im allgemeinen untätig und blieben während der meisten Zeit in ihren Löchern. Sie waren im Leben ihrer Kolonie weniger dominant und verloren zunehmend kleinere Ringkämpfe und Gefechte. Konnten die Ratten auch zu Alkoholikern werden? Dem Anschein nach waren sie das. Als der Kolonie der Alkohol entzogen wurde, waren vorübergehende Entzugswirkungen festzustellen. Die heftigen Trinker zeigten das typische Syndrom der Hyperaktivität während weniger Stunden des Tages. Nach einigen Wochen hatten sich die alkoholversessenen Ratten wieder erholt. Sie blieben nicht länger in ihrem Bau.

Es waren primär die sozialen Verhältnisse in der Kolonie, die einige Tiere zu extremen Alkoholkonsumenten und andere zu Abstinenzlern werden ließen. Anders als die gleichförmigen Bedingungen, die Labortieren in isolierten Käfigen aufgezwungen werden, erlaubte die geräumige und komplexe Kolonie ein breites Verhaltensspektrum. Genetische Prädispositionen zum Alkoholtrinken kommen zwar schneller zum Vorschein, aber die vielfältigere soziale Umgebung bestimmt, daß soziale Verhaltensweisen zunehmend wichtiger werden.

Für einige Tiere in den Kolonien mag es schwierig gewesen sein, in eine soziale Interaktion zu treten. Sie haben dann herausgefunden, daß der Alkohol ihre Fähigkeit erhöhte, sich an sozialen Verhaltensweisen wie Körperpflege, Begattung und auch Trinken während der üblichen gemeinschaftlichen Gelage zu beteiligen. Andere Ratten mögen Druck von seiten des Rattenkönigs verspürt haben, eines besonders großen und dominanten Tiers, das zuerst frißt und den besten Bau bewohnt. In jeder der Kolonien hatte sich ein Rattenkönig herausgebildet, und alle Könige waren extreme Nicht-Alkoholiker. Ellison spekulierte, daß »der Streß, der auf der untersten Ebene einer dominanten Hierarchie auszuhalten ist, und die Niederlagen in der Nahrungskonkurrenz einige Tiere dazu bringt, extreme Alkoholkonsum-Gewohnheiten zu entwickeln«. Andere Ratten mögen den Rausch als neuartigen Reiz oder veränderten Zustand empfunden haben, besonders nach sieben Monaten in derselben Kolonie.

Der Alkoholkonsum in Koloniekäfigen, wie weitläufig und abwechslungsreich sie auch sein mögen, ist auf jeden Fall unnatürlich. Obwohl diese Untersuchungen auch Verhältnisse wie in manchen menschlichen Gemeinschaften, z.B. in überfüllten Städten, einbeziehen, repräsentieren weder die getesteten Tiere noch die Formen des verfügbaren Alkohols Zustände, die unter natürlichen Lebensbedingungen vorkommen. Ein Rausch mit Äthanol-Lösungen, Bier, Wein und Destillaten ist etwas Außergewöhnliches und nicht typisch für das, was in der Natur vorkommt, wie wir im nächsten Abschnitt sehen werden.

3

Unter den Lebensbedingungen in der Wildnis treten Räusche beim Verzehr von gegorenen Früchten, Getreiden oder Säften auf. Forschungsgruppen haben Dutzende von Fällen von Sumatra bis zum Sudan untersucht, von der Hummel bis zum Elefantenbullen. Die Ergebnisse? In natürlichen Lebensverhältnissen suchen die meisten Tiere alkoholhaltige Nahrungsmittel wegen ihres Geruchs, ihres Geschmacks, ihrer Kalorien oder Nährwerte. Die Räusche sind Nebenwirkungen, aber nicht schwerwiegend genug, um vor künftigem Genuß abzuschrecken.

Ein zufälliger Rausch kommt vor, wenn Baumsäfte der richtigen Temperatur und geeigneten Fermenten ausgesetzt werden. Die nordamerikanischen *sapsucker*, eine Spechtart, klopfen höhlenartige Löcher in Bäume, die sich dann mit Saft füllen. Die Vögel verzehren den Saft und Insekten, die von den Safthöhlen angezogen werden. Sie wechseln auf andere Bäume über und lassen »die Tür offen«, damit der Saft gärt und andere Tiere berauscht, bevor der Baum verheilt. Das Trinken von gegorenem Saft wurde schon verantwortlich gemacht für eine ganze Reihe abnormer Verhaltensweisen, die man bei Kolibris, Eichhörnchen und arglosen Spechten beobachtet hat.

Unbeabsichtigte Räusche können auch durch den Verzehr von gegorenen und verfaulten Früchten hervorgerufen werden. Der wiederholte Verzehr von gegorenen Nahrungsmitteln kann Fruchtfledermäuse, Zibetkatzen oder Eichhörnchen schließlich dahin bringen, daß sie Geschmack am Alkohol finden. Zum Beispiel gewöhnen sich viele indonesische Tiere an die gegorene Durian-Frucht, einen fünfundzwanzig Zentimeter großen Dornenball mit intensivem Geruch und einer nahrhaften cremeartigen Füllung. Der Geruch ähnelt dem von Zwiebeln und Kohlengas; der Geschmack erinnert an Karamelcreme und Erdbeeren. Die dort lebenden Menschen lieben die Frucht, aber ausländische Besucher beschrieben sie als »französische Eiercreme in einem Abflußrohr« und lehnen es gewöhnlich ab, davon zu probieren. Wenn man sie jedoch einmal gegessen hat, dann kann man kaum wieder damit aufhören.

Durian ist wohl die höchstgepriesene Frucht der Welt und auch eine der gefährlichsten. In Malaysia sind Menschen und Tiere von herabfallenden Durian getötet worden, die bis zu fünf Kilogramm wiegen können, und doch riskieren viele ihr Leben, um an eine Frucht heranzukommen. Wenn sie reif ist, spaltet sich die hochgefährliche Frucht leicht auf und zerbricht dann auf dem Boden, wo sie in nur einem oder zwei Tagen verfault und gärt. Eine ganze Menagerie von Dschungeltieren, die durch den Reifegeruch angelockt werden, wandert zu der begehrten Frucht. Angeführt wird sie von asiatischen Elefanten, die sehr früh kommen und die reifenden Früchte von den Bäumen pflücken, bevor sie in die Reichweite anderer Tiere fallen, und so die Konkurenz und den Rausch vermeiden. Auch kleine Affen, Orang Utans, Honigbären und Eichhörnchen fressen die Früchte bereits vom Baum. Was herunterfällt, verfault und gärt, bleibt übrig für Schweine, Rotwild, Tapire, Nashörner und Menschen. Die großen Samen werden von Nashornvögeln und Schildkröten gefressen und verbreitet. Die Reste werden von Ameisen und Käfern verzehrt.

Jedes Lebewesen achtet wachsam darauf, daß sich keine Tiger nähern, die leidenschaftlichsten Durian-Fresser von allen; auf Sumatra es ist üblich, abzuwarten und zu schauen, ob ein Tiger in der Nähe ist, bevor eine Durian-Frucht aufgehoben wird. Es ist bekannt, daß Tiger kleine Kinder angegriffen haben, die Körbe mit Durian trugen. Wenn notwendig, töten die Tiger, aber sie sind weniger an ihren Opfern interessiert als daran, die Früchte zu ergattern. Die Durian-Frucht wird oft als Tigerköder in Fallen verwendet, obwohl mehr als ein Eingeborener sein Leben im Kampf um den Köder verloren hat.

Trotz der weitverbreiteten Wertschätzung der Durian-Früchte sind die einzigen Tiere, die von ihnen berauscht werden, zu spät kommende Elefanten, Affen und die fliegenden Füchse (Fledermäuse) von Borneo.

Elefanten, die mitunter große Entfernungen zurücklegen, stopfen sich manchmal mit den auf dem Boden liegenden Früchten voll; sie schwanken dann lethargisch hin und her. Die Affen verlieren oft ihre motorische Koordination, haben Schwierigkeiten zu klettern und schütteln den Kopf. Die fliegenden Füchse, die größten Fledermäuse der Welt, die den gleichen Geschmack wie Menschen haben, fressen nachts meist gegorene und faulende Früchte. Der übelriechende Durian behindert auch den Orientierungssinn des Ultraschallsystems der Fledermäuse und verursacht Navigationsschwierigkeiten; die Tiere fallen herunter und watscheln am Boden herum. Die hochenergetische Nahrung, nicht so sehr der Rausch, macht die Fledermäuse süchtig, genauso wie die Elefanten und die Affen, die immer wieder nach gegorenen Durians suchen.

Eine noch planvollere Jagd nach gegorenen Früchten und noch auffälligere

Rauschzustände sind in Afrika zu beobachten. Afrikanische Elefanten folgen anderen Tieren auf einem Marsch durch die Savannen, um reife Früchte der Doum-, Marula-, Mgongo- und Palmyra- (*Borassus*) Palmen zu finden. Diese Früchte gären gewöhnlich schnell, manchmal noch am Baum, und setzen Geruchstoffe frei, die Tiere zu großen Wanderungen bewegen. Bei seinen Reisen im Jahre 1857 bemerkte der Missionar David Livingstone als erster die leidenschaftliche Neigung der Elefanten zu *Borassus*-Früchten. Nachdem die Tiere die am Boden liegenden Früchte gefressen hatten, schüttelten sie die Bäume, um mehr von ihnen zu bekommen.

Die Elefanten verbringen den größten Teil des Tages mit Futtersuche und Fressen, um ihren Tagesbedarf von fünfzigtausend Kalorien zu decken. Das ist ein Full-time-Job, und die Elefanten bewegen sich normalerweise nicht weiter oder schneller fort, als es notwendig ist, um diesen Energiebedarf zu befriedigen. In dichtbewaldeten Gegenden bewegen sie sich täglich nur wenige Kilometer mit der bequemen Geschwindigkeit von 4 bis 6 Kilometern pro Stunde. Wenn jedoch die Früchte reif werden, folgen die erwachsenen Elefanten, von der Leitkuh angeführt, den Flüssen und Pfaden zu den Früchten, wobei sie manchmal 30 oder mehr Kilometer an einem einzigen Tag zurücklegen. Wenn die Elefanten ankommen, sind einige Früchte zu Maische vergoren. Wenn die Maische gefressen ist, erzeugt die fortgesetzte Gärung im Verdauungstrakt des Elefanten zusätzliches Äthanol, womit die Gesamtmenge des konsumierten Alkohols erhöht wird.

Wenn Elefanten alleine oder in kleinen Gruppen kommen, fressen sie nicht genug, um berauscht zu werden. Aber später eintreffende Elefanten oder Herdentiere werden manchmal mit der Konkurrenz von Tieren konfrontiert, die schon von den Früchten fressen. Die Elefanten schlingen dann die Früchte in sich hinein, bis sie betrunken sind, wie ihre asiatischen Vettern die Durian-Früchte. Sie werden höchst reizbar und lassen sich leicht von ungewöhnlichen Geräuschen oder plötzlichen Bewegungen aufschrecken. Eine flüchtige Begegnung mit einem anderen Tier oder ein unerwartetes Klopfen kann sie dazu bringen, anzugreifen oder mit 30 Stundenkilometern zu fliehen, wie eine Fledermaus auf Borneo.

Gelegentlich steckt ein junger Elefant seinen Rüssel in das Maul der Mutter und probiert, was sie frißt. Er nimmt sich etwas davon, kaut und schluckt es. So lernen die jüngeren wahrscheinlich, was sie fressen sollten. Durch Imitation ihrer Mütter oder anderer Erwachsener beginnen sie sich selbständig mit Futter zu versorgen. Dabei geben sie quiekende und piepsende Laute von sich. Die Erwachsenen reagieren mit bestätigenden Brummtönen, und dann fressen alle.

Nur die ganz kleinen Kälber scheinen ein wenig unsicher und berauscht zu sein. Aber diese Erfahrung kann sehr wichtig sein.

Durch diese Lernerfahrungen machen sich die jungen Elefanten die Mechanismen zu eigen, die den Elefanten ermöglichen, immer ihre Lieblingsnahrung zu finden, einschließlich der Früchte. Ein junges Kalb lernt von seiner Mutter, wo die auserlesenen Futterplätze sind, wo in der trockenen Jahreszeit Wasser zu finden ist, wohin bei den jahreszeitlichen Wanderungen zu gehen ist und vermutlich auch, was es mit der gegorenen Frucht zu tun soll, wenn es eine findet. Die Informationen werden gespeichert und finden Verwendung, wenn ein weibliches Kalb heranwächst und zur neuen Matriarchin wird. Die jüngeren Tiere lernen von ihr, und eine lokale Tradition entsteht. Das kollektive Wissen von Jahrhunderten kann von diesen Tieren weitergetragen werden, sofern nicht eine Matriarchin von Wilderern getötet und die Kette damit unterbrochen wird. So werden die saisonalen Alkoholgelage zum Bestandteil des Elefantenverhaltens.

Der ursprüngliche Grund für den Verzehr der Früchte war einfach die Nahrungssuche. Finden Elefanten Alkohol noch attraktiv, wenn sie nicht mehr hungrig sind? Um diese Frage beantworten zu können, beobachtete ich drei asiatische Elefanten, die in Nordamerika geboren und aufgewachsen waren und niemals Alkohol probiert hatten. Die Elefanten, die zu einer Tierdressur gehörten, wurden zwischen den Vorführungen in einem kleinen Käfig gehalten. Obwohl sie mit einem Vorderfuß und einem Hinterfuß an die Käfigwand gekettet waren, hatten sie freien Zugang zu Alfalfa, Getreide, Früchten und Wasser. Ich gab ihnen eine fünfte Wahlmöglichkeit: Alkohol. Der Alkohol wurde in großen geeichten Fässern angeboten, die Äthanol-Lösungen in Konzentrationen von 0 bis 50 Prozent enthielten, entsprechend des Alkoholgehalts verschiedener Getränke. Alle drei Elefanten bevorzugten die siebenprozentige Mischung, die dem Alkoholgehalt von Starkbier entspricht. Das ist dieselbe Alkoholkonzentration, die sich in den gegorenen Früchten und Getreiden finden läßt, die von den Elefanten in Asien und Afrika verzehrt werden.

Die Elefanten nahmen den siebenprozentigen Alkohol bereitwillig zu sich, ohne daß ihnen Nahrung oder Wasser entzogen worden waren. Da die Lösungen nicht aromatisiert oder gesüßt waren, war nur der normale angenehme Geruch des Äthanol vorhanden. Bei starken Lösungen kann Äthanol einen brennenden Geschmack erzeugen. Der Geschmack der höheren Konzentrationen war den Elefanten unangenehm und ließ sie angewidert ihre Rüssel schwenken. Selbst wenn Minze, eins ihrer Lieblingsaromen, den Fässern hinzugefügt wurde, tranken die Elefanten keine Mischung, die stärker als zehn Prozent war.

Als die Elefanten unbeschränkten Zugang zu den siebenprozentigen Lösungen hatten, pendelte sich ihre täglicher Konsum auf 7 Liter ein, das entspricht 35 Gläsern Bier. Das massive Gewicht dieser Tiere läßt die Dosierung jedoch auf das Äquivalent von 1,5 Gläsern Bier für einen durchschnittlichen erwachsenen Mann schrumpfen. Dennoch zeigten diese unbefangenen Elefanten, wie viele menschliche Trinker in ihren Anfängen, extrem starke Wirkungen. Sie begannen zu brummen, ein Geräusch, das sie sonst hervorbringen, wenn sie geweckt werden, und wedelten mehr als üblich mit den Ohren. Elefanten haben keine Schweißdrüsen in ihrer Haut, besitzen aber viele Venen direkt unter der Hautoberfläche ihrer Ohren, so daß das Wedeln eine praktische Methode zur Temperaturregulierung ist. Sie gerieten ein bis zwei Stunden lang in heftige Schwankungen, die sich dann verlangsamten; um sich gegen das Umfallen zu schützen, lehnten sie sich schwer in ihre Ketten.

Nachfolgende Versuche mit nicht angeketteten Elefanten lieferten den überzeugenden Beweis, daß die Tiere den Alkohol in keinem Falle ablehnten und fast immer so viel tranken, bis sie Wirkung zeigten. Einige Elefanten benahmen sich wie betrunken, lehnten sich an, stolperten oder schlangen ihre Rüssel auf unnatürliche Art und Weise um sich selbst. Einer rutschte tatsächlich aus und fiel hin, stand aber schnell wieder auf. Während sie mit den Ohren wedelten wie ein frustrierter Dumbo, hatten sie Schwierigkeiten, auf Befehle ihres Wärters zu reagieren. Sie konnten mit ihren Rüsseln nicht mehr die Schwänze ihrer Gefährten halten – das ist die Marschaufstellung dressierter Elefanten. Ihr Rausch war offenkundig.

Versuche mit Elefanten in einem Käfig ähneln ein wenig Marais' Studien an gefangenen Pavianen. Wenn wir davon ausgehen, daß die Gefangenschaft ein intelligentes Wesen wie den Elefanten dazu disponiert, zu den Annehmlichkeiten des Rauschs Zuflucht zu nehmen, müssen wir die beruhigenden und einschläfernden Eigenschaften des Alkohols als die eigentliche Attraktion des Rauschs betrachten. Auch Streß aufgrund erhöhter Herdendichte oder Futterkonkurrenz kann Elefanten zu Gelagen mit gegorenen Nahrungsmitteln verführen. Wenn das der Fall ist, kann dann unter geeigneten Bedingungen auch der pure Rausch selbst ein Grund für den Genuß von Alkohol sein? Wenn die Berauschung mit gegorenen Früchten eine zufällige Nebenwirkung ist, werden sich Elefanten, die direkten Zugang zu Alkohol haben, absichtlich betrinken?

Ich führte eine Reihe von Versuchen mit einer Elefantenherde in einem geräumigen kalifornischen Tierpark durch, um diese Fragen zu beantworten. Die Herde bestand aus sieben afrikanischen Elefanten, einem Bullen, Congo, und sechs Kühen. Ihr Gewicht bewegte sich zwischen den 3000 Kilogramm von Congo bis zu den 1600 Kilogramm von Rafiki. Die Elefanten wurden auf zwei Hektar eingepfercht und hatten freien Zugang zu einem großen Frischwasserstrom. Ihre Nahrung bestand aus Heu, Alfalfa, Getreide und Früchten. Von geländegängigen Jeeps aus beobachtete ich mit meiner Forschungsgruppe die Herde. Die Elefanten akzeptierten nach einer Periode von mehreren Monaten unsere Anwesenheit, während wir mit ihrem Verhalten vertraut wurden.

Die Tiere verbrachten den größten Teil der Zeit in einer dichtgedrängten Herdengruppierung. Ihre Hauptaktivitäten waren Fressen und Trinken. Sie nahmen auch vielfältige soziale Beziehungen auf; Rüssel-zu-Rüssel-Kontakte und Baden in der Gruppe traten häufig auf. Stoßen, Schubsen und aggressive Laute kamen fast nicht vor. Die ganze Szene wies familiäre Eintracht auf, ein passender Anblick für die menschlichen Familien, die durch den Park fuhren.

Während das Leben der Elefanten zunächst einem friedvollen Sonntagspicknick glich, so rief der Alkohol dann gewissermaßen den Regen herbei. Jeder Elefant bekam die Gelegenheit, aus einem großen Faß zu trinken, das hinten auf einem der Jeeps befestigt war. Das Faß enthielt eine siebenprozentige Äthanol-Lösung, und der Elefant konnte innerhalb von dreißig Minuten so viel trinken, wie er wollte, während die anderen Elefanten von den Tierwärter ferngehalten wurden. Einige nahmen bis zu 75 Litern auf, schluckten etwas von der Lösung, aber sprühten auch viel davon herum. Nach der Trinkphase entfernte sich der Jeep, und der Elefant konnte sich wieder der Herde anschließen. Das geschah aber nur selten.

Der berauschte Elefant, der zuckte und schwankte, ging gewöhnlich seines eigenen Weges und verbrachte den größten Teil der folgenden drei Stunden abseits vom Rest der Herde. Er zeigte das genaue Gegenteil seines normalen Verhaltens. Fressen und Trinken reduzierten sich, ebenso das Baden und die physischen Kontakte zu den andern. Das Wedeln mit den Ohren nahm zu, und verschiedene Male lag der Elefant relativ lange Zeit am Boden. Der Alkohol schien die grundlegende Persönlichkeit jedes Tieres zu verstärken. Sowohl Congo, der Bulle, als auch Nyla, die dominante Kuh, wurden noch dominanter und legten gegenüber dem Rest der Herde steigende Aggression an den Tag, verbunden mit einschüchternden Lauten. Congo versuchte sogar, den Jeep mit dem Alkoholfaß zu beschlagnahmen, und griff mich an, als ich ihm den Zugang verweigern wollte. Die untergeordneten Elefanten verhielten sich noch geduckter und scheuten vor den meisten physischen Begegnungen und Lauten zurück.

Als der ganzen Herde der Zutritt zu dem Alkoholfaß gewährt wurde, hinderten die dominanten Tiere die untergeordneten daran, mehr als jeweils sechs oder sieben Liter zu trinken, was für diese Elefanten eine Verringerung des Alkoholkonsums bedeutete. Die Herde drückte sich gegen den Jeep, beulte die Seiten ein und brachte dann die kleine Rafiki in Bedrängnis. Als ich sie zu retten versuchte, preßte mich Nyla gegen den Jeep, bis ich unter ihr durchschlüpfen und geduckt entkommen konnte. Die Elefanten fuhren fort, in Autoscooter-Manier gegeneinander zu rennen. Jeder von ihnen hatte genug Alkohol zu sich genommen, um einen noch stärkeren Effekt zu erzeugen: Die einzelnen verteilten sich über das eingezäunte Gebiet, so daß sich die ganze Herde auflöste. Wenn ein Bau in der Nähe gewesen wäre, in dem sie sich hätten verkriechen können, so wie Ellisons Ratten das taten, ich glaube, sie hätten ihn aufgesucht.

Noch dramatischere Folgen traten auf, als die Herde Zugang zu Alkohol hatte, aber ihr Bewegungsraum eingeschränkt und sie so zur Interaktion gezwungen wurden. Der Alkoholkonsum stieg an, als die Elefanten zusammen mit anderen Savannentieren wie Nashörnern, Gazellen, Zebras und Straußen auf einem Hektar eingepfercht wurden. Einzelne Elefanten zeigten das gleiche Spektrum an Verhaltensweisen wie Menschen: Einige wurden ausgelassen und aggressiv, trompeteten und griffen Tiere in ihrer Nähe an, darunter auch die Forscher; andere wurden passiv und lethargisch; wieder andere schienen amouröse Gefühle zu bekommen.

Es gab auch einen Fall von mordlustigem Verhalten, das berauschte Elefanten in der Wildnis an den Tag legen. Nachdem er sein Quantum getrunken hatte, ging Congo zu seinem liebsten Schlammloch in der Nähe des Stroms. Er stieß dort auf eins der Nashörner, mit dem er sich gewöhnlich die Stelle teilte. Congo war jetzt aber nicht in der Stimmung zu teilen. Er richtete seinen Schwanz auf, hob seinen Kopf, warf Staub in die Luft und brummte. Als sich das Brummen allmählich von einem tiefen Grummeln zu einem motorradähnliches Gebrüll steigerte, wußte ich, daß ein lebensbedrohlicher Zusammenstoß bevorstand. Ich fuhr mit meinem Jeep zwischen die beiden Tiere. Ich hätte es besser wissen können. Das Motorradgeräusch wandelte sich zu einem Schnauben, einem Dröhnen, dann zu einer Trompete. Congo stürmte los. Ich brachte mich in Sicherheit, aber Congo entschied sich im letzten Moment, um den Jeep herumzulaufen und dann das Nashorn zu jagen, das sich vorsichtig zurückzog. Ich blieb zurück, bis zu den Knien in dem Schlammloch, das ich jetzt ganz für mich hatte.

Der Alkoholkonsum sank auf ein normales Maß, als das Reservat wieder auf seine normale Größe ausgedehnt und die streitsüchtigen Nashörner und andere Tiere entfernt wurden. Als das Reservat einige Monate später durch Bautrupps durcheinandergebracht wurde, versammelten sich die Elefanten in dem Gebiet, in dem es früher Alkohol gab. Wenn Elefanten nie vergessen, warum trinken sie dann? Sie waren sicher nicht alkoholabhängig; ihnen wurden kontinuierliche Gaben verweigert, die zum Alkoholismus hätten führen können, wie ja auch die von den Jahreszeiten abhängige Reife der Früchte in der Wildnis vor Alkoholismus schützt. Im Reservat scheinen die Elefanten den periodischen Rausch zu suchen, um den äußeren Belastungen durch eine Veränderung ihrer inneren Bedingungen zu entgehen und ihr Mißvergnügen zu verringern. In der Wildnis, in der sie Streß durch Wilderei und die Zerstörung ihres Lebensraumes erfahren, berauschen sie sich vielleicht aus demselben Grund. Marais hätte argumentiert, daß der Alkohol ihnen helfe, den »Schmerz der Bewußtheit« zu lindern. In gewissem Sinne war das zeitgenössische Bonmot richtig, das behauptete, daß Elefanten trinken, um zu vergessen.

Diese Lehre sollte uns immer im Gedächtnis bleiben. Unter den entsprechenden Voraussetzungen kann der Rausch selbst eine Ursache für den Alkoholkonsum sein. Tiere mit Zugang zu Alkohol nehmen mehr als die üblichen Mengen zu sich und betrinken sich absichtlich. Viele Labortiere befinden sich in einer Situation, in der sie der Streß der Gefangenschaft, der Beschränkung oder des Konflikts dazu bringt, Alkoholiker zu werden. Wenn ähnliche Verhältnisse in sozialen Kolonien, Herden oder natürlichen Behausungen herrschen, werden Tiere in den Alkoholrausch getrieben. Die überzeugendsten Beispiele dafür liefern die Lebewesen, die eine Lebenserwartung von annähernd siebzig Jahren haben, sich Gefährten fürs Leben suchen, die kollektive Fürsorge für ihre Jungen sicherstellen, an Herzkrankheit sterben, ihre Toten begraben und aus Liebe zum Trinken töten: Menschen und Dickhäuter.

Eine der frühesten künstlerischen Darstellungen des Gartens Eden zeigte Elefanten unter den Tieren, die einst das Paradies mit dem Menschen teilten. Auf Theodore de Brys 1563 geschaffenem Stich der biblischen Szene, in der die Tiere die Arche Noah verlassen, um nach einem neuen Paradies zu suchen, führt ein Elefantenpaar den langen Zug an. Sehen wir nicht unsere eigene Gestalt aus dem Schatten dieser wilden Tiere auftauchen?

Die Milch des Paradieses

Verklärung und Sucht bei Opium

1

Opium ist so alt wie Tabak, so universell bekannt wie Alkohol und so in der Tradition verwurzelt wie die pflanzlichen Halluzinogene. Und wie bei all diesen Rauschquellen ist der zufällige und der absichtliche Gebrauch von Opium im ganzen Tierreich weit verbreitet. Opium zeichnet sich jedoch dadurch aus, daß der Rausch fast immer angenehm ist. Das Verlangen nach den Wohltaten des Opiums schlägt sich in den Gebrauchsweisen und dem Suchtverhalten nieder, das sich in verschiedenen Zeiten und bei verschiedenen Arten finden läßt. Es überrascht nicht, daß Opium die meistgefeierte Droge in der Literatur ist.

Ein Sultanspalast, der Klang von Zimbeln, blitzende Krummsäbel, tanzende und blumenstreuende Mädchen und eine unendliche Anzahl weißer Elefanten, herausgeputzt in leuchtenden Farben. Das sind die Eröffnungsszenen des Buchs *Das Geheimnis von Edwin Drood* von Charles Dickens. Das sind seltsame Dinge, die sich da in der Trostlosigkeit einer Londoner Opiumhöhle finden, in der die Hauptfigur des Romans im Dämmerlicht einer flackernden Lampe liegt. Die Bilder entstehen alle vor dem inneren Auge des Opiumträumers.

Opium holte viele Leute aus der Dunkelheit ihrer Verschläge, Slums, Fabrikstädte und gesellschaftlichen Spannungen im England des neunzehnten Jahrhunderts. Anders als Alkohol mit seinen unvorhersagbaren Wirkungen war Opium anziehend, weil es immer den Körper entspannte und gleichzeitig die Einbildungskraft verklärte. Es wurde weithin als alltägliches Mittel gegen ganz gewöhnliche Beschwerden verwendet, so wie heute Aspirin. Die romantischen Schriftsteller und Dichter entdeckten, daß es das Bewußtsein für einen Strom von Visionen öffnete. Thomas de Quincey erklärte, daß diese »gerechte, erhabene und mächtige« Droge das Leiden erleichtere, dessen Zeuge er in London war, und daß es ihm die Schlüssel zum Paradies gebe. Das psychische und physische Unbehagen wurde durch Hoffnung und einen glückseligen Ruhezustand aufgehoben. Mit einem Wort, der Opiumträumer war glücklich. Aber die Architektur von De Quinceys visionärem Paradies aus Kathedralen und Palästen und schimmernden Lichtern hatte auch eine dunkle Seite. De Quinceys geistige Welt war auch bevölkert von häßlichen Vögeln, Schlangen und Krokodilen.

Von De Quinceys Bekenntnissen über den Opium-Genuß bis zu Elizabeth Barrett Brownings Briefen, in denen der Entzugsschmerz beschrieben wird, geben uns literarische Figuren Einblicke in das Land hinter den Toren. Am Ende von »Khubla Khan« berichtet uns Samuel Taylor Coleridge, daß Xanadu nur eine in einem Opiumtraum geborene Vision ist. Wie ein Trugbild, das eine großartige Stadt inmitten eines menschenleeren Ozeans oder einer Wüste zeigt, sind die Opiumbilder in Wirklichkeit gespiegelte Bilder realer Dinge, die sich an einem anderen Ort befinden, sowie gespeicherte Erinnerungen und Bilder im Gehirn selbst. Coleridge mußte nur »die Milch des Paradieses« trinken, damit sein inneres Auge sie erblicken konnte.

John Keats wollte nie zugeben, daß er Opium nahm, obwohl er als Arzt sehr wohl damit vertraut war. Seine frühen Gedichte scheinen keinen Bezug zu Opium zu haben, aber die Bilder von asiatischem Mohn, tyrannischen Tränken und Paradiesgärten in »The Fall of Hyperion«, geschrieben 1819, geben zu denken. Im Winter jenes Jahres soll er heimlich Laudanum (eine Opiumtinktur) genommen haben. Er verfaßte einige seiner lyrischsten Gedichte, wurde aber zunehmend unduldsam. Er starb 1821 an Tuberkulose, und niemand erfuhr jemals mit medizinischer Gewißheit, ob dieser wahrhaft große Dichter, der solch klassische Werke wie »Ode on a Grecian Urn« verfaßt hatte, nicht immer Opium genommen hatte.

Anders als das Geheimnis von Drood wurde das Keats-Puzzle jetzt durch einen Beweis gelöst, nämlich eine Strähne menschlichen Haares. Im Jahre 1816 traf Keats Leigh Hunt, einen einflußreichen Verleger, der eins seiner Sonette veröffentlichte und den heranreifenden Dichter mit Shelley und Wordsworth bekanntmachte. Hunt ergatterte auch eine Locke von Keats Haaren für seine berühmte Haar-Sammlung. Ein Teil dieser Locke befindet sich jetzt in der Universität von Iowa; ich sicherte mir einige Strähnen für eine Analyse. Sherlock Holmes hätte über die erstaunliche Farbe des Haares – die eines roten Sonnenunterganges – seine Vermutungen angestellt und prophezeit, daß dieses bemerkenswerte Haar einem extrem auffallenden Mann gehören müßte, vielleicht einem, der seine Haare lang und dicht trug, was bei Keats der Fall war. Zusammen mit Kollegen im nuklearmedizinischen Labor suchte ich etwas, das für das bloße Auge nicht sichtbar ist: Morphium-Moleküle, eins der verräterischen Stoffwechselprodukte des Opiums. Unter Anwendung einer chemischen Prozedur, die als radioimmunologische Untersuchung bekannt ist, fanden wir Morphium in massiven Mengen. Keats war nicht nur ein Konsument, er war wahrscheinlich auch von der Droge abhängig.

Opium wurde damals wie heute aus Mohn gewonnen, einer Pflanze, die in der Geschichte mehr Aufmerksamkeit errungen hat als jede andere. Ihre Kraft ist Legende. In Homers *Odyssee* verwendet Helena von Troja ein auf Opium basierendes Elixier mit dem Namen *Nepenthe*, um Niedergeschlagenheit und Sorgen zu verbannen. Und überall in der griechischen Mythologie wird Mohn den Nachtgöttern zugeordnet: Nyx, der Göttin der Nacht; Hypnos, dem Gott des Schlafes; Morpheus, dem Gott der Träume; Thanatos, dem Gott des Todes.

Als Keats Loblieder auf eine griechische Urne sang, war ihm wahrscheinlich nicht bewußt, daß kleine Tonvasen, Kännchen genannt, von den alten griechischen Kaufleuten bei ihrem blühenden Opiumhandel im ganzen mediterranen Raum verwendet wurden. Opiumkännchen aus Zypern aus der Zeit um 1600 v. Chr. wurden an verschiedenen Plätzen in Ägypten und auf Zypern ausgegraben. Diese Kännchen haben eine besondere Form, die an eine umgekehrte Mohnblüte erinnert. Einige weisen sogar vertikale Reliefstreifen auf, Imitationen der Einschnitte, die in der Mohnkapsel gemacht werden, damit die Milch herausfließen kann. Die Milch ist tatsächlich ein weißer Saft, den die Griechen *opion* nannten. Der Opiummohn *(Papaver somniferum)* ist nach Somnus benannt, dem römischen Gott des Schlafes; und Morphium, das wichtigste der fünfzig Alkaloide der Pflanze, hat seinen Namen vom griechischen Gott der Träume. Die alten Israeliten nannten ihn *rôsh* oder Galle, und es kann sich um die Substanz handeln, die Jesus am Kreuz gereicht wurde. Die ursprüngliche Verwendung ist jedoch viel älter als die griechischen, römischen oder christlichen Götter.

Archäologische Belege zeigen uns, daß Opiummohn in Gegenden Mitteleuropas und der heutigen Schweiz von steinzeitlichen Seeanwohnern kultiviert und verwendet wurde. Von dort wurde er in der späten Bronzezeit planmäßig in den östlichen Mittelmeerraum hineingetragen und getauscht. Man fand große Mengen von gut konservierten Mohnsamen unter den Überresten neusteinzeitlicher Siedlungen, was auf ihre Verwendung als Reserve- oder Hungernahrung hinweist.

Der Mohn produziert eine große Menge kleiner, öliger Samen, die ohne Erhitzung oder Verarbeitung eßbar sind. In einer einzigen Kapsel können sich dreißigtausend dieser winzigen Samenkörner befinden. Die wohlschmeckenden Samen sind reich an Nährstoffen und können roh gegessen, zum Ölpressen verwendet, in Kuchen gebacken, als Mehl gemahlen oder zu Brei zerstampft werden. Mohnsamenöl-Kuchen enthalten genügend verdauliches Eiweiß, daß sie nützliche Nahrung für Tiere darstellen, und neusteinzeitliche Bauern haben sie wahrscheinlich an ihre gezähmten Tiere verfüttert.

Das Vieh frißt im allgemeinen den Mohn nicht gern, wenn bessere Nahrung zur Verfügung steht. Das Fressen von zu viel Mohn widerspricht den Regeln der sicheren Nahrungsaufnahme. Der Feldmohn enthält Spuren von Morphium, aber giftige Mengen von Rhoeadin; beide Alkaloide kommen auch in den Blüten vor und haben Vergiftungen bei Rindern und Pferden hervorgerufen, die gerne von ihnen naschen. Einige Mohnarten enthalten wenig oder kein Morphium, dafür aber eine Menge Thebain, das Tiere unter Begleiterscheinungen, wie sie nach dem Verzehr von Strychnin auftreten, tötet.

Der Opiummohn ist weniger giftig als diese Wiesenarten; einige Teile können relativ sicher von Tieren verzehrt werden. Äußerst kalorienhaltige Mohnsaat-Kuchen wurden an eine Reihe von Tieren verfüttert, damit sie an Gewicht zunahmen. Schildkröten sind anscheinend ganz verrückt nach diesen Kuchen, obwohl sie nach dem Verzehr in einen Halbschlaf versetzt werden. Ähnliche Wirkungen wurden bei Geflügel erzielt, das zu Dickens' Zeiten mit einer Mischung aus Gin und Opiummohn-Milch für den Londoner Markt gemästet wurde.

Aber der Zugang zur ganzen Opiummohn-Pflanze ruft beim Vieh Probleme hervor. Bauern haben die Pflanzen wie Heu getrocknet und dieses Mohnstroh als Lagermaterial für ihre Ställe verwendet. Manchmal geraten die getrockneten Pflanzen unter das Rinderfutter und werden von den Tieren unwissentlich verzehrt. Die Trocknung zerstört dreißig Prozent der Alkaloide, aber der verbleibende Rest reicht aus, daß sich die Tiere in den Rausch futtern können. Das charakteristische Aroma eines solchen Stalls ruft Erinnerungen an eine Opiumhöhle wach; das Verhalten erinnert an Szenen, die wir bei Vergiftungen mit Locogras erlebt haben.

Die Tiere werden nach dem Verzehr des Mohns binnen zwei Stunden aufgeregt. Sie scharren mit den Vorderfüßen auf dem Boden, während sie von einem Hinterbein aufs andere treten. Die Schritte werden durch schnelle Wendungen und Drehungen unterbrochen. Der Tanz wird unter lautem Brüllen bis zu sechsundfünfzig Stunden lang fortgesetzt. Allmählich geht die Aufregung in Desorientierung, Schwanken und mangelnde Koordination über. Die Tiere haben offensichtliche Sehschwierigkeiten und stoßen sich an Gegenständen. Sie werden immer teilnahmsloser, legen sich in den Trümmern ihrer »Opiumhöhle« nieder und versinken in einen mehrere Tage dauernden Schlaf.

Ob die Kühe von einem Rinderparadies träumen, in das sie versunken sind, läßt sich von ihrem Verhalten her nur schwer beurteilen. Die Bauern erkennen die Ursache des Rauschs schnell und entfernen den Mohn, um weitere Anfälle der Tiere zu unterbinden. Die wenigen Tiere, die daran sterben, weisen üblicherweise eher Symptome einer Gastroenteritis und nicht die einer Opium-Überdosis auf. Die Zerfallsprodukte des Mohns rufen schwerwiegende und folgenreiche Verdauungsstörungen hervor.

Der *zufällige* Konsum von kultiviertem Opiummohn durch Ochsen und Wasserbüffel, die in Südostasien in der Nähe von Opiumfeldern arbeiten, kann Rauschzustände ohne tödliche Folgen hervorrufen, da die Konzentration durch die Aufnahme anderer Nahrung verringert wird. Mohn wird oft dicht neben eßbarem Getreide wie Weizen gepflanzt, und es ist nicht ungewöhnlich, daß streunende oder hungrige Tiere zu diesen Stellen vordringen. Aber anders als die in Ställen mit Mohnstroh gehaltenen Kühe beachten die weidenden Tiere die Regeln der sicheren Ernährung und mischen ihr Mohnquantum mit anderem Futter.

Für einige Tiere mögen die Rauschzustände nicht lebensbedrohlich sein, sie können aber zur Sucht führen. Der Wasserbüffel mit seiner hohen Gestalt, seinen ausladenden Hörnern und seinen kleinen Augen sieht furchterregend aus. Diese schwerfälligen Tiere haben aber eine natürliche Scheu und sind sehr schreckhaft; sie müssen ruhig und sanft behandelt werden. Büffel, die von dem Opiummohn gefressen hatten, wurden fügsam wie Lämmer, und ihre Besitzer waren überrascht, rauhe Methoden und lautes Geschrei anwenden zu müssen, um sie zum Arbeiten zu bewegen. Obwohl die Büffel sich typischerweise in kleinen Herden aufhalten, wurden diejenigen, die Opium genommen hatten, zu Einzelgängern. Am Ende der Opiumernte normalisierte sich das Verhalten der Tiere wieder, aber vorher durchliefen sie eine Phase der Rastlosigkeit mit Zittern und Zuckungen – ein Verhalten, das ihre Entwöhnung aus der Abhängigkeit belegt.

Während der Kämpfe, die der Homo sapiens in Kambodscha und Vietnam ausfocht, wurden immer wieder Wasserbüffel in Schußweite der Kampfzonen beobachtet, die Opiummohn fraßen und Anzeichen von Sucht und Entzug zeigten. In ihrer Reaktion auf die Lärmbelastung in der Umgebung unterschieden diese Tiere sich nicht von den Elefanten im Tierpark, die auf Streß reagierten, indem sie sich dem Alkohol zuwandten. Wenn sich die Büffel aufgrund der kriegsbedingten Verkleinerung und Verwüstung ihres Lebensraums neue Nahrungsquellen suchen müssen, verhalten sie sich in ihrem Kampf ums Überleben genauso flexibel wie andere Tiere. In Vietnam lernten Tiger, auf das Geräusch von Gewehrschüssen zuzugehen, um die Überbleibsel der menschlichen Opfer zu verzehren.

In Krieg und Frieden sind die Opiumfelder die bevorzugten Jagdgründe für eine Vielzahl von Insekten, Vögeln und Nagetieren. Diese Geschöpfe haben keine Schwierigkeit, die Felder zu finden, weil der Opiummohn, selbst wenn er nicht planvoll angepflanzt wird, sich meistens jedes Jahr im selben Gebiet ausbreitet. Die Samen befinden sich in Kapseln, die auf dicken Stengeln sitzen. Sie werden einmal im Jahr durch Jaktation verbreitet, einen Prozeß, bei dem durch das Schütteln der Kapseln die Samen freigesetzt werden. Die Samen verbreiten sich nur im Umkreis von fünfzehn Metern, wenn sie nicht von Tieren weiter getragen werden. Anders als die verfeinerten Mohnprodukte, die überall auf der Welt gehandelt werden, befinden sich die Mohnfelder an festen Plätzen, gewöhnlich in warmen und gemäßigt feuchten Klimazonen.

Während es relativ leicht ist, Opiummohn zu finden, ist die Entdeckung des Opiums im Opiummohn ganz und gar eine Frage des richtigen Zeitpunkts. Nur die erfahrensten Säugetiere und Vögel finden heraus, wann die Pflanze zerlegt werden muß. Die goldenen Kapseln, die bis zur Größe von Taubeneiern heranreifen, produzieren fast die gesamte Opiummenge in einem zweiwöchigen Zeitraum. Das Morphium erreicht seinen Spitzenwert nur einen Tag lang. Eine Verzögerung der Ernte um nur vier Stunden kann den Verlust einer guten Ausbeute bedeuten. Diese begrenzte aktive Periode ist vermutlich der Grund für die seltenen schweren Rauschzustände bei Tieren in der Wildnis. Wie bei der Reifung und Gärung von Früchten haben wir hier wieder ein Beispiel dafür, wie die Jahreszeiten in der Natur die Häufigkeit des Rauschs bestimmen.

Menschen zeichnen sich durch die Fähigkeit aus, diese zweiwöchige Periode zu berechnen und aus der Alkaloid-Produktion ihren Nutzen zu ziehen. Die Kapseln werden von Hand aufgeschlitzt; weiße Milch träufelt heraus und verdickt sich zu einer gummiartigen Masse, die sich an der Luft allmählich braun verfärbt. Das Gummi kann über Nacht heraussickern und wird am nächsten Morgen durch Auskratzen der Kapseln eingesammelt. Die ausgekratzte Masse wird dann hart. Jede Kapsel ergibt ein Stückchen Opium von der Größe einer kleinen Erbse. Zehn bis fünfzehn Kapseln liefern eine Dosis für einen erwachsenen Menschen.

Auch Vögel besitzen die Fähigkeit, die Kapseln zu öffnen, aber sie suchen die Samen, nicht die Milch der Kapsel. Im Unterschied zu den Kapseln, die nur eine kurze Zeit Rohopium enthalten, sind die Samen beständige Speicher für Morphium und verwandte Alkaloide. Wenn die Schalen der Samen im Schnabel oder im Kropf des Vogels aufgeweicht werden oder von Menschen zerkaut und zermahlen werden, setzen Verdauungsenzyme die Alkaloide frei. Die Mengen sind jedoch gering; der Verzehr von Mohnsamen, die in käuflichen Vogelfutter-Mischungen enthalten sind, bewirken bei Vögeln keine starken Rauschzustände. Ähnlich ist es mit den kleinen Mengen Mohnsamen auf Brot und Brötchen, die

die menschlichen Zungen ansprechen, aber nicht das Verhalten beeinflussen, obwohl nach dem Verzehr Morphium im Körper vorhanden ist, wie durch Blut- oder Urinproben festgestellt werden kann.

Die Wirkungen auf das zentrale Nervensystem hängen von der Menge der Samen und dem Gewicht des Individuums ab – die gleichen Parameter bestimmen die wirksamen Dosierungen bei den meisten Drogen. Mohnsamen wurden in den Überresten von Mammuts gefunden, aber wir können nicht annehmen, daß die winzigen Mengen Auswirkung auf diese Giganten hatten. Eine Mahlzeit konzentrierter Mohnsamen kann jedoch das Verhalten eines kleinen Vogels oder eines Kindes beeinflussen. Einige Vögel scheinen die Samen zu mögen. Die Ziervögel, die Ovids Herrin, Corinna, gehörten, bekamen angeblich Mohnsamen, damit sie einschliefen. Und ein Rezept aus dem sechzehnten Jahrhundert empfahl, den Kindern ein Pulver aus weißem Mohnsamen in Milch zu geben, um sie in Schlaf zu versetzen. Dieser Trank wurde von den alten Griechen erfunden und wird heute noch in manchen ländlichen Gegenden Europas den Kindern verabreicht. Amerikanische Indianer bereiteten einen Sirup aus Mohnblüten und -samen, gesüßt mit Honig, als Beruhigungs– und Schlafmittel für Kinder. Die wahrscheinlich einzige sichere und nicht psychoaktive Methode, ein Kind mit Mohnsamen zum Schlafen zu bringen, wurde von den Lisu in Südostasien angewandt. Dieser Stamm benutzt die getrockneten Samenschoten als Rasseln für die unruhigen Kleinkinder.

Vögel sind so eifrige Mohnsamen-Fresser, daß sie für Opiumpflanzer zu einer echten Plage werden können. Finken fallen über die Pflanzen her und hacken Löcher in den Boden der Kapsel, bevor sie geerntet werden kann. Es ist unbekannt, ob diese Vögel einen Rausch davontragen; der hohe Ölgehalt der Samen mag ausschlaggebend für das Freßverhalten der Vögel sein. Auch Bienen besuchen die Mohnblüten, aber sie interessieren sich für die Pollen, die reich an ungesättigten Fettsäuren sind. Von den Alkaloiden scheinen sie unbeeindruckt, trotz einiger Berichte über ihr »gewaltsames Verlangen« nach Opium.

Unsere Forschergruppen führten ausgiebige Untersuchungen auf Opiumfeldern in Südostasien, Mexiko und Kalifornien durch. In Kalifornien beobachteten wir Spatzen und Ammern, die Mohn fraßen. Beide Vogelarten haben kräftige Schnäbel, mit denen sie die Samen knacken können, was sie mit Enthusiasmus taten. Sie schienen jedoch nie von den Wirkungen ihrer Mahlzeit beeinflußt zu werden, selbst wenn sie über Futterbehälter versorgt wurden, die bis obenhin mit Mohnsamen gefüllt waren. Da die Ammern in der Nähe nisteten, hoffte ich zu Ergebnissen über die Verwendung des Mohnsamens zur Beruhigung der Jungen zu kommen, aber die erwachsenen Ammern teilten die Samen nie mit ihren Jungen.

Die Pflanzer haben ein ganzes Arsenal an akustischen Geräten zur Verfügung, um die Vögel von den Feldern zu verscheuchen, aber das ändert nichts an der Invasion von Nagetieren. Mäuse und Ratten reißen sich um die Kapseln und zerstören sie, da sie auf die Samen aus sind. Kleine Mäuse sterben gelegentlich an Überdosen, aber die größeren Ratten scheinen weitgehend immun zu sein. Yao-Dörfler in Laos verstreuten vergifteten Reis, um die Ratten von den gelagerten Samen oder neugepflanzten Opiumschößlingen abzuhalten. Aber auch dann sind die Pflanzen immer noch den Anschlägen der Insekten ausgesetzt.

Insekten fressen verschiedene Teile des Mohns. Wir beobachteten sie sehr genau und fanden heraus, daß die meisten von ihnen nur hungrig waren. Die Teile, die sie zum Verzehr auswählten, waren nicht einmal besonders reich an Alkaloiden. Die Nematoden bleiben in den Wurzeln. Spezialisierte Käfer legen ihre Eier an die tiefsten Stellen der Wurzeln; wenn die winzigen Larven ausgeschlüpft sind, wandern sie zu den Blättern, in deren grünes schwammiges Gewebe sie Tunnel graben und fressen. Die Käfer bewegen sich mehrere Tage lang auf verschlungenen Pfaden durch die Blätter, nagen sich dann nach draußen durch und kehren an die Wurzeln zurück. Mohnsamen sind die bevorzugte Nahrung einiger Ameisenarten, aber die klebrige Milch, die an den Bißstellen austritt, hält viele davon ab. Sie können in die Kapsel hinein, wenn die Opiummilch geerntet ist; wir haben aber einige ihrer Leichen gefunden, die für immer in dieses Gummi-Paradies eingeschlossen waren.

Käfer und speziell Samenkäfer richten den meisten Schaden an. Diese Insekten bevorzugen vegetarische Kost jeder Art und sind berüchtigt für ihre Fähigkeit, in Lebensmittelgeschäften und in Drogen, die von Menschen bearbeitet wurden, zu überleben. Sie haben sich in jede bewohnte Gegend zwischen der namibischen Wüste in Südostafrika bis zu den entlegenen und unwirtlichen Inseln jenseits der Polarkreise eingeschlichen. Nichts hält sie von Opiummohn ab. Ihr unersättlicher Appetit auf Mohn zeigt, daß bei einer starken Abhängigkeit von einer Pflanze der Unterschied zwischen Nahrungsmittel und Droge hinfällig wird, wie wir es schon bei den Eukalyptus fressenden Koalas gesehen haben.

Um diese Insekten ranken sich sogar Legenden. Opiumkäfer-Larven fressen die Samen wie fast food, was dazu führt, daß sie sich immer langsamer bewegen – diese phantastische Geschichte erzählte zumindest ein mexikanischer Opiumpflanzer. Er behauptete, daß die Käfer, zu denen die Larven heranwachsen, so langsam flögen, daß er sie mit der Hand aus der Luft fangen konnte, obwohl er selbst ständig von Opium berauscht war. Er behauptete auch, daß die wegfliegenden Käfer süchtig wären und wieder zurückkehrten. Opiumkäfer sind keine sehr guten Flieger und erreichen Geschwindigkeiten von höchstens acht Stundenkilometern, wobei ihre Fluggeschwindigkeit durch den Aufbau der Flügel bestimmt wird, nicht durch den Treibstoff. Im Gegensatz dazu kann der Tabakschwärmer Geschwindigkeiten von bis zu 54 Stundenkilometern erreichen; die Geschwindigkeit ist auf gute Flügelmuskeln zurückzuführen, nicht auf das Nikotin.

Die andere Behauptung des Pflanzers, daß die Käfer süchtig seien und zum Fressen zur Pflanze zurückkehrten, klingt ebenso phantastisch, es sei denn, die Nahrung der Käferlarven beeinflusse ihre Ernährungsweise im Erwachsenenalter. Ausgewachsene Käfer haben einen entwickelten Geruchssinn, den sie benutzen, um ihre bevorzugte Nahrung zu finden. Die Vorlieben basieren aber auf Vertrautheit, nicht auf Abhängigkeit. Die Möglichkeit, eine mohnsuchende Käferart zu züchten, die zur Entdeckung illegaler Importe eingesetzt werden könnte, beschäftigte das Labor der U.S.-Landstreitkräfte. Die Armeeforscher versuchten erfolglos, Insektenlarven mit Opiaten aufzuziehen. Ihr Ziel war, daß sich deren Nachkommen auf die Pflanzen stürzen sollten. Die Experimente wären vielleicht erfolgreicher gewesen, wenn die Larven an die Pflanzen direkt angesetzt worden wären und nicht an die reinen Drogen, die nicht den Geruch und den Geschmack der natürlichen Produkte aufweisen.

Mohn-Samenkäfer scheinen nicht stärker unter den Einfluß von Opium zu geraten als andere Käfer, aber im Kampf gegen Drogen wären sie die besseren Soldaten. Die Käfer entwickeln einen heißhungrigen Appetit auf die Pflanzen. Diese Insekten suchen Mohnfelder so massiv heim, daß die Produktion von Opiummilch um dreißig Prozent verringert und die Samenproduktion fast vollständig unterbunden wird. Diese Zahlen beeindruckten die Abteilung für narkotische Drogen der Vereinten Nationen so sehr, daß sie früher einmal erwog, eine Armee von Samenkäfern zur Eindämmung der illegalen Opiumproduktion einzusetzen. Von allen Insekten, die vom Mohn schmarotzen, scheinen nur diese Mohn-Samenkäfer eher zum Sterben bereit zu sein als ihre Ernährung auf andere Pflanzen umzustellen. Obwohl die Käfer keine Vergiftungen erleben, bringt ihre Vorliebe für den Mohn die gleiche lebensbedrohliche Abhängigkeit mit sich, die wir für die in ihm enthaltenen Alkaloide zeigen.

Die Opiummohn-Pflanzen entgehen in der Natur der völligen Vernichtung durch Insekten und Tiere, weil sie in einer Umgebung wachsen, in der sich auffällig wenig andere potentielle Konsumenten aufhalten. Wenn Opium einmal aus der Pflanze herausgezogen wurde und getrocknet ist, bleibt es nicht lange auf den Feldern oder in der Gegend, in der es hervorgebracht wurde. Es wird fast ausschließlich an Menschen verteilt. Wir bieten unseren Freunden aus dem Tierreich dafür konzentrierte Präparate des Rauschmittels an, wie auch Tabak und

Alkohol. So, wie wir mit Abbildungen von Tieren unsere Kneipen schmücken und Farbe in unsere Bars bringen, ist die Opiumverbreitung mit Bildern von berauschten Tieren verknüpft.

Früher wurde Opium auf dem offenen Markt verkauft und für den Käufer auf Waagen mit Messinggewichten gewogen, die die Form von Tieren hatten. Die verbreitetsten Gewichte waren nach der Größe geordnete Elefanten, von der Größe einer Erbse bis zu der einer Faust. Heute erscheinen diese Tiere häufig auf den vorgewogenen Opiumpackungen, die überall auf der Welt illegal verkauft werden. Opiumraucher fragen in einigen Städten die Händler nach der »Elefantenmarke« oder der »Sorte mit dem Hahn«, denn diese Marken zeichnen sich traditionell durch hohe Qualität aus.

Menschen benötigen vielleicht diese Bilder als eine Art Garantie; andere Tiere sind bei weitem nicht so wählerisch. Die meisten Tiere, wie die vielen sich vom Mohn ernährenden Käfer, konsumieren die konzentrierten Präparate mit großem Appetit. Die Lust auf den angenehmen Rausch entwickelt sich zu einem regelmäßigen Verlangen und zur Sucht. Während Mißbrauch und Sucht bei Tieren, die beim Verzehr von Opiummohn ihre auf Sicherheit bedachten Ernährungsstrategien anwenden, nur selten auftreten, führte die Verfügbarkeit von faustgroßen Kugeln konzentrierten Opiums zu schwerwiegenderen Abhängigkeiten. Die Menschen setzten den Tieren die stärkeren Dosierungen vor und trieben sie damit in unnatürliche Abhängigkeitsmuster.

Als Opium für Menschen als Medizin in Mode war, wurde es auch in Form von Rohopiumstücken, von Pillen mit pulverisiertem Opium oder von Opiumextrakten Tieren gegeben. Selbst der Rauch scheint von Tieren bereitwillig inhaliert worden zu sein. Der geschlossene Raum der Opiumhöhlen bot einen geeigneten Käfig für die Beobachtung dieses Phänomens. Der Eigentümer einer Opiumhöhle im Paris des neunzehnten Jahrhunderts hielt in der Rauchzone zwei Amseln. Wenn jemand eine Pfeife entzündete, ließen sich die Vögel auf dem Lager des Rauchers nieder und streckten ihre Schnäbel nach dem Rauch aus. In den Höhlen hausten auch Mäuse und Ratten, die herauskamen, wann immer der durchdringende süße Duft den Raum erfüllte. Diese Nagetiere vertilgten oft übriggebliebene Opiumstückchen. Jean Cocteau, ein Autor des zwanzigsten Jahrhunderts und Opiumsüchtiger, beschrieb die Anziehungskraft der Droge:

> Alle Tiere sind von Opium entzückt. Süchtige in den Kolonien kennen die Gefahr dieses Köders für wilde Tiere und Reptilien. Fliegen versammeln sich um den Teller und träumen, die Eidechsen saugen sich mit ihren kleinen Pfoten an der Decke über der Lampe fest und warten auf die Nacht, Mäuse kom-

men nahe heran und verzehren den Abfall. ... Die Kakerlaken und die Spinnen bilden in Ekstase einen Kreis.

Einige Tiere entwickelten sich zu regelmäßigen Fressern oder »Schnüfflern«. Vom siebzehnten Jahrhundert bis zu den frühen Jahren des zwanzigsten Jahrhunderts wurden Pferde mit Opium gefüttert, um ihr Durchhaltevermögen zu stärken. Die Droge erleichterte die Pein der anstrengenden Arbeit und wurde daher von den Tieren gierig verzehrt. In der Türkei gaben Reisende ihren Reittieren vor einer anstrengenden Tour routinemäßig etwa zwei Gramm Opium. In Afghanistan und Kambodscha lebten Affen und Hunde oft in einer von Opiumrauch geschwängerten Umgebung, begannen das allmählich zu genießen und warteten auf die Stunde, in der ihre Herren eine Pfeife ansteckten. Wenn mehr als ein oder zwei Tage ohne Zugang zu Opiumrauch vergingen, verfielen die Tiere in einen depressiven Zustand, der sich sofort besserte, wenn wieder für Opium gesorgt war. Als 1960 ein süchtiger Opiumraucher erfolgreich entgiftet wurde, starb sein ebenfalls abhängiger Hund in Folge des abrupten Entzugs.

Nicht umsonst mußten die Elefanten als Markenzeichen herhalten. Sie sind die leidenschaftlichsten Opiumkonsumenten unter den Tieren. Es begann auf die gleiche Art, wie Dealer unschuldige Kinder in die Falle locken oder Zuhälter den Gehorsam einer Prostituierten gewinnen: durch Gratisgaben der Droge. Wilde Elefanten in Burma und Indien wurden manchmal gefangen, indem man ihnen Opiumkugeln oder mit Opium getränkte Früchte gab. Wenn sie dann ruhiggestellt und mit Seilen und Ketten gefesselt waren, wurde den Elefanten Opium verabreicht, um ihr Temperament unter Kontrolle zu bringen und ihnen zu helfen, sich an ein neues Arbeitsleben für die Menschen zu gewöhnen. Opium konnte Elefanten nicht nur zu Arbeitssklaven machen, es konnte sie auch von einem ihrer heftigsten Unruhezuständen befreien, der Brunst.

Männliche asiatische Elefanten erleben die Brunst besonders stark. Es handelt sich um einen in regelmäßigen Zeitabständen auftretenden Zustand, der sich in Aggression äußert und von einer Sekretproduktion begleitet wird, die aus schweißdrüsenähnlichen Öffnungen zwischen Auge und Ohr austritt. Der Testosteron-Spiegel der Tiere steigt, und die daraus resultierenden heftigen Anfälle können so gewalttätig werden, daß die Elefanten Amok laufen, ihre Umgebung zerstören und dabei menschliche Wärter und Reiter töten. Noch vor einigen Jahrzehnten sägte man diesen »verrückten« Elefanten die Stoßzähne ab oder sperrte sie in enge Folterkäfige. Einige wurden in Ketten geschlagen. Die meisten Tiere wurden zugrundegerichtet. Wally, ein brünstiger Elefant, der seinen Wärter in einem Zoo in San Francisco aufspießte, wurde von einem Exekutionskommando erschossen. Toto, ein Elefant, der sich nicht mehr für den Zirkusdienst einspannen ließ, wurde erhängt.

Arbeitselefanten, die zu wertvoll waren, um vernichtet zu werden, wurden oft mit Hilfe von Opium vor der Dummheit gerettet – ihrer eigenen wie auch der unseren. Die Elefantentreiber – *mahouts* in Indien und *oozies* in Burma – gaben ihren brünstigen Elefanten Opium. Aber wie es Menschen gibt, die nach zu hohen Dosen greifen, wenn sie sich selbst mit Arzneimitteln versorgen, gab es auch Elefanten, die ihren Konsum nicht beschränken konnten oder wollten. Einige Elefanten wurden süchtig und fraßen so viel Opium, daß sie nicht nur ihre verrückten Ausbrüche dämpften, sondern auch für die Arbeit ausfielen. Selbst die Elefanten, die in Thailand als Reittiere für die Tigerjagd dienen, legten sich einfach an ihrem Arbeitsplatz hin, trotz des Risikos, von Wildkatzen angegriffen zu werden.

Bei niedrigen und kontrollierten Dosierungen wurde eine schwere Abhängigkeit vermieden, wie ja auch die Todesgefahr von Weidetieren durch eine auf Sicherheit bedachte Ernährungsstrategie äußerst gering ist. Opium war ein nützliches Hilfsmittel beim Training von Elefanten, die zum Bäumefällen und zum Schleppen ausgebildet wurden. Wenn das Training abgeschlossen war, belohnte man gute Arbeit mit regelmäßigen Gaben von Opiumkugeln oder -pillen. Diese Praktiken existieren noch immer in entlegenen Gebieten von Afghanistan, Burma und Indien. Der Elefant kann die Opiumpille, die ihm einfach vom Mahout oder Oozie angeboten wird, am Geruch erkennen und nimmt sie wie eine Erdnuß aus der Hand des Treibers entgegen. Andere Arzneimittel, die ihnen auf dieselbe Weise angeboten werden, nehmen Elefanten weniger bereitwillig entgegen. Manchmal muß der Elefant überlistet werden. Die List besteht aus einer großen hölzernen Tülle mit einem großen Loch in der Mitte. Die Medizin wird durch das Loch bis in die die Kehle des Tieres gebracht. Der Elefant versucht, mit der Zunge Widerstand zu leisten oder sogar die Hand des Treibers mit seinen Mahlzähnen festzuhalten. Kein Elefant mußte je wegen einer Opiumpille überlistet werden.

Ein indischer Wärter beschreibt, wie ein besonders ausgebildeter Elefant um Opium bettelte. Das Tier stupste den Treiber an und durchsuchte mit seinem Rüssel dessen Körper und Kleidung. Wenn die Opiumration nicht zum Vorschein kam, begann der Elefant zu prusten und zu trompeten. Nach dem Opiumgenuß fiepte und zirpte der Elefant, das sind Lautmuster, die Vergnügen ausdrücken. Als ihm das Opium mehrere Tage lang vorenthalten wurde, wurde der Elefant unruhig und wies weitere Anzeichen des Mißvergnügens, wenn nicht Entzugs auf. Der Treiber bezeichnete sein Verhalten im Jargon der westlichen Welt: der Elefant habe »einen Affen gehabt« und sei opiumsüchtig gewesen.

Der Jargon der Opiumkonsumenten verwies schon immer auf Menschen, die sich wie Tiere verhalten. Aber erst viele Jahre, nachdem sie mit Untersuchungen an Menschen begonnen hatten, interessierten sich die medizinischen Wissenschaftler für Untersuchungen der Opiumwirkungen auf Tiere.

2

Opium war in vielen frühen medizinischen Abhandlungen eine Erwähnung wert, dazu gehören auch die Gebrauchsempfehlungen des griechischen Arztes Hippokrates. Man interessierte sich für die menschlichen Reaktionen, und auch die erste experimentelle Erforschung der Eigenschaften von Opium, die 1696 von Gideon Harvey vorgenommen wurde, erwähnte nur Versuche mit Menschen. Im Jahre 1700 gab es erste Ansätze von Untersuchungen tierischer Reaktionen. Man fand heraus, daß Opium Katzen tötete und bei Hunden Erbrechen verursachte. In den folgenden hundert Jahren schaffte es eine Handvoll Experimentatoren nicht, diesem Wissen etwas hinzuzufügen. Dann führte A. P. Charvet, ein junger Medizinstudent in Grenoble, eine systematische Versuchsserie mit Opium bei Tieren durch. Charvet verabreichte jedem nur erreichbaren Lebewesen Opium, zum Beispiel Wasserkäfern, Flußkrebsen, Schnecken, Fischen, Salamandern, Kröten, Fröschen, Spatzen, Amseln, Meerschweinchen, Kaninchen, Katzen, Hunden und Medizinstudenten. Er unternahm sogar Selbstversuche und machte umfangreiche Aufzeichnungen über alles, was sich ereignete. Sein 1826 erschienenes Buch *De l'action comparée de l'opium, et de ses principes constituans sur l'économie animale* (Die Wirkung von Opium auf die Verfassung von Tieren in ihren Hauptzügen dargestellt) war das erste Buch der modernen experimentellen Psychopharmakologie und zugleich das erste Buch, das sich ausschließlich mit Drogen und dem Verhalten von Tieren beschäftigte.

Charvet ignorierte konsequent den Anthropomorphismus der früheren Forscher und die literarische Bewegung der Romantik, die schon über Europa hinwegschwappte. Statt dessen beobachtete er vor allem die Reaktionen der Tiere auf Opium im Hinblick auf ihre physiologischen und verhaltensmäßigen Veränderungen und nicht so sehr auf ihre Leidenschaften, Träume und Ängste. Dabei studierte er alle Symptome so sorgfältig wie möglich. Als er zum Beispiel die Auswirkungen von Opium auf das Flugverhalten der Spatzen untersuchen wollte, beobachtete er nicht nur ihre Flugmuster, sondern maß die Atmung und die Herzschläge in regelmäßigen Abständen nach jeder Dosis. Die Versuche hätten zu keiner aufregenderen Zeit stattfinden können. Jeder Mediziner sprach über das Opium und die Alkaloide Morphium und Narkotin, die kürzlich isoliert worden waren. Diese Komponenten waren die magischen Elixiere der Medizin, und in seinem studentischen Eifer unternahm Charvet Experimente mit allen möglichen Lebewesen bis hin zu kränkelnden Pflanzen.

Seine Versuche offenbarten, daß Opium bei allen Tieren und Menschen auf die gleiche Weise wirkt: Es zeigt eine Reihe von Wirkungen von leichter Beruhigung und Entspannung bis zur Paralyse und zum Tod. Charvet machte die interessante Entdeckung, daß diese Wirkungen von verschiedenen Faktoren abhängen. Am entscheidendsten sind die Dosis, die Methode der Verabreichung, die Vorgeschichte des Patienten und die Gewöhnung an die Droge. Diese Entdeckungen waren revolutionär, den sie deuten darauf hin, daß eine Droge wie Opium kein magisches Elixier war, das einen automatisch ins Paradies beförderte oder sogar das wilde Tier beruhigte, das nach der Morallehre des neunzehnten Jahrhunderts in uns allen wohnt. Statt dessen war Opium genau wie der Alkohol einfach eine chemische Substanz unter anderen, mit gewissen pharmakologischen Eigenschaften und Auswirkungen auf das Verhalten. Es konnte ein nervöses Kaninchen genauso leicht beruhigen wie auch ins Jenseits befördern. Dazu mußte man nur die Dosis erhöhen oder ein anderes Kaninchen nehmen, das entweder kleiner oder weniger an Opium gewöhnt war, und so schnell, wie man Morpheus und Thanatos aussprechen kann, geht der Schlaf in Tod über.

Unglücklicherweise wurde Charvets Arbeit als eine Doktorarbeit unter vielen veröffentlicht, und sein Buch wurde unter den Bergen von obskuren Dissertationen jener Tage vollständig ignoriert. Es sollte ein weiteres Jahrhundert dauern, bis andere Wissenschaftler seinen Erkenntnisstand erreichten. Als der bekannte Psychiater S. Weir Mitchell Tauben mit einigen Schwarzen Tropfen, einer Opiumlösung, die auch von Coleridge bevorzugt angewendet wurde, in den Schlaf versetzen wollte, blieben die Tauben wach, und Mitchell schrieb, daß sie eine natürliche Immunität besäßen. Nach ihrer Veröffentlichung in einer führenden medizinischen Zeitschrift im Jahre 1869 wurde diese kleine Kuriosität der Natur wieder und wieder erzählt und fand Eingang in die heutige wissenschaftliche Literatur. Obwohl Mitchell sein Ergebnis mit differenzierteren Versuchen überprüfte, bei denen die Tiere starben, was er ein Jahr danach in derselben Zeitschrift veröffentlichte, überlebte der Mythos von der Immunität der Tauben.

Wichtig ist nicht, wie viele Schwarze Tropfen notwendig sind, um eine Taube zu töten, sondern der Prozeß, der aus Gelegenheitskommentaren und Fehlern ein selbst in der Drogenwelt des neunzehnten Jahrhunderts anerkanntes wissenschaftliches Evangelium machte. Wenn Sie ein Romantiker des neunzehnten Jahrhunderts sind, der sich der Tradition von De Quincey zu folgen bemüht, mag es beruhigend sein zu wissen, daß auch Vögel unter Opiumeinfluß fliegen können, ohne Schaden zu nehmen. Die Gefahr besteht jedoch darin, daß Sie als Jugendlicher des zwanzigsten Jahrhunderts, der die LSD-Visionen des Paradieses entdeckt, in Panik geraten könnten, wenn eine »Autorität« die unrichtige Behauptung aufstellt, daß Sie blind davon würden oder Ihr Gehirn gebraten wird.

In den frühen Jahren der Erforschung des Opiums und seiner Alkaloide war ebenso wie in jenen ersten Tagen der LSD-Erkundung alles von Interesse und publizierbar, auch vereinzelte Beobachtungen an Tieren. Systematische Beobachtung und Experimente wie die von Charvet waren die Ausnahme, nicht die Regel. Mitchell war ein weiterer herausragender Forscher, der die Eingebung hatte, Versuche zu wiederholen – und die Integrität, seine früheren Ansichten zu berichtigen. Er fand heraus, daß Morphium-Konzentrate viel wirksamer sind als Opiumextrakte. Schwache oral verabreichte Opiumdosen wirkten zum Beispiel bei Enten nicht, aber nur ein paar Körnchen Morphium ließen sie ausrutschen und quaken. Heroin wurde noch nicht hergestellt; Mitchell hätte sicher herausgefunden, daß dieses Derivat noch wirkungsvoller ist.

Mitchell setzte die hypodermische Spritze ein, um die Drogen direkt in die Tiere zu injizieren. Er beschleunigte damit das Einsetzen der Wirkung und erhöhte auch die Gesamtmenge der Droge, die auf einmal verabreicht werden konnte. Die Veränderung dieser beiden Faktoren erlaubte es, die ganze Stärke der Opiumwirkung zu erkennen. Das Injektionsgerät war relativ neu. Die erste Spritze bestand aus einer Schwanzfeder, die mit einer kleinen Blase ausgestattet war – ein primitives, aber wirksames Gerät, von Christopher Wren erfunden. Wren war von William Harveys neuen Ideen über den Blutkreislauf fasziniert und benutzte sein Gerät, um Opium direkt in die Venen von Hunden zu spritzen. Die Wirkungen waren viel dramatischer als die über die orale Verabreichung erzielten. Amerikanische und schottische Chirurgen verbesserten die Konstruktion, fügten eine hohle Nähnadel und einen Kolben hinzu, und so konnte man zur Zeit des Bürgerkrieges in den Vereinigten Staaten Soldaten routinemäßig Morphium injizieren. Das linderte nicht nur den Schmerz der auf dem Schlachtfeld erlittenen Wunden, sondern erzeugte auch eine Nachkriegs-»Armeekrankheit«, die Sucht.

Die hypodermische Methode erlaubte es, eine große Dosis der Droge direkt in das Tier oder eine Person hineinzupressen, ohne darauf warten zu müssen, daß sie gegessen oder getrunken wurde. Es ging schnell, und das Tier konnte sich ihrer nicht mehr entledigen. Ein Haupthindernis für Untersuchungen an Tauben war, daß sie den Stoff herauswürgten und erbrachen und damit die konsumierte Menge verringerten, wodurch der Anschein entstand, sie seien gegen giftige Mengen immun. Jetzt konnte Mitchell seine Tauben ganz einfach töten, indem er sie mit einer präparierten Nähnadel piekte. Die Opiummohn verzehrenden Tiere hatten geringe Probleme verglichen mit dem, was nun auf sie zukam – und auf uns –, wo nun die Alkaloide direkt in den Körper injiziert werden konnten. Dem Tierreich standen Probleme bevor, die Mutter Natur nie beabsichtigt hatte.

Bewaffnet mit diesem neuen Werkzeug untersuchten die medizinischen Forscher die Wirkungen regelmäßiger täglicher Dosen von Opium und seiner Alkaloide. Die gleichen Symptome, die bei Veteranen des Bürgerkriegs beobachtet wurden, konnten nun auch bei Tieren erzeugt werden. Bei einer Versuchsreihe erhielten Hunde regelmäßige Morphiuminjektionen. Die Forscher gaben zu, es sei schwierig gewesen, mentale oder psychologische Veränderungen zu erfassen, aber sie bemerkten Verstopfung, Kratzen, Temperamentwechsel und eine schrittweise Abnahme der betäubenden oder narkotischen Wirkung der Droge. Dies waren relativ schwache Wirkungen, verglichen mit dem Verhalten, das die Tiere an den Tag legten, als die Injektionen unterbrochen wurden; dann setzten die wirklichen Kämpfe ein. Es traten Zittern und Zucken, Heulen und Winseln, Schnappen nach Gegenständen, Unruhe, Sabbern, Erbrechen, Muskelschwäche, Atemnot und Japsen, Müdigkeit, Durchfall und Gewichtsverlust auf. Einige Hunde legten sich in dieser Phase zum Sterben, aber eine schnelle Morphiuminjektion beendete diesen Zustand und rief wieder das frühere, weniger auffällige Verhalten hervor. Das war der aussagekräftigste Ausdruck der Sucht: der Entzug.

Der andere Schauplatz war das Verlangen oder die Leidenschaft zu der Droge, die diese Tiere vor ihren täglichen Injektionen an den Tag legten. Tauben wurden nach der Injektion ruhig. Sie bewegten sich kaum. Sobald sich der Versuchsleiter einige Stunden später mit der Spritze näherte, kamen die Tauben ihm im Käfig entgegen, schlugen aufgeregt mit den Flügeln und erwarteten ohne Protest ihre nächste Injektion. Als Katzen als Versuchstiere verwendet wurden, mußten die Wärter oft Tricks und Gewalt anwenden, um bei den ersten Injektionen nicht gebissen oder gekratzt zu werden. Der Widerstand legte sich nach einigen Injektionen, und die Katzen liefen dem Versuchsleiter entgegen, sprangen auf seinen Schoß und leckten ihm sogar die Hand, während sie auf das Morphium warteten. Obschon die Sucht primär ein Verhältnis zwischen dem Tier und der Droge kennzeichnet, kann sich diese Beziehung auf Menschen, Nadeln und alles andere ausweiten, was mit der Droge verbunden ist. Selbst die physische Umgebung kann zum Bestandteil der Konditionierung werden. In der Entzugsphase laufen Ratten auf die Seite des Käfigs, wo sie früher ihre Morphium-Injektionen erhalten haben. Das Verlangen nach Morphium war bei diesen Tieren fast so auffallend wie im Verhalten von Primaten.

Im Jahre 1940 lebte der siebenjährige Frank schon einige Jahre in Yale. Er gehörte zu einer Gruppe von Labor-Schimpansen, die tägliche Morphiumdosen empfingen. Franks anfängliche Dosen waren sehr klein und nahmen im Verlauf der ersten Wochen rapide zu. Er begann mit zwei Injektionen pro Tag – an Sonntagen nur eine – und fing bald an, sich zu kratzen, an seinen Haaren zu ziehen und sie auszureißen, alles typische Reaktionen von Primaten auf tägliche Dosen. In der vierten Woche war Frank fast nackt. Es gab wenige physische Veränderungen, die so schwerwiegend waren wie der nackte Körper. Er verlor an Appetit und Gewicht, hatte eine leichte Verstopfung, aber seine Stoffwechselfunktionen schienen normal zu sein. Er ließ sich täglich rektal die Temperatur messen, die sich als ebenso normal erwies wie der Puls und die Atmung. Seine Pupillen waren beträchtlich erweitert, im Unterschied zu den Stecknadelkopf-Pupillen von Menschen – dies ist einer der wenigen Unterschiede zwischen tierischen und menschlichen Abhängigen.

Ganz offensichtlich brauchte Frank das Morphium. Er war begierig darauf, aus seinem Käfig in den Injektionsraum gebracht zu werden, zog an seiner Leine und führte eigentlich den Versuchsleiter. Sobald er die gefüllte Spritze sah, beugte er sich freiwillig vor und wartete auf die Injektion. Nach dem Schuß zeigte er sein Behagen, indem er die Hände, Schuhe und Kleidung des Versuchsleiters streichelte. Die ersten Anzeichen einer Abhängigkeit wurden bemerkt, als eine Dosis ausgelassen wurde. Frank wurde ein wenig unruhig und reizbar, er gähnte verschiedene Male tief und ausgiebig, was Anzeichen eines leichten Entzugs sind. Nach mehreren Wochen mit Injektionen wies er andere Symptome der physischen Abhängigkeit auf: Er betrat den Injektionsraum mit Schweißtropfen im Gesicht, aus seiner Nase tropfte ein wässriger Ausfluß.

Das Morphium schadete dem allgemeinen Gesundheitszustand von Frank nicht, solange er seine Injektionen bekam. Seine Aktivität und sein Spieltrieb wurden unterdrückt, und er zog sich aus dem geselligen Leben zurück, blieb aber sexuell erregbar. Unmittelbar nach Injektionen bekam er eine Erektion und masturbierte. Er war auch frustriert, wenn die Injektionsprozedur nicht zur gewohnten Zeit stattfand; er wimmerte dann und weinte wie ein Baby. Einer von Franks Schimpansenkollegen wurde beim Warten auf das Morphium so ungeduldig, daß er den Kasten mit der Spritze öffnete und sie gerade an sich nahm, als er geschnappt wurde.

Als die Morphiuminjektionen schließlich gestoppt wurden, durchlief Frank die typischen physiologischen Entzugsmerkmale und wurde unfreundlich und ungesellig. Er widersetzte sich den Wärtern und ließ sich durch winzige Kleinigkeiten im Labor aus der Ruhe bringen. Sein Entzug war aber nicht so heftig wie bei den meisten anderen Schimpansen, die schrien und Wutanfälle bekamen. Ein Tier war so widerspenstig, daß der Versuchsleiter schließlich kapitulierte und ihn in den Injektionsraum führte, wo dem Tier eine Placebo-Injektion gegeben wurde. Der Schimpanse beruhigte sich für eine Weile und begann ein wenig an seinem Handgelenk herumzuzupfen.

Diese Tricks beruhigten das Tier länger als nur für einen Augenblick; damit konnte bewiesen werden, daß einige Verhaltensweisen wie das Zupfen am Handgelenk und die anfängliche Ruhe nach der Injektion erworbenes Verhalten war, das in Wechselwirkung mit der Droge stand. Frank benötigte solche Betrugsmanöver nicht und schaffte es, einen weniger gewaltsamen Entzug durchzustehen. Er erreichte wieder sein altes Gewicht, und sein Gesundheitszustand blieb ausgezeichnet. Einige Monate später tat er sich mit einem Weibchen aus der Laborkolonie zusammen und wurde Vater eines normalen, gesunden Schimpansenbabys.

Der Einstieg in das Yale-Morphium-Programm war für die Schimpansen recht einfach; dabeizubleiben war auch schmerzlos; der Ausstieg über den Entzug war der schwierige Teil. Die zyklische Sucht äußerte sich nicht nur als Versuch, über die Injektionen wieder einen angenehmen Zustand zu erreichen, sondern vor allem darin, die durch die Verzögerung oder das Ausbleiben der Injektionen erzeugten Entzugssymptome zu erleichtern. Die Schimpansen hatten keine Chance, wiedereinzusteigen, wenn sich die Versuchsleiter entschieden hatten, den Versuch zu beenden – so wie die von den Jahreszeiten abhängige Mohnernte oder die Reifezeit der Marula-Früchte als Kontrollinstanz gegen das Auftreten von Suchterscheinungen in der Wildnis wirken. Bei Versuchen in anderen Laboratorien, bei denen Primaten die Gelegenheit hatten, wieder an Morphiuminjektionen heranzukommen, verhielten sie sich gewöhnlich auch dementsprechend. Sie können das Stadium der Abhängigkeit ohne große Schwierigkeiten so lange aufrechterhalten, wie es eine ausreichende Zufuhr der Droge gibt.

Der Verlust dieses Zustands erzeugt eine machtvolle Motivation, ihn wiederherzustellen. Schließlich möchte kein Tier aus dem Paradies vertrieben werden. Wenn eine Rückkehr unmöglich ist, können andere Mittel anziehend sein, die eine Flucht vor den höllischen Leiden des Entzugs versprechen. Wenn morphiumabhängige Mäuse (oder Ratten) plötzlich einen Entzug erfahren, erleben sie eine Nagetier-Variante des Abstinenz-Syndroms. Das Syndrom umfaßt Hyperaktivität, Zähneklappern, das Schütteln des Körpers wie ein nasser Hund, Speichelfluß, Ausfluß aus der Nase und laute Reaktionen bei jeder Berührung. Die Tiere erleben den Entzug gewöhnlich auf dem Boden ihres Käfigs. Wenn sie jedoch auf ein begrenztes Gebiet wie eine Plattform gesetzt werden, springen sie!

Die Mäuse springen, um den Unannehmlichkeiten des Entzuges zu entkommen. Ihr ganzes Trachten ist auf die Suche nach einem Ausweg aus der Umgebung gerichtet, in der dieser Entzug stattfindet. Wenn sie in einen vertikalen Zylinder gesetzt werden, springen die Mäuse, um die höchste Stelle zu erreichen und zu fliehen. Wenn der Zylinder oben abgedeckt oder erhöht wird und die Tiere so an der Flucht gehindert werden, hören sie auch auf zu springen. Das Springen ist keine durch den Entzug bedingte Handlung wie eine zielgerichtete Suche nach einem Ausweg aus einer unangenehmen Lage. Das Fortbestehen dieser Motivation kann einfach und zuverlässig an der Geschwindigkeit und der Anzahl der Sprünge gemessen werden; in offenen Zylindern, die gerade hoch genug sind, um die Tiere am Überklettern der oberen Kante zu hindern, springen einige süchtige Mäuse fünfzig Mal im Zeitraum von zehn Minuten.

Ein bevorzugter Fluchtweg ist der Rückfall. Aber auch hier wird das Verhalten größtenteils von der Umgebung bestimmt. Nach dem Morphiumentzug nehmen Ratten mit größerer Wahrscheinlichkeit wieder Morphium, wenn sie in die gleiche »heimatliche« Umgebung versetzt werden, in der sich die ursprüngliche Sucht entwickelte, als wenn sie in einer neuen Umgebung mit Morphium in Kontakt kommen. Es ist ebenfalls viel wahrscheinlicher, daß süchtige Menschen, die entgiftet sind und dann in die gleiche städtische Umgebung zurückkehren, wieder rückfällig werden, als solche, die in neue Gemeinden umsiedeln. Die heimatliche Umgebung kann sicher sein, wenn sich die Sucht an einem anderen Ort entwickelt hat. Soldaten, die in Vietnam heroinabhängig wurden, hatten niedrige Rückfallraten, nachdem sie in eine andere Umgebung in den Vereinigten Staaten zurückgekehrt waren.

Die zufällige oder absichtliche Überdosis bietet ein dauerhaftes Entkommen aus dem Zyklus der Sucht und des Entzuges, aber die Umgebung kann auch dabei wichtig sein. Todesfälle ereignen sich oft als Folge einer zufälligen Überdosis der Droge, die von einem gewohnheitsmäßigen Abhängigen als unbedrohlich eingeschätzt wurde. Manchmal folgt der Tod auf eine Dosis, die am vorangegangenen Tag vertragen wurde. Die individuell besonderen Reaktionen werden teilweise durch die Umgebung beeinflußt. Sehen wir uns an, was nach einer einzigen Dosis Heroin passiert, die 96 Prozent aller normalen Ratten tötet. Wenn süchtige Ratten in ihren gewohnten Käfigen diese Dosis erhalten, sind einige durch ihre Widerstandskraft geschützt, bei anderen veringert sich die Wirkung durch die früheren Erfahrungen mit nicht tödlichen Mengen; nur 32 Prozent sterben. Wenn die süchtigen Ratten dieselbe Dosis aber in einer neuen Umgebung erhalten, steigt die Todesrate auf 64 Prozent. Daraus kann geschlossen werden, daß tödliche Überdosen in ungewohnten Umgebungen häufiger auftreten als in der vertrauten Opiumhöhle oder im Schimpansen-Injektionsraum.

Veränderungen in der Zubereitung, der Dosis und der Verabreichungsmethoden sind ebenfalls für viele Todesfälle verantwortlich. Es gab zum Beispiel herzzerreißende Tragödien, als die relativ milden Mohnsamen-Milchgetränke, die in England im neunzehnten Jahrhundert zur Beruhigung von Kleinkindern verabreicht wurden, gelegentlich durch Laudanumsirup ersetzt wurden. Diese »beruhigenden« Sirups waren für Mütter und Babysitter hilfreich, aber die Sterblichkeitsrate unter Kindern, von denen viele die Sirups an ihrem ersten Lebenstag verabreicht bekamen, war erschreckend hoch. Die Sirups wurden weder einheitlich zubereitet noch genau dosiert verabreicht. Hunderte von Kleinkindern mußten sterben; Tausende litten unter Sucht- und Entzugserscheinungen.

Von Opiumextrakten zu Morphium und Heroin; von der Milch des Paradieses zum Rauchen und Injizieren der Essenzen; von Mammuts, die Mohnsamen fressen, bis zu neuen Techniken, Elefanten mit Wurfpfeilen zu fangen, die synthetische Opiate mit einem höheren Wirkungsgrad als Morphium enthalten; von Opiumessern, die den schmuddeligen Lebensverhältnissen der Slums im neunzehnten Jahrhundert entfliehen wollten, bis zu den heutigen Süchtigen, die nach einem Ausweg aus dem Elend des Entzugs suchen – die Kräfte, Versprechen und Probleme der künstlichen Paradiese sind noch immer lebendig.

In dem Roman *Twilight* erzählt der Autor Frank Danby die tragische Geschichte einer hochsensiblen Frau, die unter dem Einfluß von Morphium lebt. Während die Droge ihr wundervolle Visionen gewährt, verschwimmt ihre Realitätswahrnehmung mehr und mehr, und sie taucht in einen Dämmerzustand wie vor einem verzweifelten Schlaf. Die Tragödie spielte sich im wirklichen Leben von Elizabeth Siddal ab.

Lizzie Siddal hatte flammendrote Haare wie Keats. Ihre sinnliche und geistige Ausstrahlung wurde in den Gemälden ihres Mannes, Dante Gabriel Rossetti, festgehalten. Es heißt, sie habe das im neunzehnten Jahrhundert gültige Schönheitsideal verkörpert. Aber ihre Gesundheit war schwach – sie litt an Tuberkulose und einer Körperbehinderung durch Kinderlähmung –, und sie fühlte sich unsicher in ihrer Ehe mit dem berühmten Künstler. Rossettis Untreue bereitete ihr großes Leid und Depressionen. Sie griff immer häufiger zu Laudanum. Nachdem ihr erstes Kind tot zur Welt gekommen war, verfiel sie ganz der Sucht und nahm hundert Tropfen auf einmal.

Im Alter von achtundzwanzig Jahren ging sie mit einer Überdosis Laudanum ins Bett. An ihr Nachtgewand hatte sie eine Selbstmordnotiz geheftet. Einige Tage zuvor hatte sie unter dem Einfluß der Droge ein Gedicht geschrieben:

Leben und Nacht fallen von mir ab,
Tod und Tag sind für mich offen,
Wohin ich auch immer meine Schritte lenke,
Das Leben ist ein schmerzhafter, steiniger Weg.
   Herr, muß ich noch lange gehen?
Leere Herzen sind mir immer nahe,
Seelenlose Augen trösten mich nicht mehr:
   Herr, darf ich zu Dir kommen?
Leben und Jugend und sommerliches Wetter
Bereiten meinem Herzen keine Freude mehr:
Herr, hebe mich fort von diesem steinigen Pfad.
Geliebte Augen, schon lange im Tod geschlossen, wacht über mich –
Der heilige Tod wartet auf mich –
   Herr, darf ich heute kommen?
Mein äußeres Leben fühlt Trauer und Ruhe,
Wie Lilien in einem gefrorenen Rinnsal.

Ich starre nach oben in die Sonne,
Herr, Herr, und denke an das, was ich verloren hab'.
   O Herr, denk an mich!
Wie ist es in dem unbekannten Land?
Gehen die Toten dort Hand in Hand?
Schütteln wir tote Hände, und zittern wir
Auf ewig in unaufhörlicher Freude?
Ist die Luft angefüllt mit dem Ton
Der Geister, die kreisen und kreisen?
Sind dort Seen, aus dem endlosen Lied,
Auf denen unsere Augen ruhen können?
Nehmen große weiße Engel ihren Weg
Am Ufer entlang, wo sich die Lilien biegen?
Herr, wir wissen nicht, wie das sein mag;
Lieber Gott, wir schenken Dir unseren Glauben –
   O Gott, denk an mich.

Nach ihrem Tod malte Rossetti seine Frau als Dantes geliebte Beatrice, *Beata Beatrix.* Auf dem Gemälde ist Lizzie mit einem Vogel als Todesboten zu sehen, der eine Opiummohnblume in ihre Hände fallen läßt. Ihr Gesicht leuchtet im glückseligen Paradies des Opiumrausches. Wie ihr Gedicht sagt, ist es ein Paradies ohne Lachen.

Inzwischen hatten andere Menschen ihrer Zeit das Gefühl, eine Droge, die sowohl angenehme Visionen als auch Lachen erzeugt, sei besser als Opium. Sie wählten sich Haschisch und Marihuana als Fahrkarte ins Paradies.

Smaragdenes Lachen

Haschisch und Marihuana

1

»Das wird dir von deinem Anteil im Paradies abgezogen.«

Mit diesen Worten öffnete der Arzt eine kristallene Vase und entnahm ihr einen Teelöffel grünlicher Paste, die er jedem Gast reichte. Die Paste schmeckte nach Zimt und Nelken, gemischt mit Muskat, Pistazien, Zucker, Orangensaft und Butter. Die Färbung stammte von einem »Gewürz«, genannt Haschisch, dem Harz der Marihuana-Pflanze. Die Gäste kamen einmal im Monat zu dem Arzt, um diese als *dawamesc* bekannte Süßigkeit zu essen. Der Name war arabisch. Der Schauplatz war das elegante Hôtel Pimodan im Pariser Quartier Latin. Die Zeit war die Mitte des neunzehnten Jahrhunderts. Die Wirkungen überstiegen alle Grenzen von Raum und Zeit.

»Heute müssen wir vor Lachen sterben«, rief einer der Gäste aus, als er in Schluchzen ausbrach und ihm die Tränen das Gesicht herunterliefen.

Ein anderer Teilnehmer, der Romancier Théophile Gautier, sah erst einen bläulichen Schleier, dann Cherubimköpfe, die an der Decke erschienen. Sie »hatten ein so komisches Aussehen, solche fröhlichen und glücklichen Gesichter«, erklärte Gautier, »daß ich in ihre Ausgelassenheit einstimmen mußte.«

Der Salon füllte sich mit Visionen von den außergewöhnlichsten Gestalten, deren Grotesken das verrückteste Lachen hervorriefen. Alle schienen hysterisch lustig zu sein. Gautiers Gelächter brach hervor wie ein Donner: »Nein, das ist zu lustig; es ist genug. Mein Gott, mein Gott, was habe ich für einen Spaß! Immer mehr und immer mehr! Genug! Ich kann nicht mehr. ... Ho ho, ha ha, hi hi! Was für ein guter Witz, was für ein wundervolles Wortspiel! Halt! Ich ersticke! Ich kann nicht mehr atmen! Schaut mich nicht so an ... oder haltet mich fest, ich platze.«

Betäubendes Hohngelächter und dröhnendes Lachen anderer Mitglieder dieses verrufenen *Club des Haschichins* war aus den angrenzenden Hotelzimmern zu vernehmen, als die fröhliche Begeisterung ihren Höhepunkt erreichte. Charles Baudelaire, der diesen »Frohsinnsausbrüchen« beiwohnte, hielt es für zwecklos, sich gegen den Blödsinn zu wehren, der seinem unter Haschisch gesetzten Hirn entwich. Als das Lachen später seine Resonanz verlor, konnten sich die Gäste ausruhen und sich mit Staunen und Verwunderung den Visionen überlassen. Gautier erlebte die fließenden, ekstatischen Wonnen eines Rausches, der ihn in den Himmel und an den Abgrund des Entzückens führte. Er verbrachte, wie ihm schien, eine Ewigkeit im Paradies. Bei Baudelaire wich das unkontrollierbare Lachen einer Starre, dann entwickelte sich ein Gefühl der Ruhe, das so transzendental war, daß es ihn zu dem Schluß verleitete: »Es wird niemanden verwundern, daß ein letzter, höchster Gedanke aus dem Gehirn des Träumers hervorbricht: Ich bin Gott geworden!«

Über all das führte der Arzt und Psychiater Jacques Joseph Moreau sorgfältig Buch. Moreau fand heraus, daß die Wirkungen in einem direkten Verhältnis zur Dosierung des Haschischs standen. Kleine Dosen vermittelten seinen Gästen Glücksgefühle, denen Erregung folgte. Mittlere Dosen bewirkten, daß das Bewußtsein in Bewegung geriet und Ideen sich verselbständigten. Das Zeitempfinden dieser Gäste war gestört; sie gaben an, daß ihnen Minuten wie Stunden erschienen. Höhere Dosen schienen ihre Sinne zu schärfen, aber Gedanken und Gefühle zu vermischen. Nach dem Genuß von noch mehr Haschisch durchfluteten phantastische Bilder ihre Gehirne.

Moreau fand heraus, daß Haschisch die Eigenart besaß, jemanden in einen halluzinatorischen Zustand zu versetzen, während die Fähigkeit, Ereignisse zu beobachten und wiederzugeben, erhalten blieb. Er beschrieb Haschisch-Halluzinationen als traumähnliche Erscheinungen, in denen visuelle, auditive und taktile Reize ein Teil der Wirklichkeit zu sein schienen. Diese künstliche Welt war das Tor zwischen zwei Daseinsformen – der objektiven und der subjektiven –, und durch die Einnahme von Haschisch konnte jeder dieses Tor durchschreiten. Während Moreau durch die Verwendung der Droge die Sphäre der Geisteskranken, die irgendwo zwischen den beiden Zuständen steckengeblieben waren, verstehen lernen wollte, interessierten sich seine Gäste mehr für die Erkundung ihrer eigenen künstlichen Paradiese. Und wenn Moreau selbst mit Haschisch experimentierte, konnte auch er trotz seiner wissenschaftlichen Ernsthaftigkeit nicht aufhören zu lachen.

Er hatte Haschisch auf seinen Reisen durch arabische Länder kennengelernt. Damals bezeichnete man mit Haschisch die ganze *Cannabis*-Pflanze. Heute bezieht sich der Name auf die harzbedeckten Blüten oder Deckblätter der Pflanze, die die wirkungsträchtigsten Teile sind. Das klebrige Harz wurde früher einfach durch Reiben an der Pflanze gewonnen, modernere Verfahren gewinnen durch Sieben und Pressen das Harz aus der Pflanze.

Marihuana ist ein jüngerer Name, der sich vom mexikanisch-spanischen *mariguana* ableitet, was »berauschend« bedeutet und eine Mischung von Blättern, Blüten und Stengeln bezeichnet. Haschisch- und Marihuana-Präparate können gegessen, getrunken oder geraucht werden, obschon sie an den von Moreau besuchten Orten nur gegessen wurden.

Cannabis ist eine der wenigen Pflanzen, von denen Legenden *nicht* behaupten, sie wäre von Tieren entdeckt worden. Sie zieht jedoch Tiere wie Menschen an, wobei die meisten Tiere bei ihrer Versorgung auf den Menschen angewiesen sind. Nach der arabischen Legende strahlte die Pflanze eine Aura der Freude und Fröhlichkeit aus. Angeblich wurde die Pflanze im Jahre 1155 entdeckt. Haydar, ein asketischer Mönch und Gründer eines religiösen Sufi-Ordens, entdeckte die Pflanze, als er in der Hitze eines Sommertages tanzte. Er gewöhnte sich an, eine Tinktur der Pflanzenblätter in Wein zu trinken – ein Trunk, der Lachen bei ihm hervorrief. Bald tranken auch andere Sufis aus Haydars »Smaragd«-Becher.

Die mittelalterliche Muslim-Gesellschaft fand daran keinen Gefallen. Sie etikettierte jeden als berauscht, »dessen normale Sprache verworren ist und der sein verborgenes Geheimnis ausbreitet, oder jemand, der den Himmel nicht von der Erde oder die Länge nicht von der Breite unterscheiden kann«. Nach dieser Definition war jeder berauscht, der aus dem Smaragd-Becher getrunken hatte. Von Haschisch benommen in den Himmel zu gleiten, das war schlimm genug, aber auch noch aufrührerisch darüber zu lachen, das war nicht zu akzeptieren. Der Haschischrausch wurde verboten wie der Alkohol. Die Sufis wurden die Häretiker der arabischen Gesellschaft.

Die Sufis waren von der Gesellschaft ebenso isoliert, wie Haschisch nach gängiger Auffassung den Benutzer von seiner Vernunft isolierte. Da sich der Mensch durch die Vernunft von den irrationalen Tieren unterscheidet, glaubte man, daß Haschisch seine Benutzer in dumme Tiere verwandelte. Die Literatur der arabischen Welt stellte diese Thematik heraus. In *Tausendundeiner Nacht*, einer Märchensammlung, die die Haremsdame Scheherezade ihrem Sultan erzählt haben soll, gibt es Geschichten von Menschen, die unter dem Einfluß von Haschisch törichte Handlungen begehen. Eine Geschichte berichtet zum Beispiel von einem berauschten Fischer, der eine mondbeschienene Straße für einen Fluß hielt und einen Hund für einen großen Fisch, den er zu fangen versuchte.

Diejenigen, die weiterhin Haschisch benutzten, wurden gewarnt, daß die Droge sie vernichten könne. Zur Illustration dieser Warnung legte ein Weiser Haschisch auf ein Stück Leber und ließ es dort eine Weile liegen. Die Leber war bald durchlöchert wie ein Schwamm. Es war ein einfältiges Experiment, aber eine eindrucksvolle Demonstration, die den Massen in Erinnerung bleiben würde, ähnlich wie die moderne Fernsehwerbung darstellt, daß durch Drogen die Gehirnzellen zerstört werden wie Eier in einer Bratpfanne. Die Benutzer wurden auch gewarnt, daß Haschisch stark genug sei, um einen Löwen in einen Käfer zu verwandeln und daß nur ein so dummes Tier wie ein Ochse von einer solchen Pflanze fräße. Demnach erschien Haschisch nur als Tierfutter geeignet, als Appetitanreger und Mästhilfe. Den Tieren war es erlaubt, die Droge zu fressen, weil sie sowieso törichte, irrationale Kreaturen waren, die nicht lachten. Aber sie wurden berauscht.

Die Geschichten, die wir über Tiere sammelten, die einen Rausch aufgrund des Genusses von Haschisch, Marihuana oder einer anderen Form von *Cannabis* hatten, hätten es Scheherezade ermöglicht, das Garn ihrer Märchen weitere eintausendundein Nächte lang zu spinnen. Die Berichte enthalten auch Beschreibungen von Benutzern über die Eigenarten ihrer Haustiere nach einem Marihuanagenuß. Katzen reagieren anfänglich verspielt und aufgeregt wie auf Katzenminze und schlafen dann ein. Hunde verfolgen nichtexistierende Gegenstände und schlafen ein, um dann während ihrer »Träume« zu stöhnen und zu zucken. Kühe sind zufriedener. Und Käfig-Leguane arbeiten für mexikanische Indianer als Marihuana-»Uhren«. Der Leguan wird in die Mitte eines Kreises von Rauchern gesetzt. Wenn er unter der Einwirkung des Rauchs umfällt, wissen die Beteiligten, daß es Zeit ist, aufzuhören.

Je höher der phylogenetische Status des Tieres, desto übertriebener – und zweifelhafter – scheinen die Berichte zu werden. Ein Benutzer teilte sein Marihuana mit seinem zahmen Schimpansen, der im Rausch angeblich zu »tanzen« begann. Ein anderer zahmer Schimpanse ahmte seinen menschlichen Halter Zug um Zug nach, bis beide zu berauscht waren, um weiterzumachen. Wenn aber eine Superdosis konsumiert wurde, so beteuert der Halter eines Schimpansen in einem Brief an den Herausgeber der *High Times*, äußert das Tier verschiedene unterscheidbare englische Wörter! Der Eigentümer war ehrlich genug zuzugeben, daß sein eigener Rauschzustand möglicherweise seine Wahrnehmung beeinflußt hatte.

Wir wissen, daß Tiere mit Marihuana gefüttert werden oder zufällig die Vorräte ihres Eigentümers fressen. Aber verlangen Tiere von sich aus nach dem berauschenden Kraut? Diese Frage ließ mich an die vielen Cartoons denken, in denen Tiere menschlichen Konsumenten nachempfunden sind. Einer dieser Cartoons, in Wirklichkeit eine Anzeige für ein elektrisches Gerät, das Marihuana in Haschisch verwandelt, zeigte eine Katze und verschiedene andere Tiere, die einen Joint rauchen und lachen. Im Jahre 1974 fand ich mich selbst in einem lebendigen Cartoon mit einem solchen Tier wieder. Ich dachte, es handelte sich um ein Nagetier, obwohl es keinen Namen hatte und zunächst nicht einmal identifiziert werden konnte. Es war nur ein Verdächtiger, der angeklagt war, aus einem Polizeilagerhaus in San Jose, Kalifornien, konfisziertes Marihuana entwendet zu haben. Beweisproben mit Marihuana waren aufgebrochen, und der Inhalt war zerstreut worden oder fehlte. Obwohl die Polizei wegen der verschwundenen Beweisstücke verwundert und irritiert war, war die Vorgehensweise dieses Verdächtigen ähnlich wie in den anderen Fällen, von denen ich gehört hatte. Ratten oder Mäuse wurden ebenfalls verdächtigt, an ähnlichen Aktivitäten im Bexar County-Rathaus in San Antonio und in Polizeirevieren überall im Lande beteiligt gewesen zu sein.

Kabeldienste und Lokalzeitungen griffen viele dieser Fälle enthusiastisch auf, bei denen es um »betrunkene«, »glückliche«, »süchtige«, »beschwipste«, »betäubte«, »abgefahrene«, »high« gewordene, »zugekiffte«, »drogenverrückte« oder sonstwie berauschte Nagetiere ging. Die Ratten von San Antonio sollen »auf einem Fahnenmast geschaukelt« haben. Eine Maus wurde beobachtet, die nach einer Mahlzeit von beschlagnahmtem Marihuana, das im Büro des Bezirksstaatsanwalts von Sequoyah County in Oklahoma aufbewahrt wurde, herumtaumelte. *Time* veröffentlichte einen Cartoon mit dem »glücklichen« und »phantasierenden« Nagetier.

Die meisten dieser Beschreibungen, wenn nicht sogar alle, können als Beispiele für journalistische Übertreibung und humoristische Anwandlungen abgetan werden. Da jedoch noch niemand eins dieser Tiere gefangen oder wirklich beobachtet hatte, war der Verdächtige von San Jose zu nahe an meinen Laboratorien in der UCLA, um einfach ignoriert zu werden. Ich wollte wissen, warum das Tier so enorme Mengen Marihuana fraß. War es berauscht? Süchtig?

Der Verdächtige, eine liebenswerte Feldmaus mit dem Spitznamen Marty Mouse, hatte sich einen Weg durch Kartons mit Beweismitteln geknabbert, bevor er in großen Ziegeln aus konfisziertem Marihuana sein Nest baute. Er wurde mit einer Marihuana-und-Erdnußbutter-Falle gefangen. Nachdem ihn die Polizei von San Jose geschnappt hatte, eroberte Marty die Schlagzeilen der ganzen Welt. Ich brachte ihn trotz der Proteste eines »Befreit Marty«-Fanclubs, der mit T-Shirts und Autoaufklebern ausgerüstet war, in mein Labor an der UCLA. Marty war von einem Richter in San Jose dazu verurteilt worden, nach meinen Versuchen sein Leben als Polizeimaskottchen zu fristen. Während die Fans bei Präsident Ford um eine Begnadigung nachkamen, begann ich mit den Versuchen.

Die Ergebnisse? Marty fraß bereitwillig Marihuana-Samen, ein besonderer Genuß für Vögel, Nagetiere, Weidevieh und sogar Fische. Reich an genießbaren Ölen, aber arm an psychoaktiven Cannabinoiden, veränderten die Samen Martys Verhalten nicht, solange er außerdem noch das normale Laborfutter bekam. Als er auf eine reine Marihuana-Diät beschränkt wurde, fraß er erst die Samen und dann die anderen Teile der Pflanze. Marty wird den anfänglichen Geschmack der Marihuana-Blätter und -Stengel nicht gemocht haben, aber es war die am wenigsten bittere und bei weitem nährstoffreichste Substanz, die er in seinem Gefängnis bekommen konnte, und sie versorgte ihn mit Proteinen, Zucker, Aminosäuren, Kalorien und ein oder zwei Vitaminen. In seinem Kasten benötigte er nur wenige Gramm Marihuana; den größten Teil des »Grases«, das er nahm, verwendete er als Material für den Nestbau.

Jetzt, im Labor, versorgte ihn das Marihuana gleichermaßen mit Nährstoffen wie mit beträchtlichen Mengen psychoaktiver Ingredienzien. Er verfolgte eine relativ sichere Ernährungsstrategie, indem er mehr Samen und Stengel als Blätter fraß. Dennoch begann sich sein Verhalten zu ändern. Er erschien ruhiger und weniger aktiv. Der Zähler an dem in seinem Käfig angebrachten Laufrad belegte ein deutliches Sinken der täglichen Aktivität. Seine Stimmung wurde unberechenbar: zunächst ruhig und zurückgezogen, dann reizbar und aggressiv. Sein Kopf wackelte häufig in der Art, die bei Nagetieren Halluzinationen anzeigt. Er schlief mehr und schien nicht interessiert an der Fortpflanzung mit der Labormaus Mary Jane – die so genannt wurde, um die Teilnehmer an regelmäßig wegen Marty abgehaltenen UCLA-Pressekonferenzen zu befriedigen. Als Marty wieder auf eine Mischdiät von Laborkost und Marihuana gesetzt wurde, fraß er weiterhin das Futter und die Samen und nagte nur selten an den anderen Teilen der Pflanze. Er zeigte das experimentelle Interesse an Drogenpflanzen, das oft eine Begleiterscheinung von Vertrautheit ist. Sein Verhalten wurde wieder lebendiger, obwohl das merkwürdige Kopfwackeln auszudrücken schien, daß er Geschmack an den psychoaktiven Wirkungen gefunden hatte.

Ich war versucht, daraus zu folgern, daß Marty Marihuana sowohl als Nahrungsmittel wie auch als Droge benutzte, aber er war nur ein einzelnes Tier. Abgesehen vom typischen Flair solcher Haustiergeschichten war ich unsicher, ob er nur ein eigenartiges Verhalten zeigte oder eine allgemeine Wertschätzung für die nährenden und pharmakologischen Wirkungen von Marihuana. Obwohl ich ihn an die Polizei von San Jose zurückgeben mußte, war ich nun begierig darauf, andere Tiere zu beobachten, um mehr über die Anziehungskraft von Marihuana herauszufinden.

Ein gelegentlicher Genuß von Marihuana wird von Tieren wie Marty vertragen, aber ein regelmäßiger Gebrauch – manche nennen das Mißbrauch – soll die Mungos auf Hawaii in verrückte Biester verwandelt haben. Mungos sind übelriechende, unbeliebte Fleischfresser, die in verheerendem Ausmaß alles, was ihnen über den Weg läuft, fressen, sogar die eigenen Artgenossen. Marihuana-Pflanzer auf Maui hatten den Verdacht, daß diese Banditen auch die Felder verwüsteten, geerntete Pflanzen vernichteten und in die Häuser eindrangen, um nach mehr zu suchen. Der Verdacht gegen die Mungos wurde durch Proben von Mungokot belegt, in denen sich Marihuana-Samen befanden.

Die Pflanzer luden meine Forschungsgruppe ein, Beobachtungen anzustellen, und wir setzten Zeitrafferkameras ein, um die Aktivitäten auf jedem Feld aufzuzeichnen, auf dem wir Mungokot fanden. Obwohl der Mungo nur am Tage aktiv ist, waren die Kameras auch mit lichtverstärkenden Geräten ausgestattet, um das nächtliche Geschehen aufzuzeichnen – als Gefälligkeit gegenüber unseren Gastgebern, die den Verdacht hatten, es könne sich auch um menschliche Banditen handeln. Einige Pflanzen waren angeblich von Mungos oder herumschleichenden Menschen herausgerissen worden und für immer verschwunden. Die wirklichen Eindringlinge waren jedoch auf der Liste der Verdächtigen nicht vertreten.

Rattus rattus: Ratten! Im Schutz der Dunkelheit raubten Ratten den Pflanzen die Samen. Bei Sonnenaufgang wurden einige Nachzügler, die immer noch fraßen oder vielleicht durch den Rausch langsamer geworden waren, von den Mungos auf ihren morgendlichen Patrouillen aufgegriffen. Blitzschnell packen die Mungos eine Ratte oben am Kopf und brechen ihr hörbar die Hirnschale. Die Mungos ignorierten das Marihuana; die Samen in ihrem Kot stammten von den Frühstücksratten.

Nicht jede Feldbeobachtung läuft wie geplant ab. Die Mungos jedenfalls waren nicht berauscht. Und die Langsamkeit der Ratten könnte auch auf die Versunkenheit beim Fressen statt auf den Rausch selbst zurückzuführen sein. Aber unsere Kameras fingen auch einen Spatzenschwarm ein, der über die Pflanzen herfiel, nachdem die Samen ausgebildet waren, und innerhalb weniger Minuten alle Samen von den oberen Zweigen raubte. Statt herunterzufallen, schienen die Vögel durch die Samen aufgeregt und stimuliert zu sein.

Diese Vorliebe der Vögel für Marihuana-Samen hat Tausende von Jahren überdauert. Wenn samenfressende Vögel die Gelegenheit hatten, sich an Marihuana-Samen gütlich zu tun, taten sie das mit Appetit. Die Wissenschaftler zu Moreaus Zeit berichteten, daß Vögel, die Hanfsamen fraßen, erotische Neigungen bis zum Punkt der »Erotomanie« entwickelten. Moderne Taubenzüchter nennen sie »Taubenbonbons« und behaupten, daß sie jede Taube in eine erfolgreiche Zuchttaube verwandeln. Aber Menschen haben Hanfsamen schon zu den Zeiten der alten Griechen und Römer als Aphrodisiakum verwendet, also handelte es sich wahrscheinlich wieder einmal um einen überschwenglichen Anthropomorphismus? Vogelbesitzer und Marihuanapflanzer behaupten das Gegenteil; sie halten daran fest, daß Hanfsamen bei den Vögeln einen leichten Rausch hervorrufen. Die Besitzer berichten, daß ihre Papageien und Sittiche mehr sprechen; Edelsittiche sind zutraulicher; und Singvögel singen besser, wenn sie die Samen bekommen.

Die Vögel singen aus sehr guten ernährungsphysiologischen und pharmakologischen Gründen. Die Samen sind reich an Fettsäuren und Öl, die den Vogelfedern ihren schimmernden Glanz geben, ferner enthalten sie überreichlich Kalorien, die dem hochenergetischen Stoffwechsel zugutekommen. Kleine Mengen von Cannabinoiden, darunter Tetrahydrocannabinol (THC), der Bestandteil, der für die meisten psychoaktiven Wirkungen bei Menschen verantwortlich ist, sind auch in den Samen und in den grünen, die Samen umgebenden Gummikelchen vorhanden. Wenn Vögel nur einen Teelöffel dieser Samen fressen, profitieren sie von den Nährwerten und konsumieren gleichzeitig genügend Cannabinoide, um auch unter die Wirkung der stimulierenden Eigenschaften zu geraten.

Ich entschloß mich, die Wirkungen dieser Taubenbonbons näher zu betrachten, und deshalb suchte ich – ich studierte damals noch – Mr. Nodell auf. Alan Nodell war der örtliche Taubenzüchter, der die Psychologische Abteilung der Dalhousie Universität in Halifax mit Haustauben versorgte. Einige von ihnen stammten von Tauben ab, die einst Botenflüge für die Königliche Kanadische Luftwaffe gemacht hatten. Mr. Nodell war ein freundlicher, grauhaariger Mann mit einem auffällig breiten Brustkorb. Seine dicken Brillengläser korrigierten seine Kurzsichtigkeit nur geringfügig, und ich war auch nach Jahren der Bekanntschaft noch unsicher, ob er mich erkannte. Er hatte immer vier oder fünf zerschlissene Mäntel an, von denen jeder zergerissen genug war, daß man den nächsten Mantel darunter erkennen konnte. Durch die schweren Mäntel, die er sogar in den milden Sommern von Nova Scotia trug, glich er, wenn er um seine Taubenschläge herumwatschelte, einer großen, bebrillten Taube. Mr. Nodell hatte mir alles über die Geschichte des Taubenbonbons erzählt, obwohl er sie für seine fünf Brutkäfige nicht mehr bekommen konnte. Als ich ihm einige Säcke mit Marihuanasamen zeigte, mit freundlicher Genehmigung der Abteilung für Narkotika der Vereinten Nationen, füllten sich seine Augen mit Tränen, und er gab mir bereitwillig die Erlaubnis, in einem Taubenschlag Fütterungsversuche mit Haustauben durchzuführen.

In Laborversuchen mit Tauben, die in Käfigen gehalten werden, hatte ich bereits herausgefunden, daß sie Hanfsamen allen anderen gewöhnlichen Samenarten vorziehen. Nach dem Fressen wurden die Tauben routinemäßig in kleine Käfige gesetzt, in denen ihre Bewegungen elektronisch aufgezeichnet wurden. Die Steigerung der Aktivität stimmte mit den vorhergesagten Stimulanzwirkungen überein. Ich war besorgt, weil die Verhaltensprinzipien, die ich untersuchte, in Taubenversuchen von B. F. Skinner aufgestellt worden waren, der seine Vögel mit einer zehnprozentigen Hanfmischung gefüttert hatte. Er war sich der psychoaktiven Eigenschaften dieser Samen nicht bewußt gewesen, und ich fragte mich, in welchem Maße die Grundlagen der Skinnerschen Psychologie etwas mit dem Drogeneinfluß zu tun hatten. Die Lösung einfacher Aufgaben wie das Pikken von einer kleinen erleuchteten Platte schienen nicht beeinträchtigt zu sein, aber ich *wußte*, daß die Tiere auf eine subtile Weise verändert waren. Ich wollte nun sehen, was in einer sozialen Umgebung passiert, in der komplexes Verhalten oft empfindlicher auf Drogenwirkungen reagiert.

Die Population des Taubenschlages bestand aus je 60 Hähnen und Hennen. Es gab verschiedene Paare, die in Nistboxen Eier bebrüteten oder Küken aufzogen. Alle hatten Zugang zu einem gemeinschaftlichen Futterkasten mit gemischtem Getreide, Haferschrot und Wasser. Ich suchte mir ein Versteck in dem geräumigen Verschlag und führte meine Untersuchungen über mehrere kalte Wintermonate hinweg durch. Bald verstand ich auch den Grund für Mr. Nodells viele Mäntel. Da ich einen grauen Thermoanzug tragen mußte und eine Gasmaske, um den Taubenstaub herauszufiltern, der verschiedene Erkrankungen der Atemwege verursachen kann, sah ich einer Taube noch ähnlicher als Mr. Nodell.

Anfänglich wurde ein allen zugänglicher Trog einmal täglich mit einer genau bemessenen Menge Hanfsamen gefüllt – und von den Vögeln in kürzerer Zeit geleert, als ich zum Auffüllen brauchte. Ich versuchte, ausgewählten Tauben individuelle Portionen in ihren privaten Kästen zu verabreichen, aber es war zu schwierig, die anderen Vögel fernzuhalten. Also entfernte ich einzelne Tauben aus dem Verschlag, fütterte sie getrennt von den anderen mit Hanfsamen und ließ sie dann in den Schlag zurückkehren. Die hanfgefütterten Vögel waren deutlich einfacher zu handhaben als die anderen. Sie schienen mehr freudige Rufe und Gurrtöne auszustoßen. Gleichzeitig blieben sie aufgrund der stimulierenden Wirkungen der kleinen THC-Mengen in den Samen mobil und lebhaft. Sie näherten sich mir sofort, wenn ich aus meinem Versteck auftauchte. Wenn ich einen ausgewählten Vogel in die spezielle Fütterungszone brachte, versuchten andere Vögel mir zu folgen – ich war ein Rattenfänger geworden, der Taubenbonbons versprach.

Da die Samen das Verhalten nur wenig veränderten und Skinners Daten abgesichert schienen, erhöhte ich die Dosis, indem ich den Tauben einen konzentrierten *Cannabis*-Extrakt injizierte; andere bekamen eine Kontroll-Injektion mit einer Salzlösung. Niedrige Dosierungen wirken anregend, hohe dagegen eher beruhigend. Die *Cannabis*-behandelten Tauben blieben fügsam und waren leicht zu handhaben, möglicherweise zu sanft, da sie sich aus den sozialen Interaktionen im Taubenschlag zurückzogen. Sie verbrachten weniger Zeit mit ihren Partnern und Küken, putzten sich aber länger. Sie flogen auch weniger und kämpften infolgedessen seltener auf den allgemein zugänglichen Plätzen mit anderen Tauben. Nach Absetzen der Injektionen verschwanden diese Veränderungen schrittweise wieder, und nach drei bis vier Tagen war im Taubenschlag alles wie zuvor. Wenn Hanfsamen angenehme Bonbons waren, dann war *Cannabis*-Extrakt ein krankmachender Sirup – die Tauben kamen nicht mehr hinter mir her. Aus diesen Versuchen schloß ich, daß die niedrigen Dosen Marihuana-Samen die Vögel offenkundig auf eine nahrhafte und angenehme Weise stimulierten, und sie schienen das zu wissen. Und ich war ebenso fest davon überzeugt, daß die hochdosierten Injektionen einen Mißbrauch darstellten und sich keine Taube absichtlich solche Mengen verabreichen würde, selbst wenn sie in der Natur zugänglich wären.

2

Die *Cannabis*-Pflanze sorgt selbst für die natürliche Kontrolle ihres Gebrauchs und die Verhinderung von Mißbrauch durch Tiere. Kaninchen, Maulwürfe, Eichhörnchen, Murmeltiere und Waschbären fressen die Setzlinge, sehr zum Mißvergnügen der Pflanzer. Diese Tiere scheinen von den kleinen THC-Mengen in den heranwachsenden Pflanzen keinen Rausch zu bekommen. Wenn die Pflanzen wachsen, bekommen sie harte, faserige Stengel, die diejenigen Angreifer abwehren, bei denen großer Konsum Auswirkungen auf ihr Verhalten zeigen würde. Wenn sie voll entwickelt sind, haben die Pflanzen andere Abwehrmittel. Reife Pflanzen strömen einen charakteristischen Geruch aus, gegen den viele Tiere eine Abneigung haben und der sie von den besonders berauschenden THC-Mengen abhält, die sich zu dieser Zeit entwickeln. Das Aroma wird von borstigen Drüsen hervorgebracht, die sich wahrscheinlich in der Wildnis entwickelt haben, um die Frucht vor Pflanzenfressern zu schützen. Die Drüsen produzieren das meiste THC und andere Cannabinoide in Form von Harzen. Die Harze verströmen mindestens siebzehn Chemikalien um die Pflanze herum in die Luft und sorgen für einen Duft, der nicht nur zu riechen ist, sondern auch berauschend wirkt. Bauern, die auf Hanffeldern arbeiten, haben Kopfschmerzen, Schwindelgefühle, Verwirrtheit und Wahnanfälle erlebt. Während dieser Geruch einige potentielle Pflanzenfresser abschreckt, zieht er viele andere an.

Im Jahre 1951 folgte eine mit Pferden und Maultieren ausgerüstete griechische Infanterieeinheit ihrem Führer auf eine Weide mit wildem *Cannabis indica*, einer besonders wirksamen Hanfart. Nachdem sie nur einige Minuten gegrast hatten, wurden die Tiere von einem plötzlichen Unwohlsein befallen. Sie schienen berauscht zu sein: Einige zitterten, waren kalt und schweißbedeckt; einige hatten Schaum vorm Maul; die meisten fielen hin. Acht Pferde und sieben Maultiere standen nie wieder auf; sie starben innerhalb von dreißig Minuten. Diese Tiere hatten ihre erste Begegnung mit Marihuana nicht überlebt.

Diejenigen, die solche Vorfälle durch die Befolgung der für Pflanzenfresser richtigen Ernährungsstrategien überleben, können zu regelmäßigen Besuchern der Pflanzen werden und ihren Konsum ohne Mißbrauch fortsetzen. Auf Hawaii fressen Kühe und Pferde bestimmte Marihuanablumen, die sie leicht ins Schwanken bringen, aber von ihnen ansonsten gut vertragen werden, weil die Blüten nur wenige Wochen im Jahr verfügbar sind. Auf osteuropäischen Hanffeldern fressen Lämmer immer wieder von den Pflanzen und verhalten sich »ausgelassen und verrückt«. Sie überleben, weil ihre Mahlzeiten mit anderen Weidepflanzen vermischt sind, woraus sich eine niedrige Dosierung ergibt. Rentiere dringen auf die Marihuanafelder in Nordamerika vor, und Affen fallen über die in Südamerika her. Beide Tierarten vertragen Zwischenmahlzeiten dieser Pflanze, weil sie die weichen, jüngeren und weniger wirksamen oberen Blätter wählen. Die Marihuanapflanzer sind über diese hungrigen Besucher nicht glücklich und achten ständig auf Anzeichen für ihre Anwesenheit. Die zerstörerischsten Feinde sind jedoch die Ameisenarmeen und die Horden fliegender und krabbelnder Inseken, die über die Pflanzen herfallen, ob sie nun auf Feldern unter freiem Himmel wachsen oder in geschützten, überdachten Gärten. Wir fanden sie sogar in einem der bestgeschützten Cannabis-Kultivierungsgebiete der Welt, dem Rapti-Tal in Nepal.

Das Rapti-Tal ist ein dichter Dschungel hoch oben im Himalaya, wo den Legenden nach Lebewesen die biblische Sintflut überstanden. Bewohnt von Leoparden, Schlangen und Giftspinnen ist dieses Tal gegen die meisten Eindringlinge gut geschützt. Seit Menschengedenken wächst hier in großen Mengen ein harzreiches *Cannabis.* Die Eingeborenen sammeln dort das Haschisch immer noch auf die traditionelle Art. Sie legen ihre Hände wie zum Gebet zusammen, halten die harzreichen Zweige zwischen den Handballen und reiben sie sanft hin und her. Ihre Handballen sind bald schwarz vom Haschisch, das dann in glänzende Kugeln in der Größe von Golfbällen zusammengerollt wird.

Unsere Beobachter erwarben diese nepalesischen »Tempelbälle« in den frühen siebziger Jahren, bevor der Verkauf verboten wurde. Wenn der üppige Pflanzenwuchs in dem Tal noch nicht genügend an das Paradies erinnerte, dann besorgten das gewiß die Namen der in Katmandu ansässigen Hotels und Unterkünfte. Die Kugeln wurden im regierungsabhängigen Eden Hashish Centre verkauft, nahe beim Eden Hotel und Restaurant. Das Hotel verfügte über einen Heavenly Pleasure Room (Saal des Himmlischen Vergnügens), in dem Haschisch und dort wachsende Arten von Marihuana geraucht werden konnten. Statt zu rauchen, sezierte unser Team mehrere Kilo Haschisch unter einem Mikroskop. Die königlichen Tempelbälle, hergestellt aus dem wahren »Nektar der Götter«, waren voller Käfer!

Kleine Stücke zerriebener Insekten hatten sich im klebrigen Harz verfangen, bevor die Pflanze geerntet wurde. Der Haschischhändler weigerte sich ebenso heftig, zu glauben, was er durch unser Mikroskop sah, wie die Priester, die durch Galileis Teleskop geschaut hatten. Die Götter hatten dem Menschen die Hanfpflanze geschickt, damit er Vergnügen empfangen sollte. Man brauchte keine Linse, um zu wissen, daß der Nektar rein war – wie man auch keinen Beweis dafür brauchte, daß die Erde der Mittelpunkt des Universums war. Die Pflanzer waren schon eher bereit, Insektenprobleme bei ihren Pflanzen zuzugeben, aber sie behaupteten, daß offenkundig befallenene Pflanzen in diesem Garten Eden, in dem *Cannabis* in solchem Überfluß wächst, einfach aussortiert würden. Sie schoben die Schuld an unseren Funden auf die gierigen Händler, die dem schnellen Profit die traditionelle Qualitätskontrolle geopfert hätten.

Die meisten Pflanzer in Nord- und Südamerika können es sich nicht leisten, Pflanzen wegzuwerfen. Sie müssen die Insekten bekämpfen, ein Kampf, der sich zu einer endlosen Serie von Schlachten ausgewachsen hat. Selbst auf der Marihuana-Pflanzung der Universität von Mississippi, einem kleinen von der US-Regierung finanzierten Rapti-Tal, zerstörten in den ersten Jahren des Kultivierungsprogramms rote Ameisen einen großen Teil der Pflanzen.

Journalisten und Marihuana-Liebhaber übertrafen sich in Spekulationen über diese »berauschten« Insekten und erhoben sie in den Status von Menschen, die bewußt nach den Wirkungen streben. In Artikeln wurde Witze gemacht über »bedröhnte Bienen«, die von *Cannabis*-Pollen angelockt werden, die reich an Cannabinoiden sind. Der Bienenhonig, der dann eingesammelt und untersucht wurde, wies Spuren von THC auf, aber es gibt keinen Beleg dafür, daß die Bienen durch ihre Nahrung beeinträchtigt werden. Die Vereinten Nationen untersuchten die Gewohnheiten von Marihuana-verzehrenden Insekten und bekräftigten die These, daß der Rausch für diese Schmarotzer kein Problem darstelle. Die Insekten konsumieren die Pflanzen als Nahrungsmittel und scheinen, auch wenn sie größere Mengen zu sich nehmen, immun gegen die pharmakologischen Wirkungen zu sein.

Grashüpfer sind jedoch beeinträchtigt, wenn sie Marihuana fressen. In der Tschechoslowakei traf ich einen alten Hanfbauern, der mir Märchen von Grashüpfern erzählte, die aufgrund des Marihuanas spektakulär hohe Sprünge machen konnten. Er zeigte mir einen kleinen Flecken mit wilden Pflanzen, wo ich kampieren und es mir selber ansehen konnte. Als ich mich eingerichtet hatte, die Pflanzen mit dem Mikroskop und der Kamera zu bespitzeln, begannen russische Soldaten von einem nahegelegenen Hügel aus, jede meiner Bewegungen zu beobachten.

Ich hatte gelesen, daß der Duft des europäischen Hanfs stimulierend genug ist, um Euphorie hervorzurufen. Das war der Grund, weshalb die Hanfernte immer mit geselligen Feiern, Tanz und sogar erotischen Spielen verbunden war. Die Vorfahren meiner russischen Aufseher benutzten eine mit Haschisch hergestellte Süßigkeit, *guc-kand*, um Frauen in eine »glückliche Stimmung« zu bringen, Kinder vom Schreien abzuhalten und junge Knaben vor der Beschneidung in einen schmerzlosen Schlaf zu versetzen. Sie verwendeten auch einen »glücklichen Haferbrei« aus Haschisch als starkes Aphrodisiakum. Fast wünschte ich mir jetzt, daß die Soldaten, die ebenso nervös wie ich zu sein schienen, eine Duftwolke dieser glücklichen Pflanzen einatmen könnten, die allmählich meine Stimmung veränderten. Ich war leicht berauscht. Aber falls ich keine Negativ-Halluzinationen hatte – das heißt, Dinge nicht gesehen habe, die in Wirklichkeit da waren – habe ich keinen einzigen Grashüpfer gesehen. Statt dessen entdeckte ich eine weitere Wirkung von Marihuana: Paranoia. Ich war zum Arbeiten einfach zu nervös. Ich winkte dem Bauern zum Abschied zu. Die russischen Soldaten winkten zurück.

Einige Jahre später befand ich mich auf einem anderen Marihuana-Fleckchen. Es bestand aus zweihundert Pflanzen, die zwischen Getreidereihen im mittleren Westen der Vereinigten Staaten versteckt waren. Es war Sommer, und die Grashüpfer sprangen. Und sie fraßen Marihuana! Aber wenn die Vereinten Nationen je mit dem Gedanken gespielt hatten, die Grashüpfer wie mosaische Plagen zur Vernichtung von Marihuana auszusenden, müßten sie sich einen wählerischeren Schädling suchen. Die Grashüpfer fraßen fast alles, auch Getreide und hohe Gräser. Ich beobachtete einige, die ungewöhnliche Sprünge von den Marihuana-Blättern machten. Obwohl ihre Sprünge nicht die Höhe der tschechischen Märchen erreichten, waren sie unberechenbar: Sie sprangen wiederholt, in schneller Folge, und ohne ein besonderes Ziel. Nachdem ich einige mit einem Netz eingefangen hatte, entdeckte ich, daß der Grund dafür ein mechanischer und kein biochemischer war. Die Beine der Grashüpfer hatten etwas klebriges Harz von den Marihuana-Blättern angenommen, wodurch der Sprungmechanismus verklebt und auch die Stärke des Zirpens verringert wurde, das sie durch die Reibung der Beine hervorbringen. Bei den Reinigungsbemühungen der Tiere blieben Harzteile an den Fühlern und den Hörorganen an ihrem Hinterleib hängen, was ihr Verhalten noch mehr irritiere. Die Grashüpfer litten an beklagenswerten Nebenwirkungen, ohne daß sie in den Genuß der angenehmen Hauptwirkung, eines fröhlichen Rauschs, kamen.

Es war unüblich, daß andere Insekten diese freiwachsenden Pflanzen besuchten. Ich hatte auf Marihuana, das in Gewächshäusern heranwuchs oder auch in der geschützten Umgebung von Hydrokulturen in geschlossenen Räumen, mehr Schädlinge gesehen. Eine eingehende Untersuchung enthüllte die überraschende Ursache. Assassin – Mörder! Unter den buschigen Blättern versteckten sich breite, wie Boote geformte Käfer mit kleinen Rüsseln. Diese Jäger, zur Familie der Assassinen gehörig, ernähren sich von anderen Insekten, indem sie ihre Rüssel durch die Haut des Opfers bohren. Ihre Bisse sind schnell; es dauert länger, das Blut der Opfer auszusaugen. Andere Mitglieder der Assassinenfamilie sind als maskierte Jäger bekannt. Diese ruhigen Attentäter können, mit ein paar Fusseln getarnt, in Ihr Bett schlüpfen. Wenn sich keine Bettwanze für eine schnelle Mahlzeit anbietet, können diese Jäger Ihren Lippen im Schlaf schmerzhafte Bisse zufügen. Daher kommt ihr zweiter Name: Kußkäfer. Einige Assassinen werden als Zapfennasen bezeichnet, weil ihr Kopf und die Freßwerkzeuge zapfenartige Ausformungen bilden, die an typische Dummköpfe in Cartoons erinnern. Doch der Tod und die Krankheiten, die sie verbreiten, sind nicht zum Lachen. Wenn überhaupt eine Käferart die Mischung von Liebe, Tod und Lachen verkörpert, um die sich *Cannabis*-Legenden gewöhnlich ranken, dann sind das diese Assassinen.

Die Assassinen-Käfer waren genauso von *Cannabis* berauscht wie die Mörder, die zu der gleichnamigen religiösen Sekte im alten Persien und Syrien gehörten. Der

Führer dieser Sekte war Hasan-ibn-Sabah, ein charismatischer schiitischer Gelehrter, der als »alter Mann aus den Bergen« bekannt ist. Hasan bildete seine terroristischen Kämpfer in einer Bergfestung aus und versprach ihnen für ihre Dienste den Zugang zum Paradies. Nach Marco Polos Berichten und verschiedenen späteren Darstellungen befand sich in der Festung ein Gartenparadies, in dem der Rekrut mit einer Haschischportion versorgt wurde und das künstliche Paradies mit sinnesfrohen Mädchen auskosten durfte. Danach wurde er dem alten Mann vorgeführt, der versprach, ihn wieder in den Garten zu lassen, sobald seine Befehle ausgeführt worden seien.

Die Sektenmitglieder nannten sich selbst *fidais*, die Aufopferungsvollen; ihre Feinde nannten sie Assassinen, ein abfälliger Name für laute, unbeherrschte Menschen, der sich aus dem arabischen Wort *hashishiyyin* ableitet, den »Haschischern«. Im Gegensatz zu hartnäckig verbreiteten Mythen über ihren Haschischkonsum durften die Assassinen vor dem Aufbruch zu einem Auftrag kein Haschisch nehmen. Wie die Assassinen-Käfer tarnten sich auch Hasans Mordbeauftragte, schlichen sich dann in das Lager des Feindes und warteten, manchmal tage- oder monatelang, auf den richtigen Moment, um ihre Dolche in die Herzen der Opfer zu stoßen.

Die Assassinen wußten wahrscheinlich, daß der Rausch ein Privileg ist, reserviert für diejenigen, die es sich leisten können, auf körperliche Einsatzbereitschaft zu verzichten. Deshalb gingen sie auch nicht unter dem Einfluß der Droge zur Arbeit, wie die Tiere, die in der Wildnis ums Überleben kämpfen müssen und den Konsum berauschender Pflanzen nicht übertreiben. Das Lachen in der Sicherheit eines Hotelzimmers oder Gartens ist nur eine Seite der Medaille. Aber inmitten eines feindlichen Lagers ist es zu riskant. Haschisch mag eine erquickliche Vision des Paradieses hervorbringen, aber die mentalen Wirkungen werden auf Kosten körperlicher Fähigkeiten erzielt. Niedrige Dosierungen können stimulieren und aufregen; höhere Dosierungen rufen Sehschwierigkeiten, Desorientierung und Koordinationsprobleme hervor. Und die meisten Forschungsarbeiten belegen, daß *Cannabis* und seine Bestandteile antiaggressive Wirkungen haben. Zum Beispiel weigern sich Ratten, die zum Töten von Mäusen abgerichtet sind, zu töten, oder sie erledigen diese Aufgabe so nachlässig, daß der »alte Mann« nicht stolz auf sie gewesen wäre.

Die Reaktionen auf *Cannabis* unterliegen nicht dem Schema »Alles oder nichts«. Wie wir schon bei den anderen wichtigen Rauschmitteln gesehen haben, ist die Dosis entscheidend. Während der dreißiger Jahre des 19. Jahrhunderts, als der letzte Sproß der Assassinen-Sekte erfolglos Aufstände gegen den Schah des Irans anzettelte, unternahm Sir William O'Shaughnessy, ein Arzt, der für die britische East India Company in Kalkutta arbeitete, eine Reihe von wichtigen Versuchen. O'Shaughnessy wollte Patienten mit *Cannabis* behandeln, aber er erprobte die Wirkungen dieser neuen Medizin zunächst an Tieren. Seine Experimente waren Pionierleistungen und belegten, daß die Wirkungen von *Cannabis* auf Tiere oder Menschen von der Dosierung abhängig sind. Niedrige Dosen rufen berauschende Wirkungen hervor. Höhere Dosen, wie in alkoholischen Extrakten aus Blättern, bewirken große Bewegungsschwierigkeiten und eine allgemeine Beruhigung, verbunden mit Schmerzunempfindlichkeit. Hunde konnten länger als einen Tag bewußtlos gehalten werden, wenn man ihnen nur genügend von der Droge gab. Die Ergebnisse späterer Forscher, daß Tiere nur widerwillig stärkere Dosen als die in den natürlichen Produkten von Samen und Pflanzen vorkommenden nahmen, waren nicht überraschend.

Es ist ziemlich einfach, Mäuse wie Marty dazu zu bringen, Samen mit niedriger Dosierung zu sich zu nehmen, aber es ist fast unmöglich, sie dazu zu bewegen, hochdosierte Extrakte fressen. Ratten trinken bereitwillig stark verdünnte Lösungen von Haschisch-Extrakten, ziehen aber Wasser vor, wenn sie die Wahl zwischen einer konzentrierten Haschischlösung und Wasser haben. Keine experimentelle Manipulation kann sie dazu bringen, diese Abneigung zu überwinden. Als kleine *Cannabis*-Mengen unter die Nahrung gemischt wurden, die man Chakma-Gorillas in Südafrika gab, aßen die Gorillas die Nahrung, nahmen zu und verhielten sich normal. Mischte man größere Mengen unter die Nahrung, fraßen die Gorillas weniger, verloren an Gewicht und wurden apathisch. Diese Ergebnisse haben nichts mit abstoßendem Geschmack zu tun; Ratten und Primaten finden die hochdosierten Räusche unangenehm, ob sie nun von oralen Gaben oder aus Injektionen herrühren.

Mit Injektionen lassen sich die Geschmacksprobleme umgehen, aber Ratten und Affen haben dennoch eine Abneigung dagegen, sich THC auf diese Weise zu verabreichen. Wenn Kanülen eingesetzt werden, die automatisch hohe THC-Dosen in die Venen injizieren, weigern sich die Tiere generell, Hebel zu drücken, mit denen die Injektionen freigegeben werden. Auch die Inhalation von THC scheint für diese Tiere nicht angenehmer zu sein als die Injektion. Affen wurden geschult, gegen Belohnung mit Nahrungsmitteln und Wasser Cannabis-Präparate zu rauchen, doch sie hörten auf zu rauchen, sobald keine Nahrung oder Wasser mehr angeboten wurden.

Es gibt Ausnahmen. Nachdem sie zunächst mit Nahrungsmitteln belohnt worden waren, wurde Rhesusaffen beigebracht, Haschisch zu rauchen. Das machte die Affen fügsam und inaktiv. Als die Versorgung mit Nahrungsmitteln nicht fortgesetzt wurde, hörten die meisten Affen auf zu rauchen, einer aber paffte weitere sechzehn Wochen lang Haschisch. Dieser Affe verhielt sich ungewöhnlich; die meisten Tiere nehmen kein *Cannabis* mehr, wenn der Rausch mit der Fähigkeit zu normalem Verhalten in Konflikt gerät.

Versuche mit THC haben bestätigt, daß der Rausch bei verschiedenen Arten Verhaltensänderungen, Koordinationsstörungen und abnorme Bewegungen erzeugt, ähnlich den Wirkungen, die wir schon bei anderen Halluzinogenen beobachtet haben. Tauben werden durch Hanfsamen sehr munter, aber hohe THC-Dosen bewirken, daß sie in einem Zustand paralysierter Kraftlosigkeit auf dem Bauch liegen. Wenn sie aufgerichtet werden, können sich Vögel noch bewegen, sind aber flugunfähig. Statt ihrer eleganten und zuverlässigen Flugbahnen führten Mr. Nodells Haustauben Bauchklatscher vor und blieben auf dem Boden sitzen. Nach Dosierungen, die bei Tieren offenkundig ein halluzinogenes Verhalten hervorrufen, ist die motorische Aktivität herabgesetzt. Hunde verbrachten mehr Zeit damit, bewegliche Objekte anzubellen, als sie zu jagen, Affen hörten auf, sich zu kratzen und zu pflegen, und andere Tiere wurden durch Sinnesreize aller Art abgelenkt.

Die Tiere sind vielleicht noch in der Lage, aus gefährlichen Situationen zu entkommen, aber unter dem Einfluß dieser hohen THC-Dosen sind sie nicht besonders geschickt darin, sie zu vermeiden. Manchmal sitzen sie einfach da und starren vor sich hin, bis es zu spät ist. Wenn in einem Versuchskäfig eine Warnlampe einer Ratte signalisiert, daß sie einen Hebel drücken muß, um einem nachfolgenden Elektroschock zu entgehen – ein Verfahren, das sie im nüchternen Zustand gelernt hat –, kann es sein, daß sie den Hebel nicht drückt, wenn sie berauscht ist.

THC bewirkt bei Tieren, daß sie Ereignisse falsch beurteilen; Tauben brauchen zu lange, um auf Summer oder Lichter zu reagieren, die ihnen sagen, daß für kurze Zeit Futter zur Verfügung steht; Ratten laufen in Labyrinthen in die falsche Richtung. Schimpansen und andere Affen vergessen ihr vorheriges Training und drücken zur falschen Zeit oder in der falschen Geschwindigkeit Hebel oder führen andere eingeübte Handlungen falsch aus. Das Erlernen neuer Verhaltensweisen, besonders von komplizierten, ist für berauschte Tiere schwierig, und sie können sich manchmal nicht an die Lösung einfacher Geschicklichkeitsaufgaben erinnern, die sie vorher beherrscht hatten.

Bei diesen Versuchen wirken die berauschten Tiere oft abgelenkt und so, als seien sie mit etwas anderem beschäftigt. So verhalten sie sich auch, wenn Versuche mit Halluzinogenen wie LSD stattfinden. Einige Tauben von Mr. Nodell, die mit hohen Dosen von THC behandelt wurden, schienen fast hypnotisiert zu sein und zuckten nicht einmal, als ich mich ihnen mit meinen Händen näherte. Die Augen von Affen, denen THC gegeben worden war, schienen imaginären Gegenständen zu folgen, die durch die Luft schwebten. Wenn man nur herausfinden könnte, was sie dort »sahen«; war es ihnen wirklich wichtiger als die Vermeidung eines Elektroschocks oder eine Mahlzeit?

Ich gab einer Gruppe Rhesusaffen im Labor die Möglichkeit, uns etwas über das Wesen dieser Wahrnehmungen mitzuteilen. Die Affen saßen in einem speziellen Stuhl an einem Tisch. Auf dem Tisch befanden sich zwei M&M-Schokoladenbonbons. Zumindest sahen sie aus der Perspektive der Affen so aus. Tatsächlich war da nur ein wirklicher M&M, der andere war eine dreidimensionale Projektion, die von im Tisch installierten Parabolspiegeln produziert wurde. Die Illusion war erstaunlich überzeugend. Die beiden Bonbons sahen hinsichtlich der Farbe, Größe und Form genau gleich aus. Wenn der Tisch an den Stuhl geschoben wurde, konnte der Affe das reale M&M leicht erreichen und wegnehmen; wenn er nach dem vorgetäuschten M&M griff, bewegte er nur seine Hand durch die Projektion. Anfänglich machen Affen genau wie die Kinder und Erwachsenen, die mit solchen Illusionsgeräten in Spielzeugläden und Museen spielen, den Fehler, nach dem projizierten Gegenstand zu greifen, als wäre er wirklich.

Um das echte Bonbon tatsächlich greifen zu können, bevor der Tisch wieder außer Reichweite geschoben wurde, mußten die Affen eine wichtige Unterscheidung lernen. Die realen und die illusionären Gegenstände unterschieden sich voneinander nur ganz geringfügig. Wirkliche M&Ms waren bunter, leuchtender, fester und plastischer als ihre unwirklichen Gegenstücke. Genau diese Merkmale haben Naturwissenschaftler und Philosophen benannt, um wirkliche Wahrnehmungen von Träumen und Halluzinationen zu unterscheiden. Wirkliche Wahrnehmungen, wie die realer M&Ms, sind komplexer und konkreter als die künstlichen Paradiese des *Club des Haschichins* oder Vorspiegelungen von Schokoladenbonbons.

Unsere Affen waren eine Zeitlang ziemlich verwirrt und versuchten, zwischen den echten und den vorgespiegelten Bonbons zu unterscheiden. Nach einigen Monaten aber gelang ihnen die Unterscheidung, und sie lernten, schnell nach den echten Bonbons zu greifen, die sie entweder sofort aufaßen oder zu späterer

Verwendung in ihre Backentaschen stopften. Der Versuch erwies sich als extrem beeinflußbar durch THC-Injektionen. Schon niedrige Dosen verminderten die Fähigkeit der Affen, die echten M&Ms zu greifen. Wenn ihr Griff buchstäblich durch die Projektion des vorgetäuschten M&M hindurchging, zeichnete sich in ihren Gesichten ein Ausdruck der Überraschung ab. Die Tiere waren auch frustriert; Groucho, ein sechs Monate alter männlicher Rhesusaffe, gab ein alarmierendes Bellen von sich und trat gegen den Tisch, wenn er einen Fehlgriff tat. Wurde die THC-Dosis gesteigert, brauchten die Affen immer länger, um sich für einen der M&Ms zu entscheiden, und machten zunehmend Fehler. Bei hohen Dosen schienen sie das Interesse an dem Versuch zu verlieren. Sie handelten nur noch nach dem Zufallsprinzip und schienen an der Vorspiegelung ebenso interessiert zu sein wie an dem wirklichen Bonbon. Oft spielten sie mit dem projizierten Bild, indem sie es mit ihren Fingern ertasteten und untersuchten. Auch die Frustration löste sich. Groucho stieß eine kurze Folge von Grunztönen zwischen 0,5 und 1,5 Kilohertz aus. Diese Geräusche werden *girning* genannt, Töne, die mit Vergnügen und Zufriedenheit verbunden sind. Grouchos Töne klangen in meinen Ohren wie Lachen.

Das Lachen legte sich, als ich mit noch extremeren Dosen experimentierte. Obwohl die meisten anderen Reaktionen ebenfalls eingeschränkt waren und ich diese Dosierungen nicht bei den Versuchen mit dem Illusionsapparat verwenden konnte, bemerkte ich, daß die Affen eine vertraute Haltung einnahmen. Unter den extremen THC-Dosen saßen die Affen in einer typischen gebeugten Position auf ihrem Stuhl: Sie lehnten sich nach vorn und stützten ihren Kopf mit einer Hand, eine Haltung, die an Rodins *Denker* erinnert. Wenn sie nicht gestört wurden, blieben sie sechzig bis neunzig Minuten in dieser *Denker*-Haltung; ihr Blick war starr, und sie schienen in Gedanken verloren. Ich fragte mich, was sie wohl sahen und dachten.

Jahre zuvor hatte ich mich bei Mr. Nodells Tauben das gleiche gefragt, als sie mitten im Rausch, der vom *Cannabis*-Extrakt herrührte, auf dem Boden des Taubenschlags saßen und nach »Dingen« in der Luft pickten. Tauben können, wenn man es so ausdrücken will, durch diese Wahrnehmungstore fliegen und darüber berichten, was sie sehen. Da der Sehapparat einer Taube dem von Affen und Menschen ähnlich ist, haben Psychopharmakologen diese Tiere benutzt, um die Wirkungen von Drogen auf die visuelle Wahrnehmung zu untersuchen. Um herauszufinden, was Tauben in einer *Cannabis*-Sitzung sehen, führte ich mit Mr. Nodells Tauben eine Reihe ausgeklügelter Versuche durch. Bei einer der frühen vorbereitenden Studien waren die Tauben trainiert worden, eine Leinwand zu beobachten, auf die visuelle Reize von einem dahinter aufgestellten Diaprojektor projiziert wurden. Die Reize bestanden aus geometrischen Formen, Farben oder sogar komplexen Mustern. In der Nähe der Leinwand gab es verschiedene Tasten, von denen jede ein anderes Muster aufwies. Eine der Tasten zeigte immer das gleiche Muster, das projiziert wurde, und die Taube wurde geschult, auf diese Taste zu picken, so daß ihre Antwort zu dem auf dem Bildschirm dargestellten Beispiel paßte. Wenn die Taube auf die Taste pickte, die mit dem Bildschirmmuster wirklich übereinstimmte, bekam sie ein paar Körner zur Belohnung.

Nachdem die Vögel diese »Übereinstimmung mit dem Vorbild«-Prozedur erlernt hatten, bekamen sie Injektionen mit verschiedenen Drogen, und dann wurden ihnen periodisch leere Bildschirme gezeigt. Sie waren darauf trainiert worden, nicht auf eine Taste zu picken, wenn die Leinwand leer war. Unter dem Einfluß von THC oder eines *Cannabis*-Extrakts pickten sie auf verschiedene Tasten, wenn der Schirm leer war. Ihr Picken wies darauf hin, daß sie etwas auf der Wand sahen, das wie das Muster auf der entsprechenden Antworttaste aussah, auf die sie pickten. Als sie mit einer Vielzahl unterschiedlicher Muster auf den Antworttasten konfrontiert wurden, die mit allem möglichen übereinstimmen konnten, was sie auf der leeren Wand sahen, pickten sich die Tauben immer wieder eine bestimmte Botschaft heraus: *blaue geometrische Muster.*

Jetzt arrangierte ich für Groucho ein ähnliches Experiment. Statt auf Antworttasten zu picken, konnte Groucho sie einfach mit seinen Fingern antippen und Fruchtsaft zur Belohnung bekommen. Beim Test mit THC tippte er seine Visionen an: *blaue geometrische Muster!*

Ich führte ähnliche Versuche mit freiwilligen Versuchspersonen durch. Statt zu picken oder zu tippen, lernten sie, in einer sehr präzisen psychophysischen Sprache die Farben, Formen und Bewegungen zu beschreiben, die sie vor ihrem geistigen Auge sahen, wenn sie in einem vollständig dunklen Raum lagen. Bei der Beschreibung drogeninduzierter Halluzinationen waren diese Personen zuverlässige Beobachter, *Psychonauten* genannt, und wir werden ihnen in einem späteren Kapitel wiederbegegnen. Hier wurden ihnen Kapseln mit THC oder Marihuana-Zigaretten gegeben. Sie lachten und beschrieben ihre Halluzinationen: »Gittertunnel aus sich überlagernden wiederholenden Linien, die mit 470 Millimicron pulsieren« – *blaue geometrische Muster!* Und sie bewegten sich!

Die Versuchspersonen beschrieben das gleiche bläuliche Gitter, das Gautier und die anderen Mitglieder des *Club des Haschichins* im Salon des Hôtel Pimodan begeisterte. Aus der dortigen Atmosphäre entstanden geometrische Arrangements und ein Bilderkarneval. Die Bilder pulsierten und veränderten sich so schnell, daß weder Gautier noch die Psychonauten mit ihnen Schritt halten konnten. Ihre Beschreibungen folgten ihren Gefühlen und Emotionen; zunächst Lachen, dann eine Erfahrung des Herausfließens aus ihren Körpern.

Während Gautier und seine literarischen Kollegen die Abenteuer dieser Gefühlswelt erfuhren, verwendete ein anderer kleiner Club von Franzosen zehnmal größere Haschischdosen, um der Seele auf ihrer ekstatischen Reise aus dem Körper hinaus in eine spirituelle Welt zu folgen. Unter der Anleitung des Psychopharmakologen Louis-Alphonse Cahagnet dokumentierten diese Personen Visionen vom Tod und vom Leben nach dem Tode, Erfahrungen, die identisch mit jenen sind, die wir als »todesähnliche Erfahrungen« kennen. Die prototypische Erfahrung begann damit, daß der Konsument aus der Zeit heraus in eine geheiligte Stille gezogen wurde. Ein Gefühl des Friedens und des Wohlseins umfing die Seele, als sie sich vom Körper trennte und dann in einem Augenblick des höchsten Glücks von einem hellen Licht umgeben war.

Einigen Personen ist es unmöglich, das Geschehen zu beschreiben; andere beschreiben eine panoramatische Übersicht ihres Lebens, Begegnungen mit verirrten Geistern, himmlischer Musik und erhabenen Visionen und Gedanken. Geometrisch gestaltete Bilder führen in kosmische Bereiche. Die Formen paradieren so schnell am geistigen Auge vorbei, daß die Cherubim zu wasserspeienden Mißgeburten zusammenschmelzen, zu einem bloßen Zeichen des eigenen Körpers. Die blauen geometrischen Formen türmen sich zu Kathedralen auf, die vom weißen Licht des ewigen Lebens erfüllt sind. Ein Mensch ist hier nichts weiter als ein kleiner Wurm, und keine von Cahagnets Versuchspersonen wagte es, die Arroganz Baudelaires an den Tag zu legen, der verkündet hatte, er sei Gott geworden.

Cahagnets Versuchspersonen erkannten die Haschischvisionen als das, was sie waren: Projektionen von gespeicherten Erinnerungen und Bildern im Gehirn, enorm freudespendend und kreativ, aber nicht greifbarer als ein vorgetäuschtes M&M. Während dieser Rauschzustände kam niemand wirklich zu Tode, und nur wenige *Cannabis*-Konsumenten haben jemals tödliche Überdosen genommen. Die Visionen lösten sich auf, und Cahagnets Versuchspersonen kehrten in ihre Körper und irdischen Lebensumstände zurück, bereichert um die Erfahrung und die Erinnerungen, die sie behielten.

Als Cahagnets Versuchspersonen das Jenseits in ihrem Inneren erforschten, war ihr äußeres Verhalten identisch mit dem der Tiere, die hohe Dosen Haschisch oder THC erhalten hatten: still und ruhig, fast wie hypnotisiert. Wenn wir auch nie genau in Erfahrung bringen werden, was Vögel und Affen außer blauen geometrischen Mustern noch sehen, können ihre *Cannabis*-Erfahrungen sehr wohl von der gleichen Freude und dem gleichen Glücksempfinden geprägt sein, das menschliche Rauschzustände charakterisiert. Schließlich teilen wir den gleichen Trieb und das Verlangen nach der Droge, wir haben sogar ähnliche Mechanismen im Gehirn, warum sollten dann nicht die durch eine gemeinsame Biologie ermöglichten Erfahrungen ähnlich sein? Darwin sah das Lachen als Gegenteil des Mißvergnügens an, als eine Weise, in der die Art einen Zustand der Zufriedenheit ausdrückt. Konrad Lorenz hielt es für einen Ausdruck der sozialen Einheit, für eine Methode zur Vereitelung von Aggression. Im Verlangen nach den zähmenden und beruhigenden Rauschwirkungen von Hanfsamen und anderen milden Formen von *Cannabis* drückt sich vielleicht nur der Wunsch des Tierreichs zu lachen aus.

Gewaltmarsch

Koka und Kokain

1

Koka ist ein gewöhnlich aussehender Strauch, der uns seit Tausenden von Jahren fasziniert. Er unterscheidet sich von jeder anderen Drogenpflanze. Wir haben die Pflanze, ebenso wie andere Tierarten, unter Kontrolle und nutzen sie ohne Gefahr des Mißbrauchs oder Todes; sobald jedoch das Kokain-Alkaloid vom Blatt befreit ist, verkehrt sich der Reiz in Mißbrauch und Abhängigkeit. Manchmal ist der Hunger nach Kokain so groß und das Angebot so enorm, daß Teile des Planeten selbst von der Droge bedeckt zu sein scheinen. Diese Decke verbirgt den eigentlichen Grund für das Kokainfieber, von dem so viele Arten ergriffen sind, die die Pflanze mögen, das Alkaloid jedoch lieben. Es handelt sich schlicht und einfach um das angenehmste chemische Geschenk, das dem Gehirn gemacht werden kann. Coca wurde in der Inka-Gesellschaft genauso geschätzt wie von den modernen Andenvölkern. Das Alkaloid war um die Jahrhundertwende genauso willkommen wie heute. Das Verlangen, sich sowohl mit den Blättern als auch mit dem Pulver zu berauschen, ist so unverändert wie Teile des Planeten selbst.

Betrachten wir eine Szene in der Antarktis. Landsat-Bilder von der Antarktis sind so ruhig, daß sie fast langweilig wirken. Nichts scheint sich besonders schnell zu verändern. Vom Weltall aus wirken die Risse in den Gletschern und Eisströmen wie gigantische Schlittenspuren, die die Zeit eingefroren hat. Sie haben sich seit 1909 nicht wesentlich verändert. Aus der Sicht der Entdecker jener Zeit waren Schlittenspuren lebensrettende Markierungen in einer Welt, in der sich Schnee- und Eiskonturen mit jeder Laune des frostigen Windes änderten.

Im Januar 1909 leitete Sir Ernest Shackleton eine Expedition über einen Gletscher zu einem Bergdepot, in dem Lebensmittel lagerten. Er und seine Männer waren nicht nur hungrig, da sie vierzig Stunden ohne Nahrung unterwegs gewesen waren, sie hatten auch Sonnenbrand und Erfrierungen und waren von der physischen Anstrengung erschöpft. Sie waren auf eine solche Krise vorbereitet und kamen nur voran, weil sie stündlich »Gewaltmarsch«-Tabletten einnahmen. Die Tabletten bestanden aus Kokain. Der Hersteller hatte damit geworben, daß die Tabletten die Kräfte ohne nachfolgende Niedergeschlagenheit mobilisieren könnten. Die Männer gingen weiter, erreichten das Depot und überlebten, wie Shackleton es beschrieb, die härtesten und herausforderndsten Tage ihres Lebens.

Die Entdecker des zwanzigsten Jahrhunderts waren nicht die ersten, die Stimulation durch Kokain erfuhren. Sir Clements Markham, der Präsident der Royal Geographical Society, der Shackleton für eine frühere Antarktis-Expedition angeworben hatte, war mit der langen Geschichte des Koka-Konsums bestens vertraut. In früheren Jahren seiner Laufbahn kaute Markham Koka, während er Peru bereiste, ein Land, in dem die Indianer seit Tausenden von Jahren Koka gekaut und mit ihren Lamas über die felsigen Andenpfade gezogen waren.

Es gibt archäologische Beweise dafür, daß Menschen schon 3000 v. Chr. Koka konsumierten, und Sammler und Jäger hatten die Pflanze sicher schon einige tausend Jahre früher entdeckt. Der Koka-Konsum begann wahrscheinlich um 5000 v. Chr., etwa zu der Zeit, in der Lamas domestiziert wurden. Möglicherweise wurden die Eigenschaften von Koka durch die Beobachtung von Lamaherden entdeckt. Eine von peruanischen Indianern erzählte Geschichte erwähnt, daß Koka zuerst von Lamas genossen wurde, die das Bergland in der Hochdschungel-Region der Andenabhänge und -ausläufer durchquerten. Die Tiere mußten auf ihre gewohnte Nahrung verzichten, und sie probierten das Koka. Die Kokablätter hielten die Tiere am Leben, und die Menschen übernahmen die Gewohnheit, Kokablätter zu essen.

Coca ist eine Sammelbezeichnung für mehr als 250 Pflanzenarten, von denen etwa 200 in den amerikanischen Tropen heimisch sind. Unterstützt durch die chemischen Abwehrkräfte seiner Alkaloide, gedieh Koka unter den gleichbleibend feuchten Waldbedingungen im dortigen Bergland. Die verbreitetste Art (*Erythroxylum coca*), die für ihre hohe Konzentration von Kokain-Alkaloiden bekannt ist, war ursprünglich eine Wildpflanze im östlichen Peru. In der Wildnis hat die Koka-Pflanze die Form niedriger Bäume oder überwachsener Büsche. Die Pflanzen sind also nicht direkt zugänglich, außer für die allerhungrigsten Tiere.

Außer von den Lamas gibt es Legenden über hungrige Faultiere und Affen, die Koka entdecken und fressen. Aber abgesehen davon, wer die Pflanze zuerst fand, alle profitierten von einer nahrhaften Mahlzeit, besonders in großen Höhen, in denen das Angebot an anderer Nahrung karg ist. Nährstoffanalysen haben ergeben, daß 100 Gramm Kokablätter 305 Kalorien enthalten, 18,9 Gramm Protein und 42,6 Gramm Kohlehydrate und den für Menschen empfohlenen Nährstoffbedarf an Kalzium, Eisen, Phosphor, Riboflavin und an den Vitaminen A und E deckt. Die Kokablätter konnten die peruanischen Reisenden am Leben erhalten. Tatsächlich ist Koka nährstoffreicher als mindestens fünfzig andere in Lateinamerika vorkommende Nahrungsmittel. Obwohl die Nährstoffe nicht in vollem Maße durch die normalen Praktiken des Kauens und Auslutschens der Blätter erschlossen werden, erhöhen geringere alkaloide Bestandteile im Koka den Blutzuckerspiegel und helfen, Kälte und Hunger zu bekämpfen. Koka enthält auch eine kleine Menge Kokain, das für die Belebung hauptsächlich verantwortliche Alkaloid.

Erleben die hungrigen Tiere bei der Sättigung einen Rausch? Vögel, große Liebhaber von Hanfsamen, mögen auch Kokasamen und picken sie gern aus frisch eingesäten Feldern. Aber es gibt keine wirklichen Veränderungen im Verhalten der Vögel. Insekten befallen die sprießende Kokapflanze, und ich sammelte eine Reihe von Volksmärchen, die von stimulierten Ameisen, Käfern und Raupen berichten. Um herauszufinden, in welchem Maße diese Schädlinge stimuliert sind, beobachteten unsere Forschungsgruppen mehrere versteckte Gewächshäuser und Felder von Kokapflanzern in Kalifornien. Die Pflanzer erzählten uns die zu erwartenden Geschichten von »bekoksten« Insekten, aber die Blattläuse, Termiten und Grashüpfer, die wir auf dem Koka fanden, verhielten sich normal.

Auf einem der Flecken im Freien fanden wir verschiedene Kokapflanzen, die von in kalifornischen Gärten sehr verbreiteten Schädlingen, den Gartenschnekken, angefressen worden waren. Ich kannte inzwischen das Verhalten von Schnecken sehr gut und bemerkte sofort, daß dies keine normalen Schnecken waren. Sie *schienen* stimuliert und fraßen am hellen Tage von den Kokablättern, was ein höchst unverfrorener Akt für diese Nachttiere ist. Ich rettete einige Dutzend Schnecken und brachte sie für weitere Beobachtungen ins Labor. Ich fand heraus, daß die kokafressenden Schnecken einen Glasstab in 90 Sekunden hochkletterten, während Schnecken, die normales Efeu gefressen hatten, dazu etwa 120 Sekunden benötigten. Die Verringerung der Reisezeit um 25 Prozent mag für Schnecken nicht wichtig sein, aber wenn die Entfernungen in Kilometern statt in Zentimetern gemessen werden, ist sie durchaus von Bedeutung. Unüberprüfte Versuche, die im neunzehnten Jahrhundert durchgeführt wurden, kamen zu dem Schluß, daß Kokakauen sowohl den Puls als auch die Geschwindigkeit der Bergwanderer beschleunigt und dabei die Reisezeit um 30 Prozent reduziert.

Die Andenindianer bewegen sich täglich 25 Kilometer weit über die steilen, ungepflasterten Bergpfade. Ein großer Teil ihrer Lasten wird von den trittsicheren Lamas getragen. Jedes Lama kann 50 Kilogramm tragen, ihr dichtes braunweißes Fell wirkt dabei wie ein Stoßdämpfer. Die Lamas fressen trockenes *ichu*-Gras, ein hartes Gewächs, das am Rande der dürren Andenpfade zu finden ist, aber ich beobachtete einige Indianer dabei, wie sie die Tiere gelegentlich mit Kokablättern fütterten. Die Indianer betrachten das Koka als symbolische Belohnung für das Tier; die Lamas scheint das nicht zu beeindrucken, und ihr Verhalten wird durch die von ihnen gefressenen Mengen nicht beeinflußt. Anders als die Lamas, die überredet und ermuntert werden müssen, damit sie sich nicht niederlassen und sich weigern, weiterzugehen, bewegten sich die menschlichen Kokakauer mit einer rastlosen Entschlossenheit. Was würde mit der langsamen, aber beständigen Gangart der Lamas geschehen, wenn ihnen gestattet würde, solche beschleunigenden Mengen Koka zu fressen?

Ich untersuchte die Koka- und Kokainwirkung auf eine kleine Herde zahmer Lamas auf einer kalifornischen Ranch. Die Namen der weiblichen Lamas, Harriet, Lana und Louise, paßten perfekt zu den Tieren mit den großen Augen und den langen Wimpern. Die männlichen Tiere waren abwesend, weil sie als Packtiere an einige Wanderer ausgeliehen worden waren. Die einzige Ausnahme war Lloyd, der, etwa 1,80 Meter hoch, seinen Harem um einiges überragte. Lamas sind hübsch anzuschauen, aber schwierig zu handhaben, wenn sie von einem Eindringling schlecht behandelt oder gereizt werden. Fühlen sie sich bedroht, antworten sie mit karateartigen Tritten aus dem Sprung heraus. Sie können auch eine ätzende Mischung aus Speichel und Magensäften ausspucken. Während meiner Beobachtungen hielt ich einen respektvollen Abstand.

Ich sah, daß die Lamas gut miteinander auskamen und daß es nur zur Fütterungszeit ein kleines Geschiebe zwischen ihnen gab. Die Tiere drückten manchmal mit ihren langen biegsamen Hälsen den Hals des anderen Tiers nieder, um sich einen Vorteil zu verschaffen, aber dieses Verhalten beobachtete ich nur selten. Ich begann dann, die Lamas mit Trockenfutter aus gepreßten Kokablättern zu versorgen, die kommerziell im Huánaco-Gebiet in Peru angepflanzt worden waren. Die Wirksamkeit der Blätter war durchschnittlich, sie enthielten 0,58 Prozent Kokain und waren zu 1-Gramm-Kügelchen geformt, die mit einer Gummi-Arabicum-Paste zusammengehalten wurden. Das ist der Stoff, der bei der Herstellung von Kaugummi verwendet wird. Jedes Kügelchen enthielt zusätzlich eine kleine Menge Natriumbikarbonat, das die Freisetzung des Kokains aus den Blättern während des Kauens unterstützen sollte. Die Lamas akzeptierten diese Kügelchen als Teil ihrer normalen Nahrung. Sie konnten davon so viel fressen, wie sie wollten, aber einige Lamas, die ungefähr soviel wogen wie ein durchschnittlicher erwachsener Mensch, nahmen nicht mehr als die von den eingeborenen Andenindianern konsumierte Menge zu sich.

Diese Dosis reichte nicht aus, um das Verhalten entscheidend zu verändern. Die Tiere schienen zur Fütterungszeit etwas aggressiver zu sein, sie legten ihre spitzen Ohren an und gaben verschiedene Geräusche von sich. Das Verhalten auf der offenen Weide wies nur geringe Veränderungen auf. Wenn sie sich jagten und spielten, wirkten sie ein wenig ausgelassener als normal, und Harriet ließ sich von ihrem Besitzer nicht die gewohnten Klapse geben, aber diese Symptome verschwanden schnell. Und die Tiere wollten keine größeren Mengen Koka fressen.

Eine Woche später versorgte ich die Lamas mit Kokakügelchen, die mit zusätzlichen Mengen Kokain-Hydrochlorid gewürzt waren. Bei diesem »Straßen-Kokain« handelt es sich um ein Salz des Alkaloids, durch das das Kokain schnell und wirksam über die Mundschleimhaut absorbiert wird. Sie erhielten nun, ob es ihnen gefiel oder nicht, eine größere Dosis, als sie mit den Blättern aufnehmen konnten. Noch wichtiger war, daß das Kokain schnell wirkte, ohne daß man abwarten mußte, bis es durch den langsamen Kauvorgang extrahiert wurde. Jedes Lama bekam nun das Dreifache der Menge, die es aus freien Stücken gekaut hatte.

Lana schnappte nach Harriets Vorderbeinen. Louise trat Lana und spuckte dann Harriet an. Lana schnappte nach Louise. Lloyd vertrieb sie alle durch einen Frontalangriff. Er sprang in die Höhe und trat um sich, dann spuckte er in Harriets Richtung. Dieser Zirkus der kämpfenden Lamas war vorüber, sobald die Tiere die Fütterungszone verlassen hatten. Als sie einige Stunden später zu einer kurzen medizinischen Überprüfung zusammengetrieben wurden, schubste Lana versehentlich Lloyd. Er zwang sie durch einen Halsdruck in die Knie. Die Reizbarkeit nahm allmählich ab, und am nächsten Tag, als die Herde wieder unter normalen Umständen zusammen war, gab es keine Nachwirkungen. Die Lamas hatten vorgeführt, was die meisten kokakauenden Indianer schon wußten – Koka ist nicht Kokain.

Die Einnahme des Kokain-Alkaloids war für die Indianer automatisch durch die Verpackung im Kokablatt reguliert. Sie verspürten zwar einen Energieschub, aber sie liefen nicht herum und traten sich gegenseitig. Wenn sie ihre Lamas mit noch größeren Koka-Mengen gefüttert hätten, wäre die Leistung wahrscheinlich noch gestiegen, aber die Lamas hätten niemals Verhaltensauffälligkeiten gezeigt wie nach dem Verzehr der mit Kokain angereicherten Blätter. Die Gefahr für die Tiere, am Rand der Andenklippen Kämpfe auszutragen, wäre nicht größer gewesen als für die Indianer, die unter Koka-Einfluß weder stürzen noch kämpfen. Es ist auch unwahrscheinlich, daß ein Lama eine Überdosis Koka nehmen würde; trotz des unbeschränkten Angebots hat sich noch nie ein Indianer mit Koka vergiftet.

Beim Kauen der Kokablätter werden die Blätter in den Mund gesteckt und mit

Speichel zu einem Pfropfen oder Priem verarbeitet. Der Priem wird in der Backe aufbewahrt und von Zeit zu Zeit durchgekaut. Der dabei entstehende Saft wird geschluckt, möglicherweise auch Teile der Blätter. Bei diesem Vorgang, der dem Tabakkauen ganz ähnlich ist, wird etwas Kokain freigesetzt und in die Blutbahn gebracht. Dieser Prozeß ist wirksamer, wenn eine Laugensubstanz wie Natron zugesetzt wird. Die eingeborenen Indianer erlangten diese Kenntnisse aus ihren ökologischen Erfahrungen und entwickelten die Gewohnheit, Koka mit einer Mischung aus Kalk, Pflanzenasche oder zerstoßenen kalkhaltigen Muscheln zu kauen. Diese laugenartigen Zusätze enthalten auch charakteristische süße Geschmacksstoffe, mit denen die natürliche Bitterkeit des Koka überlagert wird.

Schon fünf Minuten nach dem Kauen von Koka ist das Kokainniveau im Blutplasma meßbar, und in den nächsten zwei Stunden werden Spitzenkonzentrationen erreicht. Diese Konzentrationen führen zu der subjektiven Empfindung der lokalen Betäubung im Mund und einer belebenden Wirkung. Die Stimulation drückt sich im Gefühl von einem Zuwachs an Kraft und Durchhaltevermögen aus. Die Erschöpfung läßt ebenso nach wie das Empfinden von Hunger, Durst und Kälte. Koka ist für indianische Wanderer in den Anden ebenso nützlich, wie es die Kokaintabletten für Shackleton waren. Bei ausgedehnten Reisen durch die gebirgigen Anden oder die Wälder Amazoniens ist es heute ebenso nützlich wie zur Zeit der Inkakriege, als Nachrichten zu Fuß überbracht wurden. Koka wird von Bauern, Hirten, Fischern, Jägern, Bergleuten und sogar von Anden-Fernfahrern gekaut. Die Eingeborenen wissen aber, daß die Wirkungen vorübergehend sind, und verwenden Koka nur, um die notwendige Nahrungsaufnahme zu verschieben, niemals jedoch, um sie zu ersetzen.

Aus Koka läßt sich noch größerer Nutzen ziehen, wenn es als Medizin verwendet wird. Prieme aus Kokablättern oder Aufgüsse wurden als Heilmittel für eine ganze Reihe von Verdauungsbeschwerden verwendet, von leichter Übelkeit und Magenschmerzen bis zu Magengeschwüren und Ruhr. Koka ist ein wirksames Mittel bei der Behandlung von *soroche*, der von Übelkeit, Schwindelgefühlen, Krämpfen und schweren Kopfschmerzen gekennzeichneten Höhenkrankheit. Die Inkas entdeckten, daß teilweise zerkaute Kokablätter bei primitiven Schädeloperationen zur lokalen Betäubung nützlich waren. Bei solchen Operationen nach Verletzungen, die zu Zeiten der Kriegführung mit »Morgensternen« (mit Nägeln versehene Keule) zum Alltag gehörten, wurde der Schädel geöffnet, um den von Brüchen herrührenden Druck zu verrringern. Die anästhesierenden Wirkungen des Saftes zerkauter Blätter werden heute noch in Andendörfern zur Behandlung offener Wunden, von Augen- und Halsreizungen und Zahnschmerzen ausgenutzt. Die Liste der kleinen mit Koka behandelten Beschwerden umfaßt auch Atemprobleme, bei denen Patienten Dämpfe brennender Kokablätter und -samen einatmen. Diese Praxis leitet sich aus dem Verbrennen und Rauchen von Kokablättern zur Ehre der Götter ab.

Koka wird nicht nur den Göttern angeboten, sondern auch Fremden, die die Anden bereisen. Ein Kokabüschel, als Geschenk der Regierung von Peru, begrüßte mich bei meiner Ankunft in einem Hotel, das mir als zeitweiliges Quartier vor der Reise in die Quechua-Dörfer dienen sollte. Meine folgenden Gespräche mit den Eingeborenen bestätigten die Ergebnisse der früheren Untersuchungen: Die Kauer nehmen nur soviel Koka zu sich, bis sich das erwünschte Rauschniveau eingestellt hat.

Das Büschel, das mir zum Zeichen der Freundschaft geschenkt wurde, war winzig im Vergleich mit den Tonnen von Blättern, die meinen Informanten zur Verfügung standen. Sie schienen jedoch in der Lage zu sein, frei zu entscheiden, ob sie die Blätter kauen wollten oder es lieber zu lassen. Wenn gesellige Zusammenkünfte einberufen wurden, gab es Kausitzungen von acht bis zehn Stunden, denen die Eingeborenen beiwohnten, weil sie Indianer waren und weil es ihrer Tradition entsprach. Danach nahmen sie gesunde Mahlzeiten zu sich, deren Zusammensetzung Fehlernährung oder Gewichtsverlust ausglich. Wenn sie zu einem Markt marschieren oder einen Anfall von *soka*, ein Zustand der Schwäche und der Übelkeit, kurieren mußten, verwendeten sie nicht mehr Koka, als zur Wiederherstellung notwendig war. Wenn ihre Stimmung traurig oder deprimiert war, kauten sie nur so lange, bis sie wieder »guten Mutes« waren. Sie schienen ihre physischen und mentalen Zustände mit Hilfe von Koka sehr sorgfältig auszugleichen und die Folgen einer Übertreibung – wie Schlafverlust und Reizbarkeit – zu vermeiden. Sie waren der Tradition verhaftet und praktizierten ihren Kokakonsum ohne Mißbrauch wie Lamas, die die Bergpfade kennen und niemals zu Fall kommen.

Wodurch wird diese Kontrolle gesteuert? Können auch andere Tiere ihren Konsum begrenzen? Ich nahm meine Fragen in die Bergstadt Cuzco mit, wo ich einen Quechua-*yatiri* besuchte, »einen, der weiß«. Mein Dolmetscher leitete mich durch den alten Teil der Stadt, bis wir einen kleinen Mann fanden, dessen Haltung so gekrümmt war wie die engen, mit Kopfstein gepflasterten Straßen, die wir zu seinem Haus hinuntergingen. Er war nicht nur die örtliche Autorität für Koka, sondern behauptete auch, von einem Blitz getroffen worden zu sein und die Fähigkeit zu besitzen, künftige Ereignisse vorauszusehen. Einige Wahrsager fordern ihre Kunden dazu auf, Koka mit ihnen zu kauen; andere brennen die Blätter mit Lamafett ab und untersuchen den Rauch; wieder andere spucken den Saft in ihre Hand und erkennen in den Tropfen sprechende Muster.

Einige sind dafür bekannt, daß sie ihren Kunden Blätter unter das Hemd oder in die Hose stecken. Zu meiner großen Erleichterung warf dieser *yatiri* nur eine Handvoll Blätter auf eine weiße Tischdecke und untersuchte ihr Muster, er las die grün-weißen Klecksbilder.

Er begann mir etwas über meine Zukunft zu erzählen. Ich stellte sehr präzise Fragen, die keine seherischen Gaben erforderten. Zum Beispiel: Warum gab es keinen Koka-Mißbrauch? Mama Coca, antwortete er. Als er die Geschichte von Mama Coca erzählte, fragte ich mich, ob er wirklich hellsehen konnte und wußte, daß dies meine liebste Inka-Legende war. Mama Coca war ursprünglich eine wunderschöne Frau, erklärte er, die sterben mußte, weil sie die Ehe brach. Ihre Leiche wurde zweigeteilt und begraben. Aus ihren Überresten wuchs der Kokastrauch. Wann immer jemand Koka kaut, ist er im Geiste bei einer wunderschönen Frau, Mama Coca. Früher konnten nur Männer die Blätter pflücken und nur Herrscher sie zu sich nehmen, heute kann jeder Koka pflücken und kauen. Da Mama Coca eine Göttin ist, kann niemand ihrer Macht widerstehen. Die Göttin in der Pflanze verhindert den Mißbrauch. Ich wußte in Wirklichkeit, daß er von den niedrigen Kokain-Anteilen sprach, die im Blatt eingeschlossen sind, aber es wäre unhöflich von mir gewesen, damit anzudeuten, daß Mama Coca nichts anderes sei als ein billiges Alkaloid, das man an jeder Straßenecke bekommen kann.

Kann Mama Coca noch für irgend etwas anderes verwendet werden als für die Arbeit oder für Heilzwecke? Der *yatiri* beantwortete das mit Gesten, indem er die Finger beider Hände zusammenklopfte. »Gut für das Ficken«, sagte er mit ernstem Gesicht und einem Augenzwinkern. Verwenden andere Tiere Koka? Er erzählte mir von den Lamas und sagte, daß es keine anderen gäbe. Warum nicht? Er lachte und antwortete: »Kein anderes Tier auf der Erde darf Koka fressen.« Aber wenn sie es täten, würde Mama Coca sie nicht vor Mißbrauch schützen? Die Frage unterbrach das Geschwätz des *yatiri* eine volle Minute lang. Er schien schockiert zu sein. Hatte ich die Vorstellung, daß andere Tiere Sex mit der wunderschönen Frau haben könnten? »Wenn irgendein anderes Tier es wagte, Koka zu fressen«, flüsterte der *yatiri*, »*würde es verdammt werden!*«.

Der *yatiri* hatte entweder unrecht – oder meinen Affen war ein schlimmes Schicksal bestimmt. Ich konnte nicht sagen, ob Affen Koka kauen *sollten*, aber ich hatte schon beschlossen, daß sie es tun würden. Im Labor der Universität von Los Angeles gab ich Rhesusaffen die gleichen Kokakügelchen, die schon die Lamas bekommen hatten. Die Affen mußten nur einen Hebel drücken, und ein Kügelchen rollte automatisch in ihren Freßnapf. Der Hebelmechanismus setzte zwei sich abwechselnde Funktionsabläufe in Gang, damit die Drogenwirkung eingeschätzt werden konnte. Ein kleines weißes Licht in der Nähe des Hebels signalisierte den Beginn einer Folge. Der Affe wurde geschult, den Hebel zwanzig Mal zu drücken, dann fiel das Kokakügelchen in den Freßnapf. Das Signallicht erlosch danach während einer fünfminütigen »Kokapause«, in der das Tier unter Bewachung einer Fernsehkamera das Koka kauen konnte. Der Käfig wurde die ganze Zeit von oben erleuchtet. Dann wurde die Signallampe wieder eingeschaltet, aber jetzt mußte der Affe eine Minute warten und hatte dann den Hebel einmal zu drücken. Dieser einmalige Hebeldruck bewirkte die Abgabe eines weiteren Kokakügelchens und eine weitere Fünf-Minuten-Pause. Die Affen konnten auf diese Weise den ganzen Tag und die ganze Nacht über Kügelchen ernten. Bei der Beobachtung der Geschwindigkeit der ersten zwanzig Aktionen konnte ich ein Maß für die stimulierenden Wirkungen von Koka erhalten. Wenn es gelang, den Tieren beizubringen, in der nächsten Periode eine volle Minute lang nicht auf den Hebel zu drücken, konnte ich später sehen, wie Koka ihre Fähigkeit beeinflußte, sich zurückzuhalten und ihre Handlungen zu kontrollieren.

Wenn es um normales Affenfutter ging, erfüllten die Tiere die beim Hebeldrücken gestellten Anforderungen anstandslos. In der nächsten Phase hatten die Affen ein großes Angebot an Futter und frischen Früchten in ihrem Käfig zur Verfügung und bekamen die Gelegenheit, sich Kokakügelchen hinzuzuverdienen. Obwohl die Affen alle fünf Minuten ein Kokakügelchen erhalten konnten, beschränkten sie sich auf vierundzwanzig im Tagesdurchschnitt, sie nahmen etwa eins pro Stunde. Einige davon ließen sie auf den Käfigboden fallen, aber die meisten wurden von ihnen gekaut. Ihre Backen dehnten sich, wenn sie kauten und saugten, genau wie die der südamerikanischen Eingeborenen, die zum ersten Mal vom Entdecker Amerigo Vespucci beschrieben wurden.

In den Koka-Pausen blieben die Affen ziemlich ruhig und nutzten die Zeit zur Untersuchung ihrer betäubten Lippen und Zungen. Nachdem sie ein paar Kügelchen gekaut hatten, rasten sie im Käfig umher und starrten alle Dinge an, dieses Benehmen ist sonst als »Prüf«verhalten bekannt. Wenn die Zeit heranrückte, zu der sie sich ein weiteres Kügelchen verdienen konnten, schienen sie gierig darauf zu sein und begannen den Hebel oft schon vor Ablauf der Fünf-Minuten-Pause zu drücken. Die zwanzig Hebeldrücke kamen dann wie aus der Maschinenpistole. Die Affen waren so aufgeregt, daß sie es nicht lassen konnten, auch während des einminütigen Intervalls zu reagieren. Dennoch blieb das Kokakauen konstant, immer nur ein bißchen auf einmal. Vespucci wunderte sich über ein ähnlich eifriges, aber kontrolliertes Verhalten der Eingeborenen und kam nicht auf ihr Geheimnis. Einen Hinweis lieferten die täglichen Urintests bei den Affen.

Bei den Untersuchungen wurde das wichtigste Stoffwechselprodukt von Kokain, Benzoylecgonin, entdeckt. Und die Menge blieb im wesentlichen von Tag zu Tag gleich.

Bei einem Versuch mit kokainfreien Kugeln, die alle Inhaltsstoffe von Koka mit Ausnahme von Kokain enthielten, nahmen die Affen täglich nur zwei bis drei der Kügelchen zu sich. Ihr Verhalten blieb durch diese Placebos unverändert. Sie enthielten immer noch Nährstoffe, doch das war es nicht, worauf es den Affen ankam. Die Kohlehydrate und Vitamine in den Placebos schienen ihnen gleichgültig zu sein. Wenn sie in Versuchen vor die Wahl zwischen Placebos und Koka gestellt wurden, zogen die Affen in neun von zehn Fällen das Koka vor. Sie wollten Kokain, denselben geheimen Stoff, der Amerigo Vespucci Rätsel aufgab und der dazu bestimmt war, von den zukünftigen Einwohnern des nach ihm benannten Landes begehrt zu werden.

Obwohl die Affen hinter dem Kokain her waren, konnten sie ihre Dosis beschränken. Dem Gewicht entsprechend nahmen sie die gleiche Menge wie die Andenindianer zu sich. Entweder waren die Affen in einem früheren Leben alle Indianer gewesen, oder Mama Coca beschützte alle Primaten nach denselben Regeln, oder es gibt einen eingebauten Mechanismus, der das Kokakauen begrenzt. Unzweifelhaft verhindern die in einem Blatt eingeschlossenen geringen Mengen Maßlosigkeit. Denn schließlich gibt es eine Grenze für die Menge der Blätter, die sich jemand in die Backe schieben oder schlucken kann. Neben den physischen Begrenzungen, die das Kauen von noch mehr Koka verhindern, ruft die langsame Absorption des Kokains aus den Säften in Mund und Magen eine schrittweise, fast natürliche Stimulation hervor, die zwar reizvoll ist, aber nicht abhängig macht.

Wenn die gekauten Prieme mehr Kokain enthielten, würde dann die Kontrolle in Abhängigkeit übergehen? Die Frage konnte leicht beantwortet werden durch die Kombination von Kokaingaben mit dem Kauen von Kaugummi, einer ebenfalls alten, wenn auch nicht abhängig machenden Angewohnheit. Ein Gummipräparat kann ebenso wie ein Blatt Kokain enthalten, bietet aber den zusätzlichen Vorteil (oder Nachteil), daß mehr davon hinzugefügt werden kann und sich die Dosis variieren läßt. Ich präparierte verschiedene Typen Kokaingummi für die Affen, um die Wirkung der Dosierung auf ihr Kau-Verlangen einschätzen zu können. Das Gummi war mit den gleichen natürlichen Geschmacksstoffen angereichert, die sich auch im Kokablatt finden. Das aromatische Öl Methylsalicylat, das auch in Koka enthalten ist, gab dem Gummi einen besonderen, frischen Geschmack. Jedes Portionsstück der »Coca-Lets« enthielt 5 Milligramm Kokain, dieselbe Menge wie die Koka-Kügelchen. »Coca-

Peps« enthielten 10 Milligramm Kokain, und »Coca-Jets« boten umwerfende 25 Milligramm.

Die Affen drückten eifrig, wenn es um die »Coca-Lets« ging und die umgekehrt die Rate des Hebeldruckes erhöhten. Sie kauten friedlich in den Pausen, zeigten jedoch einige Ungeduld nach einem weiteren Stück, denn sie prügelten auf den Hebel ein, bevor die Pause vorüber war. Dennoch war die Gesamtmenge Kokain, die sie sich erarbeiteten, nicht größer als die Menge, die sie mit den Koka-Kügelchen zu sich genommen hatten. Sie besorgten sich die gleiche Menge »Coca-Peps«, ließen aber mehr als die Hälfte fallen, ohne sie zu kauen. »Coca-Jets« wären ein geschäftlicher Fehlschlag, wollte man sie an Rhesusaffen verkaufen: Die Tiere bemühten sich um diese Sorte überhaupt nicht. Die Affen behandelten die hochdosierten Stücke mit dem gleichen Mangel an Begeisterung wie ein kokaloses Placebo-Gummi, das mit Procain präpariert war, einem lokalen Betäubungsmittel, das keine anziehenden stimulierenden Wirkungen aufweist, wenn es gekaut wird.

Mit den milden »Coca-Lets« wurden verschiedene Experimente durchgeführt. Die Affen arbeiteten für das Gummi, mochten aber nicht zuviel davon. Oder zu wenig. Bei einem Versuch konnten sich zwei Affen nur in täglichen Zwei-Stunden-Sitzungen das Gummi erarbeiten. Das war für Lightning offenbar nicht lange genug. Sie war eine große Rhesus-Äffin, die sich ihren Namen (Blitz) durch die Geschwindigkeit verdient hatte, mit der sie ihren Käfig entriegeln und fliehen konnte. Eines Tages brach sie aus und strebte sofort auf den Behälter mit »Coca-Lets« auf meinem Tisch zu. Ich griff ihn zuerst, und Lightning schlug mich aus lauter Gier in den Nacken. Ein Techniker fing die Äffin, band ihr die Arme zusammen und brachte sie unter Geschrei wieder in ihren Käfig.

Lightning und ihre Gefährtin bei diesem Unternehmen, Pearl, waren auf eine andere Art »guten Mutes«. Den größten Teil der Zeit schienen diese im Labor gehaltenen Affen deprimiert zu sein. Sie verbrachten viele Stunden zusammengekauert in ihren Käfigen. Wenn sie nicht schliefen, durchsuchten sie die Sägespäne auf dem Käfigboden, in der Hoffnung, etwas Neues zu finden. Sie boten Beispiele affenartiger Verzweiflung. Kokaingummi brachte sie auf die Beine. Die Affen erwiderten meine Blicke ohne den üblichen angstvollen Ausdruck und streichelten meine Hand spielerisch durch den Drahtkäfig hindurch. Sie schenkten ihren Spielsachen und Schaukeln neue Aufmerksamkeit und führten akrobatische Kunststücke vor. Dabei zogen sie das Gummi zwischen ihren Zähnen und den kleinen Händen in die Länge. Sie langten in die Holzspäne, warfen diese in die Luft und liefen durch die fallenden Späne wie Kinder, die im ersten Winterschnee spielen.

Kokain ist dem Koka ähnlich, wenn beide gekaut werden. Aber das Spielen im Schnee ist weit entfernt von einem Gewaltmarsch durch den Schnee, und weder ein Affe noch ein Indianer scheint begierig zu sein, mehr zu schlucken, als er kauen kann. Die belebenden Wirkungen ziehen Tiere und Menschen an. Sie finden Gefallen an den kleinen Kokainmengen, die in den Blättern der Pflanze eingeschlossen sind oder im Gummi stecken. Die Anziehung ist groß, aber es gibt keinen Mißbrauch.

2

Wenn das Kokain nicht mehr den Beschränkungen der Verpackung unterliegt, können die Individuen die Auswirkungen nicht immer richtig kontrollieren, und die Anziehung verwandelt sich in Mißbrauch.

Sogar die Sprache und die Mythologie verändern sich. Der *yatiri* wußte, daß er beim Kokakauen vom Geist einer wunderschönen Frau berührt wird, doch die kleinen Kokainmengen schützten gegen eine intimere Umarmung. Er benutzte nie pures Kokain, obwohl ihm die modernen Praktiken des Schnupfens, Injizierens und Rauchens der Droge bekannt waren. Das wäre eine schlechte Ehe, behauptete er.

Die Angstausdrücke, mit denen Kokain einmal beschrieben wurde, legen nahe, daß eine gute Beziehung sich schnell zum Negativen wenden kann, wenn die Droge mit diesen neuen Methoden verabreicht wird. Die Konsumenten gingen zu einer »Schneebank«, wo sie ihren illegalen »Schnee« kaufen konnten. Sie konnten dann »das Rentier besteigen« und auf eine Reise gehen, die als »Schlittenfahrt« bekannt ist. Dadurch, daß etwas Schnee in ihre Nasen geblasen wurde, verwandelte sich die Reise in einen lustigen »Schneeball« – jeder konnte für eine Nacht zu Aschenputtel werden. Aber sie konnten nicht immer um Mitternacht aufhören. Wenn sie dann unter dem Einfluß von Kokain standen, waren sie »von einem Schneesturm überrascht« worden, »mit Koks gefüllt« und »eingeschneit«. Diese »Schneevögel« nahmen schließlich zuviel Kokain und verwandelten sich in »Kokain-Affen«.

Toby war ein echter Makako, der gelernt hatte, genug Kokain zu schnupfen, um eine Einbahn-Schlittenfahrt geradewegs in die Saint-Anne-Klinik in Paris zu machen. Er gehörte einer Frau, die ebenfalls Kokainkonsumentin war. Die Frau bewahrte ihr Kokain in einer kleinen Schnupftabaksdose auf. Toby beobachtete, wie sie und ihre Freunde das Puder in die Nasenlöcher zogen. Er ahmte ihr Verhalten nach und suchte in allen Handtaschen und Kleidertaschen nach der Dose. Wenn er sie fand, öffnete er sie und steckte mit offensichtlichem Vergnügen seine Nase hinein. Tony war ebenso erfindungsreich wie Lightning und lernte, seine Kette zu zerreißen, um an eine Schublade zu kommen, in der eine Ration der Droge aufbewahrt wurde.

Anfänglich wurde Toby vom Kokain aufgeregt, dann streitsüchtig; schließlich begann er, Menschen zu beißen. Er riß sich das Haar von seinen Armen und Beinen. Als die Besitzerin zur Behandlung ins Asyl kam, nahm sie Toby mit. Zu diesem Zeitpunkt halluzinierte der Affe, wedelte mit den Händen in der Luft herum und versuchte, nach imaginären Gegenständen zu greifen. Tobys ständiges Verlangen nach Kokain konnte während der Untersuchung im Krankenhaus beobachtet werden, als die Ärzte ihn mit Schachteln voll weißem Pulver testeten. Er wies Substitute wie Backsoda ab, nahm aber immer das Kokain. Er und seine Besitzerin bekamen keinen weiteren Zugang zu der Droge, und beide wurden erfolgreich entgiftet.

Es gibt viele Geschichten über andere Haustiere, die zu fordernden »Kokain-Affen« wurden, wenn sie Zugang zu der Droge bekamen. Archie, eine Hauskatze in Hollywood, miaute und bettelte darum, an einem Kokain-Fläschchen riechen oder lecken zu dürfen. Dexter, ein grauer Manx-Kater, bekam fünf Jahre lang jeden Morgen und jeden Abend eine Kokainprise. Wenn sein Besitzer nicht daran dachte, erinnerten ihn die durchdringenden Klagelaute der Katze daran. Floozy, ein Kätzchen, lief auf ihren Besitzer zu, wann immer Kokain konsumiert wurde, und wartete geduldig darauf, daß ihr Kokainrauch ins Gesicht geblasen wurde. Sie schnurrte dann und lief im Haus umher. Nach etwa zwei Stunden legte sich Floozy nieder und schlief ein, konnte aber durch den Geruch von Kokainrauch schnell wieder zum Aufstehen gebracht werden.

Einige Lebewesen verwandeln sich jedoch in wahre Bestien, wenn sie zuviel bekommen. Robert Louis Stevenson gibt uns in seiner Erzählung *Der seltsame Fall von Dr. Jekyll und Mr. Hyde,* die er unter dem Einfluß von Kokain in sechs Tagen und Nächten schrieb, einen Einblick in dieses Verhalten. Der fiktionale Dr. Jekyll nimmt eine Droge – nach dem Vorbild des Kokains –, die ihn in einen dämonischen Mörder namens Mr. Hyde verwandelt. Filmfassungen der Geschichte zeichnen Hyde oft als verrückten, haarigen Affen. Kokain kann niedliche Affen in Laboratorien in kleine Mr. Hydes verwandeln, wenn durch den Druck eines Hebels statt der Ausgabe von Kaugummi automatische Kokaininjektionen erfolgen. Das berühmteste dieser Labors befand sich in der medizinischen Abteilung der University of Michigan. Die Affen konnten sich rund um die Uhr mit Kokain versorgen. Das hielten sie fünf Tage lang durch bzw. solange, bis sie erschöpft waren. Dann schliefen sie sich gesund, fraßen mit gutem Appetit und begannen den Kreislauf der Injektionen wieder von neuem.

Im Vergleich zu den Affen von Michigan während der Injektionszyklen verhielt sich Toby vergleichsweise zahm. Sie rissen die Augen auf und schlossen sie wieder. Die Haare standen ihnen zu Berge, während sie sich schüttelten und zitterten. Ihr Koordinationsvermögen ließ nach, sie verloren auch an Muskelmasse und büßten die Fähigkeit ein, ihre Bewegungen zu kontrollieren. Sie wirkten gehetzt und ausgemergelt. Dies alles war ihnen jedoch gleichgültig, sie wiesen sogar Süßigkeiten zurück und drückten ständig den Hebel, um an Kokain zu kommen. Einige begannen sich in die Hände zu beißen und sich zu zerkratzen. Sie fügten sich große Wunden zu und amputierten sogar ihre eigenen Finger. Mit blutenden und verfaulenden Stümpfen drückten sie weiter, um an das Kokain zu kommen. Ich sah einmal einen kleinen bolivianischen Jungen, der sich in Folge seiner Kokainsucht zwei Finger seiner linken Hand abgekaut hatte. Nur eine ganz besondere Leidenschaft kann jemanden so etwas Schreckliches tun lassen. Die Affen fletschten ihre Zähne und zogen ängstliche Grimassen. Der *yatiri* hätte das eine schlechte Ehe genannt. Der Fluch von Mama Coca verwandelt Liebe in Abhängigkeit.

Die Hartnäckigkeit, mit der Tiere trotz alarmierender Veränderungen am Kokain hängen, ist um so bemerkenswerter, wenn man andere physische Folgen berücksichtigt. Affen zeigen ebenso wie Nagetiere und Hunde eine Beschleunigung der Atmung, des Herzschlags, eine Erhöhung des Blutdrucks, der Körpertemperatur und der elektrischen Aktivität im Gehirn. Die Tiere verlieren mehr als nur ihren Schlaf wegen ihrer chemischen Leidenschaft. Die psychomotorische Stimulation kann von leichter Erregung über Zittern, aufgeschreckte Bewegungen bis zu heftigen Anfällen reichen. Auf den Kokainexzess kann eine Atemhemmung oder ein Herzkollaps folgen. Zu den langfristigen Folgen zählen Gewichtsverlust, Hautprobleme und Leberschäden. Überraschenderweise sind diese Tiere nicht dauerhaft von Kokain abhängig. Der Abhängigkeitszyklus der Michigan-Affen wurde ganz einfach durchbrochen, als die Injektionen eingestellt wurden. Die meisten Rauschfolgen konnten aufgehoben werden, obwohl Finger nicht nachwachsen und auch die Lebern nie wieder wie vorher sein werden.

In anderen Laboratorien, in denen man die Kokainmenge in den Injektionen der Affen begrenzte, war die Einnahme so geregelt, daß Anzeichen einer Vergiftung trotz des über Jahre gehenden täglichen Gebrauchs selten zu bemerken waren. Die Affen injizierten sich in regelmäßigen Abständen selbst, als ob sie die

Dosis mittels einer inneren Uhr einteilen würden. Sie waren stimuliert, manchmal erregt, aber wiesen nicht die Vergiftungserscheinungen auf, die bei anderen Affen beobachtet wurden, die freien Zugang zu Kokain hatten. Wenn die Versuchsleiter die bei jeder Injektion verabreichte Dosis erhöhten, verringerten die Affen sogar die Anzahl der Injektionen, um die Menge konstant zu halten. Affen verlieren einfach nicht die Kontrolle über Kokain, falls ihnen nicht ein unbeschränkter Zugang ermöglicht wird wie bei den Versuchen in Michigan.

Die Fähigkeit von Affen, den Kokainkonsum zu regulieren, scheint auch für das Rauchen der Droge zuzutreffen, das zu einem schnelleren und intensiveren Rausch führt. Der bolivianische Junge, der seine Finger abkaute, hatte Kokapaste, einen rohen Extrakt aus dem Kokablatt, geraucht. Das raffinierte Kokain-Hydrochlorid kann ebenfalls zu einem rauchbaren Produkt verarbeitet werden, wenn das Hydrochlorid-Salz durch einen chemischen Prozeß aus dem Kokain-Alkaloid »befreit« wird. Dieser Prozeß ist als freie Basierung bekannt und wurde von nordamerikanischen Rauchern entwickelt. Mehr als ein Jahrzehnt, bevor die freie Kokain-Base den Slangnamen »Crack« erhielt, rauchten unsere Affen den Stoff friedlich in einem Kellerlabor an der Universität von Los Angeles.

Wenn sie die Wahl hatten zwischen tabakfreien Kräuterzigaretten oder solchen mit einer Dosis freier Kokain-Base, wie Menschen sie zu sich nehmen, zogen alle Affen die Kokainzigaretten vor. Sie rauchten das Kokain sogar, wenn ihnen keine Belohnung dafür angeboten wurde. Aber sie schränkten ihren Konsum ein. Als sie zwanzig Tage lang unbegrenzten Zugang zu Kokainzigaretten hatten, verbrachten die Affen nur vier Stunden täglich mit Rauchen. Sie konsumierten durchschnittlich fünf Zigaretten am Tag, die meisten davon wurden in den frühen Morgenstunden geraucht.

Einige Affen wurden hyperaktiv und bliesen dicke Rauchwolken durch die Gegend. Phoebe, eine fünfzehn Jahre alte Rhesusäffin, schien nicht imstande zu sein, mit dem Rauchen aufzuhören, und kam auf fünfundzwanzig Zigaretten am Tag. Aber sie kontrollierte dabei weiterhin ihre Kokainzufuhr, indem sie die Dauer ihrer Züge an jeder Zigarette verkürzte. Das tägliche Niveau der Kokain-Stoffwechselprodukte in ihrem Urin blieb so stabil wie bei den anderen Affen. So konnte die Kokainmenge entweder durch die Häufigkeit oder die Dauer des Rauchens kontrolliert werden. Wichtig war nicht, wie schnell die Affen rauchen konnten oder welche Größe die von ihnen erzeugten Rauchwolken hatten – so unterhaltsam es auch war, Phoebe beim Lecken an den Wolken zuzusehen –, sondern, daß sie selbständig einen bestimmten Rauschgrad wählten. Das ist ein weiteres Beispiel für die natürliche Beschränkung, die sich Menschen, Lamas und Affen auferlegen, wenn sie Koka kauen. Aber warum Affen das Kokainrauchen begrenzen können und die meisten Menschen nicht, ist eine wichtige Frage, die unbeantwortet bleibt.

Das gewählte Rausch-Niveau reichte aus, um das Verhalten der Tiere zu beeinflussen. Sobald die Affen ihre morgendliche Kokainzigarette geraucht hatten, hallten lautes Bellen und spitze Schreie durch die Stahlkäfige. Die Affen widmeten sich ihrem charakteristischen Jagen und Schwingen mit einer käfigerschütternden Intensität. Zu diesem Zeitpunkt wurde jeder Versuch, sich die Affen im Käfig anzusehen, mit angstvollen Grimassen und Drohungen beantwortet. Pupi, ein kleiner weiblicher Rhesus, die meine Annäherung sonst immer mit wohlwollendem Brummen und Schmatzen begrüßt hatte, vollführte nun den »Affensalut«. Bei diesem Salut legte Pupi ihre Hand wie ein guter Pfadfinder neben oder über ihre Augenbraue. Mit diesem Salut schützen viele Affen ihre Augen vor Betrachtern; er ist besonders nützlich, um Bedrohungen zu entgehen. Isoliert gehaltene Affen oder solche, die durch Stimulantien leicht paranoid gemacht wurden, verhalten sich ebenso. Einige Affen »salutieren« mit den Füßen, indem sie mit einem Fuß vor ihren Augen herumwedeln – Pupi benahm sich etwas damenhafter. Der Gruß bedeutete, daß ich den Raum verlassen sollte. Wenn ich nicht wegging, wurde Pupi so wütend und frustriert, daß sich sich selbst biß. Ich fand heraus, daß ich ihre Bisse unterbinden konnte, wenn ich meine eigenen Augen mit der Hand bedeckte. Sobald Pupi salutierte, salutierte ich auch.

Tiere vom Verlangen nach Kokain abzubringen ist nicht so einfach wie Salutieren. Die Neigung zum Kokain überlagert die meisten anderen Verhaltensweisen. Manche Tiere bemühen sich außerordentlich, um an Kokaininjektionen heranzukommen. Ratten, Hunde und Paviane sowie verschiedene andere Affenarten drücken nach dem gleichen Muster die Hebel. Sie lernen, komplexe Programme auszuführen, bei denen eine Folge von verschiedenen Hebeldrücken erforderlich ist, um am Ende des Programms eine Kokain-Belohnung zu bekommen. Diese Programme oder Regeln kontrollieren erfolgreich das Verhalten, das die Tiere an den Tag legen, ob sie nun Nahrung, Wasser oder irgendeine Droge haben wollen, die von Menschen mißbraucht wird. Wenn es um Kokain geht, werden die Regeln jedoch häufiger als bei Nahrungsmitteln und anderen Drogen bis zum Zusammenbruch ausgedehnt. Es kann das Tier oder die Person an den Rand des Grabes treiben.

Der Wendepunkt kann demonstriert werden, wenn das Programm den Tieren abverlangt, den Hebel einhundertmal zu drücken, damit die erste Kokain-Injektion erfolgt; dann wird die Anforderung auf 200, 400, 800 und so weiter erhöht. Dieses Programm ist als *Progressionsschema* bekannt, und der kritische Meßwert des Verhaltens wird durch den höchsten Wert gebildet, der in einer gegebenen Zeit erreicht wird. Der Wert, bei dem sich das Tier für eine Drogenbelohnung nicht mehr anstrengen möchte, ist der Wendepunkt und bildet einen Index für die verstärkende Kraft der Droge. Der Wendepunkt lag bei Kokain zwei- bis sechzehnmal höher als bei anderen Drogen, und einige Affen drückten bis zu 12800mal für jede Kokain-Infusion!

Nicht alle Tiere halten für Kokain länger durch. Einzelne Paviane strengen sich genauso für hohe Dosen des Beruhigungsmittels Secobarbital an, das den in Laborversuchen getesteten, stark gestreßten Pavianen sehr zusagt. Einige Affen mögen Kokain nicht lieber als Cathinon, das hauptsächliche Alkaloid des Khat. Ratten mögen Kokain im allgemeinen genauso wie Affen, aber einigen behagen die wiederholten Injektionen nicht besonders, und so versuchen sie sie zu vermeiden. Wenn sie jedoch die Wahl zwischen Kokain und den meisten anderen Stimulantien haben, bevorzugen Tiere Kokain. Hunde ziehen es Nikotin oder Amphetamin vor, genauso wie viele Menschen. Hohe Kokaindosen sind beliebter als niedrige, aber niedrige Dosen sind manchmal besser als ein Freund. Wird in einem Versuch die Wahl zwischen einer niedrigen Kokaindosis und der Möglichkeit zu Sichtkontakt mit anderen Affen geboten, gewinnt die niedrige Kokaindosis.

Trotz dieser individuellen Unterschiede ist Kokain eine gut funktionierende Belohnung. Einige Affen überschreiten sogar noch den kritischen Punkt, wenn sie selbst kurz vor dem Hungertod intravenöse Kokain-Injektionen statt Nahrung wählen. Während Koka die Tiere über diesen kritischen Punkt hinaus erhalten kann, enthält Kokain keinen Nährwert, und die Experimentatoren müssen in die Versuche eingreifen und die Injektionen beenden, wenn die Tiere zuviel Gewicht verlieren. Es ist gefährlich, wenn man die Tiere sich selbst überläßt.

Eine Gruppe kanadischer Forscher hatte keine Bedenken, Ratten ständigen und uneingeschränkten Zugang zu intravenösen Kokaininjektionen zu gewähren. Jedesmal, wenn die Ratten einen Hebel drückten, pumpte eine motorgetriebene Spritze zehn Sekunden lang eine Drogenlösung in einen intravenösen Katheter. Wenn der Hebel während des Injektions-Intervalls gedrückt wurde, passierte nichts, aber die Ratten konnten gleich nach Ablauf der zehn Sekunden selbst über eine weitere Injektion bestimmen. Diese Möglichkeit hatten sie vierundzwanzig Stunden am Tag, maximal dreißig Tage lang. Nicht jeder Ratte gefiel das, aber 83 Prozent der kanadischen Ratten entwickelten sich zu regelmäßigen harten Konsumenten.

Die Ratten durchliefen Konsum-Phasen genau wie Affen oder Menschen. Sie nahmen in einer vierundzwanzigstündigen Periode große Mengen Kokain und in der nächsten viel weniger. Dieses Muster wiederholte sich während des ganzen dreißigtägigen Versuchs. Die Tiere verloren fast ein Drittel ihres Körpergewichts, pflegten sich kaum und büßten allgemein an Gesundheit ein. Einige hatten regelrechte Zusammenbrüche, aber sobald die Zuckungen nachließen, gingen sie wieder an den Hebel und drückten ihn erneut. Am Ende des Versuchs waren 90 Prozent der Tiere tot.

Auszehrung und Gewichtsverlust allein hätten nicht so schnell getötet wie Kokain. Kokain schädigte die Tieren viel mehr, weil es Funktionen des zentralen Nervensystems unterdrückt und die Atmung paralysiert. Der anfängliche stimulierende Kick führte dazu, daß die Ratten die Injektionen bis zum bitteren Ende fortsetzten. Trotz der Anfälle und anderer Vorzeichen des Todes machten die Ratten weiter und handelten wie selbstmörderische Lemminge und nicht wie die schlauen Überlebenskünstler, zu denen sie im Laufe der Evolution geworden sind.

Können Tiere in ihrer verrückten Gier aufgehalten werden? Kann man ihnen beibringen, »nein« zu sagen? Ein Elektroschock ist ein wirksames Mittel, um Tiere von Kokain-Injektionen abzuhalten, aber nur dann, wenn er stark genug ist. Wenn Rhesusaffen bei einer Kokain-Injektion über Drähte an ihrer Schädelbasis einen kurzen elektrischen Schock bekommen, gehen sie mit steigender Intensität der Schocks zu niedrigeren Kokainmengen über. Sie können sich aber an einen gemäßigten Schock gewöhnen und verlangen auf einem niedrigen Niveau nach Kokain. Sie unterdrücken ihr Verlangen nach Kokain nur dann vollständig, wenn extrem starke Schocks angewendet werden.

Wie schwierig es ist, Affen für den Gebrauch von Kokain zu bestrafen, wird auch deutlich, wenn man ihnen die Wahl zwischen zwei intravenösen Kokain-Lösungen gibt. Wenn mit der einen Lösungen ein Schock einhergeht, wählen die meisten Affen die nicht mit einem Schock verbundene Lösung, sofern die Dosis die gleiche ist. Mit dem typischen Individualismus der Primaten bevorzugen einige Affen tatsächlich die an einen Schock gekoppelte Dosis. Wenn die Dosis der Schock-Lösung jedoch wesentlich höher als die der Lösung ohne Schockfolge ist, ziehen alle Affen trotz des Schmerzes die höhere Lösung mit Schock vor. Die Wahl ist für viele verhängnisvoll, da chronischer Kokaingenuß Tiere für den Schock hypersensibel macht.

Die Empfindlichkeit dehnt sich auf fast alles in der Umgebung aus. Geräusche erscheinen lauter. Die visuelle Wahrnehmung scheint schärfer zu sein. Kleinere

Geräusche oder Bewegungen können die Tiere leicht aufstören. Die bloße Anwesenheit anderer Mäuse setzt die lethale Kokaindosis herab und bewirkt den Tod eines größeren Mäuseanteils. Auch Primaten leiden unter Kokaineinfluß an einer übersteigerten wechselseitigen Empfindlichkeit und können durch die unschuldigsten sozialen Interaktionen leicht verwirrt werden.

Das mündet in Mißtrauen und Hyperaktivität. Das Mißtrauen steigert sich zur Paranoia; die Hyperaktivität steigert sich zu heftiger Aufregung, zu Überreaktionen und Panik. Im letzten psychotischen Stadium entstehen Halluzinationen und Selbsttäuschungen. Das ist keine Schizophrenie, aber eine Kokain-Psychose kommt ihr sehr nahe. Wenn Shackletons Männer harte Konsumenten gewesen wären und in einem Lager zusammengepfercht statt auf einem Gletscher verstreut, wären die Wirkungen vielleicht ganz andere gewesen. Ihre gesteigerte Empfindlichkeit wäre keine direkte physische Gefahr gewesen, aber die Gruppe hätte sich auf dünnem Eis befunden. Sie wären aufgrund dieser psychotischen Paranoia möglicherweise nicht mehr in der Lage gewesen, als Team zusammenzubleiben.

Da über die Wirkungen von Kokain und Koka auf kleine Gruppen von Primaten wenig bekannt war, plante ich eine Reihe von Versuchen mit einer Familie Schimpansen, die auf einer Insel lebten. Bei einer Reihe von Exkursionen auf die Südinsel in den Jahren 1975 bis 1977 hatte ich ein Sortiment von Kokablättern und Kokainspritzen bei mir. Die Südinsel war klein, nur 300 Quadratmeter groß, und befand sich in einem kleinen See in einem kalifornischen Naturpark. Als nackte Oase voll Staub, spitzer Steine und knorriger toter Bäume wirkte die Insel wie ein Miniaturmodell der Skull-Inseln aus *King Kong*. An einem Ende der Insel stand funktionslos ein großer hölzerner Kasten. Er war die Heimat einer Gruppe von vier Schimpansen. Die Gruppe bestand aus OJ, einem großen dominanten Männchen; Mickey, einem Männchen und pensionierten Eislaufstar; Suzie, einem erwachsenen Weibchen, das ihren linken Arm an einen Zoolöwen verloren hatte; und Xerox, einem junges Männchen, das eines Tages auf der Insel neu war und von dem niemand wußte, woher es kam.

Unsere Forschungsteams hatten die Insel im Verlauf mehrerer Studien einige Monate lang beobachtet. Aus diesem Grund waren die Schimpansen nicht erschrocken, als ich mit meinem Boot zu ihrem Haus hinüberruderte. Ich deponierte eine große Kiste mit Kokablättern am Strand und ruderte zurück, bis ich mich in einer sicheren Distanz für die Beobachtung befand. OJ durchwühlte die Blätter kurz und inspizierte sie. Die anderen kamen hinzu, und bald konnte man Blätter in Händen, Mündern und auf Mickeys Kopf erkennen. Obwohl die Affen täglich zwei Bootsladungen mit Nahrungsmitteln und frischem Obst erhielten, war jede eßbare Neuigkeit auf der kahlen Insel eine Sensation, die es wert war, versuchsweise verzehrt zu werden. Die meisten Blätter wurden schließlich gekaut und hinuntergeschluckt.

Es wurde soviel Koka geliefert, wie vier Menschen an einem Tag kauen würden. Aber ohne alkalische Asche waren die Wirkungen auf die Schimpansen so geringfügig und sanft wie nach den Blattgaben an die Lamas in Peru. Die Schimpansen schienen sich schneller als üblich zu bewegen. Sonst war ihr Verhalten normal. Mickey und Suzie standen nahe beieinander, und manchmal schlang Mickey seinen Arm um ihre Schultern. Der kleine Xerox bettelte wie üblich zur Fütterungszeit um Trauben oder Bananen, die sich die Erwachsenen zusammengesammelt hatten. OJ durchstreifte entweder allein die Insel oder schloß sich den anderen an, wenn sie in den Bäumen herumkletterten.

Ich bereitete die Schimpansen auf die nächste Phase der Versuchsreihe vor, indem ich ihnen vom Boot aus Erdnüsse zuwarf. Ich entwickelte meine Wurf- Fertigkeit so, daß ich genau auf einzelne Tiere zielen konnte. Einige Tage später warf ich jedem Schimpansen Stücke von »Coca-Jets« zu. Im Labor gab es einen Überschuß dieses hochwirksamen Kaugummis, seit die Rhesusaffen sie zurückgewiesen hatten. Jeder Schimpanse schien genau zu wissen, was er zu tun hatte, hob schnell sein Stück auf und begann es zu kauen. Ich warf ihnen alle fünfzehn Minuten weiter Stücke zu, bis jedes Tier *vier* Stücke konsumiert hatte, was einer für einen erwachsenen Menschen berauschenden Dosis entspricht. Die vokale Kommunikation in der Gruppe steigerte sich zu einem Chor aus Grunzen, einem sanften Bellen und einem hustenden Klang, der eine milde Form der Abschrekkung ist. Mickey und Suzie hielten Abstand voneinander, während OJ die Insel immer wieder schnell umkreiste. Xerox versteckte sich in dem Kasten. Dieser erste Kokainrausch hatte eine leichte Stimulation ohne dramatische Ausbrüche hervorgerufen. Die Tiere zeigten ein Verhalten, das auch bei menschlichen Erstkonsumenten auf Kokain-Parties zu beobachten ist.

Ich war nicht davon überzeugt, daß die Schimpansen alle Kaugummis verzehrt hatten – zwei Stücke sah ich am nächsten Tag auf dem See schwimmen –, und sie schienen auch nicht versessen darauf, mehr zu bekommen. Wahrscheinlich war die betäubende Wirkung im Mundbereich unangenehm. In der Endphase des Experiments führte ich einzelnen Tieren Kokain über Pfeilschüsse zu. Die Pfeile waren kleine Spritzen, die mit einem Luftgewehr abgefeuert wurden, das ich im Boot hatte. Wenn der Pfeil die dicken, muskulösen Schenkel des Tiers traf, injizierte er automatisch und sofort eine Kokain-Hydrochlorid-Lösung. Die Dosis entsprach »Coca-Jets«, konzentriert in einer Ladung. Ein kleiner Widerhaken an der hohlen Nadel der Spritze verhinderte das Abprallen und stellte sicher, daß jeder Affe die volle Dosis erhielt; die Spritze konnte danach jedoch vom Schimpansen selbst leicht herausgezogen werden. Ein Antibiotikum auf den Pfeilen schützte die Schimpansen vor einer Infektion.

Nach den Kokaininjektionen zeigten sich im Gesichtsausdruck der Affen heftige Aggressionen. Jeder Schimpanse stand im Mittelpunkt der Aufmerksamkeit der Gruppe, sobald er vom Pfeil getroffen worden war. Wenn die Pfeile Placebos waren, versammelte sich die ganze Gruppe, um die Situation zu begutachten – der Pfeil wurde manchmal zur Ansicht herumgereicht. Aber das Kokain machte das angeschossene Tier reizbar, und die Aufmerksamkeit der Gruppe wurde mit explosivem Bellen und Drohgebärden beantwortet. Glücklicherweise war die Insel groß genug, daß sich die Tiere verteilen konnten und ernsthafte Kämpfe vermieden wurden. Mickey und Suzie bedrohten sich gegenseitig mit Grimassen, tauschten ein paar Klapse aus und zogen sich dann auf verschiedene Felsen zurück. OJ stampfte und trommelte oben auf der Kiste herum. Xerox war zufällig drinnen, sie konnte aber entweichen und kletterte zur Sicherheit auf einen Baum. Danach joggte OJ in Rekordgeschwindigkeit um die Insel.

In den nächsten zwei Stunden unternahm ich mehrere Versuche, auf der Insel an Land zu gehen und die Pfeile einzusammeln. OJs Gehüpfe und Gefuchtel verhinderten jede Landung. Einmal bewarf er das Boot mit Steinen, watete durch das seichte Wasser und sprang an Bord. Ich schrie und schlug mit den Rudern aufs Boot, bis er wieder absprang und an den Strand zurückkehrte. Das gleiche Verhaltensmuster hatte ich in meiner klinischen Praxis bei Kokainkonsumenten erlebt. Mickey und Suzie erinnerten mich an verheiratete Paare, die durch Kokainprobleme zur Trennung getrieben wurden, und mehr als einer von OJs menschlichen Verwandten hat mich schon in einer Kokainraserei angegriffen.

Von der Südinsel aus betrachtet, lag auf der gegenüberliegenden Seite des Sees eine identische Insel. Die Bewohner der Nordinsel waren das genaue Gegenteil von OJ und seinen Freunden. Alice war eine große, dürre Schimpansin und das höchstrangige Weibchen auf der Insel. Cheryl, ein weiteres ausgewachsenes Weibchen, hatte übergroße Ohren, die beinahe rechtwinklig von ihrem Kopf abstanden. Über ihren Augenbrauen hatte sie mehrere Beulen, die zuckten, wenn sie ihren Gesichtsausdruck veränderte. Ein heranwachsendes Weibchen nannte ich Twiggy (Zweiglein), weil sie immerzu mit einem Zweig oder kleinen Ast im Sand herumstocherte. Das einzige Männchen, ein Schimpansenriese, bot von den unregelmäßigen Haarbüscheln, die auf seinen Schultern wie Epauletten wuchsen, bis zu seinem Namen – Godzilla – ein einschüchterndes Bild. Seine physische Erscheinung täuschte über seinen wahren Charakter hinweg. Er war extrem höflich und bildete mit den drei Weibchen eine eng verbundene Familie. Die Gruppe war voller Wärme und Zuneigung für einander. Sie hockten die meiste Zeit beisammen, pflegten sich gegenseitig und umarmten sich, ohne zu zögern. Wenn sie ihr »Spielgesicht« aufsetzten – die Mundwinkel waren leicht zurückgezogen – genossen alle das Kitzeln, Ringen und spielerische Beißen.

Die Nordinsel erwies sich als genau der richtige Ort, um das überschüssige Kaugummi loszuwerden. Jeder Schimpanse bekam nur *ein* Stück »Coca-Jet« am Tag, solange, bis mein Vorrat nach zwei Wochen verbraucht war. Die Tiere wurden zu begeisterten Kauern. Sie ließen mich auf die Insel kommen, um das Kaugummi zu verteilen, und Alice nahm es einmal direkt aus meiner ausgestreckten Hand an. Godzilla traute mir nie und blieb in einer gewissen Entfernung sitzen, bis ich ihm das Kaugummi zuwarf. Er nahm es immer. Keines der Tiere in der Gruppe hatte einen Zornausbruch, wie er charakteristisch für das Verhalten der Schimpansen auf der Südinsel war, wenn ihnen höhere Dosen verabreicht wurden. Sie schienen sich mehr selbst zu pflegen, ein wenig schneller hin- und herzuschwingen und im Spiel etwas rabiater miteinander umzugehen. Aber ihr Kräftemessen schlug nie über die Stränge. Während ihrer Gesellschaftsspiele gaben die Schimpansen sanfte japsende Geräusche, stimmliche Darbietungen von sich, die an Lachen erinnerten. Die niedrig dosierten Präparate konnten von ihnen unter Kontrolle gehalten werden. Wenn die Tiere auf der Südinsel ein Verhalten zeigten wie Leute, die in Verbindung mit Kokain klinische Krisen hatten, dann war die Nordinsel eine Art Rückblende auf die glücklichen kokakauenden Familien, die ich in Peru interviewt hatte. Ihr Verhalten schien so radikal verschieden von dem zu sein, das ich bei anderen Drogenuntersuchungen im Norden kennengelernt hatte, daß ich versucht war, das Kaugummi mit einem Ausdruck zu benennen, der früher für Kokain verwendet wurde: »Paradies«.

Doch diese Versuchung legte sich, als Alice vom ersten Kokainpfeil getroffen wurde. Sie sprang von den anderen fort und bewegte sich schnell auf einen Felsen zu. Godzilla folgte ihr auf ihrer Suche nach einem abgeschiedenen Rückzugsort. Schließlich kletterte sie in die Spitze des höchsten Baumes der Insel und ließ sich auf einem kleinen Ast nieder. Godzilla stieß besorgte Rufe aus und kletterte hinter ihr her. Alice umklammerte den Baum. Godzilla setzte seinen Aufstieg fort. Alice schrie. Godzilla kam näher. Er hatte sie fast erreicht, als sie hinter ihrem Rücken nach einer Handvoll Exkremente griff und ihren besten Freund und Partner damit bewarf. Godzilla kehrte um und ließ sie allein.

Aber Alice konnte sich nicht entspannen oder längere Zeit still sitzen. Sie wechselte ständig ihre Position auf dem Baum. Als ein Schwarm niedrigfliegender Enten sie aufstörte, zog sie den Kopf ein und bedeckte ihr Gesicht mit beiden Armen. Sie verließ den Baum und durchstreifte weiter die Insel, vermied aber jeden Blickkontakt mit den anderen. Als sie dem Wasser gefährlich nahe kam, mußten wir sie mit einem Schrotgewehr von dem endgültigen Schritt in den See abhalten.

Einige Tage später ging ich wieder auf die Nord- und die Südinsel, um die Pfeile einzusammeln. Das Verhalten der Tiere hatte sich wieder normalisiert. Die Schimpansen litten unter keinerlei Nachwirkungen. Die Inseln waren groß genug, daß sich die berauschten Schimpansen zurückziehen und so ernstere Folgen ihrer kokain-induzierten Aggression vermeiden konnten. Nun saßen sie da und kraulten sich gegenseitig wie vorher. Sogar OJ schien mir vergeben zu haben und nahm aus meiner Hand mehrere Bananen. Aber er weigerte sich, einen der silbernen Pfeile herzugeben, und behielt ihn als Souvenir an die Zeit, in der es auf der Insel ein Kokainproblem gegeben hatte.

Jahre später fand ich bei einem Besuch der Fitz Hugh Ludlow Gedächtnisbibliothek in San Francisco ein seltenes Buch, in dem das Kokainproblem eines Mannes beschrieben wird. Es war eine aus dem Jahre 1927 stammende deutsche Ausgabe des Romans *Kokain*. In diesem Roman wird die Geschichte des jungen Tito erzählt, der im Kokainrausch einen flüchtigen Augenblick lang das Paradies wiedergewann.

Genau wie Tito hatten die Schimpansen auf den Inseln Spaß an niedrigen Kokaindosen im Blatt oder im Kaugummi; sie lachten und schlugen Purzelbäume. Tito nahm immer mehr von der Droge. Wenn die Schimpansen oft genug mit Kokainpfeilen beschossen worden wären, wäre ihnen das Lachen vergangen und sie hätten ebenso wie Tito eine schizophrene Psychose erlebt. Die wirkliche Gefahr des Kokains ist eine psychische, keine physische. Anders als die Schimpansen, die vor aggressiven Begegnungen weglaufen konnten, sind in Käfigen eingesperrte Tiere oder in enge Beziehungen eingebundene Menschen nicht imstande, ihren Gefühlen zu entfliehen. »Kokain entbindet deine Individualität und spaltet sie buchstäblich in zwei Teile«, erklärt Tito. »Es bewirkt die fast elektrolytische Zerstörung des eigenen Bewußtseins.«

Das Ergebnis ist oft gesteigerte Aggression. Kokain selbst erzeugt keine Aggression, aber wenn Aggressionen durch Ereignisse in der Umgebung entstehen, macht Kokain die Tiere empfindlicher und verstärkt die Angriffslust. Bei einem Versuch wurden Rattenpaare in einem fluchtsicheren Käfig unausweichlichen Elektroschocks an den Füßen ausgesetzt; die Tiere standen reflexartig auf und kämpften. Unter Kokaineinfluß kämpfen sie stärker. In sozialen Gruppen bewirkt Kokain, daß mehr gekämpft und gestritten wird. Regelmäßig sind Partner das Ziel dieser Ausbrüche. Tito beobachtete, daß die meisten Streitigkeiten von Männern und Frauen ausgingen, die sich entweder über die Kokainzufuhr stritten oder kleine Ärgernisse zu großen Streitfällen aufbauschten. In *Kokain* fällt eine unter Kokaineinfluß stehende Frau über einen männlichen Freund her, kratzt und schlägt ihn, bis sie erschöpft ist. Alices wegwerfende Geste gegen Godzilla erschien dagegen seltsamerweise zivilisierter.

Wie viele Helden des Abenteuers »Kokain« verlangt es Tito immer noch nach der Droge. In seinem Leben hatte er fast immer Zugriff auf Kokain, doch der Autor weist uns darauf hin, daß er sich auf einer Schlittenfahrt in den Tod befindet. Geblendet von seiner Bindung an die Droge, ruft Tito aus: »Laß mich dich ein letztes Mal küssen, Kokain.«

Seine Chancen, den Folgen zu entgehen, sind nicht größer als die der Ratten, die in einem Schockkäfig mit Kokain gefangengehalten werden. Völlig erschöpft von der Sucht, begrüßt Tito schließlich den Tod durch Typhus und Lungenentzündung, wie er das Kokain begrüßt hatte, als Flucht aus Schmerz und Leiden. Das Kokain hatte Tito in ein Ungeheuer verwandelt, und er hatte sich selbst aufgezehrt. Als ich das Ende des Buchs erreichte, erstarrte ich beim Anblick des in den Umschlag eingeklebten Etiketts. Man sagte mir, daß das Etikett echt sei, man könne sich aber darüber streiten, ob es zu diesem Buch gehöre. Es war das Zeichen eines anderen Ungeheuers, das Kokain genommen hat:

Ex Libris — Adolf Hitler.

Ein Haufen wilder Tiere

Drogen in der sozialen Gruppe

Der Bestie war der nahe Tod anzusehen. Das Gesicht war geisterbleich; seine Haut war gedunsen und grün, fast schimmelig.

Die Schönheit, die »göttliche« Sarah Bernhardt, schoß in den Raum, getrieben von heftiger Neugier. *»C'est magnifique!«* rief Madame Sarah aus.

»C'est horrible!« stießen die Damen keuchend hervor, die sie im Mai 1887 in diese Opiumhöhle in San Francisco begleitet hatten.

Als sich die Bernhardt über den Opiumraucher lehnte und sein verträumtes Gesicht betrachtete, waren die Reporter schon dabei, die Szene mit Schlagzeilen auf der ersten Seite des *Examiner* auszuschlachten. Sie arbeiteten für William Randolph Hearst, der am Zustandekommen dieses Ereignisses auch maßgeblich beteiligt war.

Die Taktik, erstaunliche Geschichten in die Welt zu setzen, mag gut für die Verbreitung der Zeitungen gewesen sein, aber es handelte sich um unnötige Dramatisierungen, denn das wirkliche Leben der Bernhardt wies viele Ähnlichkeiten mit dem der Raucher in jener Opiumhöhle in Chinatown auf, ohne daß die Reporter das wußten. Madame Sarahs Abbild schmückte Anzeigen für Absinth und für Kokawein, auf dessen Genuß sie ihre Gesundheit und Vitalität zurückführte. »Wenn ich von Zeit zu Zeit nicht weiterkann, geben mir wenige Tropfen neues Leben«, verkündete die Schauspielerin, die das Kokaingetränk regelmäßig konsumierte. Auch die Träume des Opiumrauchers waren ihr vertraut. Zu Beginn ihrer Karriere hatte sie Opium genommen und war einmal berauscht aufgetreten. Als sie dieses Ereignis in ihren Memoiren beschrieb, wies sie auf die flüchtige Bekanntschaft mit anderen Drogen hin: »Ich befand mich in jenem Zustand der köstlichen Benommenheit, die man durch Chloroform, Morphium, Opium oder Haschisch erfährt.«

Hearst und andere Journalisten jener Tage hätten aus der wirklichen Geschichte nicht viel Profit schlagen können. Für sie war es einträglich, den Kontrast zwischen der Schönen und der Drogenbestie herauszuheben, nicht ihn schrumpfen zu lassen. Ihr Auftrag war, die Leser aufzustacheln, in Erstaunen zu versetzen und in Bann zu schlagen – und dabei die Verkaufszahlen zu steigern. In ihren auflagenhungrigen Augen waren die Drogenkonsumentinnen Tiere, nicht schöne, erfolgreiche Frauen. Am besten wurde das durch Bilder illustriert, die die verbotene Frucht der Drogen als Bestie abbilden. Im Jahre 1922, als Hearst in seiner Zeitschrift *International* eine Anti-Drogen-Kampagne startete, wurde »dope« in einer Illustration als gigantischer, geifernder Gorilla gezeichnet, der gierig Scharen hilfloser menschlicher Opfer verschlingt. In Zeitschriften und Zeitungen überall im Lande wurden Drogen als Vipern dargestellt, die sich um Menschen wie auch um ihre Dörfer und Städte schlingen. Andere Drogengestalten aus Zeitungspapier und Druckerschwärze erinnerten an Spinnen, Haie, Geier, Fledermäuse, Mungos, Wölfe und große Affen. Die Droge war der Drache, der lebende Leichnam, der Sensenmann. Sie konnte schneller töten als Alkohol. Gin wurde als mythologischer Adler gezeichnet, der langsam an Prometheus' Leber zehrt, und Opium war der Vampir, der das Leben schnell aus den Venen saugt, während er seine Opfer mit den Schwingen in einen tödlichen Schlaf fächelte. Wenn man von einem narkotischen Monster gefangen wird, so warnte ein Antidrogen-Film jener Zeit, »macht es aus Männern und Frauen Bestien!«

Die eigentliche Botschaft dieser Kreuzzüge war, daß die Folgen des Rauschs nichts mit den Absichten und Träumen zu tun haben, durch die der Konsum motiviert ist. Sucht und Abhängigkeit sind unerwünschte Erscheinungen, die das physische, psychische und soziale Verhalten verändern. Entscheidend war nicht, daß Drogen einen Abstieg auf der phylogenetischen Leiter bewirken und Menschen in niedere Kreaturen verwandeln, sondern daß ein seltsames Verhalten hervorgerufen wird. Wenn eine große Menschenmenge berauscht ist, kann auf uns übrige ihr Benehmen regelrecht gruselig wirken. In gewissem Sinne hatten die Karikaturen recht, wenn sie behaupteten, daß die Hochstimmung von Lerchen unter Drogeneinfluß in das Verhalten von Geiern umschlagen kann.

Die Anti-Drogen-Kreuzzüge von gestern und heute drücken eine grundlegende und berechtigte Sorge aus: Was geschieht mit uns, wenn ein einzelner in unserer Mitte unter Drogeneinfluß steht? Schließlich sind wir nicht nur Individuen, sondern soziale Wesen, die unmittelbar auf die anderen um uns herum einwirken. Wie wir gesehen haben, benutzen viele Arten in natürlichen Umgebungen Rauschmittel, aber sie tun das im allgemeinen alleine, abgesondert von der Gruppe. Entsprechend entstehen die größten sozialen Probleme, wenn *wir* sie zu Paaren oder Gruppen zusammenpferchen und die Drogen in sie hinein*zwingen*. Da diese Weise des Drogenkonsums unnatürlich für sie ist, zeigen uns ihre Reaktionen, warum sie im berauschten Zustand normalerweise sozialen Situationen ausweichen und warum ein derartiges Ausweichen den Unterschied zwischen Gebrauch und Mißbrauch von Rauschmitteln ausmacht.

Wenn berauschte Tiere in soziale Situationen hineingezwungen werden, sind die Folgen, abgesehen von den Gefahren für das Individuum, oft hinderlich für die Gruppe. Alle sozialen Organisationsformen, von denen der niederen Insekten bis zu den Affen, werden auf die gleiche Weise zerstört. Darüber hinaus ist der Mechanismus, den das Tierreich entwickelt hat, um mit seinen berauschten und schwer abhängigen Brüdern zurechtzukommen – zeitweilige Isolation, entweder von der Gruppe erzwungen oder vom Süchtigen selbst gewählt –, derjenige, der alle am besten schützt.

Trotz der normalen Instinkte, die größtenteils das Verhaltens im Tierreich regieren, sind Drogen oft mächtig genug, um gegen die genetische Disposition zu arbeiten und die Reaktionen der Tiere zu verändern. Schauen wir uns an, was Mäusen geschieht, die mit neurologischen Defiziten geboren werden. Weiße Mäuse können eine Vielzahl von Störungen des zentralen Nervensystems vererben, die bewirken, daß sie zittern, sich drehen oder gar im Käfig herumtaumeln. Ihr Verhalten gleicht einem neurologischen Rock and Roll, der spontan und anhaltend abläuft – ohne daß Musik oder Drogen dazu notwendig sind. Eins der auffälligsten Syndrome ist das Walzertanzen, bei dem sich die Mäuse in lockeren Kreisen bewegen und Achter zeichnen. Die Drehungen verlaufen so schnell, daß das Auge kaum den Bewegungen des Tänzers folgen kann. LSD läßt die Bewegung zum Stillstand kommen. Wenn eine Droge machtvoll genug ist, um diese grundlegende Programmierung im Gehirn zu unterbrechen, ohne andere lebenswichtige Funktionen zu stören, welche anderen Verhaltensmuster können geändert werden?

Halluzinogene können durchschlagende Veränderungen im ererbten Sozialverhalten von Insekten und niederen Tieren erzeugen. Das Sozialverhalten vieler Insekten steht unter einer rigiden genetischen Kontrolle und kommt mit ihren festgelegten konventionellen Aktivitäten kaum in Konflikt. Die Gruppe verlangt von ihren Mitgliedern Gefolgschaft und Dienste. Aber ein bißchen LSD reicht aus, um das Verhalten in Kolonien der *Vespa orientalis*-Hornissen zu stören. Die unter Droge stehenden Hornissen werden überempfindlich und zeigen eine gesteigerte Aggressivität gegenüber anderen Mitgliedern der Kolonie.

LSD und verwandte Halluzinogene bewirken, ebenso wie Alkohol, dieselbe Störung in sozialen Kolonien von Wespen, bei sozialen Zusammenkünften von Wassermolchen und in Fischschwärmen. Gibt man dem Wasser tropischer Fische LSD hinzu, stört es die sozialen Aktivitäten in einem solchen Maße, daß die Fische verwirrt und gequält wirken. Die gleichen Reaktionen kann man beobachten, wenn sich die Temperatur plötzlich ändert oder das Wasser faulig wird. Sex ist unter solchen Bedingungen unmöglich, selbst für dauernd fortpflanzungsfähige Tiere wie Guppies. Die Sorge für die Jungen ist ebenso beeinträchtigt. Afrikanische Cichlid-Fische vergessen, ihre Brut zu schützen, und die kleinen Fische werden schnell von hungrigen Nachbarn verspeist. Und fast alle berauschten Fische, sogar solche, die sich nicht auf die normalen visuellen Sinneswahrnehmungen verlassen, schwimmen herum, als ob sie ihre Orientierung verloren hätten. Blinde mexikanische Höhlenfische haben hochentwickelte Tast- und Geruchsorgane; sie stoßen nur selten irgendwo an. Sie sind für ihren starken Gemeinschaftssinn bekannt, aber LSD oder Meskalin treiben die Gemeinschaft auseinander.

Betrachten wir die dramatischen Auswirkungen von Drogen auf die soziale Struktur der Neon-Tetra, einer tropischen Fischart aus den schattigen Dschungelgewässern des brasilianischen Amazonas. Ihre glänzenden blau-grünen Seiten leuchten so sehr, daß der Schwarm wie eine Glühwürmchenwolke erscheint, die das Licht eingeschaltet hat. Die Schwärme sind streng ausgerichtet, und der Abstand zwischen den einzelnen Tieren beträgt nicht mehr als eine Körperlänge. Dieser für das normale Schwimmverhalten ausreichende Mindestabstand zwischen den Fischen variiert bemerkenswerterweise nie. Die Fische manövrieren als Schwarm und bilden Bänder von Christbaumlichtern, die sich durch das Aquarium schlängeln.

Die Ordnung im Schwarm bricht zusammen, wenn nur fünf von fünfzig Neons unter Drogen stehen. Die unter Drogeneinfluß stehenden Fische neigen dazu, sich zusammenzutun und von den anderen abzusondern. Eine solche Abspaltung ist für den Schwarm von Nutzen, der nun unabhängig von der berauschten Untergruppe weiterschwimmen kann. Die Untergruppe selbst bleibt nur lose zusammen; man kann immer ein oder zwei Fische finden, die sich in einer vertikalen Position von den anderen getrennt haben. Solange die unter Drogeneinfluß stehenden Fische genügend Platz haben, halten sie sich fern, bis die Wirkung verschwindet. Aber in kleinen Behältern, in denen der Platz begrenzt ist, sind Behinderungen unvermeidlich, da die nüchternen Fische es nicht vermeiden können, gegen die berauschten Fische zu stoßen, was für alle zur Auflösung des organisierten Schwimmens führt. Zudem verhalten sich die zahmen Neons, die nur selten kämpfen, ähnlich wie ihre entfernten Verwandten, die blutdürstigen Piranhas. Die nüchternen Neons nagen hinterhältig an den Flossen ihrer unter Drogen stehenden Schwarmkameraden.

Das Sozialverhalten von Vögeln wird auf eine ganz ähnliche Weise durch halluzinogene Drogen gestört. Ich führte Versuche mit Tauben durch und fand heraus, daß LSD oder THC die Vögel in die Isolation gegenüber Artgenossen trieb, die nicht unter Drogeneinfluß standen. Die berauschten Tauben bildeten Untergruppen, die sich weigerten, am sozialen Leben im Schlag teilzunehmen. Der Kampf zwischen der »Drogenschwadron« und den restlichen Tauben im Schlag blieb dabei auf ein Minimum begrenzt. Üblicherweise gab es genug nüchterne Vögel in der Nähe, so daß die Paarung und wichtige Nistarbeiten noch erledigt werden konnten.

Diese Isolationsstrategie funktioniert, solange nicht alle berauscht sind. Als ich alle Tauben im Schlag mit LSD behandelte, zerstreuten sich die Individuen und vermieden aktiv soziale Zusammenkünfte. Die sozialen Verhaltensweisen wurden beeinträchtigt, und die Selbsterhaltungsfähigkeit der Gruppe war bedroht. Unter Drogen stehende Tauben reagierten nicht auf Paarungssignale, ignorierten Nistpflichten und achteten nicht auf ihr Gefieder und ihre Gesundheit. Ihr Territorium verteidigten sie weiterhin gegen Übergriffe, aber manchmal kämpften sie aus Verwirrung oder Gereiztheit gegen ihre Partner. Wie die berauschten Fische, die in kleinen Behältern aufeinander reagieren mußten, können die Tauben im Schlag Situationen nicht entgehen, die Reaktionen im Verhalten erfordern. Sie werden in soziale Situationen hineingezwungen, in denen sie Dysfunktionen zeigen.

In größeren sozialen Verbänden, in denen Raum zum Alleinsein ist, verfolgen mit Halluzinogenen berauschte Ratten und Mäuse die gleiche Isolierungsstrategie, die wir bei Fischen und Vögeln beobachtet haben. Zum Beispiel weichen Ratten, denen Scopolamin gegeben wurde, vor nüchternen Ratten in die Ecken eines offenen Feldes aus, genau wie sich Rinder, die von *Datura* oder Locogras berauscht sind, vom Hauptteil der Herden entfernen. Wenn eine unter Drogen stehende Maus in eine geräumige Kolonie gesetzt wird, kreischt und quiekt sie und entzieht sich den Untersuchungen der Koloniemitglieder. Ein solches berauschtes Tier findet schließlich Zuflucht in einer isolierten Ecke des Käfigs. Werden mehrere unter Drogen stehende Mäuse in die Kolonie gesetzt, dann halten sie sich am Ende entfernt von der Masse der Koloniemitglieder auf, drängen sich aber mit ihresgleichen zu pelzigen Schneebällen in den Käfigecken zusammen. Die Drogis gruppieren sich, weil die unter Drogen stehenden Mäuse dazu neigen, sich aneinanderzuschmiegen und lästigen Untersuchungen seitens nüchterner Mäuse auszuweichen. Die unter Drogen stehenden Tiere schenken einander in Wirklichkeit keine Beachtung. Tatsächlich können sie so unaufmerksam sein, daß wir manchmal überzeugt waren, sie nähmen die Außenwelt nicht mehr wahr. In Labyrinth-Versuchen, bei denen blinde Ratten mit sehenden verglichen wurden, schnitten die sehenden Ratten, denen LSD gegeben worden war, manchmal nicht besser ab als die nüchternen blinden Tiere, die überall anstießen wie mexikanische Höhlenfische auf dem Trockenen. Nach menschlichem Ermessen waren die Ratten »stoned«.

Aber wenn alle Mäuse in einer Kolonie »stoned« sind, sind sie anfällig für Bedrohungen von außen, auch wenn sie voneinander wenig zu fürchten haben. Wenn zum Beispiel Halluzinogene in das Trinkwasser gegeben werden, schmelzen die Schneebälle, da die sozialen Gruppierungen aufbrechen und ihre Mitglieder sich im ganzen Käfig verteilen. Die unter Drogen stehenden Mäuse hüten sich davor, sich gegenseitig zu stören, und es gibt jetzt keine Notwendigkeit mehr, sich zusammenzudrängen, um sich den Untersuchungen zu entziehen. Wenn in dieser Situation eine Maus aus einer anderen Kolonie eingeschleust wird, kann sie zwischen den im Raum verteilten Bewohnern herumwandern, ohne daß eine Auseinandersetzung droht. Normalerweise ruft die Einführung eines Fremden Schnüffeln, Berührung mit der Nase und Ablecken seitens der Bewohner hervor. In der Mehrzahl der Fälle legen die Bewohner Aggressionen an den Tag, indem sie eine offensive aufrechte oder seitliche Position einnehmen, mit den Schwänzen schlagen und dann angreifen. Wenn die Bewohner aber »stoned« sind, hat der Fremde freien Zugang zum Territorium der Kolonie, einschließlich der Nahrungsmittel. Betrachtet man diese Wirkungen, so kann es nicht überraschen, daß Halluzinogene einst für die chemische Kriegführung vorgesehen waren.

Dieselben Reaktionen können auch in sozialen Gruppen von Primaten beobachtet werden, denen Halluzinogene verabreicht werden. Affen und Paviane suchen sich ruhige Gegenden und ziehen sich aus den Gruppenaktivitäten zurück. Aber es gibt häufigere Kämpfe zwischen berauschten Käfiggenossen, die sich einander nicht aus dem Weg gehen können. Menschen unterscheiden sich in dieser Hinsicht nicht. Nach der Einnahme von halluzinogenen Pilzen werden die Komugl-Menschen in Neu-Guinea so geräuschempfindlich, daß sie aus dem Gebiet der Gruppe weglaufen, bis sie einen ruhigen Platz finden. Aber es kann passieren, daß sich Komugl-Menschen auf ihrer hektischen Flucht vor der Gruppe und der Konfrontation begegnen, und dann kommt es zu einem Kampf.

Manchmal ist die von Menschen verfolgte Isolationsstrategie keine Sache zunehmender physischer Distanz. Unter dem Einfluß von LSD stehende Individuen unterbrechen beispielsweise auf kleinen Parties einfach nur die verbale Kommunikation mit anderen. Und auch wenn es zuweilen in unserer Kultur zur »Knäuelbildung« von Konsumenten halluzinogener Drogen kommt, wie zum Beispiel in den Hippie-Kommunen der 60er Jahre, können Individuen in ihrem gesellschaftlichen Umfeld bleiben und sich dennoch isolieren, indem sie sich nach einem bestimmten Ritual umarmen und Ideologien entwickeln, die eine verminderte Verpflichtung gegenüber institutionalisierten Regeln und Zielen zum Ausdruck bringen. Der Ausdruck »Turn on, tune in, and drop out« (Komm drauf, stimm dich ein und laß dich herausfallen), der von dem Sozialpsychologen Timothy Leary geprägt wurde, ist eine passende Beschreibung dieser Drogenwirkungen.

Wenn keine Isolationsstrategie eingeschlagen wird, bekommen Mäuse, Ratten, Katzen und Hunde Paarungsprobleme, wie wir sie schon bei den berauschten Fischen und Vögeln beobachtet haben. Sehen wir uns Mäuse an, die sich unter dem Einfluß von Haschisch zu paaren versuchen. Nach ein oder zwei Injektionen mit Haschisch-Extrakt verfolgt eine männliche Maus eine brünstige weibliche Maus mit größerem Eifer als sonst. Weitere Injektionen steigern ihr Interesse an dem Weibchen noch, aber sie ist bei der Paarung nicht sonderlich geschickt. Sie kann kaum auf das Weibchen krabbeln, geschweige denn es festhalten. Schließlich beginnen diese berauschten Mäuseriche zu gähnen und wenden sich auf sich selbst bezogenen Aktivitäten zu, wie Putzen oder Penislecken.

Auch die Pflege der Jungen bereitet berauschten Nagetieren, Katzen oder Hunden Schwierigkeiten, wie wir es schon beim berauschten afrikanischen Cichlidfisch beobachten konnten. Zum Beispiel fressen Mäuse, denen Äthanol als einziges Getränk zur Verfügung steht, ihre eigenen Säuglinge auf. Rattenmütter, denen Alkohol gegeben wird, fressen ihre Jungen zwar nicht auf, zeigen aber ein geringeres Interesse am Nestbau, an der Ernährung und am Wiedereinsammeln der Säuglinge als nüchterne Mütter. Auch bei Tieren, die noch kein Nest haben, aber eins zu bauen versuchen, kann der Alkoholeinfluß eine Störung hervorrufen. Bei Ratten verringert der Alkohol nicht die sexuelle Motivation, aber die männliche Potenz. Weiterhin zeigen berauschte weibliche Ratten uneindeutige Reaktionen, die die Annäherungen von kopulationswilligen nüchternen Männchen erschweren.

Primaten haben unter Alkoholeinfluß ebenfalls Schwierigkeiten mit dem Sex. Wenn dem Trinkwasser einer Affengruppe kleine Mengen Alkohol zugeführt werden oder man ihnen Injektionen verabreicht, werden sie verspielt und steigern ihre Sexualkontakte. Sogar nüchterne Affen machen den Spaß mit. Ein Rausch erzeugt einen wunderbaren Affenzirkus, aber Betrunkenheit kann sehr frustrierend sein. Betrunkene männliche Affen werden sexuell erregt und können nur von nüchternen dominanten Männchen in der Kolonie vom Kopulieren abgehalten werden. Die betrunkenen Tiere lösen das Dilemma durch Masturbation.

Kämpfen ist auch nicht einfacher als Sex, wenn Drogen im Spiel sind. Zum

Beispiel versuchen die meisten Mäuse unter dem Einfluß von Marihuana für sich zu bleiben; normalerweise laufen sie bei den ersten Anzeichen von Aggression weg. Selbst dominante Mäuse fliehen lieber, anstatt zu kämpfen. Sie wollen einfach alleine sein. Wenn ein Kampf ausbricht, riskieren die noch unter Drogenwirkung stehenden Tiere eine Niederlage, weil sie vielleicht zu müde oder unbeweglich sind, um gut zu kämpfen. Und selbst wenn sie bewegungsfähig sind, aber etwas unsicher und wackelig, kann das unkoordinierte Verhalten eine pathologische Attacke eines nüchternen Tiers hervorrufen – das ist die Version der Nagetiere, einen Betrunkenen »auszunehmen«. Diese Effekte sind auf kleine Käfige beschränkt. Die nüchternen Tiere zeigen kein Bedürfnis, ihre berauschten Partner zu übervorteilen, wenn beide Gruppen genügend Platz haben.

Die Wirkungen von Rauschmitteln sind nicht bei allen Mitgliedern einer sozialen Gruppe gleich. Das Temperament des Konsumenten ist ein wichtiger Faktor, und die Regel, daß Drogen nur die Grundpersönlichkeit einer Person modifizieren, scheint für die meisten Tiere zuzutreffen. Die Mäuse in einer Gruppe mögen alle gleich wirken, aber sie haben erkennbare individuelle Ausprägungen. Einige sind aggressiv und greifen immer den Eindringling an. Andere Mäuse sind von Natur aus zurückhaltend: sie »winken ab«, indem sie ihren Kopf vom Eindringling abwenden, und gehen einem Kontakt aus dem Weg. LSD verstärkt nur die grundlegende Persönlichkeit des Tieres: aggressive Mäuse steigern ihre Aggression; zurückhaltende Mäuse werden noch defensiver.

Ähnliche Wirkungen lassen sich bei Fischen beobachten. Wenn das Wesen des Fisches kämpferisch ist, wie im Falle des siamesischen Kampffisches, steigert LSD die aggressiven Ausbrüche. Feuermäuler, rotkehlige Fische aus Mittelamerika, können sich friedlich verhalten, reagieren aber auf LSD alle in der gleichen aggressiven Weise, weil die Droge ihr verdecktes kämpferisches Wesen zum Ausbruch bringt. »Convicts« (Strafgefangene), enge Verwandte der Feuermäuler, reagieren auf Alkohol ähnlich. Die Convicts sind streitbare tropische Fische, die ihren Namen wegen ihrer schwarzen und weißen Streifen haben. Sie achten streng auf ihr Territorium und greifen eindringende Fische immer an. Niedrige Alkoholdosen machen sie noch aggressiver. Wenn kein Eindringling vorhanden ist, wird der berauschte Convict so wütend, daß er ein oder zwei Aquariumspflanzen zerfetzen kann.

Auch die soziale Hierarchie der Tiere kann sich ändern, wenn einzelne Individuen unter Drogeneinfluß stehen. Betrachten wir den Fall zweier Ratten in einem Versuchsbehälter, an dessen einem Ende sich ein Hebel befindet, der eine wasserspendende Röhre am entgegengesetzten Ende des Behälters steuert. Eine Ratte (die »Arbeits-Ratte«) verrichtet üblicherweise die ganze Arbeit und drückt den Hebel, während die andere Ratte sich in der Nähe der Röhre aufhält und das meiste trinkt. Wenn der Arbeiter dann mit THC behandelt wird, ändert sich die Arbeitsteilung: Die Arbeitsratte arbeitet viel weniger und wird mehr belohnt, weil die nicht arbeitende Ratte jetzt zur Arbeit geht und den Hebel drückt. Die Wirkung hängt davon ab, wieviel von der Droge an welches Tier geht; bekommen beide Ratten zuviel Marihuana, dann wird überhaupt nicht gearbeitet. Glücklicherweise verschwinden diese Wirkungen, wenn die Tiere sich von ihrem Rausch erholen. Wenn die Tiere wieder normal sind, setzt auch die Produktivität am Ratten-Arbeitsplatz wieder ein, so wie es auch am menschlichen Arbeitsplatz geschieht.

Manchmal bemerkt niemand den Drogenkonsumenten, bis zunächst unterschwellig vorhandene Wirkungen zum Vorschein kommen. Der chronische Drogenkonsum kann Monate oder Jahre währen, bevor sich die Wirkungen im Sozialverhalten zeigen und die Gruppe davon Notiz nimmt. Zum Beispiel wurde in den meisten *Cannabis*-Studien herausgefunden, daß die Droge Aggressionen vermindert, wenn sie in geringen Dosen oder über kürzere Zeit genommen wird. Beim Langzeitgebrauch ergibt sich für einige Tiere eine ganz andere Geschichte.

Als ausgewählte Affen in einem Gruppenkäfig mehrere Jahre lang tägliche orale THC-Dosen bekamen, veränderte der chronische Rauschzustand schließlich die Persönlichkeit einiger Tiere. In den ersten zwei oder drei Monaten herrschten die beruhigenden Wirkungen der Droge vor, und die Affen wirkten relativ entspannt. Mit der Gewöhnung gingen die beruhigenden Wirkungen zurück und wurden zunehmend ersetzt durch Schlagen, Beißen, Jagen und Angreifen. Es bildete sich das Verhaltensmuster heraus, daß Drogentiere ihre Aggressionen stärker ausleben, während normale Tiere duldsamer werden. Schließlich wurden niedrigrangige Affen, die das THC bekamen, so aggressiv, daß sie dominanter wurden und in der Hierarchie aufstiegen. Die nüchternen Affen waren diejenigen, die wirklich unter dem Drogenmißbrauch litten: Sie wurden ernsthaft verletzt und produzierten mehr Stress-Hormone. Selbst die Jungen wurden zu unschuldigen Opfern dieser Auswirkungen. In einer langjährigen THC-Studie kam es zu mehreren Geburten. Die berauschten Mütter zeigten sich gegenüber ihren Kindern irritiert und zurückweisend; oft reagierten sie nicht einmal auf die Verzweiflungsrufe der Kinder.

Viele dieser unerfreulichen Rauschauswirkungen können durch eine geeignete Umgebung vermieden werden. In der Sprache der menschlichen Sozialpsychologie nennt man das ein geeignetes *setting*. Wenn die Umgebung dem unter Drogen stehenden Tier genügend Raum gewährt, um der Gruppe aus dem Wege zu gehen, mobilisiert das Individuum kein solch destruktives Verhalten, obwohl es nach wie vor Anzeichen eines akuten Rauschs aufweist. Untersuchungen haben bestätigt, daß Primatengruppen, die in großen Freigehegen mit Halluzinogenen behandelt wurden, weniger soziale Probleme aufwiesen als solche in beengten Verhältnissen. Einen Ort zu finden, an dem man sich vor den anderen verbergen, sich selbst isolieren oder herausfallen lassen kann, das ist eine große Hilfe. In der Enge eines Laborkäfigs werfen sich manche berauschten Affen, die verzweifelt um das Alleinsein kämpfen, gegen Käfigtüren und -wände.

Nicht alle Drogen stören die sozialen Beziehungen oder spalten die Gruppe, bis die Tiere mit dem Kopf gegen die Wand rennen. Die Art des Rauschmittels ist ein wichtiges Kriterium für die Auswirkungen auf das Sozialverhalten. Manche Drogen machen Tiere geselliger als üblich. Azaperon zum Beispiel ist eine synthetische antipsychotische Droge, die erwachsene Schweine in engen Ställen vom Kämpfen abhält, was sie normalerweise tun, wenn sie das erste Mal zusammengesperrt werden. Die Droge hat auch therapeutische Effekte bei aggressiven Sauen, die sich weigern, ihre Ferkel zu säugen. Nach der Behandlung beginnen sich die Sauen um ihre Jungen zu kümmern und hören auch nicht damit auf, wenn die akute Wirkung der Droge vorüber ist.

Andere Antipsychotika und Beruhigungsmittel können bei Nagetieren und Primaten die Häufigkeit sozialer Interaktionen reduzieren, aber fügsamere Tieren dazu bringen, sich mutiger zu verhalten und mehr Futter zu ergattern. Die ruhiggestellten Tiere untersuchen und entdecken weniger und drängen sich über längere Zeiträume aneinander. Methaqualon, besser bekannt unter dem Markennamen Quaalude, steigert bei männlichen Affen die sexuelle Aktivität, macht aber gleichzeitig auch ihre potentiellen weiblichen Partner aggressiver. Menschen interpretieren diese Reaktion als gesteigertes sexuelles Begehren der Frau, aber männliche Affen sind weniger chauvinistisch und erzwingen seltener als Menschen etwas.

Morphium verringert die bei Gruppen von Rhesusaffen zu beobachtenden Aktivitäten erheblich. Selbst wenn das dominante Männchen das einzige süchtige Tier ist, findet man in der gesamten Gruppe weniger Aggressionen. Bei Dosen, die die Motorik nicht beeinträchtigen, scheinen die Tiere toleranter gegeneinander zu sein, und manchmal sind sie direkt liebenswürdig. Junge Totenkopfäffchen, die mit Morphium behandelt wurden, verbringen mehr Zeit bei ihren Müttern. Die Jungen krabbeln ihren Müttern ebenso auf den Arm, wie es einst die Kinder von Menschen taten, nachdem sie den beruhigenden Opiumsirup von ihren Müttern bekommen hatten. Diese Wiege des Friedens und der

Ruhe kommt während des Entzugs schnell in Bewegung: Die Tiere kämpfen spontan miteinander.

Wenn der Morphiumentzug die Wiege zum Schaukeln bringt, dann kippen Aufputschmittel sie um. Die meisten Studien über die sozialen Wirkungen dieser Drogen betrafen Amphetamine, aber die wenigen existierenden Studien über Kokain legen nahe, daß es ähnliche Eigenschaften besitzt, die aber in kürzerer Zeit wirksam werden. Beide Drogenarten bewirken, daß sich die Tiere aus allen sozialen Interaktionen zurückziehen. Nach Einnahme der Drogen pflegen Primatenmütter weder den normalen Kontakt mit ihren Kindern, noch antworten sie auf ihre Verzweiflungsrufe. Der Augenkontakt zwischen der Mutter und dem Kind, ein wichtiger Anhaltspunkt für das mütterliche Verhalten, fehlt fast vollständig, wenn die Affenmutter unter dem Einfluß von Amphetamin steht. Die Mutter scheint mehr damit beschäftigt zu sein, sich selbst zu putzen, als sich um ihr Kind zu kümmern. Und wenn das Kind mit Amphetamin behandelt wird, zuckt und windet es sich ständig, während es sich überall umschaut. Wenn das Kind ängstlich ist, klammert es sich an die vordere Käfigwand, statt zu seiner Mutter zu laufen. Wenn es aber zu seiner Mutter liefe, solange sie noch mit Amphetamin aufgeputscht wäre, würde es keinen Unterschied zwischen ihr und dem kalten, harten Stahl der Käfigwand entdecken.

Mutter und Kind zeigen unter dem Einfluß von Amphetamin oder Kokain eine verbreitete Reaktion: *Stereotypie.* Das bedeutet eine dauernde mechanische Wiederholung motorischer Aktivitäten auf Kosten sozialer Interaktionen. Ratten reiben sich ständig die Pfoten und biegen ihren Nacken. Sie jagen einander durch den Käfig und gehen plötzlich zum Schnüffeln oder Kämpfen über. Katzen zeigen zwanghaft wirkende Bewegungen. Weder laute Geräusche, Schreie von Kätzchen oder Katzenminze kann sie von ihrer zwecklosen Beschäftigung, etwas zu suchen, ablenken. Affen sind normalerweise tagsüber aktiver, aber Kokain oder Amphetamin verwandelt sie in Nachtgeschöpfe, die nach Dingen greifen, die nicht existieren. Sie untersuchen eifrig jeden Zentimeter ihres Käfigs und Körpers, wobei sich sich so sehr reiben und an den Haaren reißen, daß die Haut bald bloß ist.

Menschen, die Kokain und Amphetamin mißbrauchen, weisen das gleiche ziellose, stereotype Verhalten auf. Sie zeigen eine enorme Energie, aber das Verhalten ist auf Ziele gerichtet, die normalerweise antisozial sind. Die Schweden beschreiben das mit dem Ausdruck *punding*, der ein stumpfsinniges Verhalten bezeichnet. Eine Person, die von Amphetamin abhängig war, stand achtundvierzig Stunden reglos da und bewegte sich nur, um eine weitere Injektion der Droge zu bekommen. Ein Kokainabhängiger verbrachte mehrere Tage damit, die Zahl der Kästchen in einem Stapel Zeichenpapier zu zählen und immer wieder zu zählen. Diese Konsumenten hätten auch Engel zählen können, die auf einer Stecknadelspitze tanzen, da ihre Handlungen die Tendenz hatten, sich endlos zu wiederholen, bis die Zufuhr der Droge aussetzte. Die Beschäftigung des *punding* oder *freaking*, um den amerikanischen Slangausdruck zu verwenden, hatte ihren Zweck in sich selbst. Mit den Worten eines ehemaligen Freaks: Kokain oder Amphetamin ist wie jedes andere Rauschmittel, wenn es unbegrenzt eingenommen wird – es hebt jegliches Interesse auf, außer dem an dir selbst und deinem Rausch.

Wir haben gesehen, daß der Rausch bei Tieren und Menschen eine Veränderung vieler wichtiger Aspekte des Sozialverhaltens bewirkt. Ob nun vergiftet, unter Loco, betäubt, betrunken, narkotisiert, high, angekokst, ausgefreakt oder abhängig – die berauschten Tiere und Menschen neigen zur Isolation von sozialen Verhaltensweisen. Natürlich scheinen manche Drogen das soziale Funktionieren zu erleichtern, wie bei den Schweinen, die eine antipsychotische Medizin erhielten, die sie einander näherbrachte. Aber auch Nähe kann zu unangemessenen Erscheinungen führen. Im Jahre 1910 hatten sechs deutsche Studenten gerade Haschisch gegessen, als sich einer von ihnen auf alle viere fallen ließ und wie ein Schwein zu grunzen begann. Sofort imitierten ihn seine Kameraden und spielten einen Wurf Ferkel, der den ganzen Abend über im Raum im Kreise herumlief.

Auch hier ist das Problem nicht, daß Haschisch jemanden wie ein Schwein handeln läßt oder daß ein Verhalten wie jenes einigen Leuten nicht bloß kindisch, sondern ungehörig erscheint. Vielmehr ist es für jemanden, der auf allen vieren herumkriecht, recht schwierig, Gäste an der Tür zu begrüßen oder sich gegen Eindringlinge zu schützen oder auf das Weinen seines Babies zu reagieren.

Diese sozialen Folgen des Rauschs sind potentiell bedrohlich für das Leben des einzelnen und auch der Art. Ständig unter Drogen stehende Tiere büßen schließlich die biologischen Vorzüge der sozialen Organisation ein und leiden unter einer Verringerung ihrer Fortpflanzungsfähigkeit und erhöhten Aggressionen. Sie können sich schlechter an die Veränderungen anpassen, die sich ergeben, wenn Verschiebungen zwischen der mit geringem Streß verbundenen Isolation zur sozialen Interaktion mit hohen Streßfaktoren stattfinden. Das Streben nach dem Rausch ist nicht nur die Sache einer Gruppe von Zechern oder einer Schar von Individuen, sondern der ganzen Art.

Unsere eigene Spezies verdient im Teil II eine eigene Betrachtung, weil nur wir beschreiben können, wie sich der Rausch wirklich anfühlt, und nur wir letztlich die Frage beantworten können, warum wir uns so fühlen wollen. Aber wir müssen uns immer daran erinnern, daß wir mit unserem Verlangen nicht alleine sind. Mit Sicherheit ist das individuelle und soziale Verhalten von Tieren unter Drogeneinfluß dem unseren sehr ähnlich – das haben wir gesehen. Wir sind vielleicht keine wilden Tiere, aber wir und unsere Tiergefährten sind Geschöpfe aus derselben Arche. Und der Trieb nach dem Rausch ist in uns allen.

Die Cree-Indianer glauben, daß alle Tiere denkende und fühlende Wesen sind. Das trifft besonders für den Bären zu, den sie als intelligentes und geistiges Geschöpf betrachten. Die Intelligenz erlaubt es dem Bären, Verhaltensweisen zu entwickeln, die den unseren ähnlich sind. Wir werden wohl nie die geistige Welt unserer Tiergefährten wie z. B. der Bären kennenlernen, aber wenn die Cree recht hätten, wären die künstlichen oder natürlichen Bärenvisionen uns auch recht gut bekannt.

Ein wilder Grizzlybär wurde einmal mit der synthetischen Droge Ketamin angeschossen. Die Droge erschlägt Menschen regelrecht mit ekstatischen Visionen; sehr hohe Dosen werden oft zum Einfangen von wilden Tieren verwendet. Ich habe die Droge vielen menschlichen Freiwilligen verabreicht, die berichteten, sie seien bewegungsunfähig gewesen und gleichzeitig überwältigt von einem Gefühl der Harmonie und der Freude über das, was sie sahen. Aber die Dosis reichte nicht aus, um den Bären umzuwerfen, und er zog sich auf eine geschützte Felsbank oben in den Bergen zurück. Er war den möglicherweise schrecklichen Folgen entflohen, die der Kampf mit seinen Jägern oder die Rückkehr in seinen Bau, wo er unfähig zu einer angemessenen Reaktion gewesen wäre, mit sich gebracht hätte. In der Abgeschiedenheit seines Rückzugsortes und sicher vor Angriffen, schien er sich an der großartigen Aussicht zu erfreuen. Er saß auf seinen Hinterbeinen, schaukelte mit dem Kopf hin und her und nahm still die Landschaft in sich auf. Die Cree, die für den Bären sprechen, könnten sich Sarah Bernhardts Bemerkung anschließen und das großartig nennen.

Teil II

DER TRIEB

Der vierte Trieb

Die Motivation für den Rausch

1

Es gibt eine natürliche Macht, die die Sehnsucht nach dem Rausch lenkt.

Diese biologische Macht ist in der Geschichte immer zum Ausdruck gekommen. Sie trieb alle Tiere der Arche Noah zu einem drogensuchenden und drogenkonsumierenden Verhalten. Sie war der *basso continuo* unseres Verhaltens, lange bevor wir zivilisierte Primaten wurden. Durch sie geleitet, entdeckten wir viele natürliche und künstliche Rauschmittel, die ihre unwiderstehliche Kraft entfalteten. Sie war auch verantwortlich dafür, daß Annie Meyers den »Kokaintanz« erfand.

Man schrieb das Jahr 1894. Annie C. Meyers, die einer angesehenen Familie Chicagos entstammte, war Kunstmäzenin, Kongreßabgesandte für die Welt-Kolumbus-Ausstellung und seit kurzem die Witwe eines verdienten Marineoffiziers. Sie hatte eine böse Erkältung. Ihr Anwalt gab ihr den Rat, Birney's Katarrhmittel zu versuchen, ein gängiges Pulver, das Kokain enthielt. Bald schnupfte sie Tag und Nacht Kokain. Eine Monatsration Kokain kostete nur 50 Cents, aber Annies Exzesse kosteten 10$ täglich, eine sehr große Summe, die sie dazu zwang, Schecks zu fälschen und zu stehlen.

Annie wurde bei einem Ladendiebstahl im Marshall-Field-Kaufhaus in Chicago festgenommen. Sie hatte mehrere kostbare Seidenteile und teure Taschenbücher in ihrer Kleidung versteckt und wurde jetzt vom Kaufhausdetektiv und vom Geschäftsführer befragt. »Wenn wir Sie gehen lassen, werden Sie dann dem Laden fernbleiben?« fragte der Geschäftsführer.

»Entschuldigen Sie mich bitte, meine Herren, ich will nur eine Prise Kokain nehmen«, antwortete die immer höfliche Frau Meyers, die jetzt alle fünf Minuten ihre Dosis brauchte. Die Männer waren von dieser kleinen Dame und ihrem weißen Pulver fasziniert. Sie baten sie, ihnen zu zeigen, wie es genommen wurde. Dann wollten sie es noch einmal sehen. Und noch einmal. Schließlich entschieden sie sich, diese »unglückliche« Frau gehen zu lassen. Aber einige Tage später griffen sie sie im Laden auf, als sie gerade ein Paar Pelzhandschuhe stehlen wollte.

»Haben Sie noch weitere Waren bei sich?« herrschte sie der Detektiv an.

»Durchsuchen Sie mich!« lud Annie ihn ein, streckte ihre Arme in die Höhe und näherte sich ihm.

»Kommen Sie mir nicht zu nahe«, bat der Detektiv, »ich bin ein verheirateter Mann.«

Er ließ sie wieder gehen. Annie hatte noch Waren im Wert von 25 Dollar bei sich, das war ein Teil der Tausende von Dollars, um die sie den Laden erleichterte. Sie verkaufte die Gegenstände wieder auf dem schwarzen Markt.

Alles Geld wurde in Kokain umgesetzt. Nachdem sie einen wertvollen Diamanten gestohlen hatte, versuchte sie ihn für 10 Cent zu verkaufen, den Betrag, der ihr für ein weiteres Fläschchen Birney's fehlte. Sie streichelte die Flaschen und redete mit ihnen als »mein Baby« und »mein einziger Freund«. Sie verließ das Haus nur, wenn ihr das Kokain ausgegangen war und sie sich wieder neues kaufen mußte. Detektive folgten ihr auf Schritt und Tritt, das bildete sie sich jedenfalls ein. Einmal floh sie während eines durch die Droge hervorgerufenen paranoiden Anfalls auf das Dach eines Hauses und weigerte sich herunterzukommen, bis ihr die Polizei über die Schnur, die sie herabließ, etwas Kokain zukommen ließ. Sie konnte sich auch bei dieser Festnahme wieder mit Worten befreien.

Die unaufhaltsame Mrs. Meyers benutzte Decknamen und Verkleidungen, arbeitete in verschiedenen Städten und lernte den »Kokaintanz« – einen Tanz, den sie bei öffentlichen Veranstaltungen vorführte, um dann eine Sammlung zugunsten ihres »Babys« zu veranstalten. An einem späten Abend, als niemand da war, für den sie tanzen konnte, nahm sie eine Schere und lockerte damit einen ihrer Goldzähne. Mit blutüberströmtem Gesicht und verschmierter Kleidung verhökerte sie den Zahn für 80 Cents. Ihr Baby war in jener Nacht sehr hungrig.

Während der gesamten Zeit war sich Annie einer mächtigen Kraft bewußt, die ihren Trieb nach Kokain lenkte. Keine andere Erfahrung in ihrem Leben hatte in ihrem Gehirn einen solch angenehmen Eindruck hinterlassen. Während der acht Jahre, die sie abhängig war, war ihr klar, daß ihr Verlangen viele soziale und psychische Probleme nach sich zog, aber das Kokain rührte auch irgend etwas in ihr, das beruhigend, lebenserhaltend und belebend war. Es schien Annie, als befriedige sie einen natürlichen biologischen Drang. Wie der Grizzlybär auf dem Felssims – ein bedrohliches, aber großartiges, natürliches Gefühl.

Wenn ein Ereignis natürlich genannt wird, so wird damit manchmal nur kundgetan, daß es sich ereignet. Über die Jahrhunderte haben Menschen immer nach einem großen Spektrum von Wirkungen gesucht – und die Drogen haben es geboten: Vergnügen, Linderung von Schmerzen, mystische Erscheinungen, Erregung, Beruhigung, Freude, Ekstase, Einverständnis mit sich selbst, Flucht, veränderte Bewußtseinszustände oder einfach nur ein anderes Gefühl. Diese Motive, von denen sich die Menschen bei ihrem Drogenkonsum nach eigener Aussage leiten lassen – und es ließe sich ein endloser Katalog solcher Motive aufstellen – sind dieselben, die sie auch ohne Drogen bewegen. Es sind immer die gleichen inneren Zwänge, Wünsche, Bedürfnisse und Bestrebungen, die einen großen Teil unseres Verhaltens bestimmen. Pflanzliche Drogen und andere psychoaktive Substanzen werden als natürliche Werkzeuge zur Befriedigung solcher Motive eingesetzt.

Die Motivation, Drogen zur Erzielung dieser Wirkungen einzusetzen, ist nicht angeboren, sondern erworben. Die primären Triebe, die mit den Überlebensnotwendigkeiten verknüpft sind und einen Teil der angeborenen Ausrüstung des Organismus bilden, sind Hunger, Durst und Sex. Diese Triebe sind organische Funktionen und befriedigen biologische Bedürfnisse. Wir werden nicht mit erworbenen Motivationen geboren, aber sie sind dennoch nicht unnatürlich – sie sind einfach ein Ausdruck dessen, was wir anstreben. Das Verlangen nach Rausch ist genausowenig anomal wie das Verlangen nach Liebe, sozialer Anerkennung, aufregenden Erlebnissen, Macht oder jede beliebige andere erworbene Motivation. Die primären biologischen Bedürfnisse des Menschen mögen körpergebunden sein, aber seine erworbenen Abhängigkeiten übersteigen diese Bedürfnisse.

Erworbene Motive wie das Rauschmotiv können so mächtig werden wie angeborene. Wir wir gesehen haben, können Tiere ein genauso lebensnotwendiges Verlangen nach Kokain haben wie nach Nahrung oder Wasser. Hinzu kommt, daß viele natürliche pflanzliche Drogen und ihre Derivate unmittelbar oder mittelbar die Bedürfnisse Hunger, Durst oder Sex anregen. Damit erhöhen sie ihren Wert für den Organismus. Anders als andere erworbene Motive, funktioniert der Rausch aufgrund seiner Fähigkeit, mit der Stärke eines primären Triebes das Verhalten von Individuen, Gesellschaften und Arten zu lenken. Der vierte Trieb, das Verlangen nach Rausch, kann ebensowenig wie Sex, Hunger und Durst jemals unterdrückt werden. Er ist biologisch unvermeidlich.

Annies Tanz zur Macht dieses Gefühls folgte der Spur von Menschen und Tieren, die durch die gesamte Geschichte hindurch dasselbe antreibende Phänomen spürten. Es begann mit Daniels *Datura*-Sprunglauf durch die Wälder, und der Weg war voller unvorhersehbarer Ereignisse. Es war da, wo Kaldis Ziegen sich mit Kaffee vollschlugen und auf den giftigen Weiden, auf denen die Rinder herumschwankten oder süchtig nach Locogras im Kreise herumgaloppierten. Es gab

Katzen, die nach dem Genuß von Katzenminze in die Höhe sprangen und Pirouetten drehten, während an anderen Orten andere Geschöpfe zu einer Symphonie aus Halluzinogenen zuckten, sich schüttelten, wendeten und rollten. Fast alle lärmten und taumelten nach der Einnahme von Alkohol oder schwebten im Opiumrausch dahin. Mäuse machten Sprünge zur Melodie des Morphiumentzugs. Grillen hüpften auf die merkwürdigste Art nach dem Genuß von Marihuanaharz. Lamas machten unter Koka sichere Schritte, und Ratten konnten nicht mehr mit Kokain aufhören. Große und kleine Primaten wählten sich eine Vielzahl chemischer Freunde, vom Tabak bis zum Mutterkorn, um mit ihren Vorfahren und Göttern tanzen zu können.

Wir haben erfahren, daß der Rausch durch pflanzliche Drogen und andere psychoaktive Substanzen im Laufe der Geschichte bei fast jeder Art vorgekommen ist. Das Muster des drogensuchenden und drogenkonsumierenden Verhaltens bleibt über die Zeiten und Arten hinweg konstant. Dieses Verhalten ist bei vielen Tieren ähnlich, denn es wurde durch die gleiche Evolution und Umgebung geformt und gelenkt, durch die gleichen Pflanzen und Zwänge. Wenn wir nach einer evolutionären Erklärung des Phänomens suchen, müssen wir uns fragen, ob ein Rauschzustand auf irgendeine Weise nützlich für die Art ist. Schließlich hat das Verlangen nach einem Drogenrausch keinen offenkundigen Wert für das Überleben, sondern ist im Gegenteil für viele Todesfälle verantwortlich. Für einige Tiere, wie zum Beispiel die zur Bestäubung beitragenden Insekten, ist der Zustand so nachteilig, daß er aufgrund natürlicher Auslese eleminiert wurde, oder daß die Tiere im Laufe der Evolution Anpassungsmechanismen entwickelten. Die Evolutionsgesetze haben es selbst mit der Unterstützung der Prohibitions-Gesetze des *Homo sapiens* jedoch nicht verhindert, daß er in jedem Zeitalter und in jeder Kultur zum Vorschein kam.

Was könnte der evolutionäre Wert eines solchen Zustandes sein? Möglicherweise ist das Verlangen nach Rausch ein Nebeneffekt eines nützlichen Gens oder mehrerer Gene. Der Drogenrausch ist bei Tieren, speziell bei Säugetieren, weit verbreitet, und da er in solchem Ausmaß im genetischen Zusammenhang auftritt, scheint plausibel, daß er unlösbar mit etwas anderem verbunden ist, das für das Überleben notwendig ist. Das universale Verlangen nach Rausch impliziert die Existenz direkter Verbindungen zwischen der molekularen Chemie der Drogen und der Chemie des zentralen Nervensystems, wie z.B. die Opiatrezeptoren im Gehirn von Säugetieren. Diese biologische Einrichtung ist wohl kaum zufällig entstanden. Wir sind Organismen mit chemischen Gehirnen und Trieben, die die Chemie des einzelnen gegen die der Umwelt zum Kampf antreten lassen. Wir haben diese Interaktionen überlebt und gelernt, mit ihnen Erfolg zu haben.

Der Rausch, wie auch das Syndrom der vergifteten Nahrung, hat einen evolutionären Nutzen, der in der Anpassung besteht. Alle Arten müssen unter dem ständigen evolutionären Druck gestanden haben, einen Schutz gegen Chemikalien zu entwickeln, die den Charakter echter Giftstoffe haben. Die Vergiftung kann sensorische oder physiologische Störungen hervorrufen, die das Individuum aufrütteln. Sie bewirken, daß die eingenommene Nahrung durch Erbrechen abgestoßen wird. Das Erkennen von bitterem Geschmack, Übelkeit und anderen Störungen kann dem Individuum ebenfalls helfen, den künftigen Verzehr zu vermeiden. Diese Abwehrmechanismen bilden ein ideales Warnsystem zur Früherkennung der zentralen Wirkung von Giften. Die Reaktionen wie Erbrechen oder erworbene Geschmacksaversionen sind für Tiere, die versehentlich pflanzliche Gifte zu sich nehmen, von großem Vorteil.

Wenn wir uns Rauschmitteln aussetzen, kann das auch zu angenehmen Erfahrungen führen, durch die wir uns angezogen fühlen und so die bekannte »Haßliebe« ausbilden, die von so vielen Süchtigen beschrieben wird. Annie Meyers beschrieb ihre Kokainleidenschaft als Ausdruck mütterlicher Liebe, und ihre Rauschzustände waren die reine Freude; der zyklische Entzug dagegen war die Hölle. Ihr ständiger Konsum schützte sie vor der Agonie des Entzugs, außer wenn sie wieder einmal eingesperrt war. Diese gelegentlichen unerfreulichen Episoden stärkten nur ihre Entschlossenheit, ihnen aus dem Weg zu gehen, indem sie durchgängig »voll Kokain« blieb. Der Vorteil, immer unter Kokain zu stehen, überwog die Kosten der Unterbrechung; der Konsum wurde nach derselben ökonomischen Gleichung fortgesetzt, die auch andere Formen des Rauschs leitet.

Daß die positiven Wirkungen die negativen überwiegen, kann an einer häufigen Drogenwirkung, dem Schwindel, deutlich gemacht werden, der durch Störungen der Sinneseindrücke oder der motorischen Kontrolle ausgelöst wird. Wenn Schwindelgefühle von Übelkeit begleitet werden, sind sie im allgemeinen unangenehm. Tiere und Menschen lehnen normalerweise Drogen wie das Locogras ab, die heftige Schwindelgefühle hervorrufen. Wenn er allerdings nicht von Übelkeit oder ernsthaften physiologischen Störungen begleitet ist, kann der Schwindel ein erwünschter Rauschzustand sein, und die Einnahme entsprechender Mengen von Substanzen wie Alkohol wird erstrebenswert. So kann der Schwindel eine angenehme oder eine unangenehme Erfahrung sein, die wir herbeisehnen oder zu vermeiden suchen. Er ist die vielleicht primitivste Form des Rausches und neben Schlaf und Träumen einer der ältesten veränderten Bewußtseinszustände, den unsere Art kennt.

Bei den Initiationsriten der !Kung-Buschmänner in der Kalahari-Wüste (das

»!« kennzeichnet einen Klicklaut in ihrer Sprache) tanzen die Männer im Kreis und stampfen Runde für Runde, Stunde für Stunde. Der Tanz kann ein so extremes Schwindelgefühl hervorrufen, daß er in einen von Visionen begleiteten Trancezustand überleitet. Bei den Umbanda-Ritualen in Brasilien erzeugen die Teilnehmer eine gleiche Trance, indem sie sich schnell um ihre eigene Achse drehen, während sie Kopf und Brust hin- und herwiegen. Die wirbelnden Sufi-Derwische tanzen und drehen sich wie Kreisel, um einen ähnlichen veränderten Bewußtseinszustand zu erzielen.

Der Schwindel ist nicht nur eine alte und reife Form des Rauschs, er ist auch eine der ersten, die von Kindern entdeckt wird. Drei- und vierjährige Kinder, die sich in eine fiebrige Benommenheit drehen und wirbeln, sind nichts Ungewöhnliches. Viele Kinder haben entdeckt, daß sie schnell schwindelig werden, wenn sie eine Schaukel aufdrehen und darauf sitzend die Kette oder das Seil abwickeln lassen. Die »Hexenwiege«, eine amerikanische Version des schaukelnden Korbes, der im Mittelalter von den Hexen verwendet wurde, ist ein noch sichererer Weg, sich in Trance zu schaukeln. Diese Wiege ist eine metallene Schaukel, in der man mit verbundenen Augen aufrecht steht. Die Schaukel ist wie ein Pendel aufgehängt und bewegt einen schon bei kleinsten Gewichtsverlagerungen in kreisenden und horizontalen Bewegungen. Typischerweise tritt nach wenigen Minuten eine Trance ein, die Visionen bereitet, die den durch Halluzinogene hervorgerufenen ähnlich sind. Viele Karussells in Vergnügungsparks sind dazu gedacht, solche mit Schwindelgefühlen verbundenen aufregenden Empfindungen hervorzurufen. Es gibt dort zum Beispiel Gondeln, die ihre Mitreisenden während einer Drehung in vertikaler und horizontaler Richtung zugleich bewegen.

Auch viele Rauschmittel wirbeln die Menschen herum; zumindest ist das der Eindruck, der sich in den Köpfen der Konsumenten einstellt. »Ich trinke, um mir einen kleinen Drall zu beschaffen«, antwortete ein junger Patient, als ich ihn fragte, warum er so viel Bier trinke. Er berichtete, daß andere Drogen jeweils ihre besondere Wirkungen hätten. Barbiturate? »Haben mich völlig verklebt.« Quaalude? »Mit Lude fühlt sich alles gummiartig an.« Amphetamine? »Reißen mich raus.« Halluzinogene Pilze? »Mit Pilzen kann ich kreisen und nachsehen, was in meinem Gehirn los ist.«

Auch wenn das ungenaue Beschreibungen sind, verdeutlichen sie die unterschiedlichen Gefühle im Rausch. Der Patient sagte auch, daß er sich während seiner meisten Drogenerfahrungen schwindlig fühle. Der Ausdruck *Schwindel* drückt in medizinischen und psychiatrischen Zusammenhängen eine negative Bewertung aus, aber dieser Patient benutzte das Wort nicht, um unangenehme Empfindungen auszudrücken. Vielmehr verwendete er diesen Ausdruck, um einen mentalen Dämmerzustand zu kennzeichnen, der schwebend, leicht und für ihn völlig akzeptabel war. Als die Welt um ihn herum kippte, fand er Gefallen an den verschobenen Wahrnehmungen.

Schwindel ist ein gemeinsamer Aspekt von drogeninduzierten Rauschzuständen, und einige Drogen rufen ihn stärker hervor als andere. Mehr als die Hälfte der Menschen, die Marihuana rauchen, haben Schwindelgefühle. Laut einer Untersuchung wurde es 82 Prozent bei ihrem ersten Rausch schwindelig. Der Rausch des Peyote-Kaktus ist immer gekennzeichnet durch Schwindel, Halluzinationen, Übelkeit und häufiges Erbrechen. Die meisten Indianer haben gelernt, die Übelkeit und das Erbrechen durch Fasten vor dem Verzehr des Peyote zu minimieren und während des Rauschs reglos zu bleiben. Sie maximieren die visionären Wirkungen, indem sie Peyote in einer nächtlichen Zeremonien am flakkernden Feuer nehmen.

Kleine Kinder können beim Zahnarzt zum erstenmal Schwindelerfahrungen erleben, wenn sie Lachgas als Betäubungsmittel bekommen. Das Gas, Stickstoffoxydul, ruft ein Gefühl der Auflösung hervor, die Empfindung, das Bewußtsein befreie sich vom Körper, weshalb im Zahnarztstuhl dann auch kein Schmerz empfunden wird. Oft gibt es Begegnungen mit Gefühlen des Schwindels, des Fließens und des Fliegens. Die Kinder lachen und kichern. Glücklicherweise können sie sich besser an diese subjektiven Erfahrungen erinnern als an die zahnärztlichen Eingriffe selbst.

Die jungen Patienten beschreiben oft eine sich um sie herum bewegende Welt. Diese Empfindung wird auch oft in nichtmedizinischen Sitzungen in Versuchen mit Lachgas angestrebt, das in Behältern am Ladentresen erhältlich ist. Die Konsumenten achten nicht immer darauf, auch genügend Sauerstoff zur Verfügung zu haben; der daraus resultierende Sauerstoffmangel kann zur Ohnmacht führen. Für einige ist dieses »Weggetretensein« ein wünschenswerter anderer Zustand. Sie stellen sich auf eine Matratze und nehmen tiefe Züge aus Ballons, die sie mit dem Gas gefüllt haben. Die Matratze soll ihren Fall dämpfen, wenn sie bewußtlos werden. Kleine Kinder machen oft Experimente ohne die Hilfe von Drogen mit berauschenden »Spielen«. Sie hyperventilieren absichtlich und lassen sich von anderen Kindern die Brust zusammendrücken, so daß sie ohnmächtig werden. Die Hyperventilation durch Hecheln, die für das Zustandekommen dieser Wirkungen hauptverantwortlich ist, erzeugt eine Verringerung des Kohlendioxyd-Drucks, eine zerebrale Gefäßverengung und schließlich einen vernebelten Zusammenbruch, bei dem sich die Welt um sie herum dreht.

Diese Kinder, die bei psychologischen Tests ihrer Bereitschaft, sich neuen Erlebnissen auszusetzen, hohe Punktzahlen erreichen, machen manchmal Experimente mit Haushaltsdrogen, die ähnliche Erfahrungen versprechen. Rauschzustände durch Schnüffeln von Klebstoff, Benzin, Farbe oder Unmengen anderer Delirien erzeugender Mittel werden von Kindern erprobt, die zu alt sind, um sich im Kreis zu drehen, aber zu jung, um Zugang zu anderen Drogen zu haben. Sie sind die Tom Sawyer des Neuen Zeitalters, die herausgefunden haben, daß man mit der Farbe etwas anderes machen kann, als sie an den Zaun zu streichen.

Erwachsene bekamen in Londoner Theatern des achtzehnten Jahrhunderts die Gelegenheit, sich an diesen »Schulkinderfreuden« zu ergötzen. Die Theater boten »Ladies und Gentlemen mit bestem Ruf« die Gelegenheit einer »chemischen Erfrischung« mit Lachgas. Die Menschen lachten, sangen und tanzten. Das Gas wurde in Liedern, Gedichten und Stücken gefeiert. Diese Mode zog sich durch das neunzehnte Jahrhundert hindurch. Der Philosoph William James glaubte, daß der Rausch die Einzigartigkeit unserer Spezies offenlege, über die versteckte Bedeutung hinter Sprache und Gedanken nachzusinnen. Der Schriftsteller Oscar Wilde sagte einmal über die Erfahrung mit dem Gas: »Ich wußte alles«, obwohl er überrascht war, als er erfuhr, daß der kleine rosafarbene Mann, den er auf einer entfernten Bühne beobachtete, in Wirklichkeit sein Zahnarzt war, der ihm gerade einen Zahn gezogen hatte. Trotz all dieser Erfrischungen und Erleichterungen wirkte der Rausch auf die Menschen als eine Mischung aus Schwindel, Delirium und Genuß. Einige mußten davor bewahrt werden, sich selbst oder andere zu verletzen. Viele wurden krank, mit Symptomen, die an die Seekrankheit erinnern.

Erfahrungen mit schwindelerzeugenden Drogen wie Lachgas sind kennzeichnend für Rauschzustände im allgemeinen, die nicht einfach in verschiedene angenehme und unangenehme Gefühle dividiert werden können. Die anfänglichen Begegnungen mit vielen Drogen sind unerfreulich, und die Wirkungen von Opiaten, Barbituraten, Alkohol und Nikotin umfassen Übelkeit, Erbrechen, Schweißausbrüche, Gereiztheit, emotionale Labilität, Aggression, Müdigkeit und Lethargie. Es können sich auch Mängel bezüglich der Konzentration, des Denkens, der Auffassungsgabe, des Gedächtnisses und des Urteils einstellen. William James erbrach sich nicht von dem Lachgas, aber seine alberne Erklärung, daß ihm übel geworden sei, hinterläßt uns mit einigem Erstaunen über die kognitiven Dysfunktionen eines großen Denkers unter Drogeneinfluß: »Was ist Übelkeit anders als eine Art von -keit? Nüchtern, betrunken, -unken, Erstaunen.« Man kann als Regel annehmen, daß einige negative Wirkungen sich mit einigen positiven mischen. Warum dann die Mühe, einen solch zweifelhaften Zustand zu erreichen?

2

Ein Teil der Antwort läßt sich bei der Untersuchung des selbstgesteuerten Drogenkonsums finden, der die Benutzer ständig den Zirkel von Sucht und Entzug durchlaufen läßt. Wie wir gesehen haben, verabreichen sich Tiere die Drogen, die auch wir benutzen, problemlos selbst. Die Verhaltensweisen dieser Tiere haben uns viel über Wirkungen wie Gewöhnung und Umschlagspunkte sagen können. Jedoch berichten uns nur wenige Tiere, mit Ausnahme der Tauben und Affen, die zur Wiedergabe ihrer Halluzinationen geschult wurden, etwas über die Gefühlslage, die den Konsum motiviert. Und daher wenden wir uns an menschliche Subjekte, um Antworten über ihre subjektiven Empfindungen zu erhalten.

Viele Suchtdrogen wie Kokain oder Heroin erzeugen eine Woge intensiven Wohlbefindens, besonders, wenn sie schnell, durch Injektion oder Rauchen, zugeführt werden. Darauf folgt ein leichtes Unbehagen, weil die Droge ihre euphorisierende Wirkung bei ihrer Auflösung durch den Stoffwechsel verliert. Das Unbehagen ist sowohl physisch wie auch psychisch. Kokain hinterläßt den Konsumenten lethargisch und erschöpft. Die negativen Auswirkungen des Heroin lassen sich an den tränenden Augen und der laufenden Nase des Konsumenten ablesen, an Unterleibsschmerzen, einer feuchtkalten Haut und Muskelbeschwerden. Auf der psychischen Ebene rufen beide Drogen ein heftiges Verlangen hervor, einen unangenehmen Zustand, den Tiere und Menschen durch eine wiederholte Verabreichung der Droge zu vermeiden suchen. Der unangenehme Zustand wird von selbst verschwinden, aber der stärkere Kontrast zwischen der vorherigen Euphorie und dem Verlangen schafft eine allgemeine Ungeduld.

Die wichtigen Elemente dieses Verhaltens sind die Affektveränderungen. Der anfängliche Rausch hat eine andere emotionale Qualität als der folgende Entzug. Die ersten Kokaindosen, zum Beispiel, erzeugen einen anfänglichen Erregungszustand und eine intensive Euphorie. Der Beginn der Drogenaktivität ist der Verstärker. Aber wenn die Drogenwirkung sich auflöst, beginnt der zweite Zustand, die unangenehme Entzugsphase. Der Entzug löst sich letztlich mit der Zeit oder durch die nächste Dosis auf. Daher bekommen sowohl der Einsatz der Drogenwirkung als auch die Aufhebung der Entzugswirkung die Qualität eines verstärkenden oder belohnenden Verhaltens. Beides kann die fortgesetzte Benutzung der Droge motivieren. Das kann an Kokainsüchtigen wie Mrs. Meyers leicht verdeutlicht werden, die immer wieder die Droge konsumieren, obwohl sie beim Rausch kein Vergnügen oder Hochgefühl mehr empfinden. Sie haben eine Gewöhnung an den anfänglichen euphorischen Zustand entwickelt, aber der Drogenkonsum wird fortgesetzt, weil wiederholte Dosen die Entzugserscheinungen blockieren oder beheben können.

Der Psychologe Richard Solomon hat ein Modell zur Beschreibung dieses Geschehens entwickelt. Es ist als Theorie der inversen Reaktion *(opponent-process theory)* bekannt und nützlich bei der Erklärung eines breiten Spektrums erworbener Motivationen, von der Sucht bis zum Zen, von der Kletterei bis zum Fallschirmspringen im freien Fall. Nach diesem Modell sind die meisten Organismen bestrebt, Körperfunktionen in einen normalen Zustand zu bringen. Solomon erläutert, daß »die Gehirne aller Säugetiere so organisiert sind, daß sie sich vielen Arten von Gefühlsregungen oder hedonistischen Vorgängen widersetzen oder diese unterdrücken, ganz gleich, ob sie nun erfreulich oder unangenehm sind und ob sie durch positive oder durch negative Verstärkungen hervorgerufen wurden.« Die inversen Reaktionen werden automatisch durch Ereignisse in Gang gesetzt, die Störungen in physiologischen oder psychischen Systemen auslösen. Diese Störungen rufen wiederum Gegenreaktionen hervor, die als Korrektiv zur Wiederherstellung des Gleichgewichts wirken.

Zum Beispiel rufen die ersten Dosen Heroin einen Euphorieschub hervor, dem ein Zustand des Verlangens folgt. Der Schub ist der positive Verstärker und das Verlangen der negative. Nach vielen Dosen ist der Schub viel geringer, und die Euphorie bleibt oft aus. Andererseits hält das Verlangen im Entzugsstadium immer länger an und wird intensiver. Der positive Verstärker (der Schub) hat seine Kraft größtenteils verloren, der negative Verstärker (das Verlangen) hat an Stärke gewonnen. Er hat genügend Macht, um das Verhalten zu lenken. Der Konsument kann sich an die Droge gewöhnen, aber die Unmöglichkeit, sich auch an den Entzug oder das Ausbleiben der Droge zu gewöhnen, treibt ihn an.

Das Modell der inversen Reaktion kann auch auf Situationen angewendet werden, in denen der Schub unangenehm und der Entzug positiv ist. Zum Beispiel empfindet ein Fallschirmspringer während seines ersten Sprunges im freien Fall Entsetzen. Untersuchungen bei militärischen Fallschirmspringern haben ergeben, daß sogar die tapfersten Männer anfänglich eine Angstreaktion aufweisen: Die Augen weiten sich, die Lippen treten zurück, und die Männer schreien angstvoll. Wenn sie sicher gelandet sind, scheinen sie wie betäubt zu sein und können sich kaum äußern. Dann spüren sie eine Erleichterung und beginnen mit anderen Springern lebhaft zu plaudern. Nach vielen Fallschirmsprüngen ist die Angstreaktion kaum noch wahrnehmbar. Man sagt, es sei eine affektive Gewöhnung eingetreten. So erlauben die positiven Nachwirkungen des Entzugs –

das Verschwinden der Angst nach der Landung und die folgende Erholung – weitere Sprünge. Nun wirken die Fallschirmspringer vor dem Sprung erwartungsvoll und sprechen von aufregenden Erlebnissen während des freien Falls. Auf die Landung folgt eine langanhaltende Heiterkeit.

Diese Beschreibungen tragen zur Erklärung bei, warum einige drogeninduzierte Rauschzustände trotz negativer Effekte als positiv empfunden werden. Die ungewöhnlichste und »negativste« Droge, die von Affen und Menschen genommen wurde, ist Phencyclidin (PCP), eine Verbindung, die bei 100 % der Rauschzustände negative Folgewirkungen hervorruft, aber positive Wirkungen nur während 60 % der Rauschdauer. Ihr ist nicht mit den gängigen Klassifikationen beizukommen, da sie eine Mischung von aufputschenden, beruhigenden, anästhesierenden und halluzinatorischen Eigenschaften besitzt. Die Rauschzustände sind unvorhersagbar, und fast jeder berichtet über schlechte Trips. Der dauerhafte Gebrauch und Mißbrauch einer Droge wie PCP ist eigentlich ein Paradox. Aber der vierte Trieb motiviert Menschen nicht einfach, sich gut oder schlecht zu fühlen – er ist das Verlangen, sich anders zu fühlen, eine rapide Veränderung des eigenen Zustands herbeizuführen. Die Richtung der Veränderung, nach oben oder nach unten, zum Guten oder Schlechten, ist von sekundärer Bedeutung. Wenn wir das Wesen der Anziehungskraft von PCP verstehen können, dann können wir auch begreifen, warum fast jedes Rauschmittel den vierten Trieb befriedigen kann.

Bevor PCP außerhalb des medizinischen Bereichs Verwendung fand, hieß es Sernyl und wurde bei Menschen als Anästhetikum in der Chirurgie angewendet. Die Droge schnitt bei medizinischen Tests nicht besonders gut ab. Die Patienten nahmen die Operation nicht wahr, erwachten aber im Erholungsraum in einem nachhaltigen, verworrenen Delirium, das an Schizophrenie erinnert. Einige Patienten fühlten sich jünger – fast als wären sie »neu geboren« –, andere hatten heftige Anfälle, die eine ständige Beobachtung erforderten, weil sie gewalttätig werden konnten. Daher wurde PCP nur noch für die Ruhigstellung von Tieren verwendet; Tierärzte machen sich gemeinhin wenig Gedanken über die psychischen Nachwehen ihrer Patienten. Weil es relativ billig und leicht herzustellen war und die Wirkungen von Dosen, die nichtanästhesierend wirkten, denen vieler illegaler Halluzinogene gleichkamen, tauchte PCP als Streckungsmittel in Straßendrogen auf. Die Gewöhnung daran führte zu weiteren Experimenten. Die Leute machten erste Versuche mit purem PCP und entwickelten allmählich Gefallen an dieser Drogenerfahrung.

Obwohl PCP auf verschiedene Weise verwendet werden kann, wird es meistens geraucht, und die ersten Symptome zeigen sich nach wenigen Minuten. Die Konsumenten berichten, daß die stärksten Wirkungen nach fünfzehn bis dreißig Minuten eintreten, gefolgt von einem längeren, mehrere Stunden anhaltenden Rausch. Die Erholung kann viele weitere Stunden dauern, sogar Tage. Diese Erfahrung wird durch die direkte Einwirkung von PCP auf das Gehirn ausgelöst, wodurch der Körper des Konsumenten aufgeputscht und die Stimmung angehoben wird. Der Herzschlag und der Blutdruck steigen an. Die Stimmung wird euphorisch. Wenn dann die Extremitäten taub werden, wird das motorische Verhalten unkoordiniert, und der Konsument verhält sich wie ein Betrunkener. Weitere Dosen rufen bizarre und ungelenke motorische Bewegungen hervor.

Unter der Einwirkung von PCP schnitt sich Luther R. seinen Penis ab und verschluckte ihn. Die Sanitäter fanden ihn auf dem Küchenfußboden in einer Blutlache. Als sie die Blutung stoppen wollten, erbrach Luther seinen Penis wieder. Er fühlte überhaupt keinen Schmerz. In ähnlichen Rauschzuständen empfinden die Konsumenten den Schnitt eines Skalpells oder den Schlag eines Polizeiknüppels nicht als schmerzhaft, aber die Sinneswahrnehmungen erreichen in einer stark verzerrten Form doch das Gehirn.

Der siebzehnjährige Martin L. hatte gerade eine PCP-Zigarette geraucht. Nun ging er die Straße hinunter und zerbrach Schaufensterscheiben mit Karatetritten. Als die Polizei kam, zog Martin ein Schlachtermesser und griff sie an. Die Polizei konnte ihn auch nach mehreren Schlägen mit dem Polizeistock nicht festnehmen, und Martin, der keinen Laut von sich gab, zeigte keine Anzeichen von Erschöpfung oder Schmerz. Es wurden insgesamt sechs Beamte als Verstärkung an den Schauplatz gerufen, die den »übermenschlichen« Martin schließlich festhalten und in Handschellen legen konnten. Die Handfesseln hielten, obwohl andere unter PCP-Einfluß stehende Menschen schon die gut 200 Kilopond Druck aufgebracht haben, die notwendig sind, um sie zu sprengen. Seine ersten Worte brachte Martin in Form eines Liedes hervor, das er im Krankenhaus sang. Die Worte zeugten von einem vagen, wenn auch verzerrten Bewußtsein der vorangegangenen Ereignisse: »Ich bin stärker als der Rest, weil meinen Spinat ich eß, ich bin Popeye der Seemann!«

Was ist am Zustand des PCP-Rausches so attraktiv? Konsumenten wie Martin, die im Krankenhaus befragt werden, sehen nicht so aus, als wollten sie singen. Zerzaust, fiebrig und schweißtriefend scheinen sie von ihrem Unglück überwältigt. Exzessiver Speichel- und Tränenfluß tritt auf. Sie können nicht richtig stehen oder gehen, sie beginnen zu zittern, wobei es sich um unwillkürliche Muskelaktivitäten handelt. Wenn man sie berührt, werden die Muskeln fest und gespannt. Die Konsumenten sind jedoch weitgehend unbeeindruckt von diesen körperlichen Vorgängen und halten ihr Augenmerk auf die subjektiven Erfahrungen gerichtet. Sie sind sich der körperlichen Ereignisse so wenig bewußt, daß sie oft die Empfindung haben, aus ihren Körpern herauszufließen.

Genau diese Auflösung, nicht unähnlich der Trance durch Schwindel oder der Betäubung mit Lachgas, ist für viele Konsumenten so attraktiv. Sie haben traumähnliche Erfahrungen, die von dem Gefühl begleitet werden, an einem anderen Ort oder in einer anderen Zeit zu sein. Verbreitet ist die Empfindung, sich selbst aus einer größeren Entfernung zu beobachten. Wenn wir an das letzte Mal denken, als wir im Meer schwimmen waren, können wir uns in Gedanken vorstellen, wie wir den Strand entlang und ins Wasser liefen. Das ist ein völlig fiktives Gedächtnisbild. Wir können uns selbst nicht gesehen haben. Aber Gedächtnisbilder enthalten oft eine flüchtige Wahrnehmung der eigenen Person. PCP-Konsumenten haben ähnliche aufgelöste oder vom Körper abgelöste Wahrnehmungen, jedoch *während* die Ereignisse stattfinden. In einem solchen veränderten Zustand berichten PCP-Benutzer von einem allgemeinen Wohlgefühl und einem Entrücktsein von den Spannungen und Ängsten der Alltagswelt. Mit anderen Worten, ihre Affekte sind verändert. Viele von ihnen erleben eine Ambivalenz oder eine Mischung der Affekte; die Benutzer behaupten aber, daß selbst dieser Zustand im Lichte der vorhergehenden Depression oder unglücklichen Verfassung als euphorisch empfunden wird. Andere erleben negative Stimmungen und Feindseligkeit, manchmal einhergehend mit Gefühlen des »puren Nichts« und Todesgedanken. Das kann ebenfalls lohnend für Menschen sein, die so der Reizüberflutung ihres normalen Lebens entgehen und sich nach dem Überstehen einer machtvollen psychischen Erfahrung stärker fühlen.

Die Namen, die PCP von seinen Benutzern erhielt, sagen uns etwas über seine verschiedenen anregenden Eigenschaften: Engelsstaub, Teufelsstaub, Balsam, Raketentreibstoff, Hau, Wackelkraut und Zombie. Andere Spitznamen legen nahe, daß im PCP-Rausch die Entwicklungsgeschichte des Menschen rekapituliert wird, zumindest ansatzweise: Amöbe, Wurm, Fleißiges Bienchen, Hund, Igel, Bullentod, Pferdevalium, Elefantenvalium, Affenstaub und Gorillakontrolle.

Nach Verlautbarungen der Polizei von Los Angeles verwandelte sich Lenny B. in ein Tier, nachdem er eine Zigarette geraucht hatte, die in flüssiges PCP getaucht worden war. Im Geiste machte Lenny einen Rundflug über einer Entenfarm. Zu Hause ging er dann wie eine Ente, quakte wie eine Ente und erzählte den überraschten Gästen, daß er Donald Duck sei. Dann stach er auf grausame Art einen Mann tot. Man griff ihn auf, als er in einer Pfütze am Straßenrand planschte. Lenny war sich dieser Ereignisse nicht bewußt und erzählte mir später, daß er das Hochgefühl genossen habe und jederzeit wieder PCP nehmen würde.

An einem anderen Ort hatte Linda, eine meiner Versuchspersonen, die unter kontrollierten Bedingungen PCP genommen hatte, ein ruhiges introspektives Erlebnis. Sie berichtete, daß sie Bilder von Gott und vom Himmel sah: »Ich flog mit den Engeln. Als ich wieder herunterkam, war ich traurig, weil ich einen so wunderbaren Ort verlassen mußte. Ich glaube, ich mußte sogar weinen. Das hatte ich seit Jahren nicht mehr getan. Aber am besten erinnere ich mich an den Frieden und die Ruhe. Alles war gut. Ich möchte immer dort sein.«

PCP vermittelt nicht automatisch ein himmlisches oder ein teuflisches Erlebnis. Viele der in den Medien wiedergegebenen Horrorgeschichten sind wahr, aber die ungesungenen Balladen über Paradiese der Glückseligkeit, die von Konsumenten wie Linda erlebt wurden, viel verbreiteter. Der PCP-Rausch wird – wie es bei den meisten bewußtseinsverändernden Drogen der Fall ist – durch pharmakologische und verhaltensmäßige Variablen bestimmt und gelenkt. Die individuelle Gesundheit und Mentalität, die Höhe der Dosis, die Art der Verabreichung und die Häufigkeit der Dosis sind einige der wichtigsten Faktoren. Und das gilt auch für das Set (die Einstellung) des Benutzers und das Setting (die Umgebung) bei dem Rausch. Weniger offensichtlich, aber noch wichtiger sind die Konsumgewohnheiten, in denen sich das Verlangen nach Rausch ausdrückt. Diese Gewohnheiten sind die entscheidenden Faktoren für den Mißbrauch. Ob eine Droge ein Individuum in Schwierigkeiten bringt oder nicht, ist mit anderen Worten davon abhängig, ob die Gewohnheit im Umgang mit der Droge problematisch wird.

3

Die Konsumgewohnheiten sind individuelle Ausdrucksformen des vierten Triebes. Sie werden durch psychosoziale Bedürfnisse strukturiert und zerfallen in fünf grundlegende Typen, die sich weltweit beobachten lassen: experimentell, gesellig und freizeitorientiert, umstände- oder situationsbedingt, intensiv und zwanghaft. Diese Muster beschreiben den Verlauf von unregelmäßigem Konsum zu intensivem dauerhaftem Gebrauch. Veränderungen in der individuellen Bedürfnisstruktur können Verschiebungen von einer Verlaufsform zu einer anderen mit sich bringen.

Alle Drogenkonsumenten beginnen nach dem experimentellen Muster, das hauptsächlich durch Neugier gegenüber der Droge motiviert ist. Hinzu kommt der Wunsch, die vermuteten Rauschwirkungen zu erleben. Die ersten Reaktionen sind oft durch die Ausgangssituation oder durch die Erwartung in bezug auf die Art des Erlebnisses beeinflußt. Zum Beispiel suchen Menschen, die mit dem Halluzinogen MDMA experimentieren, üblicherweise das, was sein Szenename aussagt: Ecstasy; mindestens die Hälfte von ihnen erlebt Muskelspannungen, Schweißausbrüche und hat eine so getrübte Wahrnehmung, daß sie später keinen Wunsch danach verspürt, die Erfahrung zu wiederholen. Bei den anderen, denen die diese Wirkungen lediglich als Vorspiel zur nachfolgenden Euphorie erleben, erfüllt Ecstasy sein Versprechen und ermuntert somit zu zukünftigen Versuchen.

Auch die Ausgangssituation oder Umgebung kann diese experimentellen Versuche beeinflussen. Viele Menschen experimentieren in der Gesellschaft von anderen, meistens von engen Freunden, mit Drogen. Das hilft dem Individuum dabei, seine anfängliche Zurückhaltung oder Scheu zu überwinden. Soziale Gruppen sind jedoch nicht, wie wir bei den Tieren gesehen haben, die geeignetste Umgebung für den Rausch. Individuen, die mit PCP experimentieren, wünschen sich oft ein ruhiges und sanftes Erlebnis; eine verwirrte oder aufgeregte Reaktion auf andere kann künftige Versuche vereiteln. Wer andererseits Anregung in einer ansonsten langweiligen häuslichen Umgebung sucht, wie beispielsweise Lenny B. berichtet hat, dem sind die Halluzinationen nach hohen Dosen von PCP willkommen.

Wenn Freunde oder Bekannte regelmäßig zusammenkommen, um eine Drogenerfahrung zu teilen, die sie als annehmbar und erfreulich wahrnehmen, nennt man das einen geselligen und freizeitorientierten Konsum. Das ist das Muster, das typischerweise auf Alkohol- oder Marihuanaparties zutrifft, auf nachmittägliche Teestunden, auf Kaffee- und Zigarettenpausen. Auf dieser Stufe des Drogengebrauchs ist der Rausch noch freiwillig und tendiert ungeachtet der Dauer des Konsums nicht zu unkontrollierten Mengen. Zum Beispiel wurde bei Untersuchungen mit langjährigen Kokainkonsumenten herausgefunden, daß ein solcher Freizeitkonsum über ein Jahrzehnt oder länger ohne den Verlust der Kontrolle aufrechterhalten werden kann. Zusammenkünfte dieser Art kommen in ein- oder zweiwöchigem Abstand vor, und die Benutzer haben den Eindruck, daß sie eine positive Auswirkung auf das Funktionieren der sozialen Gemeinschaft haben. In gewissem Sinne regulieren und kontrollieren die Benutzer ihre Dosis selbst, so wie auch Affen die Einnahme beschränken.

Wenn der Konsum durch das Bedürfnis motiviert wird, durch spezifische

Drogenwirkungen mit einer bestimmten Situation fertigzuwerden, wird das Muster umstände- oder situationsbedingt genannt. In diese Kategorie fallen die Langstreckenkraftfahrer, die sich mit Stimulantien zu Wachheit und größerer Ausdauer verhelfen, ebenso wie die Apollo-Astronauten, die vor dem Wiedereintritt in die Erdatmosphäre Amphetamine nahmen. Die Lastwagenfahrer und die Apollo-Astronauten verabreichten sich selbst die Drogen, um eine bestimmte, von ihnen beabsichtigte Wirkung zu erzielen, wie die Paviane, die ihre Verzweiflung mit Tabak und Alkohol bekämpften. Das gleiche Muster findet sich bei einem Studenten, der Koffeintabletten nimmt, um wach zu bleiben, bei einer übergewichtigen Frau, die Kokain nimmt, um ein paar Pfund abzunehmen, oder bei einem Arbeiter, der sich durch das Trinken nach der Arbeit entspannt. Das Schema ist das gleiche, obwohl die Wahl der Drogen nicht immer klug oder legal ist. Eine der größten Gefahren besteht darin, daß der Benutzer sich daran gewöhnt, die Droge unter ähnlichen Umständen zu nehmen, und unfähig wird, die Kontrolle auszuüben, die normalerweise einen medizinisch verschriebenen und überwachten Drogengebrauch begleitet. Mrs. Meyers wird gefühlt haben, daß Kokain ihr nicht nur bei Erkältungen half, sondern auch die Einsamkeit ihrer frischen Witwenschaft linderte. Es war unzweifelhaft eine große Versuchung für sie, die Droge weiter zu nehmen, nachdem die Erkältung vorüber war. Sie machte schnell den Schritt zur nächsten Stufe: dem intensiven Gebrauch.

Wenn eine Person das Bedürfnis spürt, ständig Wirkungen zu erzielen oder die Wirkungen dauerhaft zu verspüren, kann es zum täglichen oder intensiven Drogenkonsum kommen. Bei vielen Drogen führt diese häufig wiederkehrende Drogeneinnahme zur psychischen oder physischen Sucht. Intensive Konsumenten sind die amerikanische Hausfrau, die regelmäßig Beruhigungsmittel nimmt, der kokakauende bolivianische Bergmann, der täglich Marihuana rauchende Arbeiter in Jamaika und der opiummampfende Wasserbüffel in Vietnam. In diesen Fällen ist der Drogenkonsum zu einer normalen und gewohnten Aktivität des Alltagslebens geworden. Tägliche PCP-Konsumenten, zum Beispiel großstädtische Jugendliche, die unter einer hohen Arbeitslosenrate leiden, führen häufig das Bedürfnis an, sich ständig eine Erleichterung von den durchgängig unerfreulichen inneren und äußeren Umständen verschaffen zu wollen. Auch die junge Sekretärin, die berichtete, sie nähme einige Male täglich Kokain, um der Depression ihrer kürzlichen Scheidung zu entfliehen, war eine intensive Konsumentin, die das Risiko einging, im Laufe der Zeit noch größere Mengen zu nehmen.

Täglicher Kokain- und Heroinkonsum führt gewöhnlich zur Eskalation. Die Konsumenten benutzen die Droge auf einem hochfrequenten und hochintensiven Niveau, was zwanghaften Drogengebrauch kennzeichnet. Sie können den

Konsum nicht unterbrechen, ohne ein physisches Unbehagen oder eine psychische Störung zu erleben. Mrs. Meyers hatte eine solche Angst vor dem Entzug, daß sie sich Haare ausriß und Wutanfälle bekam, wenn sie eingesperrt wurde. Die Strategie hatte Erfolg; ihre Gefängniswärter hatten Mitleid mit ihr und steckten ihr etwas Kokain zu. Ein Charakteristikum dieser zwanghaften Konsumenten ist es, daß sie sich ständig mit der Suche nach der Droge und der Einnahme der Droge beschäftigen, oft unter Vernachlässigung aller anderen Aktivitäten. Zwanghafte Konsumenten sind nicht nur die prototypischen Junkies auf der Straße, sondern auch alkoholabhängige Angestellte und weiße Ratten, opiatabhängige Ärzte, Forschungsaffen und Kettenraucher überall auf der Welt. Die achtjährige Kokainkarriere der Dame Annie Meyers unterschied sich nicht von der einer Hinterhofalkoholikerin, für die sie oft gehalten wurde.

Einige Drogen erzeugen größere Risiken in bezug auf die Entwicklung zwanghafter Verhaltensmuster als andere. Weil Halluzinogene wie LSD aufgrund der Gewöhnung nicht mehr wirken, wenn sie täglich genommen werden, gibt es bei diesen Drogen keine intensiven und zwanghaften Konsumgewohnheiten. Die Gewöhnung kann so stark sein, daß sogar Überdosen keine Wirkung haben, wenn die betreffende Person die Droge schon zu oft genommen hat. Daher verbleiben die meisten LSD-Benutzer im experimentellen Schema und nehmen die Droge nicht öfter als zehnmal in ihrem ganzen Leben. Umgekehrt hat Kokain einen extrem kurzen Wirkungsgrad. Die kurze Wirkungsdauer und die schnelle Gewöhnung können sogar Freizeitkonsumenten dazu bringen, aus kurzen Konsumphasen oder gelegentlichem Gebrauch ein zwanghaftes Langzeitgebrauchsmuster zu entwickeln. Zwanghafte Kokainraucher brauchen bis zu zehn »Hits« pro Stunde.

In gewissem Sinne können die Muster des eskalierenden Drogenkonsums, vom experimentellen bis zum zwanghaften Verhalten, als Punkte einer Verlaufskurve betrachtet werden. Die unterschiedlichen Muster können nicht klar voneinander getrennt werden, und einige Konsumenten durchlaufen die Entwicklung mit einer Geschwindigkeit, die hauptsächlich durch die Menge der Droge bestimmt wird, die den Trieb nährt. Wenn ein Konsument z. B. häufig große Dosen Morphium unter experimentellen Bedingungen zu sich nimmt, kann er während einer Einnahmeperiode direkt in ein zwanghaftes Verhaltensmuster abrutschen. Umgekehrt kann mit gering bemessenen Dosen das Schema des intensiven Konsums ohne Schwierigkeiten über Jahre aufrechterhalten werden.

4

Diese Dynamik des vierten Triebes kann am besten durch die Geschichte des Kokains illustriert werden. Annie Meyers machte ihre Erfahrungen an einem Wendepunkt dieser Geschichte, als die Dosierung der Kokain-Präparate gerade geändert wurde. Vorher waren die Menschen vor der Entwicklung zwanghafter Gewohnheiten geschützt, weil nur Koka-Präparate erhältlich waren.

In der westlichen Medizin war der Glaube weitverbreitet, daß die meisten physischen und mentalen Krankheiten von einer Erschöpfung des Gehirns herrührten und der beste Weg zur Heilung dieses Zustands das Wecken des Gehirns durch ein stimulierendes Koka-Tonikum sei. Ärzte, Apotheker und Chemiker empfahlen tägliche Dosen von Koka-Extrakten oder -Weinen, die Kokain in derselben Menge enthielten, die durch das Kauen der Blätter freigesetzt wird. Obwohl normalerweise relativ große Mengen verordnet wurden, konnte ein Mißbrauch in Schranken gehalten werden, weil die Präparate sehr verdünnt waren. Die meisten Koka-Weine enthielten nur 10 Milligramm Kokain pro Unze *(= 29,6 cm^3)*, dies entspricht einem Stück der Koka-Pep-Kaugummis, die bei den Versuchen mit Affen eingesetzt wurden.

Andere Konsumgewohnheiten wurden durch die kommerzielle Vermarktung von Koka-Produkten begünstigt. Koka wurde als Wunderdroge nicht nur für den medizinischen Bereich, sondern auch für Geselligkeit und Freizeit propagiert. Zur Steigerung der Anziehungskraft wurde ein ganzes Sortiment von Koka-Präparaten verkauft, darunter Essenzen, Kaugummis, Zigaretten und leichte Getränke. Coca-Cola, das ursprünglich als Gehirn-Tonikum für ältere Leute eingeführt wurde, enthielt Koka-Extrakt. Es enthielt nach Berichten knapp 60 Milligramm Kokain pro Flasche *(ca. 220 cm^3)*, die Menge, die einer heutigen Schnupfdosis entspricht.

In den Tagen von Mrs. Meyers waren die Mittel noch viel stärker; das Kokain war erst kürzlich aus den Blättern isoliert worden, und die Hersteller verwendeten es statt des Koka-Extrakts. Große Mengen von Kokain-Alkaloiden oder -Salzen konnten nun ganz einfach in fast jeder Flüssigkeit aufgelöst oder als Pulver angeboten werden. Während die Koka-Produkte in etwa dem Kauen der Kokablätter entsprachen, wurde das Kokain als zweihundert Mal stärker angepriesen. Und das war es auch. Genau das haben die Schimpansen auf der Nord- und der Südinsel entdeckt: Koka ist nicht Kokain, und auf das goldene Zeitalter der Koka-Medizin folgten einige weniger glanzvolle Jahre.

Die Ärzte erhöhten die täglichen Dosierungen bis auf 1 200 Milligramm – was für die meisten Menschen eine tödliche Dosis ist, wenn sie auf einmal in den Körper gelangt. Weil hochwirksame Verabreichungsformen durch die Nase oder per Injektion verbreitet waren, riefen die erhöhten Kokaindosen Komplikationen hervor. Zu der Zeit, als Mrs. Meyers ihre erste Flasche Birney's kaufte, wurde viel Kokain geschnupft, und Patienten bekamen die Anweisung, es nach Bedarf zu nehmen. Mrs. Meyers Bedürfnisse gingen über die Grenzen der Behandlung ihrer Erkältung hinaus, und ihr Konsum wurde zu einer zwanghaften Gewohnheit.

Als Annie Meyers das letzte Mal festgenommen wurde, hatte sie versucht, einen Safe zu knacken. Sie sah schrecklich aus und wußte das auch: »Mein Haar war größtenteils ausgegangen. Ein Teil meines Oberkiefers war weggefault. Meine Zähne waren vollständig ausgefallen. Mein Gesicht und mein ganzer Körper war eine Ansammlung eitriger Kokaingeschwüre. Ich wog nur etwa achtzig Pfund, und man kann sich einen abstoßenderen Anblick kaum vorstellen.« Gar kein Problem. Man betrachte nur jüngere Fälle, in denen Konsumenten, die ausreichend mit billigem Kokain versorgt sind, schneller und heftiger tanzten als Mrs. Meyers es jemals mit ihrem Birney's vermocht hat.

In den frühen siebziger Jahren, als Kokain für Nordamerikaner wieder zu einer Freizeitdroge der ersten Wahl wurde, war der Fall von Annie Meyers nur noch eine historische Kuriosität. Untersuchungen über intranasale Konsumenten in dieser Zeit ergaben, daß die tägliche Einnahme im Durchschnitt nur 150 Milligramm betrug. Aber am Ende des Jahrzehnts hatten viele bereits die Leiter zu konzentrierteren Verabreichungsformen erklommen. Beim Schnupfen von mehr als 1000 Milligramm (1 Gramm) in einer einzigen Dosis erlitt Kenny D. einen ernsthaften Nasenschaden. Als er einmal seine Nase putzte, kam ein großes Stück Gewebe heraus, dick wie eine Zigarre, das sich über seine ganze Handfläche erstreckte. Es war Knorpelgewebe. Kennys Nase war zerstört. Das Kokain schien den ständigen Schmerz zu dämpfen, und Kenny setzte seinen täglichen Konsum fort, auch nachdem sich dieser Vorgang wiederholte.

Viele Kokainkonsumenten machten sich über die Risiken einer solchen Nasenzerstörung Gedanken und gingen dazu über, Kokainbase zu rauchen. Einige rauchten bis zu 85000 Milligramm am Tag! Sie waren sich nicht im klaren darüber, daß ihr Körper und ihr Leben von diesem zwanghaften Konsum regiert wurden, auch wenn ihre Nasen vielleicht gerettet waren. Mitch R. konnte sich die Mengen an Kokain, die er brauchte, nicht leisten. Wenn sein Vorrat erschöpft war, suchte er oft auf dem Fußboden und in den Teppichfasern nach Kokainresten zum Rauchen. Wie viele Kokainraucher hatte Mitch einen anfallartigen Husten mit einem schwarzen, blutigen Auswurf. Eines Tages machte er aus seinem Sputum eine Ladung »free base« und rauchte sie. Er fand, daß das ein »guter Hit« war und setzte diese Praxis fort, wenn er keinen Nachschub bekam. Terry R. hatte eine spezielle gläserne Wasserpfeife, die er »Old Faithful« nannte. Er war seit mehreren Jahren ein abergläubischer Kokainraucher und wechselte nie das Wasser in der Pfeife. Die Pfeife selbst war in Aluminiumfolie eingeschlagen, um vor allen anderen zu verbergen, was in dem stehenden, kokaindurchsetzten Wasser wuchs. Wenn Terry kein Kokain mehr hatte, half ihm ein Schluck aus »Old Faithful« weiter, bis er sich wieder neuen Vorrat besorgt hatte.

Diese Konsumenten hatten das gleiche bleiche, kadaverähnliche Aussehen, das Annie Meyers dazu veranlaßte, sich selbst als abstoßend zu beschreiben. Um diese Beschreibung zu belegen, fügte Mrs. Meyers ihrem autobiographischen Bericht Fotos von sich bei. Es war das erste Drogenbekenntnis, das von einer Frau geschrieben wurde, und das erste Bekenntnisbuch einer Kokainsüchtigen. Die Bilder zeigten die eingefallenen Augen und das ausgemergelte Aussehen, das auch charakteristisch für viele andere zwanghafte Gewohnheitskonsumenten ist, und dazu zählen auch die Affen von Michigan, die sich selbst Kokain injizierten. Annies Geschwüre waren nicht zu sehen, aber eine Fotografie von Terrys Bein voller offener Wunden, die er sich beim Abreißen von »Kokainwanzen« geholt hatte, wurde anläßlich einer Titelgeschichte in der Zeitschrift *Time* abgedruckt. *Time* entschied sich gegen Fotos eines anderen Patienten, der die halluzinierten Wanzen an seinem Körper mit Hilfe eines Skalpells und einer Pinzette entfernen wollte. Als er damit keinen Erfolg hatte, versuchte der Patient, sie mit einem Propangasbrenner auszubrennen: Die Bilder zeigten Verbrennungen des zweiten und dritten Grades an seinen Hüften und Oberschenkeln.

Die seltsamen Horrorgeschichten, die sich um den Gebrauch anderer Drogen rankten, erzählen bis zu den Kokainkonsumenten von heute merkwürdige Beispiele von höchst verrückten Reaktionen auf Räusche. Es gab Fälle von Menschen, die mit PCP Mißbrauch trieben und sich selbst die Augen herausrissen, ruhig dasaßen, während Flammen um sie herum züngelten, die ihre Zähne mit Zangen herauszogen. In einem Fall warf jemand sein eigenes Baby in einen großen Kessel mit kochendem Wasser. Aber Kokainkonsumenten lieferten die ausgefallensten Beispiele für die zügellose Macht des vierten Triebes. Als eine Süchtige von einem mit Kokain verkrusteten Glassplitter, der von einer explodierenden Wasserpfeife stammte, im Auge getroffen wurde, beschrieb sie das als den besten Kick, den sie jemals hatte. Sie hörte nicht auf. Ein Kokainsüchtiger, der sich ungeschickterweise die Hände mit einem Feuerzeug verbrannt hatte, ging dazu über, feuerfeste Handschuhe zu tragen. Das Problem, daß er ständig mit den Zähnen knirschte, löste er durch einen Plastik-Mundschutz. Er hörte nicht auf.

Angesichts der steigenden Ausgaben für Kokain besserte eine Mutter ihr Budget dadurch auf, daß sie ihr Kind auf dem schwarzen Markt verkaufte. Sie hörte nicht auf.

Das Gefängnis hielt letztlich Annie Meyers davon ab, ihren Kokaintanz bis zum Ende zu tanzen. Ihre Behandlung bestand in einem langen Sanatoriumsaufenthalt und den religiösen und moralischen Lektionen, die zu ihrer Zeit üblich waren. Die Gesellschaft versucht traditionellerweise, den Trieb mit rechtlichen und moralischen Instrumenten unter Kontrolle zu halten. Dazu zählen die Strafen für den Drogengebrauch, Behandlung für Konsumenten und Präventiverziehung für Nichtkonsumenten. Obwohl all diese Methoden nicht funktionieren, reagieren wir auf heutige Drogenabhängige, die einen schlagenden Beweis für die Stärke des Verlangens nach Rausch liefern, mit einer Verschärfung der Maßnahmen. Also werden die Strafen härter, die unfreiwilligen Tests zum Nachweis von Drogenkonsum werden ausgedehnt, Therapien werden obligatorisch, und Erziehungskampagnen liefern oft Übertreibungen statt seriöser Informationen – wie zum Beispiel kürzlich der Slogan »Drogen zerstören das Gehirn«.

Vor kurzem wurden Versuche unternommen, den zugrundeliegenden Trieb stillzulegen. Psychiater versuchten ihn durch Isolation, physische und chemische Hemmstoffe und sogar Elektroschocks zu blockieren. Wenn alles andere scheitert, durchtrennen Neurochirurgen in Südamerika die Nervenbahnen in den Gehirnen junger Kokainabhängiger, die sich weigern aufzuhören. Es sieht so aus, als wolle der Heilberuf den Beweis für die These antreten, daß Drogen das Gehirn zerstören. Auch zu Annie Meyers Zeiten geriet die Heilkunst in Panik. Dr. Albrecht Erlenmeyer, ein berühmter Drogenexperte des neunzehnten Jahrhunderts, hatte Kontakt zu so vielen Süchtigen wie Mrs. Meyers, daß er Kokain nach Opium und Alkohol zur »dritten Geißel der Menschheit« ernannte. Dabei war es nur der vierte Trieb, ein Trieb, der unsere Art schon immer tanzen ließ und das auch immer tun wird.

Feuer im Gehirn

Mentale Wunder, Mord und Kontrollmechanismen

1

Der Rauschtrieb führt den Menschen tief in das Innere seines Gehirns, durch die Pforten der Wahrnehmung und durch die mentalen Landschaften von Himmel und Hölle. Die meisten Drogen, die wir zu dieser Reise benutzen, bewirken die Erregung, Beruhigung oder Zerstörung der chemischen und elektrischen Aktivität im Gehirn und im Nervensystem. Wenn man die zahllosen Varianten bewußtseinsverändernder Drogen und die noch viel größere Anzahl von Individuen mit ausgeprägter Persönlichkeit berücksichtigt, überrascht es, daß das menschliche Gehirn nur eine bestimmte Zahl von Antworten darauf kennt. Die Rauscherfahrung ist so allgemein und fundamental wie der Trieb selbst.

Die grundlegende Erfahrung schließt vorhersagbare Elemente und Themen ein, die aus den normalen Strukturen des menschlichen Gehirns und Nervensystems, aus den gewöhnlichen biologischen Erfahrungen und den gewöhnlichen Reaktionen des Zentralnervensystems auf Rauschmittel herrühren. Die Unterschiede sind nur hauchdünn. Selbst die Halluzinationen unterliegen festgelegten Mustern, die beim Buschmann in Afrika ähnliche Wahrnehmungen, Gedanken und Gefühle hervorrufen wie beim Börsenmakler in New York.

Eine einfache Analogie soll diesen Vorgang illustrieren. Stellen wir uns einen Mann in seinem Wohnzimmer vor. Er steht an einem geschlossenen Fenster gegenüber dem Kamin und sieht in die dunkle Nacht hinaus. Wenn das Feuer zu brennen beginnt, können die Abbilder der Gegenstände im Raum hinter ihm schwach im Fenster wahrgenommen werden. Wenn mehr Scheite brennen und das Kaminfeuer den Raum erhellt, sieht der Mann ein lebendiges Spiegelbild seiner selbst und der Dinge im Raum, der hinter dem Fenster zu liegen scheint. Wendet man diese Analogie auf den Rausch an, so steht das Fenster für den Zugang, den unsere Sinne zur Welt besitzen, das Feuer ist die elektrische Erregung des Gehirns, und die Scheite sind die Drogen, die das Feuer dämpfen (Sedative) oder anstacheln (Stimulantien und Halluzinogene). Wenn das Feuer erstickt wird, sieht der Mann nur sehr wenig. Aber wenn das Feuer hell brennt, spiegelt das Glas die Möbel in seinem Bewußtseinsraum wider – seine Bilder, Erinnerungen, Träume und Phantasien. Je heller das Feuer – je mehr Kokain oder LSD oder PCP im Gehirn ist –, desto lebendiger werden die Spiegelbilder, bis einige Benutzer durch das Fenster springen, wie Alice, die durch den Spiegel ging, und sich verhalten, als wären die Bilder real.

Der äußere Raum meines Labors am Neuropsychiatrischen Institut an der Universität von Los Angeles war wie ein Wohnzimmer möbliert. Es gab bequeme Sessel, warme orientalische Teppiche, Bücherregale, Blumen und eine sanfte Beleuchtung. Die Wände jedoch waren nackt. Ich rechnete damit, daß die Psychonauten ihre eigenen Zeichnungen anfertigen würden. Der Ausdruck *Psychonauten* wurde von einem Journalisten geprägt, der über die Experimente berichtete; ich zog es vor, die jungen Männer und Frauen, die freiwillig an meinen Versuchen teilnahmen, mit Kaminen zu vergleichen.

Alle Versuchspersonen waren in einer hervorragenden körperlichen und mentalen Verfassung und hatten Erfahrungen mit Drogen wie LSD. Alle hatten sich viele Stunden damit herumgequält, einen neuen sprachlichen Code zu erlernen, mit dem sie ihre inneren Bildwelten beschreiben sollten – jene inneren Bewußtseinsräume, die ich mit Hilfe verschiedener Drogen ausleuchten wollte. Wenn wir unsere Augen schließen, sehen wir normalerweise keinen schwarzen Vorhang. Wenn wir sehr aufmerksam sind, können wir etwas erkennen. Einige Bilder entstammen bestimmten Strukturen im Auge selbst. Die Strukturen, oder entoptische Ereignisse, können betrachtet werden, wenn das Auge plötzlich in geeigneter Weise von Licht getroffen wird. Man kann dann gebrochene schwarze Spitze vor einem roten Hintergrund sehen, die von Blutgefäßen verursacht wird, die Schatten auf die photosensitiven Zellen der Retina werfen. Es können kleine tanzende Lichtstrahlen zu sehen sein, die durch die Schatten roter fließender Zellen verursacht werden, die die Kapillargefäße der Retina passieren, aber es ist auch eine Vielzahl anderer Bilder möglich.

Viele dieser Bilder verschwinden, wenn wir uns in einem völlig dunklen Raum aufhalten. Aber wenn wir uns entspannen und höchst aufmerksam sind, entladen sich die Neuronen in der Retina, und der für das Visuelle verantwortliche Teil der Großhirnrinde läßt die Szene eher grau als pechschwarz erscheinen. Dieselben Neuronen können sogenannte Druckbilder hervorrufen – Punkte, Scheiben, Blitzstrahlen, glühende blaue Bögen und sogar Schachbrettmuster. Durch

Augenzwinkern werden die Druckbilder nicht zum Verschwinden gebracht, sondern nur in schnell blinkende rechtwinklige Linien verwandelt. Durch Druck oder sanftes Reiben der geschlossenen Augen kann man noch weitere Muster hervorrufen. Die Qualität dieser kurzfristigen Erscheinungen wie der entoptischen Ereignisse ist jedoch sehr vage und verwaschen.

Wenn LSD ins Bild tritt, um es so auszudrücken, werden diese Lichter und Bilder heller und verwandeln sich in Kaskaden lebendiger Farben und Muster. Wie Warnsignale auf der Straße machen sie den Reisenden darauf aufmerksam, daß vor ihm nicht nur die Bildwelt des Sternentunnels aus dem Film *2001* liegt, sondern auch die zwielichtige Zone der Halluzinationen. Es ist eine Landschaft, in der sich die Bilder so schnell und so eindringlich ändern, daß die Benutzer nur kurze, atemlose Beschreibungen hervorbringen: »Wow«, »Was für ein Trip«, »Unglaublich« sind typische Äußerungen. Wenn wir von literarischen und philosophischen Erkundungen absehen, haben die meisten Menschen Schwierigkeiten, die einfachen und die komplexen Szenen zu beschreiben, die durch solche Drogen enthüllt werden. Die Psychonauten waren geübte Beobachter, echte Spezialisten, die gerüstet waren, die Kartographie des inneren Raums zu erkunden, so wie die Astronauten trainiert werden, das neuartige Terrain ihrer Reisen zu beschreiben. *Der Apollo 14*-Pilot Edgar Mitchell beschrieb einmal einen Blitz, der »blau mit einem weißen Schatten, wie ein blauer Diamant« wirkte, und der *Skylab 4*-Pilot William Pogue berichtete über »Kaulquappen, ungefähr drei Achtel Zoll lang, auf Armlänge entfernt«. Niemand bezichtigte diese guttrainierten Beobachter der Verrücktheit oder nahm an, daß sie Opfer einer neuen Weltraumhysterie geworden seien. Die Berichte wurden sorgfältig gelesen, analysiert und anschließend bestätigt. Beide Männer hatten druckbildähnliche Bilder beschrieben, hervorgerufen durch kosmische Kometenkerne in Wechselwirkung mit dem menschlichen Sehapparat. Wenn Drogenmoleküle auf die Zentralnervensysteme der Psychonauten einwirkten, würden ihre Berichte als ebenso glaubhaft empfunden.

Die Psychonauten waren geschult, die Bilder mit einer präzisen Sprache zu beschreiben und zum Beispiel eine Farbe bis auf wenige Millimikrons ihrer Wellenlänge genau zu definieren. Weil einige Halluzinogene verwirrende geometrische Formen erzeugen können, wurden die Versuchspersonen geschult, diese schnell wahrzunehmen, von individuellen Unterschieden abzusehen und Gemeinsamkeiten zu erkennen, nach denen diese Bilder in vorgegebene Kategorien eingeordnet werden können. Zum Beispiel zeigte ich während des Trainings Hunderte von Dias mit Tunnel, so daß die Versuchspersonen eine breite Kenntnis der Tunnelform bekamen und Kategorien bilden konnten. Auf diese Weise können neue Erscheinungen dieser Form, die vorher noch nicht gesehen wurden, klassifiziert werden. So kann eine sich windende Allee, die vielleicht bis in die Unendlichkeit mit Girlanden gesäumt ist, immer noch richtig der ihr zugrundeliegenden Tunnelform zugeordnet werden. Und weil sich die durch Drogen hervorgerufenen Bilder bewegen und nicht lange vor dem inneren Auge stehenbleiben, wurden die Psychonauten geschult, Bilder auch dann zu erkennen, wenn sie nur acht Millisekunden lang auftauchten.

Wenn das Training abgeschlossen war, bekam jeder Psychonaut eine Dosis einer Droge, die so berechnet war, daß sie einen typischen Rausch hervorrufen sollte, ohne die Genauigkeit seiner Berichterstattung zu beeinträchtigen. Jeder von ihnen wurde dann vom äußeren Wohnzimmer zu einem Bett in einem innen gelegenen Versuchszimmer geführt, das absolut dunkel und schalldicht war. Die mündlichen Berichte wurden automatisch aufgezeichnet, während gleichzeitig hochentwickelte Kommunikationseinrichtungen den ständigen Kontakt zum medizinischen Personal herstellten. Alles, was die Psychonauten zu tun hatten, war, auf dem Bett zu liegen, die Augen offenzuhalten und das Feuer in ihrem Kopf zu beobachten.

Die Psychonauten bemühten sich sehr, ihre neuerlernten Fähigkeiten auch anzuwenden, und nach meiner Ansicht zahlte sich die Schulung aus. Anders als ungeschulte Versuchspersonen, die ich in früheren Versuchen testete, waren die Psychonauten imstande, wirklich aufmerksam zu sein und einen laufenden Kommentar zum Bildablauf abzugeben. Sie konnten die meisten Bilder mit Hilfe der Code-Kategorien angemessen beschreiben. Was sahen sie also?

In Sitzungen, in denen keine Drogen verabreicht wurden, beschrieben die Psychonauten die normale Szenerie, die im Dunkeln zu sehen ist: Druckbilder und amorphe schwarz-weiße Formen, die sich zufallsgesteuert im Gesichtsfeld bewegen. Eine Behandlung mit blutdrucksenkenden Mitteln wie Phenobarbital machte die Bilder tendenziell dunkler und verlangsamte ihre Bewegung. Eine entsprechende Dosis würde sie vollständig anhalten. Amphetamine stimulierten natürlich die verbale Berichterstattung und das Schwatzen, aber es gab keine ungewöhnlichen Veränderungen in Bildern, über die gesprochen wurde.

Wenn diese farblosen Punkte und Strahlen an den flimmernden Staub auf einer Filmleinwand erinnerten, der zu sehen ist, wenn ein leerer Filmstreifen durch den Projektor läuft, dann begann der richtige Film nach der Verabreichung halluzinogener Drogen. Es gab Übereinstimmung darüber, daß die Szenerie an das erinnerte, was man von einem Film oder eine Diashow aus einer Entfernung von einem halben Meter erkennen kann. Die Szenerie wies ein charakteristisches helles Licht in der Mitte auf, das die Details an der Stelle verdeckte, aber Bilder an der Peripherie sichtbar werden ließ. Dieser Lichtpunkt erzeugte eine tunnelähnliche Perspektive für die Visionen.

Bei zunehmender Erfahrung wurden die Formen weniger zufällig und regelmäßiger. Ursprünglich schwarz-weiße Bilder nahmen Farbe an. Sie begannen zu pulsieren, bewegten sich zur Mitte des Tunnels oder vom hellen Licht fort. Einige Bilder rotierten wie Brummkreisel, während andere wie Pfeile durch das Sichtfeld schossen. Die beschleunigten Bewegungen brachten viele neue geometrische Formen hervor, darunter auch verschiedene Tunnel- und Gitteranordnungen. Die Gitter umfaßten Drahtgitter-, Mäander-, Honigwaben- und Schachbrettmuster. Es gab auch vielfarbige kaleidoskopische Formen, die aus dem Tunnel hervorquollen wie Blumen aus dem Hut des Zauberers. Diese geometrischen Formen vervielfältigten sich selbst oder kombinierten sich zu sich ständig verändernden Strukturen.

Plötzlich begannen komplexe Bilder aufzutauchen. Diese Bilder bestanden aus realen Szenen und enthielten Kindheitserinnerungen, mit Emotionen verbundene Ereignisse und Erlebnisse aus jüngster Zeit. Sie bildeten ein unwillkürliches Gedächtnis, ein Skizzenbuch mit Tiefe und Details. Die Bilder waren mehr als nur optische Kopien; viele von ihnen waren ausgefeilt und zu phantastischen Szenen ausgeschmückt. Eine nie gesehene Anordnung individueller Bilder wäre zu erwarten gewesen. Da komplexe Bilder aber auf einen Hintergrund aus einfachen geometrischen Formen projiziert wurden, erschienen sie meist als Gitter-Tunnel-Anordnungen und bewegten sich in explosionsartigen oder kreisförmigen Konfigurationen. Diese geometrischen Formen sind so verbreitet, daß sie halluzinatorische Konstanten genannt werden. Wenn der vierte Trieb das *basso continuo* unseres Verhaltens ist, sind die Konstanten die Notenlinien, auf denen die Musik unserer Rauschzustände geschrieben ist. Es gibt viele individuelle Variationen, aber das Thema ist unverwechselbar menschlich.

Da die Psychonauten sich in einer ansonsten leeren Isolationskammer befanden, mußten die Bilder aus Quellen im Inneren der Versuchspersonen stammen; sie entstanden entweder aus dem Gedächtnis oder aus Druckbildern und anderen Strukturen in ihren Körpern. Trotzdem konnten diese Bilder so stark werden, daß sie sich mit der visuellen Umgebung außerhalb der Dunkelkammer vermischten. Einmal begleitete ich eine Versuchsperson durch die langen Institutskorridore, dann nach draußen in einen Botanischen Garten. Als wir durch die Flure gingen, berichtete die Versuchsperson davon, daß die geometrischen Muster eine Hülle um die wirklichen Gegenstände in ihrem Gesichtskreis bildete, fast so, als werfe ein Projektor Dias auf alles, was betrachtet wird. Als besonders starke Dosen verabreicht wurden, konnte die komplexe Bildwelt aus dem Gedächtnis an die nackten Wände der Flure projiziert werden. Die Projektionsleinwand für diese Bilder befand sich jetzt nicht mehr in der Dunkelheit der Kammer, sondern in der wirklichen Welt. Was die Versuchspersonen nun sahen, war eine Mischung realer und halluzinierter Bilder. Menschen waren jetzt mit geometrischen Formen überzogen, und die Luft erfüllt mit glitzernden Wolken und Feuerwerkserscheinungen.

Draußen im Garten legten sich die Versuchspersonen ins Gras, setzten Blindenbrillen auf und berichteten, was sie mit geöffneten Augen »sahen«. In diesen Momenten drangen Vorstellungen von Vögeln, Blumen, Bäumen und anderen Gegenständen, die durch die Geräusche und Gerüche des Gartens angeregt wurden, in die komplexe Bilderwelt ein. Bei anderen Versuchen fand ich heraus, daß die durch Drogen erzeugte Szenerie durch suggestive Wörter oder Musik beeinflußt werden kann. Dennoch trugen sogar diese unter äußerem Einfluß entstandenen Bilder den Stempel des Gitter-Tunnel-Arrangements. Ich schloß daraus, daß die grundlegenden Strukturen festgelegt sind, obwohl bestimmte Bilder durch Reize aus der Umgebung beeinflußt werden können.

Nach dem Abschluß der Versuche im Freien erlaubte ich den Versuchspersonen, ihre Blindenbrillen für eine kurze Pause im Garten abzusetzen, bevor wir ins das Institut zurückgingen. Das Abnehmen der Brillen erzeugte einen ähnlichen Effekt wie in der Szene im Film *The Wizard of Oz*, in der Dorothy aus dem Schwarz-Weiß ihrer Heimat Kansas in das Technicolor der Welt von Oz eintritt. Jetzt, auf dem Höhepunkt ihres Rausches, konnten die Psychonauten die schrecklichen Seiten eines psychedelischen Trips erfahren. Nicht nur die Visionen waren zu verkraften, sondern das gesamte System der Sinne wurde mit intensiven Reizen bombardiert, da die Gehirnmechanismen zur Informationsfilterung zeitweilig von denen Drogen unterdrückt waren. Die Sinne verschmolzen miteinander, die Versuchspersonen hörten Farben, sahen Geräusche und fühlten ihre Visionen. Sich verändernde Wahrnehmungen realer und imaginärer Ereignisse wurden verwoben, und sie fühlten die ganze Herrlichkeit dessen, was innerhalb und außerhalb ihres Gehirnes – dieses »Zauberwebstuhls«, wie der Neurophysiologe Charles Sherrington es nannte – vorging.

Ich geleitete die Versuchspersonen über das Gelände zu einem plätschernden Bach, einem kleinen Wasserfall und exotischen Pflanzen. Sie waren wie Kinder, sie entdeckten die Welt neu, betrachteten sorgfältig alles, was sie fanden, und faßten es an. Ein Psychonaut hatte die Vorstellung, er ginge durch ein lebendiges impressionistisches Bild und »sah« Gestalten aus einem Gemälde von Monet vorüberziehen. Ein anderer hörte einen Vogel singen, dachte an ähnliche Töne in einer Symphonie und »sah« dann ein halluziniertes Orchester.

Die Psychonauten hatten eine einzigartige Erscheinung der halluzinatorischen Welt entdeckt: die Verwandlung von Gedanken in lebendige Bilder. Bei seinen Experimenten mit Haschisch hatte Moreau Halluzinationen beschrieben, die Träumen ähnelten, in denen die vorgestellten Reize wirklich zu sein scheinen. Die Psychonauten entdeckten, daß der Schlüssel zum halluzinatorischen Prozeß die allmähliche Verwandlung von Gedanken oder mentalen Bildern in eine visuelle Landschaft ist. Wenn die elektrische Erregung in ihren Gehirnen anstieg, nahmen abrupte und spontane Gedanken eine Konkretheit und Lebendigkeit an, die sie »nach außen«, in das Gesichtsfeld, drängten. Diese visualisierten Gedanken hatten manchmal ein Eigenleben, und irrelevante Assoziationen konnten nicht immer durch den eigenen Willen beherrscht werden.

In ausreichend großen Dosen produzierten all diese Halluzinogene bei den Psychonauten dieselben Typen bildlicher Vorstellungen. Die bemerkenswerten Formkonstanten regten Überlegungen über die Universalität ihres Wesen an. Sehen Menschen in anderen Kulturen dieselben Dinge? Könnten es sich bei diesen Formen um dieselben ursprünglichen oder archetypischen Formen handeln, die der Psychoanalytiker C. G. Jung als Teil des menschlichen kollektiven Unbewußten beschrieb?

Um diese Entdeckungen über die kulturellen Grenzen hinweg zu verifizieren, machte ich einen Versuch mit einer Gruppe Peyote-konsumierender Huichols, die auf der High-Sierra-Hochebene von Mexiko seit den Zeiten der Azteken relativ isoliert geblieben waren. Ich überredete einige Huichols, während des Peyote-Genusses Augenklappen aufzusetzen und die für sie erkennbaren Bilder zu beschreiben. Eine Vision wurde geschildert als »große Spirale, und ich sah den Feuergott in der Mitte und auf mich zustürmen.« Als er die Augenklappen abgesetzt hatte, sah der Indianer geometrische Gitter »vor dem Himmel und überall, wohin ich in der Nacht blickte«. Die Indianer sahen auch vertraute Bilder, darunter Rentiere, Adler, Verwandte und Dorfhütten, die alle auf eine wogende und pulsierende Leinwand mit geometrischen Motiven projiziert waren.

Die plausibelste Erklärung ist, daß diese Universalität der Erfahrung nur deshalb möglich ist, weil wir Menschen alle auf dieselbe Weise »verdrahtet« sind. Das heißt, unsere Zentralnervensysteme sind gleichstrukturiert und funktionieren auf ähnliche Weise. Die geometrischen Erscheinungen resultieren nicht nur aus der Struktur unseres optischen Systems, sondern auch aus der elektrischen Erregung organisierter Zellgruppen im Sehzentrum des Gehirns. Wenn diese Teile der Großhirnrinde bei Chirurgie-Patienten durch Elektroden stimuliert werden, berichten die Patienten, daß sie bewegliche farbige Lichter sehen, geometrische Formen und komplexe Gedächtnisbilder, die vor ihre Augen projiziert erscheinen. Einige Patienten haben Mehrfachbilder beschrieben – als ob das Gedächtnisbild eines Spielzeugsoldaten sich in eine Reihe marschierender Spielzeugsoldaten verwandelte. Das entspricht dem Bericht eines Psychonauten unter Mescalin, der ein einzelnes Herz sah, das sich in Hunderte von Herzen vervielfältigte, die die Quadrate eines riesigen Schachbretts füllten. Es ist fast so, als ob ganze Reihen organisierter Zellen im Gehirn zur gleichen Zeit gezündet würden, sei es durch Elektroden oder durch Drogen. Die so entstehenden Bilder erzeugen bei Patienten und Psychonauten starke Emotionen wie bei einem gefühlvollen Kinofilm. In diesem Sinne scheinen wir wie lebende und fühlende Projektoren zu funktionieren.

In der Versuchskammer muß der Film von den Psychonauten selbst stammen. Das Herz war nicht in der Meskalinkapsel enthalten, sondern im Gedächtnis der Versuchsperson. Die Quasi-Wahrnehmungen bilden Formen einer mentalen Landschaft in einem lebendigen Kontinuum; wobei Gedankenbilder am wenigsten lebendig und Halluzinationen am lebendigsten sind. Der Übergang von einer Form der Szenerie zu einer anderen hängt von dem Stadium der Erregung ab. Ist die Erregung gering, gibt es minimale Zündungen in den Zellen der Großhirnrinde, und es entsteht eine Welt aus farblosen, amorphen Formen. Die Bilderwelt wird vor dem inneren Auge projiziert und spiegelt Elemente physischer Strukturen (entoptische Ereignisse) und von Erfahrungen (Erinnerungen) wider. Zu Beginn erscheinen solche Projektionen so schwach wie Gedankenbilder. Wenn die Erregung größer ist, ruft dieses System jedoch Erinnerungen viel konkreter hervor. Die bildlichen Szenen sind nun viel lebendiger projiziert und enthalten mehr komplexe Vorstellungen und Phantasiematerial. Wenn die Erregung noch größer ist, wirken die Bilder, als seien sie auf ein wahrnehmbares Feld außerhalb des Körpers projiziert, besonders dann, wenn andere Sinneseindrücke ausgeschaltet werden – wie zum Beispiel dann, wenn Versuchspersonen Augenklappen anlegen.

Halluzinationen treten auf, wenn bildliche Erscheinungen außerhalb des Beobachters projiziert und vom Projektor getrennt betrachtet werden. Im Falle eines jungen Anästhesisten, der bei unseren Versuchen das Halluzinogen Ketamin ausprobierte, war die Leinwand die Decke über seinem Bett, und die Halluzinationen stammten alle aus einem Film, den er früher einmal gesehen hatte. Er hatte keine Erfahrungen mit Halluzinogenen, und seine einzige Erwartung war die, daß der Trip so ähnlich wie der Film *2001* sein könnte. Er war während der Sitzung angebunden, und als das Ketamin über eine intravenöse Kanüle injiziert wurde, sah er an seiner Zimmerdecke einen halluzinierten Ablauf des gesamten Films. Einige Stunden lang ertrug ich, wie er falsch die »schöne blaue Donau«

summte und seinen Bericht, daß er mit dem Filmraumschiff durch das Weltall glitt.

Bei den gut überwachten Versuchsanordnungen gingen weder der Anästhesist noch die erfahrenen Psychonauten in diesem mentalen Weltraum verloren. Selbst in den halluzinatorischen Spitzenzeiten erfüllten die Psychonauten die Forderungen des Experiments und lieferten die verlangten Berichte. Die ungeschulten Versuchspersonen beschrieben sich oft selbst als Teil der Szenerie. In diesem Zustand sprachen sie nicht mehr von Ähnlichkeiten, sondern setzten voraus, daß die Bilder wirklich waren. An diesem Punkt fand der Übergang von der Pseudohalluzination zur wirklichen Halluzination statt, eine Unterscheidung, die zuerst William Jones bei seinen Versuchen mit Lachgas machte.

James definierte eine Pseudohalluzination als falsche Wahrnehmung, von der wir wissen, daß sie nicht wahr ist – sie täuscht uns nicht. Eine Versuchsperson, die eine wirkliche Halluzination hat, unterliegt hingegen der Täuschung, sie sei real. Ein unter Marihuana-Einfluß stehender ungeschulter Freiwilliger bekam Angst, und seine Stimme war voller Entsetzen, als er Marionetten sah, die von Vampiren angegriffen wurden, was von lachenden Clowns beobachtet wurde. Er vergaß, daß er in der Experimentierkammer war, und schrie: »Mein Gott! Ich sehe diese Dinge!« Er wußte, daß sie nicht real waren, aber ich hörte am Klang seiner Stimme, daß er Schwierigkeiten hatte, diese mentalen Bilder von realen zu unterscheiden. Nachdem ihm ein wenig später in derselben Sitzung eine Fledermaus erschien, die Anstalten machte, sich auf seinem Gesicht niederzulassen, bestand er darauf, daß eine wirkliche Fledermaus bei ihm im Raum sei. Er hatte den Sprung von der Pseudo- zur wirklichen Halluzination gemacht und handelte nun aus der Überzeugung, daß die Fledermaus real sei. Die geschulten Psychonauten blieben jedoch fest in der objektiven Realität verankert und wußten immer, daß die Bilder, die sie erlebten, unwirkliche Projektionen waren. Die Psychonauten hatten die Fledermäuse des inneren Raums zu zähmen gelernt.

2

Der Unterschied zwischen einem guten und einem schlechten Trip ist oft nur eine leichte Verschiebung in der Balance von Dosis, Befinden und Umgebung. Wenn sich der Körper des Psychonauten allein und abgeschieden in der Experimentierkammer befindet, kann ein glimmendes Feuer in seinem Gehirn, das von kleinen Dosen ausgelöst wurde, amüsant und unterhaltsam sein. Wir können gut verstehen, warum die Affen in der Isolierkammer DMT-Zigaretten rauchten. Aber wenn die Leute aus ihrem Zimmer auf die Straße rennen, weil in ihrem Gehirn ein Feuer wütet, endet das oft im Wahnsinn. Wir können hier Parallelen zu berauschten Tieren erkennen, die zur Interaktion mit anderen gezwungen werden, was Irritationen in die Gruppe bringt und zu einem schlechten Trip für alle führt.

Betrachten wir den Fall von Steven, der einen guten Arbeitplatz in der Elektronikbranche suchte und keinen elektrischen Schlag im Gehirn, als er nach Marin County in Kalifornien zog. In der von den Bewohnern »Coke County« genannten Gegend hatte Steven Zugang zu preiswertem Kokain. Seit einem Monat hatte er kein Kokain mehr genommen. Sein letzter Rausch kam vom Kokainrauchen und hatte ihm das Erlebnis einer intensiven Erregung des zentralen Nervensystems gebracht. Die ersten Anzeichen waren Lichtblitze am Rande seines Sichtfeldes. Er ignorierte die »Schneelichter«, diese frühen Warnfunken des sich in seinem Gehirn ausbreitenden Feuers, und rauchte weiter. Dann hörte er in seinem Kopf ein Geräusch wie von fließendem Wasser. Plötzlich begannen seine Oberschenkel zu zittern und zu zucken. Dann hatte er einen Black out.

Einen Monat später war der Anfall völlig vergessen. Steven war in Hochstimmung wegen seines neuen, hochbezahlten Arbeitsplatzes in der Computerindustrie. Er beschloß zu feiern und kaufte zwei Gramm Kokain zum Rauchen. »Der erste Kick war richtig gut«, erklärte Steven, und der frühere Zusammenbruch war seinem Bewußtsein weit entrückt. Aber sein Gehirn erinnerte sich noch daran, denn das Feuer im Gehirn verhält sich nach einem Anfall so, als wäre es nur heruntergedreht, und der nächste Anfall oder Feuersturm wird von einer viel niedrigeren Dosis Kokain ausgelöst. Das trifft besonders nach einer Abstinenzperiode zu, wenn die Gewöhnung oder die Widerstände gegen diese elektrischen Stürme nachgelassen haben.

In wenigen Minuten verschlechterte sich der Zustand von Steven dramatisch. Er konnte nicht ruhig sitzenbleiben. Seine Ohren klingelten. Alles war besonders laut und störend. Er suchte hektisch herum und konnte in seiner Verwirrung weder seine Schlüssel noch seine Brieftasche finden. Er dachte, er habe sie im Haus seiner Bekannten Betty vergessen, die er am selben Tag besucht hatte. Obwohl es drei Uhr in der Frühe war, fuhr Steven mit dem Fahrrad den Hügel hinauf, zu ihrer Wohnung. Er klopfte an ihre Tür.

Steven bat darum, hereinkommen zu dürfen, um nach seinen Schlüsseln und seiner Brieftasche zu suchen. Betty half ihm beim Nachsehen, aber sie konnten nichts finden. Dann rief Steven seine Freundin an, um sie zu fragen, ob er seine Sachen bei ihr gelassen hatte. Er erwähnte, daß er bei Betty sei. Seine Freundin wurde wütend, sagte Steven, ihre Beziehung sei beendet, und hängte auf. Steven legte den Hörer auf und wandte sich um. Er zitterte am ganzen Körper, und seine geweiteten Augen drehten sich nach oben in die Höhlen.

Steven beobachtete Steven. Er stritt sich mit Betty. Sie hatte zwei Fleischermesser. Das eine hatte sie gerade am Kopf verletzt; das andere zog sie aus ihrem Bauch. Jetzt griff sie an. Steven rannte hinaus in den Garten. Er warf eine leere Fünf-Gallonen-Wasserflasche nach ihr und versuchte dann, über den Zaun zu klettern. Betty schrie. Steven wollte auch schreien, aber er brachte keinen Ton heraus. Er fand im Garten zwei Tomatenstangen und schwang sie wie Schwerter, um Betty zu vertreiben. Er zog sich ins Haus zurück, lief ins Schlafzimmer und schloß die Tür. Er *wußte*, daß sie ihm folgen und ihn töten würde, wenn sie die Gelegenheit dazu erhielt. Er zertrat das Fenster und sprang mit dem Kopf voran durch das zerbrochene Glas.

Steven schwebte in der Luft und beobachtete den anderen Steven, der landete, zu seinem Fahrrad lief, mit dem Rad eine zehn Meter hohe Klippe hinunterstürzte und seinen Kopf aufschlug. Er stolperte die Straße entlang. Die Lichter eines Autos näherten sich. Er winkte, bis es anhielt. Gott sei Dank! dachte er. Es war ein Polizeiwagen. Die beiden Stevens verloren das Bewußtsein.

Im Krankenhaus kehrte Steven in seinen Körper zurück, der bei einem Puls von 108 zitterte und infolge eines stark erhöhten Blutdrucks zu explodieren drohte. Zuerst dachte er, man habe ihm seine Schlüssel und seine Brieftasche geraubt und er sei von einer durchgedrehten Frau angegriffen worden. Es konnte sich nicht um eine Halluzination handeln – alles war so lebendig und deutlich.

Die Ereignisse waren so klar, weil das Feuer in Stevens Gehirn ihn buchstäblich auf die andere Seite des Fensters katapultiert hatte. Da es schon durch eine frühere Attacke entzündet und durch den Ärger und die Reizungen des Abends angefacht worden war, explodierte das Zwei-Gramm-Kokainfeuer plötzlich wie eine Bombe. Es rief zunächst einen kleineren Anfall hervor, dann eine Bewußtseinsspaltung und Panik. Bis er die Zeugenaussagen vor Gericht hörte, verstand Steven nicht, daß er die Schuld am ersten Angriff auf Betty trug, die sich glücklicherweise davon erholen konnte.

Das Gericht war der Ansicht, daß Steven die Verantwortung für sein kriminelles Vorgehen tragen mußte. Im Wunderland des Kokainrausches gibt es Dosierungen, die alle Konsumenten stimulieren, und solche, die bei allen Anfälle hervorrufen, aber es gibt auch Handlungen, die von individuellen Variablen bestimmt sind. Nicht die Droge bewirkte den Angriff, aber sie setzte eine paranoide Idee frei. Die Ereignisse wurden größtenteils durch Stevens Persönlichkeit und frühere Reaktionen auf mentalen Streß diktiert. Steven gab zu, schon seit langer Zeit von mörderischen Ideen fasziniert gewesen zu sein; er versuchte, sie mit Kokain zu unterdrücken. Aber die Gedanken wurden eher noch stärker, und er fürchtete, daß sich etwas Schreckliches ereignen könnte. Unter Kokaineinfluß verbrachte er viele Nächte alleine und wiegte eine Axt. Der Plan für seine Handlung war schon angelegt, als ihn die Paranoia in Bettys Haus wieder befiel und er in Panik geriet. Man kann Steven verantwortlich machen, aber nicht das Kokain. Die Droge zwang ihn nicht zu spezifischen Aggressionsakten, sie entzündete nur eine schon vorher existierende Neigung, in dieser Richtung zu handeln.

Viele schlechte Trips sind eine Funktion der Persönlichkeit; nicht jeder ist eine geeignete Versuchsperson für die Erfahrung mit bewußtseinsverändernden Drogen. Und selbst erfahrene Konsumenten können einen schlechten Tag haben. Steven zum Beispiel wäre eine schlechte Versuchsperson für meine Experimente gewesen. Harold, mit über eintausend LSD-Trips ein Veteran, wollte freiwillig Psychonaut werden, aber er schleppte eine Geschichte der Gewaltakte mit und ohne Drogen mit sich herum. »Seit ich klein bin«, gab Harold zu, »drehe ich durch, wenn ich geärgert werde.«

Jedesmal, wenn Harold LSD nahm, wurde er auch wild: Er schrie, schlug um sich und bedrohte seine Freunde, wie der Schimpanse OJ auf der Südinsel. Dann kam es im März 1984 zu einem Zwischenfall. Red Rock ist ein Campingplatz in der Wildnis, nicht weit entfernt von Präsident Reagans Ranch in Santa Barbara County. Harold war dorthin gefahren, um sich zu entspannen. Er hatte Geldsorgen. Er hatte versucht, mit ungedeckten Schecks zu bezahlen, und seiner Exfrau die Alimente nicht überwiesen. Als er mit dem Lastwagen in diese Gegend kam, trank er ein paar Biere, rauchte eine kleine Marihuana-Zigarette und schluckte einige Amphetamin-Tabletten und einen LSD-Trip. Er hielt in der Nähe eines Flusses, drehte das Kassettengerät im Lastwagen lauter, stellte die Lautsprecher außerhalb des Wagens auf und »feierte«.

Haralds Feststimmung legte sich, als ein Freund vorbeikam und ihm erzählte, daß ein Haftbefehl gegen ihn vorliege. Harold schwor, daß keiner ihn lebend kriegen würde. Er wollte zurück in den Ort gehen und sie zwingen, ihn zu töten. Er nahm sein imitiertes Armeegewehr mit, zog seine Vietnamstiefel an und lud die Waffe. Dann ging er los.

»Ich erinnere mich, einen Weg hinuntergegangen zu sein und mich beim Gehen selbst beobachtet zu haben. Ich achtete auf alles und ging ganz leichtfüßig.

Der Boden bewegte sich auf und ab, der Wind blies mit tausend Meilen pro Stunde ... ich sah mich von mir selbst abgelöst, wie durch eine Kamera. Ich ging zum Schwimmbecken und langsam ins Wasser. Ich spürte, daß jemand hinter mir war. Ich drehte mich um, und direkt vor mir standen zwei Leute. Der Kerl griff nach dem Gewehr und versuchte es an sich zu nehmen.«

Niemand nahm Harolds Gewehr. »Du verfluchter Arsch!« schrie Harold und schlug den Mann mit dem Gewehrkolben. Der Mann und seine Frau tauchten im Becken unter und versuchten wegzuschwimmen. Harold verfolgte sie wie Enten.

»Ich werde euch töten, irgend jemanden töten, jemanden töten«, sang Harold und feuerte eine Ladung auf die Ziele ab. Er mußte mehrere Male nachladen. Das Paar versuchte, so lange wie möglich unter Wasser zu bleiben. Aber sie mußten nach oben kommen und nach Luft schnappen. »Na, was machst du jetzt? Was machst du jetzt?« schrie Harold, als der Mann auftauchte.

Dann kam die Frau nach oben in die Arme ihres Mannes, um nach Luft zu schnappen. Ihre Gesichter waren einander zugewandt; der Ehemann hatte einen Arm um ihren Rücken und schützte ihren Kopf mit dem anderen Arm. Der nächste Schuß fiel, und er fühlte, wie ihr Körper schlaff wurde. Das Wasser färbte sich rot. Harold hatte gerade die weibliche Ente getötet.

Fälle wie der von Harold bringen leicht Verwirrung in die Problematik von Rausch und Gewalt. Gewalttätige Menschen sind oft berauscht, aber die Gewalt wurzelt meist in der Persönlichkeit, nicht in der Droge. Menschen können unter dem Einfluß von LSD oder einer anderen Droge, die ihre Gefühle verändert, in Panik geraten, so wie Steven unter Kokain in Panik geriet. Für uns ist es schwierig zu verstehen, daß die Benutzer trotz der sichtbaren Verhaltensweisen subjektiv ihren Spaß erleben. Mit anderen Worten, die Gefühle und Empfindungen geraten unter den Einfluß der Droge, aber ihr Einfluß erstreckt sich nicht auf die Handlungen in der Außenwelt, die erschreckend nüchtern bleiben. Das ist besonders schwer zu akzeptieren, wenn die Konsumenten ganz offensichtlich berauscht sind und kriminelle Handlungen begehen. Auch wenn wir das innere Feuer für die äußere Zerstörung verantwortlich machen, kann der Rausch subjektiv eine angenehme Erfahrung sein.

Selbst wenn jemand aktiv halluziniert, wie es der zwanzigjährige Jeffrey nach eigener Auskunft tat, als er eine Nachbarin und deren Tochter erstach, hat das Feuer im Gehirn möglicherweise nur einen geringen oder gar keinen Einfluß auf das Verhalten. Anders als Steven und Harold, die durch das Fenster ihrer Halluzinationen flohen und an Orte gelangten, an denen die in der Vergangenheit begrabenen Gedanken und Impulse wieder lebendig wurden, war Jeffrey ein Drogenkonsument, der trotz der Feuer fest in der Wirklichkeit verankert blieb. Wir können von Jeffreys Halluzinationen genarrt werden, aber ihm passierte das niemals.

Jeffrey hatte einen Dealer, der ihm versicherte, das von ihm verkaufte »Acid« (LSD) sei die reine Spaßdroge. Der grinsende Delphin auf den kleinen Löschpapierquadraten schien das zu bestätigen. Jeffrey kaufte fünf Dosen oder »Trips«. Der erste Trip war der pure Spaß. Deshalb schluckte Jeffrey das nächste Mal vier Delphine – viermal soviel Spaß. Er setzte Stereo-Kopfhörer auf, schaltete ein Stroboskoplicht ein und beobachtete die flackernden komplexen geometrischen Muster in seinem Schlafzimmer. Er fühlte sich wirklich gut. Dann hatte er einen Traum; der Bericht darüber, den er mir Monate danach gab, war so unzusammenhängend wie in dieser wörtlichen Aufzeichnung:

Im Schlafzimmer einer Frau.
»Was willst du?«
»Ich will mit dir schlafen.«
In einem anderen Zimmer.
»Ich will mit dir schlafen.«
»Ich habe meine Periode.«
»Zieh dein Negligé aus.«
»Bitte tu mir nicht weh.«
Ihre Brüste sind angeschwollen. Der Teppich bewegt sich. Die Luft ist voller Punkte und Muster.
Unten.
»Hast du irgendwelche Wertsachen?«
In der Küche.
Ein kleines Mädchen ist am Telefon. Ich steche sie mit dem Messer ab. Ihr Mund flattert. Sie sieht aus wie ein häßlicher Kürbis. Ich bekomme einen Schlag auf den Kopf.
Der Frau in Zeitlupe nachlaufen.
Sie abstechen.
»Stirb. Stirb. Stirb. Stirb. Stirb. Stirb. Stirb.«
»Halt! Ich bin schon tot.«
»Stirb.«
Durch Treibsand laufen.
Sirenen.
Im Bett aufwachen.

Da Jeffrey in seinem Acid-«Traum« tatsächlich zwei Menschen getötet hatte, läßt sich leicht der Standpunkt beziehen, daß das LSD der eigentliche Schuldige war. Die traumähnliche Erinnerung war ein starkes Indiz dafür, daß Jeffrey Halluzinationen hatte. Der Körper der Mutter wies zahlreiche Stichwunden auf, darunter acht größere, die mit den achtmal »Stirb« übereinstimmten, die Jeffrey in seinem Traum gehört hatte. Es lassen sich auch Einflüsse durch die satanische Musik vermuten, die er vorher gehört hatte – es war die gleiche Musik, die für eine ganze Anzahl von jugendlichen Selbstmorden und Morden verantwortlich gemacht wird. Die Tatsache, daß er auch *Helter Skelter* gesehen hatte, einen Fernsehfilm, der sich mit den mit LSD in Verbindung gebrachten Manson-Morden beschäftigte, lieferte scheinbar einen weiteren Beweis dafür, daß Jeffrey ein Opfer dieser kombinierten Einflüsse war. Für die Presse waren diese Informationen ein gefundenes Fressen, wenn ich es zugelassen hätte, aber das hätte in die Irre geführt. Trotz allen Anscheins brachte nicht das LSD Jeffrey dazu zu töten.

In den Monaten zwischen dem Geschehen und meiner Befragung hatte er viele Einzelheiten vergessen. Der Rausch hatte verhindert, daß diese Details im Langzeitspeicher des Gedächtnisses verankert wurden. Wenn das Gehirn in hellen Flammen steht, können Informationen aus den Kurzzeitspeichern aufgrund elektrischer und chemischer Störungen nicht in Langzeitspeicherbereichen gesichert werden. Daher neigt man dazu, sich nur an die dramatischeren subjektiven und objektiven Ereignisse zu erinnern, wie an das Gefühl, durch Treibsand zu laufen oder an das Blitzen eines Messers. Die Psychonauten mußten unmittelbar nach dem Versuch befragt werden; eine Verzögerung von nur einem Tag hätte viele wertvolle Daten ausgelöscht. Glücklicherweise wurde Jeffrey nur wenige Stunden nach dem Ereignis von der Polizei verhört.

Unter Händeringen und Tränen erzählte Jeffrey der Polizei, daß er sein Schlafzimmer verlassen und das Haus seiner Nachbarn betreten hatte, um nach Geld zu suchen. Als er durch das Haus ging, tauchte die Mutter hinter ihm auf und schlug ihm einen Kerzenhalter über den Kopf. Er packte sie und vergewaltigte sie. Er bemerkte das kleine Mädchen am Küchentelefon, entriß ihr den Hörer und stach dann mit einem Küchenmesser auf sie ein. Dann wandte er sich wieder der Mutter zu, um sie zu töten. Während er noch auf sie einstach und »Stirb« schrie, hämmerten Nachbarn an die Haustür. Er floh in sein eigenes Haus, wo er einen Einbruch vortäuschte, um den Eindruck zu erwecken, jemand habe beide Häuser ausgeraubt. Er warf das Messer weg und wechselte die Kleidung. Dann ging er zu Bett.

Jeffrey war nicht in dem Maße unter Drogeneinfluß, daß er nicht wußte, was er tat. Er wußte, daß er ein Verbrechen beging; er konnte Gut und Böse unterscheiden; und er hatte die Fähigkeit, sein Verhalten an die Erfordernisse des Gesetzes anzupassen. Dabei hätte er immer noch erfreuliche Wahrnehmungen: die Muster in der Luft, der bewegliche Teppich und die Zeitlupeneffekte. Aber er war sich vollständig im klaren darüber, daß er Menschen abgestochen hatte und nicht Kürbisse, und er wußte soviel, daß er seine Handlungen durch einen weiteren Einbruch kaschieren wollte. Wäre Jeffreys Rausch stärker gewesen, hätte er vielleicht ein anderes Schicksal erlebt und wäre von den Bewohnern angegriffen worden. Das passierte einem maskierten Vergewaltiger – einem Bären von einem Mann –, der in ein Haus in Vermont einbrach und die beiden Männer und drei Frauen, die sich dort aufhielten, terrorisierte. Als sie bemerkten, wie stark der Vergewaltiger unter Drogeneinfluß stand, wendeten sich die Bewohner gegen ihn, nahmen ihm sein Gewehr ab und überwältigten ihn.

Unter besonderen Umständen *kann* das Verhalten direkt durch die Droge bestimmt werden, wie im Falle eines Jungen im Teenageralter, der Wein trank, Klebstoff schnüffelte und dann an einem kalifornischen Strand mit seiner Freundin schlief. Nach Zeugenaussagen schloß der Junge in einem Anfall die Hände fest um den Hals seiner Freundin und würgte sie zu Tode. Manchmal sind die Drogenwirkungen unerwartet und erwischen den Benutzer in der falschen Situation. Ein Biochemiker aus Los Angeles versuchte zum Beispiel, eine »Friedenspille« zu synthetisieren. Er spaltete einen Ring von Cyclohexan-Molekülen und entdeckte dabei PHP, eine Analogverbindung zu PCP. Nachdem er die Pille geschluckt hatte, zog er sich aus, kletterte auf einen Mast und wurde unglücklicherweise von sechs Schüssen eines Polizisten niedergestreckt, der sich durch das merkwürdige Verhalten bedroht fühlte. Und manchmal ist der Rausch unwillkürlich. Eine ältere Frau nahm von der Medizin, die sie von ihrem Sohn, einem Arzt, zur Behandlung von Depressionen bekommen hatte. Die Medizin erwies sich als Kokain, das ohne Wissen des Sohnes mit PCP versetzt worden war. Die Frau begann das Haus sauberzumachen und erinnerte sich dann daran, daß sie in der Bank auf der anderen Straßenseite einen Scheck einlösen wollte. Sie betrat die Bank, ohne zu bemerken, daß sie noch immer einen Besen in der Hand hielt. Als der Kassierer sie nach dem Besen fragte, hielt die Frau, die sich ein wenig seltsam fühlte, ihn wie ein Gewehr in die Höhe und sagte im Scherz, das sei ein Überfall. Der Alarm wurde ausgelöst und die Frau in Gewahrsam genommen. Sie wurde freigelassen, nachdem ihr Sohn die Behörden überzeugt hatte, daß seine Mutter aufgrund seelischer Probleme Medikamente genommen hatte.

Aber die Reaktionen auf Rauschmittel können kontrolliert werden. Bei unseren Versuchen an der Universität von Los Angeles gab es nie einen schlechten

Trip oder eine Unverträglichkeitsreaktion in Verbindung mit irgendeiner Droge. Der Hauptgrund für die erfolgreiche Kontrolle der Rauschzustände war die Vorbereitung und Anleitung, die jede Versuchsperson erhielt. Jede Person wurde ausführlich über die Drogen unterrichtet und bekam Informationen über erwartete und unerwartete Wirkungen. Zusätzlich stand die beste auf dem Markt befindliche medizinische Notfallausrüstung zur Verfügung. Sie waren vollständig abgesichert und wußten das. Wenn jemand mit einer besonders belastenden Erfahrung beschäftigt schien, lenkte ich ihn einfach mit einem anderen Thema ab. Der Schlüssel zum Erfolg dieser Anleitung liegt in der Tatsache begründet, daß die Wahrnehmungen der Konsumenten ebenso leicht durch verbale Vorschläge wie durch ihre eigenen Erinnerungen gestaltet werden können. Als ich einmal eine LSD-Versuchsperson durch die Halle des Krankenhauses führte, passierten wir einen uniformierten Polizeibeamten. Die Versuchsperson dachte, der Beamte wäre ein Nazi, und wollte sich mit ihm anlegen. Ich redete ihr ein, der Beamte sei nur eine Wachsfigur und könne schmelzen. Die Versuchsperson sah dann, wie die Figur schmolz. Ein erfahrener Lotse kann Drogenreisende aus solch schwierigen mentalen Gewässern herauslenken. Unglücklicherweise haben die meisten Benutzer keine guten Informationen oder Führer. Niemand half einem Studenten in Israel, der LSD genommen hatte, einen israelischen Soldaten für einen Nazi hielt und ihn dann erstach.

Set und Setting, die Persönlichkeit und die Lotsen sind nicht die einzigen, die das Rauschprogramm beeinflussen können. Manchmal können frühere Trips die Erfahrung formen. In dem Filmklassiker *City Lights (Lichter der Großstadt)* bewahrt Charlie Chaplin einen betrunkenen Millionär davor, Selbstmord zu begehen, und wird so sein Freund. Im nüchternen Zustand erinnert sich der Millionär nicht mehr an Charlie. Aber als er wieder betrunken ist, erkennt er Charlie und behandelt ihn wie einen lange verlorenen Freund. Er nimmt Charlie mit nach Hause. Am nächsten Morgen hat er vergessen, daß Charlie ein von ihm eingeladener Gast ist, und läßt ihn vom Butler hinauswerfen. Diese Szenen verdeutlichen den Vorgang des zustandbedingten Lernens: Die Erinnerung von Sachverhalten, die in einem Drogenstadium erfahren oder erlernt wurden, hängt weitgehend von demselben oder einem ähnlichen physiologischen Zustand ab. Das veranschaulicht auch der folgende Fall eines Mannes, den ich Donald Ike nennen will.

Donald Ike kicherte vergnügt in der Dunkelheit des Kinos, als er den 1976 gedrehten Film *J. D.'s Revenge* sah, denn der Held des Films hieß ebenfalls Ike. Der erfundene Ike betritt einen Nachtclub, wo ihn ein Hypnotiseur aus dem Publikum auswählt und ihn in Trance versetzt. Unter Hypnose hat Ike das sichere Gefühl, er sei ein Rowdy namens J. D., der in einem Schlachthaus ermordet wurde. In den Tagen nach dem Varietébesuch ergreift J. D.'s gewalttätige Persönlichkeit immer mehr von Ike Besitz. Er sieht J. D.'s Bild im Spiegel, trägt seine Haare so wie J. D., geht und spricht wie J. D. und schlägt sogar seine Frau, so wie J. D. es vielleicht getan hätte. Ikes Verwandlung in J. D. geht soweit, daß er am Ende dem ursprünglichen Mörder, der am Ende des Films erschossen wird, zum Verwechseln ähnlich ist.

Donald Ike sah diese bemerkenswerten Filmszenen unter dem Einfluß von PCP. Die blutgefärbten Wände und rostigen Fleischhaken des Schlachthauses waren Donald nicht fremd, er hatte für seinen Vater, einen Fleischer, gearbeitet. J. D. verlor im Film eine Schwester, Donald hatte im wirklichen Leben zwei Schwestern verloren. Donald identifizierte sich so sehr mit J. D., daß er sich den Film noch viermal ansah, immer unter dem Einfluß von PCP.

Einige Tage später rauchte Donald wieder eine PCP-Zigarette. Er schaute in den Spiegel und erblickte J. D.! Als er seinen Körper untersuchte, sah er, das die Physiognomie von J. D. die seine ersetzte. Die Vision ging schnell vorüber, aber Donald konnte die ganze Nacht nicht schlafen. Am folgenden Tag rauchte er noch eine PCP-Zigarette und fühlte sich wieder unbehaglich. Er starrte an die Schlafzimmerdecke, an der ihn Bilder aus dem Film eine weitere Nacht lang wachhielten.

Am nächsten Tag ging Donald zum Friseur und ließ sich seine Haare wie J. D. schneiden. Als er mit einer Freundin die Straße hinunterfuhr, sah er in den Rückspiegel: J. D. winkte ihm zu! Aber J. D. sah mehr und mehr wie der Teufel aus. Jedesmal, wenn Donald in den Rückspiegel sah, schaute eine Gestalt zurück, die zunehmend Ähnlichkeit mit dem Teufel annahm. Donald drehte sein Fenster herunter und warf seine falschen Zähne hinaus, aber das hielt seine Verwandlung nicht auf. Er parkte sein Auto am Rande eines größeren Boulevards.

»Ich bin der Teufel! Ich bin der Teufel! Der König auf dem Thron!« schrie Donald mit J. D.'s Akzent. »Wohin willst du, du Nutte? In den Himmel oder in die Hölle? Ich werde dich nämlich töten.« Das Mädchen wurde hysterisch und sprang aus dem Auto. Donald ergriff eine Automatikpistole Kaliber 45 und lief hinter ihr her. »Ich bin jetzt der Teufel«, wiederholte Donald. Er schoß in die Luft. Er tanzte um das Auto herum, lachte und schrie, genau wie J. D. im Film. *Dies ist die letzte Pistole auf der Welt,* dachte der Teufel. *Armageddon ist nahe. Nixon und Watergate waren die ersten Anzeichen. Ich habe jetzt hier die Verantwortung übernommen. Ich werde mit Nixon beginnen. Nixon? Du hast alles falsch gemacht! Nixon! Wo bist du?*

Donald hielt ein anderes Auto auf der Straße an. Er näherte sich dem Beifahrerfenster. »Wissen Sie, wo ich Nixon finden kann?« fragte der Teufel. »Bring diese Nutte zurück!« verlangte Donald. Er wartete nicht auf eine Antwort und tötete den Beifahrer. *Alles, was ich tue, ist in Ordnung, weil ich der Teufel bin. Ich bin der König des Throns.* Er jagte den Fahrer um das Auto herum und schoß einige Salven ab. Dann verließ Donald sein eigenes Auto.

Ein gelber Cadillac! Das ist das perfekte Auto für mich, dachte der Teufel. *Was ist das? Polizeiautos? Die Polizei sucht mich, weil dies die einzige Pistole auf der Welt ist. Wenn sie mich haben wollen, müssen sie herkommen und mich kriegen.*

Das taten sie. Nach einem Schußwechsel mit der Polizei wurde Donald festgenommen und auf ein Polizeirevier gebracht. Dort, in der Abgeschlossenheit seiner Zelle, versicherten ihm die »Stimmen«: *Es ist in Ordnung, weil du der Teufel bist, du bist der König des Throns. Um frei zu sein, mußt du die Botschaft lesen.* Donald sah sich in der Zelle um und fand einige kryptische Inschriften an den Wänden. Sie sahen ägyptisch aus. Vielleicht könnten sie erklären, wie er dort herauskäme. Aber es würde ewig dauern, bis er die Schrift entziffert hätte.

Die Stimmen wurden ungeduldig. *Denk nach! Denk nach!* heulten sie. *Du mußt dich an den Schlüssel der Botschaft erinnern. Sonst schlagen wir ein Loch in die Decke und holen dich.*

Donald bat die Beamten um Hilfe. Er ging in seiner Zelle auf und ab und zeigte, woher die Stimmen kamen. Er bat sogar um Medizin. Die Beamten verweigerten sie ihm. Schließlich hatten sie den Teufel hinter Schloß und Riegel, für die Nacht in Sicherheit gebracht. Sie waren ihm auf die Schliche gekommen.

Jene Nacht dauerte mehrere Wochen, bis sich Donald von seiner PCP-Psychose erholte. Bluttests und psychopharmakologische Untersuchungen bestätigten die Diagnose. »Ich dachte wirklich, ich sei der Teufel«, erzählte mir Donald im Besucherraum des Bezirksgefängnisses von Los Angeles. »Der Teufel fuhr in mich. Er benutzte meinen Körper und nahm mich in Besitz.«

Der Teufel war natürlich nichts anderes als eine Gruppe von Zellen in der Großhirnrinde, programmiert mit Bildern aus einem Film und aktiviert durch ein starkes, persönlichkeitsauflösendes, anästhesierendes Mittel. Donald spielte die Rolle genau nach dem für ihn geschriebenen Drehbuch. Er hatte jede Zeile auswendig gelernt, als er fünfmal unter dem Einfluß von PCP im Kino saß. Noch eine starke PCP-Dosis, die Haare für die Rolle frisiert, einige Blicke in den Autospiegel, und Donald war bereit. Aber Donald war dort oben auf der Bühne, nicht die Droge. Es war Donald, der die Interpretation der Rolle bestimmte, als sie ihn im Prozeß zustandsbedingter Erinnerung einholte. PCP und der Film fungierten als Produzent und Autor. Um dem Schauspieler gerecht zu werden, muß man auch Donalds Herkunft berücksichtigen. Dazu gehört die Arbeit im Schlachthaus des Vaters, die ihn faszinierte; die Zugehörigkeit zu einer örtlichen Straßenbande, wo er den Namen »Mr. Dog« erhielt, weil er sich in allen Kämpfen durchsetzte; ein stark ausgeprägter Zug von Paranoia, der seinen Feinschliff während einer langen kriminellen Laufbahn erhielt; und das jahrelange Anschauen von Filmen mit teuflischen Themen.

Als Donald des Mordes angeklagt wurde, versuchte er den Kriminalbeamten alles über den Teufel zu erzählen. Sie waren erfahrene Ermittler bei Morden unter Drogeneinfluß und kannten den Unterschied zwischen einem Teufel, der ein Opfer heimtückisch überfällt, und einem Teufel, der ein Auto fahren und eine Pistole abschießen kann und anschließend zu fliehen versucht. Sie sagten Donald auf den Kopf zu, er wisse genau, was er getan habe, und fragten ihn, welche Empfindungen er damit verbinde, daß er sein Opfer getötet habe. Donald antwortete sich selbst und allen noch in seinem Gehirn brennenden Scheiten: »Schuldig.« Im Stillen fragte er sich, wo er Nixon finden könnte.

Noch monatelang erlebte Donald Rückblenden in diese Szene, und wahrscheinlich werden sie auch noch in einigen Jahren auftreten. Es war lange Zeit schwierig für ihn, in einen Spiegel zu schauen und nicht J. D. oder den Teufel darin aufblitzen zu sehen: eine gekrümmte Augenbraue hier, eine hohle Wange dort. Und er erinnerte sich. Die Erinnerung kam als nachempfundene Wiederkehr von Ereignissen, und Donald wurde manchmal von einem Gefühl der Panik oder einem Aufgelöstsein überwältigt. Die Dauer dieser Erinnerungsblitze war kurz – die meisten währten nur ein oder zwei Sekunden –, und ich versicherte ihm, daß ihre Dauer und Häufigkeit abnehmen würden, bis sie schließlich ganz verschwänden. Die meisten treten in der unmittelbaren Erholungsphase nach dem Rausch auf, obwohl die Rückblenden nichts mit den im Körper verbliebenen Stoffwechselprodukten zu tun haben. Sie sind, mit den Worten des französischen Romanciers Marcel Proust, die belebten Erinnerungen vergangener Dinge.

Wenn wir ein Lied hören, das wir vernommen haben, als wir uns das erste Mal verliebten, erinnern wir uns manchmal spontan an die geliebte Person. Wir entwerfen geistige Bilder dieser Person; wir geben uns vielleicht sogar eine Weile lang der Nostalgie hin. Einige reagieren auf diese Rückblenden, indem sie die Person anrufen oder ihr schreiben. Andere schwelgen einfach nur in der Erinnerung. Es gibt Melodien, die das bei Menschen auslösen, die die gleichen kulturellen Bilder im Kopf haben. Viele können den Takten von »As time goes by« nicht lauschen, ohne Bilder aus *Casablanca* vor ihrem inneren Auge zu sehen, dem klassischen Film aus der Kriegszeit mit Humphrey Bogart und Ingrid Bergman. Und es gibt sicher nur wenige, die den Song »Somewhere Over the Rainbow« nicht mit Bildern aus *The Wizard of Oz* verbinden.

Erinnerungsbilder aus Drogenerfahrungen funktionieren ähnlich. Die zustandsbedingten Erinnerungen können nicht nur durch Melodien wachgerufen werden, sondern auch durch die Erzeugung des spezifischen Bewußtseinszustands, der während der ursprünglichen Erfahrung vorhanden war. Das Abrufen von Szenen aus *J. D.'s Revenge* wurde bei Donald durch denselben PCP-erzeugten Zustand ausgelöst, der während seiner ersten Erfahrung mit dem Film vorherrschte. Die Sachverständigen, die sich mit Donalds Verbrechen beschäftigen mußten, waren sicher froh darüber, daß der Film nicht so populär ist wie *Casablanca* oder *The Wizard of Oz,* aber von denen, die ihn sahen, geht im allgemeinen wenig Gefahr aus, genausowenig wie von den vielen anderen, die weiterhin unter Drogeneinfluß gewalttätige Filme und Fernsehsendungen anschauen. Der insektenäugige Killer in *Reefer Madness* zum Beispiel wurde von Millionen von Marihuanarauchern gesehen, und die Kinos voller Schwaden von Marihuanarauch sind ein sicheres Zeichen dafür, daß ein großer Teil des Publikums high ist. Die Zuschauer erinnern sich eher an die Komödie als an das Töten, wenn sie wieder einen Rausch haben. Müssen wir uns also Sorgen machen, daß wir eine Untergrundarmee »mandschurischer Soldaten« programmieren, die plötzlich eines Tages in die Entscheidungsschlacht eintreten, die nach Donalds Meinung herangerückt war?

Die Antwort ist ein deutliches Nein, jedenfalls solange die Droge den Zustand nur so geringfügig verändert wie Marihuana und die gewaltsamen Bilder nur fließend oder als unrealistisch wahrgenommen werden. Jedoch auch bei stärkeren Drogen und stärkeren Bildern ist die Beeinflußbarkeit des einzelnen Konsumenten der entscheidende Faktor. Nur wenige Durchschnitts-Konsumenten beobachten sich selbst so gründlich, wenn überhaupt, wie ich die Versuchspersonen meiner Tests beobachtet habe. Überraschend wenige reagieren gewalttätig auf die Kombination von starken Drogen und Filmen. Bei meinen Untersuchungen drogenbezogener Mordfälle stieß ich nur eine auf Handvoll Angeklagte wie Donald, die stark durch gewalttätige Filme oder Fernsehsendungen beeinflußt waren. Die Persönlichkeit der Angeklagten schien so labil zu sein, daß die von ihnen ausgehende Gefahr unabhängig von der Rauschmitteleinnahme vorhergesagt werden konnte. Wenn sie eine Droge wie PCP genommen hatten, sprachen viele Angeklagte davon, »daneben« gewesen oder »ausgerastet« zu sein. Mit diesen bildlichen Ausdrücken beschrieben sie die besondere Eigenschaft von PCP, eine plötzliche, drastische Veränderung der betreffenden Persönlichkeit bewirken zu können. Erfahrene Benutzer wissen das und versuchen, gewalttätige Umgebungen zu meiden. Aber wenn die Gewalt bereits zum Teil der Persönlichkeit geworden ist, kann sogar das Nachmittags-Fernsehprogramm gefährlich werden, wenn es mit PCP gemischt wird. So erging es auch Sergio.

Sergio mochte gewalttätige Filme nie. Er ängstigte sich schon genug bei den Geschichten über Satan, die er und seine Frau jeden Sonntag in der Kirche hörten. Bilder von Jesus und religiöse Szenen hingen an jeder Wand ihres Hauses. Keins davon zeigte Satan, aber Sergio stellte ihn sich als großen Mann mit einer Haut wie Dörrfleisch und Haaren am ganzen Körper vor. Er betete, daß er ihn nie treffen möge, und wenn doch, so hoffte er, stark genug zu sein, ihm zu widerstehen.

Sergio und seine Frau waren gerade aus der Kirche zurückgekehrt, als sie beschlossen, ein wenig zu entspannen und etwas PCP zu rauchen. Sie schalteten den Fernseher ein und sahen sich eine Kochsendung an. Der Küchenchef erklärte, wie Fisch gesäubert werden muß: Entschuppen, Entfernen von Kopf und Flossen, dann der Gräten. Sergio hatte das Gefühl einzunicken.

Er wachte auf, weil er einen seltsamen Geruch wahrnahm, dann hörte er ein Geräusch wie von einer Waschmaschine. Seine Uhr war stehengeblieben. Er wendete sich seiner Frau zu. Doch das Geschöpf, das dort stand, hatte Dörrfleisch anstelle der Haut. Wo das Gesicht sein sollte, war ein schwarzes Loch. Aus dem Körper entwich Dampf. Die Stimme des Herrn sagte ihm, daß dies Satan sei. Er säuberte Satan, als wäre er ein schleimiger Fisch. Dann ging er zu einem Priester und berichtete, was er getan hatte.

Sergio hatte seine Frau während dieser Vision getötet und verstümmelt. Wahrscheinlich sehen viele Satan-fürchtende, Gott-liebende Menschen Kochsendungen, und einige von ihnen stehen dabei möglicherweise unter dem Einfluß von Rauschdrogen wie PCP. Sollten wir deshalb Kochsendungen, gewalttätige Filme und PCP verbieten? Sergios gräßlicher Verstümmelungsmord an seiner Frau war das Ergebnis vieler verschiedener Kräfte, die zusammenkamen. Er war zur Hochzeit gezwungen worden, war sehr eifersüchtig und verdächtigte seine Frau erheblich wegen der Aufmerksamkeit, die sie anderen Männern schenkte. Darüber hinaus hatte er sein Temperament noch nie zügeln können; bei der geringsten Provokation rastete er aus. Am Morgen des Mordtages hatte Sergio seltsame »Knutschflecken« an ihrem Hals gefunden. Er hatte vorgehabt, sie danach zu fragen, nachdem er sich mit ein wenig PCP entspannt hatte. Er war aber wütend genug, um sie zu töten, ohne die entspannende Wirkung des PCP abzuwarten.

Spätere Interviews mit Sergio bestätigten, daß er das meiste PCP nach der Ermordung seiner Frau rauchte und stark halluzinierte. Er versuchte den Anweisungen des Küchenchefs zu folgen. Er wusch den Körper in der Badewanne und ließ das Blut ab. Dieser Vorgang gab dem Körper das runzelige Aussehen von Dörrfleisch. Das Abschneiden der Beine war harte Arbeit, und Sergio legte häufig PCP-Pausen ein. Er versteckte die Körperteile an verschiedenen Orten, reinigte die Fußböden, tat seine Kleidung in die Waschmaschine und nahm eine heiße Dusche. Bilder dieser Szenen finden sich in seiner Vision, von der er berichtete.

Er sagte den Beamten, er habe ein Beil verwendet, das er im Hause seiner Großmutter versteckte. Trotz seines Rausches versuchte Sergio den Mord zu verbergen, den er – nicht das PCP – begangen hatte. Viel später erzählte mir Sergio, daß er ein Bild von Satan zu Hause aufhängen würde, wenn er jemals aus dem Gefängnis käme – das wäre dann sein polizeilicher Steckbrief. Ungefähr hundert Jahre zuvor hat uns Dostojewski das gleiche erzählt, als er schrieb: »Wenn der Teufel nicht existiert, aber der Mensch ihn geschaffen hat, hat er ihn nach seinem Bilde und sich selbst ähnlich geschaffen.«

Niemand, auch nicht der hellsichtige Dostojewski, erwartete, daß der Teufel weiß trägt und wie Schnee glänzt. Denn nicht die Flammen im Gehirn sind die Ursachen der realen Gewalt in der Drogenwelt, und ebensowenig die dunklen Erinnerungen und gespeicherten Bilder, die sie stellvertretend hervorrufen. Vielmehr gründet die Gewalt zum größten Teil auf dem Brennstoff des Feuers selbst, dem Sammeln von Balken und Scheiten für die Feste des Gehirns. Der Brennstoff, bei dessen Suche die meisten Brandwunden entstehen und der mit dem Sonnengott in Konkurrenz getreten ist, um den ganzen Planeten aufzustören, ist das Kokain.

»Ich mache alles, um an Kokain ranzukommen«, gab Eddie Love zu.

»Alles?« fragte ich. Ich war dankbar, daß die Bundesbeamten Eddie an den Eichenstuhl meines Büros gefesselt hatten.

Eddie antwortete im Jargon seines heimatlichen Wohnviertels in Los Angeles: »Na klar doch.«

»Erzählen Sie mir mehr darüber.«

»Wenn meine Entlassungspapiere hier auf dem Tisch lägen, und da drüben hätten Sie eine Unze Kokain, ich würde die Unze nehmen, selbst wenn ich den Rest meines Lebens im Gefängnis verbringen müßte.«

Eddie war erst seit ein paar Wochen im Gefängnis, nicht lange genug, um die

Sucht zu überwinden. Er sagte mir, daß er einen Pakt mit dem Teufel selbst schließen würde, um an Kokain heranzukommen. »Aber Ed. Sie bekommen eine schwere Strafe wegen Bankraubs und sind jahrelang weg vom Fenster. Würden Sie da wirklich einen solchen Handel machen?«

»Na klar doch. Ich *liebe* Kokain«, bekräftigte Eddie.

Ich beschäftigte mich sorgfältig mit Eddie und seinem Bericht über seine Kokaingewohnheiten. Das Leben begann für Eddie erst, als er mit achtundzwanzig Jahren Kokain entdeckte. Vorher hatte er es einige Male geschnupft, aber nie irgendeine Wirkung gespürt. Diesmal hatte er es injiziert, ein halbes Gramm auf einmal. Unmittelbar nach dem Herausziehen der Nadel konnte er es schmecken, einen leicht bitteren Geschmack. Er hörte ein zischendes Dröhnen in seinen Ohren. Sein Herz begann im Einklang mit diesem Dröhnen zu schlagen. Er begann zu schwitzen. Dann ejakulierte er durch einen schlaffen Penis. Eddie war verliebt.

»Wenn Gott die perfekte Droge machen wollte«, erklärte Eddie, »dann hätte er Kokain gemacht. Da Kokain *perfekt* ist, muß es Gottes Geschenk sein. Wenn ich Kokain in meinen Körper tue, werde ich selbst ein Teil von Gott.«

Eddie berichtete mir, daß er schon im Alter von acht Jahren Opium geraucht, Acid eingeworfen und sogar Amphetamine genommen hatte. »Ich kenne jede Droge, die man kriegen kann. Kokain ist *Gott*.«

Er ging auf einen religiösen Kreuzzug, um an sein Sakrament zu kommen. Er raubte Banken aus und kaufte dann Kokain. Manchmal konsumierte er eine Unze am Tag. »Ich nehme eine Dusche, dann werfe ich eine Unze Kokain in die Luft und laufe drunter durch. Ich reib es mir in die Nase, in meine Haare, in meine Ohren. Gott, wie ich Kokain *lieb*e.« Die Ketten an den hölzernen Armlehnen des Stuhls spannten sich. »Ich hätte gerne sofort etwas.«

»Wenn Sie frei wären und jetzt zum Beispiel auf der Straße ständen, wie würden Sie rankommen?«

»Auf die einzige Art, die ich kenne. Ich würde eine Bank ausrauben.«

Genau das hatte Eddie getan. Damit niemand verletzt wurde, nahm er die Kugeln aus seiner Pistole. Dann ging er in schicker Kleidung und in Sportschuhen in die Banken und holte sich das Geld. Einmal ließ er einen Zettel auf dem Tresen der Kassiererin liegen. Er lautete: »Ich habe diese Dame beraubt.« Zu Hause lebte Eddie zum Kummer seiner Frau mit seinem Kokain im Badezimmer. Aus Angst vor Hubschraubern weigerte er sich, ins Wohnzimmer zu kommen. Er durchsuchte seine Frau nach versteckten Aufnahmegeräten und nach Waffen. Drei Wochen und drei Anfälle später wurde er gefaßt. Verrückt! Jedenfalls dachten das neun der zwölf Geschworenen bei seinem Prozeß.

Tatsächlich verrückt ist die Anzahl der Fälle, für die Eddie ein typisches Beispiel ist. Der überfüllte Terminkalender der Strafgerichte überall in den Vereinigten Staaten läßt darauf schließen, daß die Leute *alles* für Kokain tun. Vor fünftausend Jahren pflückten die Indianer die Kokablätter und andere psychoaktive Blätter von den Bäumen und Büschen. Heute müssen die Konsumenten in einem anderen Dschungel den Brennstoff jagen und sammeln, den sie zur Entzündung des Feuers in ihren Gehirnen benötigen. Die Feuer, die in einem gewalttätigen Gehirn rumoren, können Gewalt verursachen, aber eine größere Zerstörung wird durch die endlosen Kämpfe im Körper angerichtet, die sich darum drehen, den vierten Trieb anzufachen oder auszulöschen.

Die inneren Landschaften, die erleuchtet werden, sind bei allen Menschen auf der Welt gleich. Es gibt eine Harmonie, die uns alle verbindet, von der kulturellen Wahl der Drogen bis zu den geometrischen Mustern in den von ihnen erzeugten Rauschwelten. Dort gibt es keine Engel und keine Teufel. Drogen sind nämlich keine magischen Elixiere, die automatisch gesetzestreue Bürger in selbsternannte Götter oder wildgewordene Kriminelle verwandeln. Die Feuer im Gehirn können beherrscht werden, wenn den Veranlagungen, der Umgebung, der Persönlichkeit und der Dosis ausreichend Beachtung geschenkt wird. Da jedoch die Verwendung der meisten Rauschdrogen als soziale Abweichung und als unmoralisch angesehen wird, wenn nicht sogar als böse und tierisch, kann es nicht überraschen, daß Drogen und ihre Benutzer die Ziele eines Krieges sind.

An der Wand meines Labors wurde dieser Zustand knapp und eindringlich festgestellt. Dort hing neben den psychedelischen Gemälden, die die Visionen der Psychonauten darstellten, die Titelseite von Eddies Anklageschrift: »*Die Vereinigten Staaten von Amerika* gegen *Love*«.

Die Titelseite war ein Musterbeispiel des Widerspruchs. Wie wir in den nächsten beiden Kapiteln sehen werden, hatte Amerika schon immer eine Liebe-Haß-Beziehung zu Drogen. Obwohl wir einige Rauschmittel akzeptieren, weisen wir andere zurück. Obwohl wir den exzessiven Gebrauch aller Drogen als ungesund verdammen, fördern wir weiterhin die Verbreitung jener Rauschmittel, die der ökonomischen Gesundheit der Nation dienen. Die Untersuchung dieses Widerspruchs fördert eine Lektion über die Macht des vierten Triebes zutage, der das Verhalten einer Nation beherrscht.

Sternenbannerpulver

Drogen und amerikanische Lebensweise

1

Ich finde es hilfreich, die Situation in Amerika als Tauziehen zwischen den Gesetzen des Landes und den Bedürfnissen der Menschen zu beschreiben. Auf einer Seite sind Menschen, die Rauschmittel brauchen und nehmen; auf der anderen die regulierende und prohibitive Politik der Regierung. Diese Kräfte haben die Nation in eine ganze Reihe radikaler Auseinandersetzungen hineingezogen; der Krieg um die Drogen hat eine lange Geschichte. Als Amerika sich von einer kolonialen Gesellschaft inmitten unberührter Wälder voller Wild in eine moderne Gesellschaft mit Wolkenkratzern und Supermärkten verwandelt hatte, warfen diese Kriege ein helles Licht auf unseren grundlegenden Kampf gegen die Sehnsucht nach einem künstlichen Paradies.

In der Mitte des Taues standen die Präsidenten. Ihr Verhalten wird durch die von ihnen hochgehaltenen Gesetze geleitet und, als Repräsentanten des Volkes, von denselben Antrieben, die auch alle anderen Menschen beeinflussen. Ihr persönlicher Drogenkonsum, selbst wenn er in Konflikt mit der öffentlichen Moral oder den Gesetzen geriet, ist nichts als ein Spiegel unserer eigenen immerwährenden Kämpfe mit dem vierten Trieb. Wenn wir die Geschichte des Drogengebrauchs in Amerika und der Präsidenten betrachten, sehen wir, warum der ursprüngliche Drang zur Einnahme von Rauschmitteln ein integraler Bestandteil der gegenwärtigen und zukünftigen Geschichte unserer Gesellschaft bleiben wird.

Der vierte Trieb erreichte Amerika nicht erst mit den ersten, stark trinkenden Entdeckern. Er war schon da und fand seinen Ausdruck im Konsum von Tabak. Die alte Maya- und Azteken-Gewohnheit, Zigarren und Pfeifen zu rauchen, hatte sich schon unter den amerikanischen Stämmen verbreitet, als die ersten Besucher aus der Alten Welt ankamen. Die frühen Siedler entdeckten, daß das Tabakrauchen eine neuartige und anregende Form des Genusses ist. Als Seeleute in die

Alte Welt zurückfuhren, führten sie dort diese Gewohnheit aus der Neuen Welt ein. Vor dem Ende des sechzehnten Jahrhunderts überquerten spanische und niederländische Kaufleute regelmäßig den Atlantik, um Tabakladungen zum Verkauf nach Europa mitzunehmen. Viele europäische Herrscher, darunter König James I., verabscheuten das Rauchen, aber die Siedler in der Neuen Welt, die die psychologischen und ökonomischen Konsequenzen richtig einschätzten, protestierten gegen jegliche Einmischung in ihre Drogen oder ihren Handel. In ihnen kämpfte der amerikanische Geist. Als der Generaldirektor von Neu Amsterdam im Jahre 1639 das Rauchen willkürlich ächtete, ließen sich die Raucher der Stadt – annähernd die gesamte männliche Bevölkerung – vor seinem Amtssitz zu einem massiven schweigenden Protest nieder. In anderen Siedlungen änderten die Einschränkungen des Rauchens in der Öffentlichkeit oder für Teenager nichts an den Gewohnheiten. Obwohl einige Magistrate und Gerichte gegen den Tabak eingenommen waren, erkannten sie doch seine Bedeutung für die heimische Industrie und übten nur geringen Zwang aus.

In dem Maße, wie die ausländische Nachfrage nach Tabak stieg, wuchsen auch die amerikanischen Tabakexporte an. In England schossen die Preise in die Höhe, und eine Zeitlang war Tabak sein Gegengewicht in Silber wert. Die Nachfrage wurde durch die inflationären Kosten nicht gedrosselt. Als der Konsum die Armen erreichte, kam die Zigarette auf, die einen billigen Rauchgenuß ermöglichte, der mehr Rauch pro Gewichtseinheit Tabak bot als die Pfeife oder die Zigarre. In jedem Land, in dem der Tabak eingeführt wurde, entstand eine überwältigende Nachfrage. In der Mitte des siebzehnten Jahrhunderts war in ganz Europa bekannt, daß Tabak süchtig macht. Von verschiedenen Päpsten sowie in Bayern, Sachsen, Zürich und in vielen Staaten wurden offizielle Dekrete zur Ächtung des Rauchens erlassen. Drakonische Strafen wurden eingeführt – in Rußland das Aufschlitzen der Nasenlöcher und die Todesstrafe in der Türkei –, aber der Tabakkonsum verbreitete sich dennoch auf der ganzen Welt.

Diese Nachfrage nach Tabak bildete die ökonomische Grundlage für die Errichtung der ersten Kolonien in Virginia und Maryland. Die Kolonisten widersetzten sich auch weiterhin Kontrollen über den Tabak. Die Tabakindustrie wurde so typisch für Amerika wie der Yankee Doodle und der Geist der Unabhängigkeit. Die Menschen protestierten und entzogen sich auch den Kontrollen über andere Drogen. Als die britische Teesteuer eingeführt wurden, boykottierten die Kolonisten sie, schmuggelten oder suchten nach heimischen Kräutern als Ersatz. Im Jahre 1776 war die amerikanische Tabakindustrie so stark, daß sie die Revolution mitfinanzierte. Daher versuchte England, die Tabakanpflanzungen zu vernichten. Britische Armeen trampelten quer durch den Süden und gaben sich große Mühe, um gewaltige Bestände getrockneter Tabakblätter zu zerstören, unter anderem auch die, die auf Thomas Jeffersons Plantage gelagert waren. Aber der Tabak überlebte, steuerte Geld für den Krieg bei und erhielt die Moral. General George Washington, einer der reichsten Tabakpflanzer seiner Tage, sagte seinen Landsleuten, wie sie die Revolution unterstützen konnten: »Wenn ihr kein Geld senden könnt, sendet Tabak.« Washington nahm nicht nur Geld aus Tabakverkäufen ein, sondern teilte auch Tabak an die Truppen aus, um die Anspannung der Schlacht zu lindern, was sich in allen Kriegen seit jener Zeit wiederholte.

Marihuana oder indischer Hanf, wie er genannt wurde, wurde ursprünglich als Droge ignoriert, weil im allgemeinen seine berauschende Wirkung in den Kolonien unbekannt war. Statt dessen ermutigte Washington die Bauern, die faserige Pflanze zur Produktion von Kleidung, Papier und Schiffstakelagen anzupflanzen. Washington zog die Pflanzen selbst, um Samen zu gewinnen, und rief seine Landsleute auf, sie überall im Land zu säen. Einer derjenigen, der auf den Aufruf reagierte, war Robert »King« Carter, ein früher Vorfahr von Präsident Jimmy Carter, der Hanf auf seinen ausgedehnten Ländereien in Virginia anpflanzte und einen großen Teil der Fasern lieferte, die für die Kleidung von General Washingtons Truppen benötigt wurden. Als die Amerikaner schließlich den Drogencharakter dieser heimischen Pflanzen entdeckt hatten, wurden ironischerweise in Präsident Carters Amtszeit Drogenagenten damit beauftragt, die wilden Pflanzen zu zerstören, die ihre Ursprünge in diesen frühen kolonialen Saaten hatten.

Washington pflanzte nicht nur Tabak und Hanf, er destillierte auch Whisky, braute sein eigenes Bier und Ale und lernte, wie sich Drinks und die Kunst der Politik mischen ließen. Dem Publikum bei Wahlen Alkohol vorzusetzen war eine koloniale Tradition, die aus England übernommen worden war. Als sich Washington 1758 um einen Sitz im Abgeordnetenhaus von Virginia bewarb, sorgte er für eine ausreichende Menge Schnaps, um sich die Wahl zu sichern. Die letzte Wahl hatte er verloren, weil er den Ausschank abgelehnt hatte. Nun schrieb er seinem Wahlkampfleiter, er dürfe nicht an den für den Sieg notwendigen Ausgaben sparen. Um zu gewinnen, ließ Washington 144 Gallonen Rum, Punsch, Wein, starken Apfelwein und Bier verteilen; er erhielt 307 Stimmen, etwas mehr als 2 Stimmen pro Gallone. Der wichtige Aspekt dabei war nicht die Versorgung mit harten Getränken, die sowieso erwartet wurde, sondern der Stil und die Haltung des Kandidaten. Wenn er sich beim Ausgeben von Getränken angemessen verhielt, bewies er damit eine Nähe zum Mann auf der Straße. Wenn der Kandidat sich auch betrank, zeigte das den Wählern, daß er ein unabhängiger Mann mit starkem Charakter war. Washington war der perfekte Politiker: Er bewies Großzügigkeit beim Anbieten von Schnaps und eine Neigung, sich selbst auch einen zu genehmigen. Aber mit der politischen Doppelzüngigkeit, die sich auch bei allen nachfolgenden Präsidenten durchsetzte, nannte Washington destillierte Getränke »den Ruin der halben Arbeiterschaft dieses Landes«.

Die von Washington exemplarisch vorgeführten Tabak- und Alkoholgewohnheiten konnten bei Bürgern und Präsidenten gleichermaßen beobachtet werden. John Adams, Washingtons unmittelbarer Nachfolger, führte ein halbes Jahrhundert lang Feldzüge gegen destillierte Getränke, trank aber jeden Morgen einen Humpen starken Apfelwein. Adams wollte immer wieder den Tabak aufgeben und versuchte sogar erfolglos, sein Verlangen in großen Mengen Madeira zu ersticken. In jener Zeit wurde Madeira oft als Stärkungsmittel verschrieben, weil er schnell zur Gewichtszunahme führt. Thomas Jefferson prahlte damit, wie er Freunde und Familienmitglieder mit täglich einem halben Liter Madeira vom Fieber geheilt habe. Für andere importierte Weine fand er eine noch bessere Verwendung.

Der aristokratische Jefferson hatte eine Vorliebe für feine französische Weine und Sherry. In seinem Landhaus bei Monticello war ein Speisenaufzug dazu bestimmt, Flaschen aus dem Weinkeller in das Eßzimmer zu transportieren, um sie bei einer anderen seiner Erfindungen zu servieren: der Cocktailparty des Präsidenten. Auf diesen Parties trank er gewöhnlich die doppelte oder dreifache Menge wie ein normaler Gast. Der Präsident vertrug diese Unmäßigkeit offenbar ganz gut mit nur wenigen unerwünschten Nebenwirkungen, obwohl politische Kritiker behaupteten, er sei ständig betrunken. Erlesene Weinkeller und Cocktailparties galten bald überall im Lande als Markenzeichen erfolgreicher Politiker.

Trotz der großen politischen Bedeutung des Alkohols erkannte Jefferson die gleichen potentiellen Probleme, die von Washington und Adams vorhergesehen worden waren. Jefferson sorgte sich, daß der billige Whisky »unter der Masse der Bürger Verbreitung fände«. Aber er machte sich noch größere Gedanken über den Tabak, dem er sich enthielt, und erklärte: »Tabak erzeugt unendliches Elend.« Er hatte gehofft, daß nach der Revolution Weizen auf den Feldern Virginias den Tabak ersetzen würde; aber Tabak verschwand genausowenig wie der Whisky oder die gelben Kornfelder, wo er herkam. James Madison, der zusammen mit seiner Frau dem Schnupftabak frönte, protestierte vor seiner Präsidentschaft, als der Kongreß eine Abgabe auf alle Tabakwaren erwog. Madison vertrat den Standpunkt, daß die Freuden des Lebens aus einer Reihe »harmloser Belohnungen« bestünden, zu denen auch der gesellige Tabakkonsum zähle.

Diese harmlosen Belohnungen sollte es auch weiter geben, da Tabak und Alkohol weithin von jedermann konsumiert wurden. James Monroe war der erste schwere Trinker, der das Weiße Haus eroberte. Sein Nachfolger, John Quincy Adams, war der erste starke Raucher, der allerdings eine Reihe von Jahren zuvor aufgehört hatte. Er war danach gegen den Tabak und wollte jeden, der »dieser künstlichen Leidenschaft« anhing, aus ihrer Gewalt befreien sowie jeden Hektar Tabakland in ein Weizenfeld verwandeln. Diese Jeffersonschen Träume waren im jungen Amerika kaum zu verwirklichen, in dem die Tabakindustrie das Land bereicherte und der Alkohol noch immer dem Stimmenkauf diente.

Die nächsten Präsidenten setzten diese amerikanischen Traditionen fort. Andrew Jackson ließ in seiner Amtszeit den Alkohol fließen und den Tabak qualmen. Selbst seine Frau rauchte Pfeife, wie viele der Siedlerfrauen. Und der Handel mit Alkohol nahm noch größere Ausmaße an als zuvor. William Henry Harrison, der gegen Martin Van Buren kandidierte, zeigte ein Blockhaus und einen Apfelweinkrug auf seinem Wahlkampfbanner, obwohl er selbst vermutlich sehr wenig trank. In dieser Zeit wurde der Ausdruck *booze* geprägt. Während des Wahlkampfs begann E. C. Booz, ein Schnapsfabrikant aus Philadelphia, Whisky in Flaschen abzufüllen, die die Gestalt von Blockhäusern hatten, und nannte ihn »Old Cabin Whisky«. Bald wurde das Wort *booze* zu einem Synonym für destillierte Getränke.

Es war nur eine Frage der Zeit, bis der erste Alkoholiker Präsident wurde. Franklin Pierce trat das Amt 1853 an, zu einer Zeit, in der sich die Temperenzler in der amerikanischen Gesellschaft zu einer politischen Macht entwickelten. Die Antialkohol-Kampagne wurde 1810 von einer kleinen Zahl reformierter Geistlicher begonnen. Mehrere Kirchen hatten schon Regeln formuliert, die den Gebrauch von Spirituosen einschränkten, aber die Temperenzlerbewegung arbeitete auf die totale Prohibition hin. In den 40er Jahren des 19. Jahrhunderts gab es örtliche Lizenzvergaben, in den 50er Jahren staatenweite Prohibition. Die vollständige nationale Prohibition blieb weiterhin das Ziel.

Offiziell führte Franklin Pierce eine Regierung der Mäßigung, die die Zustimmung dieser Kreuzzügler erhielt. Die Pierces reichten bei ihren Empfängen keine alkoholischen Getränke, und bei staatlichen Diners wurde kein Wein serviert. Als Sohn eines Kneipenwirts und einer Alkoholikerin hatte Pierce seit seiner Collegezeit ein Problem mit dem Trinken. Er war unglücklich verheiratet, und sein einziger Sohn wurde unmittelbar vor seiner Amtseinführung direkt vor seinen Augen getötet. Der Präsident nahm mehr und mehr Zuflucht zur Whiskyflasche. Politische Krisen führten auch zu Trinkgelagen, durch die er sich von seinen offiziellen Pflichten abkapselte. Seine vielen politischen Schnitzer hängen vermutlich mit seiner ständigen Trinkerei zusammen. Pierce starb schließlich an Leberzirrhose und einem hepatitischen Koma.

Der Bürgerkrieg nahte, und Pierce fragte vor kurz seinem Tod: »Was kann der nächste Präsident anderes tun als trinken?« Sein Nachfolger, James Buchanan, schien ihm zuzustimmen, aber nur im Rahmen offizieller Feiern. Als Buchanan ins Weiße Haus einzog, beschwerte er sich bei seinem Alkohollieferanten darüber, daß sie *kleine* Champagnerflaschen lieferten. »Halbliterflaschen sind für dieses Hause höchst ungeeignet«, erklärte er, »da der Artikel nicht in solch kleinen Mengen konsumiert wird.« Buchanan war ein schwerer Trinker und dafür berühmt, daß er weitertrinken konnte, auch wenn seine Gäste schon im Alkoholrausch versanken.

Abraham Lincoln pflegte zu sagen, daß er schon nach einem Schluck Wein betrunken wäre und sofort umfiele, aber das war nur ein Scherz. Lincoln versuchte ernsthaft, ein Übermaß zu vermeiden. Es war nicht nur die Temperenzlerbewegung, die seine Einstellung bestimmte, sondern auch die Erfahrung seiner Mutter. Als Lincoln neun Jahre alt war, mußte seine Mutter, Nancy Hanks, sterben, weil eine Kuh am Ort *Datura* gefressen hatte. Die Toxine gelangten in die Milch, Nancy trank davon und bekam die »Milchkrankheit« – ein schleichendes, aber tödliches Leiden.

»Ich versprach meiner lieben Mutter ein paar Tage vor ihrem Tode, daß ich keine berauschenden Getränke zu mir nehmen würde, und ich betrachte das Versprechen heute noch als ebenso bindend wie an dem Tage, als ich es gab«, erklärte Lincoln, als er es ablehnte, einen seltenen Wein zu kosten, der ihm nach seiner Wahl in den Kongreß angeboten wurde. Als junger Mann hatte er sein Wort nicht gehalten und Whisky getrunken und Tabak geraucht, obwohl er den Geschmack und die Wirkung nicht mochte. Es war daher leicht für ihn, einen exzessiven Gebrauch zu vermeiden. Lincoln verstand den Unterschied zwischen Gebrauch, wie bei einer Medizin, und Mißbrauch, der jemanden außer Kontrolle kommen ließ. Er führte ein Konto im Drugstore Corneau & Diller, von dem er zwischen 1855 und 1861 Brandy bezog, aber auch ein Einreibemittel, das Schierling und Laudanum enthielt, und verschiedene andere Präparate. Wenn er sich drei Päckchen Hustenbonbons für 25 Cents kaufte, war er sich wahrscheinlich nicht bewußt, daß sich in jedem Stück Opium befand. Aber die Bonbons halfen, und der Husten wurde unterdrückt.

Wie der Historiker Henry Pratt feststellte, ging Abraham Lincoln am 12. Oktober 1860 in den Drugstore und kaufte für 50 Cents eine Flasche Kokain. Wenn das stimmt, wäre Lincoln einer der ersten Amerikaner gewesen, der das neue Produkt kaufte. Vorher waren nur Koka-Produkte im Handel. Ich sah jedoch in den Originaltagebüchern von Corneau & Diller nach und fand den Verkaufseintrag aufgezeichnet als »Cocoaine«. Diese Schreibweise wurde manchmal für Kokaextrakt-Produkte, Kokawein und kokainhaltige lokale Betäubungsmittel verwendet. Aber es war auch der Handelsname für ein Kokos-Haaröl, das in 50-Cent-Flaschen verkauft und von der Joseph Burnett Company in Boston hergestellt wurde. Burnett war bekannt für seine Gewürzzubereitungen, die in der Küche Verwendung fanden, und solche Extrakte waren bei Corneau & Diller am Lager. Die Familie Lincoln benutzte sie, und deshalb war Lincolns Cocoaine-Kauf wahrscheinlich für seine Haare gedacht, nicht für seinen Magen oder seine Nase. Tatsächlich begann er in der darauffolgenden Woche, sich einen Bart wachsen zu lassen, und einen Monat darauf wurde er zum sechzehnten Präsidenten der Vereinigten Staaten gewählt.

Obwohl Lincoln sein Amt antrat, als die Temperenzlerbewegung im Wachsen begriffen war, wurde seine Regierung bald in den Bürgerkrieg verstrickt. Lincoln verwandte seine Energie darauf, die Einheit zu retten, und ließ die Alkohol- und Tabakindustrie wachsen und gedeihen. Er besteuerte Tabak, als Mittel für die Unionsarmee gebraucht wurden, und erlaubte seinen Offizieren das Trinken, solange sie noch stehen und kämpfen konnten. Als ein Temperenzlerkomitee ihn bat, General Grant zu entlassen, weil er zuviel trank, erkundigte sich Lincoln nach Grants Whiskymarke, um seinen anderen Generälen ein Faß davon zu schicken. Aber Lincoln war ehrlich genug, zuzugestehen, daß ein exzessiver Alkoholgenuß für den Körper und den Geist nicht gut sei. In einer Rede vor einer Versammlung bekehrter Trinker sprach Lincoln von einem universellen Rausch, den er als »Dämon der Unmäßigkeit« bezeichnete:

> Niemand weiß, wann die Verwendung berauschender Getränke einsetzte; es ist auch nicht wichtig, das zu wissen. Für uns alle, die wir jetzt die Erde bewohnen, ist es ausreichend, daß die Praxis des Trinkens so alt ist wie die Erde selbst. ... Als wir alle ... zum ersten Male unsere Augen für den Zustand des Daseins öffneten, fanden wir, daß jedermann berauschende Getränke kannte, jedermann sie verwendete und niemand sie zurückwies. Das Dasein beginnt gewöhnlich mit dem ersten Zug des Kleinkindes und endet mit dem letzten Zug des Sterbenden. ... Nach meiner Ansicht sind diejenigen unter uns, die niemals dem Rausch zum Opfer fielen, Ausnahmen aufgrund des fehlenden Appetits und nicht aufgrund irgendeiner mentalen oder moralischen Überlegenheit über jene, die zu Opfern wurden.

Die Schlachtfelder des Bürgerkrieges brachten ein neues Drogenphänomen hervor: die Morphiumsucht. Die verbreitete Verwendung von Morphium, das mit der neueingeführten Injektionsspritze verabreicht wurde, hinterließ nach dem Krieg eine große Anzahl von Abhängigen. Andere technische Entwicklungen veränderten die Gewohnheiten des Tabak- und Alkoholkonsums. In der Ära nach dem Bürgerkrieg waren überall Zigaretten und Sicherheitszündhölzer erhältlich, die 1855 erfunden wurden. Diese Streichhölzer erlaubten es Rauchern, sich von ihren Lampen und Kerzen zu entfernen und ihrem Genuß überall frei nachzugehen. Nach einigen Jahren führte die Diamond Match Company ein »Trinkerzündholz« ein, das sich in der Mitte selbst auslöschte. Nun konnten die Amerikaner ihre beiden Lieblingssüchte gefahrlos kombinieren.

Der Bürgerkrieg und seine Nachwirkungen markierten einen wichtigen Wendepunkt in den Gewohnheiten des Rauschmittelgebrauchs in Amerika, wie an seinen obersten Verantwortlichen deutlich illustriert werden kann. Vor jener Zeit benutzten Lincolns Vorgänger alle dieselben Rauschmittel: Tabak und Alkohol. In den frühen Jahren der Republik wurde dann Hanf wegen der Fasern angepflanzt und Opium für Arzneien verwendet, aber diese Stoffe waren keine populären Rauschmittel. Nun bewirkte die breite Verfügbarkeit von Drogen wie Morphium und Kokain eine allmähliche Verhaltensänderung. Die Vertrautheit ließ eine nichtmedizinische Experimentierlust aufkeimen. Zum Beispiel empfahl William Hammond, Lincolns Generalarzt, nach dem Krieg Kokawein als allgemeines Tonikum und Anregungsmittel. Als pures Kokain erhältlich wurde, nahm Dr. Hammond selbst einige Male Dosen, die zu den größten bekanntgewordenen zählen, und vertrat die Überzeugung, daß die Droge ein Heilmittel für Depressionen sei. Was die »sogenannte Kokaingewöhnung« anging, so war der enthusiastische Hammond sicher, daß sie nicht existierte.

Lincoln selbst war über die neuesten Entwicklungen in der Pharmakologie unterrichtet. Er wußte genau, was einzunehmen war und wann. Im Jahre 1862 hatte der Präsident Zahnschmerzen und suchte Dr. G. S. Wolf auf, der eine Praxis in der Nähe des Weißen Hauses hatte. Als Dr. Wolf den Zahn mit einer Zange ziehen wollte, winkte Lincoln mit der Hand. »Eine Minute, bitte«, sagte der Präsident und nahm eine kleine Flasche Chloroform aus seiner Westentasche. Die Droge war in Amerika ein beliebtes Freizeit-Rauschmittel, aber in Washington noch nicht zur Anästhesie im Zahnbereich angewendet worden. Es ist nicht bekannt, warum Lincoln eine eigene Flasche bei sich hatte. Lincoln inhalierte einige Male tief und gab dann dem Zahnarzt benommen ein Signal fortzufahren.

Die sich wandelnden medizinischen und nichtmedizinischen Gewohnheiten der Präsidenten und ihrer Umgebungen verdeutlichen, wie das Land diese neuen Drogen aufsaugte. Doch entscheidend ist nicht, daß diese Männer Drogen verwendeten, die einst legal waren und heute verboten sind, oder daß die Führer unseres Landes früher Trinker und Süchtige waren. So wie die Männer, die im Weißen Haus saßen, wechselten, änderte sich das Land und änderten sich auch die zur Verfügung stehenden Drogenarten. Was sich nie änderte, war der vierte Trieb, der universelle Appetit, den Lincoln so zutreffend beschrieben hat. Dieser Appetit ist der Grund, daß alle früheren Kriege, in denen es um gesetzgeberische Kontrollen und Prohibitionen ging, ihr Ziel verfehlten.

2

Der Alkoholrausch blieb ein nationales Freizeitvergnügen. Präsident Andrew Johnson soll selten nüchtern gewesen sein; als er in das Amt des Vizepräsidenten unter Lincoln eingeführt wurde, hielt er eine weitschweifige, unzusammenhängende Rede. Ironischerweise warnte er das Land vor der sündigen Komplizenschaft mit dem Alkoholhandel und befürwortete die Prohibition: »Wie König George III. die Kolonien mit der eisernen Knute der Tyrannei knechtete, so knechtet König Alkohol heute noch mehr die Nation.« Johnson rief nach einem neuen Führer, um die Nation aus der Alkoholabhängigkeit zu befreien. Er legte sich an dem Abend schlafen, nachdem er sich wie immer mit Whisky beruhigt hatte.

Ulysses S. Grant war unser nächster Führer, aber nicht derjenige, der Johnsons Aufruf folgte – Grant war ein Alkoholiker. Als Soldat hatte Grant Geschmack am Alkohol gefunden und seinen Konsum von einer sozialen Gewohnheit zum zwanghaften, einsamen Trinken gesteigert. Nach seiner Heirat versuchte er, damit aufzuhören und trat den »Söhnen der Mäßigung« bei, hielt aber die Abstinenz nicht durch. Nach seiner militärischen Beförderung trank er mehr und hielt weniger militärische Disziplin. Manchmal erschien er betrunken vor seinen Soldaten. Während des Bürgerkrieges verbannte John Rawlings, General Grants Stabschef, Spirituosen aus seinem Hauptquartier und gab geheime Order, Alkohol vom General fernzuhalten. Aber Grant schien immer eine Flasche zu finden.

Als Präsident gelang es Grant, nicht noch weiter im Morast seines Alkoholismus zu versinken. Statt dessen rauchte er durchschnittlich 750 Zigarren im Monat! Während seines Ruhestandes klagte Grant über Schmerzen im Mund und wurde von Dr. John Douglas, einem Halsspezialisten, untersucht. Douglas stellte Krebs fest und tupfte Kokain auf die erkrankten Stellen, was Grant unmittelbar eine Erleichterung brachte. Die Behandlungen wurden zweimal täglich fortgesetzt. Die Zeitungen klagten Douglas und seine Kollegen an, am Präsidenten mit einer neuen, möglicherweise gefährlichen Medizin zu experimentieren. Grant wollte die Medizin selbst verteidigen und antwortete:

> Es ist nicht wahr, daß an mir mit einer Arznei experimentiert wird, über die ich wenig oder nichts weiß... Die Arznei, auf die angespielt wird, ist vermutlich Kokain. Das wurde mir nie als Arznei verabreicht. Es wurde nur angewendet, um Schmerzen zu stoppen. Es ist wohlbekannt, daß es dieses Ergebnis hervorruft, ohne weitere Leiden zu verursachen. Es wird nur verabreicht, wenn dringender Bedarf besteht.

Der Präsident erhielt Kokain als lokales Betäubungsmittel, aber die angenehmen psychoaktiven Wirkungen entgingen seiner Aufmerksamkeit nicht. Als der Krebs sich ausbreitete, erhöhte Douglas die Dosis, und Grant entwickelte eine Gewöhnung: »Mein Mund tut mir weh, und das Kokain gibt mir nicht die Erleichterung wie früher. Wenn seine Verwendung eingeschränkt wird, wird es hoffentlich bald wieder seine Wirkung haben.«

Grants schlechte Verfassung schwächte ihn, aber er schrieb weiter an seinen Memoiren. Das war tatsächlich die einzige Aktivität, unterstützt durch Kokain, die ihn motivierte, am Leben zu bleiben. Er ergriff die Gelegenheit, einen kurzen Essay zu verfassen, in dem er die Vorzüge von Kokain herausstrich:

> Ich habe die Frage der Anwendung von Kokain so unparteilich wie möglich zu betrachten versucht, unter Berücksichtigung der Tatsache, daß ich die von seiner Anwendung betroffene Person bin. Der Schluß, zu dem ich in meinem Falle komme, ist: Mit Sorgfalt verabreicht, gewährt es ein *wunderbares* Maß der Erleichterung von Schmerz. ... Wenn die Medizin angewendet wird, gibt es die Tendenz, *mehr* als notwendig zu nehmen, und das auch *öfter.* Insgesamt ziehe ich den Schluß daraus, es zu nehmen, wenn es so nötig erscheint wie gestern. Ich will seinen Gebrauch einschränken. Das letztere ist, wie Sie wissen, sehr schwer. [Hervorhebungen vom Autor]

Am Ende seines Lebens erhielt Grant, der ein zerlesenes Exemplar von De Quinceys Opiumbekenntnissen besaß, häufige Morphium-Injektionen und auch Kombinationen von Morphium und Brandy, zusätzlich zum Kokain. Die Ärzte waren zufällig auf die gleiche euphorisierende Drogenmischung gestoßen, die in Brompton's Cocktail, einem traditionellen britischen Rezept für Krebspatienten im letzten Stadium, verwendet wird. Nach Grants Tod bekannten seine drei Ärzte, daß sie ihm in den letzten fünf Monaten seines Lebens auch einen Kokaextrakt gegeben hatten, der als Thé Mariani bekannt war. Grant erhielt drei- bis sechsmal täglich orale Dosen von umgerechnet 160 Milligramm Kokain, mehr als genug, um einen Rausch und auch Abhängigkeit zu erzeugen. Es war dieser Extrakt, nicht die lokal anästhesierenden Kokaintupfer, der in den Zeitungsartikeln als »experimentelle« Medizin bezeichnet wurde. Nach Angelo Mariani, dem Chemiker, der den Extrakt zusammengestellt hatte, »lag es an dieser Arznei, daß der General imstande war, jeden Tag einige Stunden an seinem Buch zu arbeiten, und er hätte dasselbe nie ohne die stärkende Wirkung des *Thé Mariani* beenden können.«

Niemand schätzte die Vorteile dieser Behandlung mehr als Mark Twain, der ein großes finanzielles Interesse daran hatte, Grant bis zur Beendigung seines Buches am Leben zu erhalten. Twain hatte einen Verlagsvertrag und 10000 Dollar Vorschuß für Grants Memoiren durchgesetzt. Er besuchte seinen Autor regelmäßig, zum Teil täglich, und war manchmal anwesend, wenn Grant eine mit dem Thé Mariani vermischte Tasse Milch erhielt. Es konnte nicht überraschen, daß Grant immer an Kraft zu gewinnen schien und mehr schrieb, wenn sein Verleger in der Nähe war.

Twain war wohlbekannt, daß Koka das Durchhaltevermögen stärkte. Als junger Mann von neunzehn Jahren hatte er einen Bericht über die Erforschung des Amazonastals gelesen und damals den brennenden Wunsch entwickelt, einen weltweiten Kokahandel aufzuziehen. Er finanzierte sein Abenteuer mit einer Fünfzigdollarnote und ging nach New Orleans, um ein Schiff nach Brasilien zu bekommen. Er fand aber kein Schiff, das Geld ging ihm aus, und er war gezwungen, als Schiffsführer auf einem Flußdampfer zu arbeiten. Twain nannte den Vorfall einen »Wendepunkt meines Lebens« und beschrieb ihn 1910 in einem Aufsatz. Aber er blieb beeindruckt von den Vorzügen des Koka, und es wäre sogar möglich, daß er die Behandlung für den sterbenden Präsidenten vorgeschlagen hatte. Auch wenn Twain nicht der Dealer war, so konnte er doch noch von Grants kokain-inspirierter Schriftstellerei profitieren. Grants *Personal Memoirs* waren ein Bestseller für Twains Verlag und brachten Grants Erben fast eine halbe Million Dollar ein. Der General selbst schmückt heute die Fünfzigdollarnote.

Wenn die Kräfte der Mäßigung durch Grants Exzesse auch etwas ins Hintertreffen geraten waren, keimten bei ihnen mit dem Amtsantritt von Rutherford B. Hayes neue Hoffnungen auf. Der neue Präsident trank eine Tasse Kaffee zum Frühstück, eine Tasse Tee zum Mittagessen, rauchte nicht und trank keinen Alkohol. Seine Frau Lucy war die erste Hochschulabsolventin, die First Lady wurde. Sie wurde die Schutzpatronin der Woman's Christian Temperance Union.

Bei ihrem ersten offiziellen Abendessen im Weißen Haus wurde Wein serviert, dann nie wieder. Präsident Hayes hatte beschlossen, »daß das Beispiel, geistige Getränke aus dem Weißen Haus auszuschließen, weise und nützlich sein kann und von wohlmeinenden Menschen allgemein gutgeheißen werden sollte.« Er wußte auch, daß es besonders vorteilhaft für seine Frau wäre und seiner Absicht entgegen käme, einige Mitglieder von Temperenzlervereinigungen in die Republikanische Partei hineinzuziehen. Erfahrene Parteimitglieder glaubten, das wäre ein zu hoher Preis für Wählerstimmen. Schließlich wandt sich die Mäßigungsphilosophie gegen die üblichen Parties, auf denen man freigehalten wurde, die nun die Form von offiziellen Abendessen im Weißen Haus annahmen. Politiker scherzten, daß bei den Dinner Parties »das Wasser wie Champagner floß«, und machten »Limonaden-Lucy« für die erzwungene Nüchternheit verantwortlich.

Am Ende seines Lebens fragte sich Hayes, ob er zu puritanisch gewesen sei, und berief sich auf die Madisonsche Lehre der harmlosen Belohnungen: »Um den Anschein des Bösen zu vermeiden, habe ich möglicherweise manchmal mich selbst und andere unschuldiger Freuden beraubt.«

Diese harmlosen Freuden und Belohnungen wurden schließlich wieder erlaubt, als Präsident Chester Arthur den Alkohol bei offiziellen Abendessen im Weißen Haus wieder einführte. Arthur bezeichnete das Regierungsgebäude als »wackelige Baracke« und rief Louis Comfort herbei, um es umzugestalten. Vierundzwanzig Waggons mit alten Möbeln wurden auf einer Auktion versteigert. Einer dieser Gegenstände, ein Sideboard, den die Women's Christian Temperance Union Lucy Hayes geschenkt hatte, endete in einer Gaststätte in der Pennsylvania Avenue, wo es mit Spirituosen beladen wurde. Tiffany stattete die Räume mit Flaggen, goldenen Adlern und anderen Dekors aus. Passend zu diesem neuen Stil wurden die Abendessen des Präsidenten berühmt für ihre edlen Weine, üppigen Speisen und die Getränke nach dem Essen. Arthur wurde fettleibig, litt an schmerzhaften Verdauungsstörungen, bekam Gallenprobleme und eine Nierenentzündung. Das ständige Elend hinderte ihn am Schlaf, und er nahm schließlich in den Monaten vor seinem Tode zu Narkotika Zuflucht.

Der Drogenkonsum des Präsidenten war nicht unüblich. Viele Amerikaner probierten in dieser Zeit Narkotika. Es war eine Ära, die als das goldene Zeitalter der »Patent«-Medizin bekannt ist. Narkotika und andere stimmungsbeeinflussende Drogen waren leicht erhältlich, und die Menschen wurden ermutigt, sie zu nehmen. Die Nachfrage war so groß, daß sich Koka und Opium zu wichtigen Importartikeln entwickelten und der heimische Hanf schließlich als Drogenpflanze kultiviert wurde. Fast jeder Apotheker an der Ecke mixte Alkohol, Cannabis, Kokain, Morphium und Opium zu einer Fülle von leichtverkäuflichen Geheimmitteln.

Die Präparate waren nicht patentiert oder mit einer Inhaltsangabe versehen, aber das hielt die Hersteller nicht davon ab, Werbung dafür zu treiben. Die Drogenwerbung wurde zu einer so typisch amerikanischen Erscheinung wie die Einladung zum Alkoholgenuß oder das Zigarrenrauchen. Die meisten Anzeigen arbeiteten mit den Aussagen von Berühmtheiten. Als Sigmund Freud sagte, er möge den Geschmack und den Preis des amerikanischen Kokains lieber als den des deutschen Kokains, beeilte sich der Hersteller Parke, Davis & Company, diese Bemerkung in eine Werbebroschüre aufzunehmen. Nachdem Dr. George Miller Sternberg, der stellvertretende Generalarzt unter Präsident Grover Cleveland, Marianis Kokawein an Krankenhäuser geliefert hatte, wurden Sternbergs Äußerungen zu regelmäßigen Bestandteilen von Marianis Reklamen. Selbst Clevelands junge und attraktive Frau Frances erschien in patentmedizinischen Anzeigen einer pharmazeutischen Fabrik aus New Jersey.

Grover Cleveland zog Alkohol vor. In seiner letzten Amtszeit gab es das Gerücht, daß er schwer trinke und seine Frau körperlich mißbrauche. Das Weiße Haus gab ein entscheidendes Dementi heraus. Man versuchte auch einen sensationell aufgemachten Zeitungsbericht zu unterdrücken, der behauptete, der Präsident habe auf der Luxusjacht eines Freundes Kokain genommen.

Dieses Gerücht erwies sich als wahr, aber die ganze Geschichte der Ereignisse auf jener Jacht wurde vierundzwanzig Jahre lang geheimgehalten. Präsident Cleveland hatte eine Krebsgeschwulst am Gaumen, und ein Teil seiner Wange wurde unter Verwendung von Lachgas, Äther und Kokain bei einer schwierigen Operation entfernt. Die Anästhesie war besonders riskant, weil der Präsident an Alkohol gewöhnt war, was ihn in gewisser Weise resistent gegen Äther machte. Die Verwendung von Kokain löste jedoch das Problem und half, den Schmerz zu beseitigen.

Während Grover Cleveland eine persönliche Verbindung mit Rauschmitteln und Drogenreklame vermeiden konnte, verschwendete sein Nachfolger William McKinley keine Zeit und geriet, wenn auch unabsichtlich, in Verbindung mit Anzeigen für Kokaprodukte. Nach seiner Wahl zum fünfundzwanzigsten Präsidenten erhielt McKinley eine Kiste mit Kokawein direkt vom Publicity-erfahrenen Angelo Mariani, dem Chemiker, der Grant mit dem stärkeren und wirksameren Thé Mariani versorgt hatte. Die Mariani-Kollektion an Koka- und Kokainpräparaten wurde jetzt von führenden Persönlichkeiten rund um den Globus hoch geschätzt, die diese Produkte bei der Arbeit oder zum Vergnügen zu sich nahmen. Vin Mariani wurde von sechs französischen Präsidenten, einem argentinischen Präsidenten, königlichen Hoheiten aus ganz Europa und Asien und drei Päpsten empfohlen. Sechs Jahre, bevor er McKinley zu einer Äußerung brachte, erhielt Mariani sein größtes Lob. Fréderic Bartholdi, der gefeierte Bildhauer der Freiheitsstatue, schrieb: »*Vin Mariani* scheint alle unsere Fähigkeiten zu erhellen und zu vermehren, sehr wahrscheinlich wäre die Freiheitsstatue mehrere hundert Meter hoch geworden, wenn ich ihn vor zwanzig Jahren genommen hätte.«

Mariani, der ein Pusher par excellence war, wollte Präsident McKinley ohne Zweifel in seine Liste enthusiastischer Kunden einreihen. Er hatte Grant und Cleveland verpaßt und nur Zeugnisse von ihren Ärzten erhalten. Er bemühte sich nach wie vor um eine direkte Empfehlung des Präsidenten, etwas von Dauer wie Baby Ruth – die Zuckerstange, die nach der im Alter von zwölf Jahren gestorbenen Tochter Grover Clevelands benannt worden war.

Mariani muß enttäuscht gewesen sein, als er keine Antwort von Präsident McKinley, sondern von dessen Sekretär John Addison Porter erhielt:

> Bitte seien Sie im Namen des Präsidenten und in meinem eigenen Namen bedankt für Ihre Liebenswürdigkeit, eine Kiste des berühmten *Vin Mariani* zu schicken, mit dessen beruhigenden Qualitäten ich bereits vertraut bin und auf die ich mich auch künftig, wenn die Gelegenheit es erfordert, stützen werde.

Mariani machte aus der Antwort das Bestmögliche. Er stellte den Brief, der den Regierungsbriefkopf trug, neben ein signiertes Bild von Präsident McKinley und veröffentlichte ihn in Anzeigen überall auf der Welt. Er sicherte sich auch eine Empfehlung von Dr. William Van Reypen, McKinleys oberstem Marinearzt, der Vin Mariani auf den U.S.-Lazarettschiffen *Solace* und *Relief* anbot.

Wenn McKinley auch nicht direkt das Trinken von Kokawein empfahl, so unterstützte er doch das Tabakrauchen. Der Tabakkonsum in Amerika war größer als jemals zuvor. Als Geldmittel für den spanisch-amerikanischen Krieg benötigt wurden, verdreifachte McKinley einfach die Tabaksteuer, was die Inlandsverkäufe senkte, nicht aber den persönlichen Konsum des Präsidenten. Er liebte Zigarren und rauchte zehn bis dreißig Stück am Tag, sehr zum Mißvergnügen der Anti-Tabak-Lobby, die behauptete, der Präsident sei durch diese Gewohnheit körperlich geschwächt. Nachdem er tragischerweise am 6. September 1901 von dem Anarchisten Leon Czolgosz angeschossen worden war, verlangte es ihn auf seinem Totenbett immer noch nach Tabak. McKinleys Arzt verweigerte ihm Zigarren und gab ihm einige Whiskys und niedrigdosierte Morphiuminjektionen.

Der Arzt stellte fest, daß der Präsident die Schüsse überlebt hätte, hätte er nicht »ein Tabakherz« gehabt.

Nach McKinleys Ermordung wurde der Vizepräsident Theodore Roosevelt der jüngste Präsident der Nation. Er wurde als Nichtraucher beschrieben – ein Charakterzug, der von der Anti-Tabak-Bewegung als Grund dafür angeführt wurde, daß er 1912 anders als McKinley die Kugel eines Attentäters überlebte. Tatsächlich war die Kugel, die Roosevelt traf, durch ein metallenes Brillenetui und ein gefaltetes Manuskript in seiner Brusttasche abgebremst worden, so daß sie in kein lebenswichtiges Körperorgan eindrang.

Theodore Roosevelt hatte die Gewohnheit, Unmengen Kaffee zu trinken. Sein Konsum steigerte sich von kleinen Mengen, die er in seiner Jugend zur Unterbindung von Asthmaanfällen zu sich nahm, bis zum zwanghaften Genuß in der Zeit seiner Präsidentschaft. Die präsidiale Kaffeetasse, so wurde gesagt, sah aus wie eine Badewanne. So wie Mariani sich um Zeugnisse von Präsidenten bemühte, versuchte auch der Kaffeehändler Joel Clark Präsident Roosevelt dazu zu bewegen, seine neue Kaffeemischung zu empfehlen, die er nach einem berühmten Hotel, dem Maxwell House, benannt hatte. Im Jahre 1907 errichtete Clark bei der Geburtstagsfeier des früheren Präsidenten einen Stand auf dem Grundstück der Hermitage, Andrew Jacksons Haus in Tennessee. Präsident Roosevelt traf ein, und Clark goß ihm eine Tasse Kaffe ein. Bevor Clark um eine Empfehlung bitten konnte, trank der Präsident die ganze Tasse aus, wandte sich der Menge zu und verkündete: »Gut bis zum letzten Tropfen!« Ein neuer Werbeslogan war aus der Taufe gehoben. Selbst ein Mariani hätte das nicht besser machen können.

Mariani machte in Europa glänzende Geschäfte, hatte aber große Schwierigkeiten, sich den amerikanischen Markt offenzuhalten. Es gab über siebzig konkurrierende Marken von Koka- und Kokaingetränken, dazu gehörte auch Coca Cola. Und es brauten sich Probleme zusammen. Einige Leute im Süden tranken fünfzig Flaschen Coca Cola täglich, um mehr Kokain zu bekommen. Es wurde auch reines Kokain über den Ladentisch verkauft, und Menschen wie Annie Meyers zeigten Anzeichen von Mißbrauch und Sucht. Auch Opiate standen in großen Mengen und pur zur Verfügung. Die amerikanische medizinische Vereinigung begann damit, auf die »schädlichen« Inhalte dieser Mittel hinzuweisen. Zu diesem Zeitpunkt forderte ein Kongreßbeschluß eine Regulierung der Patentmedizinherstellung.

3

Seit dem Ende des Bürgerkrieges hatte sich die Regierung als unfähig erwiesen, die neuen Drogen unter Kontrolle zu bringen. Maßnahmen zur Kontrolle von Opium zum Beispiel umfaßten Einfuhrsteuern, die Bestrafung des Opiumrauchens und die Schließung öffentlicher Opiumhöhlen. Aber diese Bemühungen trieben die Konsumenten und den Handel nur in den Untergrund, wo keine regulierenden Maßnahmen sie ausrotten konnten. Und nun wurden die Gesetzgeber wegen der frei erhältlichen opium- und kokainhaltigen Patentmedizinen nervös. Die Hersteller von Coca Cola ahnten diese Entwicklung und wollten von der Bezeichnung *dope* abrücken, die zu einem Synonym für ihr populäres Erfrischungsgetränk geworden war. Daher ließen sie 1903 das Kokain weg.

Drei Jahre später verlangte das Gesetz zur Reinheit von Nahrungsmitteln und Drogen, die Inhaltsstoffe auf Etiketten aufzuführen. Diese Auflage erwies sich als Werbung für Kokain und Opium, weil diese Substanzen jetzt auf den Verpackungen identifiziert werden konnten. Strengere Einschränkungen waren notwendig. Aber als der Import und der Besitz von Opium im Jahre 1909 schließlich durch die Gesetzgebung geächtet wurde, stieg der Schmuggel an und auch der Preis des Opiums. Die Konsumenten gingen dann zu billigeren und leichter erhältlichen Morphium- und Heroinprodukten über. Die meisten Hersteller entschieden sich dafür, bei den Kokaingetränken das Kokain wegzulassen und es durch Koffein zu ersetzen.

Der große Mariani, der als Merlin der werbetreibenden Welt galt, sträubte sich gegen die Veränderungen. Er überschwemmte den Markt mit geschickten Bekanntmachungen, die behaupteten: »Der Vin Mariani hat noch nie Kokainismus hervorgerufen«, da Koka nicht so gefährlich war wie Kokain. Mariani erfand raffinierte Propagandamethoden, sponsorte Theaterstücke und verwendete Reklametafeln, um seinen Wein in den Köpfen so vieler Menschen wie möglich in Erinnerung zu halten. Aber die Prohibitionsgesetze rückten näher, und Mariani zog sich schließlich vom US-Markt zurück. In seinen späteren Jahren lebte Mariani zurückgezogen in seinem Pariser Büro, das als ein Tempel Mama Cocas beschrieben wurde. Die Wandteppiche, die Möbel, Gemälde und anderen Gegenstände stellten alle Koka künstlerisch dar. Inmitten des Glanzes dieser Einrichtung verschied Mariani im Jahre 1914, dem Jahr, in dem Harrisons Narkotika-Gesetz in den Vereinigten Staaten verabschiedet und von Präsident Wilson unterzeichnet wurde.

Das Harrison-Gesetz wurde gemeinhin interpretiert als nationale Prohibition von »Narkotika« (Opium, Morphium, Heroin, Koka und Kokain); es war aber eher ein Gesetz zur ordnungsgemäßen Vermarktung dieser Drogen in kleinen Mengen im Ladenverkauf und in größeren Mengen auf ärztliche Verschreibung. Marihuana war aufgrund der starken Lobby der pharmazeutischen Industrie nicht betrofen. Tabak war nicht dabei, weil er sich so etabliert hatte, daß er immer in den Schnupftabaksdosen der Senatoren zu finden war, die zu diesen Gesetzen ihre Stimmen abgaben. Das Harrison-Gesetz beendete erfolgreich den Ladenverkauf der meisten Narkotika. Aber sofort entstanden in Bordellen und Vergnügungsvierteln, wohin der Arm des Gesetzes kaum reichte, neue Schwarzmärkte. Innerhalb weniger Jahre nach dem Harrison-Gesetz stand der Handel im Untergrund in Verbindung mit neuen internationalen Schmuggelringen. Amerikaner waren ebenso findig bei der Versorgung mit Narkotika wie damals zu Kolonialzeiten, als der Teehandel von den Briten eingeschränkt wurde.

Wie die meisten nachfolgenden Präsidenten, die gewählt wurden, um diese neuen Gesetze zu verschärfen, schien Woodrow Wilson entschlossen, die amerikanischen Körper so rein zu halten wie das Gesetz über reine Nahrungsmittel und Drogen. Wilson war immer besorgt wegen »Giften und Toxinen« im eigenen Körper. Er begann jeden Tag damit, einen Schlauch zu schlucken und seinen Magen mit beruhigenden Flüssigkeiten vollzupumpen. Diese Praxis wurde später im Weißen Haus durch eine spezielle Diät ersetzt. Es gibt Berichte, daß Präsident Wilson den Tabakgenuß befürwortet habe, aber es war sein Vizepräsident, Thomas Marshall, der die legendäre Bemerkung von sich gab: »Was dieses Land braucht, ist eine wirklich gute Fünf-Cent-Zigarre!«

Was das Land nicht brauchte, zumindest nach Ansicht des Gesetzgebers, war die Übertreibung irgendeiner Gewohnheit; öffentliche Trunkenheit wurde als besonders geschmacklos angesehen. In Wilsons Amtszeit errang die Anti-Alkohol-Bewegung, für die der beispielhafte Eifer von Carry Nation stand, Siege in der Gesetzgebung. Trotz staatlicher Prohibition floß in den ersten Jahren des zwanzigsten Jahrhunderts ein unübersehbarer und legaler Alkoholstrom von den feuchten in die trockenen Bundesstaaten. Das Webb-Kenyon-Gesetz von 1913 unterband diese Transporte. Als die Alkoholgesetze verabschiedet waren, verlagerte sich der Spirituosen-Verkehr in den Untergrund, wie bereits 1914 der Narkotika-Verkehr. Als das Achtzehnte Amendment (Prohibition) 1917 durch den Kongreß ging und als 1920 die Prohibition eingeführt wurde, stand die Untergrundorganisation für die Herstellung, den Vertrieb und den Verkauf von Alkohol bereits auf festen Beinen, um die Nachfrage befriedigen zu können. Die Nachfrage legte sich keinesfalls aufgrund der Gesetzgebung. Viele Flüsterkneipen in den Hinterhöfen der Nation boten nun sowohl Alkohol als auch Narkotika an.

Trotz der Prohibition trank Präsident Warren Harding hinter den verschlossenen Türen seines Schlafzimmers im Weißen Haus Whisky und Bier. In der Öffentlichkeit kaute Harding Tabak und rauchte Zigarren und Zigaretten. Die Bilder des rauchenden Präsidenten erfreuten die Tabakindustrie, störten aber Miss Lucy Gaston, die angetreten war, um den Tabak zu verbieten.

Dieses Thema wurde von vielen prominenten Amerikanern aufgenommen, die in den Zigaretten eine neue Form der Sklaverei sahen. Henry Ford veröffentlichte ein Buch mit dem Titel *Der Prozeß gegen den kleinen weißen Unterdrücker*, das große Aufmerksamkeit erregte. Es enthielt ein Vorwort von Thomas Edison und behandelte in einem speziellen Teil, wie das Zigarettenrauchen die amerikanischen Arbeitsplätze zerstörte, ein Thema, das sich später in den 80er Jahren bei Marihuana und Kokain am Arbeitsplatz wiederholte. Viele Politiker stimmten den Maßnahmen gegen die *weißen Unterdrücker* zu, und mehrere Städte und Staaten ächteten den Verkauf oder den Konsum von Zigaretten, was auch schon Kolonialregierungen versucht hatten. Die Stadt New York verabschiedete die Sullivan-Verordnung, die Frauen das Rauchen in der Öffentlichkeit verbat. In achtundzwanzig Staatsgesetzen wurden mehr als einhundert regulierende Maßnahmen eingeführt. Diese Maßnahmen reduzierten zwar die Zigarettenverkäufe, aber das Raucherpublikum ging nun zu Zigarren oder Kautabak über. In Gebieten mit strengeren Tabakverboten wurden Zigaretten illegal hergestellt, und die verbotenen Früchte zogen viele neue Raucher an.

Im Jahre 1921 begannen die Staaten ihre Antitabak-Gesetze zu lockern. Gaston widersetzte sich mit einer wütenden Propagandaschlacht. Amerika mußte vor dem Tabak gerettet werden oder würde dem Bolschewismus verfallen. Ihr Beleg: Viele der in den Vereinigten Staaten verkauften Zigaretten waren aus Rußland importiert. Aber ihr Schlachtruf: »Weiße Sklaverei oder Freiheit« hatte keine Auswirkung auf den ständig steigenden Tabakkonsum. Als sie die Bewegung 1899 gründete, wurden 4,4 Milliarden Zigaretten geraucht. In ihrem Todesjahr 1924 wurden mehr als 73 Milliarden Zigaretten verkauft. Ironischerweise starb die Nichtraucherin Gaston an Kehlkopfkrebs.

Der Tabakkonsum nahm innerhalb und außerhalb des Weißen Hauses zu. Präsident Calvin Coolidge, der keinen Alkohol trank, war starker Zigarrenraucher. Das Aroma von Virginiazigarren durchdrang jedes Zimmer des Weißen Hauses. Draußen im Lande fand das Zigarrenrauchen neue Anhänger, speziell unter jungen Politikern, die der politischen Führung nacheiferten. Die Macht des Präsidenten, das Verhalten zu beeinflussen, wurde auf die komischste Weise bei einem Frühstück im Weißen Haus deutlich. Coolidge goß seinen Kaffee und Sahne in eine Schüssel. Mehrere Gäste taten höflich das gleiche. Als die Politiker dann darauf warteten, daß der Präsident einen Schluck nähme, lächelte er, lehnte sich zur Seite und stellte die Schüssel für die Erste Katze der Nation auf den Fußboden.

In bezug auf Alkohol konnte jedoch das Land den öffentlichen Darbietungen präsidialer Abstinenz nicht folgen. Statt dessen taten die Leute und die Präsidenten, wonach ihnen war. Der Alkoholkonsum setzte sich sogar fort, als Herbert Hoover Präsident wurde. Hoover war ein starker Sympathisant der Prohibition und bezeichnete sie als »ein großes soziales und ökonomisches Experiment, edel im Motiv und weitreichend im Zweck«. Äußerlich hielt er sich zwar an das Gesetz, aber innerlich blieb der Präsident während seiner gesamten edlen Amtszeit dem Gin-Fizz zugeneigt. In den Häusern und Flüsterkneipen überall in Amerika scheiterte das Experiment. Wenn Lincoln trinken und sogar entgegen dem seiner Mutter gegebenen Versprechen eine Kneipe führen konnte, so konnten das auch andere, trotz des Gesetzes oder ihres Amtseides darauf. McSorley's Tavern in New York arbeitete weiter, und unter ihren Schutzpatronen waren genau die Polizeibeamten, die mit der Durchsetzung der Prohibition beauftragt waren.

Trotz größerer Budgets zur Durchsetzung des Gesetzes und härterer Strafen funktionierte die Prohibition nicht und würde wohl auch nie funktionieren, zumindest nicht in Hinblick auf Angebot und Nachfrage. Die dreizehn Jahre der Prohibition waren insofern unglücklich, als alle Bemühungen zur Veränderung der Alkoholkonsumgewohnheiten in Amerika scheiterten. Alkohol war im Überfluß zugänglich. Menschen betranken sich weiterhin, wurden Alkoholiker, waren eine Gefahr auf den Schnellstraßen und überschwemmten die Gerichte, Gefängnisse und Krankenhäuser. Einiges war schlechter als vorher. Versetzter und giftiger Fusel, der ohne jeden Sicherheitsstandard produziert wurde, verursachte Blindheit, Paralyse und den Tod. Der Trend verlagerte sich von den großen Wein- und Bierflaschen zu harten Spirituosen, die weniger voluminös und auf dem Schwarzmarkt leichter zu transportieren waren. Verbrechersyndikate übernahmen die Kontrolle der Alkoholdistribution. Auch der Konsum anderer Rauschmittel wie Marihuana und Äther stieg an. Die Menschen sahen im Gesetz eine übertriebene und unvernünftige Einschränkung der persönlichen Freiheit. Die Nation rebellierte. Das einundzwanzigste Amendment, das die Prohibition aufhob, wurde schließlich 1933 ratifiziert, in dem Jahr, in dem Franklin Delano Roosevelt das Amt antrat. In seinen vier Amtszeiten standen nun andere Drogenprobleme auf der Tagesordnung.

Die Prohibition des Alkohols hatte zur Verbreitung des Marihuanarauchens und zum Schwarzhandel geführt. Marihuana-»Teeschuppen«, die an die Opiumhöhlen des vorigen Jahrhunderts erinnerten, wurden in New Orleans und anderen Städten im Süden aufgemacht, die Tore für die Einfuhr des aus Kuba und Mexiko eingeschmuggelten Marihuanas waren. Mexikanische Einwanderer, die Marihuana zur Entspannung und als Freizeitvergnügen verwendeten, verteilten sich von Louisiana aus in alle Teile der Vereinigten Staaten. Um 1930 gab es fünfhundert Teeschuppen allein in der Stadt New York und viele andere in den Städten am Mississippi.

Der Marihuanakonsum war zusammen mit den Wanderarbeitern, dem Jazz und sensationellen Zeitungsberichten über diese neue Drogengewohnheit den Mississippi aufwärts gewandert. Die betroffenen Staaten verabschiedeten Gesetze zur Unterbindung des Handels. Im Jahre 1937 gab es in 46 der 48 Staaten und im District of Columbia Gesetze gegen Marihuana, mit Strafen und Definitionen, die es den Narkotika gleichsetzten. Das Bundesgesetz zur Marihuanabesteuerung wurde 1937 verabschiedet. Wie das Harrison-Gesetz war das Marihuanasteuergesetz eine fiskalische Maßnahme, aufgrund der sich jede Person, die mit Marihuana handelte, registrieren lassen und eine spezielle Steuer bezahlen mußte. Gleichzeitig versuchte das Gesetz den Konsum zu reglementieren, indem es den Zugang zu Marihuana für nichtmedizinische Zwecke äußerst schwierig machte.

Die Reaktion der Marihuanabenutzer war fast eine Wiederholung des Verhaltens, das auf die Prohibition folgte. Die Teeschuppen verwandelten sich wie schon bekannt in Flüsterkneipen, und eine beachtliche Subkultur baute Marihuana zu Hause an. Die auf Vernichtung zielenden Kontrollen hatten nur minimale Wirkungen, weil Marihuana im Zweiten Weltkrieg in vielen Staaten offiziell wieder angepflanzt wurde, als das Land von ausländischer Hanfzufuhr abgeschnitten war. Um das Budget für die Kontrollmaßnahmen zu erhöhen, übertrieb die Bundesbehörde für Narkotika das Ausmaß des Marihuanakonsums maßlos und stellte die Droge als gewalttätige Bedrohung dar.

Die Propaganda beeinträchtigte aber den Marihuanakonsum überhaupt nicht. Die Benutzer schienen damals wie heute ausschließlich der »message« zu lauschen, die die Droge in ihren Körpern hervorrief. Diese Botschaft sagte ihnen, der Marihuanarausch gebe ihnen ein gutes Gefühl und schade nicht. Sie verloren nicht den Appetit auf solche harmlosen Belohnungen und Belustigungen. Folgerichtig entwickelten die Benutzer Mißtrauen gegenüber der übertriebenen öffentlichen Darstellung. Als der Zweite Weltkrieg den internationalen Heroinhandel verhinderte, begannen Schmuggler in großem Maßstab Marihuana zu importieren. Als der Heroinhandel nach dem Kriege wiederaufgenommen wurde, waren Heroin und Marihuana aus denselben Quellen erhältlich. Dadurch wurde eine Verbindung zwischen beiden Konsumentengruppen hergestellt. Die Ansicht, Marihuana sei eine gewaltproduzierende Bedrohung, wurde nun gekoppelt mit der Einstiegstheorie, die unrichtigerweise behauptet, der Marihuanakonsum führe zur Heroinsucht, obschon natürlich jedes Rauschmittel immer die Tür zum Experimentieren mit anderen öffnet. Trotz härterer Strafen, die Marihuana offiziell mit Heroin auf eine Stufe stellten, breitete sich der Konsum von der Unterschicht auf die Mittelschicht aus. Der organisierte illegale Handel florierte. Im Jahre 1945 übertrafen die Beschlagnahmungen an den Grenzen die im Inland.

Roosevelt war Präsident in der Zeit, in der pharmakologische Fortschritte weit über die in der patentmedizinischen Ära erreichten Errungenschaften hinausgingen. Die medizinische Wissenschaft brachte neue Drogen wie Phenobarbital hervor, die der Präsident gegen hohen Blutdruck nahm. Die außermedizinischen Vorlieben des Präsidenten waren die traditionellen Lieblingsgenußmittel der Politiker, Alkohol und Tabak. Er war Experte in der amerikanischen Tradition des freigebigen Ausschenkens von Alkohol. Er rauchte auch bis zu vier Packungen Zigaretten am Tag. Wie George Washington erkannte FDR, daß Tabak und Zigaretten eine wertvolle moralische Verstärkung für den amerikanischen Kämpfer waren, und er versäumte es selten, sich auf seinen Pressephotos mit einer Zigarette zu zeigen. Der Tabak finanzierte einen guten Teil des Zweiten Weltkriegs, wie schon früher die Revolution. Da der Tabakkonsum neue Rekordmarken erreichte, klagte die Antiraucherbewegung dennoch vehement über das Bild des grinsenden Präsidenten im Leinenanzug, der eine elfenbeinerne Zigarettenspitze zwischen den Fingern hielt.

Nachfolgende Präsidenten verstanden es, ihren Umgang mit Alkohol, Tabak und anderen, weniger akzeptierten Drogen privater zu behandeln, indem sie den Konsum auf offizielle Toasts, private Situationen im Wohnbereich des Weißen Hauses oder auf das *Air Force One*-Düsenflugzeug beschränkten. John F. Kennedy hatte an Bord der *Air Force One* gewöhnlich eine Zigarre im Mund. Aber vor der Landung versteckte er sie in seiner Manteltasche. Diese Angewohnheit bescherte ihm viele Brandlöcher in den Taschen. In den Kennedy-Jahren erreichte der Freizeit-Drogengebrauch in Amerika seinen Höhepunkt. So war es nicht überraschend, daß Gerüchte über JFKs Marihuana- und LSD-Konsum im Weißen Haus auftauchten und Spekulationen darüber, daß es sich bei den häufigen »Vitamin«-Injektionen, nach denen er aufblühte und erregt war, in Wirklichkeit um Amphetamine oder Kokain handelte. Da es keine schlagenden Beweise für diese Behauptungen gab, nur Geschichten vom Hörensagen, verbreitet von Drogenpäpsten wie Timothy Leary, können sie als projizierte Phantasien einer wachsenden Gruppe von Freizeit-Drogenkonsumenten betrachtet werden.

Der Drogenkonsum der Wählerschaft nahm immer weiter zu, und der Kongreß verschärfte die Einschränkungen und Strafen. Im Jahre 1970 waren fünfundfünfzig Drogengesetze (ohne die Alkoholgesetze) zur Untermauerung des Harrison-Gesetzes verabschiedet worden, und die Gesetzgeber in den einzelnen Staaten stimmten über Hunderte anderer ab. Alle Gesetze zusammen schafften es nicht, den Drogenkonsum einzudämmen. Obwohl sie möglicherweise den Anstieg der Süchtigenrate in der Bevölkerung verlangsamt haben, schufen sie den Schwarzen Markt und veränderten die Distributions- und Konsumgewohnheiten. Der vierte Trieb blieb in Amerikas verborgenen Ecken lebendig: in den innerstädtischen Ghettos und Schießbuden, in den mittelständischen Vorstadthäusern und überall in den Badezimmern.

In der Tradition von Abraham Lincoln unterstützen die modernen Präsidenten die Tabak- und Alkoholindustrie und machen ihre Witze über den Rausch. Nixon sprach einmal über seine Reisen in Südamerika, wo man Steine auf ihn geworfen hatte, und stellte fest: »Ich wurde in Caracas gesteinigt (»stoned«). Ich kann dazu nur sagen: Es ist ein wenig anders, als beim Rauchen eines Joint ›stoned‹ zu werden.« Aber Nixon machte keine Scherze, als er das Gesetz zur erweiterten Abwehr und Kontrolle des Drogenmißbrauchs von 1970 unterschrieb, das alle anderen Bundesgesetze über Narkotika übertraf. Es sollte eine Kontrolle der Herstellung, des Imports und der Distribution von Drogen ermöglichen. Eine der wichtigsten Klauseln dieses Gesetzes war die Klassifikation der Drogen in Kategorien mit unterschiedlichen Reglementierungen, Kontrollen und Strafen. Dieser Teil des Gesetzes wurde bekannt als Gesetz zur Kontrolle der Substanzen. Die bekannten Drogen wurden in fünf Kategorien eingeteilt, die abhängig waren von ihrem Mißbrauchspotential, der akzeptierten medizinischen Verwendung und Sicherheit und dem Potential für physische oder psychische Abhängigkeit. Heroin, Marihuana und die meisten Halluzinogene galten als unsicher mit hohem Mißbrauchspotential, aber gegenwärtig keiner medizinischen Anwendung. Sie wurden in Kategorie I eingeteilt, der eingeschränktesten Klasse. Kokain wurde zusammen mit Opium der Kategorie II zugeordnet. Es wurden Vorkehrungen getroffen, neue Drogen aufzunehmen, sobald sie zu einem Problem würden, aber die etablierten Drogen Alkohol und Nikotin blieben unkategorisiert.

Präsident Ronald Reagan unterstützte weiterhin die Tabakindustrie, erlaubte den Alkoholkonsum und nahm die medizinische Hilfe starker Narkotika in Anspruch. Bei seiner Dickdarmoperation im Jahre 1985 wurde schmerztötendes Kokain in die Wirbelsäule des Präsidenten gespritzt, wodurch die Zirkulation zum Gehirn umgangen und die geistige Benommenheit verringert wurde. Die euphorischen Wirkungen mögen auch zu der unerwarteten, gutgelaunten Bemerkung des Präsidenten beigetragen haben: »Ich fühle mich fit wie eine Fiedel.«

Seit den frühen Tagen des Landes, in denen die Präsidenten und die von ihnen vertretenen Menschen Tabak, Alkohol, Koka und Opium konsumierten, hat sich nicht viel geändert. Wir sind auf ein durchgängiges Muster der Suche nach der Droge und der Drogeneinnahme gestoßen. Gleichermaßen üblich waren Reglementierungs- und Prohibitionsmaßnahmen, denen immer mit Protest und Ausflüchten begegnet wurde. Von den frühesten Siedlungen auf dem Kontinent, mit ihrem Genuß heimischer Tabakpflanzen und importierter Tees, bis zur heutigen Vorliebe für selbstgezogenes Marihuana und importiertes Kokain lebt der Trieb weiter. Es war jedoch das Verlangen nach Kokain, das die Konsumenten wirklich zu weit vorpreschen ließ, um ihre Nachfrage nach dieser »idealen Freizeitdroge« zu befriedigen. Die Kokain-Konsumenten, die 10 Prozent der Bevölkerung ausmachten und sich fit fühlten wie 24 Millionen Fiedeln, nannten in den achtziger Jahren ihr Rauschmittel *die* amerikanische Droge. Der Oberkommandierende nannte es *Krieg*.

Drogenkrieg

Angebot und Nachfrage dauern an

1

Das Katapult rollte geräuschlos in seine Position. Zumindest sah es wie ein maßstabgerechtes Modell eines Katapults aus. Ich sah aufmerksam zu, wie der Professor die tödliche Ladung in die beiden kleinen hölzernen Löffel lud, die als Wurfarme dienten. Ein einziger Riegel hielt beide Arme nieder, die mit fest gespannten Federn ausgerüstet waren. Wenn der Riegel gelöst wurde, sprangen die Arme hoch und warfen gleichzeitig ihre Ladung ab. Die Wirkung war unheimlich.

Der Professor justierte das Ziel, wobei er durch ein kompliziertes Spiegelsystem schaute. Er redete wie ein Maschinengewehr von Winkeln, Kraftvektoren und deutscher Handarbeit. Er war der Maschine so nahe, daß er sie hätte küssen können. Ich wurde starr, als seine knochigen Finger den Riegel berührten. Er flüsterte dem Katapult ermutigende Worte zu, atmete aus und gab die Ladungen frei. Die Arme schossen hoch, und der Kopf des Professors schnellte nach hinten, als die Doppelladung Kokainpulver tief in seine Nasenlöcher hineingepreßt wurde. Zwei perfekte Hits!

Der Titel »Professor« war ein Ehrentitel, den ich ihm für seinen Erfindungsreichtum verliehen hatte, den er bei der Anfertigung von neuem Drogenzubehör bewies. Die von ihm entwickelten und getesteten Geräte gingen gegen eine kleine Beratungsgebühr an Hersteller. Die Erfindungen erschienen schließlich in Läden und Versandhauskatalogen, als Teil des Marktes von Drogen-Accessoires, der eine Milliarde Dollar im Jahr umsetzt. Er reichte mir das Katapult.

Ich war von dieser Neuentwicklung auf dem Gebiet der Kokainspender fasziniert, die er europäischen Vorbildern abgeschaut hatte. Sie erinnerte in ihrer Bauart an eine Kriegsmaschine und war eine zutreffende Verkörperung des Wortes *Paraphernalia,* das sich ursprünglich auf mechanische Geräte des Militärs der alten Griechen bezog. Die Anwendung der meisten modernen Instrumente zur

Verabreichung von Kokain kommt einem militaristischen Anschlag auf den Körper gleich: Nadeln dringen ein, Strohhalme und Blasrohre beschießen ihn wie Raketen, und flüssige Sprays ballern auf ihn los. Andere auf dem Paraphernalia-Markt erhältliche Geräte dienen dazu, den Drogenkonsum zu verbergen. Es gibt Aerosole, um Marihuana-, Kokain- oder PCP-Rauch zu verbergen und zu zerstäuben. »Kammer«-Pfeifen bieten den Rauchern eine diskrete geruch- und rauchlose Art, ihre entzündbare Lieblingsdroge zu konsumieren. Wenn sie Unterwasserpfeifen benutzen, sind Marihuanaraucher so schwer zu orten wie Froschmänner. »Camelflage«-Papier verwandelt Marihuana-Joints in harmlos aussehende Camel-Zigaretten. Kokainspender, die als Juwelen, Lippenstifte, Gürtelschnallen und Münzen getarnt sind, geben dem Benutzer das Gefühl, er sei ein Geheimagent. Wenn das kein Krieg ist, dann ist es zumindest eine höchst ungewöhnliche Friedensbeschäftigung.

2

Von Präsident Nixon wurde ein neuer Krieg gegen die Drogen im Jahre 1971 in einer Botschaft an den Kongreß formell erklärt, dann von Präsident Ford im Jahre 1976 und wieder von Präsident Reagan im Jahre 1982. Wie andere frühere Kriege basierte auch dieser Krieg auf der Basis von Angebot und Nachfrage. Die Hauptstrategie zielte darauf, die Benutzer und künftigen Benutzer von bestimmten Drogen abzuschneiden und die Nachfrage zu reduzieren.

Auf einen einfachen Nenner gebracht, lassen sich die von den Konsumenten ausgewählten Drogen als Funktion der Verfügbarkeit und des Bedarfs betrachten. Die Verfügbarkeit wird durch das Angebot bestimmt, das traditionellerweise bedroht wird durch internationale Abkommen, Vernichtung, Verbot und andere Bemühungen, die darauf zielen, die Drogen nicht in das Land oder an die Benutzer heranzulassen. Wenn das Angebot geringer wird, so die Überlegung, dann sinkt der Drogenmißbrauch. Der Bedarf, wie er sich in den Verbrauchsgewohnheiten ausdrückt, entspricht der Nachfrageseite der ökonomischen Gleichung und ist das Ziel von Therapie- und Rehabilitationsprogrammen und von vorbeugenden Erziehungsmaßnahmen. Reduziere den Bedarf, dann verschwinden die Angebote.

Ein auf dieser Analyse fußender Krieg war zum Scheitern verdammt, weil er das grundlegende Wirkungsprinzip des vierten Triebes nicht mit in die Gleichung aufnahm, das unstillbare Verlangen nach dem Rausch, das in erster Linie den Bedarf hervorruft. Wenn Zwangsmaßnahmen das Angebot oder die Nachfrage bestimmter Drogen schwerwiegend einschränken, protestieren die Benutzer oder weichen aus – sie wenden sich anderen Angeboten oder anderen Drogen zu, die ihr Verlangen nach Rausch befriedigen. Die Reduktion von Angebot oder Nachfrage hat noch nie das Verlangen nach Rauschmitteln aufgehalten und wird das auch niemals tun. Auch Deklarationen von Präsidenten werden diesen Krieg nicht anders als die früheren enden lassen.

So kam es dann tatsächlich zu kriegerischen Auseinandersetzungen. In den siebziger und achtziger Jahren eskalierte der Krieg gegen das Angebot kontinuierlich. An der internationalen Front spielten die U.S.-Geheimdienste im Anti-Drogen-Kampf der Nation eine wichtigere Rolle. Das betraf den Zoll, die Küstenwache, die Grenzpolizei, das Verteidigungsministerium, die Luftfahrtbehörde, die Schiffahrtsverwaltung, die Bundeskommission für Kommunikationseinrichtungen und sogar die NASA. Satelliten der Geheimdienste verfolgten Äther-Transporte zu Verarbeitungslabors in Kolumbien. Amerikanische Truppenteile wurden in anderen Ländern an die Front geschickt. Sie halfen bei der Ausrottung von Kokapflanzen, der Zerstörung von Laboratorien und der Verhinderung von Transporten. In Bolivien wurde ein Arzt, der in einem U.S.-Hubschrauberteam arbeitete, von dem Hubschrauberrotor geköpft, als er bei einer versuchten Notlandung aus der Maschine sprang. Es gab aber keine gerichtliche Untersuchung oder ein Verfahren, denn dies spielte sich in der zwielichtigen Zone eines wirklichen Krieges und nicht in einem gestellten Film ab.

Die Agenten der Drogenvollzugsbehörde DEA gingen in über vierzig anderen Ländern an die Arbeit. Viele von ihnen wurden ermordet oder auf schwarze Listen gesetzt. Kolumbianische Händler boten ein Kopfgeld von 350.000 Dollar für die Ermordung eines höheren DEA-Beamten in den Vereinigten Staaten oder in Kolumbien und drohten damit, fünf Amerikaner wegen eines nach Amerika ausgelieferten kolumbianischen Drogenhändlers zu töten. Vom Außenministerium gedeckte Teams versuchten die Pflanzen in vierzehn Ländern zu vernichten: Neunzehn Mitglieder einer Gruppe wurden in Peru erschlagen. Vier wurden zuvor gefoltert. Im Oberen Huallagatal in Peru wurden weitere siebzehn Beauftragte von einer Bande von fünfzig Händlern mit automatischen Waffen getötet. Es gab auch weniger direkte Methoden: Einige Teams lehrten peruanische Bauern, die ihren Lebensunterhalt mit Koka verdienten, statt dessen Tabak und Kartoffeln anzubauen. Gleichzeitig wurde jedoch wenig getan, um amerikanische Marihuanapflanzer zu überzeugen, ihren Lebensunterhalt aufzugeben, den sie aus der wertvollsten Ernte der Nation beziehen.

Ausländische Regierungen wurden für diese und andere internationale Anti-Drogen-Aktionen gelobt. Die Ehre war unverdient. Trotz der angeblichen Erfolge wurde der Drogenkonsum in den Vereinigten Staaten nur in einem vernachlässigenswerten Maße eingedämmt. Warum?

Weil der Drogenkonsum, der unstillbare vierte Trieb, sich auch als extrem anpassungsfähig an veränderte Angebote und Druck von außen erwiesen hat. Die Mechanismen wurden schon 1969 nach der ersten bedeutenden internationalen Kampagne deutlich, der Operation Intercept (Abfangen), die den ersten größeren Schlag gegen den Marihuanakonsum darstellte. Bei dieser Operation wurden 493 Drogenlieferanten an der mexikanischen Grenze gefangengenommen. Aber nur sehr wenige Drogen wurden konfisziert, und in den Vereinigten Staaten war keine Veränderung in bezug auf den Marihuanakonsum festzustellen.

Zwanzig Tage später wurde der Name des Programms in Operation Cooperation geändert. Es war nun der Unterstützung der mexikanischen Polizei gewidmet. Gemeinsam sollten die Marihuanapflanzen selbst zerstört werden. Die Marihuanafelder im nördlichen Mexiko wurden angezündet. Aber die Operation ergab einen Rückschlag. Die Schmuggler wurden dazu gezwungen, sich weiter südlich nach Mexiko zurückzuziehen, wo sie Marihuanapflanzen mit höherem Wirkungsgrad fanden. Es gab auch Angebote von starkem Marihuana aus anderen Ländern wie Thailand und von bestem Haschisch aus Nordafrika und dem Nahen Osten. Infolgedessen erhöhte sich der prozentuale Anteil von THC im handelsüblichen Marihuana auf den Straßen der Vereinigten Staaten um das Siebenfache. Das erzeugte eine Nachfrage der Kenner nach regelmäßiger Versorgung mit den wirksameren Präparaten. Und so war es letztlich das ironische Ergebnis der Operation Cooperation, daß nördlich der Grenze *sinsemilla* angebaut wurde, ein hochwirksames, samenloses Marihuana.

Die auf dem heimischen Anbau basierende Industrie war bei der Befriedigung der Nachfrage ihrer Konsumenten so erfolgreich wie die Raubpresser von Schallplatten. Im Jahre 1978 führten die Vereinigten Staaten ein Fallschirm-Sprühprogramm gegen das mexikanische Marihuana durch, was einen weiteren Anstieg des inländischen Anbaus mit sich brachte. Als die Vereinigten Staaten Marihuana für medizinische Zwecke anzubauen begannen, suchten sie ironischerweise den Rat von Pflanzern aus dem nördlichen Kalifornien. Das in Amerika angepflanzte Marihuana und seine Pflanzer sind mittlerweile die besten in der Welt.

Der Krieg hatte das Geschick der amerikanischen Konsumenten mißachtet, Engpässe, die durch Operationen auf fremdem Territorium entstanden, zu umgehen. Selbst wenn die Koka- und Marihuanafelder mit Entlaubungsmitteln und Atombomben zerstört würden, wie es ein peruanischer General auf einer

Konferenz im Jahre 1979 forderte, wenn der Amazonas selbst mit Agent Orange gesalzen würde, wie es zwei kolumbianische Vertreter empfahlen, wenn die Eingriffe 100 Prozent erfolgreich wären, wie sie es nach der Behauptung dreier früherer Berater des Weißen Hauses sein könnten, hätten wir doch immer noch Miami, Los Angeles und Hunderte anderer Städte als Zentren des Handels, der Verteilung und des Konsums. Der Krieg mußte nach Hause, nach Amerika zurückkehren.

Zwangsmaßnahmen im Inland begannen mit Angriffen auf die Zufuhr, wobei solche Institutionen wie das FBI, die DEA und der Marshal's Service eingesetzt wurden. Das Finanzministerium steuerte die Dienste des Zolls, des IRS und des Büros für Alkohol, Tabak und Feuerwaffen bei. Intelligenz wurde von der CIA (Central Intelligence Agency), dem Nationalen Institut gegen Drogenmißbrauch und der Einwanderungs- und Naturalisierungsbehörde zur Verfügung gestellt. Insgesamt 11 Kabinettsabteilungen, 13 unabhängige Organisationen, 9 Behörden, 31 ausführende Dienststellen und 95 Unterabteilungen von Dienststellen zogen mit in den Kampf. In 19 Staaten wurde die Nationalgarde beauftragt, bei der Entdeckung und Zerstörung von Marihuanapflanzen zu assistieren. Die Erkundung wurde von der Luftwaffe durch U2s, RF-4C-Düsenjäger und sogar AWACS-Systeme unterstützt.

Mit den Bemühungen im Inland ging eine neue Gesetzgebung einher. Es wurden Gesetze verabschiedet, um Strafen zu verschärfen, neue Drogen zu kontrollieren, Geldstrafen und drogenbezogene Abgaben zu verhängen, Kautionsvoraussetzungen zu komplizieren, die Berichterstattung für Währungs- und Devisentransaktionen zu verschärfen und massive finanzielle Unterstützung, Hardware und Rhetorik für die Schlacht zu mobilisieren. In der Tradition der kolonialen Proteste gegen Tee- und Tabak-Reglementierungen gründeten die heutigen Benutzer organisierte politische Bewegungen, die eine Veränderung der Drogengesetze auf ihre Fahnen schrieben. Die sichtbarste Protestgruppe war die Nationale Organisation zur Reform der Marihuanagesetze (NORML). Die Gruppe organisierte öffentliche Kundgebungen und »smoke-ins«, Verfassungsklagen gegen die Marihuanagesetze des Bundes und einzelner Staaten und Klagen gegen die Luftüberwachung und Ausrottungsbemühungen.

Unter denen, die Marihuana anbauten, waren einige der entschlossensten Widerstandskämpfer im heimischen Drogenkrieg. Die kalifornischen Marihuanapflanzer bildeten eine Organisation, die rechtliche Aktivitäten zum Schutz des heimischen Anbaus unterstützte. Die Pflanzer in anderen Staaten organisierten Gilden, um regionale Marihuanaarten hervorzuheben. Bald trugen Ballen des amerikanischen »Grases« Designeretiketten wie »Sunny Mountain Brand« und

»Sierra Sinsemilla«. Es wurde im Jahre 1980 sogar eine Fachzeitschrift gegründet, die den Bauern spezielle Hinweise gab. Handbücher über den Marihuana-Anbau behandelten solche Probleme wie die Schädlingsbekämpfung und Methoden zur Tarnung der Felder. Quer gestreut durch diese Publikationen fanden sich Anbautips von George Washington, und die Leser wurden ermutigt, seinem Rat zu folgen und Hanf überall im Lande zu säen.

Marihuana wurde auf privatem und öffentlichem Grund angepflanzt. Das Emerald Triangle, ein zehntausend Quadratmeilen großes Naturschutzgebiet in Nordkalifornien, wurde das Herz des heimischen Anbaus. Als die Bemühungen zur Beschränkung des inländischen Angebots eskalierten und Hubschrauber in amerikanischen Hinterhöfen und Nationalparks spionierten, begannen die Pflanzer, Marihuana zwischen Korn- oder Sonnenblumen anzubauen, oder verbargen es in Sumpfgrasflecken. Es wurde jedoch bald deutlich, daß der Anbau in geschlossenen Räumen die beste Methode war, um einer Entdeckung zu entgehen. Die Anbauratgeber schalteten um auf Lobgesänge über Treibhaustechniken. Versandhauskataloge boten wachstumsfördernde Lampen und andere fortschrittliche technische Ausrüstungen an. Eine Firma inserierte für alle, die einen Platz zum Anbau von Marihuana suchten, einen Schrank. Der Schrank war ein gut gearbeiteter Eichenkasten, der mit einem kompletten Lichtsystem, Wasserkulturen und Nährstoffen ausgerüstet war, mit allem, was der »Schrankbauer« benötigt. Die Pflanzer züchteten sogar kleinere Marihuanapflanzen, die für die neue häusliche Umgebung besser geeignet waren. »Skunk #1«, ursprünglich in Kalifornien entwickelt und weniger als einen halben Meter hoch, war nach Beschreibungen kaum mehr als ein Brausestäbchen, das mit harzhaltigen Marihuanablüten bedeckt war. George Washington wäre erfreut gewesen, wenn er gewußt hätte, daß Marihuana Amerikas umsatzstärkste Anbaupflanze war, weit vor Roggen, Weizen und allen anderen Getreidesorten zusammengenommen! Amerika versorgte jetzt mindestens 27 Prozent des Bedarfs von mehr als 64 Millionen Marihuanakonsumenten.

Das gleiche Prinzip des heimischen Anbaus entwickelte sich für Koka, die entgegen weitverbreiteter Überzeugungen in nordamerikanischen Klimazonen gut gedeiht. Um 1977 war Saatgut für die Interessenten in den Vereinigten Staaten verfügbar. Sie begannen, Koka für ihren persönlichen Gebrauch in Gewächshäusern und in Glaskästen auf dem Niveau des Marihuanaanbaues in den siebziger Jahren zu ziehen. Die Technologie für das Kokapflanzen im großen Maßstab, die Extraktion der Kokapaste und das Raffinieren von Kokain-Hydrochlorid stand den Konsumenten einige Jahre später zur Verfügung. Kokafelder im Freien wurden in Florida, auf Hawaii und in Puerto Rico gefunden. In Colorado und Kalifornien wurden Koka-Farmen und Kokain-Produktionsanlagen in Gewächshäusern entdeckt. Wenn es gelingt, das Angebot zu beschränken und die Zufuhr ausländischen Kokains einzudämmen, dann erleben die einheimischen Kokafarmen und Laboratorien eine Blütezeit.

Der Opiumanbau in den Vereinigten Staaten folgt einem ähnlichen Muster. Nachdem die Türkei 1972 den Mohn erfolgreich verbannt hatte, was die Heroinzufuhr in die Vereinigten Staaten drastisch beschnitt, wurde der Bedarf durch Mexiko gedeckt. Das mexikanische Mohnvernichtungsprogramm begann im Jahre 1976 und führte bis 1979 zur Reduzierung der Verfügbarkeit von Heroin in den westlichen Regionen der Vereinigten Staaten. Die Händler nahmen daraufhin zu anderen Quellen Zuflucht. Um 1985 wurden kleine Opiummohnfelder auf privatem und öffentlichem Gelände von Kalifornien bis Neuengland entdeckt. Aber das mexikanische Ausrottungsprogramm scheiterte, das mexikanische Heroin stand mehr denn je und auch billiger zur Verfügung, und der Opiumanbau in den Vereinigten Staaten mußte nie zu einem Geschäftszweig größeren Stils werden. Allerdings existieren die Technologie und das Saatgut, um künftigen Engpässen begegnen zu können.

Marihuana, Koka und Mohn können in geschlossenen Räumen gedeihen und sind damit weitgehend vor Entdeckung geschützt. Die Gesetzeshüter mußten zu neuen Taktiken greifen, wie zur Kontrolle der von den verdächtigten Anbauern verbrauchten Elektrizität – es werden enorme Mengen Strom gebraucht, um die Licht- und Temperaturkontrollanlagen zu betreiben. Keine dieser Beobachtungstaktiken greift jedoch, wenn die Drogen nur einen dunklen Keller brauchen, in dem sie wachsen können. Entsprechend sind halluzinogene Pilze die zweitpopulärste und -verbreitetste im Inland angepflanzte Droge Amerikas.

Die chemische Herstellung kann ebenfalls Versorgungsprobleme lösen. Bücher wie *The Construction and Operation of Clandestine Drug Laboratories* von »Jack B. Nimble« (Jack, sei schlau – A.d.Ü.) oder *The Whole Drug Manufacturers Catalog* lassen die chemische Synthese von Drogen so einfach erscheinen wie das Aufreißen eines Stapels brauner Haschischtafeln. Die Handbücher vereinfachten die Laborprozeduren und boten Informationen darüber, wo all die notwendigen Rohmaterialien und Ausrüstungsgegenstände erhältlich waren. Mitte der siebziger Jahre waren Informationen über die Synthese von Drogen »zum Spaß und für den Profit« unter anderem für Amphetamine, Kokain und PCP erhältlich. Die DEA hob illegale Laboratorien aus und fand heraus, daß sogar die kleinsten von ihnen die Produktion enormer Kapazitäten ermöglichten. Theoretisch konnte fast jede Küche oder jedes Badezimmer in ein Labor verwandelt werden, das imstande war, den Weltbedarf an einer synthetischen Droge zu decken.

Das Gesetz über Kontrollierte Substanzen hatte die Möglichkeit einer solchen heimlichen Herstellung vorweggenommen, indem es die unmittelbaren Vorläufer der kontrollierten Substanzen in Listen aufführte. Die wesentlichen Inhaltsstoffe zur Anfertigung von Drogen wie LSD, Amphetamin, Methamphetamin und PCP wurden gesondert aufgeführt. Andere Bestandteile wurden auf eine »Beobachtungsliste« gesetzt, und ihr Verkauf wurden von der DEA kontrolliert. Als Reaktion darauf begannen Untergrundchemiker diese Bestandteile und manchmal sogar die Chemikalien, die zur Herstellung dieser Bestandteile notwendig sind, zu produzieren, wobei sie die Verwendung kontrollierter Stoffe vermieden.

Das vielleicht dramatischste und zukunftsweisende Beispiel dafür, wie Konsumenten Versorgungsproblemen per Chemie entgingen, waren die »Designerdrogen« der achtziger Jahre. Durch eine leichte Veränderung der Molekularstrukturen waren Chemiker imstande, legale Ersatzstoffe für illegale Drogen zu entwerfen. Viele Designerdrogen waren sehr einfach herzustellen und wurden schnell sehr populär. Fast jede Woche erschienen neue Synthetika mit Namen wie Eve und U4EUH. Die Behörden von Einzelstaaten und des Bundes nahmen den Wettlauf mit den chemischen Reaktionen auf, um die neuen Drogen zu identifizieren und zu verbieten; das Gesetz über analoge kontrollierte Substanzen wurde 1986 verabschiedet. In der Folge wandten sich viele Benutzer den existierenden Quellen für die Ersatzdrogen zu. Heroinsubstitute finden sich oft in Kombinationen anderer, weniger eingeschränkter Drogen, die ähnliche Wirkungen hervorrufen. Zum Beispiel erzeugt eine Mischung von Kodein und Glutethimid (Doriden) eine heroinähnliche Euphorie. Die Kombination ist bei jungen Anwendern beliebt, weil sie für etwa ein Fünftel der Kosten von Heroin erworben werden kann.

Wenn Kokain knapp ist, benötigen die Konsumenten nicht die Magie der Designer-Chemie oder innovative Mischungen verschreibungspflichtiger Medikamente; sie können Mischungen legaler Pulver verwenden. Diese Ersatzstoffe enthalten frei zugängliche Stimulantien wie Koffein, Ephedrin und Phenylpropanolamin. Sie können auch leicht erhältliche lokale Betäubungsmittel wie Lidocain enthalten, das kokainähnliche Wirkungen hervorruft, wenn es geraucht wird. Getarnt als Räucherstäbchen oder Vitamine werden die Substitute von der Paraphernalia-Industrie überall verbreitet.

Dieselben Mischungen werden auch in Kapsel- oder Tablettenform verpackt, die wie legale pharmazeutische Amphetaminpräparate aussehen. Sie bilden eine neue Kategorie von Drogen, die »Imitate« genannt werden. Es wurden Imitat-Pillen fast jeglicher Art auf den Markt geworfen. Blutdrucksenkende und beruhigende Imitate zum Beispiel können frei käufliche Schlafmittel, vermischt mit Aspirin enthalten. Da Imitate nur aus nichtkontrollierten Substanzen bestehen, ist keine Bundesbehörde imstande, ihnen Einhalt zu gebieten.

Der wahre Meister der Tarnung im Drogenkrieg ist nicht die nachgemachte Aufputschpille oder der hohle, mit Kokain gefüllte Lippenstift, sondern der neue amerikanische Outlaw. Die mit Drogen handelnden Outlaws sind ebenso schwer zu finden wie die Drogen selbst. In den achtziger Jahren sind die Drogen in die Hände des Big Business übergegangen und damit zu einem festen Bestandteil der amerikanischen Gesellschaft geworden, wie die protestantische Ethik und der Geist des Kapitalismus. Ein Narkotika-Handbuch der Polizei gab den Beamten den Tip, daß Kokain-Kuriere als Priester verkleidet sein könnten oder goldene Rolex-Uhren tragen.

Von der rebellierenden kokain-dealenden Jugend des Films *Easy Rider* aus dem Jahre 1969 bis zu dem Senioren, der in dem Film *Atlantic City* aus dem Jahre 1981 mit Kokain handelte, ist der Kokain-Outlaw wie der Marihuana-Outlaw zu einem Teil des amerikanischen Lebensstils geworden. »Ihr Nachbar ist vielleicht Drogenhändler« lautete die Schlagzeile auf der Titelseite des *Miami Herald* am 1. Dezember 1985. Der Artikel enthielt eine detaillierte Karte mit den Straßen und Plätzen, an denen sich die größeren Drogenhändler aufhalten, den Häusern, in denen Drogen verkauft werden, und Kokain-Laboratorien. Wer kein Geld besaß, aber schnell an welches oder an Gratisdrogen herankommen wollte, mußte sich nur Rex Ferals *How to Rip Off a Drug Dealer* (Wie nimmt man einen Drogendealer aus) kaufen und bekam dort Schritt für Schritt Anleitungen in der Kunst des Terrorisierens und Ausraubens der dort lebenden Dealer.

Die enormen Profite der Drogenwirtschaft haben terroristische und aufrührerische Gruppen in vielen Teilen der Welt angezogen. Diese Gruppen verbünden sich oft mit Händlerringen: Händler besorgen amerikanische Dollars und Waffen als Gegenleistung für Schutz und Unterstützung beim Schmuggeln. Es gibt so viel Geld zu verdienen, daß schon ein oder zwei nennenswerte Drogenladungen eine kleinere revolutionäre Aktion finanzieren können. Zu den mit dem Drogenhandel verbündeten militanten Organisationen gehört die Bewegung M-19 in Kolumbien, die den kolumbianischen Justizpalast stürmte, elf Richter des höchsten Gerichts ermordete und Akten über Kokainhändler vernichtete. Dazu zählen auch der maoistische Leuchtende Pfad, der Bauern in Peru anstachelt, gegen Koka-Vernichtungsprojekte zu rebellieren; die Burmesische Kommunistische Partei, die von südostasiatischen Opiumpflanzern eine Schutzsteuer erhob; und armenische, drusische und schiitische Gruppen, die teilweise durch die Haschisch- und Heroinproduktion im Bekaa-Tal im Libanon finanziert wurden. Die nicaraguanischen Contras standen mit dem Kokainhandel in Verbindung, wie auch die CORU, eine kubanische Terroristengruppe, die in Costa Rica operiert. In Bolivien bezog eine rücksichtslose paramilitärische Truppe, die als Schwarze Adler bekannt ist, Schutzgelder von den wichtigen Kokainhändlern. Die Schwarzen Adler wurden von Neo-Nazis trainiert, die von dem früheren Gestapochef Klaus Barbie, dem »Schlächter von Lyon«, rekrutiert worden waren.

Terroristische Taktik, die von den neuen amerikanischen Outlaws zum Teil übernommen und zum Teil neu erfunden wurde, setzt sich in Organisationen durch, die in den Vereinigten Staaten operieren. Zum Beispiel versprach der in Florida aktive Kokainhändler Carlos H. seiner kleinen Bande jugendlicher Kuriere, sie bekämen eine Gratiskrawatte, wenn sie festgenommen und mit der Polizei zusammenarbeiten würden. Um die Art dieses Geschenks zu erklären, zeigte Carlos ein Foto der berühmten »kolumbianischen Krawatte«. Das Foto bildete einen früheren Angestellten von Carlos ab, der, alle Viere von sich gestreckt, auf einem Brett lag. Sein Hals war vertikal aufgeschnitten, vom Kinn bis zum Schlüsselbein, wodurch die Stimmbänder durchtrennt und jeder Schrei unmöglich war. Die Zunge war durch den Schnitt gezogen worden und sah aus wie eine blaue Krawatte. In Kansas wendete ein Kokain-Importeur echt amerikanische Methoden an: Lügendetektor-Befragungen, um illoyale Beschäftigte zu enttarnen, dann Spießrutenlaufen oder simulierte Erschießungen, um sich des zukünftigen Gehorsams zu versichern.

Der neue Narkoterrorismus ließ viele Beobachter befürchten, daß Amerika in seinem Bemühen, in diesem Wettrennen um die Drogen zu siegen, ein Polizeistaat werden könnte. Aber selbst in der Sowjetunion und in Osteuropa, wo die Grenzen strengstens kontrolliert werden und die Geheimpolizei überall zu sein scheint, war der Drogenkonsum nicht unter Kontrolle zu bringen. In vielen sowjetischen Städten nannte die Polizei die Drogen ihr Problem Nummer Eins. Opium und Haschisch, die aus illegal in Zentralasien angebauten Drogenpflanzen gewonnen wurden, waren überall erhältlich. Die Sowjetunion startete die Operation Mohn 86, nahm viertausend Drogenhändler fest und vernichtete mehr als 100000 Hektar Marihuana. Der Drogenkonsum hörte nicht auf. Die aus dem Afghanistankrieg zurückkehrenden Soldaten schmuggelten alle Arten von Drogen, darunter Heroin, und der Konsum stieg weiterhin an. Die Konsumenten erwiesen sich als so beweglich wie ihre amerikanischen Gegenstücke. In der Tschechoslowakei, wo Opium und Marihuana schwieriger zu bekommen waren, lernten es die Benutzer, frei käufliche Drogen zu mischen, und stellten einen berauschenden Cocktail mit dem Namen *pernik* her. In Polen wurde eine epidemische Anzahl von Jugendlichen von *kompot* abhängig, einer heroinähnlichen Mischung aus Haushaltschemikalien und Mohnstengeln.

Die Nachfrage nach Drogen blieb in Ländern, in denen die vereinigten Militär- und Polizeikräfte die Opiumzufuhr beschneiden wollten, ebenfalls unvermindert. Ein wichtiges Opiumproduktionsgebiet, das Goldene Dreieck, liegt dort, wo Burma, Laos und Thailand im Gebirge ineinander übergehen. Thailand ist das Zentrum des Dreiecks und des Handels. Als Thailand sein Opiumproblem in Angriff nahm, stiegen die Bauern auf Marihuana um und entdeckten, daß es sogar noch besser wuchs als Mohn. Sie erhöhten den Export des extrem starken »Thai-Sticks«, eines Klumpens harziger Marihuanablätter, die um einen Bambusspan herumgewickelt werden. Das gab dem thailändischen Marihuanahandel beträchtlichen Auftrieb, der bald auf den Weltmärkten Rekorde verzeichnen konnte. Selbst im kriegsgeschüttelten Goldenen Halbmond, der opiumproduzierenden Region, die vom Iran, von Afghanistan und Pakistan gebildet wird, verstand es der Handel, Grenzen zu durchdringen, die von Armeen gebildet wurden. Während des Iran-Irak-Krieges brachten iranische Schmuggler, die es riskierten, im Falle des Erwischtwerdens vor das Exekutionskommando gestellt zu werden, Opium über den Irak nach Syrien. Trotz der sowjetischen Besatzungsmacht schmuggelte Afghanistan weiterhin sein Opium nach Pakistan. Der für den Drogenkrieg in Thailand verantwortliche General stellte dazu fest: »Die Bekämpfung von Narkotika ist wie das Quetschen eines großen Ballons. Wenn man ein Ende anfaßt, dehnt sich das andere aus.«

Ein Polizeistaat kann den Drogenkonsum wahrscheinlich nicht besser unterbinden als eine einzelne Polizeimacht. Beamte der Drogenbekämpfung, die im Drogenkrieg ihren Mann standen, wurden durch das Klima des schnellen Geldes und des guten Lebens korrumpiert. In einigen Gebieten Amerikas war es schwierig, die Guten von den Schlechten zu unterscheiden. DEA-Agenten, Beamte der Küstenwache, Zollbeamte, Soldaten, Rechtsanwälte, Staatsanwälte, Richter, gewählte Regierungsbeauftrage und ganze Polizeiabteilungen sind durch Verbindungen mit dem Drogenhandel belastet. Die häufigen Gelegenheiten, Narkodollars oder Drogen beiseite zu schaffen, die Bestechlichkeit der öffentlichen Beauftragten, die Destabilisierung der finanziellen Institutionen, die Korruption der Polizei, die wachsende Respektlosigkeit dem Gesetz gegenüber – all diese Aktivitäten bedrohten, nach den Worten eines früheren U.S.-Generalstaatsanwalts, die tiefsten Fundamente von Recht und Ordnung.

3

Präsident Reagans Kommission zum organisierten Verbrechen blickte 1986 auf die Entwicklung des Drogenkrieges zurück und zog den auf der Hand liegenden Schluß: »Trotz fortwährender Gesten der Entschlossenheit scheint Amerikas Krieg gegen die Drogen nirgendwo einem Erfolg nahe zu sein.« Der Kommissionsbericht stellte fest, daß die gesamtstaatlichen Bemühungen um die Verringerung des Drogenangebots in den letzten fünfundsiebzig Jahren die mit den Drogen verbundenen sozialen, ökonomischen und kriminellen Probleme nicht hat lösen können. Der Grund dafür war ebenso offenkundig: die fortgesetzte und überwältigende Nachfrage nach Drogen. Vorgeschlagen wurde ein Krieg gegen die Nachfrage. In der Redeweise der Antikriegsbewegung bedeutete das: »Krieg gegen U.S.er«.

Die Rechtfertigung für einen Angriff auf die Konsumenten war schon alt: Einzelaktionen haben eine außerordentlich große Auswirkung auf die Gruppe. Im kolonialen Amerika wurden im Dezember 1773 fünfhundert Säcke Tee in den Bostoner Hafen geworfen. Die Aktion wurde von einer kleinen Bande beseelter Protestierer durchgeführt. Danach war das Hafenwasser so mit Koffein verseucht, daß die Fische schlecht schmeckten. Einige spekulierten, die Fische hätten an Nervenzuckungen gelitten, und man befürchtete, daß die Menschen nach dem Verzehr auch davon befallen würden. Die Logik des Kriegs gegen Drogen rief solche Erinnerungen wach, als festgestellt wurde, daß selbst dann, wenn einzelne Benutzer nicht vergiftet werden, der Rest der Bevölkerung von dem Risiko der üblen Auswirkungen betroffen ist. Ein hochrangiger Militärberater im Drogenkrieg formulierte seine logischen Schlußfolgerungen in seiner eigenen Orwellschen Neusprache: »Kokain produziert Paranoia! Die Polizei sagt, wir alle können sie bekommen!« Er trat dafür ein, Konsumenten zu ihrem eigenen Besten und zum Schutz der Unversehrtheit der Gesellschaft hinter Schloß und Riegel zu bringen.

Die Strategie zielte darauf, Konsumenten und potentielle Konsumenten innerhalb der Grenzen der Vereinigten Staaten ausfindig zu machen. Von allen Maßnahmen zur Eindämmung der Nachfrage erwartete man einen Rückgang der mit dem Handel verbundenen Verbrechen, der Zufuhr und des Drogenmißbrauchs. Eine Haupttaktik waren Nadelstichoperationen an der Straßenecke, um einzelnen Kunden Angst und Paranoia einzuflößen. Die Kommission empfahl verschiedene andere Methoden, zum Beispiel Drogenerziehungsprogramme, die Antidrogenwerbung machen sollten. Sie argumentierten, daß Drogenhändler nicht offen für ihre Produkte werben dürften, aber *wir* dagegen mit der Tatsache werben können, daß Drogen nicht mehr modern seien und daß »jeder illegale Drogenkonsum inakzeptabel ist, wenn wir die Wirkungen von Drogen auf einzelne, auf Familien, Gemeinschaften und Regierungen betrachten«.

Mehrere Antidrogenkampagnen machten sich diese Worte zu eigen und wiederholten trotz der Warnungen der Kommission, daß Informationen ehrlich und immer auf dem neuesten Stand sein müßten, die Übertreibungen und Irrtümer vergangener Kampagnen. Eine Anzeige zeigte das Bild eines Eis (gekennzeichnet als »Dein Gehirn«), eine brutzelnde Bratpfanne (»Das sind Drogen«) und ein gebratenes Ei (»Das ist dein Gehirn unter Drogen«). Wenn sich diese Anzeige auf Alkohol bezogen hätte, könnte sie entschuldigt werden als ein in der Madison Avenue kreiertes Kürzel zur Erklärung des durch andauernden schweren Alkoholgenuß hervorgerufenen Schwachsinns. Aber wenn sich die Anzeige auf Kokain, Marihuana, LSD oder irgendwelche anderen Rauschmittel beziehen soll, die nicht so zerstörerisch sind, kann sie keine bleibendere Wirkung auf die Konsumenten haben als früher der Film *Reefer Madness.*

Zwar hatten nur wenige Berater bei den Kriegsanstrengungen der Nation das Gefühl, daß eine solche Propaganda die gegenwärtigen Konsumenten aufhalten würde, aber man hoffte zumindest, künftige Benutzer dadurch abzuschrecken. Entsprechend richteten sie sich an kleine Kinder, die noch nicht durch die Lehre der Drogenerfahrung gegangen waren. Der Krieg wanderte in die Klassenzimmer, in Texte zur Gesundheitserziehung und Comic-Strips und sogar als Trickfilm in die Fernsehwerbung. Die Kommission hatte erkannt, daß die Verhaltensänderung und die Reduzierung der Drogennachfrage lange Zeit brauchen würde. Sie kann kleine Kinder lehren, die Drogen liegenzulassen und Nein zu sagen. Aber es dauert viele Jahre, bis diese Kinder herangewachsen sind und die Ja-Sager ersetzen werden. Dagegen spricht auch, daß die für den Baby-Boom verantwortliche Generation, die in den fünfziger Jahren mit Anti-Drogen-Botschaften konfrontiert wurde, nun diejenigen ist, die die meisten Drogen nimmt! Ein Erfolg dieser Herangehensweise scheint unwahrscheinlich.

Die wachsende Frustration, die sich bei dem Versuch, die Drogenzufuhr einzuschränken, entwickelt, gesellt sich jetzt zu der Frustration darüber, daß die Konsumenten, speziell die Kinder, nicht aufgehalten werden können. Trotz aller Bemühungen steht Kokain in größeren Mengen und billiger denn je zur Verfügung. Die U.S.-Produktion von einheimischem Marihuana, von Metamphetamin und Designerdrogen bricht jedes Jahr die Rekorde. Die Marihuanaernte des Jahres 1987 war 33,1 Mrd. Dollar wert – ein fünfzigprozentiger Anstieg seit 1981 –, und die Regierung war nur in der Lage, 16 Prozent zu beschlagnahmen.

Das Angebot stieg, und die Nachfrage hielt ohne Unterbrechung an. Nur die Konsumgewohnheiten änderten sich. Als beispielsweise Kokain in der Oberschicht nicht mehr modern war, wurde es an der Straßenecke gehandelt. Es kamen rauchfertige Formen wie Crack in Stücken auf den Markt, die Pommes Frites ähneln, wie eine 10-Cent-Zuckerstange eingewickelt sind oder wie Aspirin-Tabletten aussehen und den Markennamen Easy Access tragen. Sie können in »Süßwarenläden« erworben werden, die besser versteckt und gesichert sind als jede Opiumhöhle, jeder Teeschuppen oder jede Flüsterkneipe. Crack wurde von immer jüngeren Kindern konsumiert.

Die Einschüchterungstaktik funktionierte nicht. Als Nancy Reagan 1987 in Los Angeles über dieses Thema redete, berichtete sie, daß nur 12 Prozent der Teenager in Kalifornien sagten, sie hätten Angst vor Kokain. Diese Bemerkung veranlaßte zumindest einen Journalisten, den verbalen Krieg in der *Los Angeles Times* auf die Spitze zu treiben: »Es [Kokain] könnte in diesem Land anrichten, was Hitler, der Kaiser, die spanische Flotte, die Konföderation oder die britische Krone nie vermochten – es in die Knie zwingen. Es vernichtet unsere Kinder.« An der Bemerkung des Journalisten war interessant, daß nach Umfragen weniger als 12 Prozent dieser Kinder wußten, wer Hitler war oder wann der Bürgerkrieg stattgefunden hatte. Einige wußten sicher nicht einmal, daß Reagan Präsident war, obwohl alle etwas über Kokain wußten und viele es konsumierten, obwohl ihnen prophezeit wurde, es könnte sie zerstören.

Nach einer Regierungsstatistik vernichteten die Drogen auch die Arbeitsplätze und mit ihnen die wirtschaftlichen Fundamente Amerikas. Kurz vor seiner Wiederwahl verkündete Präsident Reagan, daß der Drogenmißbrauch die Gesellschaft 60 Milliarden Dollar im Jahr kostete. Die Zahl schloß eine Schätzung der verlorenen und verringerten Produktivität, der Krankenhaus- und Medikamentenbehandlung und der Gerichtskosten ein. Die jährlichen gesellschaftlichen Kosten von Tabak betrugen nach Darstellung des Ökonomen, der die Zahlen ausgearbeitet hatte, über 90 Milliarden und die Alkoholkosten mehr als 116 Milliarden Dollar. Tabak und Alkohol wurden jedoch nicht zum Bestandteil des Drogenmißbrauch-Problems gerechnet. Da mehr als die Hälfte der Gesamtkosten des Drogenmißbrauchs nach dieser Schätzung auf das Konto der eingeschränkten oder verlorenen Produktivität ging, war das nächste Kriegsziel der amerikanische Arbeiter.

»Hilf einem Süchtigen. Droh ihm mit Kündigung!« riet ein Anti-Drogen-Plakat. Die Maßnahmen gegen die Hexen im Mittelalter, die gewöhnlich an versteckten Zeichen auf ihrer Haut erkannt wurden, können sich nicht sehr davon unterschieden haben. Jetzt begann man, den Drogenmißbrauch durch Urin-

und Blutuntersuchungen festzustellen. Aber der Urin und das Blut gaben keine wissenschaftlichere Auskunft als die Hexenzeichen. Vorausgesetzt, daß die Tests und die Laboratorien in Ordnung waren – verschiedene Untersuchungen fanden heraus, daß falsche Ergebnisse häufig vorkamen –, belegten die Resultate nur die frühere Einnahme einer bestimmten Droge.

Die Tests konnten die wichtigen Fragen, wann die Einnahme stattgefunden hat, wie und warum sie geschah und wie die Wirkungen waren, nicht beantworten. Die Tests konnten auch die Quelle der Droge nicht ermitteln, ob sie ein frei verkäufliches oder verschriebenes Präparat war. Die ultraempfindlichen neuen Tests konnten nicht unterscheiden zwischen dem Morphium, das sich ein Süchtiger injiziert hatte, und dem durch Mohnsamen auf dem Frühstücksbrötchen aufgenommenen Morphium. Nach dem Verzehr von Mohnkuchen können die Urinwerte mehrere Tage lang wie die eines Junkies aussehen. Die Tests ergaben die gleichen positiven Resultate bei jemandem, der gerade Kokain geschnupft hatte, und bei jemandem, der kürzlich einen nicht besonders gekennzeichneten Kräutertee mit Resten von Kokablättern getrunken hatte. Die Tests konnten auch die Geschichte des Drogenkonsums nicht ermitteln, die bei einer Diagnose des Mißbrauchs so wesentlich ist und so wichtig für die Formulierung von Therapiemaßnahmen. Die meisten Tests ignorierten routinemäßig Tabak, der zu schwerwiegenden Gesundheitsproblemen führen kann, und Alkohol, eine Droge, die die Arbeitsfähigkeit ernsthaft in Frage stellen kann.

Trotz dieser pharmakologischen Spitzfindigkeiten und Mängel wurden viele Arbeiter, bei denen Werte illegaler Drogen festgestellt wurden, nach einer Kurzdiagnose als Mißbrauchtreibende oder als Süchtige dargestellt. Viele von ihnen wurden einer Zwangsbehandlung unterzogen oder verloren ihren Arbeitsplatz. Im Zeitalter der technologischen Verfeinerung der medizinischen Diagnose würde niemand es wagen, auf der Basis einer einzigen Blut- oder Urinuntersuchung zu einem Chirurgen zu gehen. Aber Amerika gestattete es sich, auf der Grundlage dieses sich epidemisch ausbreitenden Testmißbrauchs den Arbeitern ihre Arbeit, ihren Lebensunterhalt und manchmal ihre Freiheit zu nehmen.

Der Testmißbrauch war eine Folge von Fehlinterpretationen und falscher Anwendung hochkomplizierter chemischer Prozeduren. Urinuntersuchungen wurden so empfindlich, daß sie Spuren von Drogen entdecken können, die Wochen zuvor genommen worden sind oder lange Zeit im Körper bleiben, aber das Verhalten nicht mehr beeinflussen. Die Untersuchungen können auch Spuren im Urin von Nichtkonsumenten entdecken. Zufällige Platznachbarn auf Parties oder in geschlossenen Fahrzeugen können den Rauch von Marihuana, Kokain oder anderen rauchbaren Drogen passiv einatmen, der auffindbare Stoffwechselprodukte im Urin hinterlassen und sogar einen Rausch hervorrufen kann. Die Erste-Hilfe-Abteilungen in Los Angeles haben schon viele Kleinkinder erlebt, die unter dem Einfluß von PCP standen, weil sie den von ihren Eltern gerauchten Zigaretten zu nahe gekommen waren. Es wurde aber gemeinhin immer noch angenommen, daß Urinuntersuchungen eine gute Abschreckung gegen den Drogenkonsum wären und die Nachfrage dämpfen könnten.

Methoden, um diese Tests zu beeinflussen, waren jedoch weithin bekannt und wurden auch überall praktiziert. Die verbreitetste Technik war die, vor einem Urintest soviel Wasser zu trinken, daß die Konzentration der Drogen oder ihrer Stoffwechselprodukte durch die Tests nicht mehr festgestellt werden konnte. Der Erfindungsgeist der Yankees entwickelte noch andere Techniken, zum Beispiel Chemikalien, die die Proben unanalysierbar machten. Als die Labors solche manipulierten Proben als »positiv« kennzeichneten, benutzten einige Konsumenten Vorrichtungen, aus denen sie heimlich sauberen Urin, den sie von einem Freund oder von einem Hund bekommen hatten, in den Sammelbehälter gaben. Wenn die Labors die Untersuchungen durchführten, Beobachter beschäftigten, die einzelne Personen kontrollierten, während sie die Probe abgaben, konnten andere Methoden angewendet werden. Eine Gruppe weiblicher Probanden in Los Angeles verkaufte einen tamponähnlichen Behälter, der mit sauberem Urin gefüllt werden konnte, mit einem dünnen Plastikfilm versiegelt und in die Vagina eingeführt wurde. Eine kleine Berührung mit einem scharfen Fingernagel riß den Film auf und ließ den Urin in die Sammelschüssel fließen.

Einige Labors begannen Haarproben auf Stoffwechselprodukte hin zu analysieren. Da das Kopfhaar ungefähr einen Zentimeter pro Monat wächst, absorbiert es ständig Chemikalien aus dem Blut. Die Haaranalyse bietet daher den Vorteil, eine längere Geschichte der Drogeneinnahme belegen zu können als andere Testverfahren. Langsamer wachsendes Körperhaar wie das Schamhaar bietet die Möglichkeit, eine Drogengeschichte zu erkennen, die drei oder vier Jahre zurückreicht. Das Haar kann den Patienten direkt abgeschnitten werden, und die Kontaminierung durch Rauch, der an der Außenhaut des Haares haftet, kann durch Waschen des Haares vor der Analyse beseitigt werden. Es bleiben also nur Drogen im Gewebe des Haarschaftes, die vom Blut absorbiert wurden. Die Haaranalyse umgeht zwar viele Probleme, die durch Bluttests aufgeworfen werden, aber die Drogenkonsumenten lernten schnell, ihr Haar so zu bleichen und zu trocknen, daß alle Stoffwechselprodukte von Drogen verschwinden. So konnten sie auch diesen neuesten High-Tech-Test hintergehen.

Eins der ersten Ergebnisse dieser High-Tech-Tests als Waffe im Krieg gegen Drogenkonsumenten war der Beleg, daß Drogen die gesamte Umwelt kontaminiert haben. Tatsächlich bewiesen chemische Untersuchungen im Jahre 1987, daß 94 Prozent der amerikanischen Geldscheine mit Spuren von Kokain kontaminiert waren. Die Funde konnten nicht überraschen. Die Fasern der Geldscheine wirken wie ein Schwamm, der kleine Puderpartikel aufnimmt, die mit ihm in Kontakt geraten. Da eine von drei in den USA zirkulierenden Banknoten in Kokain-Transaktionen einbezogen ist und das Geld oft in Koffern oder an anderen Plätzen in der Nähe der Drogen aufbewahrt wird, ist dieser Kontakt und die Absorption zu erwarten. Weiteres Geld kann von Konsumenten kontaminiert werden, die durch zusammengerollte Geldscheine schnupfen oder während der Einnahme von Kokain Geld zählen. Obwohl es unwahrscheinlich ist, daß diese Spuren bei normaler Handhabung des Geldes in den Urin oder ins Blut gelangen können, kann ein ausreichend großes Banknotenbündel – 1000 bis 1500 Dollar in kleinen Scheinen – die Aufmerksamkeit eines auf Narkotika abgerichteten Hundes erregen. Wenn Hunde in Banken gebracht werden, um die Depositen von mutmaßlichen Geldwäschern zu beschnüffeln, oder in Fabriken, um die Schränke von Beschäftigten zu durchforschen, entdecken sie wahrscheinlich nichts Unerlaubteres als den neuen Geruch des amerikanischen Kapitalismus.

Auch die Haaranalyse deckte eine weitverbreitete Kontamination auf. Marihuanarückstände wurden regelmäßig *auf* den Haaren von Grundschulkindern und sogar Vorschulkindern entdeckt, die selbst keine Drogen nahmen, aber entweder mit Pot-rauchenden älteren Geschwistern zusammengewesen waren oder Eltern hatten, die diese Droge nahmen. PCP, Heroin und Kokain wurden regelmäßig *in* den Haaren von Insassen der Gefängnisse und Zuchthäuser überall in den Vereinigten Staaten entdeckt. Die Aufnahme der Drogen muß erfolgt sein, während die Insassen in Gewahrsam und somit, wie man annehmen sollte, von der Drogenzufuhr abgeschnitten waren. Das Schockierendste ist, daß eine große Anzahl von genesenden Drogenpatienten in klinischen und ambulanten Therapieprogrammen Drogen sowohl auf als auch in ihrem Haar hatten – sie kamen weiterhin mit Drogenkonsumenten zusammen und nahmen selbst Drogen.

Viele Menschen behielten die Hoffnung, Amerika könne sich die Drogenprobleme aus den Haaren waschen, das Geld schrubben, die Luft reinigen, die lebenswichtigen Flüssigkeiten klären und, wenn nötig, die alten Gewohnheiten aus dem Gehirn selbst herauswaschen. Eine im Weißen Haus stattfindende Konferenz für ein drogenfreies Amerika erklärte, daß die nationale Politik der USA »null Toleranz« illegalen Drogen gegenüber wahren dürfe. Aber es gab Frustrationen wegen der Einschränkung des Angebots und der Nachfrage nach Drogen. Erst entwickelte sich die kollektive Paranoia, dann folgte die Panik.

Jedermann war wachsam: Polizei, Lehrer, Ärzte, Eltern, Kinder, sogar Haustiere. Gefängnisbehörden in Kanada beschäftigten Streifenhörnchen, die als verdeckte Agenten in der Nähe des Eingangs zum Warkward-Gefängnis tätig waren. Die Streifenhörnchen waren geschult, Drogen an Gefangenen oder Besuchern zu erschnüffeln und dann einen Hebel zu drücken, der ein rotes Licht auslöste.

Gute Polizisten können ebenso wie gute Streifenhörnchen zuverlässig Drogenkonsumenten erkennen. Eine Untersuchung über die besten Drogenfahnder im Polizeidienst von Los Angeles fand heraus, daß die Beamten zu 98 Prozent sicher einen Rausch erkannten und sogar in über 91 Prozent der Fälle die Art der verwendeten Droge benennen konnten. Gut geschulte Ärzte und Drogenbeauftragte sind ebenfalls zu verläßlichen Einschätzungen in der Lage, aber sie verwenden zahlreiche diagnostische Hilfsmittel. Entsprechend den Richtlinien der Amerikanischen Psychiatrischen Vereinigung sollten sie neben den chemischen Tests auf eine Vielzahl von psychischen und physischen Symptomen achten, bevor sie eine Rausch- oder Suchtdiagnose stellen. Leider lag der Krieg gegen die Drogen großenteils in den Händen ungeschulter, wenn auch von guten Absichten getragener Kämpfer, die durch den paranoiden Ruf zu den Waffen in einen Fiebereifer geraten waren. Wenn sie in diesem Stadium Warkworth betreten hätten, wäre von den Streifenhörnchen, die auch empfindlich auf den hohen Adrenalinausstoß übermäßig ängstlicher Menschen reagieren, der Alarm ausgelöst worden.

Die von der Polizei seit Jahren eingerichteten Sondertelefonnummern für anonyme Tips über Drogenhändler wurden ergänzt durch Nummern für Arbeiter, die anrufen und über die Aktivitäten ihrer Kollegen berichten sollten. Drogenerziehungskurse riefen Erinnerung an Nazijugendlichen wach, die ihre Eltern denunzierten, als nach intensivem Unterricht zur Drogenerziehung zumindest zwei Schulmädchen in Kalifornien ihre drogenkonsumierenden Eltern bei der Polizei anzeigten. Einige Abgeordnete riefen nach neuen Gesetzen, die dazu ermächtigten, den Konsumenten die Führerscheine und staatliche Zuwendungen zu entziehen. Der Direktor des im Weißen Haus angesiedelten Büros für Maßnahmen gegen den Drogenmißbrauch erklärte schließlich: »Ich denke, wir sind jetzt weit genug, um Konsumenten einzusperren.« Aber vielleicht war das noch immer nicht genug.

Malaysia hatte schon die Todesstrafe oder zumindest die lebenslange Haft plus Auspeitschungen für den Handel von gefährlichen Drogen einschließlich Marihuana eingeführt; worauf wartete Amerika also noch? Der Oberkommandierende bekam 1986 genau diese Frage gestellt. Unter Anerkennung des Gesichtspunkts, daß Drogenkonsumenten eher Hilfe statt Strafe zuteil werden sollte, erklärte Präsident Reagan, daß unabhängig von den noch ausstehenden endgültigen Entscheidungen *Drogenhändler die Todesstrafe verdient hätten.* Einige konnten die endgültigen Entscheidungen nicht abwarten. Die Polizei von Los Angeles brachte eine mit einem Motor versehene Ramme in Stellung, um in die stark befestigen Häuser einzudringen, in denen mutmaßlich Drogen gehandelt wurden. Fernsehteams begleiteten die Polizei bei Massenfestnahmen von Crackhändlern, und Millionen von Fernsehzuschauern sahen sich das live an. Eine Gruppe leitete Eltern an, mit ihren Kindern streng zu sein und ihnen Fesseln anzulegen, um sie von drogenkonsumierenden Schulkameraden fernzuhalten. Einige übereifrige Eltern applaudierten tatsächlich, als eine aufgebrachte Gruppe von Müttern in Carini auf Sizilien einen Kokaindealer jagte und erstach.

Schließlich geschah es auch in Amerika. Am 14. September 1986 sprach Präsident Reagan die Aufforderung aus: »Im Interesse Ihrer Kinder bitte ich Sie ernstlich, in Ihrer Haltung gegen Drogen unnachsichtig und unbeugsam zu sein.« Zwei Tage später näherte sich ein Polizeibeamter in Sauk City, Wisconsin, einem Ford-Lieferwagen, der am Straßenrand angehalten hatte. Der Lieferwagen hatte texanische Nummernschilder. Der Fahrer trug einen Cowboyhut. Die grünen Pflanzen hinten *sahen aus wie* Marihuana. Der Beamte zog den Fahrer aus dem Wagen, stieß ihn nieder auf den Zementboden und drehte seine Arme auf den Rücken. Dann zog der Polizist seine kurze 357er Magnum und feuerte wie bei einer Exekution zwei Schüsse auf den Hinterkopf des Fahrers ab. Nach seinem Prozeß wurde der Beamte in ein Behandlungszentrum für psychisch Kranke eingewiesen. Es kam noch zu weiteren ähnlichen Zwischenfällen. Der Geschäftsführer eines Motels in Pompano Beach, Florida, geriet in Wut über Kokain-Händler aus der Nachbarschaft, die seinen Parkplatz benutzten, und erschoß einen von ihnen. Am 3. Juni 1987 rastete eine Mutter in Los Angeles aus. Sie griff sich ein Fleischermesser und erstach ihre Tochter im Teenageralter, weil sie Kokain genommen hatte. Als die Mutter aufgefunden wurde, hielt sie ihre Tochter in den Armen, in deren Brust noch das Messer steckte. »Es tut mir leid. Es tut mir leid. Ich liebe dich. Du darfst nicht sterben. Du darfst nicht sterben«, schluchzte die Mutter, während sie das tote Kind hin- und herwiegte.

Der Fanatismus des Narkoterrorismus hatte sich in den Wahnsinn der Narkotika-Endlösung verkehrt. Alle Bemühungen zur Kontrolle von Drogen wie Marihuana und Kokain waren nicht erfolgreicher als die auf Tabak und Alkohol bezogenen. Trotz der Kriegsanstrengung breitet sich die Verwendung von Rauschmitteln weiter aus. Wir können den vierten Trieb nicht auslöschen, aber wir können uns sicher zerstören, wenn wie es versuchen.

4

Ich besuchte wieder einmal den Professor, um zu sehen, welche neuen Waffen der Widerstand in der Hinterhand hatte. Es war acht Jahre her, daß ich zuletzt das Katapult gesehen hatte, das nun auf dem Regal in seiner Höhle verstaubte. Der Professor trug ein weißes Hemd und eine Regimentskrawatte. Er schien etwas Gewicht zugelegt zu haben, und der Zustand seiner Stirnhöhle war besser.

»Was gibt es Neues, Professor?« fragte ich, wobei ich mich ganz wie der kleine Junge fühlte, der in der wöchentlichen Fernsehsendung in den fünfziger Jahren den Zauberer besuchte.

Der Professor warf stolz seinen Kopf in die Luft. »Ack Ack!« rief er.

»Ack Ack? Was ist das? Klingt wie eine Schußwaffe.«

»Genau! Man taucht das angezündete Ende einer Zigarette in dieses Pulver hier, biegt den Kopf nach hinten, um das Herunterfallen der Asche zu verhindern, und raucht.«

Er führte die Technik vor. Das entzündete Ende der Zigarette wies nach oben wie ein Flakgeschütz, daher auch die Bezeichnung. Der Professor erläuterte, daß Ack Ack eine Methode von Süchtigen in Hongkong war, die Heroin rauchten. Sie war nie so populär wie die Inhalation der Dämpfe von Heroin, das auf einer Aluminiumfolie erhitzt wird. Die Dämpfe nehmen die Form des wellenförmigen Schwanzes eines Drachen an, daher die volkstümliche Bezeichnung »Drachenjagen«. Beim Jagen des Drachen hat das flüchtige Heroin eine ideale niedrige Temperatur und setzt eine große Dosis frei, während Ack Ack-Zigaretten so heiß abbrennen, daß der größte Teil des Heroins zerstört wird. Ack Ack war bequemer als das Herumwirtschaften mit der Folie, konnte aber einfach nicht die hypereuphorischen Dosen liefern, die der Drachen produzierte.

Durch ein Wunder der Designerchemie hatte es der Professor verstanden, ein synthetisches Opiat mit mehreren kühl abbrennenden Additiven zu mischen, so daß ein rauchbares Ack Ack-Pulver herauskam, das all die Kraft des Heroins enthielt. Weiterhin behauptete der Professor, daß die Stoffwechselprodukte dieser Verbindung bei normalen Urintests nicht zu entdecken seien. Er machte nun mit mehreren Methoden Versuche, das Ack Ack-Pulver zu verflüchtigen, ohne Tabak zu verwenden. Der Professor schätzte Tabak nicht.

»Gefällt Ihnen meine Lampe?« fragte der Professor mit einem listigen Glühen in den Augen, als er meine Aufmerksamkeit auf ein Gerät lenkte, das eher an einen teuren modernen Kunstgegenstand erinnerte als an eine Schreibtischlampe. Die Lampe war wie ein glatter, schwarzer Wasserhahn gestaltet, und das Licht erstrahlte dort, wo sonst das Wasser herausfloß. »Sie enthält eine spezielle Quarzlampe, die perfekte Temperatur für Heroin, Kokain und Ack Ack«, erklärte er. »Ich legte die Lampe frei, fertigte eine spezielle Fassung an und fügte einen Abzugsschalter hinzu. Warten Sie!«

Der Professor drehte den Hahn so, daß er direkt in sein Gesicht zeigte. Er streute einige Krümel Ack Ack-Pulver in den Hahn, öffnete seinen Mund und drückte kurz auf den Abzug. Sein Gesicht wurde von einem Strom aus Rauch und Licht, grell wie ein Blitz, geblendet. Der Blitz blendete ihn einen Moment lang, und ich war sicher, daß er nicht sehen konnte, wie er trotz der Designer-Moleküle und der High-Tech-Paraphernalia und des testresistenten Urins den Schwanz eines sehr alten Drachens jagte, den wir nie erschlagen werden.

Träume erwecken

Drogen in der Zukunft

1

Wie lautet die Antwort? Wird es je eine friedliche Lösung in dem Krieg geben, der im Garten Eden begann und bis heute andauert? Durch den Fund der Scherbe und die Geschichten über Tiere und Menschen, die sie repräsentierte, ist unser beinahe angeborener Trieb nach Anwendung stimmungs- und zustandsverändernder pflanzlicher Chemikalien offengelegt worden. Das Verlangen nach Rausch ist unvermeidlich und unaufhaltsam. Die Angebote von Rauschmitteln werden niemals verschwinden. Kann sich der *Homo sapiens*, der König des Rauschs und der Meister der Erfindung, einen Weg aus diesem Dilemma vorstellen?

Ist die Legalisierung von Drogen die Antwort? Diese Lösung wird seit den Blütezeiten des Freizeitdrogenkonsums in den sechziger Jahren vorgeschlagen. Viele herausragende Sozialwissenschaftler, Ökonomen und Politikberater, die diese Frage untersucht haben, vertreten die Meinung, daß die Legalisierung verbotener Drogen wie Marihuana und Heroin ökonomisch und medizinisch gesünder wäre als ihre fortgesetzte Prohibition. Sie würde sicher die sozialen Kosten verringern, die zum größten Teil durch die Kriminalisierung der Drogen entstehen. Zusätzlich könnte die Legalisierung eine Quelle des organisierten Verbrechens beseitigen, während vernünftige staatliche Gesundheitsprogramme von den Steuereinnahmen der legalen Verkäufe profitieren können. Wenn darüber hinaus Drogen wie Marihuana die giftigeren wie Tabak ersetzten, gäbe es einen Zugewinn an Leben, da weitaus weniger Menschen an allen illegalen Drogen zusammen sterben als an Tabak oder Alkohol allein.

Aber diese Drogen sind nicht völlig sicher. Zum Beispiel wächst mit jeder medizinischen Studie die Liste der schädlichen Gesundheitsauswirkungen von Marihuana, das einmal als Musterbeispiel einer unbedenklichen Freizeitdroge galt. Die Lizenzierung und Ausgabe von Marihuana, selbst von Ärzten, würde unweigerlich den Konsum erhöhen, und dieser ist nicht völlig harmlos, selbst wenn der durch die Prohibition angerichtete gesellschaftliche Schaden größer ist. Wir müssen uns über die Sicherheit dieser Drogen und die Gewißheit, daß es immer ein gewisses Maß an Mißbrauch geben wird, Sorgen machen, da die Behandlungskosten für eine größere Anzahl von Mißbrauchtreibenden steigen würden.

Die Gegner dieser Legalisierungsvorschläge haben uns daran erinnert, daß wir schon die Hände voll mit Alkohol- und Tabakmißbrauch zu tun haben; wir sollten gar nicht erst damit anfangen, nachsichtig mit dem Marihuana- und Heroinmißbrauch umzugehen, wie gering auch immer die Zahlen sein mögen. Wie können wir solchen anziehenden, aber unvollkommenen Substanzen das Billigungssiegel der Regierung verleihen? Das können wir nicht. Legalisierung ist nicht die Antwort.

2

Ist die Antwort vielleicht die, Drogenkonsumenten davon zu überzeugen, die relativ unbedenklicheren pflanzlichen Rauschmittel anstelle ihrer extrahierten und reinen Chemikalien zu verwenden? Es gibt einige pflanzliche Drogen, die aufgrund des Wesens ihrer Form und Substanz ihre eigenen eingebauten Sicherheitsmechanismen haben. Das Kokablatt zum Beispiel kann unbedenklich gekaut werden. Aber die Extraktion des Kokains zur Anwendung durch Schnupfen oder Injektion ist potentiell so bedrohlich wie die Verwendung des puren Nikotins aus der Tabakpflanze: Beide Alkaloide können gefährliche Gifte sein, wenn sie in solch konzentrierten Mengen genommen werden. Warum dann nicht die Alkaloide in ihre natürlich vorkommenden Verpackungen zurückstekken?

Bei jeder größeren Kategorie von Rauschmitteln, die von uns verwendet wird, scheint es ein oder zwei Drogenpflanzen zu geben, die von den Forschern als kontrollierbarer und daher unbedenklicher angesehen werden als all die anderen Pflanzen oder Synthetika jener Kategorie. Das Kokablatt sticht unter den erlaubten und unerlaubten Stimulantien hervor. Es ist am leichtesten zu kontrollieren, und die Gefahr der Vergiftung oder Abhängigkeit ist gering. Khat folgt dicht darauf an zweiter Stelle. Unter den Narkotika, die das Opium und seine Derivate einschließen, gibt es Lactuarium, den aus *Lactuca virosa* gewonnenen rauchbaren

Extrakt. In der Kategorie der sedativen Hypnotika, zu der auch der Alkohol gehört, gibt es Kava, ein Getränk, das aus einer auf Südseeinseln wachsenden Pfefferpflanze gewonnen wird. Und bei den Halluzinogenen, zu denen Marihuana gehört, scheinen sich die rauchbaren Blätter und Blüten einer mexikanischen Ringelblume (Tagetes lucida) als hervorragend beherrschbares Psychodelikum auszuzeichnen.

Beherrschbar heißt nicht notwendigerweise, daß alle Konsumenten es mögen. Koka ist für die Einwohner von Südamerika akzeptabel, wo sie als »göttliche Pflanze« angesehen wird und höher geachtet ist als koffeinierte Getränke oder andere verfügbare Stimulantien. Khat ist das berühmte Scrabble-Wort, das Khat, Chat, Kat oder Qat geschrieben werden kann. Für die Einwohner des nordwestlichen Afrika und der arabischen Halbinsel ist sie die »Blume des Paradieses«, die Erleichterung von den Härten des Lebens verspricht. Koka und Khat stimulieren den Geist des Kauenden und ermöglichen ihm, Berge zu erklettern, leichter zu atmen und Hunger und Erschöpfung zu ignorieren. Es treten dabei kaum Vergiftungen und kein Mißbrauch auf; die Bitterkeit beschränkt den Konsum auf eine bestimmte Anzahl von Blättern. Aber in Ländern, in denen die kulturbedingten Speisepläne das Kauen von Blättern nicht vorsehen, würden nur wenige den Schritt zurück zur ursprünglichen Pflanze machen, auch wenn dieser Rückzug sicherer wäre.

Es ist jedoch möglich, daß solche kulturellen Phobien nur das Kauen des Blattes betreffen. Millionen von Amerikanern fanden bei einem dreijährigen nationalen Versuch, der im Jahre 1983 begann, Kokatee akzeptabel. Der Versuch war die Idee des nationalen Koka-Unternehmens der peruanischen Regierung. Diese Agentur kontrolliert die Koka-Industrie von Peru durch die Vergabe von Lizenzen an Produzenten und Kokablättern an einheimische Konsumenten wie auch an internationale pharmazeutische Unternehmen. Um die enorme Kokaproduktion des Landes in legale Produkte zu kanalisieren und vom illegalen Drogenmarkt abzulenken, suchten sie nach neuen Märkten. Man entschied sich, den einheimischen *mate de coca* oder Kokatee in die Vereinigten Staaten zu exportieren. Die Peruaner waren clever genug, Lemongras und andere Gewürze hinzuzufügen, um den Geschmack für nordamerikanische Zungen annehmbar zu machen.

Die Importeure in New York und anderen amerikanischen Städten erhielten die Information, daß der Tee entkokainisiert worden wäre. Millionen Teebeutel mit Beschriftungen wie Health Inca Tea wurden über Versandhausanzeigen und in Lebensmittel- und Gesundheitsläden verkauft. In San Francisco versorgte die Nationale Stiftung für Suchtforschung Patienten während der Entgiftung von

Kokain mit so viel Tee, wie sie wünschten. Sie berichteten, daß der Tee den Patienten bei der Stillung des Verlangens nach Kokain half. Das Ergebnis war nicht überraschend. Ich hatte zusammen mit einer Reihe von Kollegen herausgefunden, daß der Tee nicht entkokainisiert worden war! Jeder Teebeutel enthielt ungefähr fünf Milligramm Kokain, die gleiche Dosis, die sich normalerweise in einem einzigen kleinen Coke-Löffel mit Straßenkokain findet. Statt entgiftet zu werden, wurden die Patienten nur auf eine niedrigere und langsamer wirkende Dosis eingestellt.

Ich versammelte einige Kokateetrinker, die jeweils durchschnittlich zwei Tassen pro Tag tranken. Die Befragungen bestätigten die von den kleinen Kokainmengen erwarteten Wirkungen: eine milde Stimulierung, eine bessere Laune und eine Erhöhung der Pulsfrequenz. Am wichtigsten war aber, daß die Kokateetrinker nicht die diagnostischen Kriterien für Kokainmißbrauch erfüllten, und ihre Behauptungen, sie kontrollierten die Verwendung, schien richtig zu sein. Die Teetrinker wurden high, aber der Rausch war völlig harmlos. Als unser Forschungsteam diese Ergebnisse im Jahre 1986 im *Journal of the American Medical Association* veröffentlichte, wurde der Tee für illegal erklärt, und das Experiment mit dieser freiverkäuflichen Kokainzubereitung war vorbei.

Ließ dieses Experiment Kokainschnupfer, Fixer und Raucher zu dem Tee überlaufen? Nein. Viele Kokainkonsumenten, die süchtig nach der belebenden Euphorie des durch ihre Venen rauschenden konzentrierten Kokains sind, akzeptierten das vom Teetrinken erzeugte feine Hochgefühl nicht. Trotz der Beherrschbarkeit und Genießbarkeit kommen Pflanzen wie Koka oder Khat dem Geschmack des Süchtigen an einem schnellen Rausch nicht entgegen. Die Konsumenten wollen Drogen, die ihre Wirkungen schnell und bequem liefern. Wenn sie einmal an die von den Pflanzen getrennten Alkaloide gewöhnt sind, ist es schwierig, das wieder zu revidieren. Die Drogenkonsumenten mögen vielleicht gewillt sein, Unbedenklichkeitskontrollen zu akzeptieren, aber sie sind nicht gewillt, bei den verstärkenden Eigenschaften einen Kompromiß einzugehen – die Droge ihrer Wahl muß die Forderung nach einem schnellen, angenehmen Hochgefühl erfüllen.

Das Hochgefühl muß auch intensiv sein. Obwohl *Tagetes lucida* seit den Zeiten der Azteken als Halluzinogen Verwendung findet, würden nur wenige moderne User eine solch schwache Droge wählen. Der Rauch dieser Pflanze hat einen angenehmen Lakritzgeruch und vermittelt einen sanften Rausch: Durch das geistige Fenster schauen die Raucher in den Himmel, und nur ganz selten mischt sich ein Stückchen der Hölle ein. Das ist gut genug für die mexikanischen Indianer, die es rauchen, aber die amerikanischen Drogenkonsumenten scheinen die intensiveren Visionen von LSD und anderen Synthetika zu bevorzugen, trotz der Gefahr schlechter Trips. Wenn es bei Psychodelika eine Wahlmöglichkeit gibt, werden Drogen vorgezogen, die nicht risikofrei erscheinen, selbst wenn sie es in Wirklichkeit sind.

Die ausgewählten Drogen müssen dem Körper und dem Geist gut gefallen. Ganz wichtig ist es, daß der Rausch immer wirksam sein muß – auf dem anspruchsvollen Konsumentenmarkt sind keine Placebos erlaubt. Das lehrt der Fall des Lactuariums, das nie als moderner Opiumersatz akzeptiert wurde, weil es entweder so mild ist oder so unterschiedlich in der Qualität, daß einige Leute dachten, es handele sich um eine Täuschung.

Lactuarium riecht wie Opium und schmeckt ebenso bitter. Wenn es geraucht oder geschluckt wird, erzeugt es einen so milden Rausch, daß es legal geblieben ist. Es gibt keine Visionen der Art, die De Quincey beim Opiumessen erlebte, aber die Euphorie und der verträumte Rausch halten etwas länger an. Obwohl Lactuarium strukturell mit den Opiaten keine Verwandtschaft hat, lindert es störenden Husten, bringt kleinere Schmerzen zum Verschwinden und hilft beim Einschlafen, wodurch sich sein verbreiteterer Name erklärt: »Opiumgras«. Die Geschichte des Opiumgrases in Amerika weist Parallelen zum Kokatee auf. Beide Drogen wurden im neunzehnten Jahrhundert weithin medizinisch angewendet und in jüngster Zeit für kurze Perioden experimentell, aber nicht medizinisch eingesetzt.

Mitte der siebziger Jahre wurden rauchbare Extrakte aus Opiumgras unter Markennahmen wie L'Opium und Lettucene in den Vereinigten Staaten auf den Markt gebracht. »Kauft Euer Gras, bevor es illegal wird!« verkündeten die national verbreiteten Anzeigen. Hunderttausende taten das, als die Welle gegen Ende der siebziger Jahre ihren Höhepunkt erreichte. Es gab keinen einzigen Fall der Vergiftung oder der Abhängigkeit. Aber es gab starke Konkurrenz, da sich verschiedene Hersteller um einen Anteil am neuen Markt rissen. Viele der neueren Marken waren aus normalem Gartengras hergestellt, in dem das berauschende Lactuarium nicht enthalten ist. Infolgedessen sank der Absatz, einige Anbieter von echtem Lactuarium stellten die Produktion ein, und das allgemeine Interesse legte sich. Obwohl Lactuarium immer noch erhältlich ist, reißen sich Heroinkonsumenten nicht darum, es zu kaufen, und werden das wahrscheinlich auch nie tun: Es ist einfach zu schwach.

Wenn der Rausch, wie unbedenklich und wohltuend er auch sein mag, einer Kultur nicht vertraut ist, wird er nur gegen große Widerstände angenommen. Der Alkohol ist ein fester Bestandteil unserer Kultur, und Kava wird ihn trotz seiner vielen Vorteile nie ersetzen. Der Aufguß aus Kavawurzeln wird kalt getrunken, hat aber immer noch ein angenehmes Fliederaroma. Ein beißender und tauber Nachgeschmack hält davon ab, zuviel zu trinken. Der Rausch gleicht dem von Alkohol insofern, als er einen kurzen euphorischen Zustand erzeugt, entspannt und einige soziale Schranken aufhebt. Es gibt keinen Kater, selbst bei starken Kavatrinkern nicht. Viele Anwender sind jedoch seltsam enttäuscht, wenn sie herausfinden, daß ihre geistige Wachheit unangetastet bleibt, während sie glücklich und zufrieden sind. Das mag für Problemtrinker von Nutzen sein, aber sie verzichten lieber auf diese ungewohnte Nüchternheit und kehren in den alkoholerzeugten Taumel zurück. Um stärkere Wirkungen zu erzielen, muß die Kavawurzel gekaut werden. Dieses faserige und unappetitliche Gewächs mögen nicht einmal eingefleischte Kavatrinker. Darüber hinaus können solche hohen Dosierungen ebenso süchtig und elend machen wie Alkohol.

Obwohl unsere Kultur Drogen akzeptiert, haben wir Vorbehalte gegenüber neuen. Wir bestehen darauf, daß sie untersucht und getestet werden. Sie können dem Alkohol und allem anderen überlegen sein, aber die Akzeptanz irgendeines importierten Rauschmittels erfordert in unserer Kultur eine große wissenschaftliche Sorgfalt und eine lange Eingewöhnungsphase.

Der Ersatz riskanter Chemikalien durch die beherrschbareren pflanzlichen Rauschmittel ist nicht die Lösung. Bisher sind diese pflanzlichen Drogen nicht populär genug, um die Benutzer von Kokain, Heroin und anderen Drogen zu überzeugen, ihre Gewohnheiten zugunsten grüner Wiesen aufzugeben.

3

Wenn Drogenkonsumenten nicht davon überzeugt werden können, zu besser kontrollierbaren Drogen überzugehen, können wir sie dann dazu bringen, sich selbst und die Drogen, die sie schon benutzen, besser zu kontrollieren?

Man versuchte vorallem sehr jungen Menschen beizubringen, ihr Bedürfniss nach Rauschmitteln unter Kontrolle zu halten, sich von allen illegalen Drogen fernzuhalten und Nein zu sagen. Die Befürworter dieser Vorgehensweise erkennen an, daß zur Verhaltensänderung der heutigen drogenkonsumierenden Bevölkerung wenig getan werden kann, aber sie glauben, daß wir künftige abstinente Generationen heranziehen können. Das Bemühen, durch die Erziehung der jungen Generation die Drogennachfrage zu beseitigen, kann die Haltung einigen Drogen gegenüber wohl verändern, aber es gibt, wie wir gesehen haben, immer noch Rauschmittel im Überfluß. Solange wir nicht Apotheken, Gärtnereien und das Kochen für gesetzwidrig erklären, gibt es immer Quellen für frei erhältliche, selbstangebaute und selbstgemachte Rauschmittel.

Es gibt andere Befürworter der Selbstkontrolle, die vorschlagen, wir sollten den Menschen beibringen, wie Drogen zu benutzen seien, ohne Mißbrauch mit ihnen zu treiben. Die illegalen Drogen sollten illegal blieben, und wir würden unsere Bemühungen zur Präventiverziehung fortsetzen. Gleichzeitig sollten wir jedoch versuchen, die Zahl der mit Drogen Mißbrauch treibenden Menschen zu reduzieren und sie zu kontrollierte *Benutzern* zu machen. Dieses Konzept ist nicht so undenkbar wie es scheint.

In den vergangenen Jahren wurde deutlich, daß einige Individuen den gelegentlichen Konsum von Kokain und anderen illegalen Rauschmitteln ohne weiteres vertragen und keine größeren gesundheitlichen Probleme haben, als sie bei freiverkäuflichen Waren oder medizinisch verordneten Stimulantien, Tranquilizern und Sedativa auftreten. Diese sich selbst kontrollierenden Rauschmittelbenutzer sind der Gegenstand eines neuen Forschungsfeldes. Diese Untersuchungen konzentrierten sich darauf zu erforschen, wie es einigen Menschen gelingt, Marihuana, Kokain, Heroin, LSD und andere illegale Rauschmittel kontrolliert einzusetzen und dabei Mißbrauch zu vermeiden. Studien über den sich selbst kontrollierenden Benutzer, der viel häufiger vorkommt als der Mißbrauchtreibende, sind nicht besonders populär unter den Vertretern des Standpunkts, daß illegaler Drogengebrauch an sich schon Mißbrauch *ist*. Die Forschungen decken jedenfalls die Mechanismen auf, mit denen eine Vielzahl potentiell gefährlicher Substanzen – Alkohol, Koffein, Zucker und Hunderttausende anderer natürlicher Pflanzenprodukte – benutzt werden können, wenn schon nicht mit gesundheitlichem Nutzen, dann doch wenigstens, ohne gesundheitlichen Schaden davonzutragen.

Betrachten wir das Heroin. Heroin ist wahrscheinlich die gefürchtetste Droge, weil sie den Ruf hat, die härteste zu sein. Es gibt Fälle abgehärteter Benutzer, die die Aufmerksamkeit medizinischer und rechtlicher Institutionen erregen. Die Gesellschaft nimmt gegenüber den Usern eine gnadenlose Haltung ein. Der Kokainhandel wird hart bestraft, und die Konsumenten erleben eine schwere Zeit. Die Kosten sind für die ganze Gesellschaft hart. Nichtkonsumenten können schwer begreifen, warum andere Menschen Heroin nehmen, und die Benutzer sind ebenfalls starrköpfig, wenn es darum geht, die Gewohnheit aufzugeben.

Es mußte erst der Krieg in Vietnam stattfinden, um die Wahrnehmung von

Heroin zu verändern. Die Wehrpflichtigen bekamen das südostasiatische Heroin reichlich und zu günstigen Preisen. Das Heroin war so billig und so wirksam, daß das Rauchen, das bei den Soldaten beliebter war als das Spritzen, für einen Rausch ausreichte. Ungefähr jeder dritte Soldat probierte in Vietnam Heroin, die Hälfte von ihnen wurde süchtig. Gleichgültig, ob es gute oder schlechte Soldaten waren, die Heroineinnahme endete nicht notwendigerweise in einer Dysfunktion und in lebenslanger Abhängigkeit. Als die Männer in die Vereinigten Staaten zurückkehrten und die soziale Umgebung des Krieges hinter sich gelassen hatten, war ihr Verlangen nur noch gering. Obwohl Heroin in den Staaten schwerer zu besorgen und teurer war, nahm die Hälfte der Heimkehrer, die in Vietnam süchtig geworden waren, auch zu Hause wieder Heroin. Überraschenderweise wurden nur 12 Prozent wieder süchtig – eine bemerkenswert niedrige Rückfallrate. Viele Soldaten machten die Erfahrung, daß sie Heroin benutzen konnten, sogar öfter als einmal in der Woche, ohne wieder süchtig zu werden.

Erstaunlich: Heroinkonsumenten können gelegentlich die Droge zu sich nehmen – das nennt man *chipping* – und dabei eine Abhängigkeit vermeiden. Dieses Muster liegt zwischen dem experimentellen und dem sozialen Konsumverhalten und erlaubt es den Benutzern, ihre Gewohnheit langfristig ohne Schädigung oder Mißbrauch beizubehalten. Schon 1947 wurde der »Spaßfixer« als Heroinbenutzer bekannt, der gelegentlich zugreift und nie erwischt wird. Einige Spaßfixer aus dem Jahre 1947 betreiben dies vielleicht immer noch, denn die kontrollierte Form der Anwendung kann über einen unbeschränkten Zeitraum, ja sogar lebenslang beibehalten werden.

Gelegentliche Benutzer von Narkotika und anderen Drogen sind zahlreicher, als die meisten Menschen annehmen. Diese Konsumenten sind schwer zu erfassen, weil sie nicht regelmäßig in Krankenhäusern, Kliniken, Leichenschauhäusern, Gerichten und anderen Orten erscheinen, wo *Mißbrauchtreibende* sich ein Stelldichein geben. Die meisten Untersuchungen konzentrieren sich auf die Mißbrauchtreibenden, die physisch und psychisch aus der Bahn geratenen Süchtigen, die auch die auffälligsten und am meisten beachteten Drogenbenutzer sind. Was ist mit den Individuen, die keine Probleme haben? Wenn die meisten Heroinsüchtigen einmal *chippers* gewesen sind, warum sind nicht alle *chippers* süchtig geworden? Gibt es ein Geheimnis des selbstregulierten Drogengebrauchs?

Einige Antworten auf diese Frage stammen aus epidemiologischen Untersuchungen, die auch Gruppen kontrollierter Konsumenten von Heroin, Kokain, Marihuana und sogar Halluzinogenen wie PCP erfassen konnten. Die Dosis und die Beschaffenheit der Droge sind wesentliche Faktoren für die Selbstbeschränkung, wie es zum Beispiel beim Kokatee der Fall war. Aber es gibt mehr zu beachten als einfach nur die Verpackung der Droge in die mißbrauchssichere Form des Teebeutels. Wichtig sind die sozialen Kontrollmechanismen. Diese Mechanismen umfassen informelle Verhaltensregeln, ähnlich der Maxime bei Alkoholgenuß: »Nicht trinken und fahren«. Sie beziehen sich auch auf gesellschaftliche Rituale, die den Drogenkonsum begleiten. Zum Beispiel ist beim Weintrinken anläßlich einer Familienmahlzeit oder beim Teilen einer Marihuanazigarette auf einer Party normalerweise kein exzessives Verhalten zu erwarten, wie ja auch Ratten weniger Alkohol trinken, wenn sie mit anderen Ratten zusammen sind.

Bei vielen Gelegenheitskonsumenten unerlaubter Drogen bewirken die sozialen Kontrollen eine Strukturierung des Rauschs, wie die Kaffeepause oder das Nachmittagsbier auf dem Baseballplatz den Konsum erlaubter Drogen reguliert. Diese sozialen Faktoren sind nicht immer wirksam, wie zum Beispiel in Fällen, in denen eine Person dem Druck der Gruppe ausgesetzt ist, mehr von einer Droge zu nehmen, als in der sozialen Situation erwünscht oder geeignet ist. Gewöhnlich wird erwartet, daß ein Rausch in Gesellschaft gemäßigt ausfällt. Jedoch wird exzessives Verhalten selbst dann, wenn alle Schranken der Zurückhaltung durchbrochen sind, bei bestimmten Gelegenheiten noch akzeptiert, wie bei Hochzeitsfeiern oder wenn sich ein Jugendlicher zum ersten Male betrinkt.

Natürlich hat die Gesellschaft immer durch Schaffung und Durchsetzung von Vorschriften Richtlinien für den Drogengebrauch zu setzen versucht. Gesetze sagen uns, welche Substanzen in welcher Form legal erhältlich sind und wie sie besteuert, wo sie hergestellt und verkauft werden und welche Strafen es bei ihrer Übertretung gibt. Die Gesetze des Landes sind nicht aufgehoben, wenn Bürger die Kirche, die Schule oder den Arbeitplatz betreten. Aber zu Hause oder beim Spiel sind formelle Regeln oft unwichtiger als die informellen sozialen Regeln. Die informellen Regeln besitzen keine festgelegten Durchsetzungsmechanismen; sie werden in Familien, im Freundeskreis und in anderen sozialen Gruppen als Traditionen weitergegeben. Diese informellen Kontrollen fördern die Entwicklung kultureller Rezepte, von Menüs, in denen beschrieben wird, welche Substanzen in welchen Mengen, wie, wann und mit wem verwendet werden können, um die gewünschten Wirkungen zu erzielen. Viele Freizeitkonsumenten von Drogen haben zum Beispiel informelle Sanktionen, die den Rauschmittelkonsum auf das Wochenende beschränken, um einen Konflikt mit den formellen Regeln der Arbeit an Wochentagen zu vermeiden. LSD-Konsumenten folgen gewöhnlich dem Ritual, die Droge nur in einer Umgebung zu nehmen, in der sie Autofahren und Telefonieren vermeiden können und nicht gefordert sind, irgend etwas zu tun, das durch den Rausch beeinträchtigt werden könnte. Marihuanaraucher ändern oft ihre Dosis, um nicht übermäßig berauscht zu werden und Ausfallserscheinungen zu vermeiden. Und fast alle Drogenkonsumenten, denen es auf *intensive* Rauschzustände ankommt, versuchen instinktiv, ebenso wie die Tiere, sich von der sozialen Gruppe zu isolieren.

Einige Polizeiberater, die nach Wegen zur Bekämpfung des Drogenmißbrauchs suchen, schlugen vor, diese formellen und informellen Regeln so zu verbessern, daß für eine größere Anzahl von Menschen ein beschränkter Drogengebrauch möglich wird. Entsprechend vertraten sie den Standpunkt, daß genaue Informationen über die beste Methode zur Erzielung der gewünschten Wirkungen einer Substanz unter Vermeidung der schädlichsten Wirkungen für die Benutzer vorteilhafter sei als eine hysterische und übertriebene Anti-Drogen-Kampagne. Sie schlugen weiterhin vor, diese Bemühungen, die darauf abzielten, durch Aufklärung den Drogengebrauch zu begrenzen und exzessive Mengen oder gefährliche Praktiken zu vermeiden, in Einklang mit der Realität einer modernen komplexen Gesellschaft zu bringen, in der die Bürger lernen müssen, eine Vielzahl von potentiell süchtig machenden Verhaltensweisen einschließlich Essen, Spielen und Fernsehen in den Griff zu bekommen.

Hinter diesem Vorschlag steht die Absicht, den Menschen beizubringen, wie sie ihre Rauschzustände kontrollieren können – ähnlich wie den Menschen gesunde Ernährung oder sichere sexuelle Praktiken beigebracht werden. Aus einem einfachen Grund funktioniert es nicht: Unsere beliebtesten Drogen können nicht als wirklich unbedenklich empfohlen werden.

Einige Drogen sind selbst bei mäßigem Gebrauch bedenklich. Auch wenn Raucher- und Nichtraucherzonen den gesellschaftlichen Gebrauch von Tabak regeln und kommerzielle Zigarettenfilter die schädlichen Substanzen teilweise aus dem Rauch entfernen, Gesetze das Alter für die Verwendung regeln und hohe Steuern die Zugänglichkeit für einige Konsumenten begrenzen, bleibt Tabak doch ungesund. Und der wesentliche Inhaltsstoff, Nikotin, macht weiterhin süchtig. Die Vorstellung, ein solch ungesundes Rauschmittel begrenzt nutzen zu können, ist nicht nur unklug, sie ist unrealistisch. Pädagogische Botschaften und Warnungen auf der Packung raten unzweifelhaft von exzessivem Gebrauch ab, aber Gebrauch und Mißbrauch gehen weiter, auch wenn die Prohibition der Kolonialzeit wiedereingeführt würde.

Ein weiteres Beispiel dafür, warum die eingeschränkte Benutzung der verfügbaren Drogen nicht funktioniert, ist das Problem des Drogenmißbrauchs auf Rezept. Selbst wenn wie bei verschreibungspflichtigen Drogen strenge Richtlinien eingehalten werden, treten noch Mißbrauch und andere unerwünschte Nebenwirkungen auf. Es sollte berücksichtigt werden, daß die Amerikaner jährlich Medikamente im Wert von über 17 Milliarden Dollar verbrauchen und daß die Hälfte dieser Arzneimittel nicht vorschriftsgemäß genommen wird. Die Folge ist, daß 10 Prozent aller Krankenhauseinlieferungen auf Medikamentenmißbrauch beruhen. Die gesellschaftlichen Gesamtkosten der Gesundheitsschäden durch verschreibungspflichtige Drogen werden auf 10 bis 15 Milliarden Dollar geschätzt. Diese Kosten berücksichtigen nicht die 125000 Amerikaner, die jedes Jahr in Folge von Mißbrauch verschreibungspflichtiger Drogen sterben.

Selbstkontrollierter Rauschmittelgebrauch klingt gut. Er hat viele positive Aspekte, bietet aber keine befriedigende Lösung. Unabhängig davon, wie gut wir lernen, uns einzuschränken, sind die wichtigsten Rauschdrogen immer noch mit Gefahren und Risiken verbunden. Natürlich tolerieren wir die Probleme, die mit einer anderen Form des eingeschränkten Drogenkonsums, den verschreibungspflichtigen Medikamenten, verbunden sind. Aber das ist medizinischer Drogengebrauch. Er ist moralisch akzeptabel. Die Verwendung berauschender Drogen gilt in unserer Kultur als nichtmedizinischer Gebrauch. Er ist moralisch inakzeptabel. Und darin liegt das Haupthindernis für die Lösung des Drogendilemmas.

4

Die Verwendung von Rauschdrogen, ob eingeschränkt oder nicht, sicher oder riskant, wird niemals akzeptiert werden, solange wir den Rausch als nicht medizinisch legitimiert betrachten.

Die meisten von uns werden der Auffassung widersprechen, daß die Verwendung von Rauschmitteln einen medizinischen Zweck verfolgt. Wir haben starke moralische Widerstände gegen eine solche Betrachtungsweise. Die Gesellschaft hat uns gelehrt, daß der Drogenrausch ungesund und unmoralisch ist. Ich begann meinen eigenen Widerstand gegen diese Auffassung in Frage zu stellen, als ich eine körperbehinderte Frau namens Peggy Sue kennenlernte. Sie zeigte mir ebenso wie Hunderte anderer Menschen, deren Schicksal ich untersuchte, daß sogar das gefährlichste dieser Rauschmittel tatsächlich als Medizin dienen kann.

Peggy Sue war zum Square Dance gegangen. Ich sah die Bilder und konnte es immer noch nicht glauben. Sie saß in meinem Büro, zeigte mir Fotos aus dem Familienalbum und erklärte mir, was passiert war. Peggy Sue war dreiundsiebzig und sah sehr müde aus; die Bilder erzählten Geschichten aus besseren Tagen. In ihrer Jugend hatte sie Preise beim Square Dance gewonnen; Bill, ihr Mann und Partner, posierte mit den Trophäen, die das bewiesen. Sie lebten jetzt in einer Pensionärssiedlung, wo Bill für Peggy sorgte. Er half ihr morgens aus dem Bett und brachte sie abends mit der Zärtlichkeit eines liebeskranken Jungen wieder hinein. Peggy konnte nur zurücklächeln. Sex war zu schwierig.

Als ich sie befragte, verstand ich, daß sie Bills Hilfe brauchte. Ihre Hände waren knorrig; die Beine steif; und ihre Gelenke waren rot und geschwollen. Sie konnte sich nur langsam schlurfend über kurze Entfernungen bewegen. Obschon sie mit zwei Händen ein Wasserglas halten konnte, war das Drehen eines Türknopfes unmöglich. Sie brauchte im Bad und bei der Körperpflege Hilfe. Keins dieser Symptome fortgeschrittener rheumatischer Arthritis ließ mich an ihrer Geschichte über die Teilnahme am Square Dance zweifeln. Sie mußte nur aus ihrem Rollstuhl aufstehen, um es zu tun.

Die medizinischen Unterlagen berichteten von Peggy Sues fast zwanzigjährigen Kampf gegen die Arthritis. Sie hatte alle konventionellen Behandlungen durchgemacht, einschließlich Goldkugeln, entzündungshemmender Medikamente. Es waren sogar Operationen an ihren Händen durchgeführt worden. Sie probierte in Mexiko eine unkonventionelle Steroidbehandlung und war so verzweifelt, daß sie jede neue Diät, Übung oder Massage versuchte, die eine Linderung der zunehmenden Steifheit und Schmerzen versprach. Dann kam sie in eine Wüstenklinik in Kalifornien, wo sie Esteren erhielt. Einige Wochen später tanzte Peggy Sue.

Aus den Aufzeichnungen in ihrer Akte ging hervor, daß sich ihr Bewegungsvermögen aufgrund einer Erweiterung ihrer Muskel- und Gelenkfunktionen verbessert hatte. Sie gewann wieder an Kraft, die Entzündung und Schwellung der Gelenke ging zurück, und alle untersuchenden Ärzte stimmten darin überein, daß Esteren Peggys Zustand erheblich verbessert hatte. Obwohl sie Esteren nicht gern einnahm – nach ihrer Ansicht war das Schnupfen eine etwas heikle Methode, Medizin zu nehmen –, mußte Peggy Sue zugeben, daß sie sich wohler fühlte, weniger Schmerzen hatte, ihren Hals und ihren Körper freier bewegen konnte und ohne das Dutzend Aspirintabletten auskam, die sie normalerweise jeden Tag schluckte. Selbst als man ihr erzählte, daß Esteren ein Stimulantium sei, verspürte sie kein Verlangen nach dem Medikament. Bill war es, der begeistert zu sein schien, allerdings in erster Linie darüber, daß seine Liebste wieder alleine ins Bett gehen konnte.

Ich blieb skeptisch. Daß Peggy Sue aus dem Rollstuhl aufstehen konnte, glich einem Kunststück eines Wunderheilers und nicht dem Ergebnis einer medizinischen Behandlung in einem Arthritiszentrum. Und Esteren war zudem nur eine andere Bezeichnung für *Crack*! Wenn es intranasal verwendet wird, wird Crack, also freie Kokain-Base, sehr langsam von den Nasenschleimhäuten absorbiert. Dabei tritt kein gieriges Verlangen auf, aber kann so auch der Mißbrauch verhindert werden? Es waren mehr als zweihundert andere Patienten in dem Esteren-Behandlungsprogramm, das ich wissenschaftlich begleiten sollte. Ich hoffte, eine detaillierte Untersuchung dieser Patienten würde zu einer Antwort führen.

Mehr als zwei Jahre wurde Esteren bei Hunderten von Patienten angewendet, und ich konnte keinen einzigen Fall von Mißbrauchs feststellen. Einige Patienten nahmen ohne negative Auswirkungen bis zu 750 Milligramm täglich. Die Versuchsreihe hatte nicht bewiesen, daß Esteren ein Heilmittel für Arthritis ist – im besten Fall wirkte es nur als Schmerzmittel und psychomotorische Stimulanz –, aber es demonstrierte, daß der *Gebrauch* einer Droge, selbst einer mit der süchtig machenden Kraft von Crack, nicht zum *Mißbrauch* führen mußte. Wenn Crack ohne Mißbrauchsgefahr benutzt werden konnte, dann wären vielleicht auch alle anderen Drogen auf eine sichere Weise anwendbar.

Der Schlüssel zum sicheren Gebrauch war die ultra-langsame Absorption der freien Kokain-Base durch die Nasenmembranen. Anders als beim Rauchen der Droge, was unmittelbar zum Rausch führt, wirkt die lokale Anwendung wie eine Kapsel, die ihren Inhalt erst im Laufe der Zeit freisetzt. Die Nase funktioniert als Kapsel, und die freie Kokain-Base dringt ganz langsam ins Blut ein. Die Anwender spürten einen leichten Rausch, der mehrere Stunden anhielt und keine häufigen Verstärkungen benötigte. Es war der gleiche Effekt, der beim Kauen von Koka auftritt. Ein weiterer Aspekt der Sicherheit für die Esteren-Anwendung war die medizinische Organisation und Umgebung. Die Benutzer waren *gute Patienten*, die unter medizinischer Aufsicht standen; sie folgten den Anweisungen ihrer Ärzte und den Hinweisen auf den Esteren-Etiketten. Wie würden sich Anwender in nichtmedizinischer Umgebung verhalten? Würde das Esteren-Präparat die Bedürfnisse von Benutzern befriedigen, die sich aus sozialen oder Entspannungsgründen selbst »verarzten« wollen?

Es dauerte nicht lange, bis ich eine Gruppe solcher Benutzer beobachten konnte. Sensationelle Presseberichte über das Esteren-Programm hatten viele Leute dazu gebracht, intraversale Versuche mit freier Kokain-Base zu machen. Einige von ihnen waren Kokainkonsumenten, die aus den Berichten erfahren hatten, daß das Schnupfen dieses Präparats sicherer sei als das Schnupfen von Kokain-Hydrochlorid. Andere waren ältere Menschen wie Peggy Sue, die nach einer Behandlungsmethode für ihre Arthritis oder ihre Depressionen suchten. Der Staat hatte das Esteren-Programm gestoppt und die Ärzte disziplinarisch verfolgt, was dazu führte, daß sich Leute hausgemachte Mischungen zusammenbrauten. Die Behörden waren verständlicherweise beunruhigt. Freie Kokain-Base war kein Wundermittel gegen rheumatische Arthritis, aber wenn Menschen daran glaubten und sich besser fühlten, könnte eine neue Gruppe illegaler Drogenbenutzer auf uns zukommen, um die wir uns Sorgen zu machen hätten: die Senioren! Sie konnten ebenso schnell von der Kokain-Idee begeistert werden wie von Coca-Cola, das ursprünglich als Kokain-Tonikum für ältere Leute gedacht war, die schnell müde wurden. Es wäre unmöglich, Razzien in Altersheimen durchzuführen und nach kleinen alten Damen zu suchen, die Kokain schnupfen. Wir dringen ja auch nicht in Krebskliniken ein, in denen Patienten manchmal andere ungewöhnliche Drogen bekommen.

Ich kam auf 175 Benutzer im Umkreis von Los Angeles. Die meisten hatten überraschenderweise keine Probleme. Sie berichteten über das Nachlassen von Erschöpfung, die Unterdrückung chronischer Schmerzen oder von Unwohlsein, aber sie erlebten nicht die rapide und mitreißende Euphorie, die das Suchtpotential des Kokain-Hydrochlorids ausmacht. Anders als tägliche Kokain-Hydrochlorid-Konsumenten, die sich mehrmals am Tage Dosen verabreichen, nahmen die Menschen, die freie Kokain-Base schnupften, die Droge nicht so häufig und wiesen keine Anzeichen von Abhängigkeit auf. Einige hatten in Folge ihres Gebrauchs finanzielle und rechtliche Probleme; einige klagten über Appetitlosigkeit und Schlafstörungen. Aber daß sie tägliche Dosen von 1000 Milligramm ohne schwere Störungen verkraften konnten, belegte, daß selbst in nichtmedizinischer Umgebung eine sichere Anwendung möglich ist.

Die wichtigste Schlußfolgerung aus Peggy Sues Geschichte ist nicht, daß Esteren auf Rezept erhältlich sein sollte. Wir erkennen vielmehr, daß die Menschen in der Lage sind, bestimmte Formen von Rauschmitteln zu *benutzen*. Sie können zu Hause genau so sicher verwendet werden wie in Kliniken. Wie ist das möglich? In den Esteren-Rezepten waren die Kokain-Dosen genauso exakt festgelegt wie bei den Kokateebeuteln. Selbst Benutzer, die nicht unter medizinischer Kontrolle standen, verwendeten diese Präparate. Umgekehrt können unkontrollierte Dosen von Kokain oder Crack, das auf der Straße gehandelt wird, leicht zum *Mißbrauch* oder zu Vergiftungen führen. Die offensichtliche Sicherheit des Esteren unterstreicht die These, daß ein Hauptunterschied zwischen Drogengebrauch und Mißbrauch durch die Dosis gegeben ist.

Aber für unsere Kultur liegt der Unterschied auch in der medizinischen Verordnung. Peggy Sue benutzte die Droge in einem medizinischen Zusammenhang. Ihr Crack war eine Arznei und daher akzeptabel. Wenn es von Benutzern auf der Straße für Zwecke verwendet wird, die nicht medizinisch abgesegnet sind, wird der Konsum als unakzeptabel und unmoralisch abqualifiziert. Ihr Crack ist ein Gift. Aber die Konsumenten von der Straße nehmen das Mittel zur psychischen oder physischen Stimulation, verbessern ihre Stimmung oder ihren Zustand und damit ihre Gesundheit mit der gleichen relativen Sicherheit, die Peggy Sue und andere Klinikpatienten genossen, als sie die Symptome der Arthritis behandelten. Der Rausch ist in beiden Fällen *medizinisch* und nicht unmedizinisch.

Der medizinische Sinn des Rausches ist einfacher zu verstehen, wenn wir Rauschdrogen als *Adaptogene* betrachten. Dem Begriff nach ist ein Adaptogen eine Substanz, die Menschen dabei hilft, sich auf Veränderungen in ihrer physischen oder psychischen Umgebung einzustellen. Unerwünschte Schwankungen in physiologischen, chemischen, biologischen oder neurologischen Systemen können durch einige Adaptogene korrigiert werden. Wenn also Körper oder Geist ermüdet sind, belebt ein Adaptogen die Funktion. Wenn umgekehrt jemand übermäßig erregt ist, kann ein anderes Adaptogen die Aufregung dämpfen. Einige Adaptogene korrigieren nicht nur Ungleichgewichte, sondern üben eine normalisierende Funktion aus, indem sie selbst gesunden Menschen dabei helfen, ihre Widerstandskraft gegen mögliche Veränderungen zu stärken.

Viele adaptogene Substanzen sind pflanzlichen Ursprungs. Die berühmteste ist Ginseng, eine Pflanze, von der es einige exotische Präparate gibt, deren Preis dem des Kokains nahekommt. Ginseng wird weltweit verwendet, um körperliche Leistungen unter Streß zu ermöglichen, Blutdruckschwankungen auszugleichen und sogar Strahlungsschäden zu reparieren. Viele Menschen finden, daß es eine leicht stimulierende Wirkung besitzt, und nehmen es gegen Erschöpfung, Depression und sexuelle Lustlosigkeit. Tatsächlich wird es aus denselben Gründen genommen wie andere Drogen auch, zum Beispiel Koka. Bei den Millionen, die Ginseng nehmen, tritt kein größerer Mißbrauch auf als bei der vergleichbaren Anzahl, die Koka nimmt.

Diese Ergebnisse bedeuten nicht, daß wir Ginseng für illegal erklären oder Koka legalisieren sollten. Sie zeigen aber, daß Koka, Kokain, Heroin, Marihuana, Alkohol, Tabak und die Halluzinogene genauso als Medikamente gelten wie Ginseng, wenn ihre Verwendung uns bei der Anpassung an Veränderungen in unserer psychischen oder physischen Umgebung hilft. Rauschdrogen befriedigen mit medizinischen Mitteln die Bedürfnisse des vierten Triebes nach einer Veränderung des Zustands oder der Stimmung. Ob wir nun Kokatee verwenden, um die Höhenkrankheit zu behandeln, oder Kokain, um eine Erschöpfung auf der Höhe des Meeresspiegels zu bekämpfen, wir geben unseren Bedürfnissen

Medizin. Das Streben nach dem Rausch dient einem legitimen medizinischen Zweck.

Die Lösung unseres Drogenproblems beginnt, wenn wir dem Rausch in unserem Verhalten einen legitimen Platz einräumen. Wir müssen sicherstellen, daß das Verlangen nach einem Drogenrausch nicht gefährlich ist. Wie können wir das tun?

5

Die Antwort ist, die Drogen vollkommen sicher zu machen.

Der beste Weg, mit der Verbesserung von Rauschmittel voranzukommen, ist die Technologie, die uns Menschen gegenüber anderen Lebewesen auszeichnet. Die Suche nach besseren botanischen und synthetischen Drogen ist eine langfristige Herausforderung der pharmazeutischen Industrie, die jedes Jahr Milliarden Dollar für die Erforschung und Entwicklung magischer Kugeln und Wunderdrogen ausgibt. Das Ziel ist, die erwünschten und nützlichen Wirkungen zu maximieren und die Risiken und Gefahren zu minimieren. Eine stillschweigende Vereinbarung sollte sein, daß man sich unter Drogeneinfluß nicht *zu gut* fühlen sollte. Die Behörde für Nahrungsmittel und Drogen hat synthetisches THC für die klinische Verwendung bei der Behandlung von Schwindelgefühlen und Erbrechen genehmigt, Symptome, die bei vielen Krebspatienten während der Chemotherapie auftreten. Aber das genehmigte Medikament, *Marinol*, war eine weiche Gelatinekapsel, die Sesamöl enthielt, das das Hochgefühl verzögert.

Diese calvinistische Pharmakologie hat uns daran gehindert zu erkennen, daß angenehme Veränderungen in Körper oder Seele zur Befriedigung gesundheitlicher Bedürfnisse beitragen. Es wird Zeit, daß wir uns von solchen Auffassungen trennen und Rauschmittel als Medikamente anerkennen und damit Rauschzustände als Therapie für bestimmte menschliche Befindlichkeiten zulassen. Wir müssen die Definition der Selbstmedikation auf Drogengebrauch zum Zwecke des Rauschs ausdehnen. Wenn auch einige von uns zugeben werden, daß ein Rausch medizinische oder adaptogene Zwecke erfüllt, ist jedoch fast jeder darüber besorgt, daß Kontrollverlust und Mißbrauch unmittelbar folgen könnten. Die Erforschung und Entwicklung von Rauschmitteln, die so wenig mißbraucht werden können und so unbedenklich sind wie unsere Nahrungsmittel, ist ebenso erstrebenswert wie die magischer Kugeln oder Wunderdrogen.

In der Zwischenzeit wird das Drogenangebot weiter bestehen. Der Drang nach Rausch kann nicht unterdrückt werden. Wir müssen geduldig daran arbeiten, den aus dem Gebrauch und Mißbrauch von unvollkommenen Drogen entstehenden täglichen Problemen zu begegnen. Wir müssen die Mißbrauchtreibenden versorgen und alles tun, um Neuzugänge in ihren Reihen zu verhindern. Wir müssen unsere präventiven Informationsprogramme fortsetzen und unsere Behandlungs- und Rehabilitationsbemühungen verbessern. Es gibt keine kurzfristigen Lösungen. Wir müssen den andauernden destruktiven Charakter des Drogenkrieges aushalten, bis schließlich der Nachfrage jener, die nach dem künstlichen Paradies streben, entsprochen werden kann.

Rauschmittel spielen eine natürliche Rolle auf dem Speiseplan, seit das Leben auf diesem Planeten begann. Ein Rausch, der nach der Definition der Eintritt in einen vergifteten Zustand ist, wird nie ganz risikofrei sein, aber es wird ihn immer geben. Die Menschen haben mit vielen berauschenden Drogen experimentiert, aber herausgefunden, daß keine von ihnen vollkommen ist. In Homers *Odyssee* füllt Helena von Troja Weinbecher mit Nepenthe, einem auf Opium basierenden Gift, das Schmerz und Sorgen verbannt. Das mythische Nepenthe war die ideale Droge, es war absolut sicher und angenehm. Um Krankheiten und mißliche Lagen zu meistern, ersetzten die alten Griechen das Menschenopfer, bei dem die Opfer *pharmakoi* genannt wurden, durch ein besseres Leben mit Hilfe der Pharmakologie. Viele ihrer Kräuter und Drogen finden sich auch in heutigen Medikamenten, aber das ideale Nepenthe zur therapeutischen und sozialen Verwendung blieb der heilige Gral der Psychopharmakologie.

Von Homer bis Huxley geisterten Träume einer schönen neuen Welt der Rauschmittel durch unsere Literatur und inspirierten unsere Forschungen. Huxleys erfundenes einlullendes »Soma« ist nun der Markenname eines modernen Muskelentspannungsmittels; einige Züge PHP, eines synthetischen Analogstoffs zu PCP, kann auf magische Weise Dr. Jekyll in Mr. Hyde verwandeln, und das schneller, als das Kokain bei dem Autor Robert Louis Stevenson wirkte; und in den siebziger Jahren suchten die Moksha-Laboratorien, die nach dem Psychodelikum in Huxleys utopischem Roman *Die Insel* benannt sind, weltweit nach pflanzlichen Nepenthes. So wie die Entdeckung des Gummibaums eins der Elemente war, das die industrielle Revolution ermöglichte, könnten neue Entdekkungen im Pflanzenreich, das noch zu 90 Prozent unerforscht ist, ebensolche dramatischen Veränderungen in unserer Entwicklung in Gang setzen.

Die Herausforderung wird durch die Träume und Alpträume der Sciencefiction-Elixiere gespeist. Der Autor Robert Silverberg fertigte für das Nationale

Institut zur Erforschung des Drogenmißbrauchs eine Übersicht über diese Elixiere an und stellte fest, daß künftige Drogen so wie seine eigenen fiktiven Zaubermittel – »Tingle« und »Mindblot« – als euphorisierende Allheilmittel, zur Bewußtseinserweiterung und als Kontrollmittel verwendet würden. Science-fiction-Autoren stellen sich vor, daß einige Drogen das Produkt der Technologie sein werden, während wir andere entdecken könnten, wenn wir die Flora anderer Welten erforschen würden.

Warum sollen wir darauf warten, daß wir dereinst auf einem fremden Planeten über diese Drogen stolpern? Warum können wir nicht hier unbedenklichere finden? Warum können wir sie nicht jetzt vollkommen sicher machen? Naturwissenschaftler und Futurologen aus Hochschulen, von der Rand Corporation und vom Hudson Institute sagen voraus, daß wir dazu am Anfang des nächsten Jahrhunderts in der Lage sein werden. Die Molekularchemie wird dies durch das Spalten und Verändern von bereits bekannten psychoaktiven Molekülen möglich machen. Es scheint ebenso wahrscheinlich zu sein, daß wir neue und geeignetere Moleküle im botanischen Laboratorium von Mutter Natur finden. Die Fortschritte der chromatographischen und spektroskopischen Techniken erlauben heute die Isolation und Analyse von biologisch aktiven Pflanzenbestandteilen, die früher nicht gefunden werden konnten. Neue Techniken zur Manipulation von Pflanzenzellen, Genen und Enzymen könnten uns mit vielen neuen Wirkstoffen versorgen.

In der Zukunft, wie auch schon in der Vergangenheit, werden sich die Modedrogen ändern. Heroin wurde einmal als chic betrachtet; heute hat es den Ruf, unangenehm und gefährlich zu sein. Das Image von Kokain unterliegt einer ähnlichen Wandlung. Obwohl solche Image-Veränderungen den Rückgang der Popularität einer Droge anzeigen können, ist es sicher, daß neue Drogenlaunen auftauchen werden. Wir haben heute die Gelegenheit, diese künftigen Angebote zu bestimmen.

Bei den idealen Rauschmitteln überwiegen optimale positive Wirkungen, wie Stimulation oder Genuß. Toxische Folgen sind minimal oder bleiben ganz aus. Die Drogen würden als schnellwirksame Pillen oder Flüssigkeiten genommen oder in Form von Gasen eingeatmet. Sie hätten eine konstante Wirkungszeit und eingebaute Hemmstoffe zur Verhinderung von exzessivem Gebrauch oder Überdosen. Die Drogen könnten sogar so gebaut sein, daß sie kurze Wellen intensiver, aber ungefährlicher Wirkungen hervorrufen und damit gefährlicher und aufregender erscheinen, als sie tatsächlich sind.

Die idealen Drogen würden die erwünschten Wirkungen ohne unerwünschte

Nebenwirkungen hervorrufen. Wenn die Droge zum Beispiel zur Stimmungsaufbesserung verwendet wird, sollte sie niemanden am Essen oder Schlafen hindern. Das ideale Beruhigungsmittel würde die Angst verringern, ohne so zu besänftigen, daß der Anwender passiv und unproduktiv wird. Ebenso sollte die Droge, die zur Unterhaltung unserer Sinne produziert wurde, uns nicht von der Erfüllung normaler Aufgaben ablenken.

Die Molekularchemiker haben bereits einige interessante Möglichkeiten entworfen. Dazu gehören Drogen zur Gefühlssteigerung, zur Freisetzung von Kindheitsphantasien, zur Entfesselung von Kreativität oder zur Ermöglichung eines Wochenendtrips. Eine vielversprechende Droge, 2C-B, scheint alle Sinneswahrnehmungen ohne Verzerrungen zu verstärken, sie verwandelt die Alltagswelt in ein Museum interessanter Wahrnehmungen. Ein anderes neues Rauschmittel, DIPT, scheint die akustischen Signale und nicht die sichtbaren zu verändern, sie gibt Klängen eine quasi-elektronische Verstärkung, während die Augen fest auf die Realität gerichtet bleiben. Chemiker ändern die Regeln der molekularen Architektur, konstruieren jedes Jahr Hunderte neuer psychoaktiver Verbindungen, und niemand kann wissen, wie nahe das nächste Molekül an das Ideal heranreicht. Bis dahin sind jedoch die Trips nicht immer angenehm und kontrollierbar, und zur Erleichterung jener Konsumenten, die nicht gewillt sind, die Lösung vollkommen sicherer Drogen zu akzeptieren, ist noch viel Forschung und Entwicklung nötig.

Künftige Molekulararchitekten könnten imstande sein, die erwünschten Eigenschaften von Drogen zu mischen und genau zu treffen, um so die vollkommen sicheren Nepenthes zu schaffen. Beispielsweise könnten sie Buprenophin, ein semisynthetisches Opioid, das dem Morphium ähnlich ist, aber eine Überdosis selbst abzublocken scheint, mit Pentozin kombinieren, einem Synthetikum, das dem Heroin ähnlich ist, aber ein beträchtlich geringeres Mißbrauchspotential hat. Sie könnten in der Lage sein, die Wirkungen von Ro15-4513, einer Droge, die betrunkene Tiere nüchtern macht, mit den betrunken machenden Aspekten des Alkohols selbst zu kombinieren. Sie könnten imstande sein, Esterenpräparate mit Nitrenidipen zu koppeln, einer Chemikalie, die Kokain-Überdosen aufhebt, und so eine nicht-tödliche und kontrollierbare Form von Kokain erzeugen. Sie könnten schließlich ein synthetisches Kokablatt herstellen, das von der ursprünglichen Pflanze in Erscheinung, Namen und emotionaler Geschichte so weit entfernt ist, daß es um seiner selbst willen angenommen wird. Sie werden die Alchimisten des Neuen Zeitalters sein, sie werden die Kriegs-Pharmakologie, die ständig die Bedürfnisse des Individuums gegen die einer falsch informierten Gesellschaft ausspielt, in eine Pharmakologie der Harmonie verwandeln.

Der Sieg im Drogenkrieg durch die Ausrottung des nichtmedizinischen Drogengebrauchs ist weder möglich noch wünschenswert. Wir brauchen Rauschmittel – nicht in dem Sinne, in dem ein Süchtiger einen Schuß braucht, sondern weil das Rauschbedürfnis so sehr ein Teil des Menschseins ist wie Sex, Hunger und Durst. Das Bedürfnis – der vierte Trieb – ist natürlich und, jawohl, sogar gesund. Unsere Anwendung berauschender Drogen ist ebenso natürlich und kann, wenn wir unsere Erfindungsgabe einsetzen, ebenso gesund sein, wie es die von uns verwendeten medizinischen Drogen sein sollten. Das bedeutet keine moralische Kapitulation im Drogenkrieg. Die Entwicklung sicherer, von Menschen gemachter Rauschmittel ist eine Bestätigung eines unserer menschlichsten Triebe und eine Herausforderung unserer entwickeltsten Fähigkeiten.

Wenn die Straße der sicheren Rauschmittel in eine Gesellschaft führt, die von Drogenmißbrauch frei ist, und das ist keine bloße Science-fiction-Phantasie, dann läßt die Reise in eine solche Zukunft wahrscheinlich Veränderungen des gesellschaftlichen Denkens erwarten, nicht zu sprechen von der Forschungs- und Entwicklungsarbeit, die zur Produktion der Komponenten notwendig ist. So wie die Tiere sich vor den negativen Rauschwirkungen durch Isolation schützen und erfahrene menschliche Konsumenten vernünftig mit ihrer Veranlagung und Umgebung umgehen, muß in der Zwischenzeit die Gesellschaft dem Rausch in ihrem Bewußtsein einen Platz einräumen. Wir müssen dem Trieb einen anerkannten Platz verschaffen und dann sichere Wege verfolgen.

Vielleicht wird es neue utopische Drogen geben, die sich selbst begrenzen, aber wir werden sie perfektionieren müssen. Zur Zeit bleiben die Utopiate spielerische, aber faszinierende Möglichkeiten, wie die Kinderträume eines Bergparadieses in Robert Brownings »Rattenfänger von Hameln«. Auch wenn wir noch keine Berge versetzen können, um nachzuschauen, was in dem zukünftigen Paradies verborgen ist, brauchen wir keine *Datura*-Hexen, Tabakgötter, rosa Elefanten, Haschisch-Assassinen, Opiumdrachen und Kokainkäfer zu fürchten, denen wir auf dem Wege begegnen könnten; sie sind nur Spiegelungen unseres Ichs, der aus unserem vierten Trieb entsprungenen Träume und Alpträume. Wir müssen die Straßengaukler nicht fürchten, die Gewürze wie Muskat in mitreißende, aber unvollkommene Elixiere wie Ecstasy verwandeln können; wir können die Kunst der Designer-Chemie zur Meisterschaft bringen und es besser machen. Obwohl jeder unserer Schritte von Pflanzen mit Dornen und bittersüßen Chemikalien gesäumt ist, obwohl Stimmen uns zur Rückkehr rufen, können wir ebensowenig zurück wie es möglich wäre, die evolutionäre Leiter wieder hinunterzusteigen. Wir müssen aus diesen Begegnungen lernen und weitergehen. Neinsagen heißt, alles abzulehnen, was wir sind und was wir sein könnten.

Epilog

César war verschwunden. Es gab das Gerücht, er sei ins Kokain-Geschäft gegangen und bei einem Schußwechsel im Dschungel umgekommen. Ein *yatiri* erzählte mir, daß er von einem UFO weggeschafft worden sei, als er in den Bergen herumkraxelte. Wo auch immer er war, er hatte die Scherbe mitgenommen. Ich ärgerte mich.

Ich wollte, daß ein Labor die Scherbe genauer untersuchte. Als ich anderen Experten meine Skizze zeigte, sagten sie, daß der Stil an den des Moche-Volkes erinnere, dessen Kultur nicht weit zurückdatiert. Wenn es sich um Moche-Kunst handelte, war sie eventuell nur einige hundert Jahre alt und nicht einige tausend, wie César dachte. Hatte César ihr Alter absichtlich überschätzt, um mir einen Gefallen zu tun? Er wußte, wie sehr ich davon träumte, einen solchen Beleg für meine Theorie zu finden, und er hatte mir gesagt, wo ich nachsehen sollte. Erzählte er mir auch, was ich hören wollte? Die Frage machte mich unruhig.

Ich konnte aber nicht lange ärgerlich bleiben. Selbst wenn die Scherbe nur ein Teil eines Traumes gewesen war, hatte er ausgereicht, um mich auf die Jagd nach echten Stücken im Puzzle des Rausches zu schicken – ein Puzzle, das vom kollektiven Traum eines Planeten erzeugt wurde. Das von ihm geformte Bild war real, aber unvollkommen, wie die rauhen Kanten der Scherbe. Und so sind wir gezwungen, weiterzuträumen, einen Traum, der das Bild des Rausches vollkommen macht.

Danke, César, wo auch immer du sein magst.

Bibliographie

Einleitung

BAUDELAIRE, C. 1860. Sämtliche Werke /Briefe. Bd 6: *Les paradis artificiels / Die künstlichen Paradiese.* Briefe. Tagebücher. Notizen. Hrsg. v. Kemp, Friedhelm /Pichois,Claude, in Zus.-Arb. mit Drost, Wolfgang. Übers. u. Komment. v. Kemp, Friedhelm. München: Hanser.

BUCK, D. P. February 1964. »Come Where My Love Lies Dreaming.« *Fantasy and Science Fiction,* no. 153: 113–26.

Krieg im Paradies

AMES, O. 1939. *Economic Annuals and Human Cultures.* Cambridge: Botanical Museum of Harvard University.

ALVAREZ, W., KAUFFMAN, E. G., SURLYK, F., ALVAREZ, L. W., ASARO, F. & MICHEL, H. V. 1984. »Impact Theory of Mass Extinctions and the Invertebrate Fossil Record.« *Science* 223: 1135–41.

ATSATT, P. R., & O'DOWD, D. J. 1976. »Plant Defense Guilds.« *Science* 193: 24–29.

BECK, C. E., ed. 1976. *Origin and Early Evolution of Angiosperms.* New York: Columbia University Press.

BEVER, O. 1970. »Why Do Plants Produce Drugs? Which Is Their Function in the Plants?« *Quarterly Journal of Crude Drug Research.* 10: 1541–49.

BRALLIER, FLOYD. 1922. *Knowing Birds Through Stories.* New York: Funk & Wagnalls Company.

BRANTJES, N. B. M. 1981. »Ant, Bee and Fly Pollination in Epipactis palustris (L.) Crantz (Orchidaceae).« *Acta Botanica Neerlandica* 301: 59–68.

BRISTOL, M. L. 1969. »Tree Datura Drugs of the Colombian Sibundoy.« *Botanical Museum Leaflets, Harvard University* 22: 165–227.

CARROLL, C. R., & HOFFMAN, C. A. 1980. »Chemical Feeding Deterrent Mobilized in Response to Insect Herbivory and Counteradaptation by Epilachna tredecimnotata.« *Science* 209: 414–16.

CARROLL, M. E., & MEISCH, R. A. 1984. »Increased Drug-Reinforced Behavior Due to Food Deprivation.« *Advances in Behavioral Pharmacology* 4: 47–88.

DOBKIN DE RIOS, M. 1984. *Hallucinogens: Cross-Cultural Perspectives.* Albuquerque: University of New Mexico Press.

EDMUNDS, G. F., & ALSTAD, D. N. 1978. »Coevolution in Insect Herbivores and Conifers.« *Science* 199: 941–45.

EISNER, T., & HALPERN, B. P. 1971. »Taste Distortion and Plant Palatability.« *Science* 172: 1362.

EMBODEN, W. A. 1974. *Bizarre Plants.* New York: The Macmillan Company.

—— 1979. *Narcotic Plants.* New York: The Macmillan Company.

FARB, P., & ARMELAGOS, G. 1980. *Consuming Passions: The Anthropology of Eating.* Boston: Houghton Mifflin Company.

FOLKARD, R. 1884. *Plant Lore, Legends, and Lyrics.* London: Sampson Low, Marston, Searle, & Rivington.

FREELAND, W. J., & JANZEN, D. H. 1974. Strategies in Herbivory by Mammals: The Role of Plant Secondary Compounds.« *The American Naturalist* 108: 269–89.

FURST, P. T. 1976. *Hallucinogens and Culture.* San Francisco: Chandler & Sharp.

GELEPERIN, A. 1975. »Rapid Food-Aversion Learning by a Terrestrial Mollusk.« *Science* 189: 567–70.

GILBERT, L. E., & RAVEN, P. H., eds. 1975. *Coevolution of Animals and Plants.* Austin: University of Texas Press.

GOWDY, J. M. 1972. »Stramonium Intoxication.« *Journal of the American Medical Association* 221: 585–87.

GRANT, V., & GRANT, K. A. 1983. »Behavior of Hawkmoths on Flowers of Datura meteloides.« *Botanical Gazette* 144: 280-84.

HAMBLIN, D. J. May 1987. »Has the Garden of Eden Been Located at Last?« *Smithsonian* 18: 127–35.

HANSEN, H. A. 1978. *The Witch's Garden.* Santa Cruz, Calif.: Unity Press.

HARNER, M. J. 1973. »The Role of Hallucinogenic Plants in European Witchcraft.« In *Hallucinogens and Shamanism,* ed. M. J. Harner, 125–50. New York: Oxford University Press.

HARNER, M. April 1977. »The Enigma of Aztec Sacrifice.« *Natural History* 86: 47–51.

HUXLEY, A. 1978. *Plant and Planet.* Middlesex, Eng.: Penguin Books.

JACOB, F. 1977. »Evolution and Tinkering.« *Science* 196: 1161–66.

JACOBS, K. W. 1974. »Asthmador: A Legal Hallucinogen.« *The International Journal of the Addictions* 9: 503–12.

JONES, S. B. 1977. »Vernonicae – Systematic Review.« In *The Biology and Chemistry of the Compositae,* ed. V. H. Heywood, J. B. Harborne, & B. L. Turner, 503–21. New York: Academic Press.

KEELER,R. F. 1979. »Toxins and Teratogens of the Solanaceae and Liliaceae.« In *Toxic Plants,* ed. A. D. Kinghorn, 59–82. New York: Columbia University Press.

KETCHUM, J. E., SIDELL, F. R., CROWELL, E. B., AGHAJANIAN, G. K., & HAYES, A. H. 1973. *Atropine, Scopolamine, and Ditran: Comparative Pharmacology and Antagonists in Man.* Edgewood Arsenal Technical Report EB-TR-73028, EATR 4761. NTIS no. AD-767257. Aberdeen Proving Ground, Md.: Department of the Army.

KINGSBURY, J. 1964. *Poisonous Plants of the United States and Canada.* Englewood Cliffs, N.J.: Prentice-Hall.

LEHANE, B. 1977. *The Power of Plants.* Maidenhead, Eng.: McGraw-Hill.

LEVINSON, H. Z. 1976. »The Defensive Role of Alkaloids in Insects and Plants.« *Experientia* 32: 408–11.

LLOYD, J. U. 1921. *Origin and History of All the Pharmacopeial Vegetable Drugs, Chemicals and Preparations with Bibliography.* Cincinnati: The Caxton Press.

MIDGLEY, M. 1978. *Beast and Man. The Roots of Human Nature.* Ithaca, N.Y.: Cornell University Press.

OTT, J. 1976. *Hallucinogenic Plants of North America.* Berkeley: Wingbow Press.

PAMMELL, L. 1911. *A Manual of Poisonous Plants.* Cedar Rapids, Iowa: Torch Press.

REGAL, P. J. 1977. »Ecology and Evolution of Flowering Plant Dominance.« *Science* 196: 622–29.

RIDLEY, H. N. 1930. *The Dispersal of Plants Throughout the World.* Ashford, Eng.: L. Reeve & Co.

ROSENTHAL, G. A., & JANZEN, D. H., eds. 1979. *Herbivores: Their Interaction with Secondary Plant Metabolites.* New York: Academic Press.

RUSSELL, D. A. 1982. »The Mass Extinctions of the Late Mesozoic. *Scientific American* 246 (1): 58–65.

SCHLEIFFER, H., ed. 1973. *Sacred Narcotic Plants of the New World Indians.* New York: Haffner Press.

SCHULTES, R. E., & HOFMANN, A. 1979. *Pflanzen der Götter. Die magischen Kräfte der Rausch- und Giftgewächse.* Übers. v. Cohen, Marianne /Gerhard, Dora. Bern: Hallwag.

—— 1980. *The Botany and Chemistry of Hallucinogens.* Springfield, Ill.: Charles C Thomas.

SCHUSTER, C. R., & BALSTER, R. L. 1977. »The Diseriminative Properties of Drugs.« *Advances in Behavioral Pharmacology* 1: 85–138.

SIEGEL, R. K. 1976. »Herbal Intoxication: Psychoactive Effects from Herbal Cigarettes, Tea, and Capsules.« *Journal of the American Medical Association* 236: 473–76.

SIEGEL, R. K., & JARVIK, M. E. 1974. »Learning in the Land Snail *(Helix aspersa* Muller).« *Bulletin of the Psychonomic Society* 4: 476–78.

SPRUCE, R. 1908. *Notes of a Botanist on the Amazon and Andes.* London: The Macmillan Company.

STEINBERG, P. D. 1984. »Algal Chemical Defense Against Herbivores: Allocation of Phenolic Compounds in the Kelp Alaria marginata.« *Science* 223: 405–407.

SWAIN, T. 1974. »Cold-blooded Murder in the Cretaceous.« *Spectrum* 120: 10–12.

TAYLOR, A. S. 1875. *On Poisons in Relation to Medical Jurisprudence and Medicine.* Philadelphia: Henry C. Lea.

TAYLOR, J. E. 1884. *The Sagacity and Morality of Plants.* London: Chatto & Windus.

THORPE, W. H., & DAVENPORT, D., eds. 1964. *Learning and Associated Phenomena in Invertebrates.* Animal Behaviour Supplement 1. London: Bailliere, Tindall & Cassell.

TREASE, G. E., & EVANS, W. C. 1983. *Pharmacognosy.* 12th ed. Eastbourne, Eng.: Bailliere, Tindall.

TYRRELL, E. Q. 1985. *Hummingbirds: Their Life and Behavior.* New York: Crown Publishers.

VAN EMDEN, H. F., ed. 1973. *Insect/Plant Relationships.* Symposia of the Royal Entomological Society of London, no. 6. Oxford: Blackwell Scientific Publications.

WATT, J. M., & BREYER-BRANDWIJK, M. G. 1962. *The Medicinal and Poisonous Plants of Southern and Eastern Africa.* London: E. & S. Livingstone.

WEINTRAUB, S. 1960. »Stramonium Poisoning.« *Postgraduate Medicine* 28: 364–67.

ZECHMEISTER. 1845. »Vergiftung durch Datura stramonium.« *Medizinische Wochenschrift* 29: 57.

Ziegen auf dem Trip

ABDO ABBASY, M. 1957. »The Habitual Use of ›Qat‹« *Internationales Journal für Prophylaktische Medizin und Sozialhygiene* 1: 20–22.

ALLEGRO, J. M. 1970. *The Sacred Mushroom and the Cross.* London: Hodder and Stoughton.

ARNOLD, H. L. 1944. *Poisonous Plants of Hawaii.* Rutland, Vt.: Charles E. Tuttle.

AUSTIN, G. A. 1978. *Perspectives on the History of Psychoactive Substance Use.* National Institute on Drug Abuse Research Issues 24. DHHS Publication no. (ADM) 79–810. Washington, D.C.: Superintendent of Documents, U.S. Government Printing Office.

BALLS, E. K. 1962. *Early Uses of California Plants.* Berkeley: University of California Press.

BIOCCA, E. 1970. *Yanoáma.* Trans. D. Rhodes. New York: E. P. Dutton.

BLYTH, A. W. 1895. *Poisons: Their Effects and Detection.* London: Charles Griffin & Company.

BOURKE, J. G. 1894. »Popular Medicine, Customs, and Superstitions of the Rio Grande.« *The Journal of American Folk-Lore* 7: 119–46.

BRODIE, E. D. 1977. »Hedgehogs Use Toad Venoms in Their Own Defense.« *Nature* 268: 627–28.

CIBA PHARMACEUTICAL PRODUCTS. 1954. *The Rauwolfia Story.* Summit, N.J.: Ciba.

COOKE, M. C. C. 1860. *The Seven Sisters of Sleep: Popular History of the Seven Prevailing Narcotics of the World.* London: James Blackwood.

COWAN, J. 1870. *The Use of Tobacco vs. Purity, Chastity and Sound Health.* New York: Cowan & Company.

DAYTON, W. A. 1960. *Notes on Western Range Forbs: Equisetacea Through Fumariacea.* Washington, D.C.: U.S. Government Printing Office.

DOBKIN DE RIOS, M. 1984. *Hallucinogens: Cross-Cultural Perspectives.* Albuquerque: University of New Mexico Press.

DURAN-REYNALS, M. L. 1946. *The Fever Bark Tree.* Garden City, N.Y.: Doubleday & Company.

FENTON, W. N. 1941. »Iroquois Suicide.« *Bureau of American Ethnology* 128: 79–137.

FERNALD, M. L., & KINSEY, A. C. 1943. *Edible Wild Plants of Eastern North America.* Cornwall-on-Hudson, N.Y.: Idlewild Press.

FISHER, M. F. K. 1961. *A Cordiall Water.* Boston: Little, Brown & Company.

FOLKARD, R. 1884. *Plant Lore, Legends, and Lyrics.* London: Sampson Low, Marston, Searle, & Rivington.

FORSYTH, A. A. 1968. *British Poisonous Plants.* London: Her Majesty's Stationery Office.

FULDER, S. 1980. *The Root of Being: Ginseng and the Pharmacology of Harmony.* London: Hutchinson.

GARCIA, J., HANKINS, W. G., & COIL, J. D. 1977. »Koalas, Men, and Other Conditioned Gastronomes.« In *Food Aversion Learning,* ed. N. W. Milgram, L. Kramer, and T. M. Alloway, 195–218. New York: Plenum Press.

GETAHUN, A., & KRIKORIAN, A. D. 1973. »Chat: Coffee's Rival from Harar, Ethiopia. 1: Botany, Cultivation and Use.« *Economic Botany* 27: 378–89.

GILGES, W. 1955. *Some African Poison Plants and Medidnes of Northern Rhodesia.* Paper no. 11. Livingston, Zambia: Rhodes-Livingston Museum.

GIMLETTE, J. D. 1929. *Malay Poisons and Charm Cures.* London: J. & A. Churchill.

GROSSINGER, R. 1980. *Plant Medicine.* Garden City, N.Y.: Anchor Books/Doubleday.

GUIZOT, E-J. A. 1864. *Essai sur les cantharides.* Paris: A. Parent, Imprimeur de la Faculté de Médecine.

GUNTHER, E. 1974. *Ethnobotany of Western Washington: The Knowledge and Use of Indigenous Plants by Native Americans.* Seattle: University of Washington Press.

HAMEL, F. 1969. *Human Animals: Werewolves and Other Transformations.* New Hyde Park, N.Y.: University Books.

HINTON, H. E., & DUNN, A. M. S. 1967. *Mongooses.* London: Oliver & Boyd.

HOEHNE, F. C. 1939. *Plantas e Substancias Vegetais Toxicas e Medicinais.* São Paulo: Graphicars.

JACOB, D. A. 1965. *A Witch's Guide to Gardening.* New York: Taplinger.

JACOB, H. E. 1935. *The Saga of Coffee: The Biography of an Economic Product.* Trans. E. and C. Paul. London: George Allen & Unwin.

KEAST, A. 1958. »The Influence of Ecology on Variation in the Mistletoebird *(Dicaeum hirundinaceum).*« *Emu* 58: 195–206.

KINGSBURY, J. M. 1964. *Poisonous Plants of the United States and Canada.* Englewood Cliffs, N.J.: Prentice-Hall.

KRIKORIAN, A. D. 1984. »Kat and Its Use: An Historical Perspective.« *Journal of Ethnopharmacology* 12: 115–78.

LAING, R. M., & BLACKWELL, E. W. 1957. *Plants of New Zealand.* Christchurch: Whitcombe & Tombs.

LEHNER, E., & LEHNER, J. 1973. *Folklore and Odysseys of Food and Medicinal Plants.* New York: Farrar, Straus & Giroux.

LEWIN, L. [1924] 1931. *Phantastica: Narcotic and Stimulating Drugs.* Trans. P. H. A. Wirth. London: Kegan Paul, Trench, Trubner & Co.

MACCULLOCH, J. A. 1911. *The Religion of the Ancient Celts.* Edinburgh: T. & T. Clark.

MARSH, C. D. 1909. *The Loco-Weed Disease of the Plains.* U.S. Department of Agriculture, Bureau of Animal Industry, Bulletin 112. Washington, D.C.: U.S. Government Printing Office.

——. 1924. *Stock-Poisoning Plants of the Range.* U.S. Department of Agriculture, Bulletin 1245.

MESSEGUE, M. 1973. Of *Men and Plants.* New York: The Macmillan Company.

MOLYNEUX, R. J., & JAMES, L. F. 1982. »Loco Intoxication: Indolizidine Alkaloids of Spotted Locoweed *(Astragalus lentiginosus).*« *Science* 216: 190–91.

MURPHY, J. M. 1964. »Psychotherapeutic Aspects of Shamanism on St. Lawrence Islands, Alaska.« In *Magic, Faith, and Healing,* ed. A. Kieve, 53–83. New York: Free Press.

NORMAN, J. R. 1931. *A History of Fishes.* New York: Frederick A. Stokes Company.

NORTHCOTE, R. 1971. *The Book of Herb Lore.* New York: Dover Publications.

OLSON, S. L., & RASMUSSEN, D. T. 1986. »Paleoenvironment of the Earliest Hominoids: New Evidence from the Oligocene Avifauna of Egypt.« *Science* 233: 1202–04.

PENFOLD, A. R., & WILLIS, J. L. 1961. *The Eucalypts.* London: Leonard Hill.

QUINN, V. 1937. *Leaves: Their Place in Life and Legend.* New York: Frederick A. Stokes Company.

RIDDLE, J. M. 1985. *Dioscorides on Pharmacy and Medicine.* Austin: University of Texas Press.

RIDLEY, H. N. 1930. *The Dispersal of Plants Throughout the World.* Ashford, Eng.: L. Reeve & Co.

ROBIN, P. A. 1936. *Animal Lore in English Literature.* London: John Murray.

RUSSELL, A. 1973. *Horns in the High Country.* New York: Alfred A. Knopf.

SAFFORD, W. E. 1916. »Narcotic Plants and Stimulants of the Ancient Americans.« *Annual Report of The Smithsonian Institution* 1916: 387-424.

SANYAL, P. K. 1964. *A Story of Medicine and Pharmacy in India.* Calcutta: Shri Amitava Sanyal.

SELANDER, R. B. 1960. *Bionomics, Systematics, and Phylogeny of Lytta, a Genus of Blister Beetles (Coleoptera, Meloidae).* Illinois Biological Monographs no. 28. Urbana: University of Illinois Press.

SELDEN, G. 1979. *Aphrodisia.* New York: E. P. Dutton.

SPECK, F. G. 1944. »Catawba Herbals and Curative Practices.« *Journal of American Folklore* 57: 37–50.

SRIVASTAVA, G. P. 1954. *History of Indian Pharmacy.* Calcutta: Pindars.

Survival, Evasion, and Escape. 1969. Department of Army Field Manual no. 21–76. Washington, D.C.: Superintendent of Documents, U.S. Government Printing Office.

TAYLOR, A. S. 1875. *On Poisons.* Philadelphia: Henry C. Lea.

TAYLOR, N. 1945. *Cinchona in Java.* New York: Greenberg.

VOGEL, V. J. 1970. *American Indian Medicine.* Norman: University of Oklahoma Press.

WATT, J. M., & BREYER-BRANDWIJK, M. G. 1962. *The Medicinal and Poisonous Plants of Southern and Eastern Africa.* London: E. & S. Livingstone.

WOOTTON, A. C. 1910. *Chronicles of Pharmacy.* Vols. 1 and 2. London: Macmillan and Co.

Herunterfallende Vögel und fliegende Katzen

ABRAMSON, H. A., & EVANS, L. T. 1954. Lysergic Acid Diethylamide (LSD 25): II: Psychobiological Effects on the Siamese Fighting Fish.« *Science* 120: 990–91.

——, & JARVIK, M. E. 1955. Lysergic Acid Diethylamide (LSD-25): IX: Effect on Snails.« *Journal of Psychology* 40: 337.

ARBIT, J. 1974. »Learning in Annelids and Attempts at the Chemical Modification of This Behaviour.« In *Learning and Associated Phenomena in Invertebrates,* ed. W. H. Thorpe & D. Davenport, 83–88. Animal Behaviour Supplement. London: Bailliere, Tindall & Cassell.

BALLS, E. K. 1962. *Early Uses of California Plants.* Berkeley: University of California Press.

BATES, R. B., & SIGEL, C. W. 1963. »Terpenoids: *Cis-trans-* and *transcis-* Nepetalactones.« *Experientia* 19: 564–65.

BEJEROT, N. 1972. »A Theory of Addiction as an Artificially Induced Drive.« *American Journal of Psychiatry* 128: 76–80.

BELL, C. R. 1971. »Breeding Systems and Floral Biology of the Umbelliferae of Evidence for Specialization in Unspecialized Flowers.« In *The Biology and Chemistry of the Umbelliferae,* ed. V. H. Heywood, 93–107. London: Academic Press.

BERGTOLD, W. H. 1930. »Intoxicated Robins.« *Auk* 47(4): 571.

BERRY, F. 1955. »Intoxicated Robins.« *Audubon Magazine* 57: 198.

BRALLIAR, F. 1922. *Knowing Birds Through Stories.* New York: Funk & Wagnalls Company.

BUTLER, R. A. 1953. »Discrimination Learning by Rhesus Monkeys to Visual-Expioration Motivation.« *Journal of Comparative and Physiological Psychology* 46: 95–98.

——. 1957. »The Effect of Deprivation of Visual Incentives on Visual Exploration Motivation in Monkeys.« *Journal of Comparative and Physiological Psychology* 50: 177–79.

CHAPELLE, M. 1981. *Pour que vive la truffe noire.* Evreux: Compagnie Jean-Jacques Pauvert.

CHAVIN, R. 1970. *The World of Ants.* Trans. G. Ordish. London: Victor Gollancz.

CHESSICK, R. D., KNONHOLM, J., BECK, M., & MAIER, G. 1964. »Effect of Pretreatment with Tryptamine, Tryptophan and DOPA on LSD Reaction in Tropical Fish.« *Psychopharmacologia* 5: 390–92.

CHRISTIANSEN, A., BAUM, R., & WITT, P. N. 1962. »Changes in Spider Webs Brought About by Mescaline, Psilocybin and an Increase in Body Weight.« *Journal of Pharmacology and Experimental Therapeutics* 136: 31–37.

CLAUS, R., HOPPEN, H. O., & KARG, H. 1981. »The Secret of Truffles: A Steroidal Pheromone?« *Experientia* 37: 1178–79.

CORNELL, R. D. 1938. *Conspicuous California Plants.* Pasadena: San Pasqual Press.

DOTY, R. W. 1970. »On Butterflies in the Brain.« In *Electrophysiology of the Central Nervous System,* ed. V. S. Rusinov, 97–106. New York: Plenum Press.

EFRON, D. H., ed. 1967. *Ethnopharmacologic Search for Psychoactive Drugs.* U.S. Public Health Service Publication no. 1645. Washington, D.C.: U.S. Government Printing Office.

ELLIOT, O. 1971. »Adverse Reactions to Lysergic Acid Diethylamide in Animals: Nest-building and General Maternal Care in Rats.« *The Philippine Journal of Science* 100: 267–88.

EVANS, L. T., GERONIMUS, L. H., KORNETSKY, C., & ABRAMSON, H. A. 1956. »Effect of Ergot Drugs on *Betta splendens*.« *Science* 123: 26.

FABING, H. D. 1956. »On Going Berserk: A Neurochemical Theory.« *The American Journal of Psychiatry* 113: 409–15.

FALL, M. W., MEDINA, A. D., & JACKSON, W. B. 1971. »Feeding Patterns of *Rattus rattus* and *Rattus exulans* on Eniwetok Atoll, Marshall Islands.« *Journal of Mammalogy* 52: 69–76.

GJERSTAD, G. 1971. »Naturally Occurring Hallucinogens: II.« *Quarterly Journal of Crude Drug Research* 11: 1797–1805.

GRANIER-DOYEUX, M. 1956. »Una Toxicomania Indigena: El Uso de la *Piptadenia peregrina*.« *Revista Técnica* 2: 49–55.

GRINNELL, J. 1926. »Doped Robins.« *Condor* 28(2): 97.

HARNEY, J. W., LEARY, J. D., & BAROFSKY, I. V. 1974. »Behavioral Activity of Catnip and Its Constituents: Nepetalic Acid and Nepetalactone.« *Federation Proceedings* 33: 481.

HATCH, R. C. 1972. »Effect of Drugs on Catnip *(Nepeta cataria)*-Induced Pleasure Behavior in Cats.« *American Journal of Veterinary Research* 33: 143–55.

JACKSON, B., & REED, A. 1969. »Catnip and the Alteration of Consciousness.« *Journal of the American Medical Association* 207: 1349–50.

JACOBS, B. L., ed. 1984. *Hallucinogens: Neurochemical, Behavioral, and Clinical Perspectives*. New York: Raven Press.

JARVIK, M. E. 1957. »Effect of LSD-25 on Snails.« In *Neuropharmacology: Transactions of the 3rd Conference*, ed. H. A. Abramson, 29–38. New York: Josiah Macy, Jr. Foundation.

JOHNSTON, J. F. W. 1855. *The Chemistry of Common Life*. New York: D. Appleton & Co.

KELLER, D., & UMBREIT, W. 1956. »Chemically Altered ›Permanent‹ Behavior Patterns in Fish and Their Cure by Reserpine.« *Science* 124: 407.

KLEVE, A., ed. 1964. *Magic, Faith, and Healing*. New York: Free Press.

KINGSBURY, J. M. 1964. *Poisonous Plants of the United States and GCanada*. Englewood Cliffs, N.J.: Prentice-Hall.

KIRK-SMITH, M., BOOTH, D. A., CARROLL, D., & DAVIES, P. 1978. »Human Social Attitudes Affected by Androstenol.« *Research Communications in Psychology, Psychiatry and Behavior* 3: 379–84.

LAMBERT, M., & HECKEL, F. 1901. »Sur la racine d'iboga et l'ibogine.« *Comptes Rendus Hebdomadaires des Séances de l'Académie des Sciences* 133: 1236–38.

LEYHAUSEN, P. 1973. »Addictive Behavior in Free Ranging Animals.« In *Psychic Dependence*, ed. L. Goldberg and F. Hoffmeister, 58–65. New York: Springer-Verlag.

LYONS, P. C., PLATTNER, R. D., & BACON, C. W. 1986. »Occurrence of Peptide and Clavine Ergot Alkaloids in Tall Fescue Grass.« *Science* 232: 487–89.

MICHELL, J., & RICKARD, R. J. M. 1982. *Living Wonders*. London: Thames & Hudson.

MIROCHA, C. J., & CHRISTENSEN, C. M. 1974. »Fungus Metabolites Toxic to Animals.« *Annual Review of Phytopathology* 12: 303–30.

MORRIS, R., & MORRIS, D. 1965. *Men and Snakes*. London: Hutchinson.

MYERHOFF, B. G. 1974. *Peyote Hunt: The Sacred Journey of the Huichol Indians*. Ithaca, N.Y.: Cornell University Press.

ORIANS, G. 1971. »Ecological Aspects of Behavior.« In *Avian Biology*, ed. D. •. Farner and J. R. King, vol. 1, 513–46. New York: Academic Press.
PALEN, G. F., & GODDARD, G. V. 1966. »Catnip and Oestrous Behaviour in the Cat.« *Animal Behaviour* 14: 372–77.
PARK, O. 1964. »Observations upon the Behavior of Myrmecophilous Pselaphid Beetles.« *Pedobiologia* 4: 129–37.
PIERCY, P. L., HARGIS, G., & BROWN, C. A. 1944. »Mushroom Poisoning in Cattle.« *Journal of the American Veterinary Medical Association* 105: 206–208.
PIERQUIN, P. 1839. *Traité de la folie des animaux, de ses rapports avec celle de l'homme et les legislations actuelles*. vol. 1. Paris: Libraire de la Faculté de Médecine de Paris.
POPE, H. G. 1969. »*Tabernanthe iboga:* An African Narcotic Plant of Social Importance.« *Economic Botany* 23: 174–84.
RAND, A. L. 1954. »Social Feeding Behavior of Birds.« *Field Museum of Natural History, Chicago, Zoology* 36: 1–71.
REICHEL-DOLMATOFF, G. 1975. *The Shaman and the Jaguar*. Philadelphia: Temple University Press.
ROBIERE, J. 1967. *La truffe du Périgord*. Périgueux: Pierre Fanlac.
SAI-HALASZ, A., & ENDROCZY, E. 1959. »The Effect of Tryptamine Derivatives on the Behaviour of Dogs During Brain-Stem Stimulation.« In *Neuropsychopharmacology*, ed. P. B. Bradley, P. Deniker, and C. Radouco-Thomas, 405–407. Amsterdam: Elsevier.
SCHNEIDER, J. A., & SIGG, E. B. 1957. »Neuropharmacological Studies on Ibogaine, an Indole Alkaloid with Central-Stimulant Properties.« *Annals of the New York Academy of Sciences* 66: 765–76.
SIEGEL, R. K. 1978. »Hallucinogens and Attentional Dysfunction: A Model of Hallucinations, Illusions and Reality-Testing.« In *Psychopharmacology of Hallucinogens*, ed. R. Willette and R. Stillinan, 268–96. New York: Pergamon Press.
——, & JARVIK, M. E. 1980. »DMT Self-Administration in Monkeys in Isolation.« *Bulletin of the Psychonomic Society* 16: 117–20.
——, & WEST, L. J., eds. 1975. *Hallucinations: Behavior Experience, and Theory*. New York: John Wiley.
STILLMAN, R. C., & WILLETTE, R. E., eds. 1978. *The Psychopharmacology of Hallucinogens*. New York: Pergamon Press.
STURTEVANT, F. M., & DRILL, V. A. 1956. »Effects of Mescaline in Laboratory Animals and Influence of Ataraxics on Mescaline-Response.« *Proceedings of the Society of Experimental Biology and Medicine* 92: 383-87.
SYROECHKOVSKII, E. E., ed. [1975] 1984. *Wild Reindeer of the Soviet Union*. Trans. S. H. Paranjpye. New Delhi: Oxonian Press.
TODD, N. B. 1963. »The Catnip Response.« Ph.D. diss., Harvard University.
TURNER, W. J. 1956. »The Effect of Lysergic Acid Diethylamide on *Betta splendens* I.« *Diseases of the Nervous System* 17: 193–97.
UYENO, E. T. 1967. »Lysergic Acid Diethylamide and Dominance Behavior of the Squirrel Monkey.« *Archives Internationales de Pharmacodynamie et de Thérapie* 169: 66-69.
——. September 1968. »Hallucinogens and the Underwater Lashley-III Maze.« Paper presented at the 76th Annual Convention of the American Psychological Association, San Francisco, Calif.
VAN LAWICK-GOODALL, H., & VAN LAWICK-GOODALL, J. 1971. *Innocent Killers*. Boston: Houghton Miffiin Company

WALLER, G. R., PRICE, G. H., & MITCHELL, E. D. 1969. »Feline Attractant, Cis, Trans-Nepetalactone: Metabolism in the Domestic Cat.« *Science* 164: 1281–82.

WASSON, R. G. 1968. *Soma: Divine Mushroom of Immortality.* New York: Harcourt Brace Jovanovich.

RUCK, C. A. P., and HOFMANN, A. 1978. *The Road to Eleusis.* New York: Harcourt Brace Jovanovich.

WASSON, V. P., AND WASSON, R. G. 1957. *Mushrooms, Russia and History.* vols. 1 and 2. New York: Pantheon.

WATT, J. M., and BREYER-BRANDWIJK, M. G. 1962. *The Medicinal and Poisonous Plants of Southern and Eastern Africa.* London: E. & S. Livingstone.

WECKOWICZ, T. 1967. »Animal Studies of Hallucinogenic Drugs.« In A. Hoffer & H. Osmond, *The Hallucinogens,* 555–94. New York: Academic Press.

WESLAGER, C. A. 1973. *Magic Medicines of the Indians.* Somerset, N.J.: Middle Atlantic Press.

WILSON, E. O. 1971. *The Insect Societies.* Cambridge: Harvard University Press.

WITT, P. N. 1951. »D-Lysergsäure-Diäthylamid (LSD-25) im Spinnentest.« *Experientia* 7: 310.

——. 1956. *The Effect of Substances on the Construction of Webs by Spiders as a Biological Test.* Berlin: Springer-Verlag.

——. 1975. »Effects [of LSD] on Insects and Lower Organisms.« In D. V. S. Sankar, *LSD-A Total Study,* 603–25. Westbury, N.Y.: PJD Publications.

Pfiffige Affen

ALBERT, R. E., ALESSANDRO, D., LIPPMANN, M., & BERGER, J. 1971. »Long-term Smoking in the Donkey.« *Archives of Environmental Health* 22: 12–19.

ANDO, K., & YANAGITA, T. 1981. »Cigarette Smoking in Rhesus Monkeys.« *Psychopharmacology* 72: 117-27.

ARDREY, R. 1961. *African Genesis.* New York: Atheneum.

ASHTON, H., & STEPNEY, R. 1982. *Smoking: Psychology and Pharmacology.* London: Tavistock.

ATOR, N. A., & GRIFFITHS, R. R. 1981. »Intravenons Self-Administration of Nicotine in the Baboon.« *Federation Proceedings, Federation of the American Societies for Experimental Biology* 40: 298.

BARKER, L. M., BEST, M. R., & DOMJAN, M., eds. 1977. *Learning Mechanisms in Food Selection.* Waco, Tex.: Baylor University Press.

BERGER, B. D., CWENGEL, P., PESHKIN, N., & SCHUSTER, R. 1979. »Social Factors in Taste Aversion.« *Neuropharmacology* 18: 1003–06.

BOND, N. W. 1984. »The Poisoned Partner Effect in Rats: Some Parametric Considerations.« *Animal Learning & Behavior* 12: 89–96.

——, ed. 1984. *Animal Models in Psychopathology.* Orlando, Fla.: Academic Press.

BROOKS, J. E. 1952. *The Mighty Leaf Tobacco Through the Centuries.* Boston: Little, Brown & Company.

——, ed. 1937-1952. *Tobacco: Its History Illustrated by the Books, Manuscripts and Engravings in the Library of George Arents, Jr.* vols. 1–5, parts 1–10 (1958–1969). New York: Rosenbach Company.

BROWN, W. H. 1925. *Tobacco Under the Searchlight.* Cincinnati: Standard Publishing Company.

CAHAN, W. G., & KIRMAN, D. 1968. »An Effective System and Procedure for Cigarette Smoking by Dogs. »*Journal of Surgical Research* 8: 567–75.

Cassell's Popular Natural History. 1861. London: Cassell, Petter, & Galpin.

»Chimp Capers«, Summer 1985. *Fortean Times,* 23.

COOKE, M. C. C. 1860. *The Seven Sisters of Sleep: Popular History of the Seven Prevailing Narcotics of the World.* London: James Blackwood.

COOMBES, S., REVUSKY, S. H., & LETT, B. T. 1980. »Long-Delay Taste-Aversion Learning in an Unpoisoned Rat: Exposure to a Poisoned Rat as the Unconditioned Stimulus.« *Learning and Motivation* 11: 256–66.

COWAN, J. 1870. *The Use of Tobacco vs. Purity, Ghastity and Sound Health.* New York: Cowan & Company.

DARWIN, C. 1871. *Die Abstammung des Menschen.* Einl. v. Vogel, Christian. Übers. v. Schmidt, Heinrich. 4. Aufl. 1982. Stuttgart: Kröner.

DENEAU, G. A., and INOKI, R. 1967. »Nicotine Self-Administration in Monkeys.« *Annals of the New York Academy of Sciences* 142: 277–79.

DOMINO, E. F. 1986. »Nicotine: A Unique Psychoactive Drug-Arousal with Skeletal Muscle Relaxation.« *Psychopharmacology Bulletin* 22: 870–74.

DURRELL, G. 1956. *The Drunken Forest.* New York: The Viking Press.

ELLENBERGER, H. F. 1960. »Zoological Garden and Mental Hospital.« *Canadian Psychiatric Association Journal* 5: 136–49.

EMILY, G. S., & HUTCHINSON, R. R. 1984. »Behavioral Effects of Nicotine.« In *Advances in Behavioral Pharmacology,* ed. T. Thompson, P. B. Dews, and J. E. Barrett, vol. 4, 105–129. Orlando, Fla.: Academic Press.

FAIRBANKS, L. 1975. »Communication of Food Quality in Captive *Macaca nemestrina* and Free-Ranging *Ateles geoffroyi.*« *Primates* 16: 181–90.

FURST, P. T. 1972. »To Find Our Life: Peyote Among the Huichol Indians of Mexico.« In *Flesh of the Gods: The Ritual Use of Hallucinogens,* ed. P. T. Furst, 126–84. New York: Praeger.

GALEF, B. G., & BECK, M. 1985. »Aversive and Attractive Marking of Toxic and Safe Foods by Norway Rats.« *Behavioral and Neural Biology* 43: 298–310.

GARNER, W. W. 1946. *The Production of Tobacco.* Philadelphia: Blakiston Company.

GLICK, D. S., CANFIELD, J. L., & JARVIK, M. E. 1970. »A Technique for Assessing Strength of Smoking Preference in Monkeys.« *Psychological Reports* 26: 707–10.

GOLDBERG, S. R., SPEALMAN, R. D., & GOLDBERG, D. M. 1981. »Persistent Behavior at High Rates Maintained by Intravenous Self-Administration of Nicotine.« *Science* 214: 573–75.

GRABOWSKI, J., & SUNKIN, J. 1976. »The ›Pill Popper‹: A Device for Drug Capsule Self-Administration by Primates.« *Behavior Research Methods and Instrumentation* 8: 495–97.

GRIFFITHS, R. R., BIGELOW, G. E., & HENNINGFIELD, J. E. 1980. »Similarities in Animal and Human Drug-Taking Behavior.« In *Advances in Substance Abuse: Behavioral and Biological Research,* ed. N. K. Mello, vol. 1, 1–90. Greenwich, Conn.: JAI Press.

BRADY, J. V., & BRADFORD, L. D. 1979. »Predicting the Abuse Liability of Drugs with Animal Drug Self-Administration Procedures: Psychomotor Stimulants and Hallucinogens.« In *Advances in Behavioral Pharmacology,* ed. T. Thompson & P. B. Dews, vol. 2, 163–208. New York: Academic Press.

GRITZ, E. R., & SIEGEL, R. K. 1979. »Tobacco and Smoking in Animal and Human Behavior.« In *Modification of Pathological Behavior,* ed. R. S. Davidson, 419–76. New York: Gardner Press.

GRUNBERG, N. E. 1986. »Nicotine as a Psychoactive Drug: Appetite Regulation.« *Psychopharmacology Bulletin* 22: 875–81.

HEIMANN, R. K. 1960. *Tobacco and Americans.* New York: McGraw-Hill.

HUXLEY, A. 1962. *Eiland.* Roman. Aus d. Engl. v. Herlitschka, Marlys. München: Piper.

JANIGER, O., & DOBKIN DE RIOS, M. August 1973. »Suggestive Hallucinogenic Properties of Tobacco.« *Medical Anthropology Newsletter* 4: 6–11.

JARVIK, M. E. 1967. »Tobacco Smoking in Monkeys.« *Annals of the New York Academy of Sciences* 142: 280–94.

JENKINS, J. H., HAYES, F. A., FEURT, S. D., and CROCKFORD, J. A. 1961. »A New Method for the Live Capture of Canines with Applications to Rabies Control.« *American Journal of Public Health* 51: 902–08.

JENSEN, L. B. 1970. *Poisoning Misadventures.* Springfield, Ill.: Charles C Thomas.

JOHANSON, C. E., & SCHUSTER, C. R. 1981. »Animal Models of Drug Self-Administration.« In *Advances in Substance Abuse: Behavioral and Biological Research,* ed. N. K. Mello, vol. 2,219–97. Greenwich, Conn.: JAI Press.

KAMEN-KAYE, D. 1971. Chimo: An Unusual Form of Tobacco in Venezuela.« *Botanical Museum Leaflets, Harvard University* 23: 1–58.

KEEHN, J. D., ed. 1979. *Psychopathology in Animals.* New York: Academic Press.

KELLOGG, J. H. 1923. *Tobaccoism or How Tobacco Kills.* Battle Creek, Mich.: Modern Medicine Publishing Company.

KIMMENS, A. C. 1975. *Tales of the Ginseng.* New York: William Morrow.

KOGANEZAWA, M. 1974. »Food Habits of the Japanese Monkey *(Macaca fuscata)* in the Boso Mountains.« *Contemporary Primatology,* 380–83.

KSIR, C. 1983. »Taste and Nicotine as Determinants of Voluntary Tobacco Use by Hamsters.« *Pharmacology Biochemistry and Behavior* 19: 605–08.

LANE, B. I. 1845. *The Mysteries of Tobacco.* New York: Wiley & Putnam.

LAVIN, M. J., FREISE, B., & COOMBES, S. 1980. »Transferred Flavor Aversions in Adult Rats.« *Behavioral and Neural Biology* 28: 15–33.

MANGIN, G. L., & GOLDING, J. F. 1984. *Psychopharmacology of Smoking.* New York: Cambridge University Press.

MARAIS, E. 1940. *My Friends the Baboons.* New York: McBride Co. 1969. *The Soul of the Ape.* New York: Atheneum.

MASON, J. A. 1924. »Use of Tobacco in Mexico and South America.« *Field Museum of Natural History Anthropology Leaflets.*. Chicago: Field Museum of Natural History.

MCCANN, J. 1977. »Baboons Smoke a Lot Like People.« *The Journal* 6(3): 5.

MCKEY, D. 1974. »Ant-Plants: Selective Eating of an Unoccupied Barteria by a Colobus Monkey.« *Biotropica* 6: 269–70.

MCKINNEY, W. T., & BUNNEY, W. E. 1969. »Animal Model of Depression: 1: Review of Evidenee: Implications for Research.« *Archives of General Psychiatry* 21: 240–48.

MELLER, H. J. 1832. *Nicotiana; or the Smoker's and Snuff-Taker's Companion.* London: Effingham Wilson.

PICKENS, R., THOMPSON, T., & MUCHOW, D. C. 1973. »Cannabis and Phencyclidine Self-Administration in Animals.« In *Psychic Dependence,* ed. L. Goldberg and F. Hoffmeister, 78–87. New York: Springer-Verlag.

PIPER, W. A., & COLE, J. M. 1973. »Operant Control of Smoking in Great Apes.« *Behavior Research Methods and Instrumentation* 5: 4–6.

POMERLEAU, O. F. 1986. »Nicotine as a Psychoactive Drug: Anxiety and Pain Reduction.« *Psychopharmacology Bulletin* 22: 865–69.

RATNER, S. C., KATZ, L., & DENNY, M. R. 1974. »Training a Surrogate for Evaluation of Tobacco Smoking of Humans: Rationale and Outcome. *The Psychological Record* 24: 365–72.

REVUSKY, S., COOMBES, S., & POHL, R. W. 1981. »Failure of Albino Guinea Pigs to Exhibit Lavin's Poisoned Partner Effect.« *Behavioral and Neural Biology* 32: 111–13.

RIDLEY, H. N. 1930. *The Dispersal of Plants Throughout the World.* Ashford, Eng.: L. Reeve & Co.

ROBICSEK, F. 1978. *The Smoking Gods: Tobacco in Maya Art, History, and Religion.* Norman: University of Oklahoma Press.

RODRIGUEZ, E., AREGULLIN, M., NISHIDA, T., UEHARA, S., WRANGHAM, R., ABRAMOWSKI, Z., FINLAYSON, A., & TOWERS, G. H. N. 1985. »Thiarubrine A, a Bioactive Constituent of *Aspilia* (Asteraceae) Consumed by Wild Chimpanzees.« *Experientia* 41: 419–20.

RUCKER, W. L. 1971. »An Analysis of the Cigarette Puffing Response in Woolly Monkeys.« Ph.D. diss. University of Rochester. Available from University Microfilms, Ann Arbor, Michigan.

SCHALLER, G. B. 1963. *The Mountain Gorilla: Ecology and Behavior.* Chicago: University of Chicago Press.

SCHENK, G. 1955. *The Book of Poisons.* Trans. M. Bullock. New York: Rinehart & Company.

SHAW, J. 1849. *Tobacco: Its History, Nature, and Effects on the Body and Mind.* New York: Fowlers & Wells.

SIEGEL, R. K., COLLINGS, P. R., & DIAZ, J. L. 1977. »On the Use of *Tagetes lucida* and *Nicotiana rustica* as a Huichol Smoking Mixture: The Aztec ›Yahutli‹ with Suggestive Hallucinogenic Effects.« *Economic Botany* 31: 16–23.

SLIFER, B. L., & BALSTER, R. L. 1985. »Intravenous Self-Administration of Nicotine: With and Without Schedule-Induction.« *Pharmacology Biochemistry* & *Behavior* 22: 61–69.

STAINTON, H. 1941. »Addiction in Animals.« *British Journal of Inebriety* 41: 24–31.

THOMASON, G. 1938. *Science Speaks to Young Men: On Liquor, Tobacco, Narcotics, and Marijuana.* Mountain View, Calif.: Pacific Press.

TUGRUL, L. 1985. »Abuse of Henbane by Children in Turkey.« *Bulletin on Narcotics* 37: 75–78.

WATT, J. M., & BREYER-BRANDWIJK, M. G. 1962. *The Medicinal and Poisonous Plants of Southern and Eastern Africa.* London: E. & S. Livingstone.

WEBER, S. A., & SEAMAN, P. D., eds. 1985. *Havasupai Habitat: A. F. Whiting's Ethnography of a Traditional Indian Culture.* Tucson: University of Arizona Press.

WILBERT, J. 1972. »Tobacco and Shamanistic Ecstasy Among the Warao Indians of Venezuela.« In *Flesh of the Gods: The Ritual Use of Hallucinogens,* ed. P. T. Furst, 55–83. New York: Praeger.

——. 1975. »Magico-Religious Use of Tobacco Among South American Indians.« In *Cannabis and Gulture,* ed. V. Rubin, 439-61. The Hague: Mouton.

——. 1987. *Tobacco and Shamanism in South America.* New Haven: Yale University Press.

WILKIE, D. M., MACLENNAN, A. J., & PINEL, J. P. J. 1979. »Rat Defensive Behavior: Burying Noxious Food.« *Journal of the Experimental Analysis of Behavior* 31: 299–306.

WOLF, F. A. 1962. *Aromatic or Oriental Tobaccos.* Durham, N.C.: Duke University Press.

WOODS, J. H. 1983. »Some Thoughts on the Relations Between Animal and Human Drug-Taking.« *Progress in Neuro-Psychopharmacology & Biological Psychiatry* 7: 577–84.

Arche on the Rocks

»Absinthe.« 17 April 1869. *The British Medical Journal,* 353.

ALLEGRO, J. M. 1970. *The Sacred Mushroom and the Cross.* London: Hodder & Stoughton.

AMORY, R. 1868. »Experiments and Observations on Absinth and Absinthism.« *Boston Medical and Surgical Journal* 78: 70–71.

ARVOLA, A., & FORSANDER, O. A. 1963. »Hamsters in Experiments of Free Choice Between Alcohol and Water.« *Quarterly Journal of Studies on Alcohol* 24: 591–97.

BEARD, G. M. 1871. *Stimulants and Narcotics; Medically, Philosophically, and Morally Considered.* New York: G. P. Putnam's Sons.

BENEDICT, F. G. 1936. *The Physiology of the Elephant.* Washington, D.C.: Carnegie Institution of Washington.

——. 1938. *Vital Energetics: A Study in Comparative Basal Metabolism.* Washington, D.C.: Carnegie Institution of Washington.

BLAIR, L. 1988. *Ring of Fire.* New York: Bantam.

CARRIGHAR, S. 1965. *Wild Heritage.* Boston: Houghton Mifflin Company.

CARRINGTON, R. 1959. *Elephants.* New York: Basic Books.

CONRAD, B. 1988. *Absinthe: History in a Bottle.* San Francisco: Chronicle Books.

CORNER, E. J. H. 1964. *The Life of Plants.* Cleveland: World Publishing Company.

CRANE, J. T. 1871. *Arts of Intoxication.* New York: Carlton & Lanahan.

CRITCHLOW, B. 1986. »The Powers of John Barleycorn.« *American Psychologist* 41: 751–64.

DARWIN, C. 1871. *Die Abstammung des Menschen.* Einl. v. Vogel, Christian. Übers. v. Schmidt, Heinrich. 4. Aufl. 1982. Stuttgart: Kröner.

DENNIS, J. V. June 1979. »Are They Birds or Do We See W. C. Fields in Triple Vision?« *Smithsonian* 10: 144.

DIXON, R., & EDDY, B. 1924. *The Personality of Insects.* New York: Charles W. Clark.

»Dog Can Be Sot on Beer Saucer.« 18 August 1977. *Commercial Appeal* [Memphis] : 14.

DRUMMOND, W. H. 1875. *The Large Game and Natural History of South and Southeast Africa.* Edinburgh: Edmonston & Douglas.

»Drunken Animals.« October 1979. *Omni* 2: 58.

»Drunken Animals.« Spring 1985. *Fortean Times,* no. 43, 44–45.

EHRLICH, P., & EHRLICH, A. 1981. *Extinction.* New York: Random House.

»Elephants Rampage, Trample 5 in India.« 1 January 1985. *Los Angeles Times,* part 1: 19.

»Elephant with a Snoot Full.« 3 September 1975. *San Francisco Chronicle:* 17.

ELLISON, G. D. 1977. »Animal Models of Psychopathology.« *American Psychologist* 32: 1036–45.

——, & POTTHOFF, A. D. 1983. »Social Models of Drinking Behavior in Animals: The Importance of Individual Differences.« In *Recent Developments in Alcoholism,* ed. M. Glanater, vol. 2, 17–36. New York: Plenum Press.

ELTRINGHAM, S. K. 1982. *Elephants.* Poole, Dorset: Blandford Press.

EVANS, E. P. 1906. *The Griminal Prosecution and Capital Punishment of Animals.* London: William Heinemann.

FARB, P., & ARMELAGOS, G. 1980. *Consuming Passions: The Anthropology of Eating.* Boston: Houghton Mifflin Company.

FISHER, M. F. K. 1961. *A Cordiall Water.* Boston: Little, Brown & Company.

FITZ-GERALD, F. L. 1972. »Voluntary Alcohol Consumption in Apes.« In *The Biology of Alcoholism* ed. B. Kissin and H. Begleiter, vol. 2: *Physiology and Behavior,* 169–92. New York: Plenum Press.

GASTER, M. 1915. *Rumanian Bird and Beast Stories.* London: Sidgwick & Jackson.

HADAWAY, P. F., ALEXANDER, B. K., COAMBS, R. B., & BEYERSTEIN, B. 1979. »The Effect of Housing and Gender on Preference for Morphine-Sucrose Solutions in Rats.« *Psychopharmacology* 66: 87–91.

HIRSCHMAN, A. E., & SIEGEL, R. K. 1987. »Absinthe and the Socialization of Abuse: A Historical Note and Translation.« *Social Pharmacology* 1: 1–12.

HOLLAND, W. J. 1968. *The Moth Book.* New York: Dover Publications.

»Inebriated Birds.« August 1979. *Smithsonian* 10: 14.

JANSON, H. W. 1952. *Apes and Ape Lore in the Middle Ages and the Renaissance.* Vienna: Brüder Rosenbaum.

KELLNER, E. 1971. *Moonshine: Its History and Folklore.* New York: Barre Publishing.

LALOU, S.-D. 1903. *Contribution a l'étude de l'essence d'absinthe et de quelques autres essences.* Paris: C. Naud.

LANE, F. W. 1951. *Animal Wonder World.* New York: Sheridan House.

LEHNER, E., & LEHNER, J. 1973. *Folklore and Odysseys of Food and Medicinal Plants.* New York: Farrar, Straus & Giroux.

LESLIE-MELVILLE, B., & LESLIE-MELVILLE, J. 1973. *Elephants Have Right of Way.* Garden City, N.Y.: Doubleday & Company.

LEWIN, L. [1924] 1931. *Phantastica: Narcotic and Stimulating Drugs.* Trans. P. H. A. Wirth. London: Kegan Paul, Trench, Trubner & Co.

LINDSAY, W. L. 1879. *Mind in the Lower Animals.* Vol. 2, *Mind in Disease.* London: C. Kegan Paul & Co.

LOEB, E. M. 1943. »Primitive Intoxicants.« *Quarterly Journal of Studies on Alcohol* 4: 387–98.

MAGNAN, V. 1873. »Recherches de physiologie pathologique avec l'alcool et l'essence d'absinthe-épilepsie.« *Archives de Physiologie:* 117–42.

——. 1874. *De l'alcoolisme.* Paris: Adrien Delahaye.

MAJCHROWICZ, E. 1975. »Induction of Physical Dependence upon Ethanol and the Associated Behavioral Changes in Rats.« *Psychopharmacologia* 43: 245–54.

MASSERMAN, J. H. 1957. »Stress Situations in Animals and the Nature of Conflict.« In *Neuropharmacology: Transactions of the Third Conference,* ed. H. A. Abramson, 147–67. New York: Josiah Macy, Jr. Foundation.

MEDAWAR, P. B., & MEDAWAR, J. 5. 1983. »A Natural Glossary.« *The Sciences* 23: 54–59.

MEISCH, R. A. 1977. »Ethanol Self-Administration: Infrahuman Studies.« In *Advances in Behavioral Pharmacology,* ed. T. Thompson and P.B. Dews. vol. 1, 35–84. New York: Academic Press.

——. 1984. »Alcohol Self-Administration by Experimental Animals.« In *Research Advances in Alcohol and Drug Problems, ed.* R. G. Sinart, H. D. Cappell, F. B. Glaser, Y. Israel, H. Kalant, R. E. Popham, W. Schmidt, and E. M. Sellers, vol. 8, 23–45. New York: Plenum Press.

MELLO, N. K. 1973. »A Review of Methods to Induce Alcohol Addiction in Animals.« *Pharmacology, Biochemistry and Behavior* 1: 89–101.

MELLO, N. K., BREE, M. P., MENDELSON, J. H., & ELLINGBOE, J. 1983. »Alcohol Self-Administration Disrupts Reproductive Function in Female Macaque Monkeys.« *Science* 221: 677–79.

MENNINGER, E. A. 1967. *Trees.* New York: The Viking Press.

NASHE, T. Quoted in MUIR, F. 1976. *An Irreverent and Thoroughly Incomplete Social History of Almost Everything,* 304–05. New York: Stein & Day.

NILSSON, L. A. 1978. »Pollination Ecology of Epipactis palustris (Orchidaceae).« *Botaniska Notiser* 131: 355–68.

NOVICK, A. May 1973. »Bats Aren't All Bad.« *National Geographic* 143: 615–37.

PARK, E. October 1979. »Around the Mall and Beyond.« *Smithsonian* 10: 34–42.

PASTEUR, L. 1876. *Études sur la bière, ses maladies, causes qui les provoquent procédé pour la rendre inalterable, avec une théorie nouvelle de la fermentation.* Paris: Gauthier-Villars.

PIEPER, W. A. 1975. »Alcoholic Monkeys.« *Yerkes Newsletter* 12(2): 15–17.

——, SKEEN, M. J., MCCLURE, H. M., & BOURNE, P. G. 1972. »The Chimpanzee as an Animal Model for Investigating Alcoholism.« *Science* 176: 71–73.

»Pink Elephants.« 1 November 1975. *The Journal* 4: 10.

»Plastered Parrots Stopped at Border.« December 1976. *National Screw* 1: 56.

PORTER, T. 14 December 1976. »Beer Puts Losing Racehorse on the Right Track-Five Wins in a Row.« *National Enquirer:* 41.

RICHTER, C. P. 1957. Production and Control of Alcoholic Cravings in Rats.« In *Neuropharmacology: Transactions of the Third Conference, ed.* H. A. Abramson, 39–146. New York: Josiah Macy, Jr. Foundation.

RIDLEY, H. N. 1930. *The Dispersal of Plants Throughout the World.* Ashford, Eng.: L. Reeve & Co.

»Runaway Chimp a Chump for Wine.« 19 August 1975. *Los Angeles Herald Examiner.*

RYBOT, D. 1972. *It Began Before Noah.* London: Michael Joseph.

»Screwdrivers a Threat in the Pig Pen.« March 1977. *US Journal of Drug and Alcohol Dependence* 1: 4.

»Sheep Wolfs Down Vodka by Quart.« 29 June 1976. *Star-News.* A 1.

SIEGEL, R. K., & BRODLE, M. 1984. »Alcohol Self-Administration by Elephants.« *Bulletin of the Psychonomic Society* 22: 49–52.

SIEVEKING, P., ed. 1980. *Man Bites Dog: The Scrapbook of an Edwardian Eccentric, George Ives.* London: Jay Landesman.

SIKES, S. 1971. *The Natural History of the African Elephant.* London: Weidenfeld & Nicolson.

»Six-Pack Kid.« 6 September 1982. *Time:* 25.

STAINTON, H. 1941. »Addiction in Animals.« *British Journal of Inebriety* 41: 24–31.

SUZDAK, P. D., GLOWA, J. R., CRAWLEY, J. N., SCHWARTZ, R. D., SKOLNICK, P., & PAUL, S. 1986. »A Selective Imidazobenzodiazepine Antagonist of Ethanol in the Rat.« *Science* 234: 1243–47.

THOMPSON, Z. 20 August 1980. »Peacock Drowns His Sorrow in Stout.« *Los Angeles Times,* part 2, 1.

TOLSTOY, L. [1890] 1975. *Why Do Men Stupefy Themselves? and Other Writings.* Trans. A. Maude. Hankins, N.Y.: Strength Books/East Ridge Press.

WILKINSON, A. 1985. *Moonshine.* New York: Alfred A. Knopf.

WOLIN, M. J. 1981, »Fermentation in the Rumen and Human Large Intestine.« *Science* 213: 1463–68.

WOODS, J. H., & WINGER, G. D. 1974. »Alcoholism and Animals.« *Preventive Medicine* 3: 49–60.

YOUNGER, W. 1966. *Gods, Men, and Wine.* Cleveland: Wine and Food Society/World Publishing Company.

Die Milch des Paradieses

BAUMGARTNER, A. M., JONES, P. F., BAUMGARTNER, W. A., & BLACK, C. T. 1979. »Radioimmunoassay of Hair for Determining Opiate-Abuse Histories.« *The Journal of Nuclear Medicine* 20: 748–52.

BERRIDGE, V., & EDWARDS, G. 1981. *Opium and the People: Opiate Use in Nineteenth-century England.* London: Allen Lane.

BOISSIERE, J. 1896. *Propos d'un intoxiqué.* Paris: Louis-Michaud.

CHARVET, A. P. 1826. *De l'action comparée de l'opium, et de ses principes constituans sur l'économie animale.* Paris: F. G. Levrault.

COCTEAU, J. [1930] 1957. Werkausgabe. Bd 10: *Opium.* Kritische Poesie II. Frankfurt: Fischer.

COOKE, M. C. C. 1860. *The Seven Sisters of Sleep: Popular History of the Seven Prevailing Narcoticsofthe World.* London: James Blackwood.

COURTWRIGHT, D. T. 1982. *Dark Paradise. Opiate Addiction in America Before* 1940. Cambridge: Harvard University Press.

CROTHERS, T. D. 1902. *Morphinism and Narcomanias from Other Drugs.* Philadelphia: W. B. Saunders & Company.

DANBY, F. 1916. *Twilight.* New York: Dodd, Mead & Company.

DAYTON, W. A. 1960. *Notes on Western Range Forbs: Equisetacea Through Fumariacea.* Washington, D.C.: U.S. Government Print ing Office.

DEKOBRA, M. 1931. *Perfumed Tigers.* Trans. M. Wood. London: Cassel & Company.

DE QUINCEY, T. 1822. *Bekenntnisse eines englischen Opiumessers.* Nachw. u. hrsg. v. Wicht, Wolfgang. Aus dem Engl. v. Meier, Peter. Leipzig: Kiepenheuer.

DE VEZE, E. R. 1895. *Traité theorique et pratique du haschich et autre substances psychiques.* Paris: Chamuel.

DICKENS, C. 1870. *The Mystery of Edwin Drood.* London: Chapinan & Hall.

DUKE, J. A. 1973. »Utilization of Papaver.« *Economic Botany* 27: 390–400.

GUNN, C. R., LEPPIK, E. E., REED, C. F., SOLT, M. L., & TERRELL E. E. 1973. *Annotated Bibliography on Opium and Oriental Poppies and Related Species.* Agricultural Research Service Publica tion ARS-NE-28. Washington, D.C.: U.S. Department of Agriculture.

FRUMKIN, K., & ZYCH, K. November 1973. *Insect Chemical Detection* Technical Report no. LWL-CR-08B73. Aberdeen Proving Ground Md.: U.S. Army Land Warfare Laboratory.

GUIMBAIL, H. 1892. *Les morphinomanes.* Paris: Librairie J.-B. Bailliert et Fils.

HARRISON, J. B. 1854. »The Psychology of Opium-Eating.« *The Journal of Psychological Medicine* 7: 240–52.

HARTHOORN, A. M. 1965. »The Use of a New Oripavine Derivative with Potent Morphine-like Activity for the Restraint of Hoofed Wild Animals.« *Research in Veterinary Science* 6: 290–99.

HAYTER, A. 1968. *Opium and the Romantic Imagination.* Berkeley and Los Angeles: University of California Press.

JONES, J. 1700. *The Mysteries of Opium Revealed.* London: Richard Smith.

KANE, H. H. 1882. *Opium-Smoking in America and China.* New York: G. P. Putnam's Sons.

KRAMER, J. C. 1980. »The Opiates: Two Centuries of Scientific Study« *Journal of Psychedelic Drugs* 12: 89–103.

KUMAR, R. 1972. »Morphine Dependence in Rats: Secondary Reinforcement from Environmental Stimuli.« *Psychopharmacologia* 25: 332–38.

LAGNEAU, F., & GALLARD, P. 1946. »Intoxication des bovins par l'oeillette.« *Recueil de Médecine Veterinaire* 122: 310–13.

LEFEBURE, M. 1974. *Samuel Taylor Coleridge: A Bondage of Opium.* London: Victor Gollancz.

LENZ, G. R., EVANS, S. M., WALTERS, D. E., & HOPFINGER, A. J. 1986. *Opiates.* Orlando, Fla.: Academic Press.

LEWIN, L. [1924] 1931. *Phantastica: Narcotic and Stimulating Drugs.* Trans. P. H. A. Wirth. London: Kegan Paul, Trench, Trubner & Co.

LEWIS, G., & FISH, B. 1978. *I Loved Rogues.* Seattle: Superior Publishing.

LEZY, DR. 1946. »Intoxication des bovins par des capsules d'ocillette.« *Recueil de Médecine Veterinaire* 122: 23–24.

MARSH, J. 1987. *Pre-Raphaelite Women: Images of Femininity.* New York: Harmony Books.

MCNAUGHTON, I. H., & HARPER, J. L. 1964. »Papaver L.« *TheJournal of Ecology,* no. 3: 767–93.

MERLIN, M. D. 1984. *On the Trail of the Ancient Opium Poppy.* Rutherford, N.J.: Fairleigh Dickinson University Press.

MITCHELL, S. W. 1869. »On the Insusceptibility of Pigeons to the Toxic Action of Opium.« *American Journal of the Medical Sciences* 57: 37–38.

——. 1870. »On the Effect of Opium and Its Derivative Alkaloids.« *American Journal of the Medical Sciences* 59: 2–33.

O'CARROLL, P. 1981. »Trademarks of the Traffic.« *Drug Enforcement* 8: 27–32.

PALMER, C., AND HOROWITZ, M. 1982. *Shaman Woman, Mainline Lady.* New York: William Morrow.

PARSSINEN, T. M. 1983. *Secret Passions, Secret Remedies: Narcotic Drugs in British Society* 1820–1930. Philadelphia: Institute for the Study of Human Issues.

PICHON, G. 1889. *Le Morphinisme.* Paris: Octave Doin.

»Poppy Goes the Weevils.« November/December 1976. *Head:* 16.

RIDLEY, H. N. 1930. *The Dispersal of Plants Throughout the World.* Ashford, Eng.: L. Reeve & Co.

ROUDIL, H., ed. 1960. *La Drogue.* Paris: Tour Saint Jacques.

SCHMIDT, J. E. 1959. *Narcotics: Lingo and Lore.* Springfield, Ill.: Charles C Thomas.

SCULLY, V. 1970. *A Treasury of American Indian Herbs.* New York: Crown Publishers.

SIEGEL, R. K. 1984. »LSD-Induced Effects in Elephants: Comparisons with Musth Behavior.« *Bulletin of the Psychonomic Society* 22: 53–56.

——, GUSEWELLE, B. E.. & JARVIK, M. E. 1975. »Naloxone-Induced Jumping in Morphine Dependent Mice: Stimulus Control and Motivation.« *International Pharmacopsychiatry* 10: 17–23.

——, & HIRSCHMAN, A. E. 1983. »Charvet and the First Psychopharmacological Studies on Opium: A Historical Note and Translation.« *Journal of Psychoactive Drugs* 15: 323–29.

SIEGEL, S. 1983. »Classical Conditioning, Drug Tolerance, and Drug Dependence.« In *Research Advances in Alcohol and Drug Problems,* ed. R. G. Smart, F. B. Glaser, Y. Israel, H. Kalant, R. E. Popham, and W. Schmidt, vol. 7, 207-46. New York: Plenum Press.

SPEARS, R. A. 1986. *The Slang and Jargon of Drugs and Drink.* Metuchen, N.J.: Scarecrow Press.

SPRAGG, S. D. S. April 1940. »Morphine Addiction in Chimpanzees.« *Comparative Psychology Monographs* 15, no. 79.

STUART, D. M. 1957. *A Book of Birds and Beasts: Legendary, Literary and Historical.* London: Methuen & Co.

TERRY, C. E., & PELLENS, M. 1928. *The Opium Problem.* New York: Bureau of Social Hygiene.

DE WAAL, M. 1980. *Medicinal Herbs in the Bible.* York Beach, Me.: Samuel Weiser.
WILLIAMS, J. H. 1950. *Elephant Bill.* London: Rupert Hart-Davis.
ZIMMERMAN, D. 1 September 1974. »To Kill a Poppy.« *The Journal:* 5.

Smaragdenes Lachen

ABEL, E. L. 1980. *Marihuana: The First Twelve Thousand Years.* New York: Plenum Press.

ALLEN, J. L. 1900. *The Reign of Law: A Tale of the Kentucky Hemp Fields.* New York: The Macmillan Company.

AMES, F. R., BROWNELL, B., & ZUURMOND, T. J. 1979. »Effects of the Oral Administration of Cannabis sativa (Dagga) on Chacma Baboons (Papio ursinus).« *South African Medical Journal* 55: 1127–32.

»Apes on Drugs.« January 1985. *High Times:* 8.

BALDWIN, P. H., SCHWARTZ, C. W., & SCHWARTZ, E. R. 1952. »Life History and Economic Status of the Mongoose in Hawaii.«Journal of *Mammalogy* 33: 335–56.

BAUDELAIRE, C. 1860. Sämtliche Werke /Briefe. Bd 6: *Les paradis artificiels / Die künstlichen Paradiese.* Briefe. Tagebücher. Notizen. Hrsg. v. Kemp, Friedhelm /Pichois,Claude, in Zus.-Arb. mit Drost, Wolfgang. Übers. u. Komment. v. Kemp, Friedhelm. München: Hanser.

BLACK, D. W. 1984. »Laughter.« *Journal of the American Medical Association* 252: 2995–98.

BURTON, R. F. 1901. *Supplemental Nights to the Book of the Thousand Nights and a Night.* vol. 4. Denver: Burton Society.

CARDASSIS, J. 1951. »Intoxication des équidés par *Cannabis indica*« *Recueil de Médecine Veterinaire* 127: 971–73.

CHERNIAK, L. 1979. *The Great Books of Hashish,* Vol. 1, book 1. Berkeley: And/Or Press.

CLARKE, E. G. C., GREATOREX, J. C., & POTTER, R. 1971. »Cannabis Poisoning in the Dog.« *Veterinary Record* 88: 694.

CORCORAN, M. E. 1973. »Role of Drug Novelty and Metabolism in the Aversive Effects of Hashish Injections in Rats.« *Life Sciences* 12, part 1: 63–72.

CORCORAN, M. E., AND AMIT, Z. 1974. »Reluctance of Rats to Drink Hashish Suspensions: Free-Choice and Forced Consumption, and the Effects of Hypothalamic Stimulation.« *Psychopharmacologia* 35: 129–47.

»Contented Cows.« May 1981. *Playboy:* 63.

COOKE, M. C. C. 1860. *The Seven Sisters of Sleep: Popular History of the Seven Prevailing Narcotics of the World.* London: James Blackwood.

CUTLER, M. G., MACKINTOSH, J. H., & CHANCE, M. R. A. 1975. »Behavioural Changes in Laboratory Mice During Cannabis Feeding and Withdrawal.« *Psychopharmacologia* 44: 173–77.

DAVENPORT, J. 1966. *Aphrodisiacs and Love Stimulants.* New York: Lyle Stuart.

ELSMORE, T. F., & FLETCHER, G. V. 1972. »Δ^9-Tetrahydrocannabinol: Aversive Effects in Rat at High Doses.« *Science* 175: 911–12.

EVERETT, B. 31 March 1975. »Postscript: The Continuing Saga of Marty M. Mouse; A Pier Held Dear; Lion Country Revisited.« *Los Angeles Times,* part 2, 1.

——. 12 January 1976. »Postscript: Where Do Yugo from Here: Longrun Bankruptcy; Marty Mouse Awards.« *Los Angeles Times,* part 2, 1.

FERSTER, C. B., & SKINNER, B. F. 1957. *Schedules of Reinforcement.* New York: Appleton-Century-Crofts.

FRANK, M., & ROSENTHAL, E. 1978. *Marijuana Grower's Guide.* Berkeley: And/Or Press.

GAUTIER, T. 1846. »Le Club des Haschichins.« *Revue des Deux Mondes* 13: 520–35.

GIRL, M. 1977. *The Primo Plant: Growing Sinsemilla Marijuana.* Berkeley: Leaves of Grass/Wingbow Press.

GOTTHEIL, E., DRULEY, K. A., SKOLODA, T. E., & WAXMAN, H. M., eds. 1983. *Alcohol, Drug Abuse and Aggression.* Springfield, Ill.: Charles C Thomas.

»The Great Smokeout.« March 1980. *High Times:* 44–46.

GRUNFELD, Y., & EDERY, H. 1969. »Psychopharmacological Activity of the Active Constituents of Hashish and Some Related Cannabinoids.« *Psychopharmacologia* 14: 200–10.

HARRIS, R. T., WATERS, W., & MCLENDON, D. 1974. »Evaluation of Reinforcing Capability of Delta-9-Tetrahydrocannabinol in Rhesus Monkeys.« *Psychopharmacologia* 37: 23–29.

»High Living.« 25 September 1978. *Time:* 27.

HINTON, H. E., & DUNN, A. M. S. 1967. *Mongooses: Their Natural History and Behaviour.* Edinburgh and London: Oliver & Boyd.

»Insect Munchies.« 1975. *Marijuana Monthly,* no. 5, 12.

»Intensive Hunt Ends with Mouse Going to Seed.« 24 December 1974. *Los Angeles Times:* 1, 3.

KIMMENS, A. C. 1977. *Tales of Hashish.* New York: William Morrow.

LATIF, A., & EL DALY, M. A. 1973. »Search for New Fixed Oils,« part 2, »Edible Oil from the Seeds of Hemp.« *Agricultural Research Review* 51: 123-29.

LEVI, W. M. 1957. *The Pigeon.* Sumter, S. C.: Levi Publishing Company.

LEWIS, B. 1968. *The Assassins.* New York: Basic Books.

MAEDER, J. 4 January 1976. »Pot-Eating Marty Mouse Is Eulogized.« *Miami Herald:* 2 A.

»Marty Eludes Police but It's Close Squeak.« 19 December 1974. *Los Angeles Times,* part 1, 34.

»Marty Mouse.« 3 January 1975. *Daily Bruin* [UCLA]: 5.

»The Marty Mouse Fan Club.« 5 January 1976. *Los Angeles Times,* part 1, 2.

»Marty Mouse Fans Rally.« 3 January 1975. *Daily Bruin* [UCLA]: 2.

MCMILLAN, D. E. 1977. »Behavioral Pharmacology of the Tetrahydrocannabinols.« In *Advances in Behavioral Pharmacology,* ed. T. Thompson and P. B. Dews, vol. 1, 1–34. New York: Academic Press.

MERIWETHER, W. F. 1969. »Acute Marijuana Toxicity in a Dog.« *Veterinary Medicine* 64: 577–78.

MICZEK, K. A. 1976. »Mouse-Killing and Motor Activity: Effects of Chronic Δ^9-Tetrahydrocannabinol and Pilocarpine.« *Psychopharmacology* 47: 59–64.

MIKURIYA, T. H., ed. 1973. *Marrijuana: Medical Papers.* 1839–1972. Oakland, Calif.: Medi-Comp Press.

MORRISON, F. B. 1957. *Feeds and Feeding.* Ithaca, N.Y.: Morrison Publishing Company.

MYERSCOUGH, R., & TAYLOR, S. 1985. »The Effects of Marijuana on Human Physical Aggression.« *Journal of Personality and Social Psychology* 49: 1541–46.

»National Weed.« February 1979. *High Times:* 36.

»Newsmakers.« 6 January 1975. *Newsweek:* 32.

OLDHAM, A. August 1978. »Rat Exposed in Big Top Pot Heist.« *High Times:* 35.

PARIS, M., BOUCHER, F., & COSSON, L. 1975. »The Constituents of *Cannabis sativa* Pollen.« *Economic Botany* 29: 245–53.

PAYNE, J., ed. 1901. *The Book of the Thousand Nights and One Night* vol. 2. London: Khorassan Edition.

PECK, W. 24 December 1974. »Marty Named House Mouse.« *San Jose Mercury:* 1.

PICKENS, R., THOMPSON, T., & MUCHOW, D. C. 1973. »Cannabis and Phencyclidine Self-Administration by Animals.« In *Psychic Dependence,* ed. L. Goldberg and F. Hoffmeister, 78–86. New York: Springer-Verlag.

PIERQUIN, D. 1839. *Traité de la folie des animaux, de ses rapports avec celle de l'homme et les legislations actuelles,* vol. 1. Paris: Libraire de la Faculté de Médecine de Paris.

»Police Marijuana Evidence Gone-Suspects Squeal.« 15 April 1974. *Los Angeles Times,* part 1, 3.

»Rats Get High as a Flag on ›Pot‹ in Courthouse.« 30 September 1978. *Los Angeles Times,* part 1, 7.

»Readers' Harvest Report.« January 1987. *High Times:* 25–27.

ROBINSON, V. 1912. *An Essay on Hasheesh.* New York: Medical Review of Reviews.

RODMAN, E. J. 13 January 1975. »Marijuana Mouse Nibbies His Way to UCLA.« *Daily Bruin* [UCLA]: 1, 17.

——. 13 January 1975. »Doper Mouse Seeks Freedom.« *Daily Bruin* [UCLA]: 17.

ROMANO, B. 17 December 1974. »Marijuana Mouse May Go to College.« *San Jose Mercury:* 1, 20.

ROSENTHAL, F. 1971. *The Herb. Hashish versus Medieval Muslim Society.* Leiden: E. J. Brill.

RUBIN, V., ed. 1975. *Cannabis and Culture.* The Hague: Mouton.

SANTOS, M., SAMPAIO, M. R. P., FERNANDES, N. S., & CARLINI, E. A. 1966. »Effects of Cannabis sativa (Marijuana) on the Fighting Behavior of Mice.« *Psychopharmacologia* 8*:* 437–44.

SIEGEL, R. K. 1969. »Effects of *Cannabis sativa* and Lysergic Acid Diethylamide on a Visual Discrimination Task in Pigeons.« *Psychopharmacologia* 15: 1–8.

——. 1973. »An Ethologic Search for Self-Administration of Hallucinogens.« *International Journal of the Addictions* 8: 373–93.

——. 1978. »Hallucinogens and Attentional Dysfunction: A Model of Hallucinations, Illusions and Reality-testing.« In *Psychopharmacology of Hallucinogens,* ed. R. Willette and R. Stiliman, 268–96. New York: Pergamon Press.

——. 1979. »Natural Animal Addictions: An Ethological Perspective.« In *Psychopathology in Animals: Research and Clinical Implications,* ed. J. D. Keehn, 29–60. New York: Academic Press.

——, & HIRSCHMAN, A. E. 1984. »Hashish Near-Death Experiences.« *Anabiosis* 4: 69–86.

——. 1985. »Hashish and Laughter: Historical Notes and Translations of Early French Investigations.« *Journal of Psychoactive Drugs* 17: 87–91.

SOLOMON, D., ed. 1966. *The Marijuana Papers.* Indianapolis: Bobbs-Merrill Company.

STRACHAN, D. February 1976. »Death of a Mouse: An Obituary for Marty.« *Marijuana Monthly* 2: 35–37.

TAKAHASHI, R. N., & SINGER, G. 1979. »Self-Administration of Δ9-Tetrahydrocannabinol by Rats.« *Pharmacology Biochemistry and Behavior* 11: 737–40.

UEKI, S., FUJIWARA, M., & OGAWA, N. 1972. »Mouse-Killing Behavior (Muricide) Induced by Δ9-Tetrahydrocannabinol in the Rat.« *Physiology and Behavior* 9*:* 887–98.

VAUGHAN, J. G. 1970. *The Structure and Utilization of Oil Seeds.* London: Chapman & Hall.

WALTON, R. P. 1938. *Marihuana: America's New Drug Problem.* Philadelphia: J. B. Lippincott.

WOLFF, P. O. 1949. *Marihuana in Latin America: The Threat It Constitutes.* Washington, D.C.: Linacre Press.

YOSHIMURA, H., & UEKI, S. 1981. »Regional Changes in Brain Norepinephrine Content in Relation to Mouse-Killing Behavior by Rats.« *Brain Research Bulletin* 7: 151–55.

Gewaltmarsch

AIGNER, T. G., & BALSTER, R. L. 1978. »Choice Behavior in Rhesus Monkeys: Cocaine versus Food.« *Science* 201: 534–35.

ANTONIL. 1978. *Mama Coca.* London: Hassle Free Press.

BABER, A. March 1983. »Behind Hollywood's Mirrors.« *Playboy*: 120–22, 192–203.

BEALS, C. 1934. *Fire on the Andes.* Philadelphia: J. B. Lippincott.

BEDFORD, J. A., WILSON, M. C., ELSOHLY, H. N., ELLIOTT, C., COTTAM, G., & TURNER, C. E. 1981. »The Effects of Cocaine Free Extracts of the Coca Leaf on Food Consumption and Locomotor Activity.« *Pharmacology Biochemistry and Behavior* 14: 725–28.

BERGMAN, J., & JOHANSON, C. E. 1981. »The Effects of Electric Shock on Responding Maintained by Cocaine in Rhesus Monkeys.« *Pharmacology Biochemistry and Behavior* 14: 423–26.

BOZARTH, M. A., AND WISE, R. A. 1985. »Toxicity Associated with Long-Term Intravenous Heroin and Cocaine Self-Administration in the Rat.« *Journal of the Amencan Medical Association* 254: 81–83.

BRIAND, M. 1913. »Un singe cocainomane.« *Société Clinique de Médecine Mentale* 6: 380–83.

BURCHARD, R. E. 1975. »Coca Chewing: A New Perspective.« In *Cannabis and Culture*, ed. V. Rubin, 463–84. The Hague: Mouton.

BURCZYNSKI, F. J., BONI, R. L., ERICKSON, J., & VITTI, T. G. 1986. »Effect *of Erythroxylum coca*, Cocaine and Ecgonine Methyl Ester as Dietary Supplements on Energy Metabolism in the Rat.« *Journal of Ethnopharmacology* 16: 153–66.

COQUERO, M. 1977. *The Coca Cultivator's Handbook.* Ukiah, Calif.: L'eaf Press.

DENEAU, G., YANAGITA, T., & SEEVERS, M. H. 1969. »Self-Administration of Psychoactive Substances by the Monkey.« *Psychopharmacologia* 16: 30–48.

ELLINWOOD, E. H., & KILBEY, M. M., eds. 1977. *Cocaine and Other Stimulants.* New York: Plenum Press.

FOLTIN, R. W., PRESTON, K. L., WAGNER, G. C., & SCHUSTER, C. R. 1981. »The Aversive Stimulus Properties of Repeated Infusions of Cocaine.« *Pharmacology Biochemistry and Behavior* 15: 71–74.

FREEMAN, R. W., & HARBISON, R. D. 1981. »Hepatic Periportal Necrosis Induced by Chronic Administration of Cocaine.« *Biochemical Pharmacology* 30: 777–83.

GRIFFITHS, R. R., FINDLEY, J. D., BRADY, J. V., DOLAN-GUTCHER, K., & ROBINSON, W. W. 1975. »Comparison of Progressive-Ratio Performance Maintained by Cocaine, Methylphenidate and Secobarbital.« *Psychopharmacologia* 43: 81–83.

GRIFFITHS, R. R., BRADY, J. V., & SNELL, J. D. 1978. »Progressive Ratio Performance Maintained by Drug Infusions: Comparison of Cocaine, Diethylproprion, Chlorphentermine and Fenfluramine.« *Psychopharmacology* 56: 5–13.

GROVE, R. N., & SCHUSTER, C. R. 1974. »Suppression of Cocaine Self-Administration by Extinction and Punishment.« *Pharmacology Biochemistry and Behavior* 2: 199–208.

HENDRICKSON, R. 1976. *The Great American Chewing Gum Book.* New York: Stein & Day.

HESTON, L. L., & HESTON, R. 1979. *The Medical Casebook of Adolf Hitler.* New York: Stein & Day.

HUNTFORD, R. 1986. *Shackleton.* New York: Atheneum.

JOHANSON, C. E. 1977. »The Effects of Electric Shock on Responding Maintained by Cocaine Injections in a Choice Procedure in the Rhesus Monkey.« *Psychopharmacology* 53: 277-82.

——. 1984. »Assessment of the Dependence Potential of Cocaine in Animals.« In *Cocaine: Pharmacology, Effects, and Treatment of Abuse,* ed. J. Grabowski. NIDA Research Monograph 50, 54–71. Washington, D.C.: U.S. Government Printing Office.

——, BALSTER, R. L., & BONESE, K. 1976. »Self-Administration of Psychomotor Stimulant Drugs: The Effects of Unlimited Access.« *Pharmacology Biochemistry and Behavior* 4: 45–51.

KELLEHER, R. T., & GOLDBERG, S. R. 1977. »Fixed-Interval Responding Under Second-Order Schedules of Food Presentation or Cocaine Injection.« *Journal of the Ex perimental Analysis of Behavior* 28: 221–31.

KENNEDY, J. 1985. *Coca Exotica: The Illustrated Story of Cocaine.* Cranbury, N.J.: Associated University Presses.

LUCCHITTA, B. K., & FERGUSON, H. M. 1986. »Antarctica: Measuring Glacier Velocity from Satellite Images.« *Science* 234: 1105–08.

MARKHAM, C. R. 1862. *Travels in Peru and India.* London: John Murray.

MITCHELL, G. 1972. »Looking Behavior in the Rhesus Monkeys.« *Journal of Phenomenological Psychology* 3: 53–67.

MORTIMER, W. G. 1901. *Peru: History of Coca: »The Divine Plant« of the Incas.* New York: J. H. Vail & Company.

»Names in the News.« 30 July 1983. *Los Angeles Times,* part 3, 4.

PACINI, D., & FRANQUEMONT, C., eds. 1986. *Coca and Cocaine: Effects on People and Policy in Latin America.* Cambridge, Mass.: Cultural Survival.

PITIGRILLI (DINO SEGRE). [1921] 1988. *Kokain.* Reinbek: Rowohlt.

PLOWMAN, T. 1984. »The Ethnobotany of Coca (Erythroxylum spp., Erythroxylaceae).« *Advances in Economic Botany* 1: 62–111.

——, & WEIL, A. T. 1979. »Coca Pests and Pesticides.« *Journal of Ethnopharmacology* 1: 263–78.

POMA, H. [1567-1615] 1978. *Letter to a King.* Trans. C. Dilke. New York: E. P. Dutton.

POST, R. M., LOCKFELD, A., SQUILLACE, K. M., & CONTEL, N. R. 1981. »Drug-Environment Interaction: Context Dependency of Cocaine-Induced Behavioral Sensitization.« *Life Sciences* 28: 755–60.

SCHMIDT, J. E. 1959. *Narcotics: Lingo and Lore.* Springfield, Ill.: Charles C Thomas.

SHUSTER, L., QUIMBY, F., BATES, A., & THOMPSON, M. L. 1977. »Liver Damage from Cocaine in Mice.« *Life Sciences* 20: 1035–42.

SIEGEL, R. K. 1982. »Cocaine and Sexual Dysfunction: The Curse of Mama Coca.« *Journal of Psychoactive Drugs* 14: 71–74.

——. 1982. »Cocaine Smoking.« *Journal of Psychoactive Drugs* 14(4).

——, & JARVIK, M. E. 1980. »Self-Regulation of Coca-Chewing and Cocaine-Smoking by Monkeys.« In *Cocaine* 1980, ed. F. R. Jeri, 1–10. Lima, Peru: Pacific Press.

——, JOHNSON, C. A., BREWSTER, J. M., & JARVIK, M. E. 1976. »Cocaine Self-Administration in Monkeys by Chewing and Smoking.« *Pharmacology Biochemistry and Behavior* 4: 461–67.

TATUM, A. L. , & SEEVERS, M. H. 1929. »Experimental Cocaine Addiction.« *Journal of Pharmacology and Experimental Therapeutics* 36: 401–10.

THOMSEN, C. E. 1974. Eye Contact by Non-Human Primates Toward a Human Observer.« *Animal Behaviour* 22: 144–49.

WILSON, M. C., HITOMI, M., & SCHUSTER, C. R. 1971. »Self-Administration of Psychomotor Stimulants as a Function of Unit Dosage.« *Psychopharmacologia* 22: 271–81.

WOODS, J. 1977. »Behavioral Effects of Cocaine in Animais.« In *Cocaine:* 1977, ed. R. C. Petersen and R. C. Stillman. NIDA Research Monograph 13, 63–95. DHEW Publication no. (ADM) 77–741. Washington, D.C.: U.S. Government Printing Office.

WOOLVERTON, W. L., & JOHANSON, C. E. 1984. »Preference in Rhesus Monkeys Given a Choice Between Cocaine and *d,l*-Cathinone.« *Journal of the Experimental Analysis of Behavior* 41: 35–43.

YANAGITA, T. 1973. »An Experimental Framework for Evaluation of Dependence Liability in Various Types of Drugs in Monkeys.« *Bulletin on Narcotics* 25: 57–64.

Ein Haufen wilder Tiere

BERNSTON, G. C., BEATTLE, M. S., & WALKER, J. M. 1976. »Effects of Nicotine and Muscarinic Compounds on Biting Attack in the Cat.« *Pharmacology Biochemistry and Behavior* 3: 235–39.

BORGESOVA, M., KADLECOVA, O., & KRSIAK, M. 14 January 1971. »Behaviour of Untreated Mice Towards Alcohol- or Chiordiazepoxide-Treated Partners.« Paper presented at 13th Annual Psychopharmacological Conference, Jesenik, Czechoslovakia.

BROWER, K. J., & SIEGEL, R. K. 1977. »Hallucinogen-Induced Behaviors of Free-Moving Chimpanzees.« *Bulletin of the Psychonomic Society* 9: 287–90.

BURGESS, J. W., WITT, P. N., PHOEBUS, E., & WEISBARD, C. 1980. »The Spacing of Rhesus Monkey Troops Changes When a Few Group Members Receive Δ^9THC or D-amphetamine.« *Pharmacology Biochemistry and Behavior* 13: 121–24.

CALKINS, A. 1871. *Opium and the Opium Appetite.* Philadelphia: J. B. Lippincott.

CALLEAR, J. F. F., & VAN GESTEL, J. F. E. 1971. »An Analysis of the Results of Field Experiments in Pigs in the UK and Ireland with the Sedative Neuroleptic Azaperone.« *Veterinary Record* 89: 453–58.

CHAPMAN, L. F., SASSENRATH, E. N., & GOO, G. P. 1979. »Social Behavior of Rhesus Monkeys Chronically Exposed to Moderate Amounts of Delta-9-Tetrahydrocannabinol.« In *Marihuana Biological Effects,* ed. G. G. Nahas and W. D. M. Paton, 693–712. Oxford: Pergamon Press.

CHESSICK, R. D., KNONHOLM, J., BECK, M., & MAIER, G. 1964. »Effect of Pretreatment with Tryptamine, Tryptophan and DOPA on LSD Reaction in Tropical Fish.« *Psychopharmacologia* 5: 390–92.

COHEN, H. 1972. *The Amphetamine Manifesto.* New York: Olympia Press.

CUTLER, M. G., & MACKINTOSH, J. H. 1984. »Cannabis and Delta-9-Tetrahydrocannabinol: Effects on Elements of Social Behaviour in Mice.« *Neuropharmacology* 23: 1091–97.

MACKINTOSH, J. H., & CHANCE, M. R. A. 1975. »Behavioural Changes in Laboratory Mice During Cannabis Feeding and Withdrawal.« *Psychopharmacologia* 44: 173–77.

ELLINWOOD, E. H., & DUARTE-ESCALANTE, O. 1972. »Chronic Methamphetamine Intoxication in Three Species of Experimental Animals.« In *Current Concepts on Amphetamine Abuse,* ed. E. H. Ellinwood and S. Cohen, 59–68. DHEW Publication no. (HSM) 72–9085. Washington, D.C.: Superintendent of Documents, U.S. Government Printing Office.

——, and KILBEY, M. M. 1975. »Amphetamine Stereotypy: The Influence of Environmental Factors and Prepotent Behavioral Patterns on Its Topography and Development.« *Biological Psychiatry* 10: 3–16.

ELLIOT, M. L., & SBORDONE, R. J. 1982. »Drug-Induced Ataxia in Opponents Elicits »Pathological« Fighting in Undrugged Rats Exposed to Footshock.« *Pharmacology Biochemistry and Behavior* 16: 63–66.

ELLIOT, O. 1971. »Adverse Reactions to Lysergic Acid Diethylamide in Animais: Nest-Building and General Maternal Care in Rats.« *The Philippine Journal of Science* 100: 267–88.

ELLISON, G. D., & POTTHOFF, A. D. 1983. »Social Models of Drinking Behavior in Animals: The Importance of Individual Differences.« In *Recent Developments in Alcoholism*, ed. M. Galanter, vol. 2, 17–36. New York: Plenum Press.

FIGLER, M. H., & PEEKE, H. V. S. 1978. »Alcohol and the Prior Residence Effect in Male Convict Cichlids (Cichlasoma nigrofasciatum).« *Aggressive Behavior* 4: 125–32.

FLORU, L., ISHAY, J., & GITTER, S. 1969. »The Influence of Psychotropic Substances on Hornet Behaviour in Colonies of *Vespa orientalis F.* (Hymenoptera).« *Psychopharmacologia* 14: 323–41.

GIONO-BARBER, P., PARIS, M., BERTULETTI, G., & GIONO-BARBER, H. 1974. »L'action du cannabis sur le comportement de domination du singe Cynocéphale [Cannabis effects on dominance behavior in the Cynocephale monkey].« *Journal of Pharmacology* 5: 591–602.

GRITZ, E. R., & JARVIK, M. E. 1975. »Psychoactive Drugs and Social Behavior.« In *Psychoactive Drugs and Social Judgment: Theory and Research*, ed. K. R. Hammond and C. R. B. Joyce, 7–45. New York: John Wiley.

HABER, S., BARCHAS, P. R., & BARCHAS, J. D. 1977. »Effects of Amphetamine on Social Behaviors of Rhesus Macaques: An Animal Model of Paranoia.« In *Animal Models in Psychiatry and Neurology*, ed. I. Hanin and E. Usdin, 107–14. New York. Pergamon Press.

HEINZE, W. J., SCHLEMMER, R. F., TYLER, C. B., & DAVIS, J. M. 1983. The Comparative Behavioral Effects of N, N-dimethyltryptamine and N',N-diethyltryptamine in Primate Dyads.« *Biological Psychiatry* 18: 829–36.

KRŠIAK, M., BORGESOVÁ, M., & KADLECOVÁ, O. 10 January 1971. »LSD-accentuated Individual Type of Social Behaviour in Mice.« Paper presented at 6th Annual Seminar on Therapeutic Use of Psychodysleptics, Jesenik, Czechoslovakia.

KRŠIAK, M., SULCOVÁ, A., TOMAŠÍKOVÁ, Z., DLOHOZKOVÁ, N., KOSAR, E., AND MAŠEK, K. 1981. »Drug Effects on Attack, Defense and in Mice.« *Pharmacology Biochemistry and Behavior* 14 (Supplement 1): 47–52.

KRŠIAK, M., SULCOVÁ, A., DONAT, P., TOMAŠÍKOVÁ, A., DLOHOZKOVÁ, N., KOSAR, E., & MAŠEK, K. 1984. »Can Social and Agonistic Interactions Be Used to Detect Anxiolytic Activity of Drugs?« *Progress in Clinical and Biological Research* 167: 93–114.

MARTIN, C. 1978. *Keepers of the Game.* Berkeley: University of California Press.

MASUR, J., MARTZ, R. M. W., & CARLINI, E. A. 1972. »The Behavior of Worker and Non-Worker Rats Under the Influence of (–) Δ^9-trans-Tetrahydrocannabinol, Chiorpromazine and Amylobarbitone.« *Psychopharmacologia* 25: 57–68.

MICZEK, K. A., 1983. *Ethopharmacology: Primate Models of Neuropsychiatric Disorders.* New York: Alan R. Liss.

——, and YOSHIMURA, H. 1982. »Disruption of Primate Social Behavior by *d*-Amphetamine and Cocaine: Differential Antagonism by Antipsychotics.« *Psychopharmacology* 76: 163–71.

MITSUDA, H., & FUKUDA, T., eds. 1974. *Biological Mechanisms of Schizophrenia and Schizophrenia-like Psychoses.* Tokyo: Igaku Shoin.

REAY, M. 1965. »Mushrooms and Collective Hysteria.« *Australian Territories* 5: 18–28.

SASSENRATH, E. N., & CHAPMAN, L. F. 1975. »Tetrahydrocannabinol-Induced Manifestations of the Marihuana Syndrome in Group-Living Macaques.« *Federation Proceedings* 34: 1666–70.

SCHENK, S., LACELLE, G., GORMAN, K., & AMIT, Z. 1987. »Cocaine Self-Administration in Rats Influenced by Environmental Conditions: Implications for the Etiology of Drug Abuse.« *Neuroscience Letters* 81: 227–31.

SCHIØRRING, E. 1977. »Changes in Individual and Social Behavior Induced by Aniphetamine and Related Compounds in Monkeys and Man.« In *Cocaine and Other Stimulants*, ed. E. H. Ellinwood and M.M. Kilbey, 481–522. New York: Plenum Press.

SIDMAN, R. L., GREEN, M. C., & APPEL, S. H. 1965. *Catalog of the Neurological Mutants of the Mouse*. Cambridge: Harvard University Press.

SIEBER, B. 1982. »Influence of Hashish Extract on the Social Behaviour of Encountering Male Baboons *(Papio c. anubis)*.« *Pharmacology Biochemistry and Behavior* 17: 209–16.

FRISCHKNECHT, H.-R., & WASER, P. G. 1980. »Behavioral Effects of Hashish in Mice: 1: Social Interactions and Nest-Building Behavior of Males.« *Psychopharmacology* 70: 149-54.

——. 1980. »Behavioral Effects of Hashish in Mice: I: Social Interactions Between Two Residents and an Intruder Male.« *Psychopharmacology* 70: 273–78.

——. 1981. »Behavioral Effects of Hashish in Mice: IV: Social Dominance, Food Dominance, and Sexual Behavior Within a Group of Males.« *Psychopharmacology* 73: 142–46.

——, 1982. »Behavioural Effects of Hashish in Mice in Comparison with Other Psychoactive Drugs.« *General Pharmacology* 13: 315–20.

SIEGEL, R. K. 1971. Studies of Hallucinogens in Fish, Birds, Mice and Men: The Behavior of Psychedelic Populations.« In *Advances in Neuro-Psychopharmacology*, ed. O. Vinar, Z. Votava, & P. B. Bradley, 311–18. Amsterdam: North-Holland Publishing Company.

——. 1978. »Hallucinogens and Attentional Dysfunction: A Model of Hallucinations, Illusions and Reality-testing.« In *Psychopharmacology of Hallucinogens*, ed. R. Willette and R. Stillman, 268–96. New York: Pergamon Press.

——, BREWSTER, J. M., & JARVIK, M. E. 1974. »An Observational Study of Hallucinogen-Induced Behavior in Unrestrained *Macaca mulatta*. » *Psychopharmacologia* 40: 211–23.

——, & POOLE, J. 1969. »Psychedelic-Induced Social Behavior in Mice: A Preliminary Report.« *Psychological Reports* 25: 704–06.

SILVER, G., ed. 1979. *The Dope Chronicles:* 1850–1950. San Francisco: Harper & Row.

STEWART, W. J. 1976. »Effects of Undrugged Partners on ScopolamineInduced Changes in Activity and Sociability.« *Psychopharmacology Communications* 2: 131–39.

SWANBERG, W. A. 1961. *Citizen Hearst*. New York: Charles Scribner's Sons.

VAN DER POEL, A. M., & REMMELTS, M. 1971. »The Effect of Anticholinergics on the Behavior of the Rat in a Solitary and in a Social Situation.« *Archives Internationales de Pharmacodynamie et de Thérapie* 189: 394–96.

VAN REE, J. M., NIESINK, R. J., & NIR, I. 1984. »Delta 1-Tetrahydrocannabinol but not Cannabidiol Reduces Contact and Aggressive Behavior of Rats Tested in Dyadic Encounters.« *Psychopharmacology* 84: 561–65.

VARLET, T. 1930. *Aux paradis du hachich*. Paris: Société Francaise d'Editions Littéraires et Techniques.

WECKOWICZ, T. 1967. »Animal Studies of Hallucinogenic Drugs.« In A. Hoffer and H. Osmond, *The Hallucinogens*, 555–94. New York: Academic Press.

YOSHIMURA, H., & OGAWA, N. 1984. [Pharmaco-ethological analysis of agonistic behavior between resident and intruder mice: Effects of psychotropic drugs.] *Folia Pharmacologica Japonica* 84: 221–28.

Der vierte Trieb

ALLEN, T. E., & AGUS, B. 1968. »Hyperventilation Leading to Hallucinations.« *American Journal of Psychiatry* 125: 632–37.

ANDERSEN, K. 11 April 1983. »Crashing on Cocaine.« *Time*: 22–31.

BEJEROT, N. 1972. *Addiction: An Artificially Induced Drive.* Springfield, Ill.: Charles C Thomas.

BLUM, R. H., & ASSOCIATES. 1969. *Society and Drugs.* San Francisco: Jossey-Bass.

CLOUET, D. H., ed. 1986. *Phencyclidine: An Update.* National Institute on Drug Abuse Research Monograph 64. DHHS Publication no. (ADM) 86–1443. Washington, D.C.: Superintendent of Documents, U.S. Government Printing Office.

DOMINO, E. F., ed. 1981. *PCP (Phencyclidine): Historical and Current Perspectives.* Ann Arbor, Mich.: NPP Books.

ERICKSON, P. G., ADLAF, E. M., MURRAY, G. F., & SMART, R. G. 1987. *The Steel Drug Cocaine in Perspective.* Lexington, Mass.: D.C. Heath.

GALANTER, M. 1976. »The Intoxication State of Consciousness: A Model for Alcohol and Drug Abuse.« *American Journal of Psychiatry* 133: 635–40.

GRIFFEN, J. 1825. *Chemical Recreations.* Glasgow: Richard Griffin.

JAMES, W. [1896] 1915. *The Will to Believe and Other Essays in Popular Philosophy.* New York: Longmans, Green & Co.

JONES, E. 1961. *The Life and Work of Sigmund Freud.* vol. 1. New York: Basic Books.

LLOSA, T., & HINOJOSA, H. 6 May 1982. »Cingulectomia en la farmacodependencia a la pasta bäsica de cocaina.« Paper presented to the Peruvian Psychiatric Association, Lima.

MALCOLM, A. I. 1971. *The Pursuit of h-toxicafion.* Toronto: Addiction Research Foundation Books.

MC KIM, W. A. 1977. »Childhood Consciousness Altering Behavior and Adult Drug Taking.« *Journal of Psychedelic Drugs* 9: 159–61.

MELLO, N. K. 1978. »Control of Drug Self-Administration: The Role of Aversive Consequences. In *Phencyclidine,* ed. R. C. Petersen and R. C. Stillman, 289–308. National Institute on Drug Abuse Research Monograph 21. DHEW Publication no. (ADM) 78–728. Washington, D.C.: Superintendent of Documents, U.S. Government Printing Office.

MEYERS, A. C. 1902. *Eight Years in Cocaine Hell.* Chicago: Press of the St. Luke Society.

MIDGLEY, M. 1978. *Beast and Man: The Roots of Human Nature.* Ithaca, N.Y.: Cornell University Press.

MONEY, K. E. 1970. »Motion Sickness.« *Physiological Reviews* 50: 1–39.

MORGAN, J. P., & KAGAN, D. 1980. »The Dusting of America: The Image of Phencyclidine (PCP) in the Popular Media.« *Journal of Psychedelic Drugs* 12: 195–204.

OGLESBY, E. W., FABER, SAMUEL J., & FABER, STUART J. 1982. *Angel Dust: What Everyone Should Know A bout PCP.* Los Angeles: Lega-Books.

PRINCE, R., ed. 1968. *Trance and Possession States.* Montreal: R. M. Bucke Memorial Society.

RAM DASS (ALPERT, RICHARD). 1974. *The Only Dance There Is.* Garden City, N.Y.: Anchor Press/ Doubleday.

SHARPE, M. R. 1969. *Living in Space: The Astronaut and His Environment.* Garden City, N.Y.: Doubleday & Company.

SHELDIN, M., & WALLECHINSKY, D. 1973. *Laughing Gas.* San Francisco: And/Or Press.

SIEGEL, R. K. 1977. »Cocaine: Recreational Use and Intoxication.« In *Cocaine* 1977, ed. R. C. Petersen and R. C. Stillman, 119-36. National Institute on Drug Abuse Research Monograph 13. DHEW Publication no. (ADM) 77–741. Washington, D.C.: Superintendent of Documents, U.S. Government Printing Office.

——. 1978. »Phencyclidine and Ketamine Intoxication: A Study of Four Populations of Recreational Users.« In *Phencyclidine,* ed. R. C. Petersen and R. C. Stillman, 272–88. National Institute on Drug Abuse Research Monograph 21. DHEW Publication no. (ADM) 78–728. Washington, D.C.: Superintendent of Documents, U.S. Government Printing Office.

——. 1979–80. »Dizziness as an Altered State of Consciousness.« *Journal of Altered States of Consciousness* 5: 87–107.

——. 1985. »New Patterns of Cocaine Use: Changing Doses and Routes.« In *Cocaine Use in A rneflca: Epidemiological and Clinical Perspectives,* cd. N. J. Kozel and E. H. Adams, 204–20. National Institute on Drug Abuse Research Monograph 61. DHHS Publication no. (ADM) 85–1414. Washington, D.C.: Superintendent of Documents, U.S. Government Printing Office.

——. 1985. »Treatment of Cocaine Abuse: Historical and Contemporary Perspectives.« *Journal of Psychoactive Drugs* 17: 1–9.

——. 1986. »MDMA: Nonmedical Use and Intoxication.« *Journal of Psychoactive Drugs* 18: 349–54.

SIEGEL, S. 1983. »Classical Conditioning, Drug Tolerance, and Drug Dependence.« In *Research Advances in Alcohol and Drug Problems,* cd. R. G. Smart, F. B. Glaser, Y. Israel, H. Kalant, R. E. Popham, and W. Schmidt, vol. 7,207–46. New York: Plenum Press.

SINGER, J. L. 1973. *The Child's World of Make-Believe.* New York: Academic Press.

SMITH, P. B. 1972. *Chemical Glimpses of Paradise.* Springfield, Ill.: Charles C Thomas.

SMITH, W. D. A. 1982. *Under the Influence: A History of Nitrous Oxide and Oxygen Anaesthesia.* Park Ridge, Ill.: The Wood Library-Museum of Anesthesiology.

SOLOMON, R. L. 1980. »The Opponent-Process Theory of Acquired Motivation.« *American Psychologist* 35: 691–712.

SPECTOR, M., ed. 1967. *Dizziness and Vertigo: Diagnosis and Treatment.* New York: Grune & Stratton.

SZASZ, T. 1974. *Ceremonial Chemistry.* Garden City, N.Y.: Anchor Press/Doubleday & Company.

TART, C. T. 1971. *On Being Stoned.* Palo Alto, Calif.: Science and Behavior Books.

TREISMAN, M. 1977. »Motion Sickness: An Evolutionary Hypothesis.« *Science* 197: 493–95.

WEIL, A. 1972. *The Natural Mind.* Boston: Houghton Mifflin Company.

Feuer im Gehirn

ADAMSON, S., ed. 1985. *Through the Gateway of the Heart.* San Francisco: Four Trees Publications.

BARTER, J. T., & REITE, M. 1969. »Crime and LSD: The Insanity Plea.« *American Journal of Psychiatry* 126: 113–19.

FAUMAN, M. A., & FAUMAN, B. J. 1979. »Violence Associated with Phencyclidine Abuse.« *American Journal of Psychiatry* 136: 1584–86.

HANSON, B., BESCHNER, G., WALTERS, J. M., & BOVELLE, E., eds. 1985. *Life with Heroin: Voices from the Inner City.* Lexington, Mass.: D.C. Heath.

OGLESBY, E. W., FABER, SAMUEL J., & FABER, STUART J. 1982. *Angel Dust: What Everyone Should Know About PCP.* Los Angeles: Lega-Books.

PERNANEN, K. 1976. »Alcohol and Crimes of Violence.« In *Social Aspects of Alcoholism,* ed. B. Kissin and H. Begleiter, 351–444. New York: Plenum Press.

PINSKY, L. S., OSBORNE, W. Z., BAILEY, J. V., BENSON, R. E., & THOMPSON, L. F. 1974. »Light Flashes Observed by Astronauts on Apollo 11 Through Apollo 17.« *Science* 183: 957–59.

PINSKY, L. S., OSBORNE, W. Z., HOFFMAN, R. A., & BAILEY, J. V. 1975. »Light Flashes Observed by Astronauts on Skylab 4.« *Science* 188: 928–30.

REICH, R., & HEPPS, R. B. 1972. »Homicide During a Psychosis Induced by LSD.« *Journal of the American Medical Association* 219: 869–71.

SIEGEL, R. K. 1978. »Cocaine Hallucinations.« *American Journal of Psychiatry* 135: 309–14.

——. 1979. »The Experimental Analysis and Modification of Hallucinations.« In *Modification of Pathological Behavior,* ed. R. S. Davidson, 69–108. New York: Gardner Press.

——. 1980. »PCP and Violent Crime: The People vs. Peace.« *Journal of Psychedelic Drugs* 12: 317–30.

——, & JARVIK, M. E. 1975. »Drug-Induced Hallucinations in Animals and Man.« In *Hallucinations Behavior, Experience and Theory,* ed. R. K. Siegel and L. J. West, 81–161. New York: John Wiley.

Sternenbannerpulver

ABEL, E. L. 1980. *Marihuana: The First Twelve Thousand Years.* New York: Plenum Press.

AMERICAN MEDICAL ASSOCIATION. 1911. *Nostrums and Quackery.* Chicago: American Medical Association.

ANDERSON, P. 1981. *High in America.* New York: The Viking Press.

AVORN, J. L. 1980. »The Role of Cocaine in Treating Intractable Pain in Terminal Disease.« In *Cocaine* 1980, ed. F. R. Jeri, 227–35. Lima, Peru: Pacific Press.

BACK, J. B. 1971. *The Pleasures of Cigar Smoking.* New York: Rutledge Books.

BAIN, J. 1903. *Tobacco Leaves.* Boston: H. M. Caldwell Co.

BARON, S. 1962. *Brewed in Amena: A History of Beer and Ale in the United States.* Boston: Little, Brown & Company.

BOLLER, P. F. 1981. *Presidential Anecdotes.* New York: Oxford University Press.

——. 1984. *Presidential Campaigns.* New York: Oxford University Press.

BOYCE, S. S. 1912. *Hemp.* New York: Orange Judd Company.

BRECKER, E. M. 1972. *Licit and Illicit Drugs.* Boston: Little, Brown & Company.

BREEN, T. H. 1985. *Tobacco Gulture: The Mentality of the Great Tidewater Planters on the Eve of Revolution.* Princeton, N.J.: Princeton University Press.

BROWN, W. H. 1925. *Tobacco Under the Searchlight.* Cincinnati: Standard Publishing Co.

Burnett's Floral Handbook. 1878. Boston: Joseph Burnett & Co.

BYCK, R., ed. 1974. *Cocaine Papers by Sigmund Freud.* New York: Stonehill.

CANNON, P., & BROOKS, P. 1968. *The Presidents' Cookbook.* New York: Funk & Wagnalls Company.

CHURCH, G. J., & THOMAS, E. 22 July 1985. »Anxiety over an Ailing President.« *Time*: 16–20, 23.

CLARK, L. P. 1933. *Lincoln: A Psycho-Biography.* New York: Charles Scribner's Sons.

COURTWRIGHT, D. T. 1982. *Dark Paradise: Opiate Addiction in America Before* 1940. Cambridge: Harvard University Press.

CURTIS, T., & CANTOR, R. 1968. »The Maxillofacial Rehabilitation of President Grover Cleveland and Dr. Sigmund Freud.« *Journal of the American Dental Association* 76: 359–61.

DANIEL, P. 1985. *Breaking the Land: The Transformation of Cotton, Tobacco, and Rice Cultures Since* 1880. Urbana and Chicago: University of Illinois Press.

DAVIDOFF, Z. 1967. *The Connoisseur's Book of the Cigar.* New York: McGraw-Hill.

DEAN, A. 1850. *Principles of Medical Jurisprudence: Designed for the Professions of Law and Medicine.* New York: Banks, Gould & Co.

DONALDSON, N., & DONALDSON, B. 1980. *How Did They Die?* New York: St. Martin's Press.

EVERETT, M. 1901. *The Life of William McKinley and Complete Story of His Assassination.* Published by author.

FORD, H. 1916. *The Case Against the Little White Slaver.* vols. 1–4. Detroit: Henry Ford.

FRAZIER, J. 1974. *The Marijuana Farmers: Hemp Cults and Cultures.* New Orleans: Solar Age Press.

GEHMAN, J. M. 1943. *Smoke over America.* East Aurora, N.Y.: Roycrofters.

GILBERT, R. M. 1976. »Tea Toxicity.« *Journal of the American Medical Association* 236: 1452.

GOLDHURST, R. 1975. *Many Are the Hearts: The Agony and the Triumph of Ulysses S. Grant.* New York: Reader's Digest Press.

GRAY, L. C. 1958. *History of Agriculture in the Southern United States to* 1860. vol. 1. Gloucester, Mass.: Peter Smith.

GREDEN, J. F. 1976. »The Tea Controversy in Colonial America.« *Journal of the American Medical Association* 236: 63–66.

HAMMOND, W. A. November 1887. »Coca: Its Preparations and Their Therapeutic Qualities, with Some Remarks on the So-called Cocaine Habit.« *Transactions of the Medical Society of Virginia*: 212–26.

HEIMANN, R. K. 1960. *Tobacco and Americans.* New York: McGraw-Hill.

HELFAND, W. H. 1980. »Vin Mariani.« *Pharmacy in History* 22: 11–19.

KURZEJA, W. S. 1984. *The Presidential Quotient.* Chicago: Chicago Review Press.

LASAGNA, L. January 1982. »Grant's Last Stand.« *The Sciences*: 6.

LEARY, T. 1983. *Flashbacks.* Los Angeles: J. P. Tarcher.

LEE, M. A., & SHLAIN, B. 1985. *Acid Dreams: The CIA, LSD and the Sixties Rebellion.* New York: Grove Press.

LYONS, A. B. 1899. *Hand Book of Practical Assaying of Drugs and Galenicals.* Detroit: Nelson, Baker & Co.

(MARIANI, A.). 1886. *Coca Erythwxylon: Its Uses in the Treatment of Disease.* 4th ed. New York: Mariani & Co.

MARX, R. 1960. *The Health of the Presidents.* New York: G. P. Putnam's Sons.

MAYOR'S COMMITTEE ON MARIHUANA. 1944. *The Marihuana Problem in the City of New York.* Lancaster, Pa.: Jaques Cattell Press.

»McKinley: President des Etats-Unis.« 1899. A. LaLauze, L. Dautrey, W. Barbotin, and E. Van Muyden, *Figures Contemporaines: Tirees de l'album Mariani*, vol. 4. Paris: Librairie Henri Floury.

MILLER, H. R. 1973. *Scandals in the Highest Office.* New York: Random House.

MORGAN, H. W. 1974. *Yesterday's Addicts: American Society and Drug Abuse,* 1865–1920. Norman: University of Oklahoma Press.

MOSES, J. B., & CROSS, W. 1980. *Presidential Courage.* New York: W. W. Norton.

MUSTO, D. F. 1973. *The American Disease: Origins of Narcotic Control.* New Haven and London: Yale University Press.

NEIDER, C., ed. 1982. *The Selected Letters of Mark Twain.* New York: Harper & Row.

NELSON, H. 15 July 1985. »Rare Morphine Technique Speeds Reagan's Progress.« *Los Angeles Times:* 1, 5.

PRATT, H. E. 1943. *The Personal Finances of Abraham Lincoln.* Springfield, Ill.: Abraham Lincoln Association.

RIENOW, R., & RIENOW, L. T. 1965. *Of Snuff Sin and the Senate.* Chicago: Follett Publishing Company.

RORABAUGH, W. J. 1979. *The Alcoholic Republic: An American Tradition.* New York: Oxford University Press.

ROUECHE, B. 1963. *Curiosities of Medicine: An Assembly of Medical Diversion* 1552–1962. Boston: Little, Brown & Company.

SANDBURG, C. 1954. *Abraham Lincoln: The Prairie Years and the War Years.* New York: Harcourt, Brace.

SHAW, E. R., ed. 1910. *The Curse of Drink or, Stories of Hell's Commerce.* Published by author.

SHEPHERD, J. 1975. *The Adams Chronicles.* Boston: Little, Brown & Company.

SHUTES, M. H. 1933. *Lincoln and the Doctors: A Medical Narrative of the Life of Abraham Lincoln.* New York: Pioneer Press.

SOBEL, R. 1978. *They Satisfy: The Cigarette in American Life.* Garden City, N.Y.: Anchor Books/Doubleday.

SWANBERG, W. A. 1961. *Citizen Hearst.* New York: Charles Scribner's Sons.

TAYLOR, A. H. 1969. *American Diplomacy and the Narcotics Traffic,* 1900–1939. Durham, N.C.: Duke University Press.

TOWNSEND, W. H. 1934. *Lincoln and Liquor.* New York: Press of the Pioneers.

TWAIN, M. [1910] 1973. »The Turning Point of My Life.« In *The Works of Mark Twain: What Is Man? and Other Philosophical Writings,* ed. P. Baender, 455–64. Berkeley: University of California Press.

WAGNER, S. 1971. *Cigarette Country: Tobacco in American History and Politics.* New York: Praeger Publishers.

YOUNGER, W. 1966. *Gods, Men, and Wine.* Cleveland: Wine and Food Society/World Publishing Company.

ZALL, P. M., ed. 1982. *Abe Lincoln Laughing.* Berkeley: University of California Press.

Drogenkrieg

ABEL, E. L. 1980. *Marihuana: The First Twelve Thousand Years.* New York: Plenum Press.

»Angry Moms Kill Cocaine Peddler.« 23 September 1986. *Weekly World News:* 1.

BIGELOW, G. E., BICKEL, W. E., ROACHE, J. D., LIEBSON, I. A., & NOWOWIESKI, P. May 1985. »Identifying Types of Drug Intoxication: Laboratory Evaluation of a Subject-Examination

Procedure.« National Highway Traffic Safety Administration Report no. DOT-HS 806–753. Springfield, Va.: National Technical Information Service.

BROWN, R. E., & ASSOCIATES. 1968. *The Psychedelic Guide to Preparation of the Eucharist.* Austin, Tex.: Linga Sharira Incense Co.

BRUUN, K., PAN, L., & REXED, I. 1975. *The Gentlemen's Club: International Control of Drugs and Alcohol.* Chicago: University of Chicago Press.

BUREAU OF INTERNATIONAL NARCOTICS MATTERS, DEPARTMENT OF STATE. 1 February 1985. *International Narcotics Contrnl Strategy Report.* vol. 1.

CERVANTES, J. 1983. *Indoor Marijuana Horticulture.* Portland, Ore.: Interport U.S.A.

CHAPPLE, S. 1984. *Outlaws in Babylon.* New York: Pocket Books.

CONE, E. J., & JOHNSON, R. E. 1986. »Contact Highs and Urinary Cannabinoid Excretion After Passive Exposure to Marijuana Smoke.« *Clinical Pharmacology & Therapeutics* 40: 247–56.

CONOT, R. 12 April 1987. »L.A. Gangs: Rock and a Hard Place.« *Los Angeles Times,* part 5, 3, 6.

COUSTEAU, J., producer. 1985. *Snowstorm in the Jungle* (film). Atlanta: WTBS.

DANIELS, P. 1983. *How to Grow Manjuana Hydroponically.* Seattle: Sun Magic Publishing.

DARTH, C. 1977. *The Whole Drug Manufacturers Catalog.* Manhattan Beach, Calif.: Prophet Press.

DEL OLMO, R. 1988. »The Attack on the Supreme Court of Colombia: A Case Study of Guerrilla and Government Violence.« *Violence, Aggression, and Terrorism* 2: 57–84.

DEUTSCH, K. 1978. »Paraphernalia.« In *High Times Encyclopedia of Recreational Drugs,* 285–95. New York: Stonehill.

DRAKE, B. 1983. *Marijuana: The Cultivator's Handbook.* Berkeley: Wingbow Books.

EDDY, P., SABOGAL, H., & WALDEN, S. 1988. *Cocaine Wars.* New York: W.W. Norton.

FERAL, R. 1984. *How to Rip off a Drug Dealer.* Boulder, Colo.: Paladin Press.

FRANK, M., & ROSENTHAL, E. 1983. *Marijuana Grower's Guide.* Berkeley: And/Or Press.

FREEDBERG, S. P. 29 October 1986. »Clean Urine Clouds Drug Testing.« *Miami Herald:* 1A, 15A.

FREEMANTLE, B. 1986. *The Fix: Inside the World Drug Trade.* New York: Tom Doherty Associates.

GENTILE, D. P. 1979. *Cocaine: Legal and Technical Defenses.* Houston: National College of Criminal Defense Lawyers and Public Defenders.

GETTMAN, J. B. 1986. *Marijuana in America* — 1986. Washington, D.C.: National Organization for the Reform of Marijuana Laws.

——. September 1988. »The 1987 Crop Report.« *High Times:* 23.

»Georgia Power: A Call a Day Keeps the Pushers at Bay.« May 1987. *Drugs in the Workplace:* 1.

GODSHAW, G., KOPPEL, R., & PANCOAST, R. 1987. *Anti-Drug Law Enforcement Efforts and Their Impact.* Washington, D.C.: U.S. Government Printing Office.

GONZALES, L. April 1982. »The War on Drugs: A Special Report.« *Playboy:* 134–37, 158, 200–16.

——. December 1985. »Why Drug Enforcement Doesn't Work.« *Playboy:* 104–108, 238–49.

GOODWIN, D. K. 1987. *The Fitzgeralds and the Kennedys: An American Saga.* New York: Simon & Schuster.

GOTTLIEB, A. 1973. *Basic Drug Manufacture.* Manhattan Beach, Calif.: Twentieth Century Alchemist.

——. 1979. *Legal Highs.* Manhattan Beach, Calif.: Twentieth Century Alchemist.

GREENHAW, W. 1984. *Flying High: Inside Big-Time Drug Smuggling* New York: Dodd, Mead.

GRISWOLD, W. S. 1972. *The Night the Revolution Began: The Boston Tea Party,* 1773. Brattleboro, Vt.: Stephen Greene Press.

GRUBBER, H. 1973. *Growing the Hallucinogens.* San Francisco: Twentieth Century Alchemist.

HAGER, S. June 1987. »The Sauk City Shooting.« *High Times:* 33–37, 64–67, 72.

——. September 1987. »S.S.S.C.« *High Times:* 44–51.

HELLER, J. D. March 1973. »The Attempt to Prevent Illicit Drug Supply.« In *Appendix: Drug Use in America: Problem in Perspective.* Vol. 3: *The Legal System and Drug Control.* Technical Papers of 2d Report of the National Commission on Marihuana and Drug Abuse, 383–407. Washington, D.C.: U.S. Government Printing Office.

HIMMELSTEIN, J. L. 1983. *The Strange Career of Marihuana. Politics and Ideology of Drug Control in America.* Westport, Conn.: Greenwood Press.

»Issue of Using Motorized Battering Ram Comes Before Supreme Court.« 8 September 1987. *Drug Enforcement Report* 3: 6.

JERI, F. R. 1984. »Coca-paste Smoking in Some Latin American Countries: A Severe and Unabated Form of Addiction.« *Bulletin on Narcotics* 36: 15–31.

KAMSTRA, J. 1974. *Weed: Adventures of a Dope Smuggler.* New York: Harper & Row.

KAPLAN, J. 1970. *Marijuana – The New Prohibition.* New York: World Publishing Company.

——. 1983. *The Hardest Drug Heroin and Public Policy.* Chicago: University of Chicago Press.

KAYO. 1982. *The Sinsemilla Technique.* San Francisco: Last Gasp.

KEARNEY, M. 1 March 1983. »Gerbils Start Secret Prison Work After Months-long Technical Delay.« *The Journal:* 6.

KING, R. 1972. *The Drug Hang-up.* New York: W. W. Norton.

KORETZKY, S. December 1987. »Drug Abuse in the 80's: High Technology.« *Street Pharmacologist* 12: 1–2.

LANDE, A. March 1973. »The International Drug Control System.« In *Appendix: Drug Use in America: Problem in Perspective.* Vol. 3: *The Legal System and Drug Control.* Technical Papers of the 2d Report of the National Commission on Marihuana and Drug Abuse, 6–132. Washington, D.C.: U.S. Government Printing Office.

LEE, D. 1981. *Cocaine Handbook: An Essential Reference.* Berkeley: And/Or Press.

LEEN, J. 22 September 1985. »Pot King's Savvy Finally Fails Him. *Miami Herald* 1A, loA.

——. 22 October 1985. »Drug Ring Called Area's Biggest: Alleged Leader Made Scarface His Role Model.« *Miami Herald:* 1B–2B.

——, & GUGLIOTTA, G. 5 February 1987. »Colombian Drug Lord Seized.« *Miami Herald:* 1A, 4A.

LOCCISANO, A. 1983. »Combinations for Street Users.« *Street Pharmacologist* 6: 1, 3–4, 6.

MACDONALD, J. M., & KENNEDY, J. 1983. *Criminal Investigation of Drug Offenses: The Narc's Manual.* Springfield, Ill.: Charles C Thomas.

MANUEL. 1977. *The Coca Cultivator's Handbook.* Ukiah, Calif.: L'eaf Press.

MARSHALL, J., SCOTT, P. D., & HUNTER, J. 1987. *The Iran Contra Connection: Secret Teams and Covert Operations in the Reagan Era.* Boston: South Bend Press.

MC GRAW, C. 4 June 1987. »Mother Held in Killing of Teenage Girl After Dispute Over Drug Use.« *Los Angeles Times:* 1, 3.

MCNICOLL, A. 1983. *Drug Trafficking: A North-South Perspective.* Ottawa: North-South Institute.

MIAMI HERALD STAFF. 8-14 February 1987. »The World's Deadliest Criminals: The Medellin Cartel.« *Miami Herald:* 1A ff.

MONTALBANO, W. D. 10 May 1987. »Colombia's Cocaine Boom Goes on Despite Crackdown, Kingpin's Arrest.« *Los Angeles Times:* 6.

MUELLER, G. O. W., & ADLER, F. 1985. *Outlaws of the Ocean.* New York: Hearst Marine Books.

MURRAY, J. 13 February 1987. »Crack: A Horror That Comes Wrapped Like Candy.« *Los Angeles Times*, part 3, 1, 16.

NATIONAL ORGANIZATION FOR THE REFORM OF MARIJUANA LAWS. 1978. *Legal Challenges to the Marijuana Laws.* Washington, D.C.: National Organization for the Reform of Marijuana Laws.

NIMBLE, J. B. 1986. *The Construction and Operation of Clandestine Drug Laboratories.* Port Townsend, Wash.: Loompanics.

»NORML Says Marijuana Is Number 2 Cash Crop for 1984.« 23 January 1985. *Drug Enforcement Report* 1: 7.

»O.« 1979. *Opium Poppy Cultivation.* Seattle: Real Concepts.

ORGANIZED CRIME DRUG ENFORCEMENT TASK FORCE. March 1985. *Annual Report of the Organized Crime Drug Enforcement Task Force Program.* Washington, D.C.: Office of the Attorney General.

»Organized Crime Starts to Move into Marijuana Growing.« 23 September 1987. *Drug Enforcement Report* 3: 1–3.

OSS, O. T., & OERIC, O. N. 1976. *Psilocybin: Magic Mushroom Grower's Guide: A Handbook for Psilocybin Enthusiasts.* Berkeley: And/Or Press.

PERRY, D. C. 1977. »Street Drug Analysis and Drug Use Trends 1969–1975.« Part 2. *The PharmChem Newsletter* 6: 1–4, 9.

PETERSEN, J. R. April 1987. »The Social Costs of Drugs.« *Playboy*: 41.

»Police Discover Crack in Tablet Form.« 2 June 1987. *The Drug Abuse Report* 2: 5.

»President Calls Drug Use a Matter of Rock ›n‹ Ruin.« 4 August 1986. *Miami Herald:* 1 A.

PRESIDENT'S COMMISSION ON ORGANIZED CRIME. 1986. *America's Habit: Drug Abuse, Drug Trafficking, and Organized Crime.* Washington, D.C.: Superintendent of Documents, U.S. Government Printing Office.

PUI-NIN MO, B., & WAY, E. L. 1966. »An Assessment of Inhalation as a Mode of Administration of Heroin by Addicts.« *Journal of Pharmacology & Experimental Therapeutics* 154: 142–51.

RAPHAEL, R. 1985. *Cash Crop: An American Dream.* Mendocino, Calif.: Ridge Times Press.

REUTER, P. 8 November 1984. »Risks and Prices: The Economics of Drug Enforcement.« Paper presented at Annual Conference of the American Society of Criminology, Cincinnati, Ohio.

——. February 1985. »Eternal Hope: America's International Narcotics Efforts.« Santa Monica: Rand Corporation.

RICE, J. N. 1980. »A Chronicle of Federal Drug Law Enforcement.« *Drug Enforcement* 7: 2-65.

SACHS, S. 26 August 1984. »Drug Cash Getting Harder to Launder.« *Miami Herald:* 1A, 4A.

SAPIENZA, F. 1984. »The Look-alike Problem.« *Drug Enforcement* 11: 25–30.

SELECT COMMITTEE ON NARCOTICS ABUSE AND CONTROL. 1985. *Annual Report for the Year 1984 of the Select Committee on Narcotics Abuse and Control.* House of Representatives Report 98–1199. Washington, D.C.: U.S. Government Printing Office.

SHANNON, E. 1988. *Desperados: Latin Drug Lords, US Lawmen, and the War America Can't Win.* New York: The Viking Press.

SHANNON, P. 21 November 1986. »Motel Manager Latest Vigilante.« *Miami Hernld:* 1 A, 3A.

»Shift in Poppy Seed Imports May Interfere with Urine Tests for Opiates.« 1 September 1987. *Substance Abuse Report* 28: 5.

SIEGEL, R. K. 1978. »Forensic Psychopharmacology: The Drug Abuse Expert in Court.« *Drug Abuse and Alcoholism Review* 1: 1, 13–20.

——. 1980. »Cocaine Substitutes.« *New England Journal of Medicine* 302: 817–18.

——. 1983. »Cocaine: New Issues for Defense and Prosecution.« *Drug Law Report* 1: 49–59.

——, ELSOHLY, M. A., PLOWMAN, T., RURY, P. M., & JONES, R. T. 1986. »Cocaine Found in Herbal Tea.« *Journal of the American Medical Association* 255: 40.

SMART, R. G. 1976. »Effects of Legal Restraint on the Use of Drugs: A Review of Empirical Studies.« *Bulletin on Narcotics* 28: 55–65.

SMITH, M. V. 1981. *Psychedelic Chemistry.* Mason, Mich.: Loompanics.

SONNENREICH, M. R., ROCCOGRANDI, A. J., & BOGOMOLNY, R. L. March 1973. Commentary on the Federal Controlled Substances Act.« In *Appendix: Drug Use in America: Problem in Perspective.* Vol. 3: *The Legal System and Drug Control.* Technical Papers of the 2nd Report of the National Commission on Marihuana and Drug Abuse, 169–239. Washington, D.C.: U.S. Government Printing Office.

STAMETS, P., & CHILTON, J. S. 1983. *The Mushroom Cultivator A Practical Guide to Growing Mushrooms at Home.* Olympia, Wash.: Agarikon Press.

STARK, R. V. 1976. *Drug Manufacturers Bible.* Beverly Hills: Fifth Level of Consciousness.

STEVENS, M. 1979. *How to Grow the Finest Marijuana Indoors.* Seattle: Sun Magic Publishing.

STEVENS, J., & GEE, R. 1978. *How to Identify and Grow Psilocybin Mushrooms.* Seattle: Sun Magic Publishing.

SUPERWEED, M. J. 1968. *The Marijuana Consumer's and Dealer's Guide.* San Francisco: Chthon Press.

——. 1969. *Drug Manufacturing for Fun and Profit.* San Francisco: Chthon Press.

TOMB, G. 16 February 1985. »We All Carry ›Drug Money‹, Witness Says.« *Miami Herald*: 1A.

»Tough Love Helps Parents of Drug-Using Children Be Tough.« 15 April 1988. *Substance Abuse Report* 19: 1–3.

TRAGER, L. 29 June 1987. »Cocaine Money: It's Almost Everywhere.« *San Francisco Examiner:* A1, A11.

TREBACH, A. S. 1987. *The Great Drug War.* New York: The Macmillan Company.

WAGMAN, B. 1 July 1988. »White House Conference Urges Stricter Anti-Drug Policies.« *Criminal Justice Newsletter* 19: 4–5.

WARNER, R. 1986. *Invisible Hand: The Marijuana Business.* New York: William Morrow.

»White House Prescription for Drug Abuse: Social Censure and Arrest.« 1 November 1987. *Substance Abuse Report* 18: 1–3.

WILLIAMS, N. B. 26 December 1986. »Opium-Plagued Thailand Fights New Problem: Pot.« *Los Angeles Times:* 1, 12.

WILSON, J. R. 1985. *The Narc Book.* Boulder, Colo.: Paladin Press.

WISOTSKY, S. 1983. »Exposing the War on Cocaine: The Futility and Destructiveness of Prohibition.« *Wisconsin Law Review* 6: 13005–1426.

——. 1986. *Breaking the Im passe in the War on Drugs.* Westport, Conn.: Greenwood Press.

WYNNE, R. D., BLASINSKY, M., COOK, P., LANDRY, L. A., & MURPHY, S. 1980. *Community and Legal Responses to Drug Paraphernalia.* DHHS Pub. no. (ADM) 80-963. Washington, D.C.: U.S. Government Printing Office.

ZEESE, K. B., & MEYERS, P. H. 1983. *Ronald Reagan Wars on Drugs.* Washington, D.C.: National Organization for the Reform of Marijuana Laws.

ZIMMERMAN, S. 1984. »A Windfall in Recovered Assets.« *Drug Enforcement* 11: 31–33.

Träume erwecken

BALANDRIN, M. F., KLOCKE, J. A., WURTELE, E. S., & BOLLINGER, W. H. 1985. »Natural Plant Chemicals: Sources of Industrial and Medicinal Materials.« *Science* 228*:* 1154–60.

BEZOLD, C., ed. 1983. *Pharmaceuticals in the Year 2000.* Alexandria, Va.: Institute for Alternative Futures.

BINGHAM, R., & SOMERS, L. M. 26 June 1981. »The Treatment of Active Rheumatoid Arthritis and Allied Inflammatory Diseases with Esterene.« Paper presented at 15th International Congress of Rheumatology, Paris.

BREKHMAN, I. I., & DARDYMOV, I. V. 1969. »New Substances of Plant Origin Which Increase Nonspecific Resistance.« *Annual Review of Pharmacology* 9: 419–30.

»Care to Dance? Elderly Find Cocaine Helps Soothe Arthritis.« 8 October 1983. *Arizona Republic.*

CHURCH, G. J. 30 May 1988. »Should Drugs Be Made Legal? Thinking the Unthinkable.« *Time*: 12–16, 18–19.

»Coca Tea from Peru Is Being Used in the Treatment of Cocaine Abuse.« 9 July 1984. News release. San Francisco: National Addiction Research Foundation.

EFRON, D. H., ed. 1967. *Ethnopharmacologic Search for Psychoactive Drugs.* Public Health Service Publication no. 1645. Washington, D.C.: Superintendent of Documents, U.S. Government Printing Office.

»Esterene in the Treatment of Rheumatoid Arthritis.« April 1980. *Arthritis News Today* 2: 1–5.

EVANS, W. O., & KLINE, N. S., eds. 1971. *Psychotropic Drugs in the Year* 2000. Springfield, Ill.: Charles C Thomas.

FEDON, L. 16 January 1986. »Cocaine Scare Clears Tea from Store Shelves.« *Centre Daily Times* [State College, Pennsylvania]: B1, B3.

FOLDES, M. October 1976. »Does Lettuce Opium Get You Ripped?« *Rush:* 56–58, 66–67.

FULDER, S. 1980. *The Root of Being.* London: Hutchinson.

GRABOWSKI, J. August 1984. »Profiles of Ideal Drugs for Therapeutic and Social Use.« Paper presented to the 92th Annual Convention, American Psychological Association.

GRINSPOON, L., & BAKALAR, J. B. 1981. »Coca and Cocaine as Medicines: An Historical Review.« *Journal of Ethnopharmacology* 3*:* 149–59.

HIAASEN, C. 13 January 1986. »Cocaine Tea Had Bitter Taste of Controversy.« *Miami Herald:* 1B-2B.

KAPLAN, J. 1970. *Marijuana: The New Prohibition.* New York: World Publishing Company.

——. 1983. *The Hardest Drug: Heroin and Public Policy.* Chicago: University of Chicago Press.

KENNEDY, J. G. 1987. *The Flower of Paradise.* Dordrecht, Netherlands: D.Reidel Publishing Co.

KOLATA, G. 1986. »New Drug Counters Alcohol Intoxication.« *Science* 234: 1198–99.

LEWIS, W. H. 1986. »Ginseng: A Medical Enigma.« In *Plants in Indigenous Medicine and Diet: Biobehavioral Approaches*, ed. N. L. Etkin, 290–305. Bedford Hills, N.Y.: Redgrave.

LINDESMITH, A. R. 1947. *Opiate Addiction.* Evanston, Ill.: Principia Press.

MALOFF, D., BECKER, H. S., FONAROFF, A., & RODIN, J. 1982. »Informal Social Controls and Their Influence on Substance Use.« In *Control Over Intoxicant Use*, ed. N. E. Zinberg and W. M. Harding, 53–76. New York: Human Sciences Press.

MCGLOTHLIN, W. H., ed. 1971. *Chemical Coinforts of Man: The Future. Journal of Social Issues* 27(3).

MULE, S. J., ed. 1981. *Behavior in Excess: An Examination of the Volitional Disorders.* New York: Free Press.

NATIONAL RESEARCH COUNCIL, COMMITTEE ON SUBSTANCE ABUSE AND HABITUAL BEHAVIOR. 1982. *An Analysis of Marijuana Policy.* Washington, D.C.: National Academy Press.

NATIONAL TASK FORCE ON CANNABIS REGULATION. December 1982.

The Regulation and Taxation of Cannabis Commerce. Washington, D.C.: NORML.

PIZANO, E. S. 1980. *A Proposal to Legalize Marihuana.* Bogotä, Colombia: National Association of Financial Institutions.

ROBINS, L. N. 1979. »Addict Careers.« In *Handbook on Drug Abuse,* ed. R. I. Dupont, A. Golstein, and J. O'Donnell, 325–36. Washington, D.C.: Superintendent of Documents, U.S. Government Printing Office.

——, DAVIS, D. H., & GOODWIN, D. W. 1974. »Drug Use in U.S. Army Enlisted Men in Vietnam: A Follow-up on Their Return Home.« *American Journal of Epidemiology* 99: 235–49.

SIEGEL, R. K. 1979. »Ginseng Abuse Syndrome: Problems with the Panacea.« *Journal of the American Medical Association* 241: 1614–15.

——. 1985. »New Patterns of Cocaine Use: Changing Doses and Routes.« In *Cocaine Use in America: Epidemiological and Clinical Perspectives,* ed. N. J. Kozel and E. H. Adams, 204–20. National Institute on Drug Abuse Research Monograph 61. DHHS Publication no. (ADM) 85–1414. Washington, D.C.: Superintendent of Documents, U.S. Government Printing Office.

——, COLLINGS, P. R., & DIAZ, J. L. 1977. »On the Use of *Tagetes lucida* as a Huichol Smoking Mixture: The Aztec Yahutli with Suggestive Hallucinogenic Effects.« *Economic Botany* 31: 16–23.

——, ELSOHLY, M. A., PLOWMAN, T., RURY, P. M., & JONES, R. T. 1986. »Cocaine Found in Herbal Tea.« *Journal of the American Medical Association* 255: 40.

SILVERBERG, R. 1975. *Drug Themes in Science Fiction.* DHEW Publication no. (ADM) 75–190. Rockville, Md.: National Institute on Drug Abuse.

SOMERS, L., BINGHAM, R., MYERS, V. S., & THORSEN, C. 1981. »Cocaine Treatment of Rheumatoid Arthritis: A Neuromuscular Dysfunction.« Unpublished manuscript.

STEINMETZ, E. F. 1973. *Kava-kava: Famous Drug Plant of the South Sea Islands.* New York: High Times/Level Press.

TREBACH, A. S. 1982. *The Heroin Solution.* New Haven: Yale University Press.

TYLER, V. E. 1986. »Plant Drugs in The Twenty-first Century.« *Economic Botany* 40: 279–88.

WEIL, A. T. 1981. »The Therapeutic Value of Coca in Contemporary Medicine.« *Journal of Ethnopharmacology* 3: 367–76.

WHITEFIELD, M. 10 December 1985. »Coca Researchers Seek New Uses for It.« *Miami Herald:* 8A.

ZINBERG, N. E. 1984. *Drug, Set and Setting: The Basis for Controlled Intoxicant Use.* New Haven: Yale University Press.

——, & HARDING, W. M., eds. 1982. *Control Over Intoxicant Use: Pharmacological, Psychological and Social Considerations.* New York: Human Sciences Press.

Index

O

P

Q

R

S

X

Y

Z